J. Neu ▪ D. Petersen ▪ W.-D. Schellmann

**Arzthaftung/Arztfehler**
▪ Orthopädie
▪ Unfallchirurgie

J. Neu  D. Petersen  W.-D. Schellmann

# Arzthaftung/ Arztfehler
- Orthopädie
- Unfallchirurgie

RA Johann Neu
Schlichtungsstelle für Arzthaftpflichtfragen
Berliner Allee 20, 30175 Hannover

Prof. Dr. med. D. Petersen
Facharzt für Orthopädie
Ohmstr. 36, 38116 Braunschweig

Dr. med. W.-D. Schellmann
Facharzt für Chirurgie/Unfallchirurgie
Ellernstr. 7, 31224 Peine

ISBN 978-3-642-63317-1      ISBN 978-3-642-57633-1 (eBook)
DOI 10.1007/978-3-642-57633-1

Die Deutsche Bibliothek - CIP-Einheitsaufnahme
Ein Titeldatensatz für diese Publikation ist bei
Der Deutschen Bibliothek erhältlich

Dieses Werk ist urheberrechtlich geschützt. Die dadurch begründeten Rechte, insbesondere die der Übersetzung, des Nachdrucks, des Vortrags, der Entnahme von Abbildungen und Tabellen, der Funksendung, der Mikroverfilmung oder der Vervielfältigung auf anderen Wegen und der Speicherung in Datenverarbeitungsanlagen, bleiben, auch bei nur auszugsweiser Verwertung, vorbehalten. Eine Vervielfältigung dieses Werkes oder von Teilen dieses Werkes ist auch im Einzelfall nur in den Grenzen der gesetzlichen Bestimmungen des Urheberrechtsgesetzes der Bundesrepublik Deutschland vom 9. September 1965 in der jeweils geltenden Fassung zulässig. Sie ist grundsätzlich vergütungspflichtig. Zuwiderhandlungen unterliegen den Strafbestimmungen des Urheberrechtsgesetzes.

http://www.steinkopff.springer.de

© Springer-Verlag Berlin Heidelberg 2001

Ursprünglich erschienen bei Steinkopff Verlag Darmstadt 2001

Die Wiedergabe von Gebrauchsnamen, Handelsnamen, Warenbezeichnungen usw. in diesem Werk berechtigt auch ohne besondere Kennzeichnung nicht zu der Annahme, dass solche Namen im Sinne der Warenzeichen- und Markenschutz-Gesetzgebung als frei zu betrachten wären und daher von jedermann benutzt werden dürften.

Produkthaftung: Für Angaben über Dosierungsanweisungen und Applikationsformen kann vom Verlag keine Gewähr übernommen werden. Derartige Angaben müssen vom jeweiligen Anwender im Einzelfall anhand anderer Literaturstellen auf ihre Richtigkeit überprüft werden.

Herstellung: Klemens Schwind
Satz: K+V Fotosatz GmbH, Beerfelden

SPIN 10788074      105/7231 - 5 4 3 2 1 0

# Vorwort

Die Ärztekammern der Bundesrepublik Deutschland beobachten eine von Jahr zu Jahr steigende Zahl der Arzthaftpflichtverfahren bei ihren Schlichtungsstellen und Gutachterkommissionen. Die Zahl der Fälle hat sich seit 1978 mit bundesweit ca. 10 000 Anträgen (2000) jährlich mehr als verzehnfacht. Auch wenn in ca. 70% der Fälle die Prüfung des Sachverhalts ergeben hat, dass die geltend gemachten Ansprüche unbegründet waren, sollte der Fehlerprophylaxe höhere Priorität eingeräumt werden. Qualitätssicherungsmaßnahmen und risk management sind wichtige Schritte in diese Richtung. Diese Publikation soll einen weiteren Beitrag dazu leisten.

Langjährige Arbeit in der Norddeutschen Schlichtungsstelle haben die Autoren erkennen lassen, dass die Regeln der Heilkunde allzuhäufig sehr individuell, nicht selten dann auch fehlerhaft interpretiert oder angewandt werden. Die dargestellten Fälle sollen anregen, die tägliche Arbeit in Praxis und Klinik einer kritischen Prüfung zu unterziehen, sie mögen in Einzelfällen auch Ausdruck der gerade im medizinischen Bereich möglichen unterschiedlichen Sichtweisen sein und sollen das Vehikel darstellen, um die Tücken und Fallstricke des medizinischen Alltages in Erinnerung zu bringen. Die nachfolgende Auswahl festgestellter Behandlungsfehler ist auf die Orthopädie und Traumatologie beschränkt, um für diese Bereiche einen möglichst vollständigen Überblick zu bieten. Zur Erleichterung des Zugriffs auf ein spezielles Thema werden 156 Fälle nach einem vertikalen anatomischen System (kranial-kaudal) gegliedert und abschließend die Fälle mit generellen Komplikationen abgehandelt (Thrombose, Injektionen etc.).

Ein weiteres Anliegen war es aber auch, die Problematik des Spannungsfeldes zwischen Arzt, Patient und Rechtsprechung abzuhandeln. Dazu gehört die grundsätzliche Darstellung des zivilen Arzthaftungsrechts, mit dem der Arzt zunehmend konfrontiert wird. Dem eiligen, nicht juristisch vorgebildeten Leser sollen umfassende und dennoch leicht verständliche, schnell verfügbare Informationen zu in Praxis und Klinik allgegenwärtigen Rechtsproblemen zur Verfügung gestellt werden. Der an

Vertiefung interessierte Leser findet im Text jeweils weiterführende Literaturangaben und Hinweise auf die aktuelle Rechtsprechung (Stand: Frühjahr 2001). Komplettiert wird dieser juristische Teil mit einem Überblick über die Möglichkeiten der Streitbeilegung durch Einschaltung von Schlichtungsstellen und Gutachterkommissionen. Die Darstellung dieser außergerichtlichen Verfahren und deren Ergebnisse soll ergänzend dazu beitragen, die Streitkultur in diesem sensiblen Bereich gewinnbringend gleichermaßen für Patienten und Ärzte zu verbessern.

Hannover, im März 2001           J. NEU    D. PETERSEN
                                                   W.-D. SCHELLMANN

# Inhaltsverzeichnis

## Teil I: Einführung   W.-D. Schellmann

1 Die Zielsetzung des Schlichtungsverfahrens . . . . . . . . . . .   3
2 Die haftungsrechtliche Auseinandersetzung aus der Sicht des Patienten . . . . . . . . . . . . . . . . . .   5
3 Der Fehlervorwurf – Zur Situation des in Anspruch genommenen Arztes . . . . . . . . . . . . . . . . . . . . . . .   7
4 Aufklärung aus der Sicht des Patienten und des Arztes .   9
5 Richtlinien, Standard, Leitlinien – haftrechtliche Aspekte aus der Sicht des Arztes . . . . . . .   13
6 Der medizinische Sachverständige im Arzthaftpflichtverfahren aus der Sicht des Arztes . . . . . . . . . . . . . . .   16

## Teil II: Fälle aus der Praxis der Schlichtungsstelle
D. Petersen, W.-D. Schellmann

1 Einleitung . . . . . . . . . . . . . . . . . . . . . . . . . . . .   21
2 Falldarstellungen . . . . . . . . . . . . . . . . . . . . . . . .   23

## Teil III: Arzthaftungsrecht   J. Neu

1 Rechtsfolgen ärztlicher Fehler . . . . . . . . . . . . . . . . .   407
2 Zivilrechtliche Arzthaftung . . . . . . . . . . . . . . . . . . .   409
3 Haftung aus Vertrag . . . . . . . . . . . . . . . . . . . . . .   411
   3.1 Abschluss des Behandlungsvertrages . . . . . . . . . . . . .   411
   3.2 Geschäftsführung ohne Auftrag . . . . . . . . . . . . . . . .   411
   3.3 Zwangsbehandlung während gesetzlich angeordneter Unterbringung . . . . . . . . . . . . . . . . . . . . . . .   412
   3.4 Behandlung von Soldaten durch Truppenärzte . . . . . . . .   412
   3.5 Unentgeltliche ärztliche Behandlung . . . . . . . . . . . . .   412

**4 Vertragstypus des Behandlungsvertrages** ............ 413
   Übersicht, Vertragsart, Vertragszweck ................ 413

**5 Vertragspartner auf Patientenseite** ................ 415
   5.1 Privatpatienten ................................ 415
   5.2 Kassenpatienten ................................ 415

**6 Vertragspartner und Haftung auf Arztseite in der Arztpraxis** ....................................... 416
   6.1 Einzelpraxis ................................... 416
   6.2 Gemeinschaftspraxis ............................ 416
   6.3 Praxisgemeinschaft ............................. 417

**7 Vertragspartner und Haftung auf Arztseite bei Krankenhausbehandlung** ........... 418
   7.1 Stationäre Behandlung .......................... 418
      a) Totaler Krankenhausaufnahmevertrag ........... 418
      b) Gespaltener Krankenhausaufnahmevertrag (Belegabteilung) ............................... 418
      c) Totaler Krankenhausaufnahmevertrag mit Arztzusatzvertrag ........................... 419
   7.2 Ambulante Behandlung im Krankenhaus ........... 420
      a) Operationen .................................. 420
      b) Notfälle ..................................... 420
      c) Institutsambulanzen .......................... 421
   7.3 Übersicht ...................................... 421

**8 Deliktische Haftung** ............................... 422

**9 Zivilrechtliche Haftungsgrundlagen** ................ 423
   9.1 Vertragsverletzung ............................. 423
   9.2 Delikt ......................................... 423

**10 Zivilrechtliche Haftungsfolgen und Anspruchsberechtigte** 424
   10.1 Anspruchsberechtigte .......................... 424
   10.2 Anspruchsumfang ............................... 425
      a) Identische Ansprüche aus Vertrag und Delikt ... 425
      b) Zusätzliche Ansprüche nur bei Vertragsverletzung .... 426
      c) Zusätzliche Ansprüche nur bei Delikt ......... 426

**11 Ärztlicher Standard** .............................. 427

**12 Ärztliche Sorgfalt, Fahrlässigkeit, Behandlungsfehler** ... 429
   12.1 Grundsätze, Zivilrecht, Strafrecht ............ 429
   12.2 Fachkenntnisse, Fortbildung ................... 429
   12.3 Apparative Ausstattung ........................ 430
   12.4 Fachgruppen ................................... 430
   12.5 Sorgfalt ...................................... 430
   12.6 Wirtschaftlichkeit und Sorgfalt ............... 430
   12.7 Schuldhafter Behandlungsfehler ................ 431

## 13 Schwerer (Grober) Behandlungsfehler ... 432
13.1 Grundsätze ... 432
13.2 Definition ... 433
13.3 Beispiele aus der Rechtsprechung ... 433

## 14 Allgemeine Qualitätsanforderungen ... 435
14.1 Übernahme der Behandlung ... 435
    a) Berufsanfänger und Ärzte in Facharztausbildung ... 435
    b) Weiterbildung ... 435
    c) Fachübergreifende Behandlung ... 436
    d) Apparativer Standard ... 436
    e) Geräteanwendung ... 437
14.2 Organisation ... 437
    a) Sicherstellungspflichten ... 437
    Hygiene, Apparate, Arzneimittelvorhaltung, personelle Ausstattung ... 438
    b) Pflicht zur personellen Organisation des ärztlichen Dienstes ... 439
        aa) Organisatorische Anordnungen ... 439
        bb) Kontrollpflichten ... 439
    c) Pflicht zur personellen Organisation des nichtärztlichen Dienstes ... 439
        aa) Allgemein ... 439
        bb) Speziell ... 440
14.3 Ambulante Operationen ... 440
    a) Rahmenbedingungen ... 440
        aa) Kassenpatienten ... 440
        bb) Privatpatienten ... 440
    b) Relevanz der Qualitätssicherungs-Vereinbarung ... 440
    c) Besonderheiten ... 441
    d) Postoperative Sicherungsaufklärung ... 441

## 15 Spezifische Qualitätsanforderungen ... 442
15.1 Diagnostik ... 442
    a) Diagnosepflichten ... 442
        aa) Arbeitsdiagnose ... 443
        bb) Differentialdiagnose ... 443
        cc) Stufendiagnostik ... 443
        dd) Diagnostischer Übereifer ... 444
        ee) Diagnostisches Übernahmeverschulden ... 444
        ff) Diagnostische Beratung ... 444
        gg) Verträglichkeitsdiagnostik ... 444
    b) Diagnostische Eingriffe ... 444
15.2 Therapie ... 445
    a) Therapiegrundsätze ... 445
        aa) Beispiele aus der Rechtsprechung ... 445
    b) Indikationsstellung ... 446

c) Methodenwahl ........................... 446
    aa) Ermessensspielraum ..................... 446
    bb) Ermessensgrenze ....................... 447
    cc) Leitlinien ............................. 447
d) Behandlungsalternativen .................... 448
e) Neue Behandlungsmethoden ................. 448
f) Außenseitermethoden ...................... 449
g) Heilversuch .............................. 449
h) Nachsorge .............................. 449

15.3 Koordination, Kommunikation, Arbeitsteilung ......... 450
    a) Horizontale Arbeitsteilung .................. 451
        aa) Vertrauensgrundsatz .................. 451
        bb) Grenzen des Vertrauensgrundsatzes .......... 451
        cc) Verantwortungsbereiche ................ 452
        dd) Pflichten des überweisenden Arztes
            bei Überweisung zur Weiterbehandlung ....... 452
        ee) Pflichten des überweisenden Arztes
            bei Konsilanforderung ................. 452
        ff) Pflichten des Konsiliararztes .............. 453
        gg) Berichtspflicht ...................... 453
        hh) Pflichten des weiterbehandelnden Arztes ....... 453
    b) Vertikale Arbeitsteilung .................... 454
        aa) Chefarzt/ärztlicher Dienst ................ 454
        bb) Chefarzt/nichtärztliche Hilfspersonen .......... 455
    c) Kommunikation ......................... 455
        aa) Arzt/Arzt .......................... 455
        bb) Kommunikation Arzt/Patient .............. 456

15.4 Beratung ................................. 456
    a) Sicherungsberatung (Sicherungsaufklärung) ........ 456
    b) Therapeutische Beratung ................... 457
    c) Verlaufsberatung ........................ 457
    d) Wirtschaftliche Beratung ................... 458

**16 Aufklärung** ................................. 459
16.1 Arten der Aufklärung ........................ 459
16.2 Grundaufklärung ........................... 459
    a) Folgen unzureichender Grundaufklärung ......... 460
    b) Grundaufklärung bei ungesicherter Diagnose ....... 460
16.3 Risikoaufklärung allgemein .................... 460
    a) Typisches Risiko ......................... 461
    b) Risikostatistiken ......................... 461
    c) Indikationsgrad ......................... 461
    d) Nicht aufklärungsbedürftige Risiken ............ 462
    e) Allgemein bekannte Risiken .................. 462
    f) Nicht aufklärungsbedürftiger Patient ............ 463
    g) Verzicht des Patienten auf Aufklärung ........... 463

h) Ungewisse Risiken ......................... 463
i) Unbekannte Risiken ........................ 463
j) Umfang der Aufklärung bei kosmetischen
   Operationen .............................. 464
k) Umfang der Aufklärung bei diagnostischen
   Eingriffen ............................... 464
l) Umfang der Aufklärung bei ambulanten
   Operationen .............................. 464
16.4 Aufklärung über alternative Behandlungsmethoden .... 465
   a) Beratung über Behandlungsalternativen
      erforderlich .......................... 465
   b) Beratung über Behandlungsalternativen
      nicht erforderlich .................... 466
16.5 Aufklärungsadressaten ...................... 466
   a) Minderjährige Patienten ................ 466
      aa) Grundsatz .......................... 466
      bb) Leichte Erkrankungen ................ 467
      cc) Ernstere Erkrankungen ............... 467
      dd) Schwere Erkrankungen ................ 467
      ee) Einsichtsfähige Minderjährige ....... 467
   b) Beschränkt geschäftsfähige oder geschäftsunfähige
      Patienten ............................. 467
   c) Bewusstlose Patienten (Unfallopfer) ..... 468
   d) Bewusstlose Patienten (intraoperativ) ... 468
      aa) Unvorhersehbare Operationserweiterung ....... 468
      bb) Vorhersehbare Operationserweiterung ......... 468
   e) Ausländische sprachunkundige Patienten .......... 469
16.6 Aufklärungspflichtiger ..................... 469
16.7 Maßgeblicher Zeitpunkt der Aufklärung ...... 469
   a) Bei Vereinbarung des Operationstermins .......... 469
   b) Am Operationstag ....................... 470
   c) Am Vorabend der Operation .............. 470
      aa) Eingriffsaufklärung ................. 470
      bb) Narkoseaufklärung ................... 470
   d) Zeitpunkt der Risikoaufklärung bei ambulanten
      oder rein diagnostischen Eingriffen ............. 470
   e) Verzicht des Patienten auf Überlegungsfrist ..... 471
16.8 Hypothetische Einwilligung ................. 471
16.9 Aufklärungsformulare ....................... 472

**17 Dokumentation** .............................. 473
17.1 Überblick ................................. 473
17.2 Zweck ..................................... 473
17.3 Form ...................................... 473
17.4 Umfang, Inhalt ............................ 473
17.5 Keine Dokumentationspflicht ............... 475

| | | |
|---|---|---|
| 17.6 | Ambulante Operationen | 476 |
| 17.7 | Archivierung | 476 |
| 17.8 | Schweigepflicht | 476 |
| 17.9 | Einsichtsrecht | 477 |
| | a) Patienten | 477 |
| | b) Erben, Angehörige | 477 |
| | c) Modalitäten | 478 |
| | d) Grenzen | 478 |
| 17.10 | Rechtsfolgen bei Dokumentationsmängeln | 478 |
| 17.11 | Empfehlungen zur Dokumentation | 478 |

**18 Der Arzthaftpflichtschaden** ... 479

| | | |
|---|---|---|
| 18.1 | Schadenbegriffe | 479 |
| | a) Schaden | 479 |
| | b) Vermögensschaden | 479 |
| | c) Immaterieller Schaden | 479 |
| | d) Körper- oder Gesundheitsschaden | 480 |
| | e) Primärschäden | 480 |
| | f) Sekundärschäden | 480 |
| 18.2 | Kausalität | 480 |
| | a) Kausalität im Rechtssinn | 480 |
| | b) Kausalität im Zivilrecht | 480 |
| | c) Kausalität im Arzthaftungsrecht | 481 |
| | aa) Haftungsbegründende Kausalität im Arzthaftungsrecht | 481 |
| | bb) Haftungsausfüllende Kausalität im Arzthaftungsrecht | 481 |
| | d) Kausalitätsgrenzen | 481 |
| | e) Kausalität bei Fehler des nachbehandelnden Arztes | 481 |
| | f) Kausalität bei schwerem Fehler des nachbehandelnden Arztes | 481 |
| | g) Patientendisposition und Schaden | 482 |
| | h) Begehrensneurose | 482 |
| | i) Hypothetische oder „überholende" Kausalität | 482 |
| | j) Komplikation oder Behandlungsfehlerfolge? | 483 |

**19 Der Beweis im Zivilprozess** ... 484

| | | |
|---|---|---|
| 19.1 | Beweisumfang | 484 |
| | a) Grundsätze | 484 |
| | b) Beweismittel | 484 |
| 19.2 | Beweislast | 485 |
| 19.3 | Beweislastverteilung im Arzthaftpflichtprozess | 485 |
| 19.4 | Beweislast des Patienten | 486 |
| | a) Der Patient hat grundsätzlich die anspruchsbegründenden Tatsachen zu beweisen | 486 |
| | b) Ausnahmen | 486 |

    aa) Vertikale Arbeitsteilung . . . . . . . . . . . . . . . . . . 486
    bb) Horizontale Arbeitsteilung . . . . . . . . . . . . . . . . . 486
    cc) „voll beherrschbare Risiken" . . . . . . . . . . . . . . . 486
 19.5 Beweislast des Arztes für anspruchsvernichtende
    Tatsachen . . . . . . . . . . . . . . . . . . . . . . . . . . . . . . . . . 487
 19.6 Das Beweismaß . . . . . . . . . . . . . . . . . . . . . . . . . . . . 487
 19.7 Beweislast hinsichtlich der Grund- und Risikoaufklärung . 488

## 20 Beweiserleichterungen für Patienten . . . . . . . . . . . . . . . . 489
 20.1 Anscheinsbeweis . . . . . . . . . . . . . . . . . . . . . . . . . . . 489
    a) Varianten des Anscheinsbeweises . . . . . . . . . . . . . 489
    b) Entkräftung des Anscheinsbeweises . . . . . . . . . . . . 490
 20.2 Schwerer Fehler . . . . . . . . . . . . . . . . . . . . . . . . . . . . 490
    a) Voraussetzungen der Beweiserleichterung . . . . . . . . 490
    b) Ausnahmsweise keine Beweiserleichterung
     bei schwerem Fehler . . . . . . . . . . . . . . . . . . . . . . 491
    c) Umfang der Beweiserleichterung . . . . . . . . . . . . . . 491
 20.3 Mangelhafte Befunderhebung bzw. Befundsicherung . . . . 492
    a) Voraussetzungen der Beweiserleichterung . . . . . . . . 492
    b) Umfang der Beweiserleichterung . . . . . . . . . . . . . . 492
 20.4 Dokumentationsmangel . . . . . . . . . . . . . . . . . . . . . . . 493
    a) Beweiswert der Dokumentation . . . . . . . . . . . . . . . 493
    b) Voraussetzungen der Beweiserleichterung . . . . . . . . 493
    c) Umfang der Beweiserleichterung . . . . . . . . . . . . . . 494
    d) Ausnahmsweise keine Beweiserleichterung
     bei Dokumentationsmangel . . . . . . . . . . . . . . . . . . 494
 20.5 Manipulation von Beweismitteln . . . . . . . . . . . . . . . . . 495
 20.6 Anfängeroperationen . . . . . . . . . . . . . . . . . . . . . . . . 495
 20.7 Voll beherrschbares Risiko . . . . . . . . . . . . . . . . . . . . . 495
    a) Voraussetzungen der Beweiserleichterung . . . . . . . . 495
    b) Beispiele des „voll beherrschbaren Risikobereiches" . . . 496
    c) Umfang der Beweiserleichterung . . . . . . . . . . . . . . 497

## 21 Haftung für fremdes Verschulden . . . . . . . . . . . . . . . . . . 498
 21.1 Überblick . . . . . . . . . . . . . . . . . . . . . . . . . . . . . . . . . 498
 21.2 Vertragliche Haftung für Erfüllungsgehilfen . . . . . . . . . . 498
 21.3 Deliktische Haftung für Verrichtungsgehilfen . . . . . . . . . 499
    a) Im Rahmen des totalen Krankenhausaufnahme-
     vertrages . . . . . . . . . . . . . . . . . . . . . . . . . . . . . . 499
    b) Im Rahmen des gespaltenen Krankenhausaufnahme-
     vertrages . . . . . . . . . . . . . . . . . . . . . . . . . . . . . . 500
    c) Im Rahmen des totalen Krankenhausaufnahme-
     vertrages mit Arztzusatzvertrag . . . . . . . . . . . . . . . 500
    d) Bei Behandlung in der Ambulanz . . . . . . . . . . . . . . 500
 21.4 Entlastungsmöglichkeit . . . . . . . . . . . . . . . . . . . . . . . 501
 21.5 Keine Entlastungsmöglichkeit bei Organen
    (Verfassungsmäßige Vertreter) . . . . . . . . . . . . . . . . . . 501

## 22 Haftungsbegrenzungen .......... 502
- 22.1 Mitverschulden des Patienten .......... 502
  - a) Grundsatz .......... 502
  - b) Beispiele aus der Rechtsprechung für Mitverschulden des Patienten .......... 502
  - c) Mitverschulden und ärztliche Beratung .......... 503
  - d) Mitverschulden bei schwerem Behandlungsfehler .... 503
- 22.2 Verjährung .......... 503
  - a) Verjährung bei Vertragsverletzung .......... 504
  - b) Verjährung bei unerlaubter Handlung .......... 504
  - c) Verjährung bei Gesamtschuldnern .......... 505
  - d) Unterbrechung der Verjährung .......... 505
  - e) Hemmung der Verjährung .......... 505

## 23 Der medizinische Sachverständige im Arzthaftpflichtverfahren .......... 506

## 24 Gerichtliche Konfliktlösung .......... 509
- 24.1 Entwicklung der Arzthaftpflichtprozesse .......... 509
- 24.2 Verfahrensgrundzüge des Arzthaftpflichtprozesses .......... 509

## 25 Schlichtungsstellen und Gutachterkommissionen in Deutschland .......... 511
- 25.1 Entstehung .......... 511
- 25.2 Sachliche Zuständigkeit .......... 512
- 25.3 Örtliche Zuständigkeit .......... 512
- 25.4 Adressen .......... 513
- 25.5 Fachliche Besetzung .......... 514
- 25.6 Verfahrensbeteiligte .......... 515
- 25.7 Verfahrensgrundsätze .......... 515
- 25.8 Verfahren im Vergleich zum Zivilprozess .......... 516
- 25.9 Verfahrenskosten .......... 518
- 25.10 Entscheidungsgremien .......... 518
- 25.11 Verfahrenshindernisse .......... 518

## 26 Norddeutsche Schlichtungsstelle .......... 520
- 26.1 Die Institution .......... 520
- 26.2 Verfahrensgang .......... 521
- 26.3 Antragsentwicklung .......... 524
- 26.4 Prozessvermeidungsquote .......... 524

**Abkürzungsverzeichnis** zu Teil III .......... 527

**Literaturverzeichnis** zu Teil III .......... 529

**Sachverzeichnis** zu Teil III .......... 531

# TEIL I:
# Einführung

# 1 Die Zielsetzung des Schlichtungsverfahrens

Die von Patientenvertretungen vertretene Auffassung, dass die Schlichtungsstellen der Ärztekammern aufgrund ihrer Zusammensetzung sowie räumlicher und finanzieller Abhängigkeit eine unparteiische Tätigkeit nicht gewährleisten könnten, ist nachweisbar falsch.

Vornehmliches Anliegen des Schlichtungsverfahrens ist die Vermeidung eines für beide Seiten zerstörerischen, langwierigen sowie für den Patienten eventuell auch finanziell risikoreichen gerichtlichen Verfahrens, welches ihm letztendlich auch nach dem Schlichtungsverfahren unbenommen bleibt.

Die Kontrolle objektiver Betrachtungsweise wird im Schlichtungsverfahren durch erfahrene Juristen gewährleistet, die sich in die spezifische Materie eingearbeitet haben und für die Gutachter wie für die ärztlichen Mitglieder des Schlichtungskollegiums ein effektives Korrektiv darstellen.

Dass medizinische und juristische Gründe in ca. 2/3 der Schlichtungsanträge zur Ablehnung führen, kann nicht mit dem Argument kritisiert werden, dass gerichtliche Auseinandersetzungen mit einem für Patienten günstigerem Verhältnis enden.

Abgesehen davon, dass die Differenz nicht sehr überzeugend ist, wird hier übersehen, dass die meisten der das Gerichtsverfahren bevorzugenden Patienten schon im Vorfeld ziemlich zweifelsfreie Hinweise für den Erfolg ihrer Klage haben. Sie sind nicht mit der Gruppe derer gleichzustellen, die nur aufgrund unbefriedigender Behandlungsergebnisse, nach eventuellen Diskrepanzen mit behandelnden Ärzten, nach Beeinflussung von Dritten oder in eigener Interpretation von Medienberichten oder populärwissenschaftlichen Veröffentlichungen einen Behandlungsfehler vermuten und in zunehmenden Maße den risikolosen, da kostenfreien Weg, des Schlichtungsverfahrens gehen.

Unter diesen Voraussetzungen ist eine durchschnittliche Anerkennungsrate von 32% wohl kaum mehr mit den Schlagworten der „Weißkittelallianz" oder mit der Fabel von „Der Krähe, die der anderen kein Auge aushackt" zu diskriminieren. Eine zeit- und kostenaufwendige Vorermittlung durch hochqualifizierte Sachbearbeiter gewährleistet die Beiziehung aller relevanten Dokumente. Schon allein dieser Aufwand übersteigt die Möglichkeiten eines Gerichtes oder eines anderen Gremiums.

Die vollständigen Unterlagen werden mit gezielter Fragestellung Gutachtern vorgelegt, die nach Gesichtspunkten fachlicher Qualifikation, Erfahrung und bewährter Objektivität aus einer fachspezifischen Gutachterliste ausgesucht, beauftragt werden. Nach Eingang des Gutachtens erfolgt als zusätzliches Korrektiv vor Bescheiderteilung die Bearbeitung durch das zuständige ärztliche Mitglied, eine eventuell gemeinsame Beratung des ärztlichen Kollegiums und die Beratung mit dem für den jeweiligen Fall zuständigen Juristen.

Die Bedeutung dieses Korrektivs lässt sich aus den Ergebnissen einer Auswertung von 525 Fällen ermessen, in denen 47-mal (8,95%) eine Änderung des Gutachtenvotums und dabei in knapp 3/4 der Fälle zugunsten des Patienten erfolgte (34-mal = 6,48%). Allerdings kann dies nicht als Indiz für mangelnde Qualifikation oder Objektivität der Gutachter bewertet werden. Die Gründe für derartige Korrekturen lagen oftmals in unterschiedlicher Interpretation eines zu fordernden Standards oder in korrigierender Bewertung durch den eingeschalteten Juristen der Schlichtungsstelle unter Berücksichtigung besonderer juristischer Gesichtspunkte, wie Aufklärung, Beweiserleichterung, Kausalität, Dokumentationsmängel, Anscheinsbeweis usw.

So wird auch verständlich, dass dieses Verfahren zeit- und kostenaufwendig ist. Es gewährleistet aber jeweils höchsten Sachverstand und sorgfältigste Abwägung und gibt schlussendlich keinen Raum für die Annahme von Objektivitätsmängeln.

Eine ausführliche Darstellung der Organisation und der Verfahrensgrundsätze von Schlichtungsstellen und Gutachterkommissionen wird in Kap. III, Absatz 24/25 gegeben.

# 2 Die haftungsrechtliche Auseinandersetzung aus der Sicht des Patienten

Der in ein Streitverfahren vor Gericht oder Schlichtungsstelle involvierte Arzt sollte bei erster Konfrontation unbedingt versuchen, auch den Standpunkt des Patienten zu verstehen und zu analysieren.

Der stillschweigende Vertrag bei Übernahme der Behandlung ist fast ausnahmslos vom Vertrauen des leidenden, erkrankten oder verletzten Patienten getragen. Nahezu ohne Alternative muss und wird der Patient seinem Behandler die Entscheidungen über diagnostische und therapeutische Konsequenzen überlassen und verlässt sich mit seinen Hoffnungen und Erwartungen auf die laienhaften, wie auch immer geprägten Vorstellungen von den Möglichkeiten der Medizin. Seine Situation geht, unabhängig vom Schweregrad der Erkrankung und der Verletzung mit einer billigend aber vertrauensvoll hingenommenen Entmündigung einher. Nahezu jeder Patient ist sich darüber im klaren, dass eine für ihn neue und nicht beeinflussbare Situation nunmehr von fremden Personen bestimmt wird und er nur geringe Einflussmöglichkeit hat.

Jedem Behandler sollte die Erfahrung geläufig sein, dass mit zunehmender Schwere von Verletzung oder Erkrankung oder bei zunehmender Dauer der Behandlung eine Persönlichkeitsveränderung des Patienten eintritt. Abhängig vom jeweiligen Individuum wird sich dies bei eintretenden Abweichungen vom Behandlungsziel verstärken. Die gesamte Skala von bleibendem Optimismus und Vertrauen, ersten Zweifeln, Resignation oder Auflehnung ist möglich. Nur selten haben die durch fehlgängigen Behandlungsverlauf betroffenen Patienten in der Primärphase Zweifel an der Kompetenz des Arztes. Seine Erklärung und Korrekturmaßnahmen werden hoffnungsvoll angenommen, oft wird die Tragweite normabweichenden Verlaufes gar nicht begriffen.

Die berufsspezifische Verpflichtung zu vertrauenserhaltenden Reaktionen sollte den Arzt aber zu keinem Zeitpunkt dazu verführen, negative Entwicklungen zu entschuldigen, zu verschleiern oder zu beschönigen. Dass der Arzt in dieser Phase eigener fachlicher Zweifel, Hoffnungen oder Erwartungen, den Patienten nicht enttäuschen, ihn nicht beunruhigen will, ist nachvollziehbar, kann sich aber im Einzelfall verhängnisvoll auswirken. Mit zunehmender Zeit und eventuellen Rückschlägen wachsen die Zweifel und das Misstrauen, nicht selten genährt durch Meinungsäußerungen von Angehörigen und, in den letzten Jahren gehäuft von nachbehandelnden Ärzten.

Gerade im Fall des Behandlerwechsels, sei er vorgegeben oder erzwungen, sind Risiken des Missverständnisses vorprogrammiert. Unqualifizierte aber auch unbedachte Äußerungen und Beurteilungen wie auch abrupte Änderungen im Behandlungsregime lassen den bereits verunsicherten Patienten „hellhörig" werden. Es kommt zu einer eigenen, zumeist ungerechtfertigten Sicht.

Der damit konfrontierte Arzt trägt bei persönlicher Betroffenheit zumeist entschuldigende Erklärungen vor, leider nicht selten auch mit aggressiver Gegenwehr. Es beginnt die Kaskade der Konfrontation mit Beharrung auf jeweiligen Standpunkten.

Wie soll der Patient auch verstehen, dass unterschiedliche Zeitpunkte und Situationen im Behandlungsablauf zu neuen Beurteilungen und Entscheidungen führen können, die von Kenntnis und Erfahrungsstand eines eventuellen Nachbehandlers geprägt sind aber auch zu Äußerungen führen, die dann fehlerhaft zu interpretieren sind. Spätestens zu diesem Zeitpunkt wachsen Zweifel, Ärger, Enttäuschung und der Wunsch nach Bestrafung und Entschädigung.

Trotz scheinbarer oder auch tatsächlicher Rechtmäßigkeit seines Standpunktes entscheidet sich der Patient nur in einem Teil der Fälle zur Verfolgung seiner Ansprüche. Mit der Entscheidung zu Klage, sei es vor Gericht oder einer Schlichtungsstelle – mit oder ohne juristische Begleitung – verhärten sich die Fronten jetzt dramatisch. Ein vorentscheidendes Schuldanerkenntnis ist dem betroffenen Arzt aus Gründen haftpflichtrechtlichen Schutzes, oft aber auch aus vermeintlichen Gründen der Reputation verwehrt. Nachvollziehbar sieht der Patient in diesem Standpunkt Uneinsichtigkeit oder Überheblichkeit.

Die gegenteiligen Beurteilungen werden durch subjektive Argumente und mit Auslassungen gestützt. Dass der juristische Vertreter des Patienten seine Partei vehement vertritt, ist professionell, wird vom Patienten aber oft missverstanden. Das Feindbild wird zunehmend zementiert und auch gegenteilige Entscheidungen eines Gerichtes oder der Schlichtungsstelle werden letztlich zumeist nicht akzeptiert oder unbefriedigt hingenommen. Ärztliche Gutachten werden, bei für den Patienten negativen Entscheidungen parteilich empfunden, obwohl die Gerichte wie auch die Schlichtungsstellen ihre Gutachter in ganz besonderem Maße unter den Gesichtspunkten von fachlicher Qualifikation und Objektivität auswählen.

Die beschriebene Eskalation in der Vertretung unterschiedlicher Standpunkte lässt sich nur durch eine frühzeitige und verständnisvolle Reaktion des verantwortlichen Behandlers relativieren. Bedauerlicherweise bleibt in den meisten Fällen ein Vertrauensschwund, der auch bei nicht gegebener Rechtfertigung von ärztlicher Seite Verständnis finden muss.

Laiensicht, Anspruchsverhalten und Fremdbeeinflussung durch Angehörige, nachbehandelnde Ärzte, Krankenkassen, Medien und selbsternannte Beratungsstellen sind Faktoren, denen sich die moderne Medizin mit ihrem nicht immer gerechtfertigten Selbstverständnis stellen muss.

# 3 Der Fehlervorwurf – Zur Situation des in Anspruch genommenen Arztes

Der Vorwurf fehlerhafter Diagnostik oder Behandlung, zumeist Monate oder Jahre später erhoben, trifft die meisten Ärzte unvorbereitet und wird häufig als völlig unzutreffend angesehen.

Aus der Überzeugung, gewissenhaft, standardgemäß und patientenzugewandt gehandelt zu haben, resultiert zunächst Enttäuschungen oder Empörung. Menschlich verständlich, werden die Annahmen, Behauptungen und Argumente der Patientenseite aus subjektiver Sicht verarbeitet und der nachvollziehbare Versuch unternommen, das ehemalige Handeln mit fachlichen Argumenten zu begründen und zu erläutern sowie den behaupteten Fehler zu widerlegen.

Die unter Umständen ex post entstehende Erkenntnis, dass auch anders geartete Entscheidungen oder Beurteilungen möglich waren, wird mit dem Spektrum denkbarer Alternativen entschuldigt.

In Einzelfällen und der sicheren Überzeugung fehlerfreien Handelns wird sogar die Zustimmung zum Schlichtungsverfahren verweigert und der Vorschlag gemacht, den Patienten den Gerichtsweg gehen zu lassen, ihn sozusagen mit einem aussichtslosen Verfahren zu strafen.

Bei allem Verständnis für eine eventuelle gerechtfertigte Enttäuschung ist letztere Reaktion nicht gerechtfertigt, ja sogar unärztlich und wird von den Berufshaftpflichtversicherungen auch überwiegend nicht gebilligt.

Dies gilt aber auch für ein primäres Schuldanerkenntnis gegenüber dem Patienten. Bei eigener und früher Erkenntnis eines Versäumnisses oder Fehlers ist zu empfehlen, den nachfragenden Patienten sachlich und unter Verzicht auf eine kontroverse Diskussion auf die Möglichkeiten einer Klärung durch das für die Patienten kostenfreie Schlichtungsverfahren hinzuweisen und ihm auch verständnisvoll den Weg dazu zu erläutern. Die in vielen Fällen kaskadenhaft entstehende Verhärtung der Fronten, die Entwicklung eines Feindbildes ist so vermeidbar.

Beim ersten Hinweis auf normabweichenden Verlauf einer Behandlung, spätestens bei ersten kritischen Nachfragen des Patienten oder von Angehörigen, ist es empfehlenswert, den bisherigen Verlauf bei den Mitarbeitern nachzufragen, abzuklären und gesondert festzuhalten. Nur ein solches Vorgehen versetzt den Arzt in die Lage, auf Monate oder Jahre später erhobene Vorwürfe, Behauptungen oder Tagebuchaufzeichnungen des Patienten zu reagieren. Im Innenverhältnis zwischen Arzt und Haftpflichtversicherung ist eine sachliche und emotionslose Darstellung von Abläufen oder

Tatbeständen sowie eine fachliche Erläuterung angebracht, sie ermöglicht in aller Regel eine Aufarbeitung der Probleme unter umfassender Berücksichtigung der jeweiligen Standpunkte.

Im Gegensatz zur gerichtlichen und zweifelsfrei wesentlich belastenderen Auseinandersetzung mit nicht immer überzeugendem Ausgang können diese Standpunkte erläutert, korrigiert und nach ausreichender Erwägungszeit auch akzeptiert werden. Die Unwägbarkeit umfassender prozessualer Vorermittlung und einer nur kurz dauernden und unter Zeitdruck stehenden Verhandlung sind, wie das Odium der offiziellen Verurteilung, vermeidbar. Das Risiko nachfolgender staatsanwaltschaftlicher „Nachschläge" wird ebenfalls minimiert werden können.

Gutachterliche Entscheidungen sollten, sofern nicht sachlich und fachlich eindeutig widerlegbar, nicht durch Wiederholungen bekannter Tatsachen oder eigener Sichtweise in Frage gestellt werden.

Schließlich bleibt als letztes Korrektiv die Bewertung des sachverständigen ärztlichen Mitgliedes der Schlichtungsstelle, der von erfahrenen Juristen beraten wird.

# 4 Aufklärung aus der Sicht des Patienten und des Arztes

Die Zahl der Fälle, in denen neben dem Vorwurf fehlerhafter Behandlung und Diagnostik (abklärende Maßnahmen, Injektionen, Manipulationen, Operationen und postoperative Nachsorge) auch eine Aufklärungsrüge erhoben wird, steigt statistisch signifikant an. Unausgesprochen wird damit die Annahme des Patienten verknüpft, das er bei sachgerechter Aufklärung über Risiken oder Behandlungsalternativen eine andere und für ihn günstigere Entscheidung getroffen hätte. Der Patient oder sein juristischer Vertreter sehen in Fällen mangelnder oder schwindender Substanz der Klage mit einer Verlagerung des Klageschwerpunktes auf die Aufklärung nicht selten den Hebel für den Erfolg des Verfahrens.

Die juristischen Grundlagen und Bewertungen dafür werden in Kapitel 16, S. 459, sachverständig abgehandelt. Dies lässt aber auf die Darstellung des Problems aus medizinischer Sicht nicht verzichten. Dabei sind die Gesichtspunkte:
- zeitgerechte Aufklärung
- umfassende Aufklärung
- Darstellung der Behandlungsalternativen
- Aufklärung mit fortschreitendem Behandlungsverlauf

von besonderer Bedeutung.

Von Ausnahmen abgesehen, sollte die Aufklärung spätestens 24 Stunden vor dem aufklärungspflichtigen Eingriff erfolgen. Der Idealfall ist bei ambulanter Behandlung bzw. Operation die Aufklärung bei erster Konsultation mit Vorschlag zum (diagnostischen oder therapeutischen Eingriff) und eine Wiederholung der Aufklärung in vertretbarem Abstand vor dem Eingriff. Bei stationären Patienten muss spätestens bei der Aufnahme durch die Ambulanz, möglichst dann aber noch einmal durch Stationsarzt bzw. Oberarzt oder Operateur aufgeklärt werden.

Statistische Untersuchungen haben ergeben, dass der „aufgeklärte" Patient schon nach Stunden nur noch Bruchteile des Aufklärungsgespräches repetieren kann. Dass er nach Monaten oder Jahren über das Aufklärungsgespräch noch verlässliche Aussagen machen kann, muss als unrealistisch angesehen werden. Diese Erkenntnis muss auch für alle folgenden Ausführungen gelten.

Der Umfang der Aufklärung muss in einem direkten Verhältnis zu Schweregrad des Eingriffes und seines Komplikationsspektrums stehen.

Dabei ist eine verständliche Erläuterung der Ziele und Durchführung bevorstehender Maßnahmen und die Darlegung typischer und häufiger Komplikationen, wie auch seltener, aber auch eventuell schwerwiegender Komplikationen zu berücksichtigen. Bei operativen wie diagnostischen Eingriffen sind ihre Grundzüge wie auch ihre Alternativen zu erläutern. Gerade das Versäumnis der Darlegung alternativer Maßnahmen gewinnt in letzter Zeit zunehmend an Bedeutung.

Auf die von den Fachgesellschaften vorgeschlagenen Formblätter sollte nicht mehr verzichtet werden, Ausführungen zu Diagnose, Behandlungsziel und Verfahren (eventuelle Skizze) muss dem Patienten über möglichst lange Zeit zum Studium und Verständnis zur Verfügung gestellt werden.

Bereits bei 1/5 aller Klageerhebungen wird direkt oder (häufiger) indirekt bemängelt:
- Ich wurde nie aufgeklärt.
- Ich wurde nur teilweise aufgeklärt.
- Ich habe das Aufklärungs- und Einverständnisformular unterschrieben, aber so nicht verstanden.
- Die Aufklärung stand unter Zeitdruck.

Nach den Erfahrungen der Schlichtungsstelle ist allerdings nur in 1/10 dieser Fälle (2% aller Schlichtungsfälle) eine haftungsbegründende Entscheidung getroffen worden.

Bei unzureichender Dokumentation der Aufklärung bzw. dem Nachweis ihres Versäumnisses mit vom Patienten behaupteter Fehlentscheidung droht dann nicht selten die Beweiserleichterung (Beweislastumkehr) mit fataler Beweisnotlage des in Anspruch genommenen Behandlers. Bis zum wahrscheinlich nicht möglichen Beweis des Gegenteiles besteht dann die Vermutung, dass die zwingend gebotene Aufklärung nicht oder nur unvollständig erfolgte.

Weiterführende Informationen sind den juristischen Ausführungen in Kapitel 16, S. 459, zu entnehmen.

Bei Erfordernis von Revisions- oder Korrektureingriffen ist erneute und besonders subtile Aufklärung zu empfehlen. Das Verständnis des Patienten für seine aber auch für die Situation des Arztes ist unabdingbare Voraussetzung für die Erhaltung des Vertrauensbonus. Die Erläuterung der Ursachen einer eingetretenen Komplikation kann nie überzeugender erfolgen als im Frühstadium. Ist die Saat eines Zweifels erst einmal aufgegangen, so ist die Kontroverse, ob zu Recht oder Unrecht, vorprogrammiert.

Die Aufklärung ist also ein elementarer Bestandteil des Behandlungsvertrages und gewinnt heute zunehmend an Bedeutung. Davon sind diagnostische Maßnahmen, auch wenn sie nur geringe Risiken beinhalten:
- erweiterte Strahlenbelastung,
- Kontrastmittelinstillationen,
- Gelenkpunktionen,
- Rückenmarkspunktionen,
- Punktionen von Körperhöhlen etc.

wie die meisten therapeutischen Maßnahmen:
- Thromboseprophylaxe, ihre Notwendigkeit oder Gründe der Unterlassung,
- risikobehaftete Arzneimittelapplikation (Corticosteroide, allergolen wirkende Mittel etc.),
- Injektionen in risikobehaftete Körperregionen (Irritation von Nerven, Gefäßen, Organen)

und selbstverständlich alle operativen Eingriffe betroffen.

Der Umfang der Aufklärung und Dokumentation muss umfassend sein, der Einwand zeitlicher Belastung ist vor dem Hintergrund denkbarer Vorwürfe und den genannten Auswirkungen irrelevant.

Eine sachliche, von Verantwortung getragene Aufklärung wird den Patienten nahezu nie zur Ablehnung der nach ärztlichem Verständnis gebotenen Maßnahmen veranlassen. Im extremen Einzelfall würde eine dahingehende Dokumentation genügen.

Der ambulant tätige und alleinig verantwortliche Arzt/Facharzt ist bezüglich der Aufklärung die letzte Instanz. Er allein hat die dargelegten Gesichtspunkte zu berücksichtigen und zu verantworten.

In der Klinik ist der leitende Arzt und sein autorisierter Vertreter verantwortlich. Er muss dem Patienten das Optimum einer Aufklärung gewährleisten und muss wissen, dass er mit Delegierung dieser Aufgabe hohes Risiko und Verantwortung übernimmt. Das Minimum der Risikoabsicherung muss die Gewährleistung der Kontrolle durch den vorgesehenen Operateur sein.

Die Qualifikation des aufklärenden Arztes wird in Analogie zur gesetzlich geforderten Qualifikation des Operateurs bzw. des ihm assistierenden Facharztes im Falle der Aufklärungsrüge in Zukunft von entscheidender Bedeutung sein. Aufklärung muss gelehrt und gelernt werden. Der Verantwortliche oder Vorgesetzte des Aufklärenden muss sicher ihrer Tragweite bewusst sein.

Aus ärztlicher Sicht erscheint ein abschließender Hinweis für den Juristen von Bedeutung. In Fällen der Aufklärungsrüge wird häufig zum Ausdruck gebracht, dass die Darstellung von Alternativen entweder unzureichend erfolgte oder unterlassen wurde.

Dies mag in einer Reihe von Fällen zutreffen. Bei dem Vorwurf wird aber überhaupt nicht berücksichtigt, dass ein Behandler in aller Regel nur eine Maßnahme, sei sie diagnostischer oder therapeutischer Natur, als die aus seiner Sicht und nach seiner Erfahrung optimalste Maßnahme ansieht. Im Aufklärungsgespräch wird es ihm deshalb keine Schwierigkeiten bereiten, die von ihm nicht bevorzugten Alternativen so zu beschreiben, dass der Patient wohl kaum eine andere Entscheidung fällen wird.

Nur unter der Voraussetzung, dass unterschiedliche Risiken oder Erfolgschancen, unterschiedliche Belastungen oder ernsthafte wissenschaftliche Kontroversen bezüglich der in Betracht kommenden Behandlungsalternativen bestehen, muss der Arzt den Patienten hierüber aufklären. Eine nur geringfügig niedrige Komplikationsrate einer anderen Behandlungsmethode begründet nicht unbedingt die Verpflichtung des Arztes, auf diese hinzuweisen.

Im ex post Wissen um eine eingetretene Komplikation bzw. einen Misserfolg zu postulieren, dass der Patient auch eine als ungünstiger dargestellte Alternative gewählt hätte, ist deshalb äußerst hypothetisch und nutzt eigentlich nur den Mangel an einer umfangreichen und kaum praktikablen Dokumentation im Aufklärungs- und Einwilligungsformular aus.

# 5 Richtlinien, Standard, Leitlinien – haftrechtliche Aspekte aus der Sicht des Arztes

Mit der 1995 an die Arbeitsgemeinschaft der wissenschaftlichen medizinischen Fachgesellschaften (AWMF) gerichteten Anregung des Sachverständigenrates für die konzertierte Aktion im Gesundheitswesen, Leitlinien für Diagnostik und Therapie zu entwickeln, hat eine äußerst kontroverse Diskussion begonnen, welche – auch nachdem heute mehr als 800 fachspezifische Leitlinien existieren – fortgeführt wird und nicht nur unterschwellig Bedenken, Unsicherheit und Besorgnisse der Ärzteschaft erkennen lässt.

Die in den letzten Jahrzehnten und ausschließlich für spezielle fachspezifische Situationen entwickelten Richtlinien und Empfehlungen der Fachgesellschaften wurden noch als sinnvoll akzeptiert, eine nunmehr ungleich präzisierte Deskription von Prozeduren und Standards aber als Einengung ärztlicher Handlungsfreiheit gesehen. Damit verbunden wurden Befürchtungen laut, dass Abweichungen von Leitlinien die ärztliche Handlung vermehrt justitiabel machen und den Kostenträgern ein verbindliches Regelwerk für die Steuerung von Budgets an die Hand geben könnte.

Hinzu kam eine verwirrende Diskussion um Definitionen der Begriffe: Richtlinien, Standards und Leitlinien, ihre Verbindlichkeit und Auswirkungen, die der Akzeptanz auch nicht gerade förderlich war.

Der seit Jahrzehnten eingebürgerte Begriff des fachärztlichen Standards, der auf wissenschaftlich fundierten Erkenntnissen und Erfahrungen basierend, dem Patienten und bei dessen Behandlung die im „Verkehr erforderliche Sorgfalt" gewährleisten sollte, schien doch ausreichend und wurde auch von der Rechtsprechung so interpretiert? Dieser „Standard" hatte allzu häufig einen sehr breiten Korridor, welcher durch unterschiedliche Lehrmeinungen (Schulen), dem schnellen Fortschritt der Wissenschaft, durch Spezialisierung aber auch durch individuelle Interpretationen geprägt wurde.

Patienten, Juristen, Kostenträger und letztlich jetzt auch noch der Gesetzgeber haben in diesem breiten Korridor einen Kritikpunkt, die Ärzte verständlicherweise den Freiraum für ihr pflichtgemäßes und gewissenhaftes Ermessen gesehen.

Unter der Voraussetzung, dass Leitlinien die fachspezifischen Standards mit ausreichendem Spielraum zwischen medizinischem Fortschritt und noch mit Sorgfalt vereinbarer Anwendung von Wissen und Erfahrung der Vergangenheit definiert werden und darüber zwischen Medizinern, Juristen und Kostenträgern Konsens erzielt werden kann, können aber Leitlinien, sofern eine transparente Fortschreibung erfolgt, kein Horrorszenario, sondern Bereicherung und Absicherung ärztlichen Handelns werden.

H. Hoffmann hat mit der Formulierung der „Leitlinien in Form von Standards" einen Weg gewiesen, der den Definitionswirrwarr entkrampfen könnte. Die Ärzteschaft hat den Standard nie bestritten, auch wenn es für ihn nur, in meist schon veralteten Lehrbüchern eine gesicherte Grundlage gab.

Eine weitere Beruhigung im Szenario könnte für die Ärzte die Feststellung von K. Ulsenheimer sein, dass die Begriffe der Richtlinie und der Leitlinie juristisch nicht definiert sind. Nach ihm knüpft der Gesetzgeber die Arzthaftung ausschließlich an die Außerachtlassung der im „Verkehr erforderlichen Sorgfalt". Hierin ist eine Reduzierung auf ein grundsätzliches Postulat der Medizin zu erkennen, das für den gewissenhaft und nach dem gültigen Stand der Wissenschaft und Technik tätigen Arzt immer verbindlich war.

Die stets nachlesbare und aktualisierte Leitlinie könnte unter diesen Voraussetzungen einen Gewinn darstellen. Sie ergänzt die heute schnell veralternden Lehrbücher, die Kenntnisse und Erfahrungen aus der Ausbildungszeit und des derzeitigen Berufslebens. Sie gestattet eine Synthese aus Erfahrung und Neuwissen und lässt juristischen und ökonomischen Fallstricken leichter begegnen.

Nach einer so erfolgten Relativierung ursprünglicher Vorbehalte bleibt letztlich die Frage der Arzthaftung im Zusammenhang mit den Begriffen: Richtlinie, Empfehlung, Standard, Leitlinie.

Empfehlungen und Standards in Form der Leitlinien sind juristisch nicht definiert. Sie können nur von der Ärzteschaft selbst und unter Beachtung des breiten Spektrums der jeweiligen Fachdisziplin sowie des Wissens und der Erfahrung ihrer Mitglieder formuliert werden. Auf der Basis gesicherten Wissensstandes dürfen (Zitat H. Hoffmann): „Leitlinien demgemäß nur Standards enthalten, die für Standardsituationen gelten und das notwendige und zweckmäßige Maß ärztlichen Handelns in Standardsituationen festlegen. Die Vielfalt der durch den individuellen Patienten variierten Krankheitsbilder fordert die ärztliche Erfahrung und die ärztliche Kunst heraus, die durch Leitlinien und Computer nicht zu ersetzen sind."

In dieser Definition ist keine Einengung der Behandlungsfreiheit zu erkennen. Nach ihr können Leitlinien verantwortungsbewusste ärztliche Tätigkeit nur konkretisieren, keinesfalls aber alle die Situation abhandeln, in denen von Sorgfalt getragene Entscheidungen dem besonderen Fall Rechnung tragen.

Unter Beachtung der im Verkehr erforderlichen Sorgfalt können auch die nicht in den Leitlinien formulierten ärztlichen Maßnahmen ihre Berechtigung finden.

Erst bei Außerachtlassung dieser Sorgfalt, sei es im Grenz- oder Risikobereich oder bei durch Leitlinien definierter Behandlung, sind haftungsrechtliche Konsequenzen zu befürchten. In bestimmten Grenzen ist der zu fordernde Standard, abhängig von technischen und personellen Möglichkeiten verschieden.

Eine Spezialklinik schuldet dem Patienten einen anderen Level des Standards als das Krankenhaus der Regelversorgung. Gleiches gilt, wenn auch immer unter der Prämisse der zu gewährleistenden Sorgfalt, für das Verhältnis Facharzt zu Allgemeinarzt.

Es bleibt zusammenfassend festzustellen, dass Standards in der Form von Leitlinien unter den Voraussetzungen einer kompetenten, die Möglichkeit des gesamten Fachbereiches berücksichtigenden Formulierung und ihrer zeitgemäßen Fortschreibung keine Fesseln für die Berufsfreiheit, sondern ein Gewinn für die Ärzteschaft darstellen können.

# 6 Der medizinische Sachverständige im Arzthaftpflichtverfahren aus Sicht des Arztes

Im Arzthaftpflichtverfahren, sei es Prozess oder Schlichtung, ist die mündliche oder schriftliche Äußerung eines beauftragten Sachverständigen oder Gutachters ein wichtiges, wenn nicht wesentliches Beweismittel.

Bei der Auswahl dieses Sachverständigen muss der Auftraggeber in ganz besonderem Maße auf Qualifikation und erwiesene Objektivität achten. Denkbare Einwände der Befangenheit sind schon im Vorfeld auszuschalten. Der beauftragte Sachverständige muss sich gerade unter diesem Gesichtspunkt einer selbstkritischen Prüfung unterziehen, da sonst auch ein vorzügliches Gutachten wertlos werden kann und der Sache somit kein Dienst geleistet wurde.

Dem medizinischen Laien und unerfahrenen Patienten, dessen Klage ja von einem Sachverständigen beurteilt werden soll, der selber Arzt ist, müssen im Interesse der Waffengleichheit diese Voraussetzungen gewährleistet und für den juristischen Vertreter nachvollziehbar sein.

Bei Übernahme eines Gutachtenauftrages von Gericht oder einem Schlichtungsgremium ist der Arzt zur Überprüfung der Vollständigkeit aller Unterlagen und Dokumente verpflichtet, bei relevanten Auslassungen sind beiden Parteien Einwände bishin zu Ablehnung des Sachverständigenbeweises möglich.

Nachfrage und Anforderungen weiterer Dokumente sind grundsätzlich an den Auftraggeber zu richten, die direkte Kontaktaufnahme mit einer der Prozessparteien birgt das Risiko des Vorwurfes der Befangenheit. Eine Delegierung des Gutachtens an nachgeordnete Ärzte muss dem Auftraggeber angezeigt werden. Es sei denn, der Auftragsempfänger ist mit seiner Unterschrift bereit, die persönliche Verantwortung für den Gutachter zu übernehmen.

So wie die ärztliche Berichterstattung für Kollegen, Behörden oder Versicherungen, gehört die Erstattung sachverständiger Vorträge oder Gutachten zur berufsimmanenten Pflicht.

Da der Auftrag als Ergebnis sorgfältiger Abwägung zu verstehen ist, darf eine Ablehnung nur aus besonderen Gründen erfolgen. Jeder Arzt sollte sich darüber im klaren sein, dass er selbst, seine oder die Handlungen von Mitarbeitern von einem Klagevorwurf betroffen sein können und er in einem solchen Fall selbstverständlich einen besonders qualifizierten und bewährten Sachverständigen verlangen würde.

Patient und Arzt sind gleichermaßen an der schnellen Klärung des Sachverhaltes interessiert. Jahrelange Verzögerungen sind quälend und kontraproduktiv. Da allein die Vorermittlungen aber auch das weitere bürokratische Procedere eines Klageverfahrens viele Monate beansprucht, sollte es vornehmste Aufgabe eines Sachverständigen sein, den erhaltenen Auftrag baldmöglichst zu entsprechen.

Die Zahl der von den Streitparteien aufgrund erwiesener Kompetenz, Gutachtererfahrung und Objektivität akzeptierter Sachverständigen ist beschränkt.

Wenn belastete Chefärzte oder Ordinarien ein bis zwei Monate keine Zeit finden, die erforderlichen sechs bis acht Stunden für die Auftragserfüllung aufzubringen, so ist dies im Gegensatz zum Fall einer Delegierung an nachgeordnete Mitarbeiter noch nachvollziehbar. Verzögerungen von mehr als drei Monaten sind dann aber, trotz steigender Zahl von Gutachtenanforderungen und zunehmender Verwaltungsarbeit auch nachgeordneter Ärzte, nicht mehr vertretbar. Die gelegentlich nicht ausschließbare Absicht, mit zögerlicher Bearbeitung eines Auftrages eventuelle Folgeaufträge hinauszuzögern bzw. zu verhindern, wäre dann auch unkollegial und widerspräche unserer Berufsordnung.

Ein ganz wichtiges Anliegen von Gerichten oder Schlichtungsgremien ist die Beachtung grundsätzlicher Prinzipien der Gutachtenerstattung. Bei erfahrenen Gutachtern erfolgt diese in Didaktik und Gliederung so überzeugend, dass der umstrittene Sachverhalt und die wissenschaftlich begründete Bewertung für den Leser, hier den Auftraggeber, und die Streitparteien eindeutig erkennbar wird.

Leider gibt es aber auch Gutachten, bei denen die Sachverhaltsdarstellung von allgemeinen wissenschaftlichen Erörterungen unterbrochen wird oder ausführliche unnötige Wiederholungen erfolgen, welche den Gesamteindruck stören, manchmal sich in Einzelpunkten sogar widersprechen.

Gewundene Formulierungen bei der abschließenden Bewertung, nicht selten in schwer deutbaren Schachtelsätzen, signalisieren Entscheidungsunsicherheit. Die Sprache der Wissenschaft ist kurz und prägnant. Bewertungen müssen schlüssig und in folgerichtigen Sätzen erfolgen. Andernfalls sind Nachfragen und Einwände vorprogrammiert.

Der Gutachter muss sich laienverständlicher Formulierungen bedienen, unvermeidbare Fachausdrücke sind zu erläutern. Bei der abschließenden Bewertung sollte er sich ausschließlich auf die Fragestellung beschränken. Eine eventuelle Bewertung der Behandlung durch nicht in Anspruch genommene Ärzte ist zu unterlassen.

Die Berücksichtigung der beiderseitigen Standpunkte muss im Gutachten erkennbar sein. Juristische Wertungen sind zu vermeiden, sie gehören nicht zum originären Wissen des Mediziners und müssen dem Juristen überlassen bleiben.

Von besonderer Bedeutung für die medizinische Bewertung ist die strikte Einhaltung einer Sicht ex ante. Die Maßnahmen und Handlungen des in Anspruch genommenen Arztes müssen unter den Voraussetzungen der damals gegebenen Situationen, des damals gültigen Standards und der im konkreten Fall gewährleistbaren Ansprüche bewertet werden. Dabei kann im Einzelfall sehr wohl zwischen Universitätsklinik, Fachklinik oder niedergelassenem Arzt unterschieden werden. Grundlage aller Erwägungen ist der nach Sachlage zu gewährleistende Standard und Einhaltung der im Verkehr erforderlichen Sorgfalt.

Erkenntnisse und Lehrmeinungen, die nach dem Zeitpunkt des behaupteten Fehlers Gültigkeit bekommen haben, dürfen nicht berücksichtigt werden. Dahingehende Literaturangaben sind wertlos. Nur unter dieser Sicht darf der Sachverständige die Frage nach einem Behandlungsfehler und dessen Qualifizierung als groben oder leichten Verstoß vornehmen und den Zusammenhang zwischen Fehler und Schaden begründen oder verneinen.

Die Missachtung oder Unkenntnis dieser Prinzipien mindert den Wert und die Aussagekraft eines Gutachtens ganz entscheidend, führt zu Nachfragen und Einwänden und damit oft zu mehrmonatiger Verzögerung des Verfahrens. Zumindest nach den Erfahrungen der Schlichtungsstelle lässt sich feststellen, dass auch hochrangigen Fachvertretern diese Prinzipien teilweise nicht geläufig sind und sie damit ihren Sachverstand nur unvollkommen vermitteln können.

Unter Berücksichtigung dieser grundsätzlichen Gesichtspunkte empfiehlt sich eine Gliederung der gutachterlichen Äußerung etwa wie folgt:
Darstellung des Auftrages, eventuell Auflistung der zur Verfügung gestellten Unterlagen
kurze Darstellung des Klageinhaltes und eventueller Gegendarstellung der Beklagtenseite
Behandlungsverlauf: geraffte Darstellung des zeitlichen Ablaufes der für die Beurteilung wesentlichen Fakten (diagnostische und therapeutische Maßnahmen und deren Ergebnisse, Verlaufsbefunde, Behandlungsmaßnahmen vor- und nachbehandelnder Ärzte, Ergebnisse eventuell persönlich vorgenommener Untersuchung)
kurze Epikrise
falls erforderlich, wissenschaftliche Ausführungen zum Problemkreis mit Literaturangaben
Beantwortung der gestellten Fragen mit jeweils kurzer Begründung unter Berücksichtigung des Vorwurfschreibens
Literatur

# TEIL II:
# Fälle aus der Praxis der Schlichtungsstelle

# 1 Einleitung

Wesentliches Anliegen dieser Publikation ist eine umfangreiche Darstellung typischer Haftpflichtfälle des unfallchirurgischen und orthopädischen Fachgebietes sowie der rechtlichen Aspekte des Arzthaftpflichtverfahrens.

Die für den Deutschen Sprachraum typische Überlappung in den Fachbereichen gestattete, auch mit dem Ziel besserer Übersichtlichkeit, ein fachübergreifendes Gemenge von Falldarstellungen vornehmlich in anatomischer Systematik.

Wenn dabei Grenzbereiche, wie die Neurochirurgie, die Plastische Chirurgie, die Gefäßchirurgie und die Viszeralchirurgie, Grenzbereiche, in denen der Traumatologe und Orthopäde ebenfalls im Risiko des Haftpflichtschadens stehen können, nur randständig einbezogen werden, so sei dies mit der strikten Arbeitsteilung im Schlichtergremium und mit dem Bestreben erklärt, einen möglichst umfassenden Überblick über die typischen Fehlerquellen der beiden genannten Fachgebiete geben zu wollen.

Die Bescheide der Schlichtungsstelle sind niemals Urteile, sondern Vorschläge zur Regulierung und Hilfestellung um unerfreuliche risikoreiche Auseinandersetzungen vor Gericht zu vermeiden.

Sie mögen in Einzelfällen auch Ausdruck der gerade im medizinischen Bereich möglichen unterschiedlichen Sichtweise sein und sollen nur das Vehikel darstellen, um die Tücken und Fallstricke unseres medizinischen Alltages in Erinnerung zu bringen.

Dass ausschließlich eine Auswahl der für Ärzte bzw. Kliniken negativ ausgegangenen Fälle dargestellt wurde, erklärt sich aus dem Anliegen dieses Buches.

Wenn der eine oder andere Leser im Einzelfall eine persönliche Betroffenheit erkennen sollte, so möge er dies unter vorstehendem Gesichtspunkt sehen und auch bei eventuell gerechtfertigter Beharrung auf eigene Schuldlosigkeit die grundsätzliche Zielsetzung, nämlich die Sensibilisierung jedes Einzelnen für die Erkennung von Risiken und Gefahren unseres beruflichen Alltags sehen. Dies gilt auch für die überwiegend richtigen Entscheidungen und Behandlungen, die ungerechtfertigt in Kritik gelangen. Eine Kritik, der man in Analyse der dargestellten Fälle mit vorausschauender Dokumentation, Kommunikation sowie Aktion vorbeugen kann.

Wenn auch nur einer der vorgestellten Fälle für den Leser zu irgendeinem Zeitpunkt seines Berufslebens dazu beiträgt, ein einziges und jeden gewissenhaften Arrzt belastendes Haftpflichtverfahren zu vermeiden, so würde das diese Publikation bereits rechtfertigen.

Die denkbare Kritik, dass diese beim derzeitigen Stand der Medienbeeinflussung und einer zunehmenden Zahl sachkompetenter Juristen zur Auswucherung der Beschwerdeflut führen könnte, kann in Anbetracht der Präsenz von Leit- und Richtlinien, medizinischem Standard und Qualitätsnormen nicht greifen.

Zur Erleichterung des Zugriffs für Interessierte an einem speziellen Thema wurden 156 Fälle nach einem vertikalen anatomischen System (kranial-kaudal) gegliedert.

# 2 Falldarstellungen

## 1

**Übersehene Kopfplatzwunde**
Zeitverlust, zusätzlicher stationärer Aufenthalt,
zusätzlich Korrekturoperationen

**Krankheitsverlauf:** Die damals 74-jährige Patientin zog sich bei einem Verkehrsunfall am 25.8.1999 neben zahlreichen Körperprellungen zwei Kopfplatzwunden zu. Sie wurde wenig später in das in Anspruch genommene Krankenhaus eingeliefert. Dort wurde eine links neben der Mittellinie und in Stirnmitte beginnende und in den behaarten Kopf nach hinten ziehende 15 cm lange, stark blutende Wunde erkannt und chirurgisch versorgt. Bei ungestörter Wundheilung wurde die Patientin am 2.9.1999 in ambulante Behandlung entlassen. Sie bemerkte zwei Tage später immer noch Sekretabflüsse an der Stirnhaargrenze und bei genauerer Untersuchung eine weitere und bisher nicht erkannte unversorgte Kopfplatzwunde. Noch am selben Tage erfolgte die stationäre Aufnahme im gleichen Krankenhaus. Etwa 6–7 cm von der primär erkannten und versorgten Wunde entfernt fand sich, allerdings ausschließlich im behaarten Kopf liegend eine weitere klaffende, mit schmierigem Sekret belegte Wunde von etwas mehr als Daumenendgliedgröße. Diese Wunde wurde ausgeschnitten und zunächst mit adaptierenden Nähten versorgt. 9 Tage später war spannungslose Sekundärnaht möglich. Die Patientin wurde am 17.9. in ambulante Behandlung entlassen.

In einem Schreiben an die Schlichtungsstelle führte sie Klage über unzureichende Erstversorgung und daraus resultierende Nachteile wie Zeitverlust, Nachoperationen und nochmaliger stationärer Aufenthalt.

Die in Anspruch genommene Klinik wendete ein, dass es aufgrund der massiven Blutdurchtränkung des Haupthaares ohne eine nicht gerechtfertigte weiterreichende Rasur nicht möglich gewesen sei, diese zweite Wunde zu erkennen und wies den Vorwurf eines Versäumnisses zurück.

**Beurteilung der Schlichtungsstelle:** Beim Vorliegen einer unübersehbaren klaffenden großen von Stirn bis in den behaarten Kopf reichenden Platzwunde ist es naheliegend, einen isolierten Befund anzunehmen und die Blutverschmutzung eines großen Teil des Haupthaares dieser Verletzung anzulasten.

Eine solche Annahme ist aber keine Gewissheit. Die laut stillschweigendem Behandlungsvertrag übernommene Verpflichtung zu sorgfältiger Abklärung muss wie im Fall der Fremdkörperinkorporation alle geeigneten Mittel zur Anwendung bringen lassen, um Begleitverletzungen auszuschließen. Auch wenn ausgedehnte Blutverkrustungen im Haupthaar vorliegen, müssen unter Gewährleistung der genannten Sorgfaltspflicht Maßnahmen ergriffen werden, um eine weitere Kopfplatzwunde auszuschließen. Dies ist durch Waschen, Kämmen und digitale Untersuchung möglich. Eine vorbeugende Rasur ist dabei nicht zu fordern bzw. nicht erforderlich.

Wer diese absichernde Untersuchung unterlässt, geht das Risiko ein, eine weitere Wunde und event. daraus resultierende Komplikationen zu übersehen. Dies kann nicht als schicksalhaft oder unvermeidbar entschuldet werden.

Nach Ansicht der Schlichtungsstelle ist es bei der Patientin infolge unzureichender Erstuntersuchung zu einer Verlängerung der Behandlungszeit von drei Wochen, zu zusätzlichem stationären Aufenthalt von zwei Wochen und zwei zusätzlichen Operationen mit den einhergehenden Beschwerden gekommen. Ansprüche wurden unter diesem Gesichtspunkt als gerechtfertigt angesehen.

**Fazit:** Auch bei scheinbar klarem Sachverhalt einer isolierten Kopfplatzwunde muss eine begleitende Nachbarschaftswunde im behaarten Kopf ausgeschlossen werden. Dies ist auch mit geringer Mühe möglich. Das Versäumnis einer solchen Abklärung ist, so wie der nicht erfolgte und nicht dokumentierte Ausschluss einer Fremdkörperinkorporation als fehlerhaft anzusehen. Ohne Dokumentation ist davon auszugehen, dass an eine Begleitverletzung nicht gedacht wurde. Im Falle schwerer Kopfanprallverletzungen muss grundsätzlich an weitere Verletzungen gedacht werden.

## Blockierung im Bereich C1 links
## Chirotherapeutische Manipulationen der HWS
Dissektion der Arteria vertebralis mit Kleinhirninfarkt

**Krankheitsverlauf:** Am 8.5. suchte die 32-jährige Patientin erstmals einen Facharzt für Orthopädie aufgrund einer Überweisung ihres Hausarztes auf. Es bestanden seit etwa 14 Tagen akut beginnende Nackenkopfschmerzen links stärker als rechts mit Ausstrahlung in den Hinterkopf und gelegentlichem Augenflimmern. Bisherige Behandlungen mit Wärmeanwendung, nicht steroidalen Antirheumatika und Massagen hatten keine Besserung gebracht. Der behandelnde Facharzt für Orthopädie schreibt später, dass an diesem Tag klinisch eine eindeutige Blockierung im Bereich C1 links bestanden habe, die durch Druckschmerz über dem Querfortsatz von C1 links mit Schmerzen über dem Irritationspunkt C1 sowie deutlicher Rechtsrotationsempfindlichkeit über C1 imponiert habe. Neurologische Ausfallserscheinungen in den Armen oder im Bereich der Hirnnerven hätten nicht bestanden.

In der Dokumentation ist lediglich eine eingeschränkte Kopfgelenkbeweglichkeit mit Blockierung C1 links vermerkt bei ansonsten unauffälligem Befund. Weitere Angaben fehlen, ebenso weitere diagnostische Maßnahmen, vor allem im Sinne von Röntgenaufnahmen der HWS. Therapeutisch erfolgte nach den späteren Ausführungen des behandelnden Facharztes für Orthopädie nach der Chirodiagnostik ein schmerzfreier Probezug. Daran habe sich lediglich eine Manipulation angeschlossen, bei der ein Impuls von ca. 10–20% der Kraft der vorher angelegten Vorspannung gesetzt wurde. Es sei keinesfalls eine Gewaltanwendung erfolgt, vielmehr habe er als Therapeut versucht, mit eigener innerer Ruhe und Beruhigung der Patientin eine Entspannung herbeizuführen, die die Chirotherapie erst richtig ermögliche. Im Anschluss an die Therapie sei die Beweglichkeit der Halswirbelsäule unauffällig gewesen. Die Patientin wurde mit dem Rat entlassen, in den nächsten zwei bis drei Tagen Wärme anzuwenden, die Schmerzen im Nacken zu beobachten und sich eventuell nochmals vorzustellen. Eine derartige Wiedervorstellung erfolgte nicht.

Die Patientin berichtet, dass sie im Verlaufe der Untersuchung und Behandlung erhebliche Schmerzen gehabt habe, dieses habe auch der behandelnde Arzt bemerkt und schließlich die Behandlung deshalb abgebrochen. Zwei Tage später traten massive Drehschwindel nach links auf mit anhaltendem Erbrechen. Der benachrichtigte Hausarzt veranlasste eine Einweisung in die benachbarte neurologische Universitätsklinik. Hier wurde nach entsprechender Untersuchung die Diagnose eines frischen Kleinhirninfarktes gestellt infolge einer Dissektion und Verschluss der rechten Vertebralarterie.

Die Patientin war der Ansicht, dass dieser schwerwiegende Krankheitsverlauf durch eine fehlerhafte Chirotherapie verursacht sei.

Der in Anspruch genommene Facharzt für Orthopädie führt erneut aus, dass er lediglich einen schmerzfreien Probezug durchgeführt habe mit anschließender Manipulation ohne jede Gewaltanwendung. Auf eine Röntgenuntersuchung der Halswirbelsäule habe er wegen der damit verbundenen Strahlenbelastung unter Berücksichtigung des Lebensalters der Patientin verzichtet. Ein ursächlicher Zusammenhang der Carotisdissektion mit den chirotherapeutischen Maßnahmen wird strikt abgelehnt.

**Gutachterliche Beurteilung:** Der externe Gutachter kritisiert zunächst die völlig unzureichende Dokumentation. Dieses betreffe sowohl die Anamneseerhebung, die klinische und röntgenologische Diagnostik, die Differentialdiagnostik, die Risikoausschlussdiagnostik und schließlich in Bezug auf die durchgeführten Maßnahmen Angaben über die genaue Manipulationstechnik sowie das behandelte Segment an der Halswirbelsäule und schließlich eine fehlende Aufklärung vor der Maßnahme.

Der Gutachter führt weiterhin aus, dass bei jungen Frauen mit länger andauernder unklarer Schwindelanamnese, rezidivierenden Nackenschmerzen eventuell in Verbindung mit plötzlich einschießenden halbseitigen Hinterkopfschmerzen für eine Manipulation an der Halswirbelsäule eine relative Kontraindikation bestehe. Vorausgehend müsse auf jeden Fall die Erhebung einer Anamnese und einer entsprechenden klinischen und röntgenologischen Diagnostik. Dieses sei zu dokumentieren. Gleiches gelte für die durchgeführten manualtherapeutischen Maßnahmen. Es sei aus der Literatur bekannt, dass chirotherapeutische Manipulationen im Bereich der Halswirbelsäule vor allem wenn sie rotatorischer Art seien und bis in die Endstellung reichen, gefährlich seien. Sie könnten zu Dissektionen der Vertebralarterie und damit zu schweren lebensbedrohlichen Insulten und bleibenden Infarkten im vertebrobasilären Versorgungsgebiet führen. Deshalb sei auch eine angemessene Risikoaufklärung unverzichtbar.

Weiterhin wird ausgeführt, dass bei derartigen Beschwerden vor einer Manipulation ein diagnostischer Probezug durchzuführen sei. Die Manipulation an der Wirbelsäule dürfe nur am entspannt und korrekt gelagerten Patienten nach dem Probezug und nur aus gehaltenem Tiefenkontakt und gehaltener Vorspannung mit einem schnellen Impuls geringer Kraft und kurzem Weg durchgeführt werden. Eine sich verstärkende Nozinreaktion und auftretende Schmerzen müssten zum Abbruch des Behandlungsversuches führen.

Moniert wird zunächst die völlig unzureichende Dokumentation, aus der sich keine Informationen zu dem aktuellen Befund ergeben. Die vorherige Anfertigung von entsprechenden Röntgenaufnahmen sei unverzichtbar. Das Argument, hier eine Strahlenbelastung vermeiden zu wollen, sei nicht akzeptabel. Die erhobenen Befunde im Rahmen der Chirodiagnostik und die durchgeführte Manipulationstechnik müssten zeitnah ausreichend dokumentiert und nachvollziehbar sei. Schließlich dürfe auf eine angemessene Aufklärung nicht verzichtet werden, da es sich bei den Dissektionsverletzungen der Halsgefäße um ein betont spezifisches und typisches, wenn auch sehr seltenes, Risiko handele. Diskutiert wird weiterhin die Möglichkeit einer Spontandissektion, die sich jedoch im vorliegenden Fall nicht mit ausreichender Wahrscheinlichkeit erkennen lasse.

**Beurteilung der Schlichtungsstelle/Fazit:** Den Bewertungen des Gutachters wird zugestimmt. Vor derartigen chirotherapeutischen Maßnahmen sind befundangemessen Anamneseerhebung und Voruntersuchungen einschließlich Röntgendiagnostik durchzuführen und zeitnah zu dokumentieren. Die genaue Manipulationstechnik muss nachvollziehbar ebenfalls zeitnah dokumentiert werden. Auch seltene Komplikationen sind angemessen zu berücksichtigen und gerade unter solchen Voraussetzungen ist eine entsprechende Dokumentation einschließlich einer situationsgerechten Aufklärung unerlässlich.

## 3

**Oberes HWS-Syndrom, Chirotherapie**
Keine Röntgendiagnostik, Os odontoideum nicht erkannt

**Krankheitsverlauf:** Der 28-jährige Patient litt seit mehreren Jahren unter Beschwerden seitens der Halswirbelsäule. Deshalb wurden mehrfach konservative Behandlungen sowohl hausärztlicherseits als auch von einem Facharzt für Chirurgie durchgeführt. Insbesondere kamen physikalische Maßnahmen mit Ultraschall, Extensionen und Krankengymnastik zur Anwendung. Im Rahmen dieser Behandlungen wurde eine Röntgenuntersuchung der Halswirbelsäule veranlasst. In dem Bericht heißt es: Im AP-Bild erscheint der Dens nur stummelförmig, eine Artikulation des Kopfgelenkes dürfte daher gestört sein.

Wegen anhaltender Beschwerden erfolgte die Überweisung zu einem Facharzt für Orthopädie mit der Zusatzbezeichnung Chirotherapie. Auf dem Überweisungsschein ist vermerkt: „Bitte um therapeutische Hilfe". Die entsprechende fachorthopädische Untersuchung erfolgte am 20.3. Dokumentiert sind Schmerzen im Bereich der linken Hals- und Schulterseite. Kein Unfall. Kopf frei beweglich, aktiv und passiv. Neurologisch oB. Kein Nystagmus. Keine sensiblen oder motorischen Ausfälle. Verdacht auf segmentale Bewegungseinschränkung an den Kopfgelenken. Zur durchgeführten Chirotherapie heißt es: Prüfung der Seitenlage in Neutralstellung ohne Kopfrotation. Im Segment C1/2 beiderseits wird durch wiederholte Seitenneigung diese Maßnahme in eine Behandlung überführt. Weitere Angaben fehlen.

Die zuvor andernorts angefertigten Röntgenaufnahmen der Halswirbelsäule bzw. der schriftliche Befund lagen zum Zeitpunkt dieser Maßnahme nicht vor. Der behandelnde Facharzt für Orthopädie schreibt hierzu: „Es wurde versäumt, die Aufnahmen der HWS anzufordern und zu begutachten, in der Absicht, sofort helfen zu wollen". Der Patient begab sich nach der Behandlung nach Hause, legte sich dort auf ein Sofa, da sehr starke Nackenschmerzen in Verbindung mit Luftknappheit und Taubheitsgefühl im linken Arm auftraten. Deshalb wurde er von Bekannten in ein benachbartes Krankenhaus gebracht. Dort erfolgte unverzüglich eine weitergehende Diagnostik mit Röntgen- und Magnetresonanztomographie.

Es fand sich ein nach kranial disloziertes Os odontoideum. Die Achse des Os odontoideum war nach ventral geneigt mit direktem Kontakt zum vorderen Atlasbogen. Mäßige Einengung des ventralen Subarachnoidalraumes. Keine neurologischen Ausfallserscheinungen.

Der Patient wurde kurzfristig in eine neurochirurgische Klinik weiterverlegt. Dort wurde zunächst ein Halo-Fixateur angelegt, sechs Tage später erfolgte die operative Stabilisierung des Os odontoideum unter Einbringung eines Beckenkammspanes. Der postoperative Verlauf war komplikationslos. Mehrmonatige Fixierung des Kopfes erst im Halo, später durch eine Halskrawatte.

Der Patient war der Ansicht, dass diese Komplikation mit den deshalb notwendigen umfangreichen Behandlungsmaßnahmen die Folge einer fehlerhaften Chirotherapie sei.

Der behandelnde Facharzt für Orthopädie räumt ein, dass versäumt wurde, vor der Chirotherapie vorhandene Röntgenaufnahmen der Halswirbelsäule anzufordern oder selbst Kontrollaufnahmen anzufertigen. Er habe lediglich eine Mobilisation ohne Impuls durchgeführt.

**Gutachterliche Beurteilung:** Der externe Gutachter nimmt zunächst allgemein Stellung zur Indikation für die Durchführung einer manuellen Therapie. Hierzu bedürfe es zunächst einer exakten klinischen Untersuchung mit entsprechender zeitnaher Dokumentation. Die klinische Untersuchung müsse durch bildgebende Verfahren, primär durch konventionelle Röntgenaufnahmen, vervollständigt werden, um Kontraindikation für eine manuelle Therapie auszuschließen. Das Vorliegen eines Os odontoideum gehöre zu den eindeutigen Kontraindikationen jeder Form der manuellen Therapie.

Als fehlerhaft werden außer der mangelhaften Dokumentation des klinischen Befundes und der durchgeführten chirotherapeutischen Maßnahmen der Verzicht auf eine Röntgenuntersuchung bezeichnet. Die Angabe seitens des behandelnden Arztes, hier chirotherapeutisch eingegriffen zu haben in der Absicht helfen zu wollen, sei in diesem Zusammenhang nicht akzeptabel. Anhand der zuvor angefertigten Röntgenaufnahmen im Vergleich mit den Bildern nach der Chirotherapie weist der Gutachter nach, dass es durch diese Maßnahme zu einer Dislokation des Os odontoideum gekommen ist. Dadurch ergab sich die absolute Operationsindikation. Ein Os odontoideum an sich stelle keine absolute Operationsindikation dar, es handele sich um eine angeborene Fehlbildung.

**Beurteilung der Schlichtungsstelle:** Den Bewertungen des Gutachters wird zugestimmt. Vor einer Chirotherapie sind die klinischen Befunde zeitnah zu dokumentieren. Zusätzlich ist insbesondere bei Störungen im Bereich der oberen Halswirbelsäule eine Röntgenuntersuchung unverzichtbar. Die Diagnose eines Os odontoideum ist zweifelsfrei durch eine entsprechende Röntgenuntersuchung der oberen Halswirbelsäule zu stellen. Übereinstimmend wird diese angeborene Fehlbildung als eindeutige Kontraindikation chirotherapeutischer Maßnahmen bezeichnet. Deshalb müssen die Folgen dem behandelnden Arzt zur Last gelegt werden, hier die Dislokation des Os odontoideum mit der daraus sich ergebenden absoluten Operationsindikation.

**Fazit:** Vor jeder chirotherapeutischen Maßnahme, ganz besonders im Bereich der Halswirbelsäule ist eine vorherige röntgenologische Untersuchung eine Conditio sine qua non.

## 4

**Unzureichende Diagnostik nach HWK-Luxationsfraktur**
Zeitverlust, langanhaltende Beschwerden

**Krankheitsverlauf:** Die damals 52-jährige Patientin erlitt am 18.4.1995 eine schwere Distorsionsverletzung der Halswirbelsäule, die wenig später zu stationärer Aufnahme in dem in Anspruch genommenen Krankenhaus führte. Dort wurde auf Röntgenaufnahmen die Fehlstellung im Bewegungssegment C4/C5 nachgewiesen und auch ein Deckplatteneinbruch diskutiert. Die Behandlung bestand in Schmerzmittelgabe und Verordnung eines stabilisierenden Kragenverbandes. 8 Tage später erfolgte die Entlassung mit der Maßgabe weiterer krankengymnastischer Nachbehandlung. Bleibende Beschwerden führten am 10.5.1995 zur Untersuchung andernorts. Die computertomographische Untersuchung ließ einen Vorderkantenabbruch am 4. Halswirbelkörper und Einrisse am hinteren stabilisierenden Gelenkband nachweisen. Unter der Diagnose einer Teilluxation im Bereich des 4. Halswirbelkörpers wurde dann eine operative Stabilisation vorgenommen.

Die Patientin beklagte unzureichende Diagnostik bzw. fehlerhafte Auswertung primär gefertigter Röntgenaufnahmen.

**Gutachterliche Beurteilung:** Der von der Schlichtungsstelle eingeschaltete Gutachter gelangte zu der Feststellung, dass bereits die ersten Röntgenuntersuchungen – insbesondere unter Berücksichtigung des Unfallherganges – die Diagnose einer Teilverrenkung stellen lassen mussten. Weitergehende Untersuchungen, wie z.B. Computertomographie, wären unerlässlich gewesen. Sie hätten die Verzögerung adäquater therapeutischer Maßnahmen verhindern können.

Diese Verzögerung adäquater Therapie von mehreren Wochen mit Verlängerung der Schmerzphase sei als Folge fehlerhaften Handelns anzusehen. Glücklicherweise sei es nicht zu Ausfallserscheinungen gekommen. Nach adäquater operativer Therapie sei der Verlauf zuletzt dann adäquat gewesen.

**Beurteilung der Schlichtungsstelle:** Die erlittene Teilverrenkung im Bewegungssegment der Halswirbelsäule C4/C5 ist als Folge des Sturzes vom 18.4.1995 anzusehen. Eine korrespondierende Vorderkantenabbruchverletzung und diese Teilverrenkung wurden nach Erstuntersuchung zwar diskutiert, in ihrer Tragweite aber nicht ausreichend gewürdigt. Die eingeleiteten diagnostischen Maßnahmen und Behandlungsmaßnahmen waren unzureichend.

Es ist daraus resultierend zu einer Verzögerung in der Behandlung und einer Verlängerung der Schmerzphase gekommen. Die Schlichtungsstelle hielt insoweit Schadenersatzansprüche für begründet und empfahl die Frage außergerichtlicher Regulierung zu prüfen. Darüber hinausgehende weitere Folgen waren nicht zu beweisen

**Fazit:** Die korrelierende Bewertung klinischer und röntgenologischer Befunde unter Einbezug des Verletzungsmechanismusses ist insbesondere bei Verletzungen schwierig deutbarer Skelettabschnitte zwingend vorgeschrieben. Wegen Möglichkeiten der Fehldeutung ist der Einbezug hochleistungsfähiger bildgebender Verfahren erforderlich. Bei Versäumnissen besteht das Risiko unnötig verlängerter Schmerzphase und ggf. unzureichenden Erfolges späterer Korrekurmaßnahmen.

## 5

**Polytrauma, Brustwirbelkörperfraktur und Speichenbruch**
Unzulängliche Diagnostik der Wirbelsäule,
unzureichende Röntgenkontrollen nach Speichenbrucheinrichtung,
Fehlstellung der Speiche, zusätzliche Korrekturoperation

**Krankheitsverlauf:** Der damals 28-jährige Patient hat am 12.5.1997 bei einem Motorradunfall ein schweres Hirntrauma, eine Stauchung der Halswirbelsäule, einen Bruch des 11. Brustwirbelkörpers und einen handgelenksnahen linksseitigen Unterarmbruch erlitten. Er wurde wenig später in das in Anspruch genommene Kreiskrankenhaus eingeliefert. Dort ließen computertomographische Untersuchungen eine Gehirnschwellung nachweisen, die Halswirbelsäule zeigte keine Verletzung. Der Unterarmbruch wurde eingerichtet und mit Kunststoffschale immobilisiert. Es war über mehrere Tage Intensivbehandlung mit künstlicher Beatmung erforderlich. Erst danach fiel eine Schwäche des rechten Armes und der Hand auf, die nach neurologischem Konsil auf eine Arm-Nerven-Geflechtszerrung zurückgeführt wurde.

Es bestanden auch weiterhin zusätzlich neurologische Ausfallserscheinungen (Desorientierung und Blasen-Mastdarm-Schwäche), sodass am 6.6.1997 die Verlegung in eine nahegelegene Reha-Klinik erfolgte. Wegen der geklagten Rückenschmerzen wurden dort Röntgenaufnahmen der Brustwirbelsäule gefertigt und ein bisher nicht diagnostizierter Zusammendrückbruch des 11. Brustwirbelkörpers nachgewiesen. Da inzwischen 4 Wochen vergangen waren, wurde zunächst der Versuch unternommen, mit einem Korsett zu behandeln.

Am 26.6. wurde der Unterarmgipsverband abgenommen, es fand sich ein ausgedehntes schmieriges Druckgeschwür auf der Ellenseite des Handgelenks und eine schon äußerlich erkennbare Abkippstellung des Radius nach speichenwärts. Röntgenaufnahmen ließen dies bestätigen. Es lag des weiteren eine Einstauchung des Bruches vor. Der Patient wurde nun in das in Anspruch genommene und erstbehandelnde Krankenhaus zurückverlegt und dort am 3.7. eine operative Revision des bis auf den Knochen reichenden Weichgewebsinfektes vorgenommen. Am 17.7.1997 erfolgte die Verlegung in die nahegelegene Universitätsklinik. Dort wurde am 24.7. nach eingetretener Wundheilung eine Umstellungsosteotomie am linken Unterarm und am 5.8.1997 eine Aufrichtungsoperation an der Brustwirbelsäule vorgenommen.

Der Patient war der Ansicht, dass die Versorgung der Unterarmfraktur unzureichend war bzw. dass nicht erfolgte Röntgenkontrollen zu einer Fehlstellung, zu einem Druckgeschwür und zur Notwendigkeit weiterer Operationen (Sanierungsoperationen und Umstellungsoperation) führten. Man habe weiterhin den Bruch des 11. Brustwirbelkörpers durch unzureichende Diagnostik übersehen. Auch sei es zu zeitlicher Verzögerung und zu damit einhergehenden Beschwerden gekommen.

**Gutachterliche Beurteilung:** Der von der Schlichtungsstelle eingeschaltete Gutachter stellte fest, dass die Wirbelkörperfraktur durch diagnostische Versäumnisse übersehen wurde. Bei einem bewusstlosen, polytraumatisierten Patienten nach einem Motorradunfall hätte an eine solche Begleitverletzung gedacht werden müssen. Mit den entsprechenden Maßnahmen hätte die Fraktur frühzeitig zur Darstellung gebracht und eventuell zur gebotenen operativen Stabilisation geführt.

Aus Mangel an Röntgendokumenten sei nicht sicher zu entscheiden, wann es zur Fehlstellung des linksseitigen Speichenbruches gekommen sei. Bereits das Verletzungsausmaß hätte als Alternative eine operative Stabilisierung diskutieren lassen. Auch wenn nach der Krankenblattdokumentation am 7. und 13. Tag nach Brucheinrichtung gute Stellung bestanden haben sollte und damit auch der Erfolg konservativer Behandlung nicht auszuschließen war, hätten weitergehende Kontrollen vorgenommen werden müssen. Dies sei in den letzten zwei Wochen des stationären Aufenthaltes unterblieben. Die Möglichkeit der Korrektur ohne Operation sei deshalb verstrichen. Es sei zu einem Druckgeschwür wegen Fehlstellung gekommen. Auch die Rehaklinik habe einen gewissen Schuldanteil, da man erst drei Wochen nach Übernahme der Behandlung eine erste Röntgenkontrolle vorgenommen habe.

Nach Ansicht des Gutachters waren zwei zusätzliche Operationen am Unterarm und eine zeitliche Verzögerung von annähernd drei Monaten als Folge von Versäumnissen anzusehen. Die Wirbelkörperfraktur hätte nicht unbedingt operativer Behandlung zugeführt werden müssen. Die verzögerte Diagnosestellung habe bei frühzeitig einsetzender Mobilisation aber sicher zu zusätzlichen Beschwerden geführt.

**Beurteilung der Schlichtungsstelle:** Bezüglich der Mitverantwortung der Reha-Klinik war die Schlichtungsstelle einschränkend der Ansicht, dass die Übernahme der Behandlung erst knapp vier Wochen nach Erstversorgung erfolgte und zu diesem Zeitpunkt mit an Sicherheit grenzender Wahrscheinlichkeit die Fehlstellung des distalen Unterarmbruches bereits vorgelegen habe, wahrscheinlich auch das Druckgeschwür. Das Ausmaß desselben sei allerdings durch weiteres Zuwarten über drei Wochen sicher verschlimmert worden. Aber auch bei frühzeitigerer Kontrolle in der Reha-Klinik hätte man aufgrund der fachlichen Qualifikation dieser Institution und nach Übernahme des Behandlungsergebnisses einer namhaften Unfallabteilung eine zu erkennende Fehlstellung wahrscheinlich als schicksalhaft hingenommen. Erst die bei Gipsabnahme offenkundige Weichteilentzündung war Anlass zur Rückverlegung.

Nach Ansicht der Schlichtungsstelle war nicht belegbar, dass eine frühzeitigere Diagnosestellung in der Rehaklinik den Behandlungsablauf dann noch wesentlich beeinflusst hätte.

Die diagnostischen Versäumnisse in der in Anspruch genommenen erstbehandelnden Klinik haben damit wesentlich zu der Verzögerung in der Behandlung von annähernd drei Monaten, zu zwei zusätzlichen unnötigen operativen Eingriffen und zu den, mit diesen Verzögerungen verbundenen Beschwerden beigetragen.

Der von der in Anspruch genommenen Klinik vorgebrachte Einwand bzw. Hinweis auf den Schweregrad der Verletzungen ließ an diesen Feststellungen keine Einschränkungen zu. Die endgültig verbliebenen Beeinträchtigungen waren dann aber mit überwiegendem Anteil dem Schweregrad der ursprünglich erlittenen Verletzung anzulasten. Die Schlichtungsstelle hielt insoweit Schadenersatzansprüche für begründet und empfahl, die Frage einer außergerichtlichen Regulierung zu prüfen.

**Fazit:** Beim bewusstlosen und polytraumatisierten Patienten sind die Anforderungen an diagnostische Maßnahmen ungleich höher zu stellen als beim kooperationsfähigen Patienten. In diesen Fällen kann der Einwand der Strahlenexposition nicht greifen, das Übersehen einer Wirbelkörperfraktur muss als Folge fehlerhafter diagnostischer Unterlassung angesehen werden.

Gleiches gilt für eine von vornherein suspekte komplette Bruchverletzung des distalen Unterarmes. Fehlstellungen können auch noch jenseits der zweiten Woche nach Einrichtung auftreten, spätestens bei der Entlassung ist entweder eigene Kontrolle oder die Maßgabe zeitgerechter Kontrolle unerlässlich, insbesondere bei Übergabe der Weiterbehandlung an einen Arzt oder eine Krankenhausinstitution, bei denen unfallchirurgische Qualifikationen nicht sicher vorauszusetzen sind.

## Deckplatteneinbruch 12. BWK, Dornfortsatzabbruch 11. BWK, verzögerte Diagnosestellung

Verlängerung der Schmerzphase

**Krankheitsverlauf:** Der 53-jährige Patient erlitt bei einem Verkehrsunfall am 6.5.1998 eine Stauchung der Brustwirbelsäule, die noch am gleichen Tage zur stationären Aufnahme in dem in Anspruch genommenen Krankenhaus führte. Es wurde über Rückenschmerzen geklagt und klinisch Stauchschmerzhaftigkeit im unteren Brustwirbelsäulenabschnitt beschrieben. Neurologische Ausfallserscheinungen wurden ausgeschlossen. Röntgenaufnahmen von Brust- und Lendenwirbelsäule wurden dahingehend beurteilt, dass es keinen Hinweise für eine frische Verletzung gäbe, es lägen allerdings degenerative Veränderungen vor.

Auch der einige Tage später in die Beurteilung dieser Röntgenaufnahmen eingeschaltete Fachröntgenologe fand keinen Hinweis für frische Knochenverletzungen, beschrieb aber eine Verformung der Deckplatte des 9. und 12. Brustwirbelkörpers. Schon am 2. Tag des stationären Aufenthaltes wurde der Patient mobilisiert, wegen Schmerzen in der Wirbelsäule wurde Schmerzmittel verordnet. Ein konsiliarisch eingeschalteter Neurologe konnte ebenfalls neurologische Ausfallserscheinungen ausschließen. Bei Entlassung eine Woche nach der Verletzung wurde dem Hausarzt über ein Schädelhirntrauma I. Grades und eine Rückenprellung berichtet. Drei Wochen später wurden in einer chirurgischen Praxis erneut Röntgenaufnahmen angefertigt und auf diesen ein frischer Deckplatteneinbruch des 12. Brustwirbelkörpers diagnostiziert. Es wurde ein Stützmieder verordnet. Bei einer Röntgenkontrolle weitere drei Wochen später fand sich Zunahme einer keilartigen Verformung. Es wurde eine computertomographische Untersuchung veranlasst. Diese liess einen nicht ganz frischen Berstungsbruch des 12. Brustwirbelkörpers mit erheblicher Höhenminderung und einem Dornfortsatzbruch am 11. Brustwirbelkörper nachweisen.

Bei der daraufhin erfolgten Vorstellung in der nahegelegenen Universitätsklinik wurde am 3.8.1998 die Fortsetzung der Behandlung mit Stützkorsett für ausreichend gehalten und nur bei weiterer Zunahme der Verformung eine Operation in Aussicht gestellt. Eine Röntgenkontrolle weitere zwei Monate später ließ einen unveränderten Befund nachweisen.

Der Patient äußerte nachfolgend die Ansicht, dass ihm durch fehlerhafte Deutung der Röntgenaufnahmen Nachteile entstanden seien. Er habe über einen längeren Zeitraum Beschwerden gehabt, es sei zu zusätzlicher Verformung des Wirbelkörpers gekommen. Eine denkbar operative Behandlung sei fehlerhaft verabsäumt worden.

**Gutachterliche Beurteilung:** Der von der Schlichtungsstelle eingeschaltete Gutachter führte aus, dass die technisch mangelhaften Röntgenaufnahmen fehlerhaft ausgewertet worden seien und es deshalb zur Verzögerung der

Diagnosestellung um knapp drei Wochen gekommen ist. Wie der weitere Verlauf gezeigt habe, sei es trotzdem zu knöcherner Heilung, wenn auch unter Verformung gekommen. Bei derartigen Frakturen sei eine konservative wie auch eine operative Behandlung denkbar und mit Schmerzen verbunden. Die Unterlassung der operativen Behandlung sei deshalb nicht als fehlerhaft anzusehen. Der Endzustand sei schicksalhafte Folge einer Wirbelkörperverletzung.

**Beurteilung der Schlichtungsstelle:** Nach Auswertung des Gutachtens und der zur Verfügung stehenden Unterlagen konnte sich die Schlichtungsstelle der Wertung des Gutachters nicht in allen Punkten anschließen. Bei zeitgerechter Diagnosestellung entweder durch primär technisch einwandfreie Röntgenaufnahmen und deren richtige Bewertung, aber auch durch weitergehende Diagnostik in Form der Computertomographie wäre bei einem Berstungsbruch des 12. Brustwirbelkörpers und einem Dornfortsatz des 11. Brustwirbelkörpers nach derzeitigem Standard mindestens mit 8–14 Tagen weitgehender Immobilisation behandelt worden. Es wären zwar in dieser Zeit schonende Formen der Mobilisation und Rückenmuskelstärkung eingeleitet worden, dies aber in Abhängigkeit vom vorliegenden Schmerzstatus. Auch wenn während des 6-tägigen stationären Aufenthaltes Schmerzmittel verabreicht wurden, so musste doch davon ausgegangen werden, dass der Patient insbesondere in den folgenden Wochen bis zur Diagnosestellung vermehrt Schmerzen erlitt.

Der weitere Verlauf wäre allerdings dann dem gleichzusetzen, wie er nach standardgemäßer konservativer Behandlung dieser Verletzung zu erwarten war. Auch bei längerer Immobilisation wäre der spätere Höhenverlust mit dem Endergebnis einer derartigen Verformung des Wirbelkörpers nicht zu vermeiden gewesen. Sogar nach einer operativen Behandlung werden regelmäßig und nicht unbeträchtliche Höhenverluste hingenommen. Eine als aufwendig anzusehende operative Behandlung war aber in diesem Falle nicht geboten.

Nach Ansicht der Schlichtungsstelle war deshalb davon auszugehen, dass der Patient durch ungenügende diagnostische Maßnahmen, die dem Beschwerdebild nicht adäquat waren, sowie durch fehlerhafte Wertung von Röntgenaufnahmen über einen Zeitraum von 3 Wochen vermeidbar zusätzliche Beschwerden hatte. Für diesen Komplex sah die Schlichtungsstelle Schadenersatzansprüche für begründet und empfahl die außergerichtliche Regulierung.

**Fazit:** Abgesehen davon, dass technisch unzureichende Röntgenaufnahmen beim frisch Traumatisierten möglichst umgehend zu wiederholen sind, muss bei Beschwerdepersistenz und einem unterstellten Altbefund weitergehende Diagnostik, hier Computertomographie, veranlasst werden. Der tägliche Schmerzmittelbedarf über eine Woche hinweg muss die Diagnose einer Wirbelkörperverletzung nahelegen.

## 7

**Thorakalskoliose, Osteoporose, Chirotherapie**
Fraktur im Bereich des Corpus sterni

**Krankheitsverlauf:** Die 78-jährige Patientin litt schon seit längerer Zeit unter Schmerzen im Bereich der Brustwirbelsäule, die von ihr vorwiegend zwischen den Schulterblättern liegend bezeichnet wurden. Es erfolgten deshalb hausärztliche Behandlungen mit leichten Massagen, lokalen Infiltrationen und entsprechender Medikation wegen einer nachgewiesenen Osteoporose. In der Nacht vom 10. zum 11.12. erhebliche Schmerzverstärkung, sodass sie den diensthabenden Notarzt rief. Dokumentiert sind Schmerzen im Bereich der mittleren bis unteren Brustwirbelsäule mit Ausstrahlung in den Bereich der 8.–10. Rippe. Der gerufene Notarzt mit der Zusatzbezeichnung „Chirotherapeut" nahm zunächst eine lokale Infiltration mit Lidocain 1% paravertebral links im Hauptschmerzbereich vor und gab zusätzlich eine Ampulle Diclofenac intramuskulär.

Da sich die Schmerzen daraufhin nicht ausreichend besserten wurde, wie später seitens des behandelnden Arztes berichtet, von einem Wurzelreiz in dem Schmerzgebiet ausgegangen. Er habe sich zu einer Traktionsmobilisation der Brustwirbelsäule entschlossen. Dabei sei es akut zu starken Schmerzen im Bereich der Brustwirbelsäule und des Sternums gekommen, sodass er diese Behandlung sofort abgebrochen habe. In den frühen Morgenstunden des 11.12. habe er einen weiteren Hausbesuch durchgeführt und wegen der bestehenden Schmerzen nochmals paravertebral im Bereich der mittleren bis unteren Brustwirbelsäule links mit 10 ml Lidocain infiltriert.

Die Patientin rief am kommenden Vormittag ihren Hausarzt, der sie in ihrer Wohnung aufsuchte und wegen sehr starken Schmerzen eine sofortige Einweisung in ein benachbartes Krankenhaus in die chirurgische Abteilung veranlasste. Dort fand sich ein starker Druckschmerz über der mittleren bis unteren Brustwirbelsäule und über dem Sternum. Die Röntgenuntersuchung der Brustwirbelsäule in zwei Ebenen zeigte eine großbogige linkskonvexe Skoliose mit kräftiger Torsionskomponente, deutlich erhöhte Strahlentransparenz im Sinne einer Osteoporose und keilförmige Deformierungen der Brustwirbelkörper 6 und 8 mit fischwirbelförmiger Einsenkung der Deck- bzw. Bodenplatten. Die Sternumaufnahme (seitliche Aufnahme) ergab eine winklige nach dorsal gerichtete Fraktur im Bereich des Corpus sterni. Keine knöcherne Verletzung des Manubrium sterni. Es erfolgte eine aufbauende krankengymnastisch physikalische konservative Behandlung.

Die Patientin war der Ansicht, dass der Bruch im Bereich ihres Brustbeines und der betroffenen Brustwirbelkörper durch die fehlerhafte Chirotherapie verursacht sei.

Der behandelnde Notarzt (Facharzt für Allgemeinmedizin mit Zusatzbezeichnung Chirotherapie) begründet die durchgeführte Chirotherapie ohne vorherige Röntgenuntersuchung mit den starken Schmerzen der Patientin im Rahmen seines Notarztbesuches. Er habe lediglich eine Mobilisierung durchgeführt und diese Maßnahme könne nicht zu dem anschließend festgestellten Befunden geführt haben.

**Gutachterliche Beurteilung:** Der externe Gutachter beanstandet zunächst die völlig unzureichende Dokumentation. Dokumentiert seien lediglich Schmerzen im Bereich der mittleren bis unteren Brustwirbelsäule mit Ausstrahlung in Richtung der 8.–10. Rippe. Es fehle jede Dokumentation über die klinischen Befunde vor der durchgeführten Chirotherapie, zum anderen auch über diese Maßnahme selbst. Unter Berücksichtigung der sehr exakten Angaben der Patienten geht der Gutachter davon aus, dass hier offensichtlich die Hangtraktion der Brustwirbelsäule (sog. Doppel-Nelson-Griff) unter Berücksichtigung der Patientenbedürfnisse modifiziert durchgeführt wurde. Dabei wurde offensichtlich in Abweichung der eigentlichen Technik zur Durchführung eines Probezuges entlang der Brustwirbelsäule eine Aufdehnung der autochthonen Rückenstreckmuskulatur mit Vorwärtsführung der Schultergelenke und gleichzeitiger Druckausübung auf das Sternum eingesetzt. Grundlage der nachfolgenden Komplikation sei sicherlich das Vorliegen der bereits vom Hausarzt diagnostizierten Osteoporose gewesen.

Als fehlerhaft wird die Durchführung der Chirotherapie ohne vorherige Röntgenuntersuchung bezeichnet. Auch bei akuter Schmerzhaftigkeit im Bereich der Wirbelsäule im Rahmen eines Notfalldienstes dürfe keine entsprechende Chirotherapie durchgeführt werden ohne vorausgehende Diagnostik. Die durchgeführte Chirotherapie war kontraindiziert und somit die Sternumfraktur vermeidbar. Aufgrund dem Gutachter vorliegenden älterer Röntgenaufnahmen der Brustwirbelsäule der Patientin die bereits typische osteoporotische Deformierungen mehrerer Wirbelkörper zeigten, kann nicht mit ausreichender Wahrscheinlichkeit gesagt werden, ob die hier durchgeführten Maßnahmen zu einer Zunahme der jetzt nachweisbaren Deformierung des 6. und 8. Brustwirbelkörpers geführt haben.

Der behandelnde Arzt nimmt zu dem Gutachten nicht Stellung.

**Beurteilung der Schlichtungsstelle:** Den Bewertungen des Gutachter wird zugestimmt. Die vorliegenden Befunde sind zeitnah zu dokumentieren, gleiches gilt für die durchgeführten Behandlungsmaßnahmen. Eine vorherige Röntgenuntersuchung ist eine conditio sine qua non. Aufgrund der vorliegenden Befunde war die durchgeführte Chirotherapie kontraindiziert und die dadurch bedingten Schädigungen vermeidbar.

**Fazit:** Auch im Rahmen einer Chirotherapie müssen die vorliegenden Befunde und durchgeführten Maßnahmen zeitnah dokumentiert werden. Vorherige Röntgenuntersuchungen sind unverzichtbar. Die bekannten Kontraindikationen sind streng zu beachten. Geschieht dies nicht, müssen auftretende Folgen dem behandelnden Arzt zur Last gelegt werden.

# 8

## Metastasierendes Leiomyosarkom mit pathologischer Fraktur LWK 1

Fehldeutung der Röntgenbefunde

**Krankheitsverlauf:** Anfang 1996 suchte die 60-jährige Patientin aufgrund einer Überweisung ihrer Hausärztin einen Facharzt für Orthopädie auf wegen seit etwa 6 Monaten bestehenden, insgesamt zunehmenden, Schmerzen im Bereich der Lendenwirbelsäule, die durch die bisherige 4-wöchige hausärztliche Behandlung nicht gebessert werden konnten. Zur Anamnese gab die Patientin an, dass die Beschwerden vor etwa 6 Monaten nach Anheben eines schweren Wäschekorbes begonnen hätten. Schmerzverstärkung beim Husten, Niesen und Pressen. Gelegentlich Ausstrahlung zum linken Oberschenkel mit zeitweiligem Taubheitsgefühl. Es erfolgte eine befundangemessene klinische Untersuchung, die eine deutliche Fixierung vorwiegend der oberen und mittleren LWS ergab. Zeichen nach Lasegue links bei 60° positiv, Reflexverhalten regelrecht. Die orientierende neurologische Untersuchung ergab keine pathologischen Befunde. Das Gangbild war linksbetont schmerzhaft. Es erfolgte eine Röntgenuntersuchung der LWS in 2 Ebenen, die von dem behandelnden Orthopäden wie folgt befundet wurde: Deutliche Kompressionsfraktur LWK 1. Osteochondrose der LWS. Rechtskonvexe Skoliose der LWS. Unter der Arbeitsdiagnose einer osteoporotischen Fraktur wurden Infiltrationsbehandlungen sowie zahlreiche Infusionen mit Aspisol und Neuro-ratiopharm durchgeführt. Laboruntersuchungen ergaben eine Blutkörperchensenkungsgeschwindigkeit von 24/48 mm, sonst keine Besonderheiten. Zur weiteren Diagnostik erfolgte am 2.2.1996 eine Osteodensitometrie der LWS. Aufgrund des Ergebnisses wurde eine „beginnende Osteoporosegefährdung" diagnostiziert. Eine Änderung der Arbeitsdiagnose erfolgte nicht. Trotz einer sich insgesamt verschlechternden Beschwerdesymptomatik bei insgesamt wechselndem Verlauf wurde erst etwa 3 Monate nach Behandlungsbeginn eine Magnetresonanztomographie veranlasst. Das Ergebnis aus der radiologischen Gemeinschaftspraxis lautete: „Kompressionsfraktur des 1. LWK mit absoluter Stenosierung des Spinalkanales sowie beidseitigen Foramenstenosen LWK 1/2, unklare fleckförmige Signalveränderungen in mehreren Wirbelkörpern". Auch aufgrund dieses Untersuchungsergebnisses erfolgten keine weiteren Maßnahmen, insbesondere keine Einweisung zur stationären Diagnostik und Behandlung. Die Arbeitsdiagnose einer osteoporotischen Fraktur wurde nicht überdacht. Die bereits seit über 3 Monate laufende schmerzstillende Therapie, die keine Besserung gebracht hatte, wurde weitere ca. 6 Wochen fortgesetzt. Die Patientin stellte sich dann in dieser orthopädischen Praxis nicht mehr vor. Es kam zu neurologischen Ausfallserscheinungen mit Kaudabeteiligung, die kurzfristig über den Hausarzt zu einer stationären Einweisung in eine Universitätsklinik führte. Dort weitere Diagnostik. Operative Stabilisierung der Wirbelsäule. Histologisch wurde ein metastasierendes

Leiomyosarkom diagnostiziert. Der Primärtumor blieb unbekannt. Onkologische Weiterbehandlung.

Die Patientin war der Ansicht, dass die richtige Diagnose zu spät gestellt sei und dass durch rechtzeitige Stellung der Diagnose der weitere Krankheitsverlauf mit Ausbildung der neurologischen Ausfälle hätte vermieden werden können.

Der in Anspruch genommene Facharzt für Orthopädie vertritt die Ansicht, dass Röntgenuntersuchung und Osteodensitometrie durchaus die Diagnose einer osteoporotischen Spontanfraktur stützen und auch das Ergebnis der Kernspintomographie dem nicht entgegen stand.

**Gutachterliche Beurteilung:** Der externe Gutachter geht vor allem auf die Befunde der Röntgenbilder der LWS in 2 Ebenen von Anfang 1996 ein. Er stellt fest, dass wohl der erste Lendenwirbelkörper partiell fischwirbelartig deformiert sei, jedoch asymmetrisch, wie dies für eine Osteoporose atypisch sei. Die knöcherne Kontur der Wirbelkörperhinterkante L1 sei nicht scharf abgrenzbar mit deutlicher Stufenbildung im Hinterkantenbereich des Segmentes L1/2 von ca. 1,0 cm. Die lateralen Konturen des 1. Wirbelkörpers seien rechts partiell unscharf. Die benachbarten Wirbelkörper stellen sich gegenüber dem LWK 1 in regelrechter Form und Höhe. Der Kalksalzgehalt der LWS sei allenfalls diskret vermindert, altersentsprechend.

Die Osteodensitometrie erhärte die Diagnose einer Osteoporose nicht. Der Kalksalzgehalt der von der Fraktur nicht beteiligten Lendenwirbelkörper L2-4 lag bei 90, 82 bzw. 86% eines Normalkollektivs, sodass hier nicht von dem Krankheitsbild einer Osteoporose mit drohenden Spontanfrakturen gesprochen werden könne.

Aufgrund der Röntgenbefunde und der Osteodensitometrie Anfang 1996 hätten weitere diagnostische Maßnahmen im Sinne einer CT oder MRT erfolgen müssen. Die wesentlichen Befunde auf den Röntgenbildern seien fehlgedeutet, die Arbeitsdiagnose einer osteoporotischen Spontanfraktur war sachlich nicht begründet. Es sei nicht nachvollziehbar, dass trotz der vorliegenden Befunde über 3 Monate eine schmerzstillende Therapie, die keine Besserung erbrachte, durchgeführt wurde, bis dann eine MRT erfolgte. Es sei weiterhin nicht nachvollziehbar, dass aufgrund des Ergebnisses dieser MRT keine sofortige Klinikeinweisung erfolgte, sondern vielmehr eine Fortsetzung der erfolglosen Infusionstherapie für weitere 6 Wochen. Durch diese Fehler sei es zu einer Verzögerung der Diagnostik des Tumorleidens von insgesamt 6 Monaten gekommen. Das Auftreten einer Kaudasymptomatik im Sommer 1996 wäre wahrscheinlich vermeidbar gewesen. Eine kurative Behandlungsmöglichkeit bestand von Anfang an nicht. Ein Fortschreiten der Tumorerkrankung sei unabhängig vom Zeitpunkt der operativen Intervention und paleativen Chemotherapie mittelfristig zu erwarten.

Der in Anspruch genommene Facharzt für Orthopädie nimmt zu den Ausführungen des Gutachters nicht Stellung.

**Beurteilung durch die Schlichtungsstelle:** Der Bewertung durch den Gutachter wird zugestimmt. Das vorliegende Röntgenbild der Lendenwirbelsäule in 2 Ebenen ist untypisch für eine osteoporotische Spontanfraktur und hätte in Verbindung mit den Befunden der Osteodensitometrie zu unverzüglichen weiteren diagnostischen Maßnahmen Anlass geben müssen. Nicht nachvollziehbar sind die monatelange Fortsetzung einer Therapie, ohne dass diese ein Ergebnis zeitigte, sowie die nicht sachgerechte Einordnung der Ergebnisse der MRT und auch danach noch Fortsetzung der wirkungslosen Therapie und Festhalten an der Arbeitsdiagnose einer osteoporotischen Spontanfraktur.

**Fazit:** Die sorgfältige Analyse von Röntgenbildern ist eine wesentliche diagnostische Aufgabe eines Facharztes für Orthopädie. Gerade im Bereich der Wirbelsäule sind „kurze Blickdiagnosen" nicht ausreichend, da sie zu schwerwiegenden Irrtümern führen können. Weiterhin müssen Therapien, die sich als wirkungslos erweisen, überdacht und Arbeitsdiagnosen kritisch hinterfragt werden. Unterlassungen dieser Art müssen als fehlerhaft angesehen werden.

## 9

### Fraktur 3. Lendenwirbelkörper, fehlerhafte Deutung der Röntgenbilder
Zeitverlust mit einhergehenden Beschwerden durch Frühmobilisation

**Krankheitsverlauf:** Der damals 53-jährige Patient hatte sich bei einem Sturz aus der Höhe am 20.7.1996 neben einem offenen Fersenbeintrümmerbruch rechts sowie Brüchen der 6. und 7. Rippe links einen Zusammendrückbruch des 3. Lendenwirbelkörpers zugezogen. Nach Erstuntersuchung in der in Anspruch genommenen Klinik wurden Röntgenaufnahmen des Mittelfußes und des Brustkorbes angefertigt. Der Fersenbeintrümmerbruch wurde operativ versorgt. Im weiteren Verlauf waren eine chronische Bronchitis bei Herzmuskelschwäche Anlass zu internistischer Behandlung.

Nach der Entlassung am 21.8.1996 führten bleibende Schmerzen in der Wirbelsäule zu röntgenologischer Spätdiagnostik eines nicht ganz frischen Zusammendrückbruches des 3. Lendenwirbels. Anlässlich eines stationären Aufenthaltes vom 24.9. bis 25.10.1996 wurde in der nahegelegenen Universitätsklinik eine interne Stabilisation der Wirbelkörperfraktur vorgenommen. Es verblieben diskrete neurologische Ausfallserscheinungen.

Der Patient beklagte die unzureichende Reaktion auf seine schon sehr früh geäußerten Schmerzen in seiner Wirbelsäule, Unterlassung entsprechender Röntgendiagnostik und damit die Verzögerung adäquater operativer Maßnahmen.

Die in Anspruch genommene Klinik wandte ein, dass während des Aufenthaltes keine relevanten Klagen über Wirbelsäulenbeschwerden vorgebracht worden seien.

**Beurteilung der Schlichtungsstelle:** Der Patient hat neben der offenen Fersenbeintrümmerfraktur und den Rippenfrakturen eine Stauchungsfraktur des 3. Lendenwirbels erlitten. Die nach der Entlassung gefertigten Röntgenaufnahmen, das Tomogramm und die Befunde der Universitätsklinik lassen daran keinen Zweifel. Während des stationären Aufenthaltes in dem in Anspruch genommenen Krankenhauses wurde diese Verletzung nicht erkannt. Aufgrund des Ausmaßes der Wirbelkörperverletzung war nach ärztlicher Erfahrung davon auszugehen, dass der Patient während des stationären Aufenthaltes auf Beschwerden in der Wirbelsäule hingewiesen hat. Aus den Unterlagen ist auch ersichtlich, dass z. B. am 21.7.1996 um 20.00 Uhr im Pflegebericht niedergelegt wird: „Sehr starke Schmerzen im Rücken, kann sich nicht aufrichten ...!".

Nach Ansicht der Schlichtungsstelle war es dabei irrelevant, wem gegenüber die Beschwerden in der Wirbelsäule geklagt wurden (Pflegepersonal oder Ärzte). Es wäre grundsätzliche Pflicht der Klinik gewesen, insbesondere bei der Tatsache eines vorangegangenen Sturzes aus der Höhe mit begleitendem Fersenbeintrümmerbruch auch an die Kombinationsverletzung an der Wirbelsäule zu denken und entsprechende Diagnostik einzuleiten. Wenn dies nicht geschehen ist und auch auf die aktenkundigen Eintragungen im Krankenblatt nicht eingegangen wurde, musste dies als Versäumnis der Klinik angesehen werden. Sich mit den anamnestischen Angaben des Patienten über einen früheren Wirbelkörperbruch zufriedenzugeben, konnte nach Sachlage nicht genügen.

Auch wenn der Patient in den ersten 10 Tagen des stationären Aufenthaltes durch Rippenfrakturen und eine sich aufpfropfende entzündliche Erkrankung der Atemwege erhebliche Schmerzen hatte, die eine korrekte Deutung möglicherweise erschwerten, war bei Kenntnis des Unfallherganges und der aktenkundig dokumentierten Beschwerden in der Wirbelsäule eine differentialdiagnostische Abklärung zwingend zu fordern. Unter Zugrundelegung des später als schwerwiegend eingestuften röntgenologischen Befundes einer Wirbelkörperkompressionsfraktur war davon auszugehen, dass bei rechtzeitiger diagnostischer Abklärung entweder über längere Zeit jede Mobilisierung des Patienten unterblieben (konservative Therapie) oder aber operative Stabilisation entweder in der in Anspruch genommenen Klinik oder in einer Spezialklinik veranlasst worden wäre. Der Patient hätte 8 Wochen früher entsprechender Therapie zugeführt werden können, zumindestens für 6 Wochen wären seine Beschwerden deutlich zu lindern gewesen. Die in der relativ früh einsetzenden Mobilisationsphase auftretenden Beschwerden und eine mehrwöchentliche Verlängerung des stationären Aufenthaltes waren zu vermeiden.

Die über den Oktober 1996 hinausgehenden Beschwerden und Ausfallserscheinungen waren nach Schweregrad der Verletzung auch bei sachgemäßer Behandlung zu erwarten, sodass Dauerfolgen durch Versäumnisse nicht zu belegen waren. Die Schlichtungsstelle hielt Schadenersatzansprüche im Rahmen des genannten Umfanges für begründet und empfahl die Frage außergerichtlicher Regulierung zu prüfen.

**Fazit:** Der Sturz aus der Höhe mit komplizierter Fersenbeintrümmerfraktur sollte grundsätzlich und unter Berücksichtigung einer Verletzungskette an Begleitverletzungen der Gelenke der unteren Gliedmaßen und der Wirbelsäule denken lassen. Komplizierende Verletzungen anderer Körperabschnitte sind zwar geeignet, die Wirbelsäulenverletzung in den Hintergrund treten zu lassen, Hinweise auf Wirbelsäulenschmerzen lassen differentialdiagnostische Abklärung aber zwingend erforderlich erscheinen. Die Unterlassung dahingehender bildgebender Untersuchungen sowie die Missachtung des Unfallherganges (Verletzungskette) und späterer Beschwerden ist es als fehlerhaft anzusehen.

## 10

### Bandscheibenprolaps L4/5 rechts, Nervenwurzelkompression L5
Unzureichende Diagnostik durch ärztlichen Notfalldienst, verzögertes operatives Eingreifen, Dokumentationsmangel

**Krankheitsverlauf:** Der 47-jährige Patient befand sich seit drei Wochen in fachorthopädischer Behandlung wegen einer Lumboischialgie rechts. Computertomographisch wurde eine Protrusion L4/5 rechts nachgewiesen ohne begleitende Nervenwurzelirritationen oder Kompression. Am späten Nachmittag vor einem Feiertag habe er eine Eisenplatte anheben wollen. Dabei habe es in seinem Rücken geknackt, er habe einen starken einschießenden Schmerz verspürt und anschließend kein Gefühl mehr in seinem rechten Bein gehabt, auch habe er den rechten Fuß nicht mehr bewegen können. Er habe sich dann in sein Haus geschleppt, sich ins Bett gelegt und eine Schmerztablette genommen. Die Situation habe sich jedoch nicht gebessert, sodass seine Frau kurz nach Mitternacht des Folgetages (Feiertag) den notärztlichen Dienst angerufen habe. Der Notarzt kam um 1.30 Uhr.

Es erfolgte eine Untersuchung, wobei jedoch mehrere Befunde nicht dokumentiert sind. Auf dem entsprechenden Notfallschein ist vermerkt: „Gefühllosigkeit in beiden Beinen ohne Anhalt für Bandscheibenvorfall. Cor. und Pulmo o B, eine Ampulle Diclo-Dexa i.m." Nach Angaben des Patienten hätten die Schmerzen zunächst nachgelassen, das Taubheitsgefühl in seinem rechten Bein sei jedoch geblieben. Er sei kaum aus dem Bett gekommen, nicht einmal bis zur Toilette. Deshalb wurde der Notarzt am gleichen Tage gegen 19.00 Uhr erneut gerufen. Auf dem Notfallschein ist jetzt vermerkt: „Taubheitsgefühl nur rechtes Bein, etwas Schmerzen, eine Ampulle Diclo-Dexa i.m., Wiedervorstellung beim behandelnden Orthopäden am folgenden Tag." An dem folgenden Werktag rief die Ehefrau des Patienten im Laufe des Vormittages den behandelnden Facharzt für Orthopädie an. Dieser veranlasste einen Transport des Patienten zunächst in seine Praxis. Nach entsprechender klinischer Untersuchung veranlasste er die sofortige stationäre Aufnahme in einer benachbarten orthopädischen Klinik. Dort CT-Kontrolle. Festgestellt wurde ein großer sequestrierter Bandscheibenprolaps L4/5 rechts mit Nervenwurzelkompression. Klinisch Fußheberparese rechts, Sensibiltätsstörungen entsprechend Segment L5 rechts. Keine Caudaymptomatik.

In den Abendstunden des gleichen Tages wurde die Nukleotomie L4/5 rechts mit Entfernung eines großen sequestrierten Bandscheibenprolapses durchgeführt. Im weiteren Verlauf keine Rückbildung der Fußheberparese rechts.

Der Patient war der Ansicht, dass durch rechtzeitige Erkennung des Bandscheibenvorfalls seitens des Notarztes mit sofortiger stationärer Einweisung die anhaltende Lähmung des rechten Fußes vermeidbar gewesen wäre.

Der in Anspruch genommene Notarzt teilt zwei Jahre nach diesem Ereignis mit, dass er seinerzeit eine gründliche Untersuchung durchgeführt habe. Das Zeichen nach Laségue sei negativ gewesen. Es hätten keine Hypästhesien und keine motorischen Störungen bestanden.

**Gutachterliche Beurteilung:** Der externe Gutachter kommt zu dem Ergebnis, dass es offensichtlich bei dem Anheben der Eisenplatte am späten Nachmittag zu einem akuten Bandscheibenvorfall mit Nervenwurzelkompression gekommen sei. Es wird darauf hingewiesen, dass bereits vorher eine Bandscheibenprotrusion mit Lumboischialgien in diesem Segment bestanden habe und behandelt wurde. Die diagnostischen Maßnahmen gegen 1.00 Uhr in der darauffolgenden Nacht werden als unzureichend bezeichnet, insbesondere fehlt jede Dokumentation über die durchgeführten Untersuchungen. Die zwei Jahre später abgegebene Stellungnahme des Notarztes sei mit der aktenkundigen Dokumentation nicht in Übereinstimmung zu bringen und deshalb nicht verwertbar. Der Vermerk auf dem Notfallschein um 1.00 Uhr: „Gefühlslosigkeit in beiden Beinen ohne Anhalt für Bandscheibenvorfall" sei nicht akzeptabel.

Es müsse mit sehr hoher Wahrscheinlichkeit davon ausgegangen werden, dass auch aufgrund der präzisen Angaben des Patienten zu diesem Zeitpunkt bereits eine Wurzelkompression L5 rechts mit entsprechenden neurologischen Ausfallserscheinungen vorgelegen habe. Diese seien durch eine einfache klinische Untersuchung feststellbar gewesen und dieser Standard müsse auch von einem Allgemeinmediziner gefordert werden. Bei der Anamnese um 1.00 Uhr nachts hätte eine unverzügliche stationäre Einweisung erfolgen müssen zur schnellstmöglichen Entlastung der komprimierten Nervenwurzel. Dieses sei fehlerhaft versäumt.

Gleiches gelte für die zweite, am gleichen Tag 18.00 Uhr, erfolgte ärztliche Konsultation, bei der ebenfalls keine klinischen Befunde dokumentiert sind. Der Hinweis, am kommenden Werktag den behandelnden Facharzt für Orthopädie aufzusuchen, sei völlig unzureichend.

Der Gutachter stellt fest, dass bei richtiger Diagnose und entsprechend notwendiger stationärer Einweisung der operative Eingriff mit Entlastung der komprimierten Lumbalnervenwurzel wenigstens 30 Stunden früher hätte erfolgen können und damit recht kurzfristig nach dem akuten Ereignis. Mit ausreichender Wahrscheinlichkeit wäre die Nervenwurzelkompression in L5 rechts abgeklungen. Als Beeinträchtigung wird so von einer verbleibenden Fußheberlähmung rechts ausgegangen.

Der in Anspruch genommene Notarzt (Arzt für Allgemeinmedizin) weist darauf hin, dass bei den durchgeführten Untersuchungen keine Fußheberparese rechts vorgelegen habe.

**Beurteilung der Schlichtungsstelle:** Den Bewertungen des Gutachters wird zugestimmt. Es muss mit sehr hoher Wahrscheinlichkeit davon ausgegangen werden, dass bereits zum Zeitpunkt der ersten notärztlichen Konsultation eine Fußheberparese rechts vorlag. Für die weitere Beurteilung ist wesentlich, dass ein differenzierter Befund anlässlich der Hausbesuche aus dem Notfallschein nicht zu entnehmen ist. Die Stellungnahme des Notarztes zwei Jahre später lässt sich nicht mit den dokumentierten Befunden in Übereinstimmung bringen. So muss unter Berücksichtigung der Beweislastverteilung (Nichtdokumentation einer dokumentationspflichtigen Maßnahme indiziert deren Nichtvornahme) davon ausgegangen werden, dass weder bei dem ersten noch bei dem zweiten Hausbesuch das Reflexverhalten und die Motorik überprüft wurden. Aus diesem Fehler resultierte die Nichteinweisung zu der eindeutig indizierten stationären operativen Behandlung. Unter Berücksichtigung der Beweislastverteilung muss die anhaltende Fußheberlähmung rechts dem konsultierten Notarzt angelastet werden.

**Fazit:** Auch im notärztlichen Dienst ist eine nachvollziehbare Dokumentation erforderlich. Eine Nichtbeachtung bedingt Beweislasterleichterungen zugunsten des Patienten.

## 11 Spinalstenose L3/4. Sequestrierter Diskusprolaps rechts mediolateral mit Wurzelkompression L4
Bei Operation zunächst falsche Etagenhöhe. Intraoperativ korrigiert.
Sequestrierter Diskusprolaps nicht entfernt. Nachoperation

**Krankheitsverlauf:** Der 73-jährige sehr adipöse Mann litt seit etwa 4 Jahren unter zunehmenden Schmerzen im Bereich der Lendenwirbelsäule mit Ausstrahlung in das rechte Bein bei generalisierten schweren degenerativen Veränderungen der Lendenwirbelsäule. Es bestand eine Hypaesthesie entsprechend Dermatom L4 rechts, keine motorischen Ausfallserscheinungen. Computertomographisch wurde eine sekundäre Spinalstenose L3/4 gefunden in Verbindung mit einem sequestrierten Diskusprolaps rechts mediolateral mit Kompression der Wurzel L4. Wegen der sehr ausgeprägten Beschwerdesymptomatik erfolgte die stationäre Aufnahme in einer neurochirurgischen Klinik. Dort erfolgte präoperativ die Kontrolle der Befunde mittels Magnetresonanztomographie. Die Befunde der vorangegangenen Computertomographien werden bestätigt. Bei der Operation erfolgte die Orientierung durch Palpation. Zunächst Anlegen eines typischen Fensters bei L2/3 rechts, der erwartete Befund zeigt sich hier nicht. Der Irrtum in der Etagenhöhe wurde unter der Operation durch Röntgenkontrolle bemerkt. Es wird jetzt eine vollständige Hemilaminektomie L3 rechts durchgeführt mit anschließender Foraminotomie L4 mit Fazetektomie. Dekompression von L3 und L4 rechts. Diskektomie von L3/4. Bei der Suche mit dem Nervenhäkchen findet sich extraligamentär sequestiertes Bandscheibenmaterial. Dieses wird entfernt. Die Abschlussdiagnose lautet: Hauptsächlich degenerative Spinalstenose mit Bandscheibenprolaps L3/4 rechts betont. Nach dieser Operation kurzfristige Besserung der Beschwerdesymptomatik. Nach wenigen Tagen wieder unveränderte ausgeprägte Schmerzhaftigkeit wie präoperativ. Veranlassung einer Kontroll-Magnetresonanztomographie und diese ergibt wiederum einen sequestrieten Diskusprolaps mit Wurzelkompression L4 rechts, wie auf den Voraufnahmen mit jetzt zusätzlicher Hemilaminektomie L3 rechts mit Fazetektomie des Wirbelgelenkes L2/3 rechts. Aufgrund dieses Befundes Revisionsoperation 7 Tage nach dem Ersteingriff. Jetzt wird eine Hemilaminektomie L4 rechts durchgeführt und das Wirbelgelenk L3/4 rechts reseziert. Es mussten noch weitere Knochenanteile entfernt werden, um die Enge zu beseitigen. Darstellung der Wurzel L4 rechts, hier fand sich ein medial komplett subligamentär sequestierter Bandscheibenprolaps. Dieser wird entfernt. Postoperativ zunächst gute Besserung der Beschwerden, dann Entwicklung eines Postnucleotomiesyndrom, wobei im Magnetresonanztomogramm ausgedehnte Narbenbildungen nachgewiesen wurden.

Der Patient war der Ansicht, dass bei richtiger Primäroperation der Zweiteingriff vermeidbar gewesen wäre und das schlechte Endergebnis hierauf zurückzuführen sei.

Die in Anspruch genommene Klinik nimmt zu diesen Vorwürfen nicht Stellung.

**Gutachterliche Beurteilung:** Der externe Gutachter stellt fest, dass die Indikation zu dem Eingriff sachgerecht war. Er beanstandet, dass der operative Eingriff bei dem hochgradig adipösen Patienten nicht mit einer Röntgenmarkierung, sondern mit der Austastung der Dornfortsätze begann. Bekanntlicherweise werde auf diese Weise nur in ca. 60% der Fälle die Höhe richtig bestimmt. Entsprechend sei es intraoperativ zu einer Höhenverwechslung gekommen. Nicht in Höhe L3/4 wurde anfangs operiert, sondern es wurde in L2/3 ein interlaminäres Fenster gesetzt. Aufgrund des negativen Befundes wurde jetzt eine röntgenologische Kontrolle durchgeführt, die die Fehlpositionierung ergab. Der Gutachter kritisiert, dass anschließend nun nicht die eigentlich logischerweise notwendige Änderung des operativen Vorgehens nach L3/4 betrieben, sondern einfach eine Hemilaminektomie von L3 erfolgte, um auf diese Weise auch an das Segment L3/4 zu gelangen. Es wäre richtig gewesen, den falschen Operationssitus von L2/3 zu verlassen, den Halbbogen L3 soweit stehen zu lassen wie irgendmöglich und die Operation neu bei L3/4 im Sinne einer typischen Fensterung zu beginnen. Bei der im vorliegenden Fall durchgeführten Operationstechnik wurde die Wurzel L3 dargestellt, die klinisch überhaupt nicht im Vordergrund stand. Anschließend wurde die Wurzel L4 rechts aufgesucht, dargestellt und im Sinne einer Foraminotomie dekomprimiert.

Dabei wurde das Wirbelgelenk L2/3 vollständig reseziert. Es schloss sich eine Diskektomie bei L3/4 an, bei der sich extraligamentäres Bandscheibengewebe entfernen ließ. Die wegen unveränderter Beschwerden postoperativ durchgeführte Kernspintomographie ergab den weiterbestehenden sequestrierten Diskusprolaps mit Kompression der Wurzel L4 rechts. Deshalb wurde 7 Tage nach dem ersten Eingriff erneut operiert. Jetzt erfolgte die Hemilaminektomie von L4 rechts mit Resektion des Wirbelgelenks L3/4, um die bestehende sekundäre Spinalstenose zu beseitigen. Erst jetzt fand sich der in den vorausgegangen bildgebenden Verfahren nachgewiesene sequestrierte Bandscheibenprolaps, der nun ordnungsgemäß entfernt wurde. Fehlerhaft war, dass zunächst die falsche Etagenhöhe eröffnet wurde, dies allein hätte jedoch keine Folgen gehabt. Nach Erkennen des Irrtums hätte jedoch das Operationsgebiet L2/3 verlassen und der Eingriff hätte sich auf die Höhe L3/4 beschränken müssen. Hier war die Hemilaminektomie mit Resektion des Wirbelbogengelenkes indiziert, um die sekundäre Spinalstenose zu beseitigen. Im Rahmen dieses Eingriffes hätte eindeutig der in den bildgebenden Verfahren nachgewiesene sequestrierte Prolaps mit Kompression der Wurzel L4 aufgesucht und entfernt werden müssen, dieses unterblieb. Deswegen war der 2. Eingriff erforderlich. Unter Berücksichtigung des sich entwickelnden Postdiskektomiesyndroms könne nicht mit ausreichender Wahrscheinlichkeit gesagt werden, dass dieses auf die unnötige Hemilaminektomie L3 mit Resektion des Wirbelbogengelenkes L2/3 zurückzuführen sei. Allein die Tatsache, dass nun in zwei Höhen hemilaminektomiert wurde, sei kein hinreichender Grund, die Ursache für das Postdiskektomiesyndrom hierin zu suchen, da ein entsprechender Verlauf auch bei primär richtigem operativen Vorgehen keinesfalls auszuschließen sei.

Die in Anspruch genomme Klinik nimmt zu dem Gutachten nicht Stellung.

**Beurteilung der Schlichtungsstelle:** Den Bewertungen des Gutachters wird zugestimmt. Intraoperative Falschbestimmung der Höhe mit Korrektur unter der Operation stellen keinen Behandlungsfehler dar. Sie werden in einer Größenordnung von 0,5–5% beschrieben. Wesentlich ist, dass bei dem Ersteingriff der eindeutig im bildgebenden Verfahren präoperativ diagnostizierte Bandscheibensequester aufgrund des operativen Vorgehens gar nicht beseitigt werden konnte. Auch wenn die zusätzliche und unnötige Hemilaminektomie L3 mit Resektion des Wirbelbogengelenkes L2/3 zu beanstanden ist, kann nicht mit ausreichender Wahrscheinlichkeit nachgewiesen werden, dass hier die Ursache für das Postdiskektomiesyndrom zu suchen ist.

**Fazit:** Insbesonders bei sehr adipösen Patienten mit unsicherem Tastbefund der Dornfortsätze ist eine primäre Höhenlokalisation vor dem Eingriff erforderlich, um entsprechende Etagenirrtümer zu vermeiden. Im Rahmen eines derartigen Eingriffes muss nach einem eindeutig auf präoperativ bildgebenden Verfahren dargestellten sequestrierten Bandscheibenprolaps gefahndet werden. Er ist, soweit sich keine unüberwindbaren operationstechnische Probleme ergeben, zu entfernen. Der Zweiteingriff war vermeidbar. Die Verlängerung der Behandlungszeit beträgt, mit vermehrter Beschwerdesymptomatik, etwa 8 Tage.

## 12

### Nervenwurzelkompression L5 links, Nukleotomie nach Love
Unzureichende Dekompression der Wurzel L5 bei Spondylarthrose mit Einengung des lateralen Rezessus

**Krankheitsverlauf:** Die 31-jährige, deutlich übergewichtige Patientin litt seit Sommer 1995 an heftigen rezidivierenden Schmerzen im Bereich der unteren Lendenwirbelsäule mit Ausstrahlung in das linke Bein entsprechend Segment L5 mit wechselnden Sensibilitätsstörungen, zunächst ohne motorische Ausfallserscheinungen. Es erfolgte eine intensive konservative Therapie über einen Zeitraum von 1½ Jahren, durch die jedoch keine Besserung erreicht werden konnte. Eine Computertomographie der LWS ergab im Bandscheibensegment L5/S1 unauffällige Verhältnisse. Im Segment L4/5 zeigte sich eine deutliche Spondylarthrose mit Hypertrophie des Facettengelenkes und Einengung des lateralen Rezessus vorwiegend links. Die Bandscheibe L4/5 wölbte sich linksbetont geringfügig vor, unauffällige Struktur der Wirbelkörper.

Wegen der anhaltenden, konservativ nicht zu bessernden Beschwerdesymptomatik erfolgte die Einweisung in eine orthopädische Klinik. Bei der Aufnahme fand sich ein linksseitig hinkendes Gangbild, Lasegue bei 20° positiv, Reflexstatus regelrecht, Hypästhesie entsprechend Segment L5 links, Muskelkraftleistung des Großzehenstrecker JANDA III. Aufgrund der anhaltenden Beschwerdesymptomatik und der computertomographischen Befunde wurde die Indikation für eine Nukleotomie nach Love L4/5 links gestellt. Nach dem Operationsbericht erfolgte eine typische Fensterung in Höhe L4/5 links. Die Wurzel L5 ließ sich schwer medialisieren. Unter der Wurzel kam eine Bandscheibenvorwölbung zur Darstellung. Nach Inszision des hinteren Längsbandes konnte sequestriertes Bandscheibengewebe entfernt werden. Weitere Maßnahmen erfolgten nicht. Der Eingriff verlief ohne Komplikationen, ebenso war der postoperative Verlauf unauffällig.

Während der Anschlussheilbehandlung bestanden die gleichen Beschwerden wie präoperativ. Auch die klinischen Befunde waren weitgehend unverändert. Durch entsprechend konservative Maßnahmen konnte keine Besserung erzielt werden. Deswegen fand eine Kontrolluntersuchung etwa 11 Monate später in einer anderen Klinik statt. Durch bildgebende Verfahren (MRT und Myelographie) wurde die bereits im präoperativen Computertomogramm erkennbare hochgradige Einengung des lateralen Rezessus links infolge einer Spondylarthrose mit Hypertrophie des Facettengelenkes bestätigt. Ein Rezidivprolaps L4/5 fand sich nicht.

Bei der Revisionsoperation fanden sich keine Verwachsungen im operierten Segment L4/5, der linksseitige Rezessus war jedoch deutlich verengt. Es erfolgte eine Dekompression der Wurzel L5 links, wobei sich neben den knöchernen Strukturen auch ein kleiner subligamentärer Prolaps fand, der entfernt wurde. Postoperativ wesentliche Besserung der Beschwerdesymptomatik, unauffälliger postoperativer Verlauf.

## 12 Nervenwurzelkompression L5 links, Nukleotomie nach Love

Die Patientin war der Ansicht, dass der Ersteingriff unzureichend war. Er habe die Ursache ihrer Beschwerden nicht beseitigt. Bei richtigem Vorgehen wäre der 2. Eingriff nicht erforderlich gewesen. Die in Anspruch genommene Klinik hält ihr operatives Vorgehen für befundangemessen und regelrecht.

**Gutachterliche Beurteilung:** Der externe Gutachter gelangt zu der Feststellung, dass aufgrund der anhaltenden Beschwerdesymptomatik und der sich entwickelnden neurologischen Ausfälle die Operationsindikation zu bejahen sei. Die Operationsplanung wird jedoch als nicht befundangemessen bezeichnet. Nach der präoperativen Computertomographie bestand eindeutig eine knöcherne Spinalstenose im lateralen Rezessus des Bewegungssegmentes in L4/5 mit Irritation bzw. Beeinträchtigung der Wurzel L5 links. Ein wesentlicher Bandscheibenvorfall in diesem Segment lag nicht vor, lediglich eine geringförmige Protrusion.

Unter diesen Voraussetzungen war die Nukleotomie L4/5 links nach Love nicht ausreichend. Durch diese alleinige Maßnahme konnte keine Beschwerdebesserung erwartet werden. Eine zusätzliche Dekompression der Wurzel L5 links bei der nachgewiesenen Spondylarthrose mit Einengung des lateralen Rezessus war zwingend notwendig. Es war fehlerhaft, dieses zu unterlassen. Die Folge war die Revisionsoperation, in der diese Dekompression nachgeholt wurde. Dieses war vermeidbar.

Die in Anspruch genommene Klinik vertritt gegen das Gutachten weiterhin die Ansicht, dass der von ihr durchgeführte Eingriff befundangemessen gewesen sei. Man habe eine Bandscheibenprotosion gefunden und sequestriertes Bandscheibengewebe entfernt.

**Beurteilung der Schlichtungsstelle:** Den Bewertungen des Gutachters wird zugestimmt. Die präoperativen Befunde in der Computertomographie sind eindeutig. Sie zeigen, dass im Wesentlichen eine Kompression der Wurzel L5 links aufgrund einer deutlichen Spondylarthrose mit Hypertrophie des Facettengelenkes und entsprechender ausgeprägter Einengung des lateralen Rezessus vorlag. Die Bandscheibenprotosion L4/5 links war hinsichtlich der Beschwerdesymptomatik nicht von Bedeutung, sie allein hätte auch keine Operationsindikation gerechtfertigt. Die Unterlassung der Beseitigung der Einengung des lateralen Rezessus links mit Dekompression der Wurzel L5 links war fehlerhaft. Die deshalb notwendige Revisionsoperation etwa 11 Monate später mit entsprechender Verlängerung der Behandlungsdauer und Beschwerdesymptomatik war vermeidbar.

**Fazit:** Eine Operationsplanung muss befundangemessen sein. Die Protosion L4/5 links war für das Krankheitsgeschehen unwesentlich. In bildgebenden Verfahren präoperativ erkennbare Befunde müssen unter einem entsprechenden operativen Vorgehen aufgesucht und soweit als möglich behoben werden (hier im Sinne einer Dekompression der Nervenwurzel L5 links).

## 13

**Pseudospondylolisthesis L4/L5.
Spondylodese L4–S1 ohne Instrumentation**
Gipsschalenlagerung, ausgedehnter Dekubitus

**Krankheitsverlauf:** Die 55-jährige Patientin litt seit vielen Jahren unter einer rezidivierenden Kreuzschmerzsymptomatik ohne radikuläre Ausstrahlungen. Es erfolgten wiederholte auch stationäre konservative Behandlungen, die jedoch zu keiner Besserung führten. Röntgenologisch und computertomographisch wurde eine Pseudospondylolisthesis L4/L5 festgestellt in Verbindung mit einer ausgeprägten Spondylarthrose L3–S1. Aufgrund der anhaltenden Beschwerden ohne Besserungsmöglichkeiten durch konservative Behandlungen wurde die Indikation zu einer Spondylodese L4/S1 gestellt. Nach der stationären Aufnahme in eine orthopädische Abteilung erfolgte neben den üblichen Operationsvorbereitungen die Anpassung einer gepolsterten Gipsliegeschale mit nachfolgender 24-stündiger Probeliegezeit. Druckbeschwerden am Schulteranteil wurden durch Korrektur behoben.

Die Operation erfolgte am 11. Oktober im Sinne einer dorsalen lumbosakralen Distraktionsspondylodese L4–S1 mit autologer Spongiosaentnahme sowie H-Span-Entnahme vom linken Beckenkamm. Eine Instrumentation erfolgte nicht. Nach komplikationslosem intraoperativen Verlauf wurde die Patientin in der vorbereiteten Gipsschale gelagert mit der Anordnung einer 14-tägigen Ruhigstellung in dieser Gipsschale. Vermerkt wird zusätzlich: Lagerung nur mit Arzt.

Am 2. postoperativen Tag wurden die Drainagen entfernt und ein Verbandswechsel durchgeführt, der reizfreie Wundverhältnisse zeigte. Am 2. und 3. postoperativen Tag wird ein zunehmend gebläthes Abdomen beschrieben mit Druckschmerz ohne Abwehrspannung. Es wird ein Darmrohr gelegt. Die nächste Wund- und Hautkontrolle ist am 5. postoperativen Tag dokumentiert. Entsprechende Eintragung für den 3. und 4. postoperativen Tag fehlen. Bei dem nunmehr 2. Verbandswechsel am 5. postoperativen Tag wird eine leichte Rötung über der Wunde und der Kreuzbeinregion beschrieben. Besondere Maßnahmen wegen dieses Befundes sind nicht dokumentiert.

Am 6. postoperativen Tag wird die Patientin wegen des Verdachtes auf einen inkompletten Ileus auf die chirurgische Abteilung eines benachbarten Krankenhauses verlegt. In dem Verlegungsbericht wird eine strenge Bettruhe in der Gipsschale ohne Seitenlagerung empfohlen. Auf die Wundsituation entsprechend den Befunden vom Vortag wird nicht eingegangen. Auf der chirurgischen Intensivstation kommt es durch abführende Maßnahmen zu einer Entblähung des Abdomen und die Patientin kann zwei Tage später, am 8. postoperativen Tag, auf die orthopädische Abteilung zurückverlegt werden. An diesem Tag erfolgt dann ein Verbandswechsel und es finden sich Mazerationen mit einem Durchmesser von 4 cm im Sakralbereich und im Verlauf des rechten Beckenkammes. Es wird dokumentiert, dass beide

Stellen durch Drucknekrosen verändert seien. Laut Überwachungsprotokoll dieses Tages darf die Patientin auch weiterhin nur unter ärztlicher Anleitung gedreht werden.

In den folgenden Tagen tägliche Kontrolle der Wundverhältnisse und Druckstellen. Am 10. postoperativen Tag wird wegen weiterer Demarkierung der Dekubiti die Seitenlagerung angeordnet und die Gipsbettlagerung aufgehoben. Am selben Tag wird eine operative Revision durchgeführt mit Einlegen von PMMA-Ketten und Drainagen. Bei dem Eingriff entleert sich laut OP-Bericht schwallartig dünnflüssiges putrides stuhlartig riechendes Sekret. Anschließend Empfehlung von rechts und links Seitenlagerung im Wechsel 4-stündlich auf einer Dekubitusmatratze. Im weiteren Verlauf verschlechterte sich der Allgemeinzustand, es sind mehrere operative Wundrevisionen erforderlich, bei denen letztlich die gesamten Spongiosa einschließlich H-Span entfernt werden musste. 4 Wochen postoperativ besteht ein 10 cm großes präsakrales Ulkus mit Taschenbildungen in die linksseitige Glutealregion sowie paravertebral nach kranial. Durch weitere operative Maßnahmen einschließlich eines fasziocutanen Rotationslappens gelingt es den Dekubitalbereich zu verschließen und die Patientin mit einem Korsett zu mobilisieren.

Die Patientin war der Ansicht, dass die Entwicklung eines ausgedehnten Druckgeschwüres auf eine unzureichende postoperative Befundkontrolle und Pflege zurückzuführen sei.

Die in Anspruch genommene orthopädische Abteilung weist diesen Vorwurf zurück mit dem Hinweis, dass postoperativ eine strenge Gipsbettlagerung zwingend notwendig gewesen sei, dass das Gipsbett präoperativ angefertigt wurde mit 24-stündiger Probeeinliegezeit und die Wund- und Hautkontrollen in ausreichendem Maße durchgeführt wurden. Auch bei allen gebotenen pflegerischen Maßnahmen sei die Entwicklung eines Dekubitus nicht immer vermeidbar.

**Gutachterliche Beurteilung:** Der fachorthopädische Gutachter bestätigt zunächst die Operationsindikation und dass der Eingriff regelrecht durchgeführt wurde. Die postoperative Immobilisation nach dem hier durchgeführten Eingriff werde unterschiedlich gehandhabt. Zum Teil wird eine längere Immobilisationszeit nicht grundsätzlich für erforderlich gehalten, sondern vielmehr eine Frühmobilisation mit einer lumbalen Entlastungsorthese befürwortet. Auf der anderen Seite wird auch eine etwa 14-tägige Ruhigstellung in einem Gipsbett befürwortet, um die Gefahr einer Spandislokation möglichst gering zu halten. Deshalb war der gewählte postoperative Behandlungsweg nicht fehlerhaft.

Es sei auch nicht zu beanstanden, dass das Gipsbett präoperativ angepasst und nach einer 24-stündigen Probeliegezeit entsprechend korrigiert wurde. Postoperativ erfolgen jedoch lediglich Wundkontrollen, zunächst am 2. und am 5. Tag. Am 5. postoperativen Tag ist eine leichte Wundrötung dokumentiert, die jedoch keine Beachtung fand und keine Behandlungs- oder prophylaktischen Maßnahmen erfuhr. Es trat dann eine Kontrollücke der Hautverhältnisse von 3 Tagen ein, dieses auch im Rahmen der vorübergehenden Verlegung der Patientin in eine benachbarte chirurgische Klinik wegen der genannten abdominellen Problematik. Während des zweitägigen Aufenthaltes in dieser Klinik sind keine Wund- bzw. Rückeninspektionen dokumentiert, weder durch das Personal dieser Klinik noch ggf. konsiliarisch durch einen Arzt der operierenden orthopädischen Abteilung. Es wurde vielmehr der chirurgischen Klinik im Verlegungsbericht mitgeteilt: „Strenge Bettruhe in einer Gipsschale unter Verzicht auf eine Seitenlagerung". Bei der Rückverlegung am 8. postoperativen Tag zeigte sich dann bei der Wundkontrolle die große dunkel-livide Druckstelle mit Mazerationen und Erosionen der Epidermis.

Der Gutachter führt hierzu aus, dass bei der Wundkontrolle am 5. postoperativen Tag ein Dekubitus Grad I nach DANIEL vorlag im Sinne einer fixierten Hautrötung. Derartige Veränderungen seien durch konsequente Druckentlastung noch rückbildungsfähig. Voraussetzungen seien jedoch engmaschige Kontrollen mit Lagerungsänderung in 6–8stündigen Abständen. Der Befund an diesem Tag wurde offensichtlich in seiner Bedeutung verkannt und die notwendigen Maßnahmen unterblieben. Dieses war fehlerhaft. Sie wären auch unter Berücksichtigung der abdominellen Problematik und der vorausgegangenen Operation realisierbar gewesen. In dem Intervall von 3 Tagen bis zur nächsten Kontrolle hätte zumindest der Grad III eines Dekubitus in der Einteilung nach DANIEL, wahrscheinlich schon mit Übergang zu Grad IV im Sinne einer Ausdehnung dieses Dekubitus in das subcutane Fettgewebe mit beginnenden Ulcerationen, vorgelegen. Dieses wäre bei richtiger Dekubitusprophylaxe und regelrechten Haut- und Wundkontrollen mit ausreichender Wahrscheinlichkeit vermeidbar gewesen. Es wird eingeräumt, dass auch bei engmaschigen Kontrollen sich Dekubitalulcera nicht gänzlich vermeiden lassen. Eine derartige Komplikation könne jedoch nur dann als unvermeidbar bezeichnet werden, wenn die erforderlichen Maßnahmen zur Prophylaxe durchgeführt wurden. Dieses sei hier jedoch eindeutig nicht der Fall, hier seien wesentliche Mängel und Versäumnisse erkennbar.

Die in Anspruch genommene orthopädische Abteilung widerspricht den Aussagen des externen Gutachters, hält die durchgeführten Maßnahmen für ausreichend und die Entwicklung des ausgedehnten Dekubitus mit dem daraus sich ergebenen langwierigen Behandlungsmaßnahmen für unvermeidbar.

**Beurteilung der Schlichtungsstelle:** Den Bewertungen des externen Gutachters wird zugestimmt. Bei Patienten, die aufgrund einer allgemeinen Erkrankung nicht fähig oder zu schwach oder, wie hier, aufgrund einer Gipsbettruhigstellung behindert sind, sich selbst zu drehen oder abzuheben, muss das regelmäßige Umlagern durch das Pflegepersonal übernommen werden. Als Risikofaktor ist in erster Linie eine lokale Druckbelastung zu nennen, denn ohne Druckeinwirkung gibt es kein Dekubitalulkus. Dabei geht es im Wesentlichen um Einwirkung über einen längeren Zeitraum, auch wenn der Druck als solcher relativ niedrig ist. Liegt der Patient, wie hier, in einer Gipsschale auf dem Rücken, sammeln sich zwangsläufig Ödeme in der Sakralgegend, die Elastizität des Gewebes und die Vitalität von Haut und Unterhautfettgewebe gehen zurück. Unterbleiben entsprechende prophylaktische Maßnahmen, ist mit sehr hoher Wahrscheinlichkeit die Entwicklung eines Dekubitus zu erwarten.

Es war fehlerhaft, den Grad I einer Dekubitusentwicklung am 5. postoperativen Tag zu verkennen und es war weiterhin fehlerhaft, die Patientin in die chirurgische Klinik zu verlegen mit der schriftlichen Empfehlung, strenge Bettruhe in der Gipsschale fortzusetzen unter Verzicht auf eine Seitenlagerung. Zu beanstanden ist weiterhin in Übereinstimmung mit dem Gutachter die Kontrolllücke der Hautverhältnisse von ca. 3 Tagen. Deshalb müssen die Folgen mit der Entwicklung eines sehr großen Dekubitus und den notwendigen umfangreichen chirurgischen Interventionen den behandelnden Ärzten zur Last gelegt werden.

Als Folge dieses Fehler sind vermehrte Beschwerden, wiederholte operative Eingriffe einschließlich einer plastisch-chirurgischen Maßnahme und einer Verlängerung der Behandlungsdauer unter Berücksichtigung eines regulären Verlaufes nach dem hier durchgeführten Eingriff von ca. 6 Wochen zu benennen.

**Fazit:** Bei postoperativen Ruhigstellungen mit oder ohne Gipsbett in Rückenlage sind regelmäßig Hautkontrollen und soweit als irgend möglich Umlagerungen durchzuführen unter besonderer Beachtung und Druckentlastung der für die Entstehung von Dekubiti besonders prädisponierten Bezirke. Sind hier Defizite zu erkennen, so müssen die sich daraus ergebenden Komplikationen dem behandelnden Arzt zur Last gelegt werden.

## 14

### Hämatogene Spondylodiszitis L3/4, Querschnittslähmung, Sepsis, Exitus letalis
Verkennung des Krankheitsbildes, unzureichende Therapie

**Krankheitsverlauf:** Die 44-jährige Patientin wurde wegen einer alkohol-toxischen Leberzirrhose in die medizinische Klinik eines Krankenhauses aufgenommen. Es bestanden Temperaturen um 38 Grad und ein positiver Urinbefund. Deshalb wurde zwei Tage nach der Aufnahme unter der Diagnose eines Harnwegsinfektes mit einer Antibiose mit Tarevit 2×1 Tablette zu 250 mg begonnen. Die Patientin klagte dann zunehmend über Kreuzschmerzen. Deshalb erfolgte 10 Tage nach der Aufnahme eine Röntgenuntersuchung der Lendenwirbel in zwei Ebenen. Diese zeigte eine auffällige Bandscheibenverschmälerung in Höhe L3/4 mit Arrosionen der Deckplatte LWK 4 ohne sklerotische Reaktionen. Zur weiteren Diagnostik empfahl der Röntgenologe Zielaufnahmen und ggf. eine Tomographie in Höhe L3/4. Diese Untersuchungen wurden 6 Tage später durchgeführt. Sie ergaben eine Auflösung der vorderen oberen Wirbelkörperkante von LWK 4 mit deutlicher Höhenminderung des Zwischenwirbelraums L3/4. Es wird die Verdachtsdiagnose einer Spondylodiszitis L3/4 gestellt. BKS zu diesem Zeitpunkt 60/115 mm nach Westergren.

Zur weiteren Diagnostik erfolgte dann zwei Tage später eine Computertomographie der Lendenwirbelsäule, die die Diagnose einer Spondylodiszitis L3/4 erhärtete. Auf diesen Computertomogrammen ist bereits eine deutliche prävertebrale Weichteilverdichtung direkt in Höhe des betroffenen Bandscheibenfaches sichtbar. Therapeutisch wird zunächst lediglich Bettruhe verordnet unter der Fortsetzung der Behandlung mit Tarevit.

Es wird ein chirurgisches Konsil veranlasst, welches zwei Tage nach der Computertomographie erfolgte. Es wird die Diagnose einer Spondylodiszitis L3/4 bestätigt und wegen der erkennbaren Abszedierung die Indikation für eine Punktion gestellt. Es wird empfohlen, das Antibiotikum Tarevit bis zur Punktion abzusetzen um dann nach Ergebnis der Punktion mit einer zielgerichteten Antibiose zu therapieren. Diese Punktion erfolgte weitere drei Tage später. Das Material wird zur mikrobiologischen Aufarbeitung eingeschickt. Der schriftliche Befund liegt weitere drei Tage später vor. Es fanden sich Leukozyten und viele Erythrozyten. Ein Bakterienwachstum wurde jedoch auch im kulturellen Befund nicht nachgewiesen.

Seitens des Krankenhauses erfolgten keine therapeutischen Maßnahmen außer der Bettruhe. Parallel mit dem bakteriologischen Befund wurde eine MR-Tomographie durchgeführt. Diese zeigte eine ödematöse Durchtrenkung des 3. und 4. Lendenwirbelkörpers mit sowohl prä- als auch postvertebralen Raumforderungen im Sinne einer Abszedierung. Auch in den transversalen Schichten zeigten sich kontrastmittelaufnehmende Weichteilstrukturen im Bereich des hinteren Längsbandes mit beginnender Verdrängung des Duralschlauches. Die schriftliche Diagnose des Radiologen lautete: „Sponylodiszitis im Segment L3/4, intraspinale Abszedierung". Auch jetzt erfolgten keine therapeutischen Reaktionen. Wegen zunehmender Beschwerdesymptomatik bei weiterhin regelrechten neurologischen Befunden wurde eine Kontroll-MR-Tomographie zehn Tage später durchgeführt. Diese zeigte eine zunehmende Destruktion mit kyphotischer Abknickung im Segment L3/4 mit ebenfalls zunehmender Kompression des Duralschlauches. Parallel mit diesem Verlauf erhöhten sich die laborchemischen Entzündungsparameter. Weitere 7 Tage später wird ein erneutes chirurgisches Konsil veranlasst. Es wird festgestellt, dass der Erregernachweis bisher negativ sei, die Schmerzen der Patientin hätten sich eher gebessert. Empfohlen wird zunächst ein neurologisches Konsil und anschließend eine chirurgische Wiedervorstellung.

Bis diesem Zeitpunkt fanden sich keine neurologischen Ausfallserscheinungen. Sechs Tage später wiederum chirurgisches Konsil, jetzt wird eine erneute Punktion für erforderlich gehalten und einen Tag später durchgeführt. Das drei Tage später eintreffende Ergebnis ergibt den Nachweis von Staphylokokkus aureus bei einem penicillinempfindlichen Stamm. Am darauffolgenden Tag erfolgte die 3. Magnetresonanztomographie wegen nunmehr beginnender neurologischer Ausfallssymptomatik. Jetzt zeigt sich eine nahezu komplette Verdrängung des Duralschlauches im Spinalkanal mit deutlicher Vergrößerung der prä- und retrovertebralen entzündlichen Infiltration im betroffenen Segment. Aufgrund dieser Befunde erfolgte nunmehr nach erneutem chirurgischen Konsil die Verlegung in eine neurochirurgische Klinik einer benachbarten Universität unter der Diagnose einer Spondylodiszitis mit beginnender Kaudasymptomatik. In der Universitätsklinik wird notfallmäßig zunächst eine dorsale Dekompression durchgeführt mit hochdosierter Antibiose bei bestehender Querschnittssymptomatik. Im weiteren Verlauf Fusionsoperation mit postoperativen Blutungskomplikationen und deshalb erforderlicher Revisionsoperation wegen eines retroperitonealen Hämatoms. Die Patientin verstirbt dort 14 Tage später an einem Multiorganversagen.

Die Angehörigen der Patientin sind der Ansicht, dass dieser Krankheitsverlauf Folge einer Fehlbehandlung seitens der medizinischen und chirurgischen Abteilung des Krankenhauses sei.

Das in Anspruch genommene Krankenhaus vertritt die Ansicht, dass eine antibiotische Behandlung immer erst dann begonnen werden solle, wenn adäquates Material für den Keimnachweis gewonnen wurde. Es wird argumentiert, dass bei der Spondylodiszitis neben grampositiven Keimen, wie Staphylokokken, auch gramnegative Keime als Verursacher vorkommen. Deshalb sei die Wahl des Antibiotikums so entscheidend wichtig. Wenn eine antibiotische Behandlung erst einmal angefangen sei, sei der Keimnachweis äußerst schwierig bis unmöglich. Aus diesem Grunde solle man eine antibiotische Behandlung nicht vor Gewinnung von Keimmaterial beginnen.

**Gutachterliche Beurteilung:** Der externe Gutachter führt aus, dass die zunächst eingeleitete Antibiose mit Tarevit bei erhöhten Temperaturen und positivem Urinbefund nicht zu beanstanden sei. Die wegen der zunehmenden Rückenschmerzen etwa 10 Tage nach der stationären Aufnahme angefertigte Röntgenübersichtsaufnahme der LWS habe bereits die Diagnose einer Spondylodiszitis wahrscheinlich gemacht. Die sich daran anschließenden weiteren Untersuchungen mit bildgebenden Verfahren hätten diese Diagnose eindeutig bestätigt. Befürwortet wird die Anordnung einer Bettruhe und die Durchführung der diagnostischen Punktion. Es wird auch akzeptiert, dass drei Tage vor dieser Punktion das Antibiotikum abgesetzt wurde, wobei darauf hingewiesen wird, dass chirurgischerseits hier ausdrücklich von einer vorübergehenden Aussetzung der Antibiose gesprochen wurde. Im Hinblick auf die Punktion wird gerügt, dass neben der mikrobiologischen Untersuchung kein Material auch zur histologischen Untersuchung eingeschickt wurde, um die Diagnose weiter zu sichern.

Als eindeutig fehlerhaft wird es bezeichnet, dass im Anschluss an die Punktion nicht sofort mit einer zunächst blinden Antibiose angefangen wurde mit einem knochengängigen Präparat unter Berücksichtigung der literaturmäßig bekannten Tatsache, dass der Staphylokokkus aureus zu den häufigsten Erregern einer hämatogenen Sponylodiszitis zählt. Es wird darauf hingewiesen, dass ein direkter Erregernachweis nur in etwa 40–60% der Fälle gelingt. Durch gleichzeitige histologische Aufarbeitung des gewonnenen Materials mit Nachweis entzündlicher Veränderungen gelingt jedoch eine Erhöhung der diagnostischen Treffsicherheit auf 89%. Auch bei negativem bakteriologischem Befund sei jedoch eine entsprechend hochdosierte Antibiose zwingend erforderlich. Weiterhin weist der externe Gutachter darauf hin, dass neben dieser hochdosierten Antibiose absolute Bettruhe zur Ruhigstellung des betroffenen Wirbelsäulenabschnittes verordnet werden müsse.

Eine Operationsindikation ergebe sich, wenn ausgeprägte ossäre Destruktion vorliege, wo selbst bei Ausheilung eine ausreichende Stabilisierung bzw. Integrität der Wirbelsäule nicht mehr zu erwarten ist, bei primär bestehenden oder im Krankheitsverlauf sich einstellenden neurologischen Ausfällen und bei jeglicher Form der Abszedierung. Unter der letztgenannten Voraussetzung müsse eine operative Intervention erfolgen, *bevor* neurologische Ausfälle eintreten, um nicht dann unter weitaus ungünstigeren Bedingungen einen notfallmäßigen Eingriff durchzuführen.

Im vorliegenden konkreten Fall war auf den Magnetresonanztomogrammen die Abszedierung mit zunehmender Einengung des Spinalkanals eindeutig, sodass die drohende Querschnittssymptomatik hätte erkannt werden müssen mit entsprechend therapeutischen Konsequenzen. Auch dieses wurde versäumt und sei aufgrund der Ergebnisse der bildgebenden Verfahren nicht mehr nachvollziehbar. Bereits aus den Befunden der ersten Magnetresonanztomographie habe sich aufgrund der eindeutigen Befunde eine Operationsindikation ergeben. Durch einen Eingriff in diesem Stadium wäre die Querschnittssymptomatik vermeidbar gewesen. Bei dem schließlich eingetretenen Multiorganversagen sei jedoch die alkohol-toxische Leberzirrhose mit zu berücksichtigen.

Das in Anspruch genommene Krankenhaus stellt nochmals heraus, dass insgesamt die alkohol-toxische Leberzirrhose im Vordergrund des Geschehens stand und vertritt weiterhin die Ansicht, dass eine blinde Antibiose bedenklich sei. Zur Frage der Operationsindikation zum Zeitpunkt der ersten Punktion und der begleitenden Magnetsresonanztomographie wird nicht Stellung genommen.

**Beurteilung der Schlichtungsstelle:** Den Bewertungen des externen Gutachters wird zugestimmt. Die Diagnose einer Spondylodiszitis mit begleitender Abszedierung und beginnender Einengung des Spinalkanales mit Verdrängung des Duralschlauches war bereits zum Zeitpunkt der ersten Punktion und der parallel zu diesem Termin angefertigten Magnetresonanztomographien als gesichert anzusehen. Aus diesen Befunden ergab sich bereits eine Operationsindikation. Spätestens jedoch bei der 10 Tage darauf erneut angefertigten Magnetresonanztomographie, die eine Zunahme der Befunde deutlich erkennen ließ, die auch von den Radiologen beschrieben wurde. Zu diesem Zeitpunkt bestanden noch keine neurologischen Ausfallserscheinungen.

Nicht nachvollziehbar ist aus der Sicht der Schlichtungsstelle, dass bei diesen schwerwiegenden Befunden keine Therapie außer der Bettruhe veranlasst wurde. Durch die unterlassene, zwingend notwendige hochdosierte Antibiose mit einem knochengängigen Antibiotikum hätte durchaus die hohe Wahrscheinlichkeit bestanden, die Spondylodiszitis auch bei dem schlechten Allgemeinzustand der Patientin und sicherlich auch schlechter Immunsituation positiv zu beeinflussen. Dieses ergibt sich auch aus der Austestung des erneuten Punktates, wobei jetzt ein penicillinempfindlicher Stamm des Staphylokokkus aureus nachgewiesen wurde. Dieser Erreger wäre mit hoher Wahrscheinlichkeit durch die zwingend geforderte, aber nicht durchgeführte Antibiose positiv zu beeinflussen gewesen. Es ist auch nicht nachvollziehbar, dass trotz dieser Befunde vor der Verlegung in die Universitätsklinik noch eine weitere Kernspintomographie durchgeführt wurde bei einer jetzt bereits bestehenden neurologischen Ausfallssymptomatik. Dadurch wurde die zwingend notwendige Verlegung weiter verzögert bis zur Ausbildung eines Querschnittsyndroms. Unter dieser Voraussetzung wird von einem schweren Fehler ausgegangen, sodass der weitere Krankheitsverlauf auf diesen schweren Fehler zurückgeführt werden muss.

**Fazit:** Eine hämatogene Spondylodiszitis muss auch bei fehlendem Keimnachweis hochdosiert antibiotisch behandelt werden unter konsequenter Ruhigstellung und kurzfristigen Kontrollen, um bei drohenden neurologischen Komplikationen rechtzeitig operativ eingreifen zu können. Hier keine Antibiose durchzuführen und trotz Kontrollen mit bildgebenden Verfahren und dabei erhobenen eindeutigen Befunden es bis zu einer Querschnitts- Symptomatik kommen zu lassen, muss als schwerer Fehler bezeichnet werden.

## 15

**Bandscheibenprolaps L5/S1 rechts. Nucleotomie**
Operation in falscher Etage.
Postoperativ neurologische Ausfallerscheinungen

**Krankheitsverlauf:** Die 27-jährige Patientin litt seit längerer Zeit unter rezidivierenden Schmerzen im Bereich der unteren Lendenwirbelsäule mit Ausstrahlung in das rechte Bein. Störungen der Motorik oder der Sensibilität lagen nicht vor, die Reflexe waren seitengleich regelrecht auslösbar. Es wurde zunächst eine intensive konservative Behandlung durchgeführt, die die anhaltenden Beschwerden mit zunehmender Tendenz nicht bessern konnten. Computertomographisch wurde ein Nucleus pulposus Prolaps L5/S1 rechts mit raumfordernder Wirkung auf intraspinale Strukturen festgestellt. Demgegenüber fand sich im Segment L4/5 rechts eine flache Bandscheibenprotrusion ohne nennenswerte Raumforderung.

Aufgrund der anhaltenden Beschwerdesymptomatik, die sich durch konservative Maßnahmen nicht beeinflussen ließ, wurde trotz fehlender neurologischer Symptomatik die Indikation zur Nukleotomie gestellt. Nach dem Eingriff lagen postoperativ eine Schwäche des Extensor hallucis longus rechts in Verbindung mit einer Fußheberschwäche rechts vor. Dieser Befund war noch im Laufe der stationären Behandlung rückläufig. Es schloss sich eine Reha-Maßnahme an. Hier wird im Abschlussbericht eine weiter bestehende Fußheberschwäche rechts beschrieben (Musculus tibialis anterior Kraftgrad M3 nach Janda). Weiterhin werden gegenüber präoperativ unverändert bestehende Schmerzen mit Ausstrahlungen in das rechte Bein beschrieben.

Die Patientin war der Ansicht, dass die Lähmung ihres rechten Fusses durch Fehler bei der Operation bedingt sei.

Von der in Anspruch genommenen orthopädischen Klinik liegt keine Stellungnahme vor.

**Gutachterliche Beurteilung:** Der externe Gutachter bestätigt zunächst das präoperative Vorliegen eines Bandscheibenvorfalles L5/S1 rechts mit deutlicher raumfordernder Wirkung. Aufgrund der anhaltenden, durch konservative Maßnahmen nicht zu bessernden Beschwerdesymptomatik wird die Operationsindikation bestätigt. Der Eingriff selbst wurde in typischer offener Technik durchgeführt. Im Operationsbericht wird beschrieben, dass sich nach Flavektomie kein Prolaps finden ließ. Es habe jedoch eine deutliche Vorwölbung bestanden und nach Schlitzen des hinteren Längsbandes sei Bandscheibenmaterial entfernt worden. Der restliche Bandscheibenbinnenraum sei mit der Doppellöffelzange ausgeräumt. Die postoperativ bestehenden neurologischen Ausfallerscheinungen werden bestätigt. Keine weiterführende Diagnostik vor der Entlassung in die Reha-Klinik. Nach Beendigung der Reha-Maßnahmen erfolgte dann wegen anhaltender Beschwerden erneut eine bildgebende Diagnostik. Hier zeigte sich, dass eindeutig von einer operativen Intervention in der Etage L4/5 rechts ausgegangen werden muss. Der ursprünglich raumfordernde Prolaps L5/S1 rechts lag unverändert vor. Daraus ergab sich, dass der operative Eingriff eine Etage höher als geplant durchgeführt wurde. Somit müssen die postoperativen neurologischen Ausfallerscheinungen in Verbindung mit dem gesamten operativen Eingriff und den weiterhin bestehenden Beschwerden diesem Fehler zugerechnet werden. Therapeutisch bleibt die Möglichkeit der erneuten Intervention in richtiger Etagenhöhe, wozu sich die Patientin bisher jedoch nicht entschließen konnte.

Die in Anspruch genommene Klinik wendet ein, dass in ihrer Einrichtung grundsätzlich entsprechende Lokalisationsaufnahmen bei Eingriffen an der Wirbelsäule vorgenommen werden, sodass der Vorwurf, die Operation in der falschen Etage durchgeführt zu haben, nicht nachvollzogen werden könne.

**Beurteilung der Schlichtungsstelle:** Den Bewertungen des Gutachters wird zugestimmt. Dies gilt zunächst für die Indikationsstellung. Auch der Eingriff selbst erfolgte regelrecht, jedoch eindeutig in der falschen Etage. Dies ist anhand der postoperativen Röntgenbilder beweisbar, sodass für einen begründeten Zweifel an dieser Aussage kein Raum ist. Da präoperativ eindeutig keine neurologischen Ausfallerscheinungen vorlagen, müssen die entsprechenden postoperativen Befunde ursächlich auf diese in der entsprechenden Etagenhöhe nicht indizierten Eingriff zurückgeführt und somit dem Operateur zur Last gelegt werden.

**Fazit:** Vor jeder Nuclektomie muss sorgfältig die Etagenhöhe überprüft werden, da insbesondere erfahrungsgemäß bei Bandscheibenvorfällen in Höhe L5/S1 Irrtümer nicht ausgeschlossen werden können. Außerdem muss der intraoperative Befund mit präoperativen Befunden der bildgebenden Verfahren in Übereinstimmung gebracht werden. Bei entsprechender Diskrepanz ist eine Überprüfung der Etagenhöhe intraoperativ zwingend notwendig. Geschieht dies nicht und wird der Irrtum in der Etagenhöhe intra operationem nicht bemerkt, müssen die sich daraus ergebenen Folgen dem Operateur angelastet werden.

## 16
### Statische Skoliose bei Beinverkürzung links
Verkürzungsausgleich rechts, vermehrte Wirbelsäulenbeschwerden

**Krankheitsverlauf:** Der 27-jährige Patient suchte am 3.6. einen Facharzt für Orthopädie auf wegen Wirbelsäulenbeschwerden. Keine Ausstrahlung der Schmerzen in die Arme oder Beine. Eine Bewegungseinschränkung habe er nicht bemerkt.

Die klinische Untersuchung ergab einen Beckentiefstand links mit linkskonvexer Lumbalausprägung und angedeuteter rechtskonvexer thorakaler Gegenschwingungen. Schultergradstand, Kopf regelrecht zentriert, keinen Rippenbuckel oder Lendenwulst. Alle Wirbelsäulenabschnitte waren frei beweglich. Mäßige paravertebrale Muskelverspannungen mit auffallender Schmerzhaftigkeit bei der Untersuchung. Nach Unterlegen eines Verkürzungsausgleiches links von 1,5 cm wurde Beckengradstand erreicht, nunmehr klinisch gerader Aufbau der Wirbelsäule.

Es wurde ein Verkürzungsausgleich durch Schuherhöhung verordnet, jedoch fälschlicherweise auf der rechten Seite. Dieser Verkürzungsausgleich wurde von dem Patienten auch getragen und es stellten sich vermehrte Wirbelsäulenbeschwerden ein. Deshalb suchte er etwa sechs Wochen später den behandelnden Facharzt für Orthopädie erneut auf. Dieser stellte den Fehler fest und es folgte die richtige Verordnung eines Verkürzungsausgleiches links von 1,5 cm.

Der Patient war der Ansicht, dass durch die fehlerhafte Verordnung eines Verkürzungsausgleiches rechts, den er über sechs Wochen getragen habe, erheblich vermehrte Wirbelsäulenbeschwerden verursacht wurden. Außerdem hätten sich Beschwerden im Bereich seiner rechten Schulter eingestellt, die auch nach Korrektur des fehlerhaften Verkürzungsausgleiches weiter bestanden hätten und sich dann sogar auf die linke Schulter übertragen hätten.

**Gutachterliche Beurteilung:** Es ist unstrittig, dass ein Beckentiefstand links von etwa 1,5 cm bestand und dass die Verordnung eines Verkürzungsausgleiches rechts von 1,5 cm fehlerhaft war mit einer nunmehr bestehenden Längendifferenz von ca. 3,0 cm. Die vorübergehenden vermehrten Wirbelsäulenbeschwerden werden ursächlich mit dem fehlerhaften Verkürzungsausgleich in Verbindung gebracht. Weitere Beschwerden, insbesondere die Schultergelenke betreffend, werden abgelehnt, auch anhaltende Wirbelsäulenbeschwerden über den Zeitraum von sechs Wochen hinaus, nachdem der Fehler korrigiert war, seien dem Verordnungsfehler nicht zuzurechnen.

**Beurteilung der Schlichtungsstelle/Fazit:** Den Bewertungen des Gutachters wird zugestimmt. Das Geschehen zeigt deutlich, dass Seitenverwechslungen immer wieder registriert werden und dass hier eine besondere Sorgfalt geboten ist.

## 17
### Übersehene Rippenserienfraktur bei gleichzeitiger Schlüsselbeinfraktur, Fehldeutung thorakaler Beschwerden, unzureichende Behandlung sekundär erkannten Hämato-Thorax, Notwendigkeit einer Pneumolyse
Zeitverlust und Beschwerden

**Krankheitsverlauf:** Der damals 55-jährige Patient erlitt bei einem Sturz am 25.2.1999 eine schwere Prellung der linken Körperseite. Er wurde vom Hausarzt am 26.2. in das in Anspruch genommene Krankenhaus eingewiesen. Röntgenaufnahmen des linken Schultergürtels ließen eine körperferne Schlüsselbeinfraktur nachweisen. Wegen erheblicher Dislokation wurde dem Patienten der Vorschlag gemacht, hier eine Fesselungsoperation vorzunehmen. Dazu wurde der Patient am 1.3.1999 stationär aufgenommen.

Das körperferne Schlüsselbeinbruchstück wurde mit einer PDS-Kordel an den Rabenschnabelfortsatz gefesselt. Der Patient wurde am 3.3.1999 in ambulante Behandlung entlassen. Aus der Dokumentation des nachbehandelnden Arztes war zu entnehmen, dass über Schmerzen im Brustkorb und Hustenreiz geklagt wurde. Es wurden sekretlösende Medikamente und Schmerzmittel verordnet. Labortechnische Untersuchungen am 19.3.1999 ließen deutliche Minderung des Blutfarbstoffes, eine extrem erhöhte Blutsenkungsgeschwindigkeit und eine Leukozytose feststellen. Zur Abklärung des Befundes wurde der Patient erneut in das in Anspruch genommene Krankenhaus eingewiesen. Die Behandlung erfolgte diesmal in der allgemeinchirurgischen Abteilung. Röntgenaufnahmen am 20.3.1999 ließen totale Verschattung der linken Brustkorbseite und eine Rippenserienfraktur nachweisen. Es wurde sofort eine Thoraxdrainage angelegt, bei der sich etwa 3000 ml Blut entleerten. Die Röntgenaufnahme am Folgetag ließ nur unwesentliche Besserung erkennen.

Bei tomographischer Abklärung am 22.3.1999 waren erhebliche Verschwartungen nachzuweisen. Noch am gleichen Tage wurde thorakoskopisch operiert. Es wurden Verschwartungen gelöst, die zu Entfaltung der Lunge führten. Nach mehrtätiger intensivtherapeutischer Behandlung konnte der Patient am 29.3.1999 in die ambulante Behandlung entlassen werden. Abschlussröntgenuntersuchungen ließen nur noch eine minimale Restverschattung nachweisen.

Mit Schreiben an die Schlichtungsstelle bemängelte der Patient unzureichende Erstdiagnostik. Die Rippenserienfraktur sei deshalb übersehen worden. Es sei zu nachfolgenden Beschwerden, zu erneutem stationären Krankenhausaufenthalt und zur Notwendigkeit einer Operation gekommen.

**Gutachterliche Beurteilung:** Der von der Schlichtungsstelle eingeschaltete Gutachter stellte fest, dass die Unterlassung einer Thoraxröntgenaufnahme zur Nichterkennung der Rippenfraktur, zu deutlich verzögerter Behandlung und damit einhergehenden Beschwerden geführt habe.

Bei der primär überwiegenden Schmerzhaftigkeit im Bereich des linken Schultergürtels war nicht unbedingt an eine vergesellschaftete Rippenserienfraktur zu denken. Eine Thoraxübersichtaufnahme wäre hilfreich gewesen, war aber nicht zwingend zu verlangen. Die Indikationsstellung zur operativen Behandlung der Schlüsselbeinfraktur war nicht zu bemängeln, bei einem 55-jährigem Patienten war aber eine präoperative Lungenübersichtsaufnahme zwingend geboten. Sie hätte die begleitende Rippenserienfraktur und die wahrscheinlich schon zu diesem Zeitpunkt bestehende Blutansammlung nachweisen können. Der Hämato-Thorax wurde deshalb erst 19 Tage später erkannt. Der Versuch einer verspäteten Drainagebehandlung war zwar gerechtfertigt, aber erfolglos.

**Beurteilung der Schlichtungsstelle:** Mit unterlassener klinischer und röntgenologischer Untersuchung des Thorax wurde spätestens ab 1.3.1999 fehlerhaft gehandelt. Bei jüngeren Patienten wird zwar in letzter Zeit von einigen Autoren die sog. präoperative Lungenübersichtsaufnahme nur im Zweifel gefordert. Bei älteren Patienten sollte sie aber nach wie vor als unerlässlich gelten, da sie zum Ausschluss bestehender, eventuell die Narkosedurchführung beeinträchtigender Vorschäden unerlässlich ist. Bei Veranlassung dieser Lungenübersichtsaufnahme wäre die Verschattung der linken Thoraxseite die ...frakturen rechtzeitig erkannt worden.

Mit zeitgerechter Erkennung der komplizierenden Thoraxverletzung wäre nach aller Erfahrung eine primär angelegte Thoraxdrainage erfolgreich gewesen. Es wäre nicht zu Verklebungen gekommen. Da man nach primärer Diagnose der begleitenden Rippenserienverletzung und entsprechender Behandlung die Versorgung der Schlüsselbeinfraktur verschoben hätte, war nicht von einer Verlängerung stationärer Behandlungszeit auszugehen.

Die Gesamtbehandlungsdauer war aber zu verkürzen und damit einhergehend die Beschwerdephase. Hier waren Folgen von Versäumnissen zu erkennen.

**Fazit:** Verletzungen des Schultergürtels lassen nicht unbedingt an eine begleitende Thoraxverletzung denken. Geplante Operation bei Patienten jenseits des 50. Lebensjahres sollte aber trotz derzeitiger kontroverser Diskussionen Anlass für Anfertigung einer sog. präoperativen Lungenübersichtsaufnahme sein.

# 18
## Rippenfrakturen,
## Verzögerung sachgerechter Behandlung eines Hämatothorax
Zeitverlust, Beschwerden, Notwendigkeit einer Thorakotomie

**Krankheitsverlauf:** Der damals 39-jährige Patient stürzte am 28.8.1998 von einer Leiter. Wegen zunehmender Schmerzen im Bereich der rechten Thoraxseite suchte er am Folgetag das in Anspruch genommene Krankenhaus auf, dort wurde nach Brustkorbaufsicht- und Schrägaufnahmen keine Knochenverletzung gesehen und der Patient in ambulante Behandlung entlassen. Wegen zunehmender Luftnot wurde dieser zwei Tage später notfallmäßig in das Krankenhaus eingeliefert. Erneut gefertigte Röntgenaufnahmen ließen nun Brüche der 9. und 10. Rippe rechts und einen ausgedehnten Erguss in der rechten Brustkorbhälfte nachweisen.

Wenige Stunden nach Aufnahme wurde ein Punktionsversuch unternommen, der aber keine Flüssigkeit entleeren ließ. In den folgenden Tagen wurde nach Röntgen- und Ultraschallkontrolluntersuchungen die Zunahme des Ergusses beschrieben. Am 8.9. wurde eine Drainage eingelegt, aus der sich 1500 ml blutig-seröse Flüssigkeit entleerten. Bei einer zwei Tage später erfolgten computertomographischen Untersuchung war weiterhin eine massive Flüssigkeitsansammlung nachweisbar. Darauf wurde an anderer Stelle erneut eine Drainage eingelegt. Über die sich danach entleerende Flüssigkeitsmenge ist keine Aufzeichnung vorhanden. Auf eigenen Wunsch wurde der Patient am 11.9. in eine Spezialabteilung verlegt, wo noch am gleichen Tage eine Thorakotomie vorgenommen wurde. Hierbei entleerten sich erneut 1800 ml Flüssigkeit. Es wurden zusätzlich Frakturen der 7. und 8. Rippe nachgewiesen. 2½ Wochen später konnte der Patient mit guter Vitalkapazität in ambulante Behandlung entlassen werden.

Der Patient beanstandete die fehlerhafte Auswertung der Röntgenaufnahmen bei der ersten Vorstellung und spätere unzureichende Reaktion auf ausgedehnte Flüssigkeitsansammlungen. Es sei daraus resultierend zu längerer Behandlungszeit, zu mehrwöchentlichen Beschwerden und einer wahrscheinlich entbehrlichen Operation gekommen.

**Gutachterliche Beurteilung:** Der von der Schlichtungsstelle eingeschaltete Gutachter stellte fest, dass bereits auf den ersten Röntgenaufnahmen vom 29.8. die Frakturen der Rippen 9 und 10 mit leichter Verschiebung nachweisbar waren. Dieser Befund hätte aber eine Entlassung in ambulante Behandlung zu diesem Zeitpunkt noch durchaus gerechtfertigt. Es habe noch keine Flüssigkeitsansammlung vorgelegen.

Die ab 1.9. eingeleitete Behandlung anlässlich stationären Aufenthaltes sei dann aber unzureichend gewesen. Man habe sich trotz des Nachweises erheblicher Flüssigkeitsansammlung mit einer ergebnislosen Punktion begnügt und erst 8 Tage später eine Drainage angelegt. Die in dieser Zeit angefertigten Bilddokumente hätte aber eindeutig und mehrfach massive

Ergussbildungen erkennen lassen, die bereits wesentlich früher eine aktive Behandlung erforderlich gemacht hätten.

Zeitverlust und damit einhergehende Beschwerden sowie denkbare zukünftige Beeinträchtigungen bzw. Atemstörungen müssen diesem Versäumnis angelastet werden. Auch die operative Eröffnung des Brustkorbes sei bei sachgemäßer Erstbehandlung mit an Sicherheit grenzender Wahrscheinlichkeit zu umgehen gewesen.

**Beurteilung der Schlichtungsstelle:** Die Schlichtungsstelle schloss sich den medizinischen Wertungen des Gutachters an. Angesichts der am 1.9. nachweisbaren massiven Ergussbildung war bereits eine Punktion als unzureichende Maßnahme anzusehen. Bereits an diesem Tage wäre eine Drainage zu fordern gewesen. Sich bei dem gegebenen Befund mit einer ergebnislosen Punktion zu begnügen, war fehlerhaft. Trotz des Nachweises zunehmender Flüssigkeitsansammlung weitere 8 Tage bis zum nächsten Behandlungsversuch verstreichen zu lassen, musste als grober Verstoss gegen die Sorgfaltspflicht angesehen werden. Die Hinnahme einer bleibenden Verschattung (Ergussbildung) ohne konsequente Abklärung und Therapie hat dann zu Verklebungen geführt, die später eine Thorakotomie erforderlich machten.

Nach Ansicht der Schlichtungsstelle war als Folge von Versäumnissen und Fehlern ein Zeitverlust von mindestens 4 Wochen, vermehrte Beschwerden über zwei bis drei Monate und eine entbehrliche Operation anzusehen. Schadenersatzansprüche wurden für gerechtfertigt erklärt und empfohlen, die Frage einer außergerichtlichen Regulierung zu prüfen.

**Fazit:** Eine mehrtägige Unterlassung sachgerechter Drainage bei einem ausgedehnten Hämatothorax ist als fehlerhaft anzusehen. Nur bei geringfügigeren Flüssigkeitsansammlungen ist Eigenresorbtion möglich. Bei nachweisbar konsekutiver Zunahme der Flüssigkeitsmenge ist eine Drainage mit Unterdruck die einzig verlässliche Behandlungsmethode, eine einmalige Punktion bzw. Entleerung genügt in diesem Falle nicht. Bei schuldhafter Verzögerung geeigneter Maßnahmen gehen alle Folgekomplikationen zu deren Lasten.

## 19

**Schlüsselbeinbruch, unzureichende Osteosynthese**
Revisionsoperation, verzögerte Behandlungszeit,
ein Teil verbliebener Beschwerden

**Krankheitsverlauf:** Der damals 53-jährige Patient, chirurgischer Mitarbeiter des in Anspruch genommenen Krankenhauses, stürzte am 5.9.1994 mit dem Fahrrad und zog sich dabei einen körperfernen Schlüsselbeinstückbruch zu. Er wurde noch am gleichen Tage in dem im Krankenhaus vorstellig. Der Vorschlag zur operativen Behandlung wurde zunächst zurückgestellt, der Patient daraufhin mit einem Rucksackverband versehen in hausärztliche Behandlung verwiesen.

Drei Tage später stellte er sich erneut und nun mit dem Wunsch operativer Versorgung im Krankenhaus vor, der Eingriff wurde am 9.9.1994 vorgenommen. Die Fraktur wurde mit einer 4-Loch-Platte und mit Schrauben stabilisiert. Ein Knochenausbruchsstück wurde mit Kunstfadenzerklage angelagert und der Patient am 12.9.1994 in ambulante Behandlung entlassen.

Am 13.9.1994 erfolgte erneute Vorstellung wegen zunehmender Schmerzen. Röntgenaufnahmen ließen Auswanderung der im äußeren Bruchabschnitt liegenden Schrauben erkennen. Am 14.9.1994 war eine Revisionsoperation erforderlich. Diesmal wurde eine 7-Loch-Platte mit 6 Schrauben fixiert. Nach der Entlassung war am 27.10.1994 erneute Lockerung des Implantates nachweisbar. Die Dislokation nahm in den folgenden vier Wochen zu. Im Mai des Folgejahres wurde in einem anderen Krankenhaus die Metallentfernung vorgenommen, die Fraktur war bis auf das ehemalige Knochenausbruchsstück fest durchbaut.

Der Patient bat um Einleitung des Schlichtungsverfahrens und brachte zum Ausdruck, dass schwerwiegende operative Fehler zu deutlicher Verlängerung der Behandlungszeit, zu einer zusätzlichen Operation und zu bleibenden Beschwerden, u.a. auch neurologischen Irritationen, geführt habe.

Das in Anspruch genommene Krankenhaus wandte ein, dass man auf Wunsch des Patienten lediglich eine Minimalosteosynthese vorgenommen habe und der Misserfolg auch auf mangelnde Mitarbeit zurückgeführt werden müsse.

**Gutachterliche Beurteilung:** Der von der Schlichtungsstelle eingeschaltete Gutachter stellte fest, dass eine zwingende Indikation für die operative Versorgung nicht vorgelegen habe, eine relative Indikation bei dem Wunsch des Patienten nach operativer Behandlung und frühzeitigem Wiedereintritt der Belastbarkeit und Arbeitsfähigkeit aber nicht bestritten werden könne. Die Erstoperation und Revisionsoperation seien dann aber nicht nach gültigen Regeln erfolgt. Der Misserfolg, d.h. die Implantatlockerung, müsse im Wesentlichen darauf zurückgeführt werden und damit letztlich auch die Verzögerung im Verlauf, die Notwendigkeit einer zusätzlichen Operation und die mit den Gesamtumständen einhergehenden Beschwerden. Im privaten Bereich seien belastungsabhängige Beschwerden im Schultergürtelbereich links, im beruflichen Bereich allerdings keine wesentlichen konkreten Beeinträchtigungen zu erwarten.

Daraufhin wandte der Patient nochmals ein, dass sehr wohl Beeinträchtigungen im beruflichen Bereich vorliegen würden, diese bestünden in Kraftminderung, Bewegungsschmerzen, Missempfindungen und Verspannungen.

**Beurteilung der Schlichtungsstelle:** Nach Ansicht der Schlichtungsstelle war die Indikationsstellung zur Operation nicht zu bemängeln, obwohl sie als grenzwertige Indikation anzusehen war. Nach Fachwissen des Patienten konnte von dessen Einverständnis und Wunsch zu diesem Eingriff ausgegangen werden.

Als fehlerhaft musste aber die technische Durchführung beider Eingriffe angesehen werden. Der als Minimalostesynthese bezeichnete erste Eingriff war ein nicht tragfähiger Kompromiss zwischen dem Wunsch nach einer operativen Behandlung und den Erfahrungswerten bezüglich der Belastung von Implantaten in dieser Region. Nach dem frühzeitigen Misserfolg musste bei der Reosteosynthese fünf Tage später ein besonders leistungsfähiges Osteosyntheseverfahren gewählt werden. Unter Berücksichtigung des Knochenausbruchstückes hätte dies im Einbringen einer soliden Platte bestehen müssen, statt dessen wurde eine Drittelrohrplatte benutzt. Neben dem Schraubenausriss kam es folgerichtig zu Verbiegungen.

Die vom Gutachter angegebene Verzögerung der Behandlung um insgesamt drei Monate war als Folge technischer Fehler anzusehen, in diesem Zeitraum bestehenden Beschwerden und die Notwendigkeit einer zusätzlichen Operation waren darauf zurückzuführen.

Bezüglich der darüberhinausgehenden Beeinträchtigungen waren nur hypothetische Erwägungen möglich. Auch bei primär sachgerecht vorgenommener Osteosynthese gleichgearteter Verletzungen sind Bewegungseinschränkungen, Kraftminderung und auch Kribbelparästhesien durch narbige Verwachsungen im Bereich des Armplexus nicht ausgeschlossen, konnten also nicht mit ausreichender Wahrscheinlichkeit als Folge des fehlerhaften Handelns angesehen werden.

Der Einwand des in Anspruch genommenen Krankenhauses mit dem Hinweis auf die fachliche Qualifikation des Patienten und seine frühere Position in der hier in Anspruch genommenen chirurgischen Abteilung konnte nicht überzeugen. Wenn in einer eventuellen Vorbesprechung der sachkundige Patient eine von vornherein fehlerhafte Osteosynthese (Entscheidung für die 4-Loch-Drittel-Rohr-Platte) gewünscht hätte, wäre es zwingend notwendig gewesen, diesen Wunsch, der eine eindeutige Abweichung vom Standard darstellte, zu dokumentieren. Die zur Verfügung gestellte Dokumentation gab dafür nicht den geringsten Hinweis. Für den (nachgeschobenen) Vortrag des Mitverschuldens des Patienten wären die Ärzte des in Anspruch genommenen Krankenhauses beweispflichtig.

Die Schlichtungsstelle hielt Schadenersatzansprüche für begründet.

**Fazit:** Die Absicht, mit einer Minimalosteosynthese eine Risikominderung zu bewirken, bedarf sorgfältiger Aufklärung mit entsprechender Dokumentation. Bei der Fraktur des nicht immobilisierbaren Schlüsselbeines muss, wenn überhaupt erforderlich, eine stabile Osteosynthese angestrebt werden. Der Operateur ist für Gewährleistungen dieses Standards verantwortlich. Die Gründe für Abweichungen vom Standard sind sorgfältig zu dokumentieren.

## 20

**Verfrühte Plattenentfernung nach Clavikularfraktur**
Reoperation, Zeitverlust

**Krankheitsverlauf:** Die damals 26-jährige Patientin hatte am 15.3.1996 beim Kampfsport eine linksseitige Clavikularfraktur erlitten, die am Folgetag in dem in Anspruch genommenen Krankenhaus durch Plattenosteosynthese stabilisiert wurde. Die Osteosynthese war wegen drohender Durchspießung und Schädigung von Gefäßen respektive Nerven erforderlich. Im weiteren Verlauf wurden noch zeitweise Irritationen im Bereich des unter dem Schlüsselbein gelegenen Nervenplexus beobachtet. Am 27.8.1996 erfolgte die Metallentfernung. Schon wenige Tage später war eine Refraktur festzustellen. Es musste erneut eine Plattenosteosynthese vorgenommen werden.

Mit Schreiben an die Schlichtungsstelle beklagte die Patientin die ungenügende Aufklärung über die Risiken einer vorfristigen Metallentfernung, die zur Notwendigkeit einer erneuten Operation, zu zusätzlichen Schmerzen und zu Zeitverlust geführt habe.

Das in Anspruch genommene Krankenhaus wandte ein, dass die vorzeitige Materialentfernung wegen dringenden Kinderwunsches der Patientin erfolgte.

**Gutachterliche Beurteilung:** Der von der Schlichtungsstelle eingeschaltete Gutachter gelangte zu der Feststellung, dass die primäre Indikation zur Plattenosteosynthese und auch die Durchführung des Eingriffes nicht zu bemängeln seien.

Man könne die Metallentfernung auch nach 5½ Monaten durchführen, damit aber ein hohes Risiko einer Refraktur bestehe. Der Patient müsse eingehend darüber aufgeklärt werden. Dies sei im vorliegenden Fall nicht in ausreichender Weise geschehen. Hier seien Versäumnisse mit Folgen anzuerkennen.

Von der in Anspruch genommenen Seite wurde noch einmal zu bedenken gegeben, dass die Patientin wegen Kinderwunsches vorfristige Metallentfernung gewünscht habe. Es sei primär darauf hingewiesen worden, dass die Metallentfernung frühestens nach 9–12 Monaten zu empfehlen sei. Die Patientin hätte also 5½ Monate nach der Erstoperation wissen müssen, dass es sich um eine vorzeitige Entfernung handele.

**Beurteilung der Schlichtungsstelle:** Nach Ansicht der Schlichtungsstelle war dieser Einwand insofern zutreffend, als aufgrund der Unterlagen tatsächlich davon auszugehen war, dass die Patientin über die Vorzeitigkeit des Eingriffes informiert war. Diesen Unterlagen war jedoch nicht zu entnehmen, dass auch über das damit verbundene erhöhte Risiko einer Refraktur aufgeklärt wurde. In der von der Patientin am 26.8.1996 unterschriebene Aufklärungserklärung wurden als mögliche Risiken lediglich die allgemeinen, jedem operativen Eingriff innewohnenden Komplikationen genannt. Die in diesem Fall konkret erhöhte Gefahr einer Refraktur wurde nicht angeführt.

Eine Aufklärung über dieses erhöhte Risiko hätte zwingend erfolgen und dokumentiert werden müssen. Der der Arztseite obliegende Beweis hierfür konnte anhand der vorliegenden Unterlagen nicht geführt werden.

Die Knochenheilung nach Plattenosteosynthese erfolgt über Umbauvorgänge im Bruchspalt, die bis zu Verfestigung nach aller Erfahrung mindestens 10–12 Monate brauchen und gerade beim Schlüsselbeinbruch mit einem hohen Anteil von cortikalen Knochen besonders viel Zeit beanspruchen. Der im Bruchspalt ablaufende Heilungsprozess ist im Röntgenbild und auch bei makroskopischer Besichtigung einer solchen Zone nicht erkennbar.

Diese Heilung ist nicht mit der Knochenheilung über Callus zu vergleichen. Die Heilung über Callus lässt sehr viel früher Aussagen über die Belastbarkeit des Knochens zu. Aus diesem Grund ist es empfehlenswert, Metallplatten erst jenseits des 12.–15. Monates zu entfernen.

Jedem Chirurgen ist der Ablauf der sog. primären Knochenbruchheilung unter dem Schutz der Plattenosteosynthese bekannt. Er muss um die Zögerlichkeit des Heilungsablaufes und die Fehldeutigkeit von Röntgenbildern wissen. Ist der Beweis für eine dahingehende Aufklärung nicht zu führen, ist deren Unterlassung anzunehmen. Für Folgen dieses Fehlers trägt die Arztseite die Verantwortung.

Im vorliegenden Fall ist es zu einer mehrmonatigen Verzögerung des Heilablaufes, zu zusätzlichen Schmerzen und einer weiteren Operation gekommen.

**Fazit:** Beim Abweichen von Standards, so z. B. bei eindeutig verfrühter Entfernung von Osteosynthesematerial, ist eine besonders umfangreiche Aufklärung über damit einhergehende Risiken verbunden. Insbesondere bei einem Wunscheingriff muss aus der Aufklärungsdokumentation ersichtlich sein, dass der Operateur Bedenken geäußert hat und dem Patienten das Ausmaß der Risiken ausreichend dargelegt wurde. Ein dahingehendes Versäumnis muss als fehlerhaft angesehen werden.

## 21

### Impingementsyndrom rechte Schulter mit Verdacht auf partielle Ruptur der Rotatorenmanschette

Infiltrationsbehandlung, kurzfristig wiederholte Cortisoninfiltrationen, Gelenkempyem, mangelhafte Dokumentation

**Krankheitsverlauf:** Die 63-jährige Patientin wurde von ihrem Hausarzt wegen anhaltender Beschwerden und Bewegungseinschränkungen in ihrem rechten Schultergelenk einem Facharzt für Orthopädie überwiesen. Ein klinischer Befund ist bei der ersten Konsultation nicht dokumentiert. Die Diagnose lautete: Impingementsyndrom bei Periathropathia humero skalpularis. Es wurden Röntgenaufnahmen beider Schultergelenke in zwei Ebenen angefertigt. Ein Befund wurde nicht dokumentiert. Therapeutisch: Kältepackung und Jontophorese; zusätzlich wurde eine subakromeale Injektion mit einer Ampulle Dexamethason 2,5 mg verabreicht. Gleichzeitig erfolgten Röntgenuntersuchungen der Halswirbelsäule. Dokumentiert sind weder Beschwerden seitens der HWS noch wurden klinische Befunde erhoben. Abgerechnet wird eine Cheriotherapie. Zusätzlich erfolgten Infiltrationen von Facettengelenken, wobei weder die Segmente dokumentiert sind, noch das Medikament und die Dosierung.

Nach Angaben der Patientin verstärkten sich die Schmerzen im Bereich der rechten Schulter erheblich. Fünf Tage später erfolgte eine erneute Konsultation. Wiederum keine Dokumentation über die Beschwerdesituation oder klinische Befunde. Erneute Infiltration im Bereich der rechten Schulter mit dem Cortisonpräparat Dexamethason. Zusätzlich wiederum Behandlungsmaßnahmen im Bereich der HWS, soweit aus den Abrechnungsziffern ersichtlich Infiltrationen, Extension und Massagen.

Am darauffolgenden Tage erneute Konsultation wegen erheblicher Zunahme der Beschwerden im Bereich der rechten Schulter. Wiederum Infiltrationen im Bereich der rechten Schulter jetzt mit Diputalon. Keine Dokumentation über Beschwerden oder klinische Befunde. Zwei Tage später letzte Konsultation, nach Angaben der Patientin wegen hochgradiger Schmerzen. Dokumentiert werden an diesem Tage neben Jontophorese und Eis lediglich Abrechungsziffern. Danach erfolgten u. a. eine Chirotherapie der Wirbelsäule, eine Extensionsbehandlung und eine Infiltration.

Am gleichen Tag (Nachmittags) stationäre Aufnahme in einem benachbarten Krankenhaus mit den Zeichen einer hochakuten Entzündung des rechten Schultergelenkes. Klinisch wurde bereits die Diagnose eines Empyem gestellt. Sofortige operative Intervention, die die klinische Diagnose bestätigte. Im weiteren Verlauf war eine erneute operative Revision erforderlich bei osteolythischen Herden im Oberarmkopf. Es entwickelten sich ein Humeruskopfhochstand, ektope Verkalkungen und eine hochgradige Bewegungseinschränkung des rechten Schultergelenkes mit anhaltender Schmerzhaftigkeit.

Die Patientin war der Ansicht, dass die Infiltrationsbehandlung ihrer rechten Schulter fehlerhaft durchgeführt wurde und das hier der Grund für den weiteren Krankheitsverlauf liege.

Der in Anspruch genommene Facharzt für Orthopädie bestreitet zunächst an zwei aufeinanderfolgenden Tagen jeweils eine Cortisoninfiltration im Bereich des rechten Schultergelenkes der Antragstellerin durchgeführt zu haben. Es führt weiterhin aus, dass er bei den letzten Konsultationen Entzündungsherde erkannt habe. Es sei ein Antibiotikum verordnet und eine Vorstellung im Krankenhaus angesprochen worden. Insgesamt sei die Behandlung fehlerfrei gewesen.

**Gutachterliche Beurteilung:** Der externe Gutachter rügt zunächst die völlig unzureichende Dokumentation. Er schreibt hierzu, dass zur Aufklärung eines Sachverhaltes in der Regel die Aufzeichnungen des Arztes in der Karteikarte verlässliche Dienste leisten, wenn die wesentlichen Befunde zeitnah dokumentiert und die durchgeführten Behandlungsmaßnahmen nachvollziehbar vermerkt sind. Dieses trifft im vorliegenden Fall nicht zu. Nach eingehender Prüfung der zur Verfügung stehenden Aussagen und Unterlagen sowohl der Antragstellerin als auch des behandelnden Krankenhauses, müsse von drei Infiltrationen mit einem cortisonhaltigen Präparat in einem Zeitraum von insgesamt 7 Tagen ausgegangen werden, wobei die beiden letzten Infiltrationen Tag auf Tag erfolgten. Dieses wird als fehlerhaft bezeichnet. Kritisch hinterfragt wird dabei die Indikation für eine derartige Therapie ohne ausreichende vorherige Diagnostik. Grundsätzlich wird jedoch eine Injektionstherapie auch mit einem Cortisonpräparat nicht beanstandet.

Aufgrund des weiteren Verlaufes müsse davon ausgegangen werden, dass diese Infiltrationen intraartikulär erfolgten, denn chirurgisch fand sich eindeutig ein Gelenkempyem. Eine derartige, primär nicht beabsichtigte intraartikuläre Injektion bei einer subacromealen Infiltration lasse sich jedoch auch bei aller Sorgfalt nicht immer vermeiden und sei deshalb nicht grundsätzlich fehlerhaft soweit die hierfür geforderten hygienischen Voraussetzungen erfüllt sind.

Der wesentliche Fehler wird in den zu häufigen Infiltrationen mit einem Cortisonpräparat gesehen. Dieses Vorgehen war eindeutig kontraindiziert. Auch wenn grundsätzlich eine Gelenkinfektion nach einer derartigen Injetionsbehandlung bei aller Sorgfalt nicht immer vermeidbar sei, müsse hier wegen der zu dichten Folge der Injektionen und der damit verbundenen Überdosierung ein Fehler erkannt werden. Als Fehler wird weiterhin die Nichterkennung des sich ausbildenden Gelenkempyems am letzten Konsultationstag benannt sowie die völlig unzureichende Dokumentation.

Der in Anspruch genommene Facharzt für Orthopädie kann den Argumenten des Gutachters nicht folgen. Die Infiltrationen seien subacromeal erfolgt und nicht intraartikulär und in Häufigkeit und Dosierung nicht zu beanstanden. Der am Nachmittag des letzten Konsultationstages im Krankenhaus erhobene Befund eines Gelenkempyems sei am Vormittag noch nicht erkennbar gewesen.

**Beurteilung der Schlichtungsstelle:** Den Bewertungen des Gutachters wird zugestimmt. Infiltrationen mit einem cortisonhaltigen Präparat dürfen nicht kurzfristig hintereinander erfolgen. Dieses geht auch eindeutig aus den entsprechenden Gebrauchsinformationen der Hersteller hervor. Durch kurzfristig hintereinander erfolgte Infiltrationen mit einem cortisonhaltigem Präparat wird die Gefahr einer Infektion wesentlich erhöht, sodass ein derartiges Vorgehen kontraindiziert ist. Zu beanstanden ist weiterhin das Nichterkennen von Entzündungszeichen bei den letzten Konsultationen. Es ist nicht nachvollziehbar, dass am Vormittag keine wesentlichen Entzündungszeichen im betroffenen Gelenk erkennbar waren, während wenige Stunden später ein ausgedehntes Gelenkempyem mit entsprechenden klinischen Befunden vorlag. Schließlich ist eine angemessene nachvollziehbare Dokumentation erforderlich.

Somit müssen die Folgen im Sinne eines Gelenkempyems mit Destruktionen im Oberarmkopf, mehrfachen operativen Eingriffen, ausgeprägter Funktionsbehinderung und anhaltender Schmerzhaftigkeit als Folgen der genannten Fehler angesehen werden.

**Fazit:** In der Karteikarte müssen die wesentlichen Befunde kurz und zeitnah dokumentiert sein. Die daraus sich ergebende Arbeitsdiagnose muss nachvollziehbar sein. Das gleiche gilt für die sich daraus ergebenden therapeutischen Maßnahmen. Bei Injektionen/Infiltrationen müssen Ort, Medikamente und deren Dosierung ersichtlich sein. Kontraindikationen sind zu beachten. Kommt es bei Nichtbeachtung dieser Voraussetzungen zu einer Komplikation (etwa im Sinne einer Infektion), kann diese nicht als unvermeidlich und schicksalhaft angesehen werden, sondern ist als Folge des Fehlers zu bezeichnen.

## 22

### Impingementsyndrom rechte Schulter mit Verdacht auf partielle Ruptur der Rotatorenmanschette

Infiltrationsbehandlung, kurzfristig wiederholte Cortisoninfiltrationen, Gelenkempyem, mangelhafte Dokumentation

**Krankheitsverlauf:** Die 63-jährige Patientin wurde von ihrem Hausarzt wegen anhaltender Beschwerden und Bewegungseinschränkungen in ihrem rechten Schultergelenk einem Facharzt für Orthopädie überwiesen. Ein klinischer Befund ist bei der ersten Konsultation nicht dokumentiert. Die Diagnose lautete: Impingementsyndrom bei Periathropathia humero skalpularis. Es wurden Röntgenaufnahmen beider Schultergelenke in zwei Ebenen angefertigt. Ein Befund wurde nicht dokumentiert. Therapeutisch: Kältepackung und Jontophorese; zusätzlich wurde eine subakromeale Injektion mit einer Ampulle Dexamethason 2,5 mg verabreicht. Gleichzeitig erfolgten Röntgenuntersuchungen der Halswirbelsäule. Dokumentiert sind weder Beschwerden seitens der HWS noch wurden klinische Befunde erhoben. Abgerechnet wird eine Cheriotherapie. Zusätzlich erfolgten Infiltrationen von Facettengelenken, wobei weder die Segmente dokumentiert sind, noch das Medikament und die Dosierung dokumentiert sind.

Nach Angaben der Patientin verstärkten sich die Schmerzen im Bereich der rechten Schulter erheblich. Fünf Tage später erfolgte eine erneute Konsultation. Wiederum keine Dokumentation über die Beschwerdesituation oder klinische Befunde. Erneute Infiltration im Bereich der rechten Schulter mit dem Cortisonpräparat Dexamethason. Zusätzlich wiederum Behandlungsmaßnahmen im Bereich der HWS, soweit aus den Abrechnungsziffern ersichtlich Infiltrationen, Extension und Massagen.

Am darauffolgenden Tage erneute Konsultation wegen erheblicher Zunahme der Beschwerden im Bereich der rechten Schulter. Wiederum Infiltrationen im Bereich der rechten Schulter jetzt mit Diputalon. Keine Dokumentation über Beschwerden oder klinische Befunde. Zwei Tage später letzte Konsultation, nach Angaben der Patientin wegen hochgradiger Schmerzen. Dokumentiert werden an diesem Tage neben Jontophorese und Eis lediglich Abrechnungsziffern. Danach erfolgten u. a. eine Chirotherapie der Wirbelsäule, eine Extensionsbehandlung und eine Infiltration.

Am gleichen Tag (Nachmittags) stationäre Aufnahme in einem benachbarten Krankenhaus mit den Zeichen einer hochakuten Entzündung des rechten Schultergelenkes. Klinisch wurde bereits die Diagnose eines Empyem gestellt. Sofortige operative Intervention, die die klinische Diagnose bestätigte. Im weiteren Verlauf war eine erneute operative Revision erforderlich bei osteolythischen Herden im Oberarmkopf. Es entwickelten sich ein Humeruskopfhochstand, ektope Verkalkungen und eine hochgradige Bewegungseinschränkung des rechten Schultergelenkes mit anhaltender Schmerzhaftigkeit.

Die Patientin war der Ansicht, dass die Infiltrationsbehandlung ihrer rechten Schulter fehlerhaft durchgeführt wurde und das hier der Grund für den weiteren Krankheitsverlauf liege.

Der in Anspruch genommene Facharzt für Orthopädie bestreitet zunächst an zwei aufeinanderfolgenden Tagen jeweils eine Cortisoninfiltration im Bereich des rechten Schultergelenkes der Antragstellerin durchgeführt zu haben. Es führt weiterhin aus, dass er bei den letzten Konsultationen Entzündungsherde erkannt habe. Es sei ein Antibiotikum verordnet und eine Vorstellung im Krankenhaus angesprochen worden. Insgesamt sei die Behandlung fehlerfrei gewesen.

**Gutachterliche Beurteilung:** Der externe Gutachter rügt zunächst die völlig unzureichende Dokumentation. Er schreibt hierzu, dass zur Aufklärung eines Sachverhaltes in der Regel die Aufzeichnungen des Arztes in der Karteikarte verlässliche Dienste leisten, wenn die wesentlichen Befunde zeitnah dokumentiert und die durchgeführten Behandlungsmaßnahmen nachvollziehbar vermerkt sind. Dieses trifft im vorliegenden Fall nicht zu. Nach eingehender Prüfung der zur Verfügung stehenden Aussagen und Unterlagen sowohl der Antragstellerin als auch des behandelnden Krankenhauses, müsse von drei Infiltrationen mit einem cortisonhaltigen Präparat in einem Zeitraum von insgesamt 7 Tagen ausgegangen werden, wobei die beiden letzten Infiltrationen Tag auf Tag erfolgten. Dieses wird als fehlerhaft bezeichnet. Kritisch hinterfragt wird dabei die Indikation für eine derartige Therapie ohne ausreichende vorherige Diagnostik. Grundsätzlich wird jedoch eine Injektionstherapie auch mit einem Cortisonpräparat nicht beanstandet.

Aufgrund des weiteren Verlaufes müsse davon ausgegangen werden, dass diese Infiltrationen intraartikulär erfolgten, denn chirurgisch fand sich eindeutig ein Gelenkempyem. Eine derartige, primär nicht beabsichtigte intraartikuläre Injektion bei einer subacromealen Infiltration lasse sich jedoch auch bei aller Sorgfalt nicht immer vermeiden und sei deshalb nicht grundsätzlich fehlerhaft soweit die hierfür geforderten hygienischen Voraussetzungen erfüllt sind.

Der wesentliche Fehler wird in den zu häufigen Infiltrationen mit einem Cortisonpräparat gesehen. Dieses Vorgehen war eindeutig kontraindiziert. Auch wenn grundsätzlich eine Gelenkinfektion nach einer derartigen Injektionsbehandlung bei aller Sorgfalt nicht immer vermeidbar sei, müsse hier wegen der zu dichten Folge der Injektionen und der damit verbundenen Überdosierung ein Fehler erkannt werden. Als Fehler wird weiterhin die Nichterkennung des sich ausbildenden Gelenkempyems am letzten Konsultationstag benannt sowie die völlig unzureichende Dokumentation.

Der in Anspruch genommene Facharzt für Orthopädie kann den Argumenten des Gutachters nicht folgen. Die Infiltrationen seien subacromeal erfolgt und nicht intraartikulär und in Häufigkeit und Dosierung nicht zu beanstanden. Der am Nachmittag des letzten Konsultationstages im Krankenhaus erhobene Befund eines Gelenkempyems sei am Vormittag noch nicht erkennbar gewesen.

**Beurteilung der Schlichtungsstelle:** Den Bewertungen des Gutachters wird zugestimmt. Infiltrationen mit einem cortisonhaltigen Präparat dürfen nicht kurzfristig hintereinander erfolgen. Dieses geht auch eindeutig aus den entsprechenden Gebrauchsinformationen der Hersteller hervor. Durch kurzfristig hintereinander erfolgte Infiltrationen mit einem cortisonhaltigem Präparat wird die Gefahr einer Infektion wesentlich erhöht, sodass ein derartiges Vorgehen kontraindiziert ist. Zu beanstanden ist weiterhin das Nichterkennen von Entzündungszeichen bei den letzten Konsultationen. Es ist nicht nachvollziehbar, dass am Vormittag keine wesentlichen Entzündungszeichen im betroffenen Gelenk erkennbar waren, während wenige Stunden später ein ausgedehntes Gelenkempyem mit entsprechenden klinischen Befunden vorlag. Schließlich ist eine angemessene nachvollziehbare Dokumentation erforderlich.

Somit müssen die Folgen im Sinne eines Gelenkempyems mit Destruktionen im Oberarmkopf, mehrfachen operativen Eingriffen, ausgeprägter Funktionsbehinderung und anhaltender Schmerzhaftigkeit als Folgen der genannten Fehler angesehen werden.

**Fazit:** In der Karteikarte müssen die wesentlichen Befunde kurz und zeitnah dokumentiert sein. Die daraus sich ergebende Arbeitsdiagnose muss nachvollziehbar sein. Das gleiche gilt für die sich daraus ergebenden therapeutischen Maßnahmen. Bei Injektionen/Infiltrationen müssen Ort, Medikamente und deren Dosierung ersichtlich sein. Kontraindikationen sind zu beachten. Kommt es bei Nichtbeachtung dieser Voraussetzungen zu Komplikationen (etwa im Sinne einer Infektion), kann diese nicht als unvermeidlich und schicksalhaft angesehen werden, sondern ist als Folge des Fehlers zu bezeichnen.

## 23

### Omarthrose mit Supraspinatussyndrom rechts
Lokale Infiltrationsbehandlung, Nichterkennung einer Abszedierung

**Krankheitsverlauf:** Die 75-jährige Patientin suchte einen Facharzt für Allgemeinmedizin mit Zusatzbezeichnung Chirotherapie im Juni/Juli wegen multipler Schmerzen im Bereich des Bewegungsapparates auf, vorwiegend jedoch in der rechten Schulter. Durch entsprechende Untersuchungen wurden eine Omarthrose rechts in Verbindung mit einem Supraspinatussyndrom diagnostiziert. Es wurden insgesamt drei Behandlungen mit lokalen Infiltrationen durchgeführt sowie manualtherapeutische Maßnahmen, die vorübergehend zu einer Beschwerdelinderung führten. Am 19.8. desselben Jahres suchte die Patientin ihren Arzt erneut auf, da die Schmerzen wieder zugenommen hatten. Es fand sich eine deutliche Bewegungseinschränkung im rechten Schultergelenk mit einer lokalen Druckschmerzhaftigkeit über der Supraspinatus- und der langen Bizepssehne. Es erfolgte eine Infiltration im Bereich der langen Bizepssehne und des Supraspinatus mit 5 ml Xylocitin, 0,5% unter Zusatz von 2 mg Dexamethason und manualtherapeutische Maßnahmen insbesondere den cervicothorakalen Übergang betreffend.

Am folgenden Tag stellte sich die Patientin erneut vor wegen Zunahme der Beschwerden. Dokumentiert wurde jetzt eine angedeutete Schwellung über dem ventralen Schulterbereich rechts und über der Bursa subacromialis ohne eindeutige Überwärmung. Therapeutisch erhielt die Patientin Procain intrakutan als Quaddelung, außerdem zur Entzündungshemmung eine Ampulle Diclofenac intramuskulär. Zur Fortsetzung dieser Therapie wurde Diclofenac oral rezeptiert. Die nächste Konsultation erfolgte zwei Tage später. Der ventrale Schulterbereich war weiterhin geschwollen und jetzt auch überwärmt. Weiterhin schmerzhafte Bewegungseinschränkung im rechten Schultergelenk. Dokumentiert wird ein Verdacht auf eine mögliche Weichteilinfektion nach Infiltration 4 Tage zuvor. Therapeutisch wird nochmals im Schulterbereich eine Procainquaddelung durchgeführt, die Behandlung mit Diclofenac oral fortgesetzt und eine Kältetherapie angeordnet.

Am darauffolgenden Tag ruft die Patientin in der Praxis an und berichtet über eine weitere Zunahme der Schwellung und Schmerzverstärkung in der rechten Schulter. Da die Patientin ca. 15 km von der behandelnden Arztpraxis entfernt wohnt, wird vereinbart, dass eine in der Nachbarschaft wohnende Ärztin einen Hausbesuch machen möge. Dieser wird auch kurzfristig durchgeführt und es erfolgte die sofortige Einweisung in ein benachbartes Krankenhaus wegen des dringenden Verdachtes auf eine Abszedierung im Bereich der rechten Schulter. Diese Verdachtsdiagnose wird im Krankenhaus bestätigt und ein extraartikulärer Abszess sachgerecht chirurgisch behandelt.

Die Patientin vertritt die Ansicht, dass diese Abszess auf eine unsachgemäß durchgeführte Einspritzung am 19.8. zurückzuführen sei.

Der in Anspruch genommene Facharzt für Allgemeinmedizin wendet ein, dass diese Behandlungsmaßnahme indiziert gewesen sei, sachgerecht durchgeführt wurde und die nachfolgende Komplikation im Sinne einer Infektion ein nicht immer vermeidbares Risiko darstelle.

**Gutachterliche Beurteilung:** Der externe Gutachter kommt zunächst zu dem Ergebnis, dass aufgrund der dokumentierten Befunde eine lokale Infiltrationsbehandlung indiziert war. Die dabei verwendeten Medikamente werden nicht beanstandet. Aus dem weiteren Verlauf sei eindeutig zu entnehmen, dass diese Infiltration nicht intraartikulär erfolgte. Es würden sich keine Hinweise darauf ergeben, dass sie technisch fehlerhaft durchgeführt wurde. Auch Lücken in der geforderten Hygiene seien nicht nachweisbar. Insofern sei die Komplikation der Entzündung nach der Infiltration als ein, wenn auch sehr seltenes, so doch grundsätzlich nicht immer zu vermeidendes Risiko anzusehen und könne dem behandelnden Arzt nicht zur Last gelegt werden.

Beanstandet wird jedoch, dass diese Komplikation in ihrer Bedeutung nicht richtig erkannt und die weiteren Maßnahmen fehlerhaft waren. Einen Tag nach der Infiltration sei seitens des behandelnden Arztes eine, wenn auch noch geringe, entzündliche Schwellung über der Bursa im ventralen Schulterbereich festgestellt und dokumentiert worden. Trotzdem sei eine intracutane Quaddelung mit Procain durchgeführt worden neben der Gabe von Diclofenac. Diese lokalen Quaddelungen seien eindeutig kontraindiziert gewesen. Auch bei der nächsten Konsultation vier Tage nach der hier zur Diskussion stehenden Infiltration seien keine angemessenen diagnostischen und therapeutischen Maßnahmen durchgeführt worden, trotzdem der Verdacht auf eine mögliche Weichteilinfektion dokumentiert wurde. Wiederum wurden auch an diesem Tag lokale Quaddelungen mit Procain durchgeführt, die eindeutig kontraindiziert waren. Weitere diagnostische und/oder therapeutische Maßnahmen zur Abklärung und Behandlung des Entzündungsgeschehens unterblieben. Soweit derartige Maßnahmen in der Praxis nicht realisierbar waren, hätte eine Einweisung in das benachbarte Krankenhaus erfolgen müssen.

Der in Anspruch genommene Facharzt für Allgemeinmedizin wiederholt seine Ansicht, dass es sich um eine nicht vermeidbare Komplikation gehandelt habe und kann einen Fehler hinsichtlich der Erkennung und Behandlung dieser Komplikation nicht erkennen.

**Beurteilung der Schlichtungsstelle:** Den Bewertungen des externen Gutachters wird zugestimmt. Die primär durchgeführte Behandlung mit einer lokalen Infiltration war indiziert. Sie wurde mit anerkannten Medikamenten durchgeführt. Es sind weder Fehler hinsichtlich der Injektionstechnik noch der hygienischen Voraussetzungen erkennbar. Lokale Entzündungszeichen wurden jedoch bereits am Tage nach der Infiltration von dem behandelnden Arzt gesehen und dokumentiert mit deutlicher Verschlechterungstendenz weitere zwei Tage später. Aufgrund dieses Verlaufes musste von einer bakteriell bedingten Entzündung ausgegangen werden in Verbindung mit der Infiltration am 19.8. Die im weiteren Verlauf durchgeführten lokalen Quaddelungen waren kontraindiziert. Sie waren nicht nur wirkungslos, sondern vielmehr geeignet, diesen bakteriellen Entzündungsprozess in seiner weiteren Ausbreitung negativ zu beeinflussen. Die notwendigen diagnostischen und therapeutischen Maßnahmen wurden trotz dokumentierter Verdachtsdiagnose auf einen Entzündungsprozess versäumt. Dieses war fehlerhaft.

Durch die zu späte Erkennung der eingetretenen Komplikation und der zusätzlich durchgeführten nicht indizierten lokalen Quaddelungen muss mit ausreichender Wahrscheinlichkeit davon ausgegangen werden, dass das Ausmaß dieser primären, trotz aller Sorgfalt nicht immer vermeidbaren Komplikation umfangreicher war als bei richtigem Vorgehen. Dabei kann nicht als wahrscheinlich angesehen werden, dass die später durchgeführte Operation mit Abszesseröffnung vermeidbar gewesen wäre. Auszugehen ist von einer kürzeren Behandlungsdauer und einer Verminderung der Schmerzsymptomatik.

**Fazit:** Lokale Entzündungen mit Abszedierungen sind nach Infiltration und Injektion auch bei Beachtung aller geforderten hygienischen Kautele nicht immer vermeidbar. Wesentlich ist jedoch, dass eine derartige Komplikation rechtzeitig erkannt und eine sachgerechte Behandlung durchgeführt bzw. durch Überweisung in ein benachbartes Krankenhaus veranlasst wird um den Schaden dieser Komplikation so gering als möglich zu halten. Unterbleibt dieses, muss es dem behandelnden Arzt zur Last gelegt werden.

## 24
## Schmerzhaftes Schulter-Arm-Syndrom, intramuskuläre Injektion
Schädigung des Nervus ischiadicus

**Krankheitsverlauf:** Die 25-jährige Patientin befand sich wegen eines schmerzhaften Schulter-Arm-Syndroms seit einigen Wochen in hausärztlicher Behandlung. Klinische Befunde dieses Schulter-Arm-Syndroms betreffend sind nicht dokumentiert. Röntgenologisch ergaben sich keine Besonderheiten. Es kamen krankengymnastisch-physikalische Maßnahmen zur Anwendung und i.m. Injektionen mit nicht steriodalen Antirheumatika.

Am 1. Juli nahm die Patientin wegen akuter Schmerzverstärkung den ärztlichen Notdienst in Anspruch. Auch hier sind nähere klinische Befunde nicht dokumentiert. Wegen der Schmerzhaftigkeit wurde im Schulter-Nacken-Bereich eine sog. Quaddelung mit MEAVERIN 1% durchgeführt, außerdem erfolgte eine intramuskuläre Injektion mit 3 ml Diclofenac in Verbindung mit 4 mg Dexamethason. Der behandelnde Arzt schreibt hierzu, dass er diese intramuskuläre Injektion weit oben und vorn in die Gesäßregion 5 cm unterhalb des Beckenkammes, 7–8 cm hinter dem vorderen oberen Darmbeinstachel gegeben habe. Die Patientin selbst gibt als Injektionsort obere und äußere Anteile der rechten Gesäßbacke an. Während der Einstich selbst nicht mit besonderen Wahrnehmungen einherging, traten gegen Ende des Einspritzens zunehmend heftige Schmerzen auf, die vom Ort der Injektion bis in den Fuß ausstrahlte und zwar vornehmlich zum Fußaußenrand.

Die Intensität dieser Schmerzen nahm in der Folgezeit zu. Die Patientin konnte noch selbst nach Hause fahren, hatte dem Vernehmen nach aber große Schwierigkeiten, sich von dem Auto in die Wohnung zu begeben. Sie bemerkte sehr bald das Vorliegen einer Taubheit mit Schwerpunkten am Fußaußenrand und an der 3.–5. Zehe. Sie habe an diesem Tag den rechten Fuß nicht mit normaler Kraft bewegen können. In der Folgezeit suchte sie dann wegen anhaltender heftiger Schmerzen eine Reihe von Ärzten verschiedener Fachrichtungen auf. Die klinisch-neurologischen Untersuchungsbefunde waren durchweg regelrecht, gleiches gilt für die Ergebnisse neuro-physiologischer Messungen einschließlich der Bestimmung der motorischen Leitgeschwindigkeit des Nervus peronaeus und des Nervus tibialis wie auch der elektromyographischen Ableitung aus mehreren Muskeln am rechten Bein. Unverändert verblieb jedoch die kurzfristig nach der Injektion aufgetretene Schmerzhaftigkeit.

Die Patientin war der Ansicht, dass diese Schmerzen auf eine fehlerhafte Injektion zurückzuführen seien.

Der in Anspruch genommene Arzt wendet ein, dass er diese intramuskuläre Injektion in regelrechter Technik durchgeführt habe.

**Gutachterliche Beurteilung:** Der externe neurologische Gutachter nimmt zu der Indikation für die durchgeführte intramuskuläre Injektion nicht Stellung. Es werden die Ergebnisse der neurologischen Voruntersucher bestätigt, dass insgesamt der klinisch-neurologische Untersuchungsbefund regelrecht ist. In Bezug auf die hier vorliegende Schmerzhaftigkeit führt der Gutachter aus, dass das klinische Erscheinungsbild von Schäden des Nervus ischiadicus infolge von Injektionen in die Gesäßmuskulatur bestens bekannt sei. Regelmäßig komme es in unmittelbarer zeitlicher Verbindung mit dem Einstich der Nadel oder dem Einspritzen des Medikamentes zu heftigen Schmerzen oder Ausstrahlungen ins Versorgungsgebiet des Nervus ischiadicus, d. h. bis in den Fuß. In der Regel seien auch Paresen, Sensibilitätsstörungen oder auch vegetative Funktionsstörungen in wechselnder Ausprägung und Kombination vorhanden.

Aufgrund vielfältiger experimenteller und klinischer Studien stehe fest, dass eine derartige Schädigung nur dann eintreten kann, wenn ein toxisches Medikament in oder unmittelbar an den Nerven injiziert wird. Bei der betroffenen Patientin unterscheide sich das Krankheitsbild vom typischen Fall dadurch, dass bei ihr keine objektivierbaren neurologischen Ausfälle vorliegen. Indessen stehe fest, dass periphere Nervenschäden nicht in jedem Fall mit bedeutsamen neurologischen Ausfällen einhergehen müssen. Die Diagnostik solcher Reizerscheinungen peripherer Nerven sei verständlicherweise viel schwieriger als bei Nervenschäden, die mit klaren objektiven krankhaften Befunden verbunden sind. Die Diagnose derartiger Reizerscheinungen peripherer Nerven hänge entscheidend davon ab, ob die dargebotene Beschwerdesymptomatik und die Angaben der Patientin verlässlich sind.

Im vorliegenden Fall wird von unstreitig typischen Beschwerden einer Reizung des rechten Nervus ischiadicus ausgegangen bei direktem kausalen Zusammenhang mit der Injektion am 1. Juli.

Aufgrund der sich direkt an die Injektion anschließenden Beschwerden und des weiteren Krankheitsverlaufes hat der Gutachter keine Zweifel daran, dass hier eine leichte Schädigung bzw. eine Reizung des rechten Nervus ischiadicus tatsächlich vorliegt.

Abschließend stellt der Gutachter grundsätzlich fest: Schäden des Nervus ischiadicus entstehen bei einer Injektion nur dann, wenn diese unmittelbar in oder an dem Nerven vorgenommen wird. Der Verlauf des Nervus ischiadicus im Gesäßbereich folgt festen Regeln. Bei Beachtung dieser Regeln, d. h. bei Beachtung der allgemein anerkannten Richtlinien für die Wahl des Injektionsortes bei Injektion in die Gesäßmuskulatur, kann der Nervus ischiadicus nicht erreicht und geschädigt werden. Hieraus erklärt sich die Schlussfolgerung, dass eine Schädigung des Nervus ischiadicus im Rahmen einer intramuskulären Injektion stets eine fehlerhafte Injektionstechnik beweist.

Der in Anspruch genommene Arzt nimmt zu dem Gutachten nicht Stellung.

**Beurteilung der Schlichtungsstelle:** Den Bewertungen des neurologischen Gutachters wird zugestimmt. Es muss davon ausgegangen werden, dass es durch eine technisch fehlerhafte Injektion zu einer Schädigung des Nervus ischiadicus gekommen ist mit entsprechender Schmerzsymptomatik ohne neurologische Ausfallserscheinungen. Die gutachtliche Untersuchung erfolgte neun Monate nach dem Ereignis und da zu dieser Zeit die Beschwerden schon eine deutliche Rückbildung erfahren hatten, kann die Prognose als günstig eingestuft werden.

**Fazit:** Bei intramuskulären Injektionen sind die Richtlinien der Injektionstechnik streng zu beachten, um neurogene Schädigungen zu vermeiden. Bei jeder intramuskulären Injektion ist die Indikation für diese Maßnahmen kritisch zu überdenken hinsichtlich der Frage, ob nicht andere Applikationsformen mit entsprechend niedrigerem Risiko und vergleichbarer Wirkung zur Verfügung stehen.

## 25

### Unverzögerte Reaktion auf Schultergelenksinfekt nach Pfählungsverletzung

Zeitverlust, verlängerte Schmerzphase, ein Teil funktioneller Beeinträchtigungen, mehrfache Nachoperationen

**Krankheitsverlauf:** Der damals 52-jährige Patient erlitt bei einem Sturz am 5.11.1994 eine Pfählungsverletzung an der Vorderinnenseite des rechten Schultergelenkes, eine Schultergelenksverrenkung mit Oberarmkopfbruch sowie den Abriss des Oberarmhöckers sowie eine Nasenbeinfraktur. Er wurde wenig später in das in Anspruch genommene Krankenhaus eingeliefert. Das Schultergelenk wurde reponiert, die Pfählungswunde chirurgisch durch Ausschneiden versorgt.

Im weiteren Verlauf kam es zu Zeichen einer Infektion im ehemaligen Wundbereich, die auch durch Gabe von Antibiotika nicht zu beherrschen waren. 11 Tage nach der Verletzung wurde die primäre Pfählungswunde gespreizt, es entleerte sich reichlich Eiter, die Wunde wurde gespült. Zu diesem Zeitpunkt lag aber bereits ein Schultergelenksinfekt vor. Er führte zu langanhaltender stationärer und operativer Behandlung wegen Fistelbildung. Es kam zur Zerstörung des Oberarmkopfes und später zur Notwendigkeit des Ersatzes durch Endoprothese.

Der Patient machte eine unzureichende Versorgung der Komplikationswunde und Versäumnisse in der Behandlung einer dann aufgetretenen Infektion für den langanhaltenden Verlauf, die Zerstörung des Schultergelenkes und die verbleibenden Beeinträchtigungen verantwortlich.

**Gutachterliche Beurteilung:** Der von der Schlichtungsstelle eingeschaltete Gutachter gelangte zu der Feststellung, dass die Wundversorgung nach den Regeln der Heilkunde erfolgt sei, eine primär bakterielle Kontermination sei damit trotzdem niemals auszuschließen. Auch bezüglich der Primärversorgung der Schultergelenksverrenkung sieht der Gutachter regelhaftes Verhalten. Das Ergebnis nach der Reposition habe operative Maßnahmen nicht zwingend geboten erscheinen lassen. Ein Versäumnis sah der Gutachter aber dann in der erheblich verzögerten Reaktion und auf die sich spätestens ab dem 4. Tage nach der Verletzung abzeichnenden Symptome einer Infektion.

Erst am 16.11.1994 – also mit einwöchiger Verzögerung – sei eine erste adäquate Maßnahme ergriffen worden, das Schultergelenk sei aber zu diesem Zeitpunkt wohl nicht mehr zu retten gewesen. Der Gutachter sah sich außerstande den Verlauf abzuschätzen, der auch bei frühzeitigerer Intervention eingetreten wäre. Die Verrenkung des Kopfes bei gleichzeitiger Fraktur könne auch ohne Infektion zur Zerstörung durch Ernährungsstörungen und Knochenumbau führen. Es wären auch dann funktionelle Einbußen oder die Notwendigkeit des Ersatzes mit Kunstgelenk wahrscheinlich gewesen.

Als gesicherte Folge fehlerhaften Handelns sei aber eine Verlängerung der Behandlungszeit um etwa 6 Monate sowie die Phase erheblicher Beschwerden in der Woche vor der definitiven Entlastungsoperation anzusehen. Der Zeitverlust habe auch zusätzliche funktionelle Auswirkungen gehabt.

**Beurteilung der Schlichtungsstelle:** Primäre Wundversorgung und Wiedereinrichtung des Schultergelenkes mussten als sachgerecht angesehen werden. Die Risiken der auftretenden Infektion, ausgehend vom ehemaligen Stichkanal der Pfählungsverletzung und zum Schultergelenk weiterwandernd, war nicht als Folge unsachgemäßer Wundversorgung zu werten. Der Einbruch der Infektion in das Gelenk in unmittelbarer Nähe eines primär bakteriell infizierten Stichkanales sei sicher sehr früh erfolgt (Rötung der Schulterumgebung bereits am 9.11.1994) und war mit Wahrscheinlichkeit der bei Verrenkung entstandenen Verletzung der natürlichen Schutzhülle des Schultergelenks anzulasten.

Auch wenn beim ersten Hinweis auf diesen Infektionsweg sofort reagiert worden wäre, musste unter Berücksichtigung der Besonderheit eines Gelenkes in Betracht gezogen werden, dass seine Zerstörung nicht mehr aufzuhalten war, wohl aber zu einem wesentlich früheren Zeitpunkt korrigierende Maßnahmen möglich waren. Die Verzögerung adäquater Behandlung vom 9.11. bis zum 16.11.1994 hatte nach Ansicht der Schlichtungsstelle die Möglichkeiten sanierender oder begünstigenderer Maßnahmen deutlich beeinträchtigt.

Es wurden deshalb Schadenersatzansprüche für begründet angesehen.

**Fazit:** Eine komplizierende Wunde in unmittelbarer Nachbarschaft eines großen Gelenkes und mit der Möglichkeit direkter Beziehung zum Gelenk verlangt höchste Sensibilität bei der Bewertung und Reaktion auf Infektsymptome.

Kompromisslos eingeleitete diagnostische und therapeutische Maßnahmen (wie sofortige Freilegung, Abklärung der Gelenksituation, Drainage und lokale Antibiotikainstillation) sind dringendes Erfordernis, schon eine eintägige Verzögerung wie auch unzureichende Radikalität einer Revisionsoperation können das weitere Schicksal des betroffenen Gelenks entscheidend beeinträchtigen.

Der denkbare Infektionsweg von einer Komplikationswunde in das unmittelbar benachbarte Gelenk muss bei Versorgung und Nachbetreuung zu höchster Aufmerksamkeit und ggf. kompromisslosen Anwendung geeigneter Maßnahmen verpflichten. Dahingehende Versäumnisse führen zur Ausweitung des Komplikationsausmaßes und sind als fehlerhaft anzusehen.

## 26

**Abszess rechte Schulter, operative Revision**
Beginn einer Antibiose vier Tage postoperativ. Hämatogene Streuung, Spondylitis/Spondylodiszitis L5 S1

**Krankheitsverlauf:** Die 69-jährige Patientin wurde wegen seit einigen Tagen bestehender zunehmender Schmerzen im Bereich ihrer rechten Schulter in ein benachbartes Krankenhaus eingewiesen und dort am 1. April stationär aufgenommen. Bei der Aufnahme bestanden subfibrile Temperaturen, Leukozytose 10 600. Klinisch fand sich ein Druckschmerz im Bereich des rechten Oberarmkopfes und der rechten Clavicula. Die aktive Beweglichkeit des rechten Schultergelenkes war eingeschränkt. Röntgenologisch ergab sich eine Arthrose im rechten Schulter- und Acromio-Clavicular-Gelenk. Die Behandlung erfolgte unter der Diagnose einer aktivierten Arthrose mit Indometazin-Zäpfchen und Dolobene-Einreibungen. Drei Tage später zeigte sich eine Rötung und Blasenbildung im Bereich der rechten Schulter, die von den behandelnden Ärzten als Reaktion auf die Dolobene-Einreibungen gedeutet wurde. Die Temperaturen waren weiterhin subfibril bei einer Leukozytose von 12 600. Keine weiteren therapeutischen Maßnahmen.

Im weiteren Verlauf kam es zu einer stärkeren Anschwellung im Bereich der rechten Schulter. Ein aktives Anheben des rechten Armes im Schultergelenk war nicht mehr möglich. Die Temperaturen waren weiterhin subfibril, die Leukozytose stieg auf 18 000. Es entwickelte sich ein Abszess mit Fluktuation, sodass die Verlegung auf die Chirurgische Abteilung des Krankenhauses erfolgte. Dort wurde der Abszess am 11.4., also am 10. Tage nach der stationären Aufnahme, gespalten. Postoperativ Temperaturen bis 38,6 Grad. Es erfolgte eine bakteriologische Untersuchung mit Resistenzbestimmung des gewonnenen Materials. Nachgewiesen wurde Staphylococcus aureus. Jetzt begann am 15.4. eine antibiotische Behandlung mit Augmentan 3x1 Kapsel pro Tag (Amoxillin 3×500 mg). Es wurde eine physiotherapeutische Behandlung eingeleitet mit vorsichtiger Mobilisation des rechten Schultergelenkes. Wegen Beschwerden im Bereich der Wirbelsäule wurden am 18.4. Röntgenuntersuchungen der BWS und der LWS sowie eine Beckenübersichtsaufnahme angefertigt. Es zeigten sich deutliche degenerative Veränderungen.

Wegen anhaltender Beschwerden erfolgte am 27.4. eine Computertomographie der Lendenwirbelsäule, die ausgeprägte degenerative Veränderungen bestätigte. Der weitere Verlauf wird als zufriedenstellend bezeichnet. Die Laborwerte normalisierten sich. Die antibiotische Behandlung wurde am 3.5. beendet und die Patientin am 9.5. aus der stationären Behandlung entlassen.

Die Patientin berichtet, dass sie zu diesem Zeitpunkt erhebliche Schmerzen in ihrem Rücken gehabt habe. Wegen starker Zunahme dieser Schmerzen habe sie am 12.5. ihren Hausarzt gerufen. Dieser habe sie untersucht und in ein anderes Krankenhaus eingewiesen, wo sie am 15.5. aufgenommen wurde. Dort habe man eine Wirbelentzündung festgestellt und sie operativ behandelt. Nach dem Bericht dieses Krankenhauses lag bei der Aufnahme eine entzündliche Muskelinfiltration von L5 bis S1 vor mit einer spindelförmigen epiduralen Abszessformation intraspinal L5 bis S1 und dem Bild einer Spondylodiszitis. Es erfolgte eine lokale operative Revision. Im weiteren Verlauf Spondylodese L5/S1.

Die Patientin war der Ansicht, dass es zu dieser Komplikation wegen unzureichender Maßnahmen in dem erstbehandelnden Krankenhaus gekommen sei. Man habe auf die ausgedehnte Entzündung zu spät reagiert.

Das in Anspruch genommene Krankenhaus führt aus, dass sich zunächst kein Hinweis auf eine Abszedierung im Bereich des rechten Schultergelenks gezeigt habe. Die pathologischen Laborwerte und die erhöhte Körpertemperatur seien sehr wohl zur Kenntnis genommen, deshalb sei eine gründliche internistische Untersuchung durchgeführt worden. Als sich der Abszess zeigte, sei sofort regelrecht chirurgisch eingegriffen worden. Nach Austestung des Sekretes und Eingang der Befunde habe man mit dem als wirksam erkannten Antibiotikum in ausreichender Dosierung behandelt.

**Gutachterliche Beurteilung:** Der externe Gutachter vertritt die Ansicht, dass die Patientin bereits vor dem Termin der Abszesseröffnung am 11.4. aufgrund der zunehmenden Leukozytose, subfibrilen Temperaturen und dem klinischen Bild einer Rötung, Schwellung und Schmerzhaftigkeit im Bereich der rechten Schulter unter dem Verdacht einer Arthritis hochdosiert antibiotisch hätte behandelt werden sollen. Dieses war jedoch spätestens zu dem Zeitpunkt zwingend notwendig, als dieser Abszess chirurgisch eröffnet und ausgeräumt wurde, auch wegen einer drohenden hämatogenen Streuung.

Es sei üblich, zunächst eine entsprechendes Breitspektrumantibiotikum einzusetzen und diese Therapie nach dem schnellstmöglichen Vorliegen eines Antibiogramms zu überprüfen und das Antibiotikum eventuell zu wechseln.

Eine entsprechende Antibiose erst einzuleiten, als es vier Tage nach dem operativen Eingriff zu einem Fieberanstieg bis 38,6 Grad kam, sei eindeutig fehlerhaft. Bezüglich der Folgen dieser verspäteten antibiotischen Behandlung kann sich der Gutachter nicht eindeutig festlegen. Er führt aus, dass es nicht mit ausreichender Sicherheit gesagt werden könne, zu welchem Zeitpunkt es zu einer hämatogenen Absiedlung des Erregers im Bereich der Wirbelsäule der Patientin gekommen sei. Ob eine Sepsis mit nachfolgender Spondylitis auch bei rechtzeitiger antibiotischer Therapie vermeidbar gewesen wäre, lasse sich nicht mit ausreichender Sicherheit beantworten.

Das in Anspruch genommene Krankenhaus nimmt zu dem Gutachten nicht Stellung.

**Beurteilung der Schlichtungsstelle/Fazit:** Den Bewertungen des Gutachters wird zugestimmt. Spätestens zum Zeitpunkt des operativen Eingriffs hätte ohne Frage eine hochdosierte Antibiose mit einem breiten Spektrum erfolgen müssen. Dass dieses nicht geschehen sei, sei nicht mehr verständlich und ein Fehlverhalten, welches „schlechterdings nicht unterlaufen dürfe". Deshalb kommt die Schlichtungsstelle zu dem Ergebnis, dass es sich im vorliegenden Fall um einen „schweren Behandlungsfehler" handelt. Die Unsicherheit, ob im vorliegenden Fall die hämatogene Streuung vermeidbar gewesen wäre, wird unter diesen Voraussetzungen durch eine Beweislastumkehr zugunsten der Patientin ausgeglichen.

Am 11.4. wurde eine operative Eröffnung eines Abszesses (!) durchgeführt. Bei einem solchen Eingriff kommt es notwendigerweise zur Eröffnung von Blut- und Lymphgefäßen. Hierdurch ergibt sich die konkrete Gefahr einer sepsischen Streuung. Insofern bestand zu diesem Zeitpunkt nicht nur aufgrund der bereits vorliegenden Laborbefunde, sondern gerade wegen der operativen Maßnahme die zwingende Indikation für eine hochdosierte Antibiose. Dass diese trotz eindeutiger Hinweise nicht erfolgte, muss als ein schweres Versäumnis angesehen werden. Deshalb muss die hämatogene Streuung mit der nachfolgenden Sepsis und Spondylodiszitis L4/5 einschließlich der notwendigen operativen Eingriffe den behandelnden Ärzten zur Last gelegt werden. Mit einer schmerzhaften Funktionseinschränkung im rechten Schultergelenk wäre jedoch auch bei rechtzeitig eingeleiteter Antibiose zu rechnen gewesen.

## 27

**Verzögerte Diagnose einer Schultergelenksverrenkung**
Zeitverlust, Beschwerden,
ein Teil funktioneller und neurologischer Ausfälle

**Krankheitsverlauf:** Die damals 77-jährige Patientin war am 10.10.1995 in ihrer Wohnung gestürzt und bat noch am selben Tag wegen Schmerzen im rechten Arm und der rechten Schulter um einen Hausbesuch ihres behandelnden Arztes. Dessen Urlaubsvertreter diagnostizierte bei der Untersuchung eine Prellung der rechten Schulter, fand keinen Anhalt für eine Fraktur, verabreichte eine Ampulle Tramal und rezeptierte eine schmerzlindernde und entzündungshemmende Salbe.

Der in Anspruch genommene Chirurg suchte dann seine Patientin am 17.10.1999 erneut auf und notierte in der Patientenkartei freie Beweglichkeit des Schultergelenkes und Handgelenkes. Am 24.10.1995 fand er bei einem erneuten Hausbesuch eine grobe Kraftminderung des rechten Armes mit neurologischen Ausfallserscheinungen. Er zog deshalb noch am selben Tag einen Neurologen hinzu, der bei seinem Hausbesuch die Patientin zu einer Vorstellung in der Praxis bewegen konnte. Dort wurde auf Röntgenaufnahmen der Halswirbelsäule im Nebenbefund eine Schulterluxation nachgewiesen, die dann am 27.10.1995 zur Einweisung in das benachbarte Krankenhaus führte. Dort wurde die Schultergelenksverrenkung behoben und mit einem kurzzeitig immobilisierenden Verband behandelt.

Der Verfahrensbevollmächtigte der Klägerin machte fehlerhafte Erstdiagnose durch den in Anspruch genommenen Chirurgen bzw. seinen Vertreter geltend. Im Gefolge sei es zu Nervenausfällen und hochgradigen Bewegungseinschränkungen gekommen.

Der in Anspruch genommene Chirurg machte geltend, dass er die Patientin auf die Notwendigkeit einer Röntgenuntersuchung hingewiesen habe, die Patientin habe diese Untersuchung jedoch abgelehnt.

**Beurteilung der Schlichtungsstelle:** Da es keinerlei Hinweise dafür gab, dass die hochbetagte Patientin zwei Unfälle erlitt, musste davon ausgegangen werden, dass es am 10.10.1995 zu einer Schultergelenksverrenkung kam. Der Urlaubsvertreter schloss nach klinischer Untersuchung eine Fraktur aus. Aus der Tatsache, dass er eine Ampulle Tramal – ein hochwertiges Schmerzmittel – verabreichte, war aber zu ersehen, dass doch erhebliche Beschwerden vorgelegen haben müssen. Aktenkundige Nachweise, dass eine qualifizierte Untersuchung der Schultergelenksregion erfolgte, lagen nicht vor. Wenn der weiterbehandelnde und in Anspruch genommene Chirurg 7 Tage später aktiv und passiv freie Beweglichkeit im Schultergelenk notierte, so war dies aus dem weiteren Verlauf kaum erklärbar.

Nach Ansicht der Schlichtungsstelle ist es Erfahrungswert, dass 7 Tage nach einer stattgehabten Schulterluxation zwar eigentätige und fremdtätige Bewegungsausschläge möglich, diese aber immer beeinträchtigt sind. Eine gezielte Untersuchung der Schulterregion, wie sie von einem Facharzt zu erwarten war, hätte die typischen Symptome der leeren Pfanne erkennen lassen müssen und zu einer weitergehenden Diagnostik geführt. Dass eine weitere Woche später dann eine totale Versteifung des Schultergelenkes beschrieben wurde, stützt diese Ansicht. Erst ab dem 3. Hausbesuch erfolgte dann die weitere Betreuung konsequent und sachgerecht, d.h. es kam zu neurologischer und unmittelbar danach zu röntgenologischer Untersuchung. Letztlich verblieb aber ein erheblicher neurologischer und funktioneller Ausfall.

Auch wenn der Gesamtzustand der Patientin nicht gut war, musste spätestens am 17.10.1995 neben qualifizierter Untersuchung die Einleitung zielgerichteter Diagnostik und sachgerechter Behandlung gefordert werden. Dass die Patientin eine Röntgenuntersuchung abgelehnt hatte, war aus den vorliegenden Unterlagen nicht zu entnehmen und wurde erst im Verlauf des Klageverfahrens angegeben. Nach Sachlage war zu fordern, dass eine solche Ablehnung in den Krankenunterlagen Niederschlag finden musste.

So musste die Schlichtungsstelle davon ausgehen, dass es im Gefolge von Versäumnissen zu einer um drei Wochen verlängerten Schmerzphase und zu einem wesentlichen Teil funktioneller Beeinträchtigungen und neurologischer Ausfälle gekommen ist. Bei sofortiger Diagnosestellung und sachgerechter Therapie ist auch beim alten Menschen nach Schulterluxation nur geringer funktioneller Ausfall zu erwarten. Insofern musste der wesentliche Teil des Endzustandes auf genannte Versäumnisse zurückgeführt werden.

Obwohl vorhandene Arztberichte der nachfolgenden Zeit den Folgezustand nur bedingt einschätzen ließen, erschien der Schlichtungsstelle ein Teil der Gebrauchswertminderung Folge der Versäumnisse zu sein. Schadenersatzansprüche wurden für begründet angesehen.

**Fazit:** Bei sturzbedingten Schulterschmerzen des alten Menschen ist wegen Muskel- und Bandschwäche dieser Region durch gezielte Untersuchungen der Ausschluss von Luxation oder Fraktur zu fordern. Eine Verweigerung vorgeschlagener Maßnahmen muss dokumentiert werden um eine mögliche Beweislastumkehr zu vermeiden.

## 28

**Schultergelenksverrenkung, verzögerte Diagnostik**
Verlängerung der Schmerz- und Behandlungsphase

**Krankheitsverlauf:** Die damals 57-jährige Patientin hat sich bei einem Sturz am 14.3.1997 neben zahlreichen Körperprellungen sowie einer Stauchung des linken Handgelenkes eine Schultergelenksverrenkung links zugezogen. Bei der ersten Untersuchung in dem in Anspruch genommenen Krankenhaus wurden multiple Prellungen und Schürfungen und eine Stauchung der Handgelenksregion links diagnostiziert. Unter dem Verdacht auf eine Kahnbeinbruchverletzung wurde ein ruhigstellender Gipsverband angelegt. Bei der Vorstellung am Folgetag klagte die Patientin über zusätzliche Nervenausfallserscheinungen, die zur Vorstellung beim Neurologen führten. Nach dessen Bericht war differentialdiagnostisch an eine Nervenwurzelverletzung aber auch an eine Schultergelenksluxation oder Oberarmkopffraktur zu denken.

Die Patientin wurde eine Woche später in einer chirurgischen Gemeinschaftspraxis vorstellig. Erneut gefertigte Röntgenaufnahmen des Schultergelenkes ließen eine vordere Schultergelenksluxation nachweisen. Am Folgetag wurde in einer Nachbarklinik die Einrichtung des Schultergelenkes vorgenommen. Die neurologischen Ausfallserscheinungen besserten sich dann in der Folgezeit kontinuierlich. Die Funktion des Schultergelenkes wurde 8 Monate später als unbehindert beschrieben, neurologische Ausfallserscheinungen bestanden nicht.

Die Patientin war der Ansicht, dass durch unzureichende Erstdiagnostik eine Schultergelenksverrenkung mit der Folge von Nervendehnung und Nervenausfallserscheinungen übersehen wurde.

Das in Anspruch genommene Krankenhaus wendete ein, dass am Tage der ersten Behandlung keine Hinweise für eine Schultergelenksluxation bestanden hätten.

**Gutachterliche Beurteilung:** Der von der Schlichtungsstelle eingeschaltete Gutachter gelangte zu der Feststellung, dass es keine vernünftigen Zweifel daran gäbe, dass es am 14.3.1997 zu einer Schultergelenksverrenkung gekommen sei.

Die bereits am Folgetag geäußerten Beschwerden hätten an eine solche denken lassen müssen. Es sei zu einer Verzögerung von sachgerechter Therapie um eine Woche mit daraus resultierenden Beschwerden gekommen. Da bereits primär Hinweise für eine Nervendruckschädigung bestanden hätten, wäre es spekulativ, eine Verschlimmerung derselben durch verzögerte Gelenkeinrichtung beweisen zu wollen.

Mit Schreiben vom 12.11.1998 wandte die Patientin ein, dass es kaum vorstellbar sein, wenn eine über eine Woche verbleibende Verrenkungsstellung keine Auswirkungen habe.

**Beurteilung der Schlichtungsstelle:** Auch der Gutachter hatte letzten Einwand der Patientin in Erwägung gezogen. Er hatte aber auch zum Ausdruck gebracht, dass es keine Möglichkeit gäbe, eine Bemessung denkbarer zusätzlicher Schädigungen vorzunehmen. Ein Nervenschaden könne im Moment der Verrenkung bereits endgültig vorprogrammiert sein und auch nach sofortiger sachgerechter Reposition Beschwerden und Behinderungen verursachen. Durch bleibende Dehnung des Nervens seien zwar zusätzliche Verschlimmerungen denkbar, eine Differenzierung aber nicht mehr möglich.

Nach Ansicht der Schlichtungsstelle musste davon ausgegangen werden, dass durch unzureichende diagnostische Maßnahmen eine Schultergelenksverrenkung übersehen wurde und es daraus resultierend zu Verzögerungen in der Behandlung und zu zusätzlichen Beschwerden über eine Woche kam. Auch wenn am Unfalltag keine Angaben über Schultergelenksbeschwerden gemacht wurden, musste spätestens beim ersten Hinweis auf neurologische Ausfälle an eine durchgemachte Verrenkung gedacht werden und sofortige Abklärung erfolgen.

In Anbetracht der schon bei der Erstuntersuchung beschriebenen multiplen Verletzungen an der linken oberen Gliedmaße hätte eine angezeigte qualifizierte Untersuchung bereits Hinweise für die Verrenkung geben müssen. Die Schlichtungsstelle hielt Schadenersatzansprüche für begründet und empfahl die Frage außergerichtlicher Regulierung zu prüfen.

**Fazit:** Beim Sturz des älteren Menschen mit nachfolgend klinischen Hinweisen auf Betroffenheit der oberen Gliedmaße muss unter der Voraussetzung einer Verletzungskette qualifizierte Untersuchung bis zum Schultergelenk erfolgen. Eine Schultergelenksverrenkung wird dann kaum zu übersehen sein. Unzureichende Schmerzangaben lassen das Versäumnis einer solchen Untersuchung nicht entschuldigen.

# 29

## Übersehene Oberarmkopffraktur und Subluxation
Zeitverlust mit vermehrten Beschwerden, ein wesentlicher Teil der Funktionsbeeinträchtigung

**Krankheitsverlauf:** Die damals 69-jährige Patientin hatte sich bei einem Sturz am 23.7.1997 einen Oberarmkopfbruch mit einer Teilverrenkung desselben zugezogen. Bei der am selben Tag erfolgten ambulanten Untersuchung in dem in Anspruch genommenen Krankenhaus wurden Schmerzhaftigkeit und Bewegungseinschränkung im Schultergelenk dokumentiert. Röntgenaufnahmen sollen Knochenverletzungen ausgeschlossen haben. Es wurde eine Prellung der Schulter angegeben und ein ruhigstellender Verband angelegt.

Bei insgesamt 8 Nachuntersuchungen in der Folgezeit wurde an dieser Diagnose festgehalten. Erst eine computertomographische Untersuchung vier Wochen später ließ einen Oberarmkopfbruch mit Teilverrenkungsstellung des Oberarmkopfes nachweisen. Am 27.8.1997 wurde in einem Nachbarkrankenhaus die Verrenkungsstellung beseitigt und der Knochenbruch durch Schwammknochenunterfütterung und mit zwei Schrauben stabilisiert. Vom 30.9. bis 11.11.1997 erfolgte eine Anschlussheilbehandlung, am 16.10.1997 wurde eine Gelenkmobilisation vorgenommen. Es verblieb erhebliche Bewegungseinschränkung.

Mit Schreiben an die Schlichtungsstelle stellte die Patientin fest, dass durch eine fehlerhafte Erstdiagnose eine sachgerechte Behandlung verabsäumt wurde und es dadurch zu Zeitverlust, vermehrten Beschwerden und zusätzlichen Bewegungseinschränkungen gekommen sei.

**Gutachterliche Beurteilung:** Der von der Schlichtungsstelle eingeschaltete Gutachter gelangte zu der Feststellung, dass die Knochengelenkverletzung primär erkannt werden konnte. Spätestens aber bei bleibenden Beschwerden und Funktionsbeeinträchtigungen hätte frühzeitig weitergehende Diagnostik zur Erkennung der Verletzung und damit adäquater Behandlung führen müssen. Eine zeitliche Verzögerung mit den einhergehenden Beschwerden von 4 Wochen sei als gesichert anzunehmen.

Bezüglich des Endergebnisses sah sich der Gutachter aber außerstande, gesicherte Aussagen über die Auswirkungen von Versäumnissen zu machen.

**Beurteilung der Schlichtungsstelle:** Nach Ansicht der Schlichtungsstelle wurde der Fragenkatalog vollständig beantwortet. Den medizinischen Wertungen des Gutachters konnte weitgehend gefolgt werden.

Die Patientin wandte mit Schreiben vom 23.11.1998 ein, dass nicht nur Folgen in Form des Zeitverlustes und einhergehender Beschwerden, sondern auch das Endergebnis berücksichtigt werden müsse.

Die Ärzte führten mit Schreiben vom 18.11.1998 aus, dass der primäre Befund und das Beschwerdebild keinen zwingenden Hinweis für die letztlich nachgewiesene Verletzung gegeben habe und es keine gesicherten Beweise dafür gebe, dass eine tatsächlich eingetretene Verzögerung in der Diagnosestellung zu einer Knochennekrose führte.

Nach Ansicht der Schlichtungsstelle war der Feststellung des Gutachters zu folgen, dass bereits primär Hinweise für eine schwerwiegende Verletzung bestanden haben. Spätestens eine Woche später war aber bei bleibenden Beschwerden und Funktionsbeeinträchtigungen weitergehende Diagnostik zu fordern. Das Versäumnis derselben hat zur Unterlassung sachgerechter Maßnahmen geführt. Operative oder konservative Maßnahmen hätten zur Wiederherstellung korrekter Gelenkstellung beitragen können. In schuldhaft begründeter Verzögerung rechtzeitig einsetzender Therapie ist es nicht nur zum Zeitverlust mit den einhergehenden Beschwerden, sondern auch zur Kapselschrumpfung mit zusätzlichen Einschränkungen und weiterer Verzögerung der Behandlung gekommen.

Das äußerst difizile Gleichgewicht zwischen den, die Funktion des Schultergelenkes bestimmenden Muskeln und Sehnen, ist durch die zeitbedingt entstandenen Vernarbungen entscheidend beeinträchtigt worden. Nach Ansicht der Schlichtungsstelle war es deshalb gerechtfertigt über den vom Gutachter festgelegten Zeitraum von einem Monat zusätzlich zwei bis drei Monate der Behandlungsbedürftigkeit anzusetzen, die für die Kompensation der Folgen des primären Versäumnisses erforderlich waren. Die Endfolgen ursprünglicher Fehldiagnosen mussten demgegenüber hypothetisch bleiben.

Auch bei sofortiger Diagnosestellung und Operation bzw. zielgerichteter Wiedereinrichtung wären wahrscheinlich funktionelle Beeinträchtigungen eingetreten. Die Schlichtungsstelle hielt Schadenersatzansprüche für begründet und empfahl die Frage außergerichtlicher Regulierung zu prüfen.

**Fazit:** Auch wenn eine sorgfältige Auswertung von Röntgenaufnahmen scheinbar knöcherne Verletzungen ausschließen lassen, so muss beim Missverhältnis zwischen den Klagen und Beschwerden einerseits und angenommener Diagnose und deren typischen Abläufe andererseits, die frühzeitige Kontrolle und eventuell auch weitergehende Diagnostik gewährleistet werden. Ein dahingehendes Versäumnis muss als fehlerhaft angesehen werden.

## 30
### Luxationsfraktur des Oberarmkopfes, Fehldeutung als subkapitale Fraktur
Verlängerte Behandlungszeit, funktionelle und neurologische Ausfälle.
Notwendigkeit endoprothetischen Ersatzes

**Anamnese:** Die damals 64-jährige Patientin hatte sich am 7.5.1996 einen Verrenkungstrümmerbruch des rechten Oberarmkopfes zugezogen und wurde in der Praxis des in Anspruch genommenen Chirurgen nach Röntgenuntersuchung und mit der Diagnose einer subkapitalen Oberarmfraktur mittels Gilchrist-Verband behandelt.

Bei einer ersten Röntgenkontrolle sechs Wochen später (!) wurde das Ausmaß der schultergelenksbeteiligenden Trümmerfraktur erkannt, ein großes Kopffragment lag in Verrenkungsposition. Zu diesem Zeitpunkt bestanden im Gegensatz zum Erstbefund Ausfallserscheinungen im Bereich des Achselnerven. Die Patientin wurde in ein Nachbarkrankenhaus verwiesen, nach computertomographischer Untersuchung wurde operative Rekonstruktion nicht mehr für möglich gehalten. Es erfolgte Verlegung in die nahegelegene Universitätsklinik. Dort wurde am 15.7.1996 eine Oberarmkopfprothese implantiert, bei dem Eingriff kam es zu einer Verletzung einer großen Arterie und wohl auch zu zusätzlicher Irritation benachbarter Nervenstränge. Nach erfolgreicher Implantation einer Gefäßprothese wurde die Oberarmkopfprothese eingebracht. Postoperativ mussten neben den schon vorher bestehenden Ausfallserscheinungen im Ausbreitungsbereich des Achselnerven zusätzlich Ausfälle im Bereich des Speichennerven, des Ellennerven und des Mittelnerven nachgewiesen werden. Nach intensiver, aber wenig erfolgreicher Nachbehandlung verblieben deutliche neurologische Ausfälle und hochgradige funktionelle Beeinträchtigungen.

Die Patientin war der Ansicht, dass die fehlerhafte Deutung des ersten und alleinigen Röntgenbildes zu erheblichen Zeitverlusten mit einhergehenden Beschwerden, zur Notwendigkeit des Gelenkersatzes mit allen Komplikationen und letztlich auch zu den funktionellen und neurologischen Ausfällen führte.

**Gutachterliche Beurteilung:** Der von der Schlichtungsstelle eingeschaltete Gutachter stellte fest, dass die alleinige Aufsichtsaufnahme vom Unfalltag fehlerhaft gedeutet wurde und bereits ohne die zu fordernden zusätzlichen bildgebenden Maßnahmen (Seitaufnahme bzw. Tomographie) das Vorliegen einer schwerwiegenden Oberarmkopfverletzung auf der Hand lag. Es sei deshalb eine für diesen Fall indizierte operative Primärbehandlung unterblieben. Erst nach 10 Wochen sei bei Unmöglichkeit einer Spätrekonstruktion der Kunstgelenkersatz erfolgt. Die intraoperativen Komplikationen seien beim Schweregrad der Verletzung nicht mit ausreichender Sicherheit auf die primäre Fehldiagnose zurückzuführen, auch bei sachgerecht und primär durchgeführter Operation hätte es zu solchen Komplikationen kommen können. Der Gutachter war der Ansicht, dass es fehlerbedingt zu einer 10-wöchigen Verzögerung im Behandlungsverlauf mit erheblichen Beschwerden gekommen sei. Für eine weitergehende Differenzierung von Folgen der Fehldiagnose sehe er sich außerstande.

**Bescheid der Schlichtungsstelle:** Nach Ansicht der Schlichtungsstelle ist eine Fehldeutung der primären Röntgenaufnahme unzweifelhaft. Die Diagnose einer subkapitalen Oberarmfraktur war unzureichend. Eine schwere Zertrümmerung des gelenkbildenden Anteils am Oberarmkopf konnte sofort erkannt werden. Mit der alleinigen Aufsichtsaufnahme war die Diagnose einer Verrenkung nicht zu stellen, sie war aber naheliegend. Bei dieser Sachlage war die Vorstellung in einem mit Behandlung derartiger Verletzungen vertrauten Klinik zwingend erforderlich. Beim Ausmaß der Zertrümmerung musste vom intraoperativen Befund abhängig gemacht werden, ob man eine Rekonstruktion wagt oder sofort endoprothetisch versorgt. In beiden Fällen waren die später aufgetretenen Komplikationen möglich. Bei primär erfolgreicher Rekonstruktion dieser schweren Zertrümmerung wäre mit hoher Wahrscheinlichkeit ein annähernd gleiches Ergebnis wie nach primärer oder sekundärer endoprothetischer Versorgung zu erwarten gewesen. Auch der Ablauf nach der Operation wäre bei beiden Behandlungsalternativen vergleichlich gleich gewesen. Als beweisbare Folge fehlerhafter Diagnose sah die Schlichtungsstelle aber einen Zeitverlust bis zur adäquaten Behandlung von 10 Wochen mit den in dieser Zeit einhergehenden Beschwerden. Die Annahme darüber hinausgehender Folgen musste als hypothetisch und nicht beweisbar angesehen werden. Die Schlichtungsstelle hielt Schadenersatzansprüche für begründet und empfahl die Frage einer außergerichtlichen Regulierung zu prüfen.

**Fazit:** Unabhängig von deren Fehldeutung kann eine ausschließliche Aufsichtsaufnahme des Schultergelenkes nicht ausreichen, davon das weitere Behandlungsregime abhängig zu machen. Weiterführende Abklärung ist obligat, Unterlassung derselben als fehlerhaft anzusehen.

## Intramedulläre Stabilisation einer Oberarmfraktur mit Kirschner-Drähten

Verbleibende Klaffstellung, erste Revisionsoperation in Form der Bündelnagelung, verbleibende Klaffstellung, zweite Revisionsoperation in Form der Plattenosteosynthese, Zeitverlust, unnötige Revisionsoperationen

**Krankheitsverlauf:** Der damals 48-jährige Patient stürzte am 10.1.1995 aus 3 m Höhe und zog sich dabei einen Oberarmbruch rechts zu. Zunächst wurde mit Gipsschale behandelt. Neun Tage später wurde der Patient in dem in Anspruch genommenen Krankenhaus stationär aufgenommen. Röntgenaufnahmen zeigten eine Querfraktur in Schaftmitte des rechten Oberarmes. Noch am gleichen Tage wurde eine Osteosynthese durch absteigende Nagelung mit 5 Kirschner-Drähten durchgeführt. Die nachfolgende Röntgenkontrolle zeigte bei achsengerechter Stellung eine deutliche Klaffstellung im Bruchbereich. Auch in den folgenden 2 Monaten konnte keine ausreichende Durchbauung nachgewiesen werden. Am 10.3.1995 wurden die Kirschnerdrähte entfernt und zunächst mit einer Kunststoffschale weiterbehandelt. Am 23.3.1995 wurde eine aufsteigende Bündelnagelung vorgenommen. Es verblieb deutliche Klaffstellung. Am 28.6.1995 wurden in einem anderen Krankenhaus die Bündelnägel entfernt und eine Plattenosteosynthese vorgenommen. Danach kam es zu knöcherner Durchbauung mit verbleibender Funktionsbeeinträchtigung des Schultergelenkes.

Der Patient sah in der Erstversorgung mit Kirschner-Drähten die Ursache für Nachoperationen, lange Behandlungsdauer und verbliebene Beschwerden an.

Die in Anspruch genommene Klinik wandte ein, dass das gewählte Osteosyntheseverfahren aus Sicht ex ante gute Erfolgschancen hatte, eine Korrektur allerdings früher vorgenommen werden musste.

**Gutachterliche Beurteilung:** Der Gutachter stellte fest, dass neben möglicher konservativer Behandlung im vorliegenden Fall bereits primär eine Plattenosteosynthese oder auch eine Bündelnagelung gerechtfertigte Maßnahmen gewesen wären. Die Stabilisation mit Kirschnerdrähten sei nach Sachlage nicht adäquat gewesen.

Die postoperativ nachweisbare Klaffstellung hätte sofort Anlass für eine Korrektur sein müssen. Die Beurteilung der postoperativen Röntgenkontrollen sei fehlerhaft gewesen. Bei der zwei Monate später erfolgten Operation hätte berücksichtigt werden müssen, dass eingesprosstes Narbengewebe bei der Bündelnagelung nicht mehr zu beseitigen war und die Klaffstellung verbleiben musste. Bereits zu diesem Zeitpunkt wäre die Freilegung der Bruchzone und eine Plattenosteosynthese zu fordern gewesen.

Dem Patienten sei durch unzulängliche Erstversorgung, durch fehlerhafte Beurteilung der postoperativen Situation und durch eine von vornherein aussichtslose Bündelnagelung ein Zeitverlust und beschwerdereicher Verlauf von 6 Monaten entstanden.

**Beurteilung der Schlichtungsstelle:** Die Schlichtungsstelle schloss sich dem Urteil des Gutachters an. Die intramedulläre Stabilisation mit 5 Kirschner-Drähten bot gegenüber konservativer Bruchbehandlung keine Vorteile, sie konnte keine Stabilität gewährleisten. Die postoperativ nachgewiesene Klaffstellung liess Knochenheilung nicht erwarten. Bei dem Nachweis dieser Klaffstellung war das Abwarten über zwei weitere Monate fehlerhaft. Die dann durchgeführte Bündelnagelung bot keine Gewähr für komplikationsfreie knöcherne Durchbauung.

**Fazit:** Die unkomplizierte Querfraktur des Oberarmschaftes gilt nach wie vor als Domäne konservativer Behandlung. Bei Entscheidung zu operativer Behandlung muss eine stabile Osteosynthese gewährleistet werden. Eine Minimalosteosynthese bietet keine Vorteile. Die verzögerte Bündelnagelung bei erkennbarem Narbeninterponat führt mit hoher Wahrscheinlichkeit zu einer Pseudarthrose.

## 32
### Epicondylosis humeri radialis rechts, Operation nach Hohmann
Belassen eines abgerissenen Drainagestückes im Wundbereich

**Krankheitsverlauf:** Der 44-jährige Patient klagte sei längerer Zeit über typische Beschwerden im Bereich des Epicondylus humeri radialis rechts, die sich durch langdauernde konservative Behandlungen nicht bessern ließen. Deshalb wurde die Indikation zu einer Operation gestellt. Der Eingriff selbst wurde in der klassischen Methode nach Hohmann durchgeführt, und zwar ambulant in Lokalanästhesie. Vor Beendigung der Operation wurde eine subfasciale Redondrainage eingebracht. Abschließend wurde eine Oberarmgipsschale angelegt. Der postoperative Verlauf war insgesamt ohne Besonderheiten. Es erfolgten regelmäßige Nachkontrollen. Die Fäden wurden 12 Tage postoperativ nach primärer Wundheilung entfernt. Der Termin der Entfernung der Redondrainage ist nicht dokumentiert.

Nach einem beschwerdefreien Intervall traten wiederum lokal zunehmende Schmerzen auf in Verbindung mit entzündlichen Reaktionen. Deshalb erfolgte etwa 6 Monate nach dem Primäreingriff eine operative Revision. Es fand sich ein Schlauchstück der Redondrainage in einer Länge von 2,5–3 cm. Dieses wurde entfernt. Im weiteren Verlauf reguläre Wundheilung.

Der Patient war der Ansicht, dass das Reststück der Drainage sofort hätte entfernt werden müssen, dann wären die Beschwerden einschließlich der Revisionsoperation nicht erforderlich gewesen.

Der in Anspruch genommene Operateur vertritt die Ansicht, dass das Verbleiben des kleinen Schlauchstückes keineswegs einen Behandlungsfehler darstelle. Es handele sich um ein auch bei Anwendung größtmöglicher Sorgfalt nicht zu verhinderndes Risiko. Derartige Fremdkörper müssten auch nur dann entfernt werden, wenn sie – wie hier – im weiteren Verlauf zu lokal entzündlichen Reaktionen und Beschwerden führten.

**Gutachterliche Beurteilung:** Der externe Gutachter bestätigt zunächst die Diagnose und die Indikation für den operativen Eingriff in der Technik nach Hohmann. Es wird auch bestätigt, dass es richtig war, abschließend einen Drainageschlauch einzulegen. Beanstandet wird, dass sich in den Unterlagen keine Angaben darüber finden, wann dieser Drainageschlauch entfernt wurde. Der Gutachter geht davon aus, dass dieses mit Wahrscheinlichkeit 24–48 Stunden postoperativ geschah. Offensichtlich wurde bei dieser Entfernung des Drainageschlauches nicht bemerkt, dass ein abgerissenes Stück, wie sich später zeigte, in einer Länge von 2,5–3 cm im Operationsbereich verblieb.

Der Gutachter führt hierzu aus, dass ein Endstück der Drainage, vor allem wenn es unterhalb der Fascie liegt und eventuell auch unbemerkt durch eine Fasciennaht fixiert wurde beim Ziehen durchaus abreissen könne. Eine derartige Komplikation müsse jedoch sofort erkannt und das verbliebene abgerissene Stück schnellstmöglich entfernt werden. Es sei falsch, ein derartiges abgerissenes Schlauchstück zu belassen, da es sich eindeutig um einen Fremdkörper handele, der mit sehr hoher Wahrscheinlichkeit im Rahmen eines entzündlichen Prozesses zu einer Abstoßungsreaktion führen würde. Dieses sei in Verbindung mit den dadurch verursachten Beschwerden und einem späteren Sekundäreingriff vermeidbar.

Der in Anspruch genommene Facharzt für Orthopädie wendet ein, dass er wohl bemerkt habe, dass das Endstück des Drainageschlauches abgerissen sei. Er ist jedoch der Auffassung, dass es vertretbar sei, ein solches abgerissenes Draignagestück solange zu belassen, bis es „Schwierigkeiten" bereite.

**Beurteilung der Schlichtungsstelle:** Den Aussagen des Gutachters wird zugestimmt.

Zunächst hätten der Zeitpunkt der Drainageentferung und die dabei aufgetretene Komplikation dokumentiert werden müssen. Der Ansicht des Operateurs, dass es vertretbar sei, ein derartiges 2,5–3 cm langes Endstück eines Drainageschlauches nach einer wie hier durchgeführten Operation solange zu belassen bis es „Schwierigkeiten" bereite, kann nicht beigepflichtet werden. Ein derartiger Fremdkörper muss bei einer wie hier oberflächlichen Lage – wie auch der Gutachter schreibt – schnellstmöglich entfernt werden, um spätere Komplikationen mit entsprechenden Beschwerden und einem dann notwendigen Revisionseingriff zu vermeiden.

Bei der oberflächlichen Lage des abgerissenen Drainagestückes war eine sofortige Entfernung auch technisch ohne Schwierigkeiten möglich.

**Fazit:** Entfernte Saugdrainagen müssen auf ihre Vollständigkeit überprüft werden. Der Abriss eines Endstückes ist trotz aller Sorgfalt nicht immer vermeidbar. Es muss jedoch erkannt werden und die je nach Situation notwendigen weiteren Maßnahmen sind möglichst kurzfristig durchzuführen.

## 33

### Übersehene Abrissfraktur des Epikondylos ulnaris, zunehmende Irritation des Nervus ulnaris
Revisionsoperation, Zeitverlust und Beschwerden

**Krankheitsverlauf:** Der damals 10-jährige Schüler hatte sich am 3.10.1996 bei einem Sturz eine Verrenkung im rechten Ellenbogengelenk mit Abriss des ellenseitigen Oberarmknorrens zugezogen. Noch am Unfalltage erfolgte in dem in Anspruch genommenen Krankenhaus die Einrichtung des Ellenbogengelenkes. Der Knochenabriss wurde nicht erkannt. Bei der Entlassung vier Tage später wurde erstmals über diskrete Ausfallserscheinungen im Ausbreitungsbereich des Ellennerven berichtet.

Die weitere Behandlung übernahm zunächst ein ebenfalls in Anspruch genommener Chirurg, der auf selbstgefertigten Röntgenaufnahmen den Abriss des ellenseitigen Oberarmknorrens auch nicht erkannte.

Zunehmende Bewegungseinschränkung und Nervenausfallserscheinungen führten im Januar 1997 zur operativen Freilegung des Ellennerven und Verlagerung in einer neurochirurgischen Klinik. Es verblieb eine erhebliche Bewegungseinschränkung bei schleichendem Rückgang der Nervenausfallserscheinungen. Erst beim zweiten Eingriff wurde intraoperativ der Verdacht auf eine Pseudarthrose geäußert, mangels präoperativer Aufklärung aber eine Osteosynthese unterlassen. Diese wurde erst einen Monat später, also vier Monate nach der Verletzung durch Anfrischung und Osteosynthese versorgt. Im August 1997 waren noch mäßige Streck- und Beugehemmung nachweisbar.

Die Eltern des Patienten bemängelten unzureichende Auswertung von Röntgenaufnahmen mit daraus resultierenden Fehldeutungen des Verletzungsausmaßes, Verzögerung von sachgerechter Behandlung mit der Folge von Nervenausfall und funktionellen Beeinträchtigungen.

**Gutachterliche Beurteilung:** Der von der Schlichtungsstelle eingeschaltete Gutachter kam zu der Feststellung, dass bereits auf den Röntgenaufnahmen des in Anspruch genommenen Krankenhauses aber auch auf den Röntgenaufnahmen, die in der chirurgischen Praxis angefertigt wurden, der Abriss des ellenseitigen Oberarmknorrens erkannt werden konnte. Eine frühzeitig gesicherte Diagnose hätte zu sachgerechter operativer Intervention und zur Vermeidung von Nervenirritationen geführt. Die fast viermonatige Verzögerung von Diagnosestellung und adäquater Therapie mit zusätzlichen Erschwernissen in der Nachbehandlung nach der Korrekturoperation, würde im Vergleich zum Verlauf nach primär sachgerechter Diagnosestellung und Versorgung eine Verzögerung von 4–6 Monaten unterstellen lassen.

Bezüglich funktioneller Dauerschäden könne nicht mit letzter Sicherheit festgestellt werden, dass die Versäumnisse in der Behandlung dafür verantwortlich seien. Derartige Verletzungen würden gehäuft funktionelle Ausfälle hinterlassen.

In Kenntnis dieses Gutachtens wandte die Patientenseite nochmals ein, dass auch die Nervenverlagerungsoperation bei sachgerechtem Handeln entbehrlich gewesen wäre und hier zusätzliche Belastungen des Patienten zu erkennen seien.

**Beurteilung der Schlichtungsstelle:** Die Schlichtungsstelle schloss sich den Wertungen des Gutachters weitgehend an, dem Einwand der Patientenseite bezüglich der neurochirurgischen Operation war zuzustimmen. Nach der Ellenbogengelenkluxation mit Abrissverletzung des Epikondylus ulnaris wäre die primäre operative Versorgung indiziert gewesen. Bei gleich gelagerten Fällen wäre nach etwa drei bis vier Monaten mit einem ordentlichen Endergebnis zu rechnen gewesen.

Durch diagnostische Versäumnisse, d.h. fehlerhafte Deutung der Röntgenbilder ist es zu erheblicher Verzögerung und nach verspätet erfolgter Operation zu Beeinträchtigung für die Nachbehandlung gekommen. Dem vom Gutachter genannten Zeitraum war zuzustimmen. Hinzu sollten nach Ansicht der Schlichtungsstelle zeitweise Beeinträchtigungen privater Aktivitäten und die zusätzliche Operation zur Behandlung der Nervenausfallserscheinungen berücksichtigt werden.

Auch bei primär richtiger Diagnose und sofort einsetzender adäquater Therapie wären auf Dauer und in Analogie zu gleich gelagerten Fällen funktionelle Ausfallserscheinungen nicht auszuschließen gewesen. Eine rechnerisch exakte Differenzierung zum Ausgang nach der fehlerhaften Behandlung war nach Ansicht der Schlichtungsstelle nicht möglich, es wurde aber empfohlen, bei der Bewertung unfallbedingter bzw. fehlerbedingter Nervenschäden und funktioneller Ausfälle von einem geschätzten Verhältnis von 50:50 auszugehen.

Bezüglich der Mitwirkung von Versäumnissen des Mitbehandlers war ein gleiches Verhältnis anzusetzen.

Die Schlichtungsstelle empfahl die Frage außergerichtlicher Regulierung zu prüfen.

**Fazit:** Nach Ellenbogengelenksverrenkungen ist mit besonderer Sorgfalt auf ossäre Begleitverletzungen zu achten. Komplikationen in der Nachbehandlungsphase verlangen frühzeitigen Einsatz weitergehender diagnostischer Maßnahme.

## 34

### Ellenbogengelenksluxationsfraktur, technisch unzureichende Versorgung

Unnötige Zweitoperation, Zeitverlust, ein Teil funktioneller Ausfälle

**Krankheitsverlauf:** Die damals 46-jährige Patientin hatte im Frühjahr 1996 bei einem häuslichen Sturz einen ellenbogengelenksbeteiligenden Unterarmbruch erlitten. Es handelte sich um eine Mehrfragmentfraktur des Radiusköpfchens sowie um eine gelenkbeteiligende Ellenstückfraktur. Am Folgetag wurde in der in Anspruch genommenen Klinik eine Osteosynthese vorgenommen. Das Speichenköpfchen wurde reseziert und die Elle mit Zugurtung und Einzelschrauben stabilisiert. Wegen einer postoperativ festgestellten Luxation wurde in einem wenige Tage später erfolgten Zweiteingriff ein transfixierender Kirschnerdraht zwischen Elle und Oberarmknochen eingebracht. Schon während des stationären Aufenthaltes wurden Ausfallserscheinungen im Bereich des Ellennerven geklagt. Zusätzlich verblieb trotz intensivster Nachbehandlungsmaßnahmen eine hochgradige Bewegungseinschränkung im Ellenbogengelenk.

Im Herbst des gleichen Jahres wurde in einer anderen Klinik erneut operiert. Eine zu diesem Zeitpunkt bestehende Verknöcherung zwischen körpernahem Speichen- und Ellenende wurde beseitigt, das Gelenk mobilisiert und in der Folgezeit durch krankengymnastische Behandlung ein befriedigendes funktionelles Ergebnis erzielt. Auch die Nervenausfallserscheinungen zeigten rückläufige Tendenz.

Die Patientin beanstandete technische Mängel bei der Durchführung der Operation.

**Gutachterliche Beurteilung:** Nach Ansicht des Schlichtungsgutachters weise die technische Durchführung des operativen Eingriffes Mängel auf. Die Zugurtung am Ellenhaken und die Einzelschrauben hätten die Fraktur nicht ausreichend stabilisiert. Die Speichenköpfchenresektion sei unzureichend durchgeführt worden. Daraus resultierend sei es zu einer Verknöcherung zwischen körpernahem Speichen- und Ellenende sowie Einschränkung der Vorderarmumwendbeweglichkeit gekommen. Knochenheilungsstörungen bis hin zum zeitweiligen Verdacht auf Pseudarthrose hätten den Heilverlauf erheblich verzögert und seien mitverantwortlich für eine schwere funktionelle Beeinträchtigung.

Die beklagten Nervenausfallserscheinungen im Ausbreitungsbereich des Ellennerven seien auf die Schwere der Verletzung oder auf operationsimmanente Manipulationen zurückzuführen und wahrscheinlich auch nur passager.

**Beurteilung der Schlichtungsstelle:** Zweifelsfrei haben Trümmerfrakturen des Speichenköpfchens und körpernahem Ellenende vorgelegen. Auch bei optimaler Versorgung ist eine postoperative Luxationstendenz durch die primäre Kapselweichteilverletzung denkbar. Die Behandlung mit einem zeitweilig eingebrachten Kirschner-Draht kann in diesen Fällen erforderlich werden. Damit ist dann über mehrere Wochen funktionelle Behandlung unmöglich und Gipsimmobilisation erforderlich. Es können funktionelle Beeinträchtigungen resultieren. Bei stabiler Osteosynthese hätte aber nach maximal drei Wochen die Entfernung des Drahtes und forcierte Mobilisationsbehandlung möglich sein müssen.

Die bei der Patientin zur Anwendung gekommene Stabilisation ließ eine solche forcierte Behandlung nicht zu. Des Weiteren hat die quantitativ unzureichende Resektion des körpernahen Speichenendes zu zusätzlicher Beeinträchtigung geführt. Ob die eingetretene und die Vorderarmumwendebeweglichkeit einschränkender Verknöcherung auf die unzureichende Resektionstechnik zurückzuführen war (so der Gutachter), ließ sich nach Ansicht der Schlichtungsstelle nicht beweisen. Bezüglich der Ursache für die Nervenausfallserscheinungen war dem Gutachter zuzustimmen.

Als zusätzliche Beeinträchtigung infolge mangelhafter operativer Versorgung war die Verzögerung im Heilverlauf und mit hoher Wahrscheinlichkeit auch die Notwendigkeit einer Zweitoperation anzusehen. Da bei ordnungsgemäßem Verlauf etwa 4–5 Monate nach der Verletzung Behandlungsabschluss zu erwarten war, konnte den vom Gutachter angesetzten Zeitraum der Verzögerung über 6 Monate zugestimmt werden. Auch ein Teil der verbliebenen funktionellen Beeinträchtigungen waren der mangelhaften Erstversorgung anzulasten. In Kenntnis der Variationsbreite bezüglich des Ausheilungsergebnisses gleichgelagerter Verletzungen war nach Ansicht der Schlichtungsstelle etwa 1/3 der funktionellen Beeinträchtigung als Folge unzulänglicher Erstversorgung einzuschätzen.

**Fazit:** Bei Trümmerbrüchen des körpernahen Speichen- und Ellenendes und Notwendigkeit der Speichenköpfchenresektion sind an die Osteosynthese der Ellenfraktur besonders hohe Ansprüche zu stellen. Eine Luxationstendenz muss intraoperativ abgeklärt werden. Die unzureichende Speichenköpfchenresektion führt erfahrungsgemäß zu funktionellen Beeinträchtigungen und kann die Entstehung von Verknöcherungen begünstigen.

## 35

# Ellenbogengelenksluxationsfraktur, verspätete und unzureichende Versorgung
Zeitverlust, mehrfache Korrekturoperationen, vermehrte Funktionsbeeinträchtigung

**Krankheitsverlauf:** Der damals 43-jährige Patient hatte sich bei einem Verkehrsunfall am 14.9.1993 neben schweren Gesichtsschädelverletzungen und einen Schädelbasisbruch eine Ellenbogengelenksluxation rechts zugezogen. Er wurde notfallmäßig in ein Kreiskrankenhaus eingeliefert. Dort wurde in Anbetracht der Gesichtsschädelverletzungen die sofortige Verlegung in die benachbarte Universitätsklinik veranlasst.

Ob noch im erstbehandelnden Krankenhaus eine Reposition der Ellenbogengelenksluxation vorgenommen wurde, war aus den Unterlagen nicht ganz sicher zu ersehen. Auf jeden Fall wurde am Aufnahmetag in der Universitätsklinik von einer Oberarmgipsimmobilisation gesprochen. Zu diesem Zeitpunkt vorliegende Röntgenaufnahme zeigten geringe Fehlstellung.

Noch am Verlegungstag wurden Hals-Nasen-Ohren-ärztliche und kieferchirurgische Operationen durchgeführt. Am 23.9.1993 wurden die Chirurgen des Hauses zur konsiliarischen Beurteilung der Situation des rechten Ellenbogengelenkes gebeten. Am 4.10.1993 erfolgte dann die Verlegung zur Operation, am 5.10.1993, also drei Wochen nach der Verletzung erfolgte eine erste operative Intervention. Dabei wurde Narbengewebe aus dem Gelenkspalt entfernt, zerrissene Bänder genäht und wegen immer noch bestehendem Verrenkungsrisiko mit zwei Kirschnerdrähten zwischen Elle und Oberarmknochen eine Verriegelung vorgenommen. Eine Röntgenkontrolle vom 17.10.1993 zeigte immer noch Teilverrenkungsstellung mit einer Gelenkspaltweite von 10 mm. Am 27.10.1993 wurden die ehemals eingebrachten Drähte entfernt und mit krankengymnastischer Übungsbehandlung begonnen. Röntgenaufnahmen vom 29.10.1993 zeigten immer noch eine erhebliche Verbreiterung des Gelenkspaltes und Teilverrenkungsstellung sowie Verknöcherungen der das Gelenk umhüllenden Weichteile und Bänder. Im Januar 1994 wurde bei ambulanter Behandlung schon hochgradige Bewegungseinschränkung beschrieben. Im August 1994 wurde in einer weiteren Klinik eine Arthrolyse vorgenommen. Es wurden die Verknöcherungen entfernt und das Gelenk mobilisiert. Es verblieb bei einer deutlichen Verbreiterung des Gelenkspaltes. Zu einem späteren Zeitpunkt wurde in der gleichen Klinik ein Kunstgelenk implantiert.

Der Patient bemängelte, dass die notwendige Versorgung deutlich verzögert durchgeführt wurde und ein unzureichendes Ergebnis zu Korrekturmaßnahmen, Verknöcherungen und der Notwendigkeit der Implantation eines Kunstgelenkes führten.

Die Ärzte begründen mit den schwerwiegenden Begleitverletzungen eine Beeinträchtigung der Operationsfähigkeit in den ersten Tagen und führten eingetretene Verknöcherungen die Auswirkungen eines Schädelhirntraumas zurück.

**Gutachterliche Beurteilung:** Der von der Schlichtungsstelle eingeschaltete Gutachter gelangte zu der Feststellung, dass eine unzureichende und verspätete Versorgung der Ellenbogengelenksluxation in den entscheidenden Tagen nach der Verletzung zur Notwendigkeit langanhaltender Immobilisation bei verbleibender Fehlstellung geführt hat und hier wesentliche Ursache für den späteren Misserfolg der Operation und die Notwendigkeit weiterer Korrekturen zu erkennen sei.

Er führte weiter aus, dass nach derartigen Verletzungen, insbesondere bei gleichzeitigem Vorliegen eines Schädelhirntraumas, Verkalkungen bzw. Verknöcherungen in unmittelbarer Nachbarschaft eines Gelenkes zwar stets möglich seien und auch beim Ausbleiben solcher Verkalkungen mit funktionellen Beeinträchtigungen gerechnet werden konnte. Er stellte aber fest, dass das Ausmaß der hier festzustellenden Folgeschäden zu einem ganz wesentlichen Teil durch Versäumnisse zu erklären sei.

Die in Anspruch genommene Klinik wendete mit Schreiben vom 18.12.1997 und in Kenntnis des Gutachtens ein, dass eine operative Versorgung zu einem früheren Zeitpunkt wegen der Begleitverletzungen nicht möglich war und bezüglich der vom Gutachter formulierten Klarheit der Ursache von Verknöcherungen mit ihren Auswirkungen Zweifel anzumelden seien. Auch wenn Defizite in der Behandlung festzustellen wären, so könnte diese nicht ursächlich für die spätere schlechte Beweglichkeit und Notwendigkeit der Versorgung mit Kunstgelenk angesehen werden konnte.

**Beurteilung der Schlichtungsstelle:** Die Schlichtungsstelle schloss sich den Bewertungen des Gutachters an.

Diese Einwendungen der Klinik konnten nach Ansicht der Schlichtungsstelle nicht überzeugen. Bereits am Verlegungstage musste aus den Röntgenaufnahmen gefolgert werden, dass diese Gelenkstellung unzureichend war und entweder die Voraussetzung für eine erneute Luxation oder unbefriedigenden Heilverlauf darstellte. Auch beim Vorrang operativer Versorgungen durch andere Fachgebiete war in Anbetracht des Röntgenbefundes bei Aufnahme eine frühzeitige Kontrolle und eventuelle operative Intervention zu fordern. Der Hinweis darauf, das Begleitverletzungen eine sofortige Versorgung in Form blutiger oder unblutiger korrektiver Reposition nicht möglich machte, konnte nicht als schlüssig angesehen werden. Schließlich haben die HNO-Abteilung und die Kieferchirurgische Abteilung ausgedehnte operative Eingriffe vorgenommen.

Nach Ansicht der Schlichtungsstelle konnte das Argument mangelnder Kooperation in einer großen Universitätsklinik mit leistungsfähiger Anästhesieabteilung und intensivtherapeutischen Möglichkeiten kein Gegenargument für eine unter Zeitnot stehende qualifizierte Behandlung einer Ellenbogengelenksfehlstellung darstellen.

Die zeitliche Verzögerung ab dem 16.9., spätestens aber ab dem 23.9.–5.10.1993 musste als eine ganz wesentliche Erklärung für die intraoperativen Probleme bei Operation am 5.10. angesehen werden. Abgesehen davon, dass gekreuzte Kirschnerdrähte zur vorübergehenden Gelenkblockierung als kontraindiziert angesehen werden müssen, war eine verbleibende Gelenkspalterweiterung von 10 mm nicht akzeptabel. Sie muss als fehlerhaft und nicht dem Standard entsprechend bezeichnet werden. In Kenntnis der Röntgenaufnahmen vom 7.10.1993, zwei Tage nach der Operation, hätte spätestens am 8.10.1993 eine Revision stattfinden müssen. Dieses wurde unterlassen. Es wurde drei Wochen später lediglich die Drahtentfernung vorgenommen und bei bestehender Teilverrenkungsstellung mit funktioneller Behandlung begonnen. Wäre konsequent in den ersten Tagen mit dem Ergebnis einer ordentlichen Reposition durch einem oder zwei parallel geführten Kirschnerdrähten kurzfristig eine Gelenkblockierung vorgenommen worden, hätte man etwa Wochen nach der Verletzung von narbig gewährleisteter Stabilität ausgehen und nunmehr nach der Entfernung der Drähte mit krankengymnastischer Behandlung beginnen können. Durch genanntes Versäumnis ist es zum knapp dreiwöchigen Zeitverlust bei bleibender Fehlstellung gekommen.

Auch wenn für derartige Verletzungen und insbesondere unter der Voraussetzung eines begleitendem Schädelhirntraumas Beeinträchtigungen und auch Verknöcherungen möglich sind, lassen sich diese zum geeigneten Zeitpunkt beseitigen. Sie wären dann mit Sicherheit schicksalhaft. Die voraussichtlichen funktionellen Beeinträchtigungen würden sich aber in Grenzen halten.

Es ist Erfahrung, dass schon nach relativ kurzer Zeit ein in ungenügender Kongruenz stehendes Gelenk seinen Gelenkwert verliert. Mit überwiegender Wahrscheinlichkeit war deshalb anzunehmen, dass die genannten Versäumnisse zur späteren Notwendigkeit der Kunstgelenkversorgung und auch zu der ganz erheblichen Verlängerung der Behandlungszeit führten.

Die Schlichtungsstelle hielt Schadensersatzansprüche für begründet.

**Fazit:** Eine nach Reposition der Luxation verbleibende Gelenkinkongruenz verlangt zwingend die unverzügliche Abklärung und Korrektur. Eine mehrwöchentliche Belassung einer Subluxationsstellung führt nicht nur zu Problemen bei der Spätkorrektur, sondern auch zu schwerer und oft nicht reversibler Störung des Gelenkes. Die preliminäre Interposition von gekreuzten Kirschner-Drähten ist als operationstaktischer Fehler anzusehen, da das biologische Pressfit behindert und eine Distraktion begünstigt wird. Die Missachtung dieser grundsätzlichen Erfahrungen ist als fehlerhaft anzusehen.

## 36

**Radiusköpfchen- und Kapitulumfraktur, verspätete Diagnose**
Zeitverlust, Verlängerung der Nachbehandlungszeit und Beschwerden

**Krankheitsverlauf:** Der damals 12-jährige Patient war am 8.6.1992 bei einem Sprung über eine Hecke gestürzt und zog sich dabei einen Verrenkungsbruch des rechten Ellenbogengelenkes zu. In der Ambulanz des in Anspruch genommenen Krankenhauses wurde nach Röntgenuntersuchung lediglich der Verdacht auf Knocheneinbruch am Ellenhaken geäußert, nach Reposition der Verrenkung wurde eine Oberarmgipslongette angelegt und der Patient in den Heimatort entlassen.

Am 19.6.1992, also zwei Wochen später wurde auf Röntgenaufnahmen eine disloziierte Radiusköpfchenfraktur und eine Kapitulumfraktur diagnostiziert. Am 22.6.1992 erfolgte die offene Reposition und Versorgung mit K-Drähten. Die Metallentfernung wurde 5 Wochen später vorgenommen. Wegen erheblicher Bewegungseinschränkungen war intensive krankengymnastische Nachbehandlung bis Ende 1993 erforderlich. Bei Begutachtung wurde im Januar 1994 ein überraschend gutes Bewegungsausmaß beschrieben.

Die Eltern des Patienten bemängelten, dass fehlerhafte Röntgenbefundung die Ursache für verzögerte Behandlung und spätere funktionelle Beeinträchtigungen sei.

**Gutachterliche Beurteilung:** Der von der Schlichtungsstelle eingeschaltete Gutachter führte aus, dass bereits am Unfalltag das Ausmaß der Verletzung erkannt werden konnte. Die Röntgenaufnahmen hätten eindeutig Abkippung des Speichenköpfchens und eine Abscherfraktur am Kapitulum erkennen lassen. Die Versorgung 14 Tage später sei dann sachgemäß erfolgt und es sein ein erstaunlich gutes Endergebnis erreicht worden.

Der Gutachter gab in einer umfassenden Literaturübersicht Auskunft darüber, dass derartige Verletzungen, auch bei sofortiger Versorgung in etwa 50% mit schwerwiegenden Folgen ausheilen und es aus diesem Grunde im vorliegenden Fall und insbesondere unter Berücksichtigung eines relativ guten Endergebnisses nicht möglich sei, dass Ausmaß des durch verzögerte Behandlung entstandenen Schadens zu beurteilen.

**Beurteilung der Schlichtungsstelle:** Nach Ansicht der Schlichtungsstelle wurde der Fragenkatalog vollständig beantwortet, die medizinischen Wertungen des Gutachters bedurften aber der Präzisierung.

Die Patientenseite leitete aus den Ausführungen des Gutachters her, dass eine Wahrscheinlichkeit von 50% für positive Heilungs- und Funktionsfähigkeit des betroffenen Gelenkes bestanden hätte. Dieser Einwand war nach Ansicht der Schlichtungsstelle nicht zutreffend, da der Gutachter lediglich auf Endfolgen abstellte. Diese waren im vorliegenden Fall ausweislich der letzten Untersuchung nicht signifikant fehlerabhängig.

Nach Ansicht der Schlichtungsstelle war die durch unzureichende Erstdiagnostik eingetretene Verzögerung aber verantwortlich für eindeutig eingetretene Probleme in der Nachbehandlung. Nach sekundärer Versorgung war verlängerte Immobilisation erforderlich, der primäre Zeitverlust von 14 Tagen hatte zu zusätzlichen Verklebungen geführt, die dann auch über mehr als 12 Monate intensive Nachbehandlungen erforderlich machten. Neben diesem Zeitverlust mussten zusätzliche Beschwerden durch die Mobilisationsmaßnahmen angenommen werden.

Die Schlichtungsstelle hielt Schadenersatzansprüche für begründet.

**Fazit:** Die Ellenbogengelenksverrenkung, insbesondere beim Jugendlichen, verlangt subtile Auswertung der Röntgenaufnahmen, da Begleitverletzungen wie Knochenbruch oder Epiphysiolyse gehäuft vergesellschaftet sind. Obwohl das jugendliche Skelett erstaunliche Kompensationsfähigkeit hat, führen Fehlbeurteilungen im Gegensatz zum Erwachsenen oft zu langanhaltender Behandlungsbedürftigkeit.

## 37

**Ulnarislagerungsschaden bei Armreplantation**
Zeitverlust, Ausfallserscheinungen, Korrekturoperation

**Krankheitsverlauf:** Die damals 31-jährige Patientin hatte am 19.6.1997 bei Arbeiten an einer Kreissäge eine traumatische Unterarmamputation links erlitten. Sie wurde wenig später in der in Anspruch genommenen Klinik stationär aufgenommen. Nach Replantation und mehreren Revisionsoperationen musste am 27.6.1997 eine Handamputation vorgenommen werden. Bereits nach der ersten Operation beobachtete die Patientin Sensibilitätsstörungen und Funktionsstörungen am kontralateralen rechten Arm, die sich allerdings nach kurzer Zeit bis auf Ausfallserscheinungen im Ausstrahlungsbereich des Ellennerven zurückbildeten. Diese wurden von der behandelnden Klinik als Folge längerer Auslagerung des rechten Armes angesehen.

Im August 1997 wurde in einer benachbarten Universitätsklinik unter der Annahme eines Kompressionssyndroms des Ellennerven in Höhe des Ellenbogengelenkes eine Dekompressionsoperation mit Verlagerung des Ellennerven durchgeführt und später dann eine Dekompressionsoperation im Bereich des Handgelenkes, die dann auch zur Linderung von Beschwerden führte.

Mit Schreiben an die Schlichtungsstelle äußerte die Patientin ihre Ansicht, dass eine fehlerhafte Lagerung zu diesen zwei Operationen, zu dem damit einhergehenden Zeitverlust und den behindernden Beschwerden geführt hat.

**Gutachterliche Beurteilung:** Der von der Schlichtungsstelle eingeschaltete Gutachter führte aus, dass die Ausfallserscheinungen auf die intraoperative Lagerung des rechten Armes zurückgeführt werden müssen, sich aber ein wesentlicher Teil dieser Ausfallserscheinungen in üblicher Zeit zurückgebildet habe.

Da die zweite Dekompressionsoperation zu einer Verbesserung des Befundes geführt habe, sei aber davon auszugehen, dass bereits eine Vorschädigung in Form eines Karpaltunnelsyndroms bestanden habe, welche durch den Lagerungsschäden verfrüht offenkundig wurde.

Eine Abgrenzung sei aufgrund der wesentlichen Überschneidung von Lagerungsschaden und anlagebedingten Veränderungen im Karpaltunnel nicht sicher möglich.

Mit Schreiben vom 23.9.1999 wendeten die Verfahrensbevollmächtigten der Patientin ein, dass die Ausführungen des Gutachters die Durchsetzung von Haftpflichtansprüchen nicht ausreichend begründen ließen und bemängelten die Unterlassung persönlicher Untersuchung und der Delegation des Gutachtenauftrags an einen Mitarbeiter.

**Beurteilung der Schlichtungsstelle:** Für die letzteren Einwände war festzustellen, dass eine persönliche Untersuchung bei Kenntnis des Gutachters über vorhandene neurologische Befundberichte keine neuen Gesichtspunkte erbracht hätte und die Möglichkeit der Delegierung des Gutachtenauftrages im Schlichtungsverfahren grundsätzlich angekündigt wird und auch Gültigkeit bekommt, wenn der beauftragte Gutachter, wie im vorliegenden Fall, verantwortlich gegenzeichnet. Entscheidend ist die Identifizierung des als Gutachters genannten Fachvertreters mit den Ausführungen seines Mitarbeiters. Er übernimmt damit die persönliche Verantwortung für Inhalt und Aussagewert des Gutachters.

Der Gutachter hatte ausgeführt, dass Folgen einer unsachgemäßen Lagerung wahrscheinlich sind. Dabei war die Annahme der Patientenseite, dass der Arm zu weit nach hinten gelagert worden sei, explizit bewertet worden. Eine solche Annahme ist auch kaum wahrscheinlich, da in einem solchen Falle allerhöchstens eine höher gelegene Plexusschädigung aufgetreten wäre. Eine solche ist durch alle neurologischen Befundkontrollen nicht belegt worden. Diese Befunde ließen allerdings eine Druckirritation des Ellennerven in Höhe des Ellenbogengelenkes denkbar erscheinen. Die Replantation bei der Patientin dauerte insgesamt 10 Stunden. Schon geringfügige Druckwirkungen auf den scheinbar sachgemäß gelagerten Arm können bei einer solchen Lagerung zur Störung der Leitfähigkeit von Nervenfasern führen.

Jedem medizinischen Laien ist geläufig, dass er bei einer unglücklichen, von ihm nicht vorhersehbaren Fehlpostion des Armes das Gefühl des „Einschlafens" des Ellennerven beobachten kann und dieses oft schon nach kurzer Zeit. Die Rückbildung solcher Sensibilitätsstörungen oder Kribbelerscheinungen dauern dann in aller Regel nur wenige Minuten.

Wenn ein solcher Zustand, durch Narkose unbemerkt, über 10 Stunden anhält, kann es zu einer zeitlich ungleich längeren Rückbildungsphase bis zu bleibenden Ausfallserscheinungen kommen. Diese Komplikationsmöglichkeit musste nach Ansicht der Schlichtungsstelle allerdings von einem geschulten Operationsteam und bei voraussehbarer langer Operationsdauer vorausgesetzt und hier mit entsprechenden Maßnahmen begegnet werden. Es konnte also nicht als Norm angesehen werden, dass nach solchen ausgedehnten Operationen Nervenausfallserscheinungen verblieben.

Insofern war auch dem Gutachter zuzustimmen, dass im vorliegenden Fall durch die Unterlassung geeigneter Polsterungsmaßnahmen ein, allerdings sich rückbildender Ausfall verursacht wurde. Das Ausmaß desselben war aber durch eine nicht vorhersehbare Disposition, d.h. nicht bekannte Vorschädigung deutlich stärker ausgeprägt. Insofern konnte nur ein Teil nachfolgender Beschwerden und ein Teil der Behandlungsverzögerung, wie auch die Operation zur Dekompression im Bereich des Ellenbogengelenkes einem Lagerungsfehler, die zweite Entlastungsoperation am Handgelenk und ein weiterer Teil von Ausfallserscheinungen und Beschwerden einen immanenten Vorschaden zugeordnet werden. Ein weitestgehender Rückgang des Lagerungsschadens war anzunehmen.

Die Schlichtungsstelle hielt für die von ihr genannten Folgen von Versäumnissen Schadenersatzansprüche für begründet.

**Fazit:** Langanhaltende Operationen gehen mit dem Risiko von Lagerungsschäden einher. Ein für solche Langzeitoperationen geschultes Operationsteam muss diese Risiken kennen und ihnen vorbeugen. Sie sind vermeidbar. Unterlassungen sind als fehlerhaft zu beurteilen.

# 38

## Unterarmfraktur, unzureichende Röntgenkontrollen, unzureichende Gipsnachsorge

Fehlstellung, Korrekturoperation,
Zeitverlust und damit einhergehende Beschwerden

**Krankheitsverlauf:** Der damals 17-jährige Patient zog sich bei einem Sturz am 16.2.1995 eine geschlossene Unterarmfraktur links zu und wurde noch am selben Tag in dem in Anspruch genommenen Krankenhaus stationär aufgenommen. Nach Brucheinrichtung und Gipsruhigstellung ließ sich auf den Röntgenaufnahmen am Folgetag achsengerechte Stellung nachweisen. Am 8. Tag nach Verletzung wurde die primär angelegte Oberarmgipsschale durch eine zirkuläre Gipsbinde zum Oberarmrundgips umgewandelt. Der Patient wurde dann am Folgetag in ambulante Behandlung entlassen.

Zwei Wochen später wurde bei einer klinischen Nachuntersuchung lediglich eine Gipsnachschau vorgenommen. Am 30.3., also 6 Wochen nach Verletzung, erfolgte die Gipsabnahme. Röntgenaufnahmen ließen nunmehr eine erhebliche Fehlstellung des Speichenbruches nachweisen. Anlässlich stationären Aufenthaltes vom 5.4. bis 19.4.1995 wurde in einer Nachbarklinik eine Korrekturosteotomie und Plattenosteosynthese vorgenommen. Im Oktober 1995 konnte das Metall entfernt werden. Im Mai 1996 wurde bei ambulanter Untersuchung eine gute Funktion beschrieben.

Bei der gutachterlichen Untersuchung im Juni 1996 wurde Einschränkung der Unterarmumwendbeweglichkeit, geringe Einschränkung der Handgelenksbeweglichkeit sowie diskreter sensibler Ausfall auf der Streckseite des Daumens und der Speichenseite der Handgelenksregion beschrieben.

Die Erziehungsberechtigten machten unzureichende Therapie bzw. Nachsorge für das Entstehen der Fehlsstellung und die Notwendigkeit operativer Maßnahmen und den damit einhergehenden Zeitverlust verantwortlich.

Der Leiter der Chirurgischen Abteilung des in Anspruch genommenen Krankenhauses sah in der Behandlung während des stationären Aufenthaltes regelhaftes Verhalten.

**Gutachterliche Beurteilung:** Der von der Schlichtungsstelle beauftragte Gutachter kam zu der Feststellung, dass in Anbetracht der Risiken derartiger kompletter Unterarmfrakturen eine primäre operative Behandlung günstiger und komplikationsärmer gewesen wäre, dass aber der eingeschlagene konservative Weg mit Brucheinrichtung und Immobilisation im Gipsverband eine Alternative darstellte. Allerdings sei das Anlegen eines Rundgipsverbandes, d.h. ein Gipswechsel nach einer Woche, verabsäumt worden. Man habe primär nur eine Schale angelegt und dann lediglich abschließend durch zirkuläre Gipsbindung zum Oberarmrundgipsverband vervollständigt. Vor der Entlassung sei dann eine abschließende Röntgenkontrolle verabsäumt worden. Es sei auch hinsichtlich der Nachsorge Mangel an Sorgfalt zu erkennen, da keine Maßgabe lückenloser kurzfristiger Röntgenkontrollen erfolgte.

Der Gutachter schränkte allerdings ein, dass die im Juli 1996 anlässlich einer Begutachtung nachgewiesenen Folgen auch bei primär richtiger Behandlung, entweder konservativ oder operativ, nicht auszuschließen waren. Das anatomische Ergebnis der operativen Korrektur mit fragmentgerechter Bruchstellung und exakter Plattenlage wäre auch bei primärer Osteosynthese nicht anders gewesen. Es sei infolge von Versäumnissen zu deutlicher Verzögerung im Behandlungsverlauf und zu wahrscheinlich vermeidbarer operativer Korrekturoperation einschließlich nachfolgender Metallentfernung gekommen.

Das in Anspruch genommene Krankenhaus wandte in Kenntnis des Gutachtens ein, dass bei dem Patienten nach anfangs erfolgversprechendem konservativem Behandlungsweg beim Nachweis einer Fehlstellung sowieso eine operative Therapie erforderlich gewesen sei und für Unterlassung von frühzeitigen Röntgenkontrollen nach dem Abschluss der stationären Behandlung die Verantwortung bei dem nachbehandelnden Chirurgen gelegen habe.

**Beurteilung der Schlichtungsstelle:** Nach Ansicht der Schlichtungsstelle war unter Berücksichtigung der Bruchform (metaphysere Querbrüche) und dem Alter des Patienten die konservative Behandlung in Form von Reposition und Immobilisation im Gipsverband als gleichwertig zu einer denkbaren operativen Behandlung anzusehen. Die Entscheidung zur konservativen Behandlung war nicht fehlerhaft. Die Reposition gelang verletzungsadäquat mit gutem Ergebnis.

Das primäre Anlegen eines Oberarmhalbverbandes, konnte als sachgerechte Maßnahme angesehen werden. Dieser Verband musste aber unter Berücksichtigung der Auswirkungen einer Abschwellung zum geeigneten Zeitpunkt (ca. 8. Tag) durch einen neu angelegten Rundgipsverband ersetzt werden. Nur dann, wenn der primär angelegte und gespaltene Gipsverband, dessen Wirkung durch lückenlose Röntgenkontrollen überprüft werden muss, sichere Gewähr für achsengerechte Ausheilung zu geben scheint, ist eine sekundäre Umwandlung in einen geschlossenen Rundgipsverband zulässig.

In aller Regel ist 7 Tage später eine weitere Röntgenkontrolle zu fordern, da sich erfahrungsgemäß durch immer noch nachträglich eintretende Abschwellung Dislokationen einstellen können.

Hier sind, und damit war dem Gutachter zuzustimmen, entscheidende Mängel während der stationären Behandlung erkennbar gewesen. Die in Anspruch genommenen Ärzte haben sich auf die primäre Röntgenkontrolle vom Unfallfolgetag verlassen und nach Umwandlung der Halbschale in einen zirkulären Gipsverband keine Kontrolle mehr durchgeführt. In einem, beim nachbehandelnden Arzt eingegangenen Entlassungsbrief wurde eine Röntgenkontrolluntersuchung erst nach zwei Wochen empfohlen. Da diese Untersuchung aber in der Ambulanz des in Anspruch genommenen Krankenhauses stattgefunden hatte, zunächst allerdings nur in Form der Gipsnachschau, bestand für den nachbehandelnden Chirurgen kein Anlass zu weiteren Kontrollen.

Ein schon als fragwürdig anzusehendes Management der Immobilisation ist also durch das Versäumnis zeitgerechter Röntgenkontrolluntersuchungen zusätzlich negativ beeinflusst worden. Nach dem Ergebnis der primären Reposition, wäre bei zeitgerechter Feststellung einer Fehlstellung immer noch eine unblutige Korrektur möglich gewesen. Dazu konnte es nicht kommen. Insofern war nach Ansicht der Schlichtungsstelle der eingetretene Zeitverlust von mehreren Monaten, die Notwendigkeit von zwei Operationen und ein Teil der Beschwerden als Folge fehlerhaften Handelns anzusehen.

Die Schlichtungsstelle hielt Schadenersatzansprüche für begründet.

**Fazit:** Die Belassung einer nach primärer Versorgung angelegten Gipsschiene in Form sekundärer Umwandlung zum Rundgipsverband ist als risikoreiches Vorgehen anzusehen. Es verlangt besondere Sorgfalt in der Nachkontrolle. Beim Versäumnis der Gewährleistung derselben ist von fehlerhaftem Handeln auszugehen.

## 39

**Speichenbruch, konservative Behandlung, unzureichende Nachkontrolle**

Fehlstellung, Korrekturoperation, Zeitverlust

**Krankheitsverlauf:** Der damals 54-jährige Patient hatte am 15.12.1996 einen linksseitigen handgelenksnahen Speichenbruch erlitten, der in dem in Anspruch genommenen Krankenhaus anlässlich stationären Aufenthaltes eingerichtet wurde. Eine Woche später erfolgte die Entlassung in ambulante Behandlung. Zwei Tage später wurde in der Ambulanz des Krankenhauses ein Gipswechsel vorgenommen und der Patient dann zur weiteren Betreuung an einen niedergelassenen Chirurgen verwiesen. Dieser übernahm die Behandlung am 27.12., ging von zeitgerecht vorgenommener Kontrolle und adäquater Stellung aus. Er konnte erst nach dem verspätet eingegangenem Arztbrief von der unterlassenen Röntgenkontrolle Kenntnis erlangen. Eine am 13.1. vorgenommene Röntgenkontrolle ließ bereits erhebliche Fehlstellung feststellen. Diese führte am 3.4.1997 zur Korrekturosteotomie und im Oktober 1997 zur Metallentfernung.

Der Patient machte unsachgemäße Nachbetreuung, insbesondere die Unterlassung von Röntgenkontrollaufnahmen für die erhebliche Verzögerung in der Behandlung, damit einhergehende Beschwerden, die Notwendigkeit einer Korrekturosteotomie und verbliebene neurologische Ausfallserscheinungen verantwortlich.

**Beurteilung der Schlichtungsstelle:** Bei der Verletzung vom 15.12.1996 handelte es sich um einen Speichenstückbruch mit schräg verlaufender Hauptbruchlinie, eine Verletzung, die schon primär die Überlegung operativer Stabilisation gerechtfertigt hätte. Dass es zunächst nach Brucheinrichtung zu befriedigender Stellung kam, war schon als sehr günstiges Ergebnis zu bewerten. Nach der Bruchform musste auch in der Folgezeit mit einer Verschlechterung durch Bruchstückverschiebung gerechnet werden. Dieser Tatsache wurde jedoch nicht ausreichend Rechnung getragen. 8 Tage nach der Verletzung wurde ein Gipswechsel, aber keine Röntgenkontrolle vorgenommen. Es war davon auszugehen, dass bereits zu diesem Zeitpunkt eine Verschlechterung der Stellung eingetreten war.

Auch wenn eine am 23.12.1996 veranlasste Röntgenaufnahme noch ein tolerables Ergebnis gezeigt hätte, wäre die behandelnde Klinik verpflichtet gewesen, die für die ambulante Nachfolgezeit erforderlichen Röntgenkontrollaufnahmen vorzuschlagen. Der ab 27.12.1996 die Behandlung übernehmende Chirurg musste von sachgemäßer Stellung und zeitgerecht vorgenommener Röntgenkontrolle ausgehen und erkannte deshalb erst am 13.1.1997 die Dislokation.

Nach ärztlicher Erfahrung wäre bei zeitgerecht vorgenommener Röntgenkontrolle Ende Dezember 1996 eine Korrektur, eventuell sogar eine Korrekturosteotomie vorgenommen worden. Insofern wäre dem Patienten der operative Eingriff drei Monate später und auch die Metallentfernung nicht erspart worden. Er hätte aber einen Zeitgewinn von drei Monaten gehabt und es wäre nicht zu den Beschwerden und Beeinträchtigungen in diesem Zeitraum gekommen. Auf längere Sicht war das Endergebnis dem gleich zu stellen, wie es nach sachgerechter Therapie zu erwarten war.

Da der nachbehandelnde Chirurg von der Klage nicht betroffen war, wurden die von ihm eingeleiteten Maßnahmen keiner weiteren Bewertung unterzogen. Dass er bei Übernahme der Behandlung, ohne im Besitz von Röntgenaufnahmen oder eines Informationsdokumentes zur Hinterfragung sachgemäßer Röntgenkontrollen Anlass sehen musste, sei hier nur am Rande vermerkt.

Die Schlichtungsstelle hielt Schadensersatzansprüche für begründet.

**Fazit:** Nach Reposition und Immobilisation des handgelenksnahen Speichenbruches ist die Gewährleistung zeitgerechter Röntgennachkontrollen zu fordern. Als Standard gilt die Röntgenkontrolle unmittelbar nach Einrichtung, nach Gipswechsel (ca. 7 Tage) und die zwischenzeitliche Kontrolle zwischen 2. und 3. Woche nach Verletzung. Bis zum letztgenannten Zeitpunkt sind Korrekturmaßnahmen denkbar.

Unterlassung bzw. Nichtgewährleistung dieses Standards sind als fehlerhaft anzusehen und können Haftpflichtansprüche begründen.

# 40

## Handgelenksbeteiligender Speichentrümmerbruch, technisch unzulängliche Versorgung
Zeitverlust, Beschwerden, Nachoperation, funktionelle Einbußen

**Krankheitsverlauf:** Der 48-jährige Patient hatte am 11.3.1996 einen Trümmerbruch des rechten Speichenendes mit Beteiligung der Bandverbindung zum Ellenende erlitten. Er wurde noch am selben Tag in dem in Anspruch genommenen Krankenhaus und nach Aufklärung über den Schweregrad der Verletzung operativ versorgt. Nach zunächst misslungenem Versuch der Einrichtung und Stabilisation durch Kirschner-Drähte wurde der Frakturbereich von streckseitig freigelegt und mit Platte und Schrauben stabilisiert. Bei primär ordentlichem Repositionsergebnis kam es in den folgenden Tagen zu einer Fehlstellung, die aber in Anbetracht von Schwellung und des wenig später erhobenen Verdachtes auf das Vorliegen einer Sudeck'schen Dystrophie Korrekturmaßnahmen zunächst nicht für möglich erscheinen ließ. Erst im späteren Verlauf wurde die Fehlstellung durch mehrere Korrekturoperationen beseitigt. Es verblieben erhebliche funktionelle Beeinträchtigungen.

Der Patient bemängelte, dass bereits bei der ersten Operation fehlerhaft gehandelt wurde und daraus resultierend weitere Operationen erforderlich waren. Ein erheblicher Zeitverlust wegen Nachoperationen und verbleibende funktionelle Ausfälle seien Folge fehlerhaften Handelns.

Das in Anspruch genommene Krankenhaus wandte ein, dass eine ungewöhnlich schwere Verletzung vorgelegen habe, für die von vornherein kein optimales Ergebnis zu erwarten war.

**Gutachterliche Beurteilung:** Der Gutachter gelangte zu der Feststellung, dass der Schweregrad der Verletzung einen ventralen operativen Zugangsweg unter zusätzlicher Einbringung von knochenheilungsfördernder Spongiosa erforderlich gemacht hätte. Bei gegebener Fraktursituation wäre entweder ein äußerer Spanner oder eine Plattenosteosynthese beugeseits zu fordern gewesen. Mit letzterer Maßnahme wäre ausreichende Abstützung und das Auswandern der Schrauben zu vermeiden gewesen.

**Beurteilung der Schlichtungsstelle:** Den Bewertungen des Gutachters war weitgehend zu folgen. Nach kritischer Würdigung der Verletzungssituation musste festgehalten werden, dass es sich um eine ungewöhnlich schwere Zertrümmerung des Speichenendes mit der auch bereits primär vermuteten Verletzung der Bandverbindung zwischen körperfernen Speichen- und Ellenende handelte. Die Absicht, diese Verletzung mit geschlossener Reposition und Kirschner-Draht-Spickung zu behandeln, war zwar nachvollziehbar, sie ging aber mit erhöhtem Risiko des Misserfolges einher. Wenn man schon ein geschlossenes Verfahren bevorzugen wollte, wäre nach dem damaligen Wissensstand die Anwendung eines äußeren Spanners die ungleich bessere Methode gewesen.

Nach dem Misserfolg der geschlossenen Reposition und Stabilisation auf eine Methode der offenen Stabilisation umzusteigen, war sachgerecht. Nach dem Verletzungstatbestand den streckseitigen Zugang zu wählen, ein Zugang, der scheinbar weniger Schwierigkeiten bereitet, ist nachvollziehbar, war aber dem Verletzungsausmaß nicht adäquat. Die knöcherne Abstützung war nicht zu gewährleisten, die mit der streckseits eingebrachten Metallplatte verbundenen Schrauben mussten das Risiko der Abkippung der Schrauben (und damit des gelenkbeteiligenden Bruchstückes voraussehen lassen. Die vom Gutachter als zusätzliche Alternative angedeutete Anlagerung von Schwammknochen ist zwar gerechtfertigt, hätte aber in den ersten Wochen das Risiko des Abkippens bei einem dorsalen Zugang nicht minimieren lassen. Der technisch zwar aufwendigere und große Erfahrung verlangende Zugang mit Anlage der Platte auf der Beugeseite hätte diese genannten Risiken wahrscheinlich vermeiden lassen. Somit musste der streckseitige Zugang als Verlegenheitslösung mit hoher Wahrscheinlichkeit des Misserfolges angesehen werden.

Es gab nur die Alternativen der Verlegung in eine Spezialabteilung oder aber den verletzungsadäquaten Zugang und die entsprechende Osteosynthese. Im März 1996 musste die jeder Fachklinik geläufige und als alternative Methode bewährte Behandlung einer solchen schwergradigen Verletzung mit dem äußeren Spanner oder dem beugeseitigem Zugang bekannt sein. Die unsicherste Methode der Stabilisation zu wählen, auch wenn das Primärergebnis als durchaus anerkennenswert anzusehen war, musste als fehlerhaft bezeichnet werden.

Es ist problematisch, bei derartig schweren Verletzungen und einer ex post-Betrachtung ein verletzungsadäquates Ausheilungsergebnis zu postulieren. Trotzdem scheint es gerechtfertigt unter der Annahme unzureichenden technischen Handlings einen Zeitverlust von mindestens zwei Monaten und der Notwendigkeit zusätzlicher Operationen zu unterstellen. Die endgültig verbleibenden Beeinträchtigungen wären nur bei der Annahme idealer Erstversorgung und Ausheilung wegzudenken. Der Schweregrad der Verletzung ließ eine solche Annahme nicht gerechtfertigt erscheinen.

Die Schlichtungsstelle hielt Schadenersatzansprüche für begründet und empfahl die Frage einer außergerichtlichen Regulierung zu prüfen.

**Fazit:** Die handgelenksbeteiligende Speichentrümmerfraktur ist mit percutaner Kirschner-Draht-Osteosynthese nur selten ausreichend sicher zu stabilisieren. Beim erkennbaren Misserfolg dieses Vorhabens bietet sich alternativ der Fixateur extern oder aber die Plattenosteosynthese an. Beim Einsatz von Platten und Schrauben ist das Prinzip der Abstützung und Gurtung zu beachten, dieses gelingt bei dorsaler Plattenosteosynthese oft nur unvollkommen. Die Anlage von Schwammknochen ist nur bei eindeutigen Defektzonen sinnvoll. Das streckseitig angelegte Implantat ist beim Trümmerbruch meist ungeeignet, hat regelhaft negative Auswirkungen auf die Begleitgewebe und wesentlich günstigere, wenn auch anspruchsvolle Alternativen.

## 41

**Speichenbruch loco typico, fehlerhafte Verbandstechnik, fehlerhafte Nachsorge**

Zeitverlust, Fehlstellung, funktionelle Beeinträchtigung, unnötige Beschwerden

**Krankheitsverlauf:** Die damals 59-jährige Patientin zog sich am 8.2.1999 bei einem Sturz auf die rechte Hand einen handgelenksnahen Speichenbruch zu. Bei dem wenig später aufgesuchten und in Anspruch genommenen Chirurgen wurden Röntgenaufnahmen gefertigt, die einen stark verschobenen, nach streckseits abgekippten Speichenbruch nachweisen ließen. Es erfolgte die Einrichtung in Bruchspaltanästhesie, das erzielte Ergebnis wurde als ausreichend angesehen. In der Karteikarte wurde die Notwendigkeit einer eventuellen Korrektur vermerkt.

Eine Röntgenkontrollaufnahme vom 15.2.1999 wurde dahingehend beurteilt, dass unveränderte Frakturstellung bestand. Die primär angelegten Unterarmgipshalbschalen wurden belassen. Nach Röntgenkontrolle am 5.3.1999 wurde eine Fehlstellung erkannt und aktenkundig gemacht. Die zwei Gipshalbschalen wurden aber belassen. Am 6.3.1999 stellte sich die Patientin wegen bleibender und sogar zunehmender Beschwerden im Krankenhaus des Heimatortes vor. Nach Abnahme des Gipsverbandes fand sich ellenbeugeseits in Höhe des Handgelenkes eine ausgedehnte Hautnekrose. Weitere Nekrosen speichenseits und auf der Streckseite der Mittelhand wurden beschrieben. Es war zunächst offene Wundbehandlung erforderlich. Die Patientin wurde am 19.3.1999 vorläufig und mit einem Oberarmgipsverband versehen in ambulante Behandlung entlassen. Am 30.4.1999 erfolgte die plastische Deckung der inzwischen sauber granulierenden Wunden. Röntgenkontrollen aus dieser Zeit zeigten ein nach streckseits abgekipptes, handgelenksnahes Speichenbruchstück bei Verkürzung um knapp 6 mm. Nach knöcherner Ausheilung verblieb erhebliche Funktionsbeeinträchtigung.

Die Patientin bemängelte die erfolgte Behandlung. Man habe auf Klagen über Schmerzen im Verband nicht reagiert. Es sei deshalb zu den Hautschäden und einer deutlich verlängerten Behandlungszeit gekommen. Sie sei der Ansicht, dass durch sachgerechte Behandlung eine bessere Funktion zu erreichen war.

Der in Anspruch genommene Chirurg wandte ein, dass während der vierwöchentlichen Behandlung keine wesentlichen Klagen über Druckschmerzen vorgebracht wurden. Sensibilitätsausfälle hätten nicht bestanden. Bei dem Schweregrad der Fraktur wäre ein Gipswechsel mit einem zu hohen Risiko verbunden gewesen.

**Beurteilung der Schlichtungsstelle:** Ausweislich der Röntgenaufnahmen der Erstuntersuchung lag ein um 40 Grad nach streckseits abgekipptes körperfernes Speichenbruchstück mit randständiger Zertrümmerungszone

## 41 Speichenbruch loco typico, fehlerhafte Verbandstechnik, fehlerhafte Nachsorge 121

vor. Die Röntgenkontrolle nach der Reposition ließ weitgehend achsengerechte Stellung erkennen. Es lag noch eine Abkippung des körperfernen Bruchwinkels um etwa 5 Grad vor, allerdings bestand Verschiebung 6 mm nach streckseits. Das Aufsichtsbild zeigte eine annähernd normale Länge der Speiche. Die erzielte Stellung konnte als tolerabel angesehen werden.

Bereits auf den Kontrollaufnahmen unmittelbar nach Reposition fiel aber auf der Beugeseite eine unnatürliche Wulstbildung des Kunstharzverbandes auf. Dieser Wulst war nach innen gerichtet und hatte sein Maximum beugeseits in Höhe der Handwurzel. Er war offenkundig bei dem Versuch einer forcierten Korrektur während des Abhärtungsprozesses entstanden. Aus der Sorge um ein erneutes Abkippen nach streckseits war dabei die Mittelhand nach beugeseits und ellenseits abgekippt worden. Diese extreme Stellung wird in der Literatur als Schedestellung bezeichnet. Schede beschrieb diesen Kunstgriff für den Fall abkippgefährdeter Frakturen, empfahl aber zu Vermeidung von Komplikationen eine frühzeitige Korrektur dieser Stellung.

Die hier sachlich gerechtfertigte Anwendung dieser Immobilisationstechnik war aber kompliziert durch einen bereits bei der Verbandanlage entstandenen Stauchungswulst des Verbandes. Dieser Wulst war auf den Röntgenkontrollaufnahmen vom 8.2., 15.2. und 5.3.1999 eindeutig und für den erfahrenen Behandler als hoch risikohaft zu erkennen. Dass eine Abrutschgefahr bestand, wurde richtig gesehen. Die Konsequenz, aus diesem Grunde den primär angelegten und erkennbar gefährdenden Verband über insgesamt 5 Wochen nicht zu erneuern, musste nach Ansicht der Schlichtungsstelle als fehlerhaft angesehen werden. Nicht nur, dass diese „Schedestellung" über einen so langen Zeitraum nicht aufrecht erhalten bleiben darf, auch die erkennbare Wulstbildung wurde nicht in das Behandlungskonzept einbezogen.

Nach gültiger Lehrmeinung ist neben der zeitgerechten Abfolge von Röntgenkontrollen, die hier gewährleistet wurde, grundsätzlich nach 7 bis 10 Tagen ein Gipswechsel erforderlich. Dies im Wissen darum, dass sich die Weichteilverhältnisse in dieser Zeit, zumeist durch Abschwellung deutlich ändern und diesen gegebenen Verhältnissen durch Anlage eines neuen Verbandes Rechnung getragen werden muss. Die Sorge um ein denkbares Abkippen bei erneuter Verbandsanlage ist nicht gerechtfertigt. Mit entsprechender Vorsicht bei Anlage dieses neuen Verbandes lässt sich eine Fehlstellung vermeiden.

Abgesehen davon, dass die Röntgenkontrolle vom 15.2.1999, also eine Woche nach Verletzung, bereits ein erneutes Abkippen des körperfernen Bruchstückes um mehr als 30 Grad erkennen ließ, also bereits zu diesem Zeitpunkt unbedingt eine Korrektur erforderlich war, wurde die durch Fehlstellung und die weichteilgefährdende Wulstbildung entstehende Komplikation nicht erkannt und für weitere drei Wochen eine Korrektur unterlassen. Somit war nicht nur ein Verstoß gegen den Standard im Behandlungsregime einer Speichenfraktur, sondern auch Fehldeutung von Röntgenaufnahmen anzunehmen. Im Gefolge dieser Fehleinschätzung kam es zu Hautnekrosen, zu einer bleibenden Fehlstellung, zur Verlängerung der Behandlungsbedürftigkeit über mindestens zwei Monate und den damit einhergehenden Beschwerden.

Diese Fehlleistung war durch die Sorge um ein denkbares Abkippen bei Verbandswechsel und mit dem Hinweis auf fehlende Beschwerden nicht zu begründen. Spätestens am 15.2.1999 musste wegen der gefährdenden Wulstbildung und der inzwischen erkennbaren erneuten Abkippung eine Korrektur vorgeschlagen und vorgenommen werden. In Anbetracht denkbarer Komplikationen konnte sie nur unter Narkose und Bereitschaft zu operativer Intervention erfolgen. Eine Woche nach der Verletzung bestanden immer noch optimale Möglichkeiten, in üblicher Zeit zu einem ordnungsgemäßen Ergebnis zu gelangen. Diese Chance wurde durch krasse Fehleinschätzungen vertan. Die dann eingetretene Hautkomplikation hat auch für zunächst längere Zeit eine Korrektur unmöglich gemacht. Zeitverlust über mehrere Monate und zumindest 1/3 verbliebener Funktionsbeeinträchtigungen mussten deshalb als Folge von Versäumnissen angesehen werden.

**Fazit:** Die drohende Dislokation nach handgelenksnaher Speichenfraktur verpflichtet zu frühzeitiger Korrektur bzw. Änderung des Behandlungsregimes. Bei spezieller Verbandstechnik muss nicht nur der Bruchstellung, sondern auch den Konturen des in aller Regel kontrastgebenden Verbandsmaterial Rechnung getragen werden.

## 42

**Polytrauma, Brustwirbelkörperfraktur und Speichenbruch**
Unzulängliche Diagnostik der Wirbelsäule, unzureichende
Röntgenkontrollen nach Speichenbrucheinrichtung,
Fehlstellung der Speiche, zusätzliche Korrekturoperation

**Krankheitsverlauf:** Der damals 28-jährige Patient hat am 12.5.1997 bei einem Motorradunfall ein schweres Hirntrauma, eine Stauchung der Halswirbelsäule, einen Bruch des 11. Brustwirbelkörpers und einen handgelenksnahen linksseitigen Unterarmbruch erlitten. Er wurde wenig später in das in Anspruch genommene Kreiskrankenhaus eingeliefert. Dort ließen computertomographische Untersuchungen eine Gehirnschwellung nachweisen, die Halswirbelsäule zeigte keine Verletzung. Der Unterarmbruch wurde eingerichtet und mit Kunststoffschale immobilisiert. Es war über mehrere Tage Intensivbehandlung mit künstlicher Beatmung erforderlich. Erst danach fiel eine Schwäche des rechten Armes und der Hand auf, die nach neurologischem Konsil auf eine Arm-Nerven-Geflechtszerrung zurückgeführt wurde.

Es bestanden auch weiterhin zusätzlich neurologische Ausfallserscheinungen (Desorientierung und Blasen-Mastdarm-Schwäche), sodass am 6.6.1997 die Verlegung in eine nahegelegene Reha-Klinik erfolgte. Wegen der geklagten Rückenschmerzen wurden dort Röntgenaufnahmen der Brustwirbelsäule gefertigt und ein bisher nicht diagnostizierter Zusammendrückbruch des 11. Brustwirbelkörpers nachgewiesen. Da inzwischen 4 Wochen vergangen waren, wurde zunächst der Versuch unternommen, mit einem Korsett zu behandeln.

Am 26.6. wurde der Unterarmgipsverband abgenommen, es fand sich ein ausgedehntes schmieriges Druckgeschwür auf der Ellenseite des Handgelenks und eine schon äußerlich erkennbare Abkippstellung des Radius nach speichenwärts. Röntgenaufnahmen ließen dies bestätigen. Es lag des Weiteren eine Einstauchung des Bruches vor. Der Patient wurde nun in das in Anspruch genommene und erstbehandelnde Krankenhaus zurückverlegt und dort am 3.7. eine operative Revision des bis auf den Knochen reichenden Weichgewebsinfektes vorgenommen. Am 17.7.1997 erfolgte die Verlegung in die nahegelegene Universitätsklinik. Dort wurde am 24.7. nach eingetretener Wundheilung eine Umstellungsosteotomie am linken Unterarm und am 5.8.1997 eine Aufrichtungsoperation an der Brustwirbelsäule vorgenommen.

Der Patient war der Ansicht, dass die Versorgung der Unterarmfraktur unzureichend war bzw. dass nicht erfolgte Röntgenkontrollen zu einer Fehlstellung, zu einem Druckgeschwür und zur Notwendigkeit weiterer Operationen (Sanierungsoperationen und Umstellungsoperation) führten. Man habe weiterhin den Bruch des 11. Brustwirbelkörpers durch unzureichende Diagnostik übersehen. Auch sei es zu zeitlicher Verzögerung und zu damit einhergehenden Beschwerden gekommen.

**Gutachterliche Beurteilung:** Der von der Schlichtungsstelle eingeschaltete Gutachter stellte fest, dass die Wirbelkörperfraktur durch diagnostische Versäumnisse übersehen wurde. Bei einem bewusstlosen, polytraumatisierten Patienten nach einem Motorradunfall hätte an eine solche Begleitverletzung gedacht werden müssen. Mit den entsprechenden Maßnahmen hätte die Fraktur frühzeitig zur Darstellung gebracht und eventuell zur gebotenen operativen Stabilisation geführt.

Aus Mangel an Röntgendokumenten sei nicht sicher zu entscheiden, wann es zur Fehlstellung des linksseitigen Speichenbruches gekommen sei. Bereits das Verletzungsausmaß hätte als Alternative eine operative Stabilisierung diskutieren lassen. Auch wenn nach der Krankenblattdokumentation am 7. und 13. Tag nach Brucheinrichtung gute Stellung bestanden haben sollte und damit auch der Erfolg konservativer Behandlung nicht auszuschließen war, hätten weitergehende Kontrollen vorgenommen werden müssen. Dies sei in den letzten zwei Wochen des stationären Aufenthaltes unterblieben. Die Möglichkeit der Korrektur ohne Operation sei deshalb verstrichen. Es sei zu einem Druckgeschwür wegen Fehlstellung gekommen. Auch die Rehaklinik habe einen gewissen Schuldanteil, da man erst drei Wochen nach Übernahme der Behandlung eine erste Röntgenkontrolle vorgenommen habe.

Nach Ansicht des Gutachters waren zwei zusätzliche Operationen am Unterarm und eine zeitliche Verzögerung von annähernd drei Monaten als Folge von Versäumnissen anzusehen. Die Wirbelkörperfraktur hätte nicht unbedingt operativer Behandlung zugeführt werden müssen. Die verzögerte Diagnosestellung habe bei frühzeitig einsetzender Mobilisation aber sicher zu zusätzlichen Beschwerden geführt.

**Beurteilung der Schlichtungsstelle:** Bezüglich des Mitverschuldens der Reha-Klinik war die Schlichtungsstelle einschränkend der Ansicht, dass die Übernahme der Behandlung erst knapp vier Wochen nach Erstversorgung erfolgte und zu diesem Zeitpunkt mit an Sicherheit grenzender Wahrscheinlichkeit die Fehlstellung des distalen Unterarmbruches bereits vorgelegen habe, wahrscheinlich auch das Druckgeschwür. Das Ausmaß desselben sei allerdings durch weiteres Zuwarten über drei Wochen sicher verschlimmert wurden. Aber auch bei frühzeitigerer Kontrolle in der Reha-Klinik hätte man aufgrund der fachlichen Qualifikation dieser Institution und nach Übernahme des Behandlungsergebnisses einer namhaften Unfallabteilung eine zu erkennende Fehlstellung wahrscheinlich als schicksalhaft hingenommen. Erst die bei Gipsabnahme offenkundige Weichteilentzündung war Anlass zur Rückverlegung.

Nach Ansicht der Schlichtungsstelle war nicht belegbar, dass eine frühzeitige Diagnosestellung in der Rehaklinik den Behandlungsablauf dann noch wesentlich beeinflusst hätte.

Die diagnostischen Versäumnisse in der in Anspruch genommenen erstbehandelnden Klinik haben damit wesentlich zu der Verzögerung in der Behandlung von annähernd drei Monaten, zu zwei zusätzlichen unnötigen operativen Eingriffen und zu den, mit diesen Verzögerungen verbundenen Beschwerden beigetragen.

Der von der in Anspruch genommenen Klinik vorgebrachte Einwand bzw. Hinweis auf den Schweregrad der Verletzungen ließ an diesen Feststellungen keine Einschränkungen zu. Die endgültig verbliebenen Beeinträchtigungen waren dann aber mit überwiegendem Anteil dem Schweregrad der ursprünglich erlittenen Verletzung anzulasten. Die Schlichtungsstelle hielt Schadenersatzansprüche für begründet und empfahl die Frage einer außergerichtlichen Regulierung zu prüfen.

**Fazit:** Beim bewusstlosen und polytraumatisierten Patienten sind die Anforderungen an diagnostische Maßnahmen ungleich höher zu stellen als beim kooperationsfähigen Patienten. In diesen Fällen kann der Einwand der Strahlenexposition nicht greifen, das Übersehen einer Wirbelkörperfraktur muss als Folge fehlerhafter Unterlassung angesehen werden.

Gleiches gilt für eine von vornherein suspekte komplette Bruchverletzung des distalen Unterarmes. Fehlstellungen können auch noch jenseits der zweiten Woche nach Einrichtung auftreten, spätestens bei der Entlassung ist entweder eigene Kontrolle oder die Maßgabe zeitgerechter Kontrolle unerläßlich, insbesondere bei Übergabe der Weiterbehandlung an einen Arzt oder eine Krankenhausinstitution, bei denen unfallchirurgische Qualifikationen nicht sicher vorauszusetzen sind.

## 43

**Ausgedehnte Hautverletzung bei Verbandsabnahme**
Verlängerte Behandlungszeit, Schmerzhaftigkeit, Narbenbildung

**Krankheitsverlauf:** Die damals 67-jährige Patientin hat sich am 18.5.1998 wegen einer Sehnenreizung am linken Unterarm in Behandlung des in Anspruch genommenen Chirurgen begeben. Dieser legte einen Zinkleimverband an. Bei der Entfernung dieses Verbandes am 25.5.1998 kam es durch die im Verband geführte Scherenbranche zu einer 10 cm langen bis in das Unterhautfettgewebe reichenden Wunde. Diese wurde sofort in Lokalanästhesie durch Nähte versorgt und anschließend wieder eine Gipsschale angelegt. Es kam zu glatter Wundheilung.

Die Patientin warf dem in Anspruch genommenen Chirurgen mangelnde Sorgfalt vor, die bei ihr vorliegende Gefährdung der Haut durch die jahrelange Kortisonbehandlung sei bekannt gewesen. Es sei dadurch zu einer schmerzhaften Wunde, einer Operation, zu zusätzlicher Immobilisation und einer schmerzenden Narbe gekommen.

**Gutachterliche Beurteilung:** Der von der Schlichtungsstelle eingeschaltete Gutachter führte aus, dass bei der Patientin eine glucocorticoidbedingte Störung der Haut und des Unterhautgewebes vorgelegen habe. Dies sei bekannt und erkennbar gewesen. Bei der Entfernung des Zinkleimverbandes sei gegen die erforderliche Sorgfalt verstoßen worden. Es sei zur Verlängerung der Behandlungsbedürftigkeit und den damit einhergehenden Schmerzen und einer Narbenbildung gekommen.

Mit Schreiben vom 12.4.1999 wandte die Patientin nochmals ein, dass im Gutachten eine Reihe von Sachverhalten falsch oder unvollständig dargestellt worden seien. Es sei zu zwei Verletzungen gekommen, einer Stichverletzung und einer langen Schnittverletzung. Dies wurde durch ein beigelegtes Foto belegt. Es sei auch nicht zu einer Behandlungszeit von nur 10 Tagen gekommen. Die Wunde habe längere Zeit Probleme bereitet.

Der in Anspruch genommene Chirurg wandte ein, dass er die von ihm gesetzte Verletzung bedauere, dass er keine Erfahrungen aus ähnlich gelagerten Fällen gehabt habe und er durch die Glucocorticoide veränderte Haut als Ursache für gesetzte Läsion sehe. Die Verletzung sei nicht vorhersehbar gewesen.

**Beurteilung der Schlichtungsstelle:** Die Schlichtungsstelle schloss sich den Wertungen des Gutachters an.

Hierzu war festzustellen, dass es an der Tatsache einer durch ärztliche Behandlung verursachten Verletzung keine Zweifel gab. Ob man die Wunde als Quetsch- oder Schnittwunde bezeichnete, war dabei von sekundärer Bedeutung. Das beigelegte Foto ließ eine Narbe von 10 cm und eine kleine weitere Narbe erkennen, beide waren gut verheilt. Insgesamt war insofern den Bewertungen des Gutachters zu folgen.

Nach Ansicht der Schlichtungsstelle sind derartige Geschehnisse zwar selten, dies ließ aber trotzdem einen Verstoß gegen die Sorgfalt nicht widerlegen. Die Verletzlichkeit der durch Glucocorticoidbehandlung veränderten Haut muss jedem Arzt geläufig sein und bei seinen Maßnahmen bedacht werden.

Die Schlichtungsstelle hielt deshalb Schadenersatzansprüche für begründet und empfahl die Frage einer außergerichtlichen Regulierung zu prüfen.

**Fazit:** Die hochgradige Fragilität der durch Glucocorticoid geschädigten Epidermis und die mangelnde Elastizität des zumeist geschrumpften Unterhautfettgewebes müssen jedem erfahrenen Chirurgen geläufig sein. Schon derbere Untersuchungsgriffe können zu Hauteinrissen führen. Die bei jeder Verbandsabnahme gebotene Sorgfalt bezüglich Verletzungen durch Instrumente muss bei den so betroffenen Patienten in besonderem Maße gewährleistet werden.

## 44

**Karpaltunnelsyndrom, operative Behandlung, fehlende Aufklärungsdokumentation**

Schmerzen und Beeinträchtigungen durch die erfolglose Operation

**Krankheitsverlauf:** Die damals 24-jährige Patientin hatte sich am 23.11.1998 in der Praxis des in Anspruch genommenen Chirurgen einer Entlastungsoperation für den Karpaltunnel unterzogen. Vorausgegangen waren jahrelange Beschwerden im Bereich der linken Hand. Der vier Tage vor der Operation aufgesuchte Neurologe hatte festgestellt, dass seit einigen Wochen eine Verschlimmerung eingetreten sei, die Finger der linken Hand würden Sensibilitätsstörungen aufweisen. Er diagnostizierte ein Karpaltunnelsyndrom und empfahl der Patientin operative Entlastung. Der Eingriff wurde dann am 23.11.1998 in arthroskopischer Technik vorgenommen, ein Operationsbericht wurde nicht erstellt. Des Weiteren fehlt jedwede Dokumentation über eine erfolgte Aufklärung.

Zwei Wochen nach der Operation erfolgte die erneute Vorstellung beim Neurologen. Zu diesem Zeitpunkt gab die Patientin geringe Besserung der Kribbelparästhesien an. Es bestünde aber zeitweise Taubheit auf der Kuppe des Daumens. Es seien zusätzlich Schmerzen im Bereich des Unterarmes und des Ellenbogengelenkes hinzugetreten. Bei einer im Januar vorgenommenen neurologischen Untersuchung wurde ein normale Nervenleitungsgeschwindigkeit im Ausbreitungsbereich des Mittelnerven beschrieben und nunmehr eine Epikondylitis diskutiert.

Einen Monat später wurden in einer neurologischen Klinik Brachialgien unklarer Genese aber ebenfalls normale Nervenleitungsgeschwindigkeit beschrieben. Es wurde der Verdacht auf ein Zervikalsyndrom geäußert und dieser Befund bei einer Kontrolluntersuchung am 28.4.1999 noch einmal bestätigt.

Die Patientin war der Ansicht, dass es durch die Operation am 23.11.1998 nicht zur Verbesserung, sondern zur Verschlechterung des Befundes gekommen sei. Im übrigen sei sie nicht über die möglichen Risiken, insbesondere eines Misserfolges des Eingriffes aufgeklärt worden.

**Beurteilung der Schlichtungsstelle:** Die Schlichtungsstelle gelangte nach Auswertung der beigezogenen Krankenunterlagen zu der Feststellung, dass die Indikationsstellung zur Entlastungsoperation nicht zu bemängeln war. Die Patientin stand unter erheblichem Leidensdruck. Ein vor der Operation eingeschalteter Neurologe hatte die Diagnose eines Karpaltunnelsyndroms gestellt und eine operative Behandlung empfohlen. Kribbelparästhesien und Schmerzen konnten für den in Anspruch genommenen Chirurgen gerechtfertigt Anlass sein, die Operation vorzunehmen.

Ausweislich aktenkundiger Aufzeichnungen der nachbehandelnden Ärzte wurde auch zeitweise Besserung, später dann allerdings wieder Verschlechterung beschrieben. Diese wurde aber im Wesentlichen mit Schmerzen im

Unterarm und Ellenbogengelenk beschrieben. Ausweislich mehrfacher Nachuntersuchungen durch Fachneurologen ließe sich keine Ausfallerscheinung im Bereich der Hand nachweisen die zu der Annahme berechtigen könnten, der Eingriff sei nicht sachgemäß durchgeführt worden. Es war davon auszugehen, dass die Operation nicht zu einem nachweisbaren Schaden geführt hat.

Ansprüche, gestützt auf verbleibende Beschwerden waren deshalb nach Ansicht der Schlichtungsstelle unbegründet.

Anders war die Aufklärungsrüge zu bewerten. Die Patientin monierte auch eine unzureichende präoperative Aufklärung insbesondere hinsichtlich eines denkbaren Misserfolges. Der beklagte Arzt ist beweispflichtig für eine solche ordnungsgemäße Aufklärung. Dieser Beweis war anhand der vorliegenden Dokumentation nicht zu führen. Es fanden sich keinerlei Aufzeichnungen über die Operation und keine Hinweise auf eine durchgeführte Aufklärung einschließlich eines unterschriebenen Aufklärungsformulars.

Nach Ansicht der Schlichtungsstelle waren die auf die Aufklärungsrüge gestützten Ansprüche der Patientin dementsprechend begründet. Sie umfassten die Durchführung der Operation als solche und die unmittelbar mit der Operation zusammenhängenden Beeinträchtigungen und Beschwerden. Alle anderen Beschwerden, die die Patientin angeführt hat, waren nicht nachweisbar auf die Operation zurückzuführen, da bei insgesamt fünf qualifizierten Nachuntersuchungen die aufgesuchten Ärzte Symptome von oberhalb des Operationsbereiches gelegener degenerativer Erkrankungen diagnostizierten, die auch in keinem Fall durch die Operation selbst beeinflusst werden konnten.

Die Beweislast für einen bleibenden Schaden, der auf einen ohne wirksame Einwilligung durchgeführten Eingriff zurückzuführen war, musste der Patientin auferlegt werden. Dieser Beweis war nicht zu führen.

Die Schlichtungsstelle hielt Schadenersatzansprüche im vorstehend genannten Umfang für begründet.

**Fazit:** Beim Fehlen jedweder Hinweise auf erfolgte Aufklärung und gleichzeitiger Unmöglichkeit ist dem Patienten zu widerlegen, dass er nach entsprechender Aufklärung von dem vorgeschlagenen Eingriff Abstand genommen hätte, ist vom Tatbestand des Handelns ohne Einverständnis auszugehen. Daraus resultierende Beschwerden und Beeinträchtigungen rechtfertigen Schadenersatzansprüche. Dies würde auch für Folgen von weitergehenden Komplikationen gelten. Schon eine einfache Dokumentation über ein vorgenommenes Aufklärungsgespräch hätte den Sachverhalt anders beurteilen lassen.

Bei Elektiveingriffen, gleich welchen Schweregrades, sind dahingehende Aufzeichnungen unverzichtbar. Eine Unterlassung muss als fehlerhaft angesehen werden.

## 45

### Karpaltunnelsyndrom rechts, endoskopische Operation
Verletzung des Nervus medianus

**Krankheitsverlauf:** Die 68-jährige Patientin klagte seit mehreren Jahren über Schmerzen im Bereich beider Hände, wobei zunächst die Mittel- und Endgelenke der Langfinger betroffen waren sowie das Handgelenk. Es fanden sich röntgenologisch typische Arthrosen. Es wurde eine konservative Behandlung durchgeführt. Im weiteren Verlauf stellten sich dann Taubheitsgefühle, insbesondere rechts ein. Neurologisch ergaben sich Hinweise auf ein Karpaltunnelsyndrom rechts. Deshalb wurde die Patientin von ihrem Hausarzt zu einem Facharzt für Orthopädie überwiesen, der über Belegbetten verfügte. Die Diagnose eines Karpaltunnelsyndroms rechts wurde bestätigt und nach entsprechenden Voruntersuchungen am 10. November eine endoskopische Operation durchgeführt.

Nach diesem Eingriff verspürte die Patientin ein Taubheitsgefühl in den Fingern 1–3. Dennoch wurde sie drei Tage postoperativ am 13. November aus der stationären Behandlung entlassen. Sie suchte wegen erheblicher Beschwerden und anhaltendem Taubheitsgefühl am folgenden Tag, den 14. November, einen niedergelassenen Facharzt für Orthopäde auf. Dieser fand, soweit bei starkem Schmerz beurteilbar, eine schwere Oppositions- und Abduktionsparese des rechten Daumens in Verbindung mit einer Hypästhesie im Versorgungsbereich des Nervus medianus. Er wies die Patientin umgehend in das Krankenhaus, wo die Erstoperation durchgeführt wurde, ein. Dort erfolgte am darauffolgenden Tag, den 15. November, eine operative Revision in offener Technik. Hier fand sich eine Verletzung des Nervus medianus in Höhe des ersten Hautschnittes. Es wurde eine Adaptation des Perinoreums durchgeführt und festgelegt, dass eine interfaszikuläre Naht in mikrochirurgischer Technik erforderlich sei, die andernorts erfolgen müsse. Deshalb Verlegung in ein entsprechendes Krankenhaus, wo am 22. November dann die dritte Operation erfolgte. Hier zeigte sich eine Durchtrennung des Nervus medianus in Höhe der Handgelenksbeugefalte in einer Ausdehnung von 2/3 des Durchmessers. Es wurde eine faszikuläre mikrochirurgische Nervennaht durchgeführt. Primäre Wundheilung. Im weiteren Verlauf krankengymnastisch-physikalische Nachbehandlung, die zu einer Besserung der neurologischen Ausfallsymptomatik im Versorgungsbereich des Nervus medianus rechts führte.

Die Patientin war der Ansicht, dass die teilweise Durchtrennung des Nervus medianus vermeidbar war und damit auch die sich daran anschließenden operativen Maßnahmen und die anhaltenden Beschwerden.

Das in Anspruch genommene Krankenhaus nimmt zu den Vorwürfen keine Stellung.

**Gutachterliche Beurteilung:** Der externe Gutachter gelangt zunächst zu der Feststellung, dass von der Richtigkeit der Diagnose eines Karpaltunnelsyndroms ausgegangen werden müsse, auch wenn wesentliche Beschwerden arthrogen bedingt waren. Die Operationsindikation wird als gegeben bezeichnet. Hinsichtlich der Operationstechnik sind sowohl offene als auch endoskopische Verfahren allgemein anerkannt. Grundsätzlich habe der Eingriff jedoch in jedem Falle unter sorgfältigster Schonung des Nervus medianus und seiner Abgänge zu erfolgen. Eine Verletzung des Nervus medianus mit Durchtrennung von 2/3 des Durchmessers sei vermeidbar und müsse auf eine fehlerhafte Operationstechnik zurückgeführt werden.

Beanstandet wird weiterhin, dass die postoperative Symptomatik nicht erkannt wurde trotz der Klagen der Patientin über Gefühlsstörung in den Fingern. Die Entlassung drei Tage postoperativ mit der ambulanten Untersuchung zwischenzeitlich und der sofortigen Wiedereinweisung war vermeidbar. Sie führte zu einer Verlängerung der Beschwerdesymptomatik der Patientin. Auch hätte die notwendige Revision nach vorausgegangener neurologischer Diagnostik eindeutig früher erfolgen müssen. Es sei auf der anderen Seite nicht mit ausreichender Wahrscheinlichkeit davon auszugehen, dass bei entsprechend frühzeitigerer neurochirurgischer Rekonstruktion ein besseres Ergebnis hätte erreicht werden können.

Aufgrund der persönlichen gutachterlichen Untersuchung werden fehlerbedingt motorische und sensible Ausfälle an der rechten Hand mit zunehmend gesteigerter spontaner Berührungs- und Bewegungsschmerzhaftigkeit im Versorgungsgebiet des Nervus medianus rechts benannt und damit insgesamt eine Gebrauchsminderung der rechten Hand mit Auswirkungen auf alle Aspekte des täglichen Lebens.

Das in Anspruch genommene Krankenhaus akzeptierte das Gutachten.

**Beurteilung der Schlichtungsstelle:** Der Bewertung des Gutachters wird zugestimmt. Es ist davon auszugehen, dass beide Operationsmethoden, d.h. in offener oder endoskopischer Technik ausgereift sind, sodass bei sorgfältiger Handhabung eine Nervenbeschädigung in dem hier gegebenen Ausmaß auszuschließen ist. Sie muss in jedem Fall als Fehler bezeichnet werden.

**Fazit:** Endoskopische Operationstechniken haben zweifellos gegenüber offenen Verfahren Vorteile. Entscheidend ist jedoch, dass sie technisch beherrscht werden. Im Zweifelsfall sollte auf offene Technik zurückgegriffen werden, die weiterhin ein anerkanntes chirurgisches Handeln darstellt.

## 46

**Kahnbeinbruch und perilunäre Luxation, verspätete Diagnose der Luxation**
Verzögerung der Behandlung mit einhergehenden Beschwerden

**Krankheitsverlauf:** Der damals 42-jährige Patient hatte am 25.11.1996 nach einem Sturz aus der Höhe neben zahlreichen anderen Körperprellungen eine Kahnbeinbruchverletzung mit partieller Handwurzelverrenkung erlitten. Die Erstversorgung erfolgte im Krankenhaus des Unfallortes, auf Röntgenaufnahmen wurde lediglich eine Kahnbeinbruchverletzung gesehen und ein Gipsverband angelegt. Der Patient wurde in die weitere Behandlung durch das in Anspruch genommene Krankenhaus am Heimatort entlassen. Er stellte sich noch am Unfalltage hier vor, zwei Tage später wurde ein Oberarmkunststoffverband mit Einschluss der Mittelhand angelegt. Der Patient stellte sich in der Folgezeit regelmäßig in der Ambulanz des Krankenhauses vor und klagte dabei über Schmerzen in der Handwurzel.

Zwei Wochen nach der Verletzung waren die postalisch nachgesandten Röntgenaufnahmen vom Unfalltag in der in Anspruch genommenen Klinik eingegangen, dort wurde aber auch nur die Kahnbeinfraktur befundet. Fünf Wochen nach Verletzung wurde eine erste Röntgenkontrolle gefertigt und hierbei der Verdacht auf die zusätzliche Teilverrenkung der Handwurzel geäußert, dem Patienten wurde die operative Behandlung vorgeschlagen. Diese fand dann auch anlässlich eines stationären Aufenthaltes vom 7.1. bis 21.1.1997 in einer Spezialabteilung statt. Der Kahnbeinbruch wurde durch Schraube versorgt, die Luxation blutig behoben, einer Neuverrenkung durch das Einbringen eines Kirschner-Drahtes vorgebeugt. Die Gipsbehandlung dauerte nunmehr bis Ende Mai 1997. Bei einer abschließenden Begutachtung 1 Jahr nach dem Unfall wurde ordentliche Beweglichkeit im Handgelenk mit knöchernem Durchbau des Kahnbeinbruches festgestellt.

Der Patient machte primäre Versäumnisse im zweitbehandelnden Krankenhaus für die lange Behandlungsdauer und damit einhergehende Beschwerden verantwortlich.

**Beurteilung der Schlichtungsstelle:** Zweifelsfrei hatte der Patient neben zahlreichen anderen Körperprellungen eine Kahnbeinfraktur rechts mit gleichzeitiger perilunärer Luxation erlitten. Die zusätzliche Komplikation der Teilverrenkung wurde in der erstbehandelnden Klinik nicht erkannt. Nach Ansicht der Schlichtungsstelle wäre aber auch bei sofortiger Erkennung dieser Verletzung der Patient vermutlich an das Heimatkrankenhaus verwiesen worden. Bei gesicherter Diagnose hätte man dort oder nach Überweisung in einer Spezialklinik eine geeignete Behandlung eingeleitet. Das in Anspruch genommene Krankenhaus hat ohne erneute Röntgenkontrolle und ohne im Besitz der angefertigten Röntgenbilder die schriftlich fixierte Diagnose des erstbehandelnden Krankenhauses übernommen und erst fünf Wochen später bei einer erstmals durchgeführten eigenen Röntgenkontrolle das Ausmaß der zusätzlichen Komplikation erkannt.

Die Kahnbeinfraktur mit vergesellschafteter perilunärer Luxation ist eine seltene Komplikation, Fehldeutungen sind nicht so selten. Auch wenn eine solche Fehldeutung am 25.11.1996 bei der Erstversorgung unterlaufen war, hätten weitere Kontrollen des Befundes zur Korrektur der ursprünglichen Diagnose führen müssen. Dies ist auch dadurch zu belegen, dass schon die erste Röntgenkontrolle in dem in Anspruch genommenen Krankenhaus, allerdings fünf Wochen später, die Diagnose sofort stellen ließ. In Unterlassung notwendiger absichernder Maßnahmen war ein Versäumnis zu erkennen. Sie hatte nach Ansicht der Schlichtungsstelle zumindestens eine Verzögerung im Behandlungsablauf von 5 Wochen zur Folge. Eine Verschlechterung des Endergebnisses durch verspätete Therapie schien nicht belegbar zu sein.

Die Schlichtungsstelle hielt Schadenersatzansprüche für begründet.

**Fazit:** Die unkontrollierte Übernahme der Erstdiagnose eines vorbehandelnden Arztes ist grundsätzlich als Versäumnis anzusehen. Bei Übernahme der Behandlung fehlende Unterlagen müssen unverzüglich beschafft und ausgewertet oder durch eigene, gezielte Untersuchungen ergänzt werden. Die Unterlassung kann zu zeitlich begrenzten oder dauernden Beeinträchtigungen führen.

## 47

**Übersehen einer Navicularfraktur**
Pseudarthrose

**Krankheitsverlauf:** Der 30-jährige Patient erlitt im August 1997 einen Sportunfall, bei dem er auf die rechte Hand stürzte. Er sei zunächst von einer Verstauchung ausgegangen und habe nicht sofort einen Arzt aufgesucht. Da jedoch die Beschwerden anhielten, erfolgte eine Woche nach dem Unfall die Vorstellung bei einem Facharzt für Orthopädie.

Der Patient berichtet, dass dort seine rechte Hand untersucht worden sei. Es sei ihm gesagt worden, dass eine Blockierung des Kahnbeines vorliege, die durch entsprechende Maßnahmen beseitigt werden konnte. In den folgenden Monaten anhaltende Beschwerden, ohne das der Patient sich erneut bei einem Arzt vorstellte. Erst ein Jahr später suchte der Patient erneut den ihn schon zuvor behandelnden Facharzt für Orthopädie auf. Auch jetzt sei er untersucht worden, Besonderheiten seien nicht festgestellt. Da er jedoch weiterhin Beschwerden gehabt habe, habe er dann weitere drei Monate später einen anderen Arzt aufgesucht. Dort seien Röntgenaufnahmen angefertigt worden und eine Falschgelenkbildung im Kahnbein diagnostiziert. Dieser Facharzt für Orthopädie habe ihn dann in eine benachbarte orthopädische Universitätsklinik eingewiesen. Dort sei eine operative Behandlung wegen dieser Falschgelenkbildung durchgeführt wurden. Danach sei diese Falschgelenkbildung ausgeheilt.

Der Patient vertritt die Ansicht, dass von dem erstbehandelnden Facharzt für Orthopädie der Bruch des Kahnbeines rechts übersehen wurde. Dadurch sei die richtige Behandlung versäumt. Die spätere Operation hätte vermieden werden können.

Der in Anspruch genommene Facharzt für Orthopädie schreibt, dass bei der Erstvorstellung im August 1997 lediglich eine leichte Einschränkung der Dorsalflektion im rechten Handgelenk vorgelegen habe, die er nach Dehnung im Karpalgelenk habe beseitigen können. Eine Schwellung oder Rötung habe zu diesem Zeitpunkt nicht bestanden. Wegen des geringen klinischen Befundes habe er eine Röntgenaufnahme nicht für erforderlich gehalten.

**Gutachterliche Beurteilung:** Der externe Gutachter stellt zunächst fest, dass bei einer Traumatisierung eines Handgelenkes das klinische Erscheinungsbild oft relativ geringe Auffälligkeiten aufweist. Die Untersuchung des betroffenen Handgelenkes bedürfe deshalb einer ganz besonderen Gründlichkeit. Es müssten insbesondere im Einzelnen eine eventuelle Bewegungsbehinderung beim aktiven und passiven Beugen und Strecken des Handgelenkes objektiviert werden. Weiterhin müsse geprüft werden, ob eventuell ein Stauchungs- oder auch Dehnschmerz über dem Daumen oder dem zweiten Finger vorliege und es müssten ganz exakte eventuelle umschriebene Schmerzpunkte im Bereich des Handgelenkes oder der Handwurzel festgestellt werden.

Der dokumentierte klinische Befund bei der Erstkonsultation wird als unzureichend bezeichnet. Zwingend notwendig wäre jedoch zusätzlich eine Röntgenuntersuchung gewesen, bei der Art des Unfallgeschehens im Sinne einer sog. Navikularserie. Dieses wurde versäumt. Dadurch wurde die zu diesem Zeitpunkt aufgrund des weiteren Verlaufes sicher vorliegende Kahnbeinfraktur übersehen und eine entsprechende konservative Therapie versäumt. Es müsse davon ausgegangen werden, dass bei der Art der Fraktur eine derartige konsequente konservative Therapie zur Ausheilung dieser Fraktur geführt hätte mit einer Behandlungsdauer von max. drei Monaten.

Aufgrund der Nichtbehandlung bei nicht gestellter Diagnose kam es zur Ausbildung der Pseudarthrose. Warum selbst ein Jahr später bei der erneuten Konsultation wegen anhaltender Beschwerden wiederum keine Röntgenuntersuchung erfolgte, ist für den Gutachter nicht nachvollziehbar. So wurde die richtige Diagnose erst 15 Monate nach dem Unfallereignis gestellt und erst dann die nunmehr erforderliche operative Behandlung der bestehenden Pseudarthrose eingeleitet und letztlich erfolgreich durchgeführt. Die Gesamtbehandlung habe sich deshalb um mindestens 1½ Jahre verlängert mit vermehrter Beschwerdesymptomatik und Durchführung einer bei richtigem Vorgehen mit hoher Wahrscheinlichkeit nicht erforderlichern Operation.

Der betroffene Facharzt für Orthopädie nimmt zu dem Gutachten nicht Stellung.

**Beurteilung der Schlichtungsstelle:** Den Ausführungen des Gutachters wird zugestimmt.

Bei einer Traumatisierung des Handgelenkes muss neben einer befund- und beschwerdeangemessenen klinischen Untersuchung, deren Ergebnisse zu dokumentieren sind, zwingend eine Röntgenuntersuchung durchgeführt werden. Sonst lassen sich eventuelle knöcherne Verletzungen, wie hier im Sinne einer Navicularfraktur nicht ausschließen.

## 48

### Kahnbeinfraktur, verspätete Diagnose und Operation, Pseudarthrose, Osteonekrose, Versteifungsoperation
Zeitverlust, Beschwerden und Funktionsbeeinträchtigung

**Krankheitsverlauf:** Der damals 35-jährige Patient stellte sich nach einem am 4.10.1995 erlittenen Sturz auf die rechte Hand fünf Tage später bei dem in Anspruch genommenen Chirurgen vor, der nach Standardröntgenuntersuchung des Handgelenkes eine Knochenverletzung ausschloss und Schonung und Kühlung empfahl. Bleibende Beschwerden führten am 2.11.1995 zu einer ersten Röntgenkontrolle, diesmal in vier Ebenen. Es fand sich eine breite Trümmerzone im Kahnbein der rechten Hand am Übergang vom mittleren zum körpernahen Drittel.

Der Patient wurde dann in ein ebenfalls in Anspruch genommenes Krankenhaus eingewiesen. Am 10.11.1995 wurde das Kahnbein freigelegt und Schwammknochen in die Frakturzone eingestößelt. Das erzielte Ergebnis wurde mit einer Spezialschraube gesichert. Postoperative gefertigte Röntgenaufnahmen zeigten ein gutes Ergebnis. Es wurde deshalb mit frühfunktioneller Übungsbehandlung begonnen.

Bereits einen Monat später wurde aber festgestellt, dass es zur Auflösung des transplantierten Knochens und zur Lockerung der Schraube gekommen war. Trotz ruhigstellender Maßnahmen kam es in den nächsten Monaten zu weiterer Resorption im ehemaligen Bruchbereich. Der Patient wurde an eine handchirurgische Spezialklinik verwiesen. Dort wurde am 16.4.1996, d.h. mehr als 6 Monate nach der Verletzung, das Kahnbein operativ entfernt. Diese Maßnahme wurde mit inzwischen eingetretenem Knochentod im kleineren Bruchstück mit beginnender Verformung des Handwurzelskeletts begründet. Im Oktober 1996 und im Juni 1997 musste wegen bleibender Beschwerden weitere Male der Versuch operativer Versteifung wiederholt werden.

Mit Schreiben an die Schlichtungsstelle bemängelte der Patient zunächst nur die fehlerhafte Diagnostik des primär eingeschalteten Chirurgen, bat aber im weiteren Verlauf auch darum, auch die Behandlungsmaßnahmen der anderen einschalteten Kliniken zu überprüfen.

Er äußerte die Ansicht, dass es durch die ursprünglich fehlerhafte Diagnose zu einer Pseudarthrose mit Notwendigkeit von Nachoperationen kam und auch bei diesen Nachoperationen möglicherweise fehlerhaft gehandelt wurde. Insgesamt sei es zu erheblicher Verlängerung der Behandlung mit Beschwerden sowie hochgradigen funktionellen Beeinträchtigungen gekommen.

**Gutachterliche Beurteilung:** Der von der Schlichtungsstelle eingeschaltete Gutachter führte aus, dass bereits die ersten Röntgenaufnahmen vom 4.10.1995 eine Bruchzone erkennen ließen und in der unmittelbaren posttraumatischen Phase trotz Kenntnis des Unfallmechanismus und wiederholter Angaben über Schmerzen verabsäumt wurde, frühzeitige Röntgenkontrollen, insbesondere in vier Ebenen, anzuordnen. Es ist zur Ausweitung im Bruchbereich und zur Notwendigkeit der ersten Operation gekommen. Auch diese erste operative Maßnahme, einen Monat nach Verletzung, sei nicht als fehlerfrei zu bezeichnen. Ein corticospongiöser Block hätte größere Stabilität gewährleistet. Somit sei es schnell zum Verlust des Repositionsergebnisses und letztlich zu einer Pseudarthrose gekommen.

Die in der zweitbehandelnden handchirurgischen Klinik vorgenommene Resektion des Kahnbeines müsse als verfrüht bezeichnet werden. Es hätte die Möglichkeit erhaltender Maßnahmen bestanden. Unter der Einschränkung, dass auch bei sachgerechten Maßnahmen der Behandlung eine Falschgelenkbildung und auch eine spätere Arthrose nicht sicher vermeidbar war, legte sich der Gutachter aber dann dahingehend fest, dass es zu einer fehlerhaften Verlängerung der Behandlungszeit von eineinhalb bis zwei Jahren gekommen sei. Weitergehende Begründungen für die Annahme fehlerhaften Handelns durch die beiden operierenden Kliniken und eventuelle anteilmäßige Folgen wurden vom Gutachter aber dann nicht gemacht.

**Beurteilung der Schlichtungsstelle:** Nach Ansicht der Schlichtungsstelle war den Wertungen des Gutachters nur teilweise zu folgen. Als unstrittig konnte gelten, dass bei erster Röntgenuntersuchung eine Fraktur übersehen wurde und der klinische Befund nicht zu sachgerechter Anordnung von Kontrolluntersuchungen, insbesondere Anordnung von Spezialaufnahmen führte. Daraus resultierend kam es zum Versäumnis ausreichender Immobilisation. Unter unbehinderter Bewegungsfreiheit bildete sich eine breite Zerstörungszone in der ursprünglich als einfache Querfraktur aufzufassenden Verletzung des Kahnbeines. Bei fehlerfreier Diagnose und entsprechender Immobilisation bestanden gute Chancen für knöcherne Ausheilung.

Mit hoher Wahrscheinlichkeit musste von der Ursächlichkeit mangelhafter Diagnostik und Therapie für die Entstehung der komplizierenden Zerwalkungszone und der Notwendigkeit der 5 Wochen später durchzuführenden Operation ausgegangen werden. Die Einwendungen des Gutachters gegen die technische Durchführung der Operation waren zwar vom Standpunkt eines erfahrenen Handchirurgen aus nachvollziehbar, hätten aber nach Ansicht der Schlichtungsstelle grundsätzlich unter den Voraussetzungen getroffen werden müssen, die für eine, mit operativer Behandlung des Kahnbeinbruches vertrauten Klinik der Regelversorgung gültig sind. Die Operationsstrategie war durchdacht. Die Ausfüllung der Defektzone mit Spongiosa bei zusätzlicher Kompression durch eine Spezialschraube, 5 Wochen nach Unfall, konnte nach Ansicht der Schlichtungsstelle nicht als fehlerhaft angesehen werden.

Die vom Gutachter angeführte Notwendigkeit, einen sog. corticospongösen Block einzubringen, ein Transplantat, das tatsächlich etwa höhere Druckeigenschaften hat und bei der klassischen Pseudarthrosenoperation bevorzugt wird, war bei dieser Sachlage nicht zu fordern. 5 Wochen nach der Verletzung lag noch keine Pseudarthrose vor. Es konnte somit nicht mit ausreichender Wahrscheinlichkeit belegt werden, dass diese Maßnahme des erstoperierenden Krankenhauses fehlerhaft und für den weiteren Verlauf mitursächlich war. Dass die Operation nicht zum gewünschten Erfolg führte, war nicht vorhersehbar.

Auch bezüglich der vom Gutachter bemängelte Behandlung in der handchirurgischen Abteilung waren Einschränkungen geboten. Im April 1997, 18 Monate nach der Verletzung, war das kleinere Bruchstück des Kahnbeines röntgenologisch als nekrotisch zu klassifizieren. Dieses sowie das Beschwerdeausmaß und die in Entstehung begriffenen arthrotischen Verformungen konnten nach Ansicht der Schlichtungsstelle zu der Entscheidung gelangen lassen, dass ein Versuch erneuter Rekonstruktion wahrscheinlich scheitern würde und die mit ihm unerläßliche notwendige weitere Immobilisation ohnehin schwerwiegende Folgen hinterlassen könnte. Die vom Gutachter erwogene Transplantation eines vaskularisierten Knochenblocks, einer Maßnahme, die ohnehin nur wenigen Spezialkliniken geläufig ist und ebenfalls keine Garantie für Erfolg bietet, war nicht als zwingende Alternative anzusehen.

Aus Sicht ex post und nur nach aktenkundigen Befunden, den eingeschlagenen Behandlungsweg als falsch zu bezeichnen, war nach Ansicht der Schlichtungsstelle nicht gerechtfertigt.

Die beiden in Anspruch genommenen Kliniken haben nach Ansicht der Schlichtungsstelle in ihrem Erwiderungsschreiben auf die Wertungen des Gutachters überzeugende Argumente angeführt.

Der erstbehandelnde Chirurg wandte in seinem Erwiderungsschreiben ein, dass er keinen Anhalt für das Vorliegen einer Kahnbeinfraktur gehabt habe. Er habe die Strukturveränderungen im Kahnbeinknochen so nicht eingeordnet und deshalb auch keine Notwendigkeit weiterführender Diagnostik oder Immobilisation gesehen.

Dem konnte nach Ansicht der Schlichtungsstelle nur entgegengehalten werden, dass diese Strukturunterbrechung erkennbar war und dazu führen musste, durch weitergehende Untersuchungen eine Kahnbeinfraktur auszuschließen. Unfallhergang und Erstbefund wie auch die in der Folgezeit geklagten Beschwerden hätten zu weitergehender Diagnostik Anlass sein müssen. Es war also hier ein Versäumnis zu erkennen, welches letztlich zu einem fatalen Ablauf geführt hat. Zeitverlust von mehr als einem Jahr, damit einhergehende Beschwerden und ein wesentlicher Teil verbliebener Funktionsbeeinträchtigungen musste den primären Versäumnissen sachgerechter Diagnostik und Therapie angelastet werden.

Die Schlichtungsstelle hielt Schadenersatzansprüche für gerechtfertigt.

**Fazit:** Stauchungsverletzungen von Hand und Handwurzel mit begleitenden Beschwerden müssen grundsätzlich auch an eine Kahnbeinfraktur denken lassen, die auf Standardaufnahmen in zwei Ebenen nicht immer erkennbar sind. Die Veranlassung der sog. „Quartett-Aufnahmen" zeugt von Sorgfalt und Sachverstand und gilt heute als Standardmaßnahme. Im Zweifelsfall sind frühzeitige Kontrollaufnahmen und eine bis zu diesem Zeitpunkt schadlose Immobilisation angezeigt. Unterlassung dieser Maßnahmen muss als fehlerhaft angesehen werden.

## 49

### Mondbeinverrenkung, hintere Beckenringfraktur
### Fehldeutung der Röntgenaufnahmen
Zeitverlust, unnötige Beschwerden

**Anamnese:** Der damals 46-jährige Patient hatte sich bei einem Sturz am 11.8.1997 eine Verrenkung des Mondbeines und einen hinteren Beckenringbruch links zugezogen. Er wurde noch am gleichen Tag in der Praxis des in Anspruch genommenen Chirurgen vorstellig, es wurden Röntgenaufnahmen des Hüftgelenkes und des linken Handgelenkes angefertigt, auf diesen wurde aber keine knöcherne Verletzung erkannt. Gleichwohl überwies der Chirurg den Patienten noch am gleichen Tag in das ebenfalls in Anspruch genommene Krankenhaus mit der Bitte um Durchführung einer Hüftgelenkstomographie. Die von ihm angefertigten Röntgenaufnahmen wurden mitgegeben.

Nach erneuter Röntgenuntersuchung und zusätzlicher Computertomographie wurden knöcherne Verletzungen ebenfalls verneint und der Patient zurücküberwiesen. Erst nach 7½ Wochen wurde wegen bleibender Beschwerden die Mondbeinverrenkung am linken Handgelenk und die hintere Beckenringfraktur nachgewiesen. Die Mondbeinverrenkung musste operativ beseitigt werden.

Der Patient monierte unzureichende Erstdiagnostik durch den niedergelassenen Chirurgen und das Krankenhaus. Er war der Ansicht, dass unzureichende Diagnostik bzw. Fehldeutung von Röntgenaufnahmen zu mehrmonatigen Schmerzen, einer operativen Behandlung und einer deutlichen Verzögerung im Krankheitsverlauf führten. Der in Anspruch genommene Chirurg räumte fehlerhafte Diagnose ein, wies aber auf eine Mitschuld des Krankenhauses hin. Das in Anspruch genommene Krankenhaus stellte sich auf den Standpunkt, dass lediglich eine Hüftgelenksuntersuchung verlangt worden sei.

**Bescheid der Schlichtungsstelle:** Ausweislich der Röntgenaufnahmen vom Unfalltag lag eindeutig eine Mondbeinverrenkung links und eine unverschobene hintere Beckenringfraktur links vor. Für letztere ist festzustellen, dass sie nach dem zu erkennenden Ausmaß keiner besonderen Behandlung bedurfte und auch folgelos ausheilte.

Schwerwiegender wog der Vorwurf einer übersehenen Mondbeinverrenkung. Ausweislich der Aufzeichnungen des in Anspruch genommenen Chirurgen und des Krankenhauses waren Schmerzen und Bewegungseinschränkungen im Handgelenk bekannt. Eine gezielte klinische Untersuchung der Handgelenksregion, die offensichtlich verabsäumt wurde, hätte zu genauerer Sichtung der Röntgenaufnahmen geführt. Dies bestritt der in Anspruch genommene Chirurg auch nicht. Das Krankenhaus stellte sich auf den Standpunkt, dass bereits anderenorts geröntgt und untersucht worden sei. Man habe sich darauf verlassen, dass die mitgegebenen Röntgenaufnahmen ordnungsgemäß ausgewertet waren. Nach Ansicht der Schlichtungsstelle war dieser Standpunkt nicht haltbar. Auch wenn eine spezielle Diagnostik für das Hüftgelenk gefordert war, musste auch für die mitbehandelnde Fachklinik Verantwortung für eine umfassende sachgerechte Untersuchung und apparative Diagnostik gefordert werden. Insbesondere die Schmerzen im Handgelenk hätten zu einer erneuten Bewertung der Röntgenaufnahmen führen müssen. Es hätte so die Möglichkeit bestanden, die bisher übersehene Handwurzelverrenkung noch am gleichen Tage zu erkennen und einer zeitgerechten und sachgerechten Behandlung zuzuführen.

Für die übersehene Beckenfraktur war folgelose Ausheilung anzunehmen. Auch bei zeitgerechter Diagnose wäre keine andere Behandlung erforderlich gewesen. Als Folgen der Fehldiagnose einer Lunatumluxation wurden von der Schlichtungsstelle unnötige Schmerzen über zwei Monate sowie eine Zeitverzögerung im Krankheitsverlauf angenommen. Die Annahme einer unnötigen Operation konnte nicht bestätigt werden, auch bei zeitgerechter Diagnose war nach Ansicht der Schlichtungsstelle nicht gesichert anzunehmen, dass eine Operation zu umgehen war. Auch Spätfolgen konnten nicht angenommen werden, da ausweislich einer späteren Dokumentation nur minimale Einschränkung der Handgelenksbeweglichkeit verblieb.

Die Schlichtungsstelle hielt Schadenersatzansprüche für begründet und empfahl die Frage einer außergerichtlichen Regulierung zu prüfen.

**Fazit:** Auch die Weiterbehandlung eines zuvor durch einen Kollegen untersuchten Patienten erfordert sorgfältige Untersuchung und Abklärung vorliegender Befunde. Es ist für eine Fachklinik nicht ausreichend, die aus dem Überweisungsschein zu entnehmenden Diagnosen unreflektiert zu übernehmen.

## 50
### Schnellender Daumen bei Sehnenganglion, intraoperative Nervenverletzung
Deutlich verspätete Reaktion auf Sensibilitätsausfälle

**Krankheitsverlauf:** Die damals 47-jährige Patientin befand sich seit Mai 1997 wegen Schmerzen in Höhe des Daumengrundgelenkes in Behandlung, es wurde ein Gipsverband angelegt. Bleibende Beschwerden führten sieben Wochen später zur Vorstellung bei dem in Anspruch genommenen Chirurgen, der unter der Annahme eines stenosierenden Prozesses im Beugesehnenkanal am 30.7.1997 in Allgemeinnarkose und Blutleere eine Freilegung auf der Beugeseite des Daumengrundgelenkes vornahm. Er fand dabei ein Sehnenganglion, welches er entfernte. Zur Sicherung des Erfolges wurde eine Ringbandspaltung vorgenommen. Postoperativ berichtete die Patientin über ein pelziges Gefühl auf der Speichenseite der Daumenbeere. Drei Wochen später wurde vom Operateur erstmals die Annahme geäußert, dass eine Beugenervenverletzung vorliegen könne. Diese wurde bei neurologischer Abklärung der Verdachtsdiagnose bestätigt. Erst im Januar 1998 wurde in einem Nachbarkrankenhaus revidiert. Es fand sich eine Teilverletzung des beuge-speichenseitigen Daumennerven sowie eine unvollständige Durchtrennung des Ringbandes. Das Ringband wurde voll gespalten und eine Nervennaht vorgenommen, über deren Ergebnis allerdings keine Dokumente mehr vorlagen.

Die Patientin beklagte unzureichende Operationstechnik mit der Folge langanhaltender Beeinträchtigung und Notwendigkeit erneuter Operation. Sie sei des Weiteren nicht über die Operation eines schnellenden Daumens aufgeklärt gewesen.

**Beurteilung des Gutachters:** Der Gutachter gelangte zu der Feststellung, dass bei der Patientin ein sog. schnellender Daumen vorgelegen habe. Die Entfernung des Sehnenganglions und auch die beabsichtigte Ringbandspaltung seien sachgerechte Maßnahmen gewesen. Eine intraoperativ gesetzte Nervenverletzung sei nicht auszuschließen. Darüber war auch aufgeklärt worden. Es müsse aber bei der Verletzung sofort reagiert werden, dieses sei unterblieben. Der Gutachter bemängelte auch die unvollständige Spaltung des Ringbandes. Er stellte fest, dass es infolge fehlerhafter Reaktion auf eine nichtbeachtete Nerventeilverletzung zu erheblicher Verzögerung der Behandlung gekommen sei.

**Beurteilung der Schlichtungsstelle:** Ob gegenüber der Patientin vom Verdacht auf einen schnellenden Daumen gesprochen wurde oder nicht, wurde als unerheblich angesehen. Die Operation wurde mit einer Behinderung des Sehnengleitens begründet, die Patientin hatte sich damit einverstanden erklärt. Nach aller Erfahrung musste es sich um eine Sehnenganglion handeln. Dieses wurde auch angetroffen und entfernt. Insofern war ziel- und sachgerechtes Handeln anzunehmen. Ob die Ringbandspaltung vollkommen durchgeführt wurde, ließ sich auch durch die Reoperation nicht sicher beweisen. Im freigelegten Narbengebiet dürften Unterscheidungen zwischen narbig verheilten und intakten Teiles des Ringbandes nur schwer möglich sein, insbesondere wenn man nur eine Spaltung und keine Teilresektion vorgenommen hat. Insofern ist ein Irrtum des Zweitoperateurs nicht auszuschließen. Im übrigen hätte eine unvollständige Spaltung des Ringbandes auch keine Bedeutung, da es, von der Patientin unbestritten, nach der Operation zu guter Beweglichkeit kam.

Anders war die Nervenverletzung zu beurteilen. Unabhängig bei welcher Schnittführung wird jeder erfahrene Operateur nach Hautinzision und dem Ziel der Freilegung der Beugesehne die subkutane Präparation zentral gestalten. Eine Verpflichtung zu prophylaktischer Präparation der Beugenerven besteht dabei nicht. Bei treppenförmiger Schnittführung durch Haut und darunter gelegene Weichgewebe ist aber eine mögliche Nervenverletzung zu bedenken, zielgerichtet zu überprüfen und unter Umständen entsprechende Konsequenzen zu ziehen.

Nach Ansicht der Schlichtungsstelle konnte eine Nervenverletzung noch als schicksalhaft hingenommen werden, nicht aber die unzureichende Reaktion auf eine solche Verletzung. Dieses Versäumnis führte zu erheblicher Zeitverzögerung mit einhergehenden Beschwerden sowie der Notwendigkeit einer Zweitoperation. In Kenntnis des Gutachtens führte der in Anspruch genommene Chirurg aus, im Gutachten sei nicht erwähnt, dass sich die Patientin vor der späteren Operation bereits im gleichen Krankenhaus einmal vorgestellt hätte, hier sei eine Operation nicht für indiziert gehalten worden. Nach Ansicht der Schlichtungsstelle führte dieser Einwand für die Beurteilung nicht weiter.

In seinem Schreiben bemängelte der Chirurg des Weiteren, dass die im Gutachten geäußerten Zweifel einer vollständigen Durchtrennung des Ringbandes nicht nachvollzogen werden könnte. Hierzu war nur festzustellen, dass eine nachweisbare Folge eventuell unvollständiger Durchtrennung des Ringbandes nicht zur Diskussion stand. Es wurde des Weiteren eingewandt, dass eine Präparation der Beugenerven bei dem genannten Eingriff nicht zu fordern sei, dazu war vorstehend bereits Stellung genommen worden. Zeitverlust und unnötige Zweitoperation waren als Folge eines Versäumnisses anzusehen.

Die Schlichtungsstelle hielt Schadenersatzansprüche für begründet.

**Fazit:** Bei der operativen Freilegung des Sehnenganglions ist eine Nervenverletzung nie vollständig auszuschließen, entsprechende präoperative Aufklärung muss als unerlässlich angesehen werden. In Kenntnis der eigenen Schnittführung ist der Operateur aber verpflichtet, geeignete präparatorische Maßnahmen zu treffen, um eine eventuelle Verletzung auszuschließen bzw. andernfalls eine sachgerechte Nervennaht vorzunehmen.

# 51

## Trümmerfraktur des Mittelfingergrundgelenkes, Fehldeutung als Altfraktur

Vermeidbare Fehlstellung, Korrekturoperation, Zeitverlust, funktionelle Beeinträchtigungen

**Krankheitsverlauf:** Der damals 47-jährige Patient erlitt am 18.11.1996 bei berufsgenossenschaftlich versicherter Tätigkeit eine Quetschung des linken Mittel- und Ringfingers und stellte sich noch am selben Tag in der Praxis des in Anspruch genommenen Chirurgen vor. Dieser beschrieb massive Schwellung mit Blutergussverfärbung, oberflächliche Quetschwunden am Ring- und Mittelfinger sowie Druck- und Bewegungsschmerz. Röntgenaufnahmen ließen Deformatione an der Basis des Mittelfingermittelgliedes erkennen. Nach Hinweis des Patienten, dass er 15 Jahre zuvor eine Handquetschung erlitten und dabei eine Fraktur vorgelegen habe, wurde die Deformatione als knöchern in Fehlstellung abgeheilte Fraktur gewertet.

Bei regelmäßigen Vorstellungen wurden am 27.11. und am 9.12.1996 Röntgenkontrollaufnahmen gefertigt, eine Revision der Diagnose wurde aber nicht vorgenommen, obwohl nach wie vor erhebliche Beschwerden und Bewegungseinschränkung beschrieben wurde, die vorher nicht bestanden haben soll. Bleibende Schmerzen waren am 18.12.1996 Anlass zu stationärer Einweisung in das Heimatkrankenhaus, dort wurde die Knochendeformation als Folge eines nicht ganz frischen Bruchgeschehens gewertet und eine operative Stabilisation vorgenommen. Es verblieben erhebliche Bewegungseinschränkungen im Mittelfingermittelgelenk und Endgelenk.

Der Patient bemängelte, dass am 18.11.1996 die Röntgenaufnahmen fehlgedeutet wurden und es daraus resultierend zu unzureichender Behandlung mit dem Ergebnis schwerwiegender funktioneller Beeinträchtigung und erheblichem Zeitverlust gekommen sei.

Der in Anspruch genommene Chirurg wandte ein, dass nach Darstellung der Vorgeschichte die Deformation sehr wohl mit einer alten Knochenverletzung erklärt werden konnte.

**Gutachterliche Beurteilung:** Der eingeschaltete Gutachter gelangte zu der Feststellung, dass ein Diagnoseirrtum vorliege. Die am 18.11., 27.11. und 9.12.1996 gefertigten Röntgenaufnahmen würden zwar Deutungsschwierigkeiten aufwerfen, dies insbesondere bei Berücksichtigung der Tatsache, dass der Patient über einen 15 Jahre zurückliegenden Bruch in dieser Region berichtet hatte. Insofern sei dem behandelnden Arzt fahrlässiges oder schuldhaftes Handeln nicht vorzuwerfen. Einschränkend wies der Gutachter aber darauf hin, dass ein Missverhältnis zwischen Beschwerdeausmaß und Befund bestand und dass durch Spezialaufnahmen ein Frakturnachweis hätte erbracht werden können. Bei sachgemäßer Diagnostik wäre eine Nachbehandlung von 8-12 Wochen erforderlich gewesen, im Idealfall hätte nahezu freie Funktion erwartet werden können. Zeitverlust und Beeinträchtigungen wären bei frühzeitig einsetzender sachgemäßer Therapie deutlich zu verringern gewesen.

**Beurteilung der Schlichtungsstelle:** Über das Gutachten hinaus musste präzisierend festgestellt werden, dass nach klinischem Befund und den ersten Röntgenaufnahmen auch bei Hinweis auf eine eventuell früher erlittene Bruchverletzung ernsthafte Zweifel darüber auftreten mussten, dass die Knochendeformation alten Datums seien könnte. Bei einer alten, so gestalteten Abrissfraktur an der Basis des Mittelgliedknochens wäre 15 Jahre später eine auffallende arthrotische Deformität und bereits vorbestehende und dann abzufragende Einsteifung zu erwarten gewesen. Im Übrigen hätten die Röntgenaufnahmen vom Unfalltag keinerlei kallöse Abbindungen, wie bei einer alten Fraktur zu erwarten, erkennen lassen.

Bei Untersuchung der Verletzungsregion von Hand hätte Knochenknirschen und Schmerzhaftigkeit nachgewiesen werden können. Die Unterlassung dieser Untersuchungen und Überlegungen musste als fehlerhaft angesehen werden. Konservative Behandlung mit Einrichtung und nachfolgender Immobilisation hätte zwar auch nicht gesichert zu gutem Endergebnis geführt, nach dem derzeitigen Erfahrungsstand den Ablauf aber ungleich günstiger gestalten lassen.

Als Differenz zu einem regelhaften Verlauf musste die für einen Monat vermehrte Schmerzhaftigkeit, ein Zeitverlust von etwa drei Monaten sowie hälftiger Anteil der funktionellen Beeinträchtigungen angesehen werden. Die Schlichtungsstelle schlug vor, Schadenersatzansprüche außergerichtlich zu regulieren.

**Fazit:** Die leider allzu häufige Diagnosestellung ausschließlich basierend auf Röntgenbildbetrachtung ist fahrlässig. Die Analyse des Unfallherganges und des Schmerzbildes, ergänzt durch eine sorgfältige manuelle Untersuchung müssen in Korrelation zum Röntgenbild gebracht werden.

## 52

### Verrenkungsbruch Ringfingermittelgelenk, Speichengriffelfortsatzbruch

Versteifung des Ringfingermittelgelenkes, Zeitverlust und Beschwerden

**Krankheitsverlauf:** Der damals 29-jährige Patient war am 6.12.1995 mit einem Motorrad gestürzt und auf beide Hände gefallen. Er zog sich dabei einen Speichengriffelfortsatzbruch rechts und neben oberflächlichen Schürfungen einen Verrenkungsbruch im Mittelgelenk des linken Ringfingers zu. Bei der Erstbehandlung durch den in Anspruch genommenen Chirurgen wurde nach Röntgenuntersuchungen kein Hinweis für frische Frakturen gefunden. Es wurden zystische Aufhellungen im Mittelglied des Ringfingers beschrieben. Ab dem 11.12.1995 erfolgte dann die weitere Betreuung in der Praxis eines Chirurgen im Wohnort. Dieser diagnostizierte bei Röntgenkontrolluntersuchung einen unverschobenen Speichengriffelfortsatzbruch rechts und einen stark verschobenen Basisbruch des linken Ringfingermittelgliedes. Die primär erlittene und nun superinfizierte Schürfwunde auf der Streckseite des Ringfingermittelgelenkes und eine massive Schwellung machten die operative Behandlung in dem eingeschalteten Krankenhaus nicht mehr möglich. Der Infekt führte zu stationärer Behandlung vom 15.12.1995 bis 5.2.1996. Die nachweisbare Verrenkung im Ringfingermittelgelenk war nicht mehr zu beheben. Es verblieb eine nahezu vollständige Einsteifung im Ringfingermittelgelenk aber auch in den Gelenken der benachbarten Finger. Bei einer gutachterlichen Untersuchung einige Monate später wurde die Minderung der Erwerbsfähigkeit auf 20% geschätzt.

Der Patient machte eine unzureichende Primärdiagnostik für verzögerte und dann nur noch unvollkommen mögliche Behandlung, Zeitverlust, Beschwerden und funktionelle Beeinträchtigungen der linken Hand geltend.

Der in Anspruch genommene Erstbehandler räumte zwar die Fehldeutung einer Speichengriffelfraktur rechts ein, diese hätte aber nicht unbedingt durch Gipsverband behandelt werden müssen. Bezüglich der Ringfingermittelgliedfraktur bestritt er das Vorliegen einer frischen Verletzung.

**Gutachterliche Beurteilung:** Der von der Schlichtungsstelle eingeschaltete Gutachter führte aus, dass ohne jeden Zweifel bereits auf den Primäraufnahmen ein minimal dislozierter Speichengriffelfortsatzbruch rechts zu erkennen war, des Weiteren habe ein Verrenkungsbruch des linken Ringfingers vorgelegen. Bei sofortiger Diagnose wäre noch am Unfalltag und unbenommen der vorliegenden Schürfung eine Reposition des Verrenkungsbruches möglich gewesen. Man hätte das Repositionsergebnis durch Drahtspickung sichern können.

Der Gutachter wies darauf hin, dass bei solchen Verletzungen durch immobilisationsbedingte Kapselschrumpfung eine Bewegungseinschränkung nicht sicher vermeidbar gewesen wäre. Auf jeden Fall sei aber eine deutliche Verlängerung der Schmerzphase und auch ein wesentlicher Teil der funktionellen Beeinträchtigung auf die primären Versäumnisse zurückzuführen. Bezüglich der Speichengriffelfraktur sei ein immobilisierender Gipsverband nicht zwingend erforderlich gewesen. Er hätte aber sicherlich Beschwerden lindern können.

Nach Ansicht des Gutachters war als fehlerbedingt ein Teil der Leistungsminderung der linken Hand und ein wesentlicher Teil der Funktionsbeeinträchtigung im Ringfingermittelgelenk anzunehmen. Mit Gipsimmobilisation des rechten Handgelenkes wären Beschwerden über etwa zwei Wochen zu lindern gewesen.

In Kenntnis des Gutachtens wies der in Anspruch genommene Chirurg noch einmal darauf hin, dass nach seiner Ansicht am Ringfinger keine frische Fraktur vorgelegen habe.

**Beurteilung der Schlichtungsstelle:** Nach Ansicht der Schlichtungsstelle waren die Ausführungen und Bewertungen des Gutachters sachgerecht. In Bewertung der vorliegenden Röntgenaufnahmen waren sich die unfallchirurgischen Fachvertreter der Schlichtungsstelle darüber einig, dass unzweifelhaft frische Frakturen vorlagen. Die fehlerhafte Beurteilung der Speichengriffelfraktur rechts schien dabei aber nur von untergeordneter Bedeutung. Die Deutung der Deformation an der Basis des Ringfingermittelgliedes als cystischer Vorschaden war aber nicht nachvollziehbar. Diese Deformation musste am Unfalltag mit Schwellung und Schmerzhaftigkeit bei gezielter klinischer Untersuchung zu der Annahme einer frischen Verletzung führen. Die Symptome ausschließlich auf eine erlittene Prellung und Schürfung zurückzuführen, konnte in Anbetracht auch eines fehlgedeuteten pathologischen Befundes nicht von einer gezielten Untersuchung Abstand nehmen lassen. Nach dieser Untersuchung wäre eine Neubewertung dieser Aufnahmen zu erwarten gewesen.

Die fehlerhafte Bewertung des Lokalbefundes und der Röntgenaufnahmen führte zu erheblicher Verzögerung der Diagnosestellung. Ein inzwischen fortgeschrittener Infekt ließ sachgerechte Behandlung der Basisfraktur des Ringfingermittelgliedes nicht mehr zu.

Bei primär richtiger Diagnosestellung und sachgerechter Behandlung in Form der Reposition, eventuell Fixation mit Kirschner-Draht wäre das Ausmaß der eingetretenen Funktionsbeeinträchtigung deutlich zu reduzieren gewesen.

**Fazit:** Unfallhergang, Lokalbefund und pathologischer Röntgenbefund müssen zwingend zu Abklärung durch gezielte Untersuchung von Hand führen. Dieses gilt für jeden Verletzungsort. Erst nach Beweis des Gegenteils dürfen pathologische Befunde als vorbestehend angesehen werden.

# 53

## Acetabulumfraktur rechts mit nachfolgender Kontraktur
Subtrochantäre Umstellungsosteotomie

**Krankheitsverlauf:** Der 7-jährige Junge erlitt im April 1994 einen Verkehrsunfall. Da äußere Verletzungen nicht vorlagen, sondern lediglich Beschwerden in der rechten Hüftregion bestanden, erfolgten zunächst keine ärztlichen Maßnahmen hinsichtlich einer Diagnose und/oder Therapie. Erst 11 Tage später wurde der Junge von seinem Hausarzt wegen zunehmender Beschwerden und Belastungsunfähigkeit des rechten Beines in ein Universitätsklinikum eingewiesen.

Dort wurde eine Acetabulumfraktur rechts festgestellt und eine konservative Behandlung durchgeführt. Diese führt zunächst zu einem zufriedenstellenden Ergebnis mit Wiederherstellung der Belastbarkeit des rechten Beines und der Beweglichkeit im rechten Hüftgelenk. Im weiteren Verlauf entwickelte sich jedoch zunehmend eine Fehlstellung im rechten Hüftgelenk im Sinne einer Abspreiz-Beuge-Außenrotationskontraktur. Deshalb wurde der Junge erneut in der erstbehandelnden Universitätsklinik vorgestellt. In der Magnetresonanztomographie fand sich eine alte Acetabulumfraktur mit Verdacht auf Stufenbildung. Es wurde eine stationäre Aufnahme vorgeschlagen, zunächst zu einer Untersuchung in Narkose und danach weiterer Entscheidungen über eventuelle Weichteileingriffe. Die Eltern des Kindes suchten jedoch einen anderen Arzt auf und dieser führte 11 Monate nach dem Unfallereignis eine subtrochantäre Umstellungsosteotomie zur Korrektur der Fehlstellung durch. Keine postoperative Gipsruhigstellung. Entlassung am 9. postoperativen Tag. Eine Nachbehandlung im Sinne einer mobilisierenden und korrigierenden Krankengymnastik erfolgte nicht.

6 Monate später wurde der Junge erneut in der vorbehandelnden Belegabteilung aufgenommen. Dort Entfernung des Osteosynthesematerials in Verbindung mit einer Spina-Sehnendurchtrennung wegen erneuter erheblicher Beugekontraktur. Postoperativ keine Gipsruhigstellung. Entlassung am 5. postoperativen Tag. Auch hier keine konsequente Nachbehandlung.

Etwa 3 Monate später wurde andernorts ein osteomyelitischer Prozess in Verbindung mit einer Femurkopfnekrose festgestellt mit einer Beugekontraktur von 80° Grad bei Wackelsteife des rechten Hüftgelenkes. Die weiteren Behandlungen erfolgten dann in der primär aufgesuchten Universitätsklinik mit zielgerichteter Behandlung des Infektes. Postoperative Gipsfixierung. Im weiteren Verlauf entwickelte sich eine Destruktionsluxation des rechten Hüftgelenkes mit erneuter Fehlstellung.

Die Eltern des Patienten waren der Ansicht, dass die operativen Maßnahmen in dem Belegkrankenhaus nicht richtig durchgeführt wurden und das dass sehr schlechte Endergebnis darauf zurückzuführen sei.

Der in Anspruch genommene Operateur wendet ein, dass durch die Osteotomie die schwere Fehlstellung gut behebbar gewesen wäre. Da die

Osteotomie mittels einer stabilen Osteosynthese fixiert war, sei eine postoperative Gipsfixierung nicht notwendig gewesen. Der weitere ungünstige Verlauf sei letztlich auf die Infektion zurückzuführen, die als schicksalhaft zu bezeichnen sei.

**Gutachterliche Beurteilung:** Der externe Gutachter stellt zunächst fest, dass 11 Monate nach dem Unfall eine Fehlstellung im rechten Hüftgelenk durch Weichteilverkürzung vorlag, d. h. eine Weichteilkontraktur. Der Unfall betraf die Gelenkpfanne. Hier zeigte sich nach der Magnetresonanztomographie eine fragliche Stufenbildung. Der rechte Hüftkopf war regelrecht zentriert und ließ zu diesem Zeitpunkt keinen pathologischen Befund erkennen. Wie die konsultierte Universitätsklinik vorschlug, war zu diesem Zeitpunkt zunächst eine Narkoseuntersuchung indiziert, um danach zu entscheiden, ob eine konservative Behandlung noch in Betracht kam bei einer Beugefehlstellung von 30 Grad, einer Außendrehfehlstellung von 10 Grad und einer Abspreizfehlstellung von ebenfalls 10 Grad.

Da es sich um eine Weichteilkontraktur handelte, wären zu diesem Zeitpunkt zusätzlich je nach Befund Weichteileingriffe im Sinne von Sehnenverlängerungen/Sehnendurchtrennungen indiziert gewesen mit evtl. nachfolgender Gipsfixierung und daran anschließender, möglichst frühzeitiger intensiver krankengymnastischer Nachbehandlung. Die Durchführung einer subtrochantären Korrekturosteotomie sei kontraindiziert gewesen.

Als fehlerhaft wird weiterhin der Verzicht auf eine postoperative Gipsruhigstellung und daran anschließend auf eine intensive krankengymnastische Nachbehandlung bezeichnet. Bei der zweiten Operation (6 Monate später) musste das Osteosynthesematerial entfernt werden. Die gleichzeitig durchgeführte subcutane Durchtrennung der Spina-Muskelsehnen sei für sich allein unzureichend gewesen, insbesondere bei fehlender Nachbehandlung und Entlassung bereits am 5. postoperativen Tag. Fehlerhaft war somit die Durchführung einer nicht indizierten Osteotomie, die notgedrungen eine zweite Operation 6 Monate später mit Entfernung des Osteosynthesematerials nach sich zog.

Der weitere Verlauf war gekennzeichnet durch die Infektion, die ursächlich auf die nicht indizierten Eingriffe zurückgeführt werden muss. Der Gutachter stellt fest, dass Infektionen bei entsprechenden Eingriffen sehr schwerwiegend sind, aber auch bei Beachtung aller Kautelen nicht immer vermeidbare Komplikationen darstellen. Da im vorliegenden Krankheitsverlauf diese Infektion jedoch auf nicht indizierte Eingriffe zurückgeführt werden muss, ist diese Infektion hier mit ihren schwerwiegenden Folgen dem Operateur anzulasten.

Der in Anspruch genommene Operateur verbleibt bei seiner Ansicht, dass bei den vorliegenden Befunden eine subtrochantäre Osteotomie indiziert war und infolge der stabilen Osteosynthese hier weitere Behandlungsmaßnahmen außer einer späteren Materialentfernung nicht notwendig gewesen seien. Die schwerwiegende Komplikation einer Infektion könne nicht zu seinen Lasten gehen.

**Beurteilung der Schlichtungsstelle:** Den Bewertungen des externen Gutachters wird zugestimmt. Es hat sich eindeutig nach dem Unfallgeschehen um eine typische Weichteilkontraktur mit einer daraus sich ergebenden charakteristischen Beuge-Abspreiz-Außendrehfehlstellung gehandelt. Hier sind, wenn konservative Maßnahmen nicht zum Ziel führen, operative Maßnahmen im Sinne von Weichteileingriffen mit entsprechender langdauernder konsequenten Nachbehandlung indiziert. Eine subtrochantäre Osteotomie zur Korrektur dieser Fehlstellung ist kontraindiziert, da sie am falschen Ort angreift. Es war keine Fraktur im Femurbereich vorausgegangen, der zu der Fehlstellung geführt hatte. Nur dann wäre eine entsprechende Korrekturoperation am Femur indiziert gewesen.

## 54

**Epiphysiolysis capitis,
Fehldeutung als Chondropathia patellae**
Zeitverlust, Verlängerung der Schmerzphase,
Verschlimmerung von Endfolgen

**Krankheitsverlauf:** Der damals 13-jährige Schüler wurde am 1.12.1994 erstmals bei dem in Anspruch genommenen Chirurgen vorstellig, er klagte über seit mehreren Wochen bestehende Kniegelenksschmerzen links. Klinisch fanden sich Hinweise für Unregelmäßigkeiten der Kniescheibenknorpelfläche, Röntgenaufnahmen des Kniegelenkes zeigten keine Normabweichungen. Es wurde die Diagnose Chondropathia patellae gestellt und symptomatische Behandlungsmaßnahmen (Kühlgel, Salbenumschläge, Krankengymnastik) angeordnet sowie Sportbefreiung ausgesprochen. In größeren Abständen erfolgten Vorstellungen. Eine wesentliche Besserung konnte dabei nicht beschrieben werden.

Bei einer Untersuchung am 7.8.1995 wurde neben den schon bisher beschriebenen Symptomen am Kniegelenk eine Beinverkürzung links sowie hinkender Gang dokumentiert. Es wurde eine Sohlenerhöhung verordnet. Bei einer weiteren Vorstellung am 31.8. wurde über starke Schmerzen geklagt, die nach einem Basketball-Spiel aufgetreten seien (Lokalisation wurde nicht dokumentiert). Eine erneute Röntgenuntersuchung des Kniegelenkes und auch kernspintomographische Untersuchungen ließen am Verdacht der Chondropathia patellae festhalten. Weitere Vorstellungen erfolgten am 14.9.1995 sowie am 19.1.1996 und 15.2.1996. Es wurde immer wieder Krankengymnastik und orthopädische Zurichtung der Schuhe angeordnet.

Nach einem Behandlerwechsel wurde am 2.4.1996 eine Hüftkopflösung nachgewiesen. In den folgenden Monaten waren eine Reihe von operativen Eingriffen erforderlich. Im Januar 1998 wurde gutachtlich ein Beckenschiefstand, eine Verkürzung des linken Beines um knapp 2 cm sowie erhebliche Bewegungseinschränkungen im linken Hüftgelenk beschrieben.

Im Schreiben an die Schlichtungsstelle äußerten die Eltern des Schülers den Verdacht, dass der in Anspruch genommene Chirurg über einen zu langen Zeitraum unter fehlerhafter Diagnose behandelt habe und somit eine rechtzeitige und erfolgreiche Behandlung der Hüftgelenkserkrankung verhindert bzw. verzögert wurde.

Der in Anspruch genommene Chirurg wandte ein, dass praktisch über den gesamten Behandlungszeitraum die klassischen Zeichen eines Knorpelschadens der Kniescheibenrückfläche bestanden hätten. Die Vorstellungen seien nur sporadisch erfolgt. Der zwischenzeitlich erkennbare Erfolg der eingeleiteten Behandlung habe an die Richtigkeit der Diagnose denken lassen.

**Beurteilung des Gutachters:** Der von der Schlichtungsstelle eingeschaltete Gutachter stellte fest, dass nach dem primären Befund und nach den dokumentierten Befunden der ersten Monate nach Übernahme der Behandlung durch den in Anspruch genommenen Chirurgen die Annahme einer Chondropathia patellae gerechtfertigt war. Der unerfreuliche und zu wiederkehrenden Vorstellungen führende Verlauf hätte aber nach einigen Monaten an eine Hüftgelenkserkrankung denken lassen müssen. Die Kombination von zunächst schmerzfreier Hüftgelenkserkrankung mit Kniegelenksschmerzen sei bekannt, eine einfache Röntgenkontrolle des Hüftgelenkes hätte die vorliegende Hüftkopflösung frühzeitiger erkennen lassen. Spätestens ab August seien aber solche Röntgenaufnahmen zwingend vorgeschrieben gewesen, denn es seien eine Beinverkürzung und hinkender Gang dokumentiert worden. Diese Befunde seien nicht mehr mit einer Contropatia patelae in Übereinstimmung zu bringen gewesen. Es müsse somit von Versäumnissen mit der Folge der Verzögerung sachgerechter erkrankungsbegünstigender Behandlung ausgegangen werden.

**Beurteilung der Schlichtungsstelle:** Obwohl es als unbestreitbar gelten kann, dass sich sog. juvenile Hüftkopflösungen in einer Reihe von Fällen zunächst äußerst laviert darstellen, muss das Wissen um die Besonderheit dieser Erkrankung in den Fachgebieten Chirurgie, Orthopädie und Pädiatrie vorausgesetzt werden.

Das klassische Alter für eine juvenile Hüftkopflösung lag im vorliegenden Fall vor. Auch wenn nur seltene Vorstellungen erfolgten, musste spätestens nach vier bis fünf Monaten die Anfangsdiagnose einer Chondropathia patellae kritisch hinterfragt werden. Sicher aber ab dem 7. 8. 1995, dem Tag, an dem erstmals eine Beinverkürzung und der hinkende Gang zur Maßgabe der Sohlenerhöhung führte. Diese Befunde waren nicht mehr mit einer Chondropathia patellae zu erklären.

Wenn dann am 31. 8. 1995 nach einem Basketball-Spiel über sehr starke Schmerzen geklagt wurde, an diesem Tage war es wahrscheinlich zur endgültigen Verlagerung des Kopfteiles gekommen, so konnte eine Beschränkung auf Röntgenaufnahmen des Kniegelenkes und kernspintomographische Untersuchung des Kniegelenkes nicht mehr ausreichen. Dass statt dessen weiterhin bis zum 14. Monat nach Beginn der Behandlung an der Erstdiagnose festgehalten wurde, muss als fehlerhaft angesehen werden. Nach Ansicht der Schlichtungsstelle ist es dadurch zu einer Verzögerung sachgerechter Behandlungen um mindestens 8 Monaten gekommen. Bei zeitgerechter Diagnose und entsprechender operativer Behandlung hätte, wie in zahlreichen, gleichgelagerten Fällen, eine weitgehendst erfolgreiche Behandlung eingeleitet werden können.

Das derartig betroffene Patienten in einem Teil der Fälle auch auf Dauer Behinderungen hinnehmen müssen, war nach Ansicht der Schlichtungsstelle unbestreitbar. Das Ausmaß dieser Behinderung war aber im vorliegenden Fall durch fehlerhaftes Handeln bzw. durch Versäumnisse maßgeblich geprägt worden. Die Schlichtungsstelle sah einen Zeitverlust von mindestens 8 Monaten, in dieser Zeit bestehende Beschwerden, das schlechtere Endergebnis sowie die zusätzlichen Operationen als Folge von Versäumnissen an, hielt Schadenersatzansprüche für begründet und empfahl die Frage außergerichtlicher Regulierung zu prüfen.

**Fazit:** Der unbefriedigende Heilverlauf nach scheinbar sicherer Erstdiagnose muss auch bei den sog. degenerativen Erkrankungen Anlass für differentialdiagnostische Korrekturüberlegungen sein. Dies gilt im besonderen Maße für die therapieresistenten Beschwerden im Bereich der unteren Gliedmaßen des Jugendlichen. Das Wissen um die Vielfalt in der Symptomatik der jugendlichen Hüftkopflösung muss bei den betroffenen Fachgebieten als Voraussetzung gelten. Das Festhalten an einer ersten Arbeitshypothese ohne erkennbare Ansätze zu.

## 55

### Epiphyseolysis capitis femoris akuta links, Reposition und Fixierung mit Kirschner-Drähten
Fehllage der Kirschner-Drähte, Revisionsoperation

**Krankheitsverlauf:** Die 12-jährige Schülerin stürzte Anfang Mai mit ihrem Fahrrad. Über besondere Beschwerden wurde nicht geklagt. Etwa eine Woche später traten linksseitig Hüftbeschwerden auf, denen jedoch zunächst keine weitere Bedeutung zugemessen wurde. Weiter 14 Tage später kam es ohne ein erneutes Unfallereignis zu plötzlich sehr starken Schmerzen im linken Bein, sodass dieses nicht mehr belastet werden konnte. Sofortige Vorstellung beim Hausarzt. Dieser veranlasste umgehend eine Röntgenaufnahme des Hüftgelenkes und wies die Schülerin unter der Diagnose einer Hüftkopfepiphysenlösung links in eine benachbarte orthopädische Abteilung ein. Dort wurden Kontrollröntgenaufnahmen a.p. und axial gefertigt und unter der Diagnose einer akuten Hüftkopfepiphyse zunächst für vier Tage eine Fußlaschenextension angelegt. Am 5. Tag der stationären Behandlung wurde dann der Hüftkopf reponiert und mit zwei Kirschner-Drähten fixiert. Entlassung aus der stationären Behandlung mit Unterarmstützen unter Entlastung links.

Bei einer Kontrolluntersuchung 16 Tage später fand sich eine Fehllage der Kirschner-Drähte, sodass eine Revisionsoperation durchgeführt werden musste. Der weitere Verlauf war zunächst komplikationslos. Es kam dann jedoch zu einer Hüftkopfnekrose mit entsprechender Beschwerdesymptomatik und Funktionsbehinderung.

Die Mutter der Patientin war der Ansicht, dass die zweite Operation vermeidbar gewesen wäre und dass insgesamt durch diese unzulängliche Behandlung der Hüftkopf abgestorben sei.

Das in Anspruch genommene Krankenhaus wendet ein, dass die spätere Hüftkopfnekrose auf die akute Hüftkopfepiphysenlösung zurückzuführen sei und eine typische Komplikation darstellt. Eingeräumt wird die Fehllage der Kirschner-Drähte bei dem Ersteingriff.

**Gutachterliche Beurteilung:** Der externe Gutachter bestätigt zunächst die Diagnose einer akuten Hüftkopfepiphysenlösung links, wobei es sich um einen vollen Abrutsch der Hüftkopfepiphyse in den hinteren unteren Quadranten gehandelt habe. Es wird darauf hingewiesen, dass grundsätzlich eine derartig akute Hüftkopfepiphysenlösung möglichst kurzfristig, sehr vorsichtig reponiert werden solle mit anschließender Fixierung (sei es durch Kirschner-Drähte oder Verschraubung). Die im vorliegenden Fall vorangegangene Fußlaschenextension wird als mögliche vorbereitende Maßnahme akzeptiert und nicht als fehlerhaft eingestuft. Das präoperative Röntgenbild zeige auch eine gewisse Besserung hinsichtlich des Abkippwinkels des linken Hüftkopfes; dieser wurde offensichtlich noch unter der Operation verbessert, wie das postoperative Röntgenbild in a.p. zeige. Auch die beiden eingebrachten Kirschner-Drähte lagen in a.p.-Sicht ideal in der Achse des Schenkelhalses.

Bei der Kontrollaufnahme drei Wochen später ergab sich auf der Röntgenaufnahme in Lauensteintechnik, dass der eine Kirschner-Draht lediglich im marginalen Schenkelhals und in der marginalen Kopfkalotte lag, der andere Kirschner-Draht traf den Hüftkopf nicht. Er verlässt den Schenkelhals oberhalb des Trochantor major. Unter diesen Voraussetzungen war die Revisionsoperation zwingend notwendig.

Als fehlerhaft wird die fehlende Röntgenkontrolle in 2 Ebenen unter der Operation beanstandet. Die Fehllage der Kirschner-Drähte hätte unter der Operation erkannt werden müssen. Es wäre dann ohne Problem eine sofortige Revision möglich gewesen. Diskutiert wird auch die Frage, ob zwei Kirschner-Drähte ausreichend waren um eine sichere Retension zu gewährleisten. Diskutiert wird weiterhin die Frage der Sicherheitsoperation der Gegenseite durch eine Spickung mit Kirschner-Drähten. Die Unterlassung der prophylaktischen Operation der Gegenseite und das Einbringen von nur zwei Kirschner-Drähten wird jedoch nicht als grundsätzlicher Fehler angesehen. Die im weiteren Verlauf aufgetretene Hüftkopfnekrose wird von dem externen Gutachter auf die Grundkrankheit der akuten Hüftkopfepiphysenlösung zurückgeführt. Die erforderliche Revisionsoperation mit Umsetzen der Kirschner-Drähte drei Wochen nach dem Ersteingriff habe hierauf keinen negativen Einfluss gehabt.

Die in Anspruch genommene Klinik hat gegen das Gutachten keine Einwände.

**Beurteilung der Schlichtungsstelle:** Den Bewertungen des Gutachters wird weitgehend zugestimmt. Befürwortet wird allerdings auch in Übereinstimmung mit dem Gutachter ein möglichst kurzfristiger und schonender Repositionsversuch bei einer akuten Hüftkopfepiphysenlösung mit anschließender Fixierung. Gefordert wird jedoch die Verwendung von drei Kirschner-Drähten und die prophylaktische Versorgung der Gegenseite. Fehlerhaft war eindeutig das Nichterkennen der Fehllage der beiden Kirschner-Drähte unter der Operation und ihre sofortige Auswechslung. Der Zweiteingriff drei Wochen später war vermeidbar. Übereinstimmung besteht mit dem externen Gutachter, dass die im weiteren Verlauf aufgetretene Hüftkopfepiphysenlösung nicht auf den genannten Fehler, sondern auf die Grundkrankheit zurückgeführt werden muss.

**Fazit:** Bei der operativen Behandlung einer Hüftkopfepiphysenlösung muss intraoperativ die Lage von Implantaten in beiden Ebenen mit dem Bildwandler kontrolliert werden, um mögliche Fehlpositionierungen unverzüglich zu korrigieren. Weiterhin sind zur Fixierung der Hüftkopfkalotte 3 Kirschnerdrähte zu verwenden und die Gegenseite prophylaktisch zu versorgen.

## 56
### Verfrühte Kirschnerdrahtentfernung nach Epiphysiolysis capitis femoris
Erneute Dislokation, Zweitoperation, Zeitverlust, zusätzliche Beschwerden

**Krankheitsverlauf:** Der damals 10-jährige stürzte am 14.9.1991. In der in Anspruch genommenen Pädiatrischen Abteilung wurde röntgenologisch eine Epiphysiolysis capitis femoris rechts nachgewiesen. Es wurde operativ reponiert und mit Kirschnerdrähten – sicherheitshalber!? – auch auf der linken Seite stabilisiert. 10 Monate später wurde im gleichen Krankenhaus beidseits Metallentfernung vorgenommen. Zwei Monate später wurde erneut ein Abrutschen des Hüftkopfes rechts nachgewiesen. Es waren zwei Nachoperationen erforderlich. Ausweislich späterer Untersuchungen wurde ordentliches funktionelles Ergebnis erzielt.

Mit Schreiben an die Schlichtungsstelle äußerten die Eltern des Kindes die Ansicht, dass durch verfrühte Entfernung der Kirschnerdrähte die erneute Verlagerung des Hüftkopfes möglich war und es aus diesem Grunde zu weiterem Zeitverlust und Nachoperationen gekommen sei.

**Gutachterliche Einschätzung:** Der von der Schlichtungsstelle eingeschaltete und für den speziellen Problemkreis besonders erfahren anzusehende Gutachter führte aus, dass die Metallentfernung 10 Monate nach Spickdrahtosteosynthese nicht geboten war, dass es Standard sei, diese Kirschnerdrähte bis zum Verschluss der Wachstumsfugen zu belassen, es sei denn, es würden Komplikationen eintreten. Solche Komplikationen hätte nicht vorgelegen, insofern wäre die vorfristige Entfernung der Kirschnerdrähte als normabweichend und fehlerhaft anzusehen.

Nach Ansicht des Gutachter sei es damit zu einer erneuten Behandlungsbedürftigkeit mit mehrmonatigem Krankenhausaufenthalt, zu Nachoperationen und zu Beeinträchtigungen gekommen.

**Beurteilung der Schlichtungsstelle:** Der auf gültigen Erfahrungen beruhenden Wertung des Gutachters war voll inhaltlich zuzustimmen. Die nicht zwingend gebotene Metallentfernung führte zum Misserfolg mit erheblichen Auswirkungen. Der gegen das Gutachten vorgebrachte Einwand der Eltern, dass es auch nach endgültiger Ausheilung zu Einschränkungen vorwiegend im sportlichen Bereich gekommen sei, konnte nicht greifen, da es nach Ansicht des erneut eingeschalteten Gutachters nicht auszuschließen war, dass es zu solchen Einschränkungen auch bei unterlassener vorfristiger Metallentfernung gekommen wäre.

Zeitverlust, erneute Dislokation, Notwendigkeit von Nachoperation und Beschwerden mussten aber auf die verfrühte Metallentfernung zurückgeführt werden. Die Schlichtungsstelle hielt deshalb Schadensersatzansprüche für begründet und empfahl die Frage einer außergerichtlichen Regulierung zu prüfen.

**Fazit:** Die Heilungsvorgänge in der Wachstumsfuge des Jugendlichen sind nicht mit den Heilungsvorgängen nach Schenkelhalsbruch des Erwachsenen zu vergleichen. Sie laufen ungleich langsamer ab. Die scheinbar fragwürdige Qualität einer Kirschnerdrahtosteosynthese wird im Fall der Epiphysiolysis capitis femoris durch altersbedingtes Mindergewicht und Muskelverspannung begünstigt. Die verfrühte und nicht erzwungene Aufgabe des erzielten Verbundes ist risikobehaftet.

## Hüftepiphysenlösung links, operative Versorgung

Später Hüftkopfepiphysenlösung rechts
infolge fehlender prophylaktischer Versorgung

**Krankheitsverlauf:** Die 12 Jahre alte, übergewichtige Schülerin verspürte im August nach einer plötzlichen Rotationsbewegung in der linken Hüfte einen starken Schmerz. Es erfolgte am gleichen Tag die stationäre Aufnahme in einem benachbarten Krankenhaus. Dort fand sich eine Schonhaltung des linken Beines in Außenrotationsstellung mit leichter Verkürzung. Weitere klinische Befunde sich nicht notiert. Röntgenologisch wurde eine Hüftkopfepiphysenlösung links diagnostiziert. Am gleichen Tag erfolgten die Reposition und Osteosynthese mit drei Kirschner-Drähten. Der postoperative Verlauf war zunächst ohne Besonderheiten. Kurzfristig traten jedoch Beschwerden in der linken Hüftregion auf, diese wurden auf die einliegenden Kirschner-Drähte zurückgeführt, sodass deren Entfernung 6 Wochen nach dem Primäreingriff erfolgte.

8 Monate später kam es beim Gehen zu schmerzhaften knackenden Geräuschen im Bereich der rechten Hüfte. Die Eltern stellten das Mädchen bei einem Facharzt für Orthopädie vor. Dabei wurde über die Vorgeschichte die linke Hüfte betreffend berichtet. Es wurden Röntgenaufnahmen der rechten Hüfte angefertigt und ein „Reizzustand" diagnostiziert. Verordnet wurde eine kurzfristige Belastungsreduzierung. Etwa drei Wochen später erneute Vorstellung in der orthopädischen Fachpraxis wegen vermehrter Beschwerden. Jetzt ist klinisch ein angedeutet positives Drehmannsches Zeichen rechts dokumentiert. Keine Röntgenkontrolle. Ein Wiedervorstellungstermin wird in einer Woche vereinbart. Wegen weiterer Beschwerdezunahme erfolgte nunmehr die Einweisung in eine benachbarte orthopädische Universitätsklinik. Hier fand sich eine typische Hüftkopfepiphysenlösung rechts mit einem Abrutsch/Abkippwinkel von 38 Grad. Links ergab sich ein Dislokationswinkel der Kopfkalotte von 28 Grad. Beide Wachstumsfugen waren noch offen. Operativ wurde eine vorsichtige Reposition rechts durchgeführt mit anschließender Bohrdrahtepiphysiodese. In gleicher Sitzung erneute Bohrdrahtepiphysiodese links. Der weitere Verlauf war ohne Besonderheiten.

Die Eltern der Patientin waren nach Einholung näherer Informationen bei weiterbehandelnden Ärzten der Ansicht, dass die Kirschner-Drähte nicht 6 Wochen postoperativ auf der linken Seite hätten entfernt werden dürfen, sodass die erneute Einbringung von Kirschner-Drähten vermeidbar gewesen wäre. Weiterhin hätte primär die rechte Hüfte vorsorglich mitbehandelt werden müssen.

Das in Anspruch genommene Krankenhaus wendet ein, dass die vorzeitige Entfernung der Kirschner-Drähte links wegen bestehender Beschwerden erforderlich gewesen sei. Nachteile seien dadurch nicht entstanden. Eine prophylaktische Fixierung der Gegenseite sei nicht grundsätzlich erforderlich.

**Gutachterliche Beurteilung:** Der externe Gutachter befasst sich zunächst mit dem Geschehen auf der linken Seite. Es wird bestätigt, dass seitens des behandelnden Krankenhauses hier die richtige Diagnose gestellt und eine angemessene operative Behandlung durchgeführt wurde. Es wird jedoch als fehlerhaft bezeichnet, dass die Kirschner-Drähte die laterale Femurcorticalis auf den postoperativen Röntgenbildern um 6–8 cm überragen und im subcutanen Fettgewebe verbogen waren. Dort hätten sie zwangsläufig zu einem lokalen Reizzustand führen müssen mit entsprechender Beschwerdesymptomatik. Dieses war auch der Grund, warum diese Kirschner-Drähte bereits 6 Wochen postoperativ wieder entfernt wurden. Nach Ansicht des externen Gutachters war diese Entfernung wegen des genannten operationstechnischen Fehlers notwendig. Zum gleichen Zeitpunkt hätten jedoch bei den noch weit offen Epiphysenfugen neue Kirschner-Drähte eingebracht werden müssen. Dieses wurde versäumt. Wie der weitere Verlauf anhand der Röntgenbilder zeigt, führte dieser Fehler jedoch zu keinen Konsequenzen. Auch bei der etwa 8 Monate später sicherheitshalber erneut durchgeführten Kirschner-Draht-Fixierung links habe sich im Vergleich mit den Vorröntgenaufnahmen keine weitere Verschiebung der Hüftkopfkalotte ergeben, sodass dieser Fehler ohne Folgen blieb.

Die rechte Seite betreffend wird von dem externen Gutachter beanstandet, dass bei der Aufnahme in dem Krankenhaus wegen der linksseitigen Hüftbeschwerden wohl eine Beckenübersichtsaufnahme angefertigt wurde, jedoch nur links eine Aufnahme Lauenstein-Technik. Bereits auf der Übersichtsaufnahme sei rechts eine weit offene proximale Femurepiphysenfuge erkennbar mit aufgelockerten Strukturen. Eine eindeutige Dislokation des rechten Hüftkopfes sei auf der Beckenübersichtsaufnahme jedoch nicht mit ausreichender Sicherheit erkennbar.

Fehlerhaft sei jedoch, dass zu diesem Zeitpunkt keine Aufnahme Lauenstein-Technik rechts angefertigt wurde, um zu einer eindeutigen Diagnose zu kommen. Aber schon aufgrund der Beckenübersichtsaufnahme habe eindeutig die Indikation zu einer zumindest prophylaktischer Kirschner-Draht-Osteosynthese rechts bestanden. Dieses wurde versäumt. Somit müssen die Hüftkopfepiphysenlösung rechts 8 Monate später mit einem Winkel von 38° Grad diesem Versäumnis angelastet werden. Bei ordnungsgemäßer prophylaktischer Operation rechts wäre dieser Verlauf vermeidbar gewesen.

Das in Anspruch genommene Krankenhaus nimmt zu dem Gutachten keine Stellung.

**Beurteilung der Schlichtungsstelle:** Den Bewertungen des Gutachters wird zugestimmt. Zunächst war es fehlerhaft, dass postoperativ links die eingebrachten Kirschner-Drähte die laterale Femurcorticale 6–8 cm überragen und erst im subcutanen Fettgewebe liegend umgebogen wurden. Dieses führte zu der vorzeitigen Entfernung der Kirschner-Drähte und war vermeidbar. Es war weiterhin fehlerhaft im Rahmen dieser verfrühten Entfernung der Kirschner-Drähte keine erneute Fixierung vorzunehmen, sodass diese später andernorts nachgeholt werden musste. Wie die späteren Röntgenkontrollen ausweisen, sind durch diese Fehler keine weiteren Nachteile im Sinne einer zunehmenden Hüftkopfdislokation eingetreten. Als Folge dieser Fehler sind lediglich die operative Entfernung dieser Kirschner-Drähte 6 Wochen nach dem Primäreingriff und das erneute Einbringen von Kirschner-Drähten in der später weiterbehandelnden Universitätsklinik zu benennen.

Die rechte Seite betreffend wird dem Gutachter beigepflichtet, dass aufgrund der Beckenübersichtsaufnahme der dringende Verdacht auf eine zumindest drohende Hüftkopfepiphysenlösung rechts vorlag. Die Anfertigung einer Röntgenaufnahme in Lauenstein-Technik auch rechts war zwingend indiziert, dieses wurde versäumt. Zu diesem Zeitpunkt hätte einmal aus grundsätzlichen Erwägungen, zum anderen aber vor allem aufgrund der Befunde der Beckenübersichtsaufnahme rechts bei der Primäroperation der linken Seite eine prophylaktische Kirschner-Draht-Osteosnythese durchgeführt werden müssen. Dieses wurde versäumt. Die Folge ist das Eintreten einer Hüftkopfepiphysenlösung auch rechts einige Monate später mit einem Dislokationswinkel von 38 Grad. Damit bestand eine präarthrotische Deformität rechts, die vermeidbar war. Die Folgen dieses Fehlers in Bezug auf die Möglichkeit der Entstehung einer vorzeitigen Coxarthrose rechts ist zur Zeit nicht abschätzbar.

Ergänzend sei aus der Sicht der Schlichtungsstelle hinzugefügt, dass sich das Verfahren ausschließlich gegen das erstbehandelnde Krankenhaus richtete, nicht gegen den niedergelassenen Facharzt für Orthopädie. Deswegen konnte zu den hier erkennbaren Fehlern nicht Stellung genommen werden. Hinsichtlich der nicht adäquaten Maßnahmen seitens der geklagten Hüftbeschwerden rechts und Verzögerung der notwendigen operativen Behandlung kam es zu einer Verlängerung der Behandlung um ca. 4 Wochen.

**Fazit:** Bei einer Hüftkopfepiphysenlösung muss die Gegenseite stets sorgfältig mit einbezogen werden sowohl hinsichtlich der Diagnostik als auch evtl. prophylaktisch operativer Maßnahmen. Geschieht dies nicht, müssen die weiteren Folgen mit Entwicklung einer Hüftkopfepiphysenlösung auf der Gegenseite dem erstbehandelnden Krankenhaus zur Last gelegt werden.

## 58

**Hüftkopfepiphysenlösung links**
Fehldiagnose Muskelruptur linker Oberschenkel

**Krankheitsverlauf:** Das damals fast 10-jährige Mädchen klagte nach einer Fahrradtour Anfang Juni erstmals über Schmerzen im linken Oberschenkelkniebereich ohne das ein Unfall aufgetreten war. Um den 20.6. kam es zu einer Beschwerdezunahme, sodass am 23.6. ein Facharzt für Chirurgie konsultiert wurde. Da kein greifbarer pathologischer Befund klinisch zu erheben war, wurde nach einer sonographischen Untersuchung der Verdacht auf eine Muskelruptur im Vastus laterales ohne Hämatombildung gestellt. Es wurde eine Schulsportbefreiung von zwei Wochen ausgesprochen.

Eine Woche später, am 30.6., wurde das Mädchen erneut dem Chirurgen vorgestellt, da sich die Schmerzen im Oberschenkel verstärkt hatten, nachdem das Kind angeblich vor zwei Tagen einen Schlag von ihrem Bruder erhalten habe. Da das Bein jetzt nicht mehr gestreckt angehoben werden konnte und in der Sonographie „oberflächliche unregelmäßige Muskelstrukturen" im Quadrizeps seitens des untersuchenden Chirurgen gesehen wurden, erfolgte eine Überweisung in eine benachbarte unfallchirurgische Abteilung unter der Diagnose „Muskelruptur linker Oberschenkel".

Vor dieser Überweisung wurden eine Beckenübersichtsaufnahme und eine Aufnahme des linken Oberschenkels mit Hüftgelenk angefertigt. Es wurde kein krankhafter Befund erkannt.

Bei der Aufnahmeuntersuchung in der unfallchirurgischen Abteilung am 30.6. wurde ein Druckschmerz im mittleren körperfernen Anteil des Oberschenkels links und eine Quadrizepsatrophie links festgestellt. In der Notfallambulanz lagen die mitgegebenen Röntgenaufnahmen vom 30.6.1997 vor. Es wird festgestellt, dass die Beschwerden ohne Unfall aufgetreten seien, die Verdachtsdiagnose einer „Muskelruptur" wird übernommen. Die Röntgenaufnahmen werden als regelrecht befunden.

Nachdem am 1.7. eine krankengymnastische Behandlung mit Gehschulung stattgefunden hatte, kam es am Morgen des 2.7. zu einer extremen Schmerzzunahme im Bereich des linken Hüftgelenkes. Auf den nunmehr erneut angefertigten Röntgenaufnahmen wurde eine Epiphysiolysis capitis femoris mit hochgradiger Verschiebung erkannt und das Mädchen in eine benachbarte Universitätsklinik eingewiesen. Dort erfolgte eine Umstellungsosteotomie nach Imhäuser links in Verbindung mit einer prophylaktischen Kirschner-Drahtspickung der rechten Seite.

Die Mutter des Kindes wirft dem niedergelassenen Facharzt für Chirurgie und der unfallchirurgischen Abteilung vor, das Krankheitsbild zu spät erkannt zu haben. Deshalb sei eine schwierige und umfangreiche Operation notwendig gewesen.

Sowohl seitens des niedergelassenen Chirurgen als auch der unfallchirurgischen Abteilung wird eingeräumt, dass die Röntgenaufnahmen fehlinterpretiert wurden, dass die Diagnose einer Muskelruptur nicht begründet war und dass es insgesamt zu einer Verzögerung der operativen Versorgung um zwei Tage gekommen sei.

**Gutachterliche Beurteilung:** Der externe Gutachter führt zunächst eine Nachbefundung der vorhandenen Röntgenaufnahmen durch. Diese ergeben, dass auf den Aufnahmen vom 30.6. eine Epiphysiolysis des Femurkopfes links 1. Grades mit einem Abrutschwinkel von 30 Grad erkennbar ist. Dieser Befund werde besonders deutlich beim Vergleich mit dem auf der Beckenübersichtsaufnahme normal abgebildeten rechten Hüftgelenk. Die Kontrollaufnahme vom 2.7. lässt dann ein weiteres Abgleiten des Femurkopfes erkennen, wobei jetzt ein Winkel von 65 Grad vorliegt.

Der Gutachter weist darauf hin, dass es sich hier primär um eine sog. „Lentaform" der Hüftkopfepiphysenlösung gehandelt habe. Diese wurde nicht erkannt. Auf dieser Lentaform habe sich dann ein akuter Abrutsch aufgepfropft, der dann schließlich zur Diagnose führte. Dieses war vermeidbar. Grundsätzlich hätte schon bei der ersten Konsultation am 23.6. die Verdachtsdiagnose einer Hüftkopfepiphysenlösung aufgrund der Anamnese und des Lebensalters gestellt werden müssen. Durch entsprechende klinische und ergänzende röntgenologische Untersuchungen wäre es zu diesem Zeitpunkt mit Sicherheit möglich gewesen, eine entsprechende Verdachtsdiagnose zu bestätigen oder auszuschließen. Auch dieses wurde versäumt.

Auch bei rechtzeitiger Erkennung des Krankheitsbildes wäre eine Operation notwendig gewesen, es hätte jedoch eine Kirschner-Drahtspickung zur Fixierung genügt, um ein weiteres Fortschreiten zu vermeiden. Somit wäre der wesentliche größere Eingriff einer Imhäuser-Osteotomie vermeidbar gewesen. Aufgrund der nunmehr vorliegenden Befunde müsse von einer präarthrotischen Deformität des linken Hüftgelenks gesprochen werden. Anzeichen einer Hüftkopfnekrose seien bisher nicht erkennbar.

Das in Anspruch genommene Krankenhaus und der niedergelassene Chirurg nehmen zu dem Gutachten nicht Stellung.

**Beurteilung der Schlichtungsstelle:** Den Ausführungen des Gutachters wird zugestimmt. Für die gestellte Diagnose einer Muskelruptur lagen keine einschlägigen Befunde vor, auch war die Anamnese negativ. An das Krankheitsgeschehen einer Hüftkopfepiphysenlösung wurde offensichtlich nicht gedacht, es wurden weder befundangemessene klinische noch ergänzende röntgenologische Untersuchungen durchgeführt. Dieses war fehlerhaft, sodass die Folgen den betreffenden Ärzten zur Last gelegt werden müssen.

**Fazit:** Bei Heranwachsenden muss bei uncharakteristischen Beschwerden im Hüft-Oberschenkel-Kniebereich an die Möglichkeit einer Hüftkopfepiphysenlösung gedacht werden. Durch eine sachgerechte Röntgenuntersuchung lässt sich die Situation eindeutig klären.

## 59

**Bakterielle Coxitis rechts, mehrfache operative Revision, Hüft-TEP**

Verzögerung der Diagnostik und einer adäquaten Therapie

**Krankheitsverlauf:** Die zum Zeitpunkt der Erkrankung 41-jährige Patientin litt seit mehreren Jahren an rezidivierenden Furunkeln an verschiedenen Körperstellen, die zum Teil auch stationär behandelt wurden. Dabei wurden in Abstrichen mehrfach Staphylokokkus aureus und auch haemolysierende Streptokokken nachgewiesen. Letztmalig war ein Furunkel etwa drei Monate vor Beginn der jetzigen Erkrankung behandelt worden. Ende September traten Schmerzen im Bereich des rechten Gesäßes, der rechten Hüfte und der Oberschenkelstreckseite rechts auf. Der zunächst aufgesuchte Hausarzt fand keine eindeutige Ursache dieser Beschwerden. Eine angefertigte Röntgenaufnahme des Becken ergab keinen krankhaften Befund. Daraufhin erfolgte die Überweisung zu einem Facharzt für Orthopädie. Bei der ersten Konsultation am 2.10. werden beide Hüftgelenke als frei beweglich beschrieben. Rechts Lasegue bei 80 Grad positiv. Diskrete Sensibilitätsstörungen entsprechend Segment L5. Röntgenologisch fand sich eine diskrete Verschmälerung der Zwischenwirbelräume L2/3 und L5/S1 bei Steilstellung der LWS.

Aufgrund der Gesamtbefunde wurde die Diagnose eines vertebralgenen Schmerzsyndroms bei L3 rechts gestellt und eine entsprechende konservative Therapie eingeleitet. Da bei der nächsten Konsultation 7 Tage später, die Schmerzen unverändert waren, wurde eine Computertomographie der Lendenwirbelsäule veranlasst. Eine klinische Kontrolluntersuchung ist nicht dokumentiert. Bei der letzten Konsultation, 5 Tage später, lag das Ergebnis der Computertomographie vor, ein Bandscheibenvorfall wurde verneint. Auch jetzt ist keine klinische Kontrolluntersuchung dokumentiert. Trotz der negativen Computertomographie erfolgte eine Überweisung zum Neurologen und eine Empfehlung zur Vorstellung bei einem Angiologen, um ein thrombotisches Geschehen oder eine arterielle Durchblutungsstörung auszuschließen. Irgendwelche Befunde, die für eine derartige Überweisung Anlass geben könnten, werden nicht benannt.

Zwei Tage später kam es zu einer starken Zunahme der Schmerzen im Bereich des rechten Hüftgelenkes und Oberschenkel, sodass der Hausarzt eine Einweisung in das benachbarte Kreiskrankenhaus veranlasste. Dort wurden Temperaturen über 39 Grad gemessen. Beschrieben wird eine entlastende Beugehaltung des rechten Hüft- und Kniegelenkes mit hochgradigem Bewegungsschmerz im rechten Hüftgelenk. Leukozytose 11800. In einer Computertomographie wurde jetzt ein Abszess im Bereich des Ansatzes des Musculus iliopsoas erkannt, während sich das rechte Hüftgelenk normal darstellte. In der Blutkultur fand sich Staphylokokkus aureus. Unter der Diagnose eines Abszesses im Bereich des rechten Musculus iliopsoas mit Septicaemie erfolgte zunächst unter sonographischer Kontrolle die

Punktion des Abszesses, der dann nach positivem Punktionsergebnisses operativ eröffnet, gespült und drainiert wurde. Eine entsprechende antibiotische Behandlung wurde eingeleitet. Nach Abklingen der akuten Entzündungssymptomatik und Besserung der Beschwerden wurden vorsichtig steigende Bewegungsübungen des rechten Hüftgelenkes durchgeführt bei zunehmender Mobilisierung.

Die Entlassung erfolgte drei Wochen nach Abszesseröffnung, nach dem die Wunde fast abgeheilt war. In dem Entlassungsbericht heißt es, dass ein Senkungsabszess im Bereich des Musculus iliopsoas rechts vorlag und dass die Ursache der Abszedierung nicht geklärt werden konnte. Eine Fortsetzung der physiotherapeutischen Übung wird empfohlen. Im weiteren Verlauf kam es erneut zu Schmerzen in der rechten Hüftregion, das Gangbild wurde zunehmend hinkend und beschwerlich. Deshalb stationäre Einweisung durch den Hausarzt wiederum in das benachbarte Kreiskrankenhaus.

Bei der Aufnahme fand sich bereits eine Spontanperforation im Narbenbereich, diese wurde operativ erweitert und erneut eine Spülung und Drainage vorgenommen. Sonographisch ließen sich jetzt destruktive Veränderungen im Bereich des rechten Hüftkopfes nachweisen. Zwei Tage später durchgeführte Röntgenaufnahmen und ein Computertomogramm des rechten Hüftgelenkes bestätigte diese Befunde, sodass nunmehr der dringende Verdacht auf eine bakterielle Coxitis geäußert wurde. Deshalb Verlegung in eine Orthopädische Klinik zur Weiterbehandlung. Dort Resektion des erheblich zerstörten Hüftkopfes rechts mit Einlage eines Gentamyzinspacers. Einige Monate später wurde eine zementfreie Hüfgelenkstotalendoprothese implantiert.

Die Patientin war der Ansicht, dass die diagnostischen Maßnahmen ungenügend waren. Es hätte eine sofortige Krankenhauseinweisung erfolgen müssen. Im Krankenhaus dann sei ein ungenügende Behandlung durchgeführt worden, die richtige Diagnose sei auch hier zunächst nicht gestellt worden. Bei fachgerechten Maßnahmen hätten die späteren Schäden am rechten Hüftgelenk, die zur Implantation einer Hüftgelenkstotalprothese führten, verhindert werden können.

Der in Anspruch genommene Facharzt für Orthopädie wendet ein, dass die zunächst erhobenen Befunde die Arbeitsdiagnosen eines vertebragenen Schmerzsymptoms durchaus gerechtfertigt hätten und dass sich daraus die durchgeführte Therapie ableitete. Bei Nichtansprechen auf die Therapie seien weitere diagnostische Maßnahmen im Sinne einer Computertomographie veranlasst worden. Als hier kein Bandscheibenprolaps nachgewiesen wurde, sei die Überweisung zum Neurologen bzw. Angiologen begründet gewesen.

Das in Anspruch genommene Krankenhaus argumentiert, kurzfristig nach der Aufnahme einen Psoasabszess erkannt zu haben. Es erfolgte eine sachgerechte Behandlung. Knochenaufnahmen von Hüft- und Kniegelenk hätten an diesem Tage keine Auffälligkeiten ergeben. Aufgrund der Anamnese mit der bekannten Neigung zur Furunkelbildung sei man von einer hämatogenen Abszedierung ausgegangen mit entsprechenden chirurgisch therapeutischen Konsequenzen.

**Gutachterliche Beurteilung:** Der externe Gutachter bestätigt zunächst, dass die primäre Arbeitsdiagnose des behandelnden Facharztes für Orthopädie im Sinne eines vertebralgenen Schmerzsyndroms nachvollziehbar sei. Es sei verständlich, dass zunächst an eine der außerordentlich häufigen Bandscheibenerkrankungen gedacht worden sei und nicht an die vergleichsweise sehr seltene Coxitis. So ist auch die zunächst eingeleitete Therapie nicht zu beanstanden. Beanstandet wird jedoch das Fehlen klinischer Kontrolluntersuchungen und deren Dokumentation, nachdem durch die Therapie keine Besserung eingetrat und eine veranlasste Computertomographie keinen entsprechenden Befund erbrachte. Hier wären weitere gezielte diagnostische Maßnahmen notwendig gewesen, eventuell auch im Rahmen einer stationären Einweisung zur Abklärung der Diagnose. Es muss aufgrund kurzzeitig danach erhobener Befunde im Kreiskrankenhaus davon ausgegangen werden, dass bereits zu diesem Zeitpunkt klinisch fassbare Befunde im Bereich des rechten Hüftgelenkes der Patientin vorlagen, die durch eine Kontrolluntersuchung hätten erkannt werden können. Eine Überweisung, insbesondere zu einem Angiologen, war nicht begründet. Auch sind entsprechende Befunde nicht dokumentiert.

Nach Krankenhausaufnahme sind die zunächst durchgeführten diagnostischen Maßnahmen nicht zu beanstanden, auch nicht die Abszesseröffnung. Die Annahme eines Senkungsabszesses setze jedoch das Vorliegen eines Spondylitis oder einer anderen eitrigen Erkrankung im Retroperetonealraum voraus. Derartige Erkrankungen ließen sich jedoch nicht nachweisen. Es war fehlerhaft, die Ursache dieses Abszesses nicht weiter abzuklären und die Patientin trotz der schmerzhaften Bewegungseinschränkung in ihrem rechten Hüftgelenk aus der stationären Behandlung zu entlassen mit dem Vermerk in dem abschließenden Arztbericht, dass die Ursache der Abszedierung nicht geklärt werden konnte. Offensichtlich habe man an die Möglichkeit einer Coxitis nicht gedacht. Dadurch sei es zu einer weiteren Verzögerung der notwendigen Behandlungsmaßnahmen gekommen.

Zur Frage, ob diese benannten Fehler den weiteren Krankheitsverlauf negativ beeinflusst haben, führt der externe Gutachter aus, dass dies nicht mit ausreichender Wahrscheinlichkeit gesagt werden könne. Der eingetretene Dauerschaden müsse in erster Linie auf die Schwere der Erkrankung bezogen werden. Bei frühzeitiger Erkennung hätte zwar die Möglichkeit bestanden, durch Gabe von Antibiotika systemisch und eventuell auch intraartikulär das Hüftgelenk zu erhalten. Beweisbar sei eine solche Annahme jedoch nicht, da auch bei zeitgerechter und konsequenter Behandlung Destruktionen des betroffenen Gelenkes auftreten. Diese schwere Gelenkerkrankung sei individuell abhängig von der Virulenz der Erreger und der Immunitätslage des Patienten und nie exakt voraussehbar.

**Beurteilung der Schlichtungsstelle:** Den Bewertungen des Gutachters wird zugestimmt. Es war seitens des behandelnden Facharztes für Orthopädie fehlerhaft bei erneuten Konsultationen keine klinischen Kontrolluntersuchungen durchzuführen trotz anhaltender Schmerzen in der Hüft-Oberschenkelregion und negativer Computertomographie der Lendenwirbelsäule. Auch bei einem seltenen Krankheitsbild wie einer Coxitis muss ein Facharzt für Orthopädie bei der anhaltenden Beschwerdesymptomatik gedanklich eine Coxitis in seine differentialdiagnostischen Erwägungen einbeziehen. Eine frühere Erkennung der tatsächlichen Erkrankung war bei Beachtung der notwendigen Sorgfalt möglich und somit die Verzögerung adäquater Behandlungsmaßnahmen vermeidbar.

Im Rahmen der Krankenhausbehandlung war es fehlerhaft, die Ursache der Abszedierung im Bereich des Musculus iliopsoas rechts nicht zu klären. Die Arbeitsdiagnose eines Senkungsabszesses war hier aufgrund der erhobenen Befunde nicht nachvollziehbar. Es war fehlerhaft, dass unmittelbar naheliegende rechte Hüftgelenk nicht in die differentialdiagnostischen Erwägungen einzubeziehen und die Patientin mit ungeklärter Diagnose zu entlassen. Zugestimmt wird auch der Bewertung des Gutachters, dass diese Fehler nicht mit ausreichender Wahrscheinlichkeit den weiteren Krankheitsverlauf negativ beeinflusst haben. Bei der offensichtlich virulenten Infektion musste auch bei frühzeitigerer Diagnose und entsprechender Therapie eine Destruktion des Gelenkes und später notwendige Totolendoprothese gerechnet werden.

**Fazit:** Auch seltene Erkrankungen müssen von einem Facharzt für Orthopädie mit in die differentialdiagnostischen Überlegungen einbezogen werden, wenn im weiteren Krankheitsverlauf deutlich wird, dass die entsprechenden Befunde mit der primären Arbeitsdiagnose nicht in Übereinstimmung zu bringen sind. Insbesondere sind unter diesen Gegebenheiten klinische Kontrolluntersuchungen notwendig, einschließlich deren Dokumentation. Entsprechende Unterlassungen müssen als fehlerhaft bezeichnet werden.

## 60

**Coxa valga antetorta beiderseits, links stärker als rechts**
Intertrochantere Detorsions-Varisierungs-Osteotomie (DVO), Überkorrektur

**Krankheitsverlauf:** Die 25-jährige Patientin litt 1981 an zunehmenden Kniegelenksbeschwerden beiderseits, insbesondere bei vermehrten Belastungen und Treppensteigen. Es wurde eine retropatellare Chondropathie bei Patellahochstand beiderseits diagnostiziert und im April 1981 eine Operation nach Viernstein durchgeführt. Im Rahmen dieser stationären Behandlung in einer orthopädischen Klinik wurde ein Coxa valga antetorta beiderseits festgestellt. Beschwerden seitens der Hüftgelenke bestanden nicht. Beschrieben wir ein Gangbild mit leichter Innenrotation. Im Stehen fiel beiderseits eine einwärts gedrehte Stellung der Kniescheiben auf. Das Zeichen nach Trendelenburg war negativ.

Zur Abklärung wurden Röntgenaufnahmen des Beckens in a.p. mit hängenden Unterschenkeln und in der Rippsteintechnik angefertigt. Die klinische Diagnose einer Coxa valga antetorta wurde daraufhin bestätigt und der Patientin eine intratrochantere Detorsions-Varisierungs-Osteotomie zunächst links vorgeschlagen. Dieser Eingriff erfolgte im Oktober 1981 mit einer geplanten Varisierung von 15° Grad und Derotation von 20 Grad. Der Eingriff selbst wurde in typischerweise vorgenommen, die Osteotomie mit einer 90 Grad AO-Winkelplatte übungsstabil fixiert. Postoperativ keine Besonderheiten. Primäre Wundheilung. Aufbauende Krankengymnastik. Nach knöcherner Durchbauung der Osteotomie zunehmende Belastung. Zeitgerechte Entfernung des Osteosynthesematerials.

Postoperativ zeigte sich eine Verkürzung links von 3,0 cm. Trotz intensiver Krankengymnastik verblieb ein Hüfthinken links. Das Zeichen nach Trendelenburg war links positiv. Die Patientin klagte über anhaltende Beschwerden im linken Hüftbereich beim Gehen. Deshalb erfolgte durch den weiterbehandelnden Facharzt für Orthopädie wegen einer von ihm festgestellten postoperativen Coxa vara links eine Überweisung in eine andere orthopädische Klinik. Dort wurde die Überkorrektur bestätigt. Etwa drei Jahre nach dem Ersteingriff wurde eine Revalgisierung durchgeführt. Auch hier war der postoperative Verlauf unauffällig. Typische Nachbehandlungen. Die Röntgenkontrollen zeigten jetzt eine Normalisierung des CCD-Winkels und des AT-Winkels links. Das Zeichen nach Trendelenburg wurde negativ, die Beinverkürzung auf 1,5 cm reduziert.

Die Patientin war der Ansicht, dass die postoperativen Beschwerden, die Beinverkürzung von 3 cm und die Störung des Gangbildes und die deshalb notwendige erneute Operation drei Jahre später auf einen Fehler bei dem Ersteingriff zurückzuführen sei.

Die in Anspruch genommene orthopädische Klinik vertritt die Ansicht, dass der Eingriff indiziert war und in typischer Weise durchgeführt wurde.

**Gutachterliche Beurteilung:** Der externe Gutachter bestätigt zunächst die präoperative Diagnose einer Coxa valga antetorta bei der damals 25-jährigen Patientin ohne Zeichen einer initialen Coxarthrose und voller Überdachung des Hüftkopfes. Der externe Gutachter schreibt hierzu, dass bei einer derartigen Fehlstellung im Jahre 1981 noch allgemein die Auffassung vertreten wurde, dass zur Vermeidung einer frühzeitig sich entwickelnden Arthrose eine intertrochantere Detorsions-Varisierungs-Osteotomie indiziert sei.

Der Gutachter befasst sich dann im einzelnen mit den prä- und postoperativen röntgenologischen Befunden. Er führt dazu aus, dass aufgrund der vorliegenden einwandfreien präoperativen Röntgendiagnostik auf der linken Seite eine reeller CCD-Winkel von 138 Grad und AT-Winkel von 59 Grad vorlag. Diesen werden die Normwerte gegenübergestellt mit einem durchschnittlichen CCD-Winkel von 128 Grad und einem AT-Winkel von 15 Grad. D.h., es bestanden Abweichungen hinsichtlich des CCD-Winkels im Valgus-Sinne von 10 Grad, im Antetorsionswinkel von 44 Grad. Die Operationsplanung lautete: Varisierung 15–20 Grad, Derotation 20° Grad. Bezieht man dieses auf die reellen präoperativen Werte, so ergibt sich daraus eine Überkorrektur des CCD-Winkels im Varussinne und eine Unterkorrektur des AT-Winkels. D.h., die Operationsplanung war in sich fehlerhaft. Die bestehende, deutlich vermehrte Antetorsion wurde nicht entsprechend berücksichtigt und offensichtlich wurde von dem projizierten CCD-Winkel ausgegangen, der einen Wert von 155 Grad aufwies.

Die postoperativen Röntgenbilder zeigen dann einen projizierten CCD-Winkel von 118 Grad, d.h. es erfolgte tatsächlich bei diesem Eingriff eine Varisierung deutlich über den geplanten Werten von 15–20 Grad, nämlich um ~40 Grad.

Dieses führte zwangsläufig zu einer verstärkten Beinverkürzung von 3 cm, einem ausgeprägten Trochanterhochstand mit entsprechender muskulärer Insuffizienz und positiven Zeichen nach Trendelenburg. Bei dem Ausmaß der Fehlstellung war dieses auch durch eine intensive krankengymnastische Nachbehandlung nicht kompensierbar. Aufgrund dieser Befunde war die Revisionsoperation mit Herstellung eines regelrechten CCD- und AT-Winkel indiziert.

Die in Anspruch genommene Klinik bleibt bei ihrer Ansicht, dass operationstechnisch kein Fehler erkennbar sei. Es sei regelrecht nach den Anleitungen der AO vorgegangen.

**Beurteilung der Schlichtungsstelle:** Den Bewertungen des externen Gutachters wird zugestimmt. Im Jahr 1981 wurde allgemein die Indikation für eine intertrochantere DVO bei nachgewiesener Coxa valga antetorta großzügig gestellt mit dem Ziel, eine zu befürchtende frühzeitige Coxarthrose dadurch zu verhindern. Der entscheidende Fehler liegt in der Fehlbeurteilung der exakt angefertigten präoperativen Röntgenbilder. Hier wurde offensichtlich von dem projizierten Winkel ausgegangen und nicht von den reellen. Unter Berücksichtigung der reellen Werte hätte nur eine sparsame Varisierung erfolgen dürfen von ca. 10 Grad, demgegenüber eine stärkere Derotation, da dieser Winkel um ca. 44 Grad über der Norm lag. Im Rahmen des Eingriffes selbst wurde dann die geplante Varisierung deutlich überschritten und erreichte einen Wert von ca. 40 Grad, die Korrektur der verstärkten Antetorsion war dagegen unzureichend.

Diese grundsätzlich vermeidbaren Fehler in der Operationsplanung und in der Operationsdurchführung führten zwangsläufig zu der verstärkten Beinverkürzung und dem gestörten Gangbild mit entsprechender Beschwerdesymptomatik. Die einzige Möglichkeit, hier eine Besserung (regelrechte Winkelstellungen in beiden Ebenen) zu erreichen bestand in einer Revisionsoperation. Die Folgen der Fehler waren somit vermehrte Beschwerden und langandauernde Behandlung bis zu der vermeidbaren Revisionsoperation ca. 3 Jahre nach dem Ersteingriff.

**Fazit:** Bei der Durchführung einer intratrochanteren Detorsions-Varisierungs-Osteotomie ist hinsichtlich der Operationsplanung von den röntgenologisch exakt zu bestimmenden präoperativen reellen Werten des Schenkelhalsschaft und des Antetorsionswinkels auszugehen.

Der projizierte CCD-Winkel erscheint durch die für dieses Krankheitsgeschehen typische vermehrte Antetorsion wesentlich größer als der reelle und eine Operationsplanung, die von diesem projizierten Winkel ausgeht, muss zu Fehlergebnissen führen.

## Coxa valga antetorta bei Hüftpfannendysplasie beiderseits
Intertrochantäre Detorsions-Varisierungs-Osteotomie,
postoperativ Innendrehfehlstellung

**Krankheitsverlauf:** Bei der zum Zeitpunkt des hier zur Diskussion stehenden Eingriffes 30-jährigen Patientin bestand eine Coxa valga antetorta beiderseits mit Hüftpfannendysplasie. Deswegen war bereits 1989 auf der rechten Seite eine intertrochantäre Detorsions-Varisierungs-Osteotomie durchgeführt. Dadurch konnte die rechtsseitigen Beschwerden gebessert werden.

Im April 1997 erfolgte die intertrochantäre Detorsions-Varisierungs-Osteotomie links. Die Osteosynthese erfolgte mit einer 90 Winkelplatte und 4 Schrauben. Postoperativ primäre Wundheilung und Mobilisierung in Verbindung mit krankengymnastischer Behandlung. Schon bald nach dem Eingriff bemerkte die Patientin eine Innendrehstellung ihres linken Beines. Sie schreibt, dass sie nur mit äußerster Kraftanstrengung und unter großen Schmerzen in der Lage gewesen sei das Bein in eine normale Stellung zu bringen. Die Patientin suchte deshalb ihren behandelnden Facharzt für Orthopädie auf. Dieser fand klinisch eine Innendrehfehlstellung, veranlasste eine entsprechende Röntgenuntersuchung und wies die Patientin dann in eine benachbarte orthopädische Universitätsklinik ein. Dort wurde im Oktober 1997 wegen einer Innenrotationsfehlstellung des linken Beines von 20 Grad eine Korrekturderotationsosteotomie im Sinne einer Außenrotation von 20 Grad durchgeführt unter Verwendung des einliegenden Osteosynthesematerials.

Die Patientin war der Ansicht, dass die Erstoperation fehlerhaft durchgeführt wurde mit dem Ergebnis einer Drehfehlstellung ihres Beines und dass deshalb die Nachoperation erforderlich wurde.

Die in Anspruch genommene orthopädische Klinik wendet ein, dass die Korrekturosteotomie in typischer Weise regelrecht durchgeführt wurde.

**Gutachterliche Beurteilung:** Der Gutachter rügt zunächst, dass über die intertrochantäre Detorsions-Varisierungs-Osteotomie links im April 1997 kein Operationsbericht aktenkundig ist, sodass im einzelnen nicht zu beurteilen sei, wie im Rahmen dieses Eingriffes technisch vorgegangen wurde. Weiterhin sei zu beanstanden, dass präoperative Röntgenaufnahmen die Auskunft über die klinisch vermutete Antetorsion des Schenkelhalses geben können im Sinne der Rippsteintechnik fehlen. Auch eine präoperative Operationsplanung mit Festlegung der angestrebten Korrekturwinkel sowohl hinsichtlich der Varisierung als auch der Derotation fehlten.

Klinisch bestand postoperativ eine Innendrehfehlstellung des linken Beines von 20 Grad, die sowohl von dem behandelnden FA für Orthpädie als auch von der weiterbehandelnden orthopädischen Universitätsklinik festgestellt wurde. Durch den Folgeeingriff im Oktober 1997 wurde diese fehlerhafte Innendrehstellung korrigiert.

**Beurteilung der Schlichtungsstelle:** Den Bewertungen des externen Gutachters wird zugestimmt. Die Möglichkeit eines Rotationsfehlers gehört bei intertrochantären Detorsions-Varisierungs-Osteotomien zu den typischen Fehlern und Gefahren, sodass seitens des Operateurs hier eine besondere Sorgfalt erforderlich ist. Dieses kann z. B. durch zwei entsprechend positionierte Kirschner-Drähte als Rotationsmarkierung erfolgen. Desweiteren bestätigt die Schlichtungsstelle die Forderung, dass vor einer intertrochantären Korrekturosteotomie eine eindeutige Röntgendokumentation erfolgen muss, um das Ausmaß der notwendigen Varisierung und/oder der Derotation präoperativ festzulegen. Selbstverständlich muss die Operation durch einen entsprechenden Operationsbericht dokumentiert werden. Folgen des Fehlers sind die vermeidbare Revisionsoperation 6 Monate nach dem Ersteingriff mit der entsprechenden Verlängerung der Krankheitsdauer und vermehrter Beschwerdesymptomatik.

## 62

### Schenkelhalsbruch, Osteosynthese mit DHS
Unzureichende Reaktion auf postoperative Fehlstellung

**Krankheitsverlauf:** Der 66-jährige Patient hatte am 4.1.1997 eine instabile pertrochantäre Oberschenkelfraktur links erlitten, die noch am gleichen Abend in dem in Anspruch genommenen Krankenhaus mit dynamischer Hüftschraube versorgt wurde. Das erzielte Ergebnis wurde mit Printaufnahmen dokumentiert, die mit Einschränkung der Qualität derselben eine ordentliche Reposition und korrekte Lage des eingebrachten Osteosynthesematerials feststellen ließ. Eine 11 Tage später gefertigte Röntgenaufnahme zeigte eine deutliche Verlagerung des Hüftkopfes samt Trochanterbereich mit Ausrutschen der Hüftschraube nach außen. Die Entlassung erfolgte am 23.1., zu diesem Zeitpunkt wurde bereits Teilbelastung gestattet. Im Mai und August 1997 wurde eine unzureichende knöcherne Überbrückung und letztlich damit eine Pseudarthrose festgestellt.

Nachzutragen ist, dass es während des stationären Aufenthaltes am 10.1.1997 bei vorbestehender schwerer coronarer Gefäßerkrankung zu pektanginösen Beschwerden kam, die eine Steant-Implantation erforderlich machten.

Im Schlichtungsverfahren brachte der Patient zum Ausdruck, dass bei Operation und Nachsorge fehlerhaft gehandelt wurde und dass es aus diesem Grunde zu langanhaltender Schmerzhaftigkeit, Gehbehinderung und der eventuellen Notwendigkeit einer erneuten Operation gekommen ist.

Das in Anspruch genommene Krankenhaus wandte ein, dass die monierte Fehlstellung beabsichtigt gewesen sei. Es sei im weiteren Verlauf zu keiner wesentlichen Stellungsänderung mehr gekommen, eine knöcherne Heilung sei immer noch nicht ausgeschlossen und im Übrigen seien die Beschwerden auf eine beginnende Coxarthrose zurückzuführen.

**Gutachterliche Beurteilung:** Der Gutachter führte aus, dass, nach den Unfallaufnahmen zu urteilen, die Indikationsstellung zur Anwendung einer dynamischen Hüftkopfschraube, letztlich auch die Durchführung derselben nicht zu bemängeln sei.

Nach den schwierig zu beurteilenden postoperativen Printaufnahmen sei auch eine ordnungsgemäße Reposition erzielt worden. Die 11 Tage später feststellbare Verschiebung im ehemaligen Bruchbereich könnte durch primär nicht erkennbare, zusätzliche Knocheneinbrüche verursacht worden sein und müsse als verfahrensimmanente Komplikation angesehen werden. Der Gutachter führt dann aber weiter aus, dass die Belassung der am 15.1.1997 offenkundigen Verschiebung um halbe Schaftbreite nicht tolerabel war und hier mit hoher Wahrscheinlichkeit, insbesondere unter weiterer Belastung eine Fehlstellung und Falschgelenkbildung zu erwarten war. Zu diesem Zeitpunkt wäre eine Korrekturmaßnahme indiziert gewesen. Nach erfolgreicher Korrektur hätte mit einer Behandlungsdauer von etwa

10–12 Wochen gerechnet werden müssen. Immer noch bestehende Beeinträchtigungen seien wesentlich dem Versäumnis adäquater Korrektur anzulasten.

In Kenntnis des Gutachtens wandte das in Anspruch genommene Krankenhaus ein, dass eine vom Gutachter diskutierte Fraktur im Lager der Gleitschraube nicht nachvollziehbar sei und dass es im Gegensatz zur Ansicht des Gutachters sehr wohl Anzeichen für eine Coxarthrose vorlägen. Aus diesen Gründen könne dem Gutachten nicht zugestimmt werden.

**Beurteilung der Schlichtungsstelle:** Der Fragenkatalog wurde vollständig beantwortet, die Schlichtungsstelle sah die Wertungen des Gutachters als gerechtfertigt an. Die Röntgenaufnahmen von 15.1.1997 zeigten im Gegensatz zu den intraoperativen Printbildern eindeutig im Verlauf des Schaftlagers der Gleitschraube einen klaffenden Frakturspalt. Der Gutachter hat denkbare Gründe diskutiert und zurecht darauf hingewiesen, dass diese Komplikation, sei sie Folge einer präoperativ nicht erkennbaren Knocheneinbruchlinie oder einer intraoperativ entstandenen Knochenbruchverletzung als verletzungsimmanent und nicht als Folge fehlerhaften Handelns anzusehen war.

Insofern war nach Ansicht der Schlichtungsstelle ein Streit über diesen Punkt akademisch. Wenn man die intraoperativen Aufnahmen mit denen vom 15.1.1997 vergleicht, so ist es ganz zweifelsfrei in der Zeit zwischen diesen beiden Aufnahmen zu einer erheblichen Dislokation gekommen und es trifft auf keinen Fall zu, dass diese Dislokationsstellung intraoperativ bereits billigend in Kauf genommen wurde. Sie hat so nicht bestanden. Auch hier ist dabei eine kontroverse Diskussion unerheblich, wie auch darüber, ob es Hinweise über eine beginnende Coxarthrose gab oder nicht.

Der Gutachter hat für den Zeitraum bis zum 15.10.1997 fehlerhaftes Handeln verneint und lediglich das weitere Therapiemanagement bemängelt. Die Belassung des auf den Röntgenbildern vom 15.1.1997 offenkundigen Zustandes war fehlerhaft. Die Komplikation des Implantatbruches oder der fehlerhaften Heilung war vorhersehbar. Man hätte eine Korrekturmaßnahme ins Auge fassen müssen. Es lag keine knöcherne Abstützung mehr vor. In dieser Situation schon wenige Tage später eine Teilbelastung zu gestatten, musste zum Misserfolg führen.

Man könnte aus ärztlicher Sicht einwenden, dass sich der Patient wenige Tage vor dem 15.1.1997 wegen akut einsetzender pektanginöser Beschwerden einer Stent-Operation unterziehen musste und damit bei dem damals 66-jährigen, coronar schwer vorgeschädigten Patienten Risiken bestanden. Man hätte dieses aber mit dem Patienten besprechen, zumindest aber im Falle einer Ablehnung einer Korrektur die geplante Teilbelastung abbrechen müssen. So ist es dann aber zum weiteren Sintern, zum weiteren Auswandern der Gleitschraube und bis zum August 1997 zur Lockerung der Schraube gekommen. Eine erhebliche Verlängerung der Schmerzphase und der Behandlungszeit ist diesem fehlerhaften postoperativem Management anzulasten.

Auch ein weiterer denkbarer Einwand von ärztlicher Seite, dass bei derartig schweren Verletzungen auch bei idealer Rekonstruktion Komplikationen und Störungen des Heilverlaufes denkbar sind, kann nicht greifen, da die genannten Gründe mit ungleich höherer Wahrscheinlichkeit für die eingetretenen Komplikationen verantwortlich gemacht werden können. Die Schlichtungsstelle hielt Ansprüche für gerechtfertigt und empfahl außergerichtliche Regulierung.

**Fazit:** Eine auch nach sachgerechter operativer Behandlung feststellbare Fehlstellung bedarf unverzüglich der Korrekturmaßnahme oder im Falle deren Unmöglichkeit der situationsgerechten Aufklärung. Bei relativ schnell eingetretener Fehlstellung muss das postoperative Management derselben Rechnung tragen. Die nahezu immer ungerechtfertigte Hoffnung auf günstigen Ausgang und Unterlassung entsprechender Maßnahmen ist fehlerhaft.

## 63

**Eingestauchte Schenkelhalsfraktur rechts**
Fraktur nicht erkannt. Keine Röntgenuntersuchung

**Krankheitsverlauf:** Der 52-jährige Patient litt an einer Hemiparese rechts nach Apoplexie. Das Gehvermögen war stark eingeschränkt, der Patient war überwiegend bettlägerig. Im Januar 1995 stürzte er aus seinem Bett und fiel nach Angaben der Ehefrau auf die rechte Seite. Anschließend klagte er über sehr starke Schmerzen im rechten Oberschenkel und in der Hüftregion. Deshalb wurde am darauffolgenden Tag die Fachärztin für Allgemeinmedizin, die den Patientin seit längerem betreut, zu einem Hausbesuch gerufen. Es wurde ihr von dem Sturz aus dem Bett berichtet und der entsprechenden Beschwerdesymptomatik. Es erfolgte eine klinische Untersuchung. Danach fand sich keine Fehlstellung des rechten Beines. Das Hüftgelenk erschien stabil. Nach entsprechender Dokumentation erschien knöchern alles intakt. Es fand sich ein Druckschmerz im lateralen oberen Drittel des rechten Oberschenkels. Soweit aufgrund der bestehenden Hemiparese rechts eine Bewegungsprüfung möglich war, fanden sich keine Besonderheiten das rechte Hüft- und Kniegelenk betreffend. Dokumentiert wurden Hautabschürfungen an der rechten Hand. Aufgrund der klinischen Untersuchung wurde die Diagnose einer Hüftprellung rechts gestellt. Am folgenden Tage wurde wegen anhaltender Beschwerden nochmals ein Hausbesuch angefordert und durchgeführt. Neue Gesichtspunkte ergaben sich nicht. Erneut vier Tage später dritter Hausbesuch, da sich die Beschwerden nicht besserten. Es wurden jetzt periphere Durchblutungsstörungen festgestellt und die Beschwerden darauf bezogen. In der folgenden Zeit wurde die behandelnde Fachärztin für Allgemeinmedizin nicht erneut konsultiert. Da die Beschwerden jedoch nicht nachließen, wurde seitens der Angehörigen eine Vorstellung bei einem Chirurgen etwa zwei Monate später veranlasst. Dieser stellte röntgenologisch eine in leichter Fehlstellung knöchern verheilte ehemals eingestauchte Schenkelhalsfraktur rechts fest (Adduktions-Fraktur).

Der Patient war der Ansicht, dass ihm erhebliche Beschwerden hätten erspart werden können, wenn diese Fraktur rechtzeitig erkannt und sachgerecht behandelt worden wäre.

Die in Anspruch genommene Ärztin für Allgemeinmedizin schreibt, dass ihr gesagt wurde, dass der Patient aus dem Bett gefallen sei. Sie habe den Patienten untersucht und keine Fehlstellung des rechten Beines gefunden. Die Ehefrau des Patienten habe auf eine Röntgenuntersuchung gedrängt. Sie habe deshalb den Unfallhergang nochmals genau nachgefragt, den Patienten natürlich auch sorgfältig untersucht. Da sich jedoch keine Hinweise auf eine Fraktur fanden, habe sie von einer Röntgenaufnahme Abstand genommen.

**Gutachterliche Beurteilung:** Der externe Gutachter geht zunächst grundsätzlich auf die Systematik von Schenkelhalsfrakturen ein, insbesondere in Bezug auf instabile dislozierte Frakturen im Gegensatz zu eingestauchten nicht dislozierten Frakturen, den sogenannten Adduktionsfrakturen. Er stellt heraus, dass bei den eingestauchten Schenkelhalsfrakturen Frakturzeichen durchaus fehlen können, die eine zielgerechte klinische Diagnose erschweren. Zu berücksichtigen sei weiterhin, dass bei den aufgrund seiner Hemiparese schwer behinderten Mann eine aktive Funktionsprüfung wenn überhaupt nur sehr begrenzt erfolgen konnte. Gerade unter diesem Gesichtspunkt, aber auch aus grundsätzlichen Erwägungen sei jedoch bei derartigen Situationen die Indikation für eine röntgenologische Untersuchung gegeben. Neben der dokumentierten gründlichen klinischen Untersuchung hätte eine röntgenologische Diagnostik nicht fehlen dürfen, da eine Fraktur ohne diese insbesondere bei dem Verletzungsmuster und der Vorerkrankung nicht ausgeschlossen werden konnte. Durch diesen Fehler wurde die Fraktur nicht erkannt und die zweifellos erheblichen Schmerzen nach Erleiden der Fraktur seitens des Patienten hätten bei rechtzeitiger Diagnosestellung und daraus abgeleiteten konsequenten Behandlungsmaßnahmen zumindest wesentlich gelindert werden können.

Die in Anspruch genommene Fachärztin für Allgemeinmedizin nimmt zu dem Gutachten nicht Stellung.

**Beurteilung der Schlichtungsstelle/Fazit:** Den Bewertungen des Gutachters wird zugestimmt. Auch wenn typische Frakturzeichen einer Schenkelhalsfraktur bei dem behinderten Patienten anläßlich eines Hausbesuches nicht vorlagen, musste auch von einer Fachärztin für Allgemeinmedizin erwartet werden, dass sie bei einer Situation, wie sie sie am Untersuchungstag vorfand, an die Möglichkeit einer stabilen eingekeilten Schenkelhalsfraktur denkt und wissen, dass eine Fraktur sich keinesfalls immer klinisch ausschließen lässt, sondern dass eine ergänzende Röntgenuntersuchung unerlässlich ist.

## 64

### Schenkelhalsfraktur, unzureichende Minimalosteosynthese
Nachoperationen, Zeitverlust

**Krankheitsverlauf:** Die damals 80-jährige Patientin hat am 8.2.1996 bei einem Sturz einen medialen Schenkelhalsbruch links erlitten und wurde noch am gleichen Tage in die chirurgische Abteilung des in Anspruch genommenen Krankenhauses eingeliefert. Am Folgetag wurde der Bruch durch 3 Einzelschrauben stabilisiert, eine Röntgenkontrolle 5 Tage später zeigte aber eine erneute Fehlstellung. Daraufhin wurde eine Pohl'sche Laschenschraube eingebracht. Röntgenkontrollen vom 28.2. und 4.3. zeigten wiederum eine erhebliche Fehlstellung. Bei der Entlassung, vier Wochen nach der Verletzung wurde volle Belastbarkeit des linken Beines bei Benutzung von Unterarmgehstützen beschrieben. Nach den Aufzeichnungen der unmittelbar danach eingeschalteten Reha-Klinik waren Belastungen aber nicht möglich. Es wurde zunehmende Fehlstellung und Belastungsunfähigkeit des linken Beines durch Schmerzen beschrieben, die Reha-Maßnahme abgebrochen und die Verlegung in ein Altersheim eingeleitet. Vier Monate nach der Verletzung war röntgenologisch immer noch unzureichende knöcherne Ausheilung und deutliche Fehlstellung nachweisbar.

Im September 1996 war wegen eines Schraubenausbruches eine erneute Operation erforderlich. Es wurde eine Endoprothese implantiert. Trotz guten Sitzes dieser Prothese blieb eine erhebliche Beeinträchtigung.

Bei Einschaltung der Schlichtungsstelle ging die Patientin von einer mangelhaften operativen Versorgung bei Erst- und Zweiteingriff aus. Es resultiere daraus die bei ihr eingetretene Belastungsunfähigkeit und die Notwendigkeit eines in Aussicht gestellten dritten operativen Eingriffes.

Die in Anspruch genommene Klinik wandte ein, dass im Hinblick auf internistische Risiken und eine vorbestehende Hüftgelenksarthrose eine Schraubenosteosynthese der sachgerechte und sicher schonendere Eingriff gewesen sei. In einem Großteil der Fälle sei eine solche Maßnahmen als ausreichend anzusehen.

**Gutachterliche Beurteilung:** Der von der Schlichtungsstelle eingeschaltete Gutachter führte aus, dass nach Bruchform und Alter trotz zweifelsfrei bestehender Risiken seitens des internistischen Fachgebietes bereits bei der ersten Operation ein endoprothetischer Ersatz das Mittel der Wahl gewesen wäre. Das bei der zweiten Operation gewählte Verfahren (Laschenschraube) sei wegen zusätzlicher Bruchlinien und erheblicher Strukturschwächen des Knochens nicht als adäquat zu bewerten. Spätestens beim zweiten Eingriff hätte man sich dann zum endoprothetischen Ersatz entscheiden müssen. Insgesamt seien die beiden operativen Eingriffe nicht als verletzungsadäquat anzusehen. Es sei dadurch zu einem erheblichen Zeitverlust und daraus resultierendem Muskelschwund gekommen, der die verbliebene Gehbehinderung erkläre.

In Kenntnis dieses Gutachtens wendete die in Anspruch genommen Klinik ein, dass bei der hochbetagten und im Allgemeinzustand reduzierten Patientin der risikoärmste Eingriff gewählt wurde. Auch beim Zweiteingriff hätten die ergriffenen Maßnahmen gute Chancen geboten, den Bruch zur Ausheilung zu bringen.

**Beurteilung der Schlichtungsstelle:** Bei der 80-jährigen Patientin mit Schenkelhalsbruch vom Typ Pauwels III, die durch Alter und andere Leiden bereits erheblich vorgeschädigt war, bestand nach Bruchform (Pauwels III) mit Schraubenosteosynthese und sekundärer Osteosynthese mittels Pohl'scher Laschenschraube von vornherein nur geringe Aussicht für Stabilität und Knochenheilung. Spätestens nach dem erfolglosen Ersteingriff musste trotz vorhandener Risiken die endoprothetische Versorgung vorgeschlagen werden. Eine insuffiziente Erstmaßnahme durch eine wahrscheinlich ebenso erfolglose Zweitmaßnahme zu ergänzen, war fehlerhaft und gerechtfertigte die Feststellung, dass Zeitverlust, unnötige Drittoperation und damit ein wesentlicher Teil einhergehender Beschwerden auf Versäumnisse zurückzuführen sind.

**Fazit:** Die nach gültigen Regeln indizierte operative Versorgung des Schenkelhalsbruches vom Typ Pauwels III, hier unter nachvollziehbaren Gesichtspunkten in Form einer risikobehafteten Schraubenosteosynthese muss spätestens beim erkennbaren Misserfolg durch die optimale Behandlung (endoprothetischer Ersatz) korrigiert werden. Bei erkennbaren Risiken muss zumindest die alternative Behandlung (Verlegung in eine Spezialabteilung, endoprothetische Versorgung) vorgeschlagen werden. Die Unterlassung dieser sachgerechten Behandlung ist als fehlerhaft anzusehen.

## 65

### Schenkelhalsbruch vom Typ Pauwels III, Stabilisation mit Einzelschrauben

Schnell eintretende Fehlstellung durch ungenügende Stabilität, Zeitverlust mit Beschwerden

**Krankheitsverlauf:** Der damals 52-jährige Patient erlitt bei einem Sturz am 22.12.1995 einen rechtsseitigen medialen Schenkelhalsbruch, der noch am gleichen Tag in dem in Anspruch genommenen Krankenhaus zu stationärer Aufnahme führte. Röntgenaufnahmen ließen einen medialen Schenkelhalsbruch vom Typ Pauwels III nachweisen. Am Folgetag erfolgte die operative Reposition und Stabilisation mit drei Spongiosaschrauben.

Im weiteren Verlauf wurde laut Krankenblattaufzeichnungen Teilbelastung mit Gehwagen gestattet. Am 29.12. erfolgte die Verlegung in eine Reha-Abteilung. Dort ließen Röntgenaufnahmen vom 2.1.1996 eine Verkürzung des Schenkelhalses und ein weites Überragen der eingebrachten Schrauben nach außen nachweisen. Es wurde nun nur sehr vorsichtige und stärkere Belastungen vermeidende Nachbehandlungen angeordnet. Röntgenaufnahmen vom 23.5.1996 ließen dann eine deutliche Sinterung im Schenkelhalsbereich nachweisen, dies allerdings bei regulärem Schenkelhalswinkel aber unter Verkürzung des Beines um 3 cm.

Mit einem an die Schlichtungsstelle gerichteten Schreiben brachte der Patient dann seine Unzufriedenheit mit dem erzielten Ergebnis zum Ausdruck und führte die Beinverkürzung und die lange Behandlungszeit auf primär fehlerhafte Operationstechnik und eine verfrüht angeordnete Teilbelastung zurück.

Die in Anspruch genommene Klinik wandte ein, dass bei dem relativ jungen Patienten ein kopferhaltender Eingriff angezeigt war und keine Vollbelastung gestattet wurde. Die Sinterung im Schenkelhalsbereich und die daraus resultierende Verkürzung müsse als schicksalhaft angesehen werden.

**Gutachterliche Beurteilung:** Der von der Schlichtungsstelle eingeschaltete Gutachter führte aus, dass die Indikation zur Operation und zum gewählten Verfahren nicht zu bemängeln sei, allerdings handele es sich dabei um eine Grenzindikation. Bereits die ersten Aufnahmen nach der Operation hätten aber ein deutliches Überstehen der Schraubenköpfe erkennen lassen. Ausweislich des Arztbriefes bei der Entlassung müsse davon ausgegangen werden, dass das gestattete Belastungsausmaß die Osteosynthese überfordert habe.

Allerdings wies der Gutachter einschränkend darauf hin, dass Knochensinterungen bei derartigen Verletzungen und auch nach adäquater Versorgung möglich seien.

**Beurteilung der Schlichtungsstelle:** Nach Ansicht der Schlichtungsstelle wurde der Fragenkatalog korrekt beantwortet, die medizinischen Wertungen des Gutachters bedurften allerdings einer Präzisierung.

Der Schenkelhalsbruch beim relativ jungen Menschen sollte, wenn irgendmöglich, durch kopferhaltende Operation versorgt werden. Im vorliegenden Fall lag eine Grenzsituation vor, der Bruchspalt verlief nahezu senkrecht, auch nach optimaler Versorgung einer solchen Fraktur waren schon allein durch Muskelzug und um so stärker durch Teil- oder Vollbelastung extreme Schwerkräfte zu befürchten. Wenn man sich in einer solchen Grenzsituation zu einer Versorgung mit Einzelschrauben entschließt, so nur unter der Voraussetzung, dass postoperativ jede Längsstauchung, und zwar für längere Zeit, vermieden werden muss, da auch der Muskelzug stauchende Wirkung hat. Voraussetzung für eine derartige Überlegung ist die optimale Wiedervereinigung der Knochenenden unter gleichzeitiger Anpresshaftung durch die straff angezogenen Schrauben. Diese Anpresswirkung reduziert sich nach aller Erfahrung im Laufe der folgenden Tage und Wochen durch Knochenumbauvorgänge.

Zumindest für die entscheidende Phase der Knochenheilung sollte aber das durch die Schrauben hergestellte straffe Gefüge sonst denkbare minimale Scherbewegungen verhindern. Derartige Mikrobewegungen im Frakturbereich führen schon in kurzer Zeit zur Beschleunigung von Knochenumbauvorgängen.

Im vorliegenden Fall war das anzustrebende Ziel einer festen Fusion des Knochens durch die bereits primär unzureichende Osteosynthese nicht erreicht worden. Die am Operationstag gefertigten Röntgenaufnahmen zeigten schon ein Überragen von zwei Schrauben knapp 1 cm über die äußere Knochenrinde hinaus, was darauf schließen ließ, dass der anzustrebende Anpressdruck im Frakturbereich nicht erreicht wurde.

Es lag eine instabile Osteosynthese vor, die mit und ohne Entlastung schon nach ganz kurzer Zeit zur schleichenden Knochenauflösung an den Frakturflächen führen musste. Somit war es auch nicht verwunderlich, dass bereits 10 Tage später eine deutliche Verkürzung des Schenkelhalses und ein weiteres Überragen der Schraubenköpfe um zusätzliche(!) 1,5 cm nachweisbar war. Eine so schnell fortschreitende Knochenresorption und daraus resultierende Beinverkürzung ist unter den Voraussetzungen einer „stabilen" Osteosynthese auch bei ungerechtfertigter Vollbelastung nicht möglich. Es muss also von Anfang an Instabilität in der Frakturzone bestanden haben und diese ist auch durch das Röntgenbild vom postoperativen Tag beweisbar.

Das zwischen Klinik und Gutachter kontrovers diskutierte Ausmass postoperativer Belastung hat nur akademischen Wert, denn auch bei voller Entlastung hätte der Mangel an primärer Stabilität, allein durch Muskelzug und Bewegungen über Mikrobeweglichkeit zur Makrobeweglichkeit geführt. Die Knochensinterung wäre ähnlich schnell vorangeschritten. Dass es dann trotzdem noch zu knöcherner Heilung gekommen ist, also eine Pseudarthrose vermieden wurde, musste als glückhaft angesehen werden. Über das

Ausmaß der Resorption und der daraus resultierenden Verkürzung konnte ebenfalls nur hypothetisch geurteilt werden. Es war aber sehr wahrscheinlich, dass eine durch unzureichende Osteosynthese verursachte Instabilität das Ausmaß der Resorption erhöht hatte.

Die Hinnahme stabilitätsvermindernder Schraubenlage wie auch die Unterlassung von Korrekturmaßnahmen in den Folgetagen musste als fehlerhaft angesehen werden, die Schlichtungsstelle hielt Ansprüche für gerechtfertigt und empfahl die Frage außergerichtliche Regulierung zu prüfen.

**Fazit:** Komplikationsträchtige Mängel einer Osteosynthese wie auch das Versäumnis zeitgerecht eingeleiteter Maßnahmen zur Beseitigung des postoperativ erkannten Mangels müssen als fehlerhaft angesehen werden.

## 66

**Schenkelhalsbruch, unzulängliche Osteosynthese, Versäumnis zeitgerechter Korrektur, ineffektive Korrekturoperation**
Zeitverlust, damit einhergehende Beschwerden, Beeinträchtigung des Endergebnisses

**Krankheitsverlauf:** Der damals 26-jährige Patient hatte am 18.8.1996 bei einem Verkehrsunfall einen Luxationstrümmerbruch des rechten Mittelfußes, einen Sprunggelenkverrenkungsbruch sowie einen lateralen Schenkelhalsbruch links erlitten. Er wurde wenig später in das in Anspruch genommene Krankenhaus eingeliefert. Noch am gleichen Tage wurde die Mittelfußverletzung nach Reposition durch Anlegen eines äußeren Spanners versorgt und am Folgetag der Schenkelhalsbruch mit einer dynamischen Hüftkopfschraube stabilisiert. Am 23.8.1996 erfolgte dann die operative Versorgung der Sprunggelenkverrenkungsverletzung. Nach einem anfänglich komplikationsbehafteten Verlauf durch die Folgen eines Thorax-/Bauchtraumas konnte der Patient dann zunehmend mobilisiert und am 25.10.1996 mit der Maßgabe zur Teilbelastung in ambulante Behandlung entlassen werden. Die Röntgenaufnahmen, schon während des stationären Aufenthaltes aber auch den folgenden Wochen, zeigten Klaffstellung im ehemaligen Schenkelhalsbruchbereich und eine zunehmende Sinterung.

Bei einer Reha-Behandlung im März 1997 wurden starke Gehbehinderungen durch Schmerzen im Hüftgelenksbereich beschrieben. Am 18.7.1997 wurde die Metallentfernung vorgenommen und wegen des Nachweises ungenügender knöcherner Durchbauung Schwammknochen in den Kanal der ehemals eingebrachten Hüftkopfschraube eingebracht. Im Oktober 1997 wurde in einem Nachbarkrankenhaus eine Pseudarthrose beschrieben und am 10.11.1997 eine Umstellungsosteotomie und Stabilisation mit einer Winkelplatte vorgenommen. Es kam danach schnell zu knöcherner Ausheilung, es verblieb Bewegungseinschränkung im Hüftgelenk und vermehrte Beschwerden.

Der Patient war der Ansicht, dass die ehemals im erstbehandelnden Krankenhaus erfolgte Versorgung der Schenkelhalsfraktur unzureichend war, dass im weiteren Verlauf auf Gehstörungen und Schmerzen unzureichend reagiert wurde und dass es daraus resultierend zu einer Verkürzung des Beines, zu funktionellen Beeinträchtigungen, weiteren Operationen, beruflichen Nachteilen und zu einem erheblichen Zeitverlust gekommen sei.

**Gutachterliche Beurteilung:** Der von der Schlichtungsstelle eingeschaltete Gutachter stellte fest, dass die Indikationsstellung zur operativen Versorgung nicht zu bemängeln sei. Die erfolgreiche Behandlung der Mittelfuß- und Sprunggelenksverletzung zeugten vom Leistungsstand der Klinik. Bezüglich der Schenkelhalsfraktur sei festzustellen, dass bereits die ersten verwertbaren Röntgenkontrollen nach Operation bei einer allerdings von vornherein komplikationsträchtigen Frakturform eine ungenügende Stellung der Bruchstücke zueinander erkennen ließ. Dieses könnte nur mit technischen Mängeln bei der intraoperativen Reposition und Stabilisation erklärt werden. Auch im weiteren Management seien Versäumnisse zu erkennen. Bereits nach drei Monaten hätte klar sein müssen, dass bei weiterem Zuwarten keine knöcherne Ausheilung zu erreichen war. Somit sei es fehlerbedingt zur Verlängerung in der Behandlung und auch zu einem Teil verbliebener Beeinträchtigungen gekommen.

In Kenntnis dieses Gutachtens wandte die in Anspruch genommene Klinik ein, dass durch die Kombinationsverletzungen eine ungewöhnlich schwierige Situation vorgelegen habe, die zum damaligen Zeitpunkt eine technisch aufwendigere Versorgung insbesondere eine primäre Umstellungsosteotomie nicht zugelassen hätte. Die vorliegende Frakturform sei grundsätzlich mit Komplikationsmöglichkeiten behaftet, insofern sei überwiegend von einem schicksalhaften Verlauf auszugehen.

Der noch einmal eingeschaltete Gutachter führte dazu aus, dass diese Einwände im Gutachten bereits berücksichtigt wurden. Die Begleitverletzungen hätten nach einem gewissen Zeitraum adäquate Reaktionen zugelassen. Der Schweregrad der Begleitverletzungen könne trotz der komplikationsträchtigen Bruchform das Versäumnis einer adäquaten Reposition nicht entschuldigen.

**Beurteilung der Schlichtungsstelle:** Die vorliegenden Kombinationsverletzungen waren nicht geeignet, Zeitpunkt und Umstände für die primäre Versorgung der Schenkelhalsfraktur maßgeblich zu beeinflussen. Bereits die ersten postoperativen Röntgenkontrollaufnahmen zeigten unzulängliche und komplikationsträchtige Stellung. Wiederum konnten die Begleitverletzungen nicht davon entheben, bezüglich der unbefriedigenden Frakturstellung frühzeitige Korrekturmaßnahmen in Erwägung zu ziehen bzw. mit dem Patienten zu besprechen. Die im Juli 1997, d. h. 11 Monate nach Verletzung bei Metallentfernung wegen Pseudarthrose vorgenommene Anlagerung von Schwammknochen ausschließlich in den Schraubenkanal hinein musste ebenfalls als unzureichend angesehen werden. Eine radikale und einzig erfolgversprechende Maßnahme wurde nicht in Erwägung gezogen bzw. mit dem Patienten nicht besprochen. Wesentlich früher musste erkannt werden, dass die Folge primär unzulänglicher Osteosynthese ausschließlich mit einer Umstellungsosteotomie anzugehen war.

Die aus ungerechtfertigten Hoffnungen resultierende, zuwartende Haltung und die letztlich frustane Operation mussten nach Ansicht der Schlichtungsstelle als fehlerhaft angesehen werden. Spätestens im Dezember 1996 hätten, insbesondere unter Berücksichtigung der Jugend des Verletzten, sachgerechte Maßnahmen eingeleitet werden müssen. Dies unterblieb, insofern war der Wertung des Gutachters zuzustimmen, dass dem Patienten fehlerhaft eine 10–11-monatige Verlängerung des Krankheitsverlaufes mit den einhergehenden Beschwerden sowie eine zusätzliche Operation zugemutet wurde.

Die Schlichtungsstelle hielt Schadenersatzansprüche für begründet und empfahl die Frage einer außergerichtlichen Regulierung zu prüfen.

**Fazit:** Bei der Versorgung komplizierter Schenkelhalsfrakturen sind mit und ohne technische Unzulänglichkeiten unbefriedigende Primärergebnisse möglich. Eine als unzulänglich erkannte Osteosynthese und die daraus resultierenden Komplikationen verlangen unabhängig von schicksalhafter oder fehlerhafter Ursächlichkeit dann aber zeitgerechte und sachgemäße Korrektur. Beim Wissen um die geringfügigen Chancen eines günstigen Heilungsverlaufes unter zuwartendem Verhalten ist Letzteres als fehlerhaft anzusehen.

## 67

### Mediale Schenkelhalsfraktur rechts, Implantation einer zementfreien Hüftgelenkstotalendoprothese
Fehlimplantation des femuralen Anteiles der Endoprothese

**Krankheitsverlauf:** Die 65-jährige Patientin erlitt im Dezember einen medialen Schenkelhalsbruch rechts und wurde am gleichen Tage in eine benachbarte chirurgische Krankenhausabteilung eingeliefert. Nach entsprechender Operationsvorbereitung wurde am Folgetag eine zementlose Hüftgelenkstotalendoprothese implantiert mit einem Standardschaft der Größe III vom Typ Zweymüller. Der postoperative Verlauf war insgesamt komplikationslos. Es zeigte sich jedoch eine Beinverlängerung rechts von über 2,0 cm.

Im weiteren Verlauf traten kurzfristig zunehmende Schmerzen unter Belastung des rechten Beines auf, sodass die Patientin wiederum gezwungen war, zum Gehen zwei Unterarmstützen zu benutzen. Röntgenologisch zeigte sich eine deutliche Lockerung des Endoprothesenstiels, sodass bereits 10 Monate postoperativ eine entsprechende Wechseloperation durchgeführt werden musste.

Die Patientin war der Ansicht, dass die Beinverlängerung rechts von über 2 cm und die Notwendigkeit eines frühzeitigen Endoprothesenstielwechsels auf eine fehlerhafte durchgeführte Operation zurückzuführen sei.

Das in Anspruch genommene Krankenhaus weist einen operationstechnischen Fehler im Rahmen der Implantation der Hüftgelenkstotalendoprothese zurück. Beinverlängerung ließen sich auch bei Beachtung aller Sorgfalt ebensowenig vermeiden wie frühzeitige Implantatlockerungen.

**Gutachterliche Beurteilung:** Der externe Gutachter bestätigt zunächst grundsätzlich die Aussage des Operateurs, dass Beinlängendifferenzen im Rahmen der Implantation von Hüftgelenkstotalendoprothesen nicht immer vermeidbar sind und dass auch frühzeitige Lockerungen, insbesondere bei Infekten auch bei Beachtung aller Sorgfalt auftreten können. Voraussetzung sei jedoch die technisch regelrechte Implantation der Endoprothese.

Diese Voraussetzungen seien bei dem Eingriff in Bezug auf die zementlos implantierte Schraubpfanne erfüllt. Dieses gelte jedoch nicht für die Implantation des Endoprothesenstieles. Hier überrage der Oberschenkelanteil der Endoprothese nach den postoperativen Röntgenbildern eindeutig die Resektionsfläche des Schenkelhalses, die in richtiger Höhe liege, um mindestens 2 cm. Dieses müsse als ein vermeidbarer operationstechnischer Mangel bewertet werden. Es könne dem Operateur und den an dem Eingriff beteiligten Ärzten nicht entgangen sein, dass die Oberschenkelprothese Größe III Typ Zweymüller nicht tief genug in die Markhöhle des Oberschenkels eingeschlagen werden konnte und demzufolge zu weit, nämlich mindestens 2 cm über den Resektionsrand des Schenkelhalses ragte. Es finde sich weder im Operationsbericht, im schriftlichen Befund des postoperativen Röntgenbild, im Arztbericht und im Qualitätssicherungsprotokoll eine Erwähnung dieses Befundes.

Der externe Gutachter vertritt die Ansicht, dass es im Rahmen des Eingriffes angezeigt gewesen wäre, das wegen der Abmessung des Prothesenstieles nicht vollständig einsetzbare Implantat Größe III Typ Zweymüller gegen ein geeignetes anderes Implantat unter Hinnahme einer Operationsverlängerung intraoperativ auszuwechseln. Diese hätte sich mit einem durchaus vertretbaren Zeitaufwand und ohne Beschädigung des Knochen machen lassen, denn das nicht tief genug in der Markhöhle des Oberschenkels befindliche und mit dem Knochen verklemmte Implantat war nicht einzementiert, sodass es sich hätte zurückschlagen lassen um dann eine passende Femurprothese einzusetzen.

Der externe Gutachter geht weiterhin davon aus, dass die frühzeitige Lockerung des Endoprothesenstieles ursächlich auf die Fehlimplantation zurückzuführen sei. Bei der Revisionsoperation hätten sich keine Hinweise auf eine vorausgegangene schleichende Infektion ergeben, es müsse deshalb von einer aseptischen Lockerung ausgegangen werden. Dass diese Lockerung tatsächlich vollständig war, ergebe sich aus dem Operationsbericht, bei dem sich die einliegende Schaftendoprothese ohne Schwierigkeiten herausziehen ließ. Es müsse mit ausreichender Wahrscheinlichkeit davon ausgegangen werden, dass die frühzeitige Lockerung auf die primäre Fehlimplantation zurückzuführen sei in Verbindung mit der dabei bedingt biomechanisch ungünstigen Verlängerung des Schenkelhalses um über 2 cm bei Resektion des Schenkelhalses in richtiger Höhe und Überragen der Endoprothese um diesen Wert.

Das in Anspruch genommene Krankenhaus wendet ein, dass die implantierte Schaftgrösse schon in der präoperativen Planung durch das Auflegen von Schablonen bestimmt und entsprechend festgelegt sei. Deshalb können nicht von einem Sorgfaltsmangel gesprochen werden. Der ursächliche Zusammenhang zwischen der von dem Gutachter genannten Fehlimplantation und der frühzeitigen aseptischen Endoprothesenlockerung wird abgelehnt.

**Ergänzende gutachterliche Beurteilung:** Aufgrund dieser Stellungnahme wurde der externe Gutachter um eine ergänzende Beurteilung gebeten. Er führt hierzu auf, dass es eine anerkannte Regel bei der Implantation einer Hüftgelenksendoprothese sei, die Implantate vorschriftsmäßig, also auch in richtiger Größe, in den Knochen einzusetzen. Dieses sei nicht geschehen. Sitzt eine Prothese nicht richtig im Knochen – hier unvollständig und das Bein unnötig verlängernd – so würde deren Verfestigung durch knöchernen Anwuchs an die Prothesenoberfläche beeinträchtigt. Unstreitig könne sich jedes Implantat lockern. Der Lockerungsvorgang wird jedoch generell durch Implantationsmängel wesentlich begünstigt.

Weiterhin wird darauf hingewiesen, dass bei Auflegen von Schablonen zur Vorabbestimmung und Auswahl von Implantaten insofern eine Irrtumsmöglichkeit gegeben sei, als die Schablone nicht notwendigerweise die richtige Relation zur tatsächlichen Abmessung des Oberschenkels wiedergebe. Dieses läge an dem Vergrößerungseffekt des radiologisch abgebildeten Knochens auf dem Film, herbeigeführt durch die individuell differierenden Abstände zwischen a) Focus der Röntgenröhre, b) Objekt (also Oberschenkel) und c) Film. Ein Vergrößerungswert von durchschnittlich etwa 15% könne somit variieren. Beim Einsetzen des Femurimplantates merke man, ob das Implantat zu groß sei. Es sei ohne Schwierigkeiten erkennbar, wenn das Implantat zu weit über die Resektionsfläche rage. Das unbedingte Festhalten an einer Vorauswahl eines Implantates aufgrund einer Vorbestimmung mit Schablone entspreche nicht den anerkannten Regeln der Heilkunde. Es sei zu verlangen, dass ein passendes Implantat eingesetzt werde.

**Beurteilung der Schlichtungsstelle:** Den Bewertungen des Gutachters wird zugestimmt. Ein Implantat muss den gegebenen anatomischen Voraussetzungen hinsichtlich seiner Passgerechtigkeit entsprechen. Tut es dies nicht, wie hier im Sinne einer Verlängerung des Schenkelhalses um über 2 cm, müssen die Folgen im Sinne einer vermeidbaren Beinverlängerung und hier auch insbesonders einer frühzeitigen aseptischen Endoprothesenlockerung dem Operateur zur Last gelegt werden. Folge dieses Fehlers waren vermehrte postoperative Beschwerden, beginnend etwa vier Monate nach dem ersten Eingriff bis zur Revisionsoperation 10 Monate nach dem Primäreingriff einschlließlich der damit verbundenen Krankenhausbehandlung und Beschwerdesymptomatik sowie erneuter Reha-Maßnahmen.

**Fazit:** Bei der Implantation von Endoprothesen muss streng auf die richtige Größenauswahl der Implantate geachtet werden. Zu kleine oder zu große Implantate beeinflussen den postoperativen Verlauf negativ, d.h. hier im Sinne einer frühzeitigen Implantatlockerung und vermeidbarer Beinlängendifferenzen.

## 68

**Mediale Schenkelhalsfraktur,
Implantation einer Hüftgelenkstotalendoprothese**
Postoperativ Sturz, keine ärztliche Untersuchung, keine Dokumentation

**Krankheitsverlauf:** Die 65-jährige Patientin stürzte im Jahre 1997 und zog sich dabei eine mediale Schenkelhalsfraktur links zu. Sie wurde am Unfalltag in einem benachbarten Krankenhaus stationär aufgenommen. Nach entsprechenden Operationsvorbereitungen wurde drei Tage später eine zementlos fixierte Hüftgelenkstotalendoprothese links implantiert. Der postoperative Verlauf war zunächst komplikationslos. Mobilisierung mit zwei Unterarmstützen.

14 Tage nach der Operation ist dokumentiert: „Patientin klingelt, saß dann auf dem Fußboden und gab an, dass sie aufs Gesäß gefallen sei. Keine wesentlichen Schmerzen". In den darauffolgenden Tagen sind keine Besonderheiten dokumentiert. Zwei Tage nach diesem Ereignis wurde die Patientin aus der stationären Behandlung entlassen. In dem Entlassungsbericht heißt es: „Der peri- und postoperative Verlauf war im Wesentlichen komplikationslos, die Patient wurde intensiv krankengymnastisch beübt und an Unterarmgehstützen mobilisiert." Wegen zunehmender Beschwerdesymptomatik überwies der Hausarzt die Patientin zur Kontrolluntersuchung in das Krankenhaus. In den Aufzeichnungen des Hausarztes ist dokumentiert: „Patientin kann schmerzbedingt nicht auftreten." Bei der Kontrolluntersuchung fand sich eine Fraktur der medialen Femurcorticalis links proximal. Die Endoprothese war tiefer getreten. Es wurden eine Entlastung des linken Beines und weiterhin Krankengymnastik verschrieben.

Vier Wochen später besserten sich die Beschwerden, die Belastbarkeit des linken Beines nahm zu. Eine Röntgenkontrolle ergab, dass die Fraktur verheilt war. Im weiteren Verlauf traten jedoch erneut Beschwerden mit Belastungsinsuffizienz des linken Beines auf. In einem anderen Krankenhaus wurde eine Lockerung des Endoprothesenstieles mit Rotation festgestellt. Neun Monate nach dem Primäreingriff erfolgte ein Endoprothesenwechsel. Dabei fand sich ein Oberschenkelimplantat welches eingesunken, von Narbengewebe umgeben und rotiert war. Der postoperative Verlauf war ohne Besonderheiten.

Die Patientin war der Ansicht, dass der Sturz 14 Tage nach der Operation nicht ausreichend gewürdigt wurde. Sie sei weder ärztlich untersucht, noch geröntgt worden. Sie gehe davon aus, dass der später festgestellte Knochenbruch auf diesen Sturz zurückzuführen sei. Der spätere Prothesenwechsel hätte vermieden werden können.

Das in Anspruch genommene Krankenhaus weißt darauf hin, dass der postoperative Verlauf komplikationslos war. Es wird angenommen, dass die vier Wochen nach der Entlassung festgestellte Oberschenkelfraktur nach der stationären Behandlung aufgetreten sei und somit nicht in den Verantwortungsbereich des Krankenhauses falle.

**Gutachterliche Beurteilung:** Der externe Gutachter stellt zunächst fest, dass die Primäroperation mit Einbringen der Hüftgelenkstotalendoprothese links regelrecht durchgeführt wurde. Das postoperative Röntgenbild zeige eine regelrechte Lage der Implantate und es wird betont, dass bei sorgfältiger Durchsicht dieser postoperativen Röntgenbilder auch mit starker Vergrößerung im Bereich der medialen Corticalis des Oberschenkels keine Fissur erkennbar sei.

Aufgrund des weiteren Verlaufes führt der Gutachter zunächst aus, dass Oberschenkelimplantate, die ohne Verwendung von Knochenzement zu implantieren sind, bündig in den Oberschenkelschaft eingeschlagen werden müssen, um eine primäre Stabilität zu erreichen. Wenn dieses Implantat zu forciert eingetrieben werde, so sei eine von der Resektionsfläche ausgehende längsverlaufende Aufspaltungsfraktur eine systembedingte unerwünschte Begleiterscheinung. Bei zementloser Implantation sei mit dieser Komplikation in 6,3% der Fälle zu rechnen.

Auf den postoperativen Röntgenbildern sei jedoch auch unter Lupenvergrößerung kein Hinweis dafür zu finden, dass eine derartige Aufspaltungsfraktur des Knochenrohres unter dieser Operation eingetreten und eventuell nicht bemerkt sei. Der Zeitpunkt der Aufspaltungsfraktur sei aus den vorliegenden Unterlagen nicht zuverlässig zu belegen. An der regelrechten Implantation der Endoprothese bestehe kein Zweifel. Die Nachbehandlung sei nicht zu beanstanden. Die Mobilisierung habe bis zu dem im Pflegebericht dokumentierten Sturz zu einer zu erwartenden Gehleistung geführt. Nach diesem Sturz sei fehlerhafterweise kein Arzt hinzugezogen worden. Es sei keine Röntgenkontrolle durchgeführt worden. Dieses müsse jedoch nach einem derartigen Ereignis gefordert werden. Das einzige Ereignis, welches als Ursache für die später festgestellte Aufspaltungsfraktur in Betracht komme, sei der Sturz im Krankenhaus zwei Tage vor der Entlassung.

Gerügt wird von dem externen Gutachter weiterhin, dass kein Entlassungsbefund dokumentiert ist, weder in dem Krankenblatt der Patientin noch in dem Entlassungsarztbrief. Bei rechtzeitiger Erkennung der Fraktur und befundangemessener Behandlung wäre mit einer Ausheilung in einem Zeitraum von etwa 6 Wochen zu rechnen gewesen.

Das in Anspruch genommene Krankenhaus wendet ein, dass eine gezielte ärztliche Untersuchung wegen des im Pflegebericht dokumentierten Ereignisses nicht erforderlich gewesen sei, da die Patientin keine wesentlichen Schmerzen gehabt habe. Aus diesem Grunde sei auch keine Röntgenkontrolle notwendig gewesen. Die Patientin sei selbstverständlich am Entlassungstag routinemäßig ärztlich untersucht worden. Hierüber fänden sich keine Aufzeichnungen, da regelrechte Befunde nicht dokumentiert werden müssten.

**Beurteilung der Schlichtungsstelle:** Der Bewertung des Gutachters wird zugestimmt. Es ist davon auszugehen, dass nach einer Schenkelhalsfraktur links eine zementlose Totalendoprothese regelrecht implantiert wurde und dass auf dem postoperativen Röntgenbild im Bereich der medialen Corticalis des Oberschenkels keine Fissur vorlag. Das dokumentierte Ereignis ist das einzige Geschehen, auf welches ursächlich die später diagnostizierte Aufspaltungsfraktur zurückgeführt werden kann. Mit Wahrscheinlichkeit hat primär lediglich eine Fissur vorgelegen, die relativ wenig Beschwerden verursachte und erst im weiteren Verlauf nach der Entlassung und zunehmender Belastung muss von einem Einsinken der Endoprothese ausgegangen werden aufgrund der posttraumatischen Aufspaltungsfraktur.

Grundsätzlich wird seitens der Schlichtungsstelle ein Organisationsfehler gesehen. Bei derartigen Ereignissen muss ein Arzt gerufen werden, es muss eine ärztliche Untersuchung erfolgen und danach muss ärztlicherseits entschieden werden, ob eine Röntgenkontrolle indiziert ist. Dieses gilt auch, wenn nach dem Ereignis keine gravierenden Beschwerden vorgelegen haben.

Beanstandet wird seitens der Schlichtungsstelle weiterhin, dass kein Entlassungsbefund vorliegt. Dieses ist grundsätzlich erforderlich und entgegen der Ansicht des Krankenhauses auch dann, wenn ein regelrechter Befund vorliegt. In diesem Versäumnis wird ein Dokumentationsfehler gesehen.

Bei entsprechender Diagnostik am Tage des Sturzes wären befundangemessene Behandlungsmaßnahmen indiziert gewesen, wobei es retrospektiv nicht möglich ist, verbindliche Aussagen darüber zu machen, ob zu diesem Zeitpunkt eine sofortige operative Behandlung erforderlich gewesen wäre oder ob eventuell auch konservative Maßnahmen mit Ruhigstellung und Entlastung ausgereicht hätten, um die Verletzungsfolgen zur Ausheilung zu bringen. Es kann auch nicht mit ausreichender Wahrscheinlichkeit gesagt werden, ob der einige Monate später notwendige Prothesewechsel vermeidbar gewesen wäre. Der Sturz selbst kann dem Krankenhaus nicht zur Last gelegt werden. Vermeidbar waren die vermehrten Beschwerden nach dem Sturz bis zur Feststellung der Fraktur.

**Fazit:** Bei unvorhergesehenen Ereignissen (Sturz eines Patienten) muss organisatorisch sicher gestellt werden, dass ein Arzt gerufen und eine ärztliche Untersuchung durchgeführt wird mit entsprechender Dokumentation. Welche weiteren diagnostischen und/oder therapeutischen Maßnahmen zu ergreifen sind, muss ärztlicherseits entschieden werden. Unterbleibt dies, ist von einem Organisationsfehler auszugehen. Entlassungsbefunde nach operativen Eingriffen sind zu dokumentieren, auch wenn nach Ansicht des behandelnden Arztes ein regelrechter Befund vorliegt. Unterbleibt dieses, so ist darin ein Dokumentationsfehler zu sehen.

## 69

**Mediale Schenkelhalsfraktur rechts.
Implantation einer Hüft-TEP**
Postoperativ psychotisches Durchgangssyndrom mit Sturz aus dem Bett,
Luxationsfraktur rechte Hüfte/Oberschenkel. Organisationsverschulden

**Krankheitsverlauf:** Die 72-jährige Patientin erlitt durch einen Sturz Zuhause eine mediale Schenkelhalsfraktur rechts. Deshalb stationäre Aufnahme in dem benachbarten Krankenhaus. Hier erfolgt am 15.1.1996 die Implantation einer Hüft-TEP rechts. Die Operation verlief ohne Besonderheiten. Postoperativ Verlegung auf die Intensivstation. In der Nacht vom 15. zum 16.1.1996 keine Besonderheiten. Am 16.1.1996 Verlegung auf die Allgemeinstation. Dort entwickelte sich in der Nacht vom 16. zum 17.1.1996 ein typisches psychotisches Durchgangssyndrom. Die Patientin war verwirrt, desorientiert, entfernte sich die Redon-Drainage, zum Teil auch den Verband und stand um 6.00 Uhr neben ihrem Bett, ohne dass hier irgendwelche Verletzungen im Pflegeprotokoll dokumentiert sind. Es findet sich kein Hinweis darauf, dass in dieser Nacht ein Arzt gerufen wurde. Am 17.1.1996 tagsüber entspannte sich die Situation, die Verwirrtheit verschwand zunächst. In der darauffolgenden Nacht bis 0.20 Uhr keine Besonderheiten. Dann heißt es in dem Pflegebericht, die Patientin sei wiederum desorientiert und wolle aufstehen. Es wurden Bettgitter angebracht. Die Patientin erhielt 15 ml Eunerpan. Es wurde ein Verbandswechsel durchgeführt. Die Patientin will weiterhin aufstehen. Hochgradig verwirrt. Dann wieder vorübergehende Beruhigung. Dann heißt es in dem Pflegebericht ohne Zeitangabe: „Patientin ist über die Bettgitter gestiegen und liegengeblieben". Es wird eine Röntgenuntersuchung durchgeführt, diese zeigt eine Luxation der Implantathüfte mit Einstauchung des Implantatschaftes in die Oberschenkelmarkhöhle und schräg verlaufendem Abbruch eines großen medialen Segmentes des proximalen Femur unter Einbeziehung des Trochantor minor. Deshalb nach entsprechender Vorbereitung Revisionsoperation am 22.1.1996 mit Auswechslung des Endoprothesenschaftes und osteosynthetischer Versorgung der Fraktur. Im weiteren Verlauf wiederholt Luxationen der Endoprothese und Lösung der Osteosynthese, sodass am 28.2.1996 erneut operativ eingegriffen werden muss mit einem Endoprothesenwechsel und Stabilisierung der Fraktur.

Die Patientin war der Ansicht, dass der Sturz aus dem Bett mit nachfolgender Luxationsfraktur bei einer ausreichenden Aufsicht vermeidbar gewesen wäre.

Das in Anspruch genommene Krankenhaus wendet ein, dass die Aufsicht ausreichend gewesen sei, es sei nicht vorausehbar gewesen, dass die Patientin über die Bettgitter steigen und stürzen würde.

**Gutachterliche Beurteilung:** Der externe Gutachter gelangt zunächst zu der Feststellung, dass die Indikationen zu den jeweils durchgeführten Operationen sachgerecht waren und dass diese Eingriffe ordnungsgemäß durchgeführt wurden.

Beanstandet wird, dass in der Nacht vom 16./17.1.1996 nach der Dokumentation kein Arzt gerufen wurde. So habe allein die Pflegekraft im Nachtdienst versuchen müssen, so gut sie es konnte, mit der Situation fertig zu werden. Die Pflegekraft war mit dieser Aufgabe überfordert, sie konnte das Ausmaß möglicher Folgen nicht abschätzen.

Weiterhin wird festgehalten, dass es kennzeichnend sei für ein psychotisches Durchgangssyndrom, dass tagsüber am 17.1.1996 eine Entspannungssituation eintrat. Es sind jedoch keine Maßnahmen getroffen worden, einer erneuten Entwicklung eines Durchgangssyndroms in der folgenden Nacht vorzubeugen. Als sich ein derartiges Durchgangssyndrom mit hochgradigem Verwirrtheitszustand erneut einstellte, wurde wohl ein Arzt gerufen, der einen Verbandswechsel durchführte und eine entsprechende medikamentöse Behandlung anordnete, auch wurden Bettgitter angebracht. Eine Überwachung der Patientin erfolgte jedoch nicht. Es sei nicht verständlich, warum bei dieser Situation keine Rückverlegung auf die im Hause befindliche Intensivstation erfolgt sei. So konnte die Patienten offensichtlich in ihrem Verwirrtheitszustand, ohne dass es bemerkt wurde, über die Bettgitter steigen, und dann vor dem Bett liegend aufgefunden wurde. Dieses sei bei entsprechender Aufsicht bzw. Organisation innerhalb des Krankenhauses vermeidbar gewesen. Vermeidbar waren somit die sich daran anschließenden operativen Eingriffe mit einer wesentlichen Verlängerung der Gesamtbehandlungszeit.

Die in Anspruch genommene Klinik wendet gegen das Gutachten ein, dass sehr wohl ein Nachtdienst auf der Station gewesen wäre und dass auch der diensthabende Arzt gerufen wurde und eine entsprechende Medikation veranlasst habe.

**Beurteilung der Schlichtungsstelle:** Der Bewertung des Gutachters wird zugestimmt. Bereits in der 2. postoperativen Nacht kam es zu einem ausgeprägten psychotisches Durchgangssyndrom. Die Patientin war hochgradig verwirrt, entfernte teilweise den Verband und die Redon-Drainage und stand schließlich vor dem Bett. Der Rüge des Gutachters, dass hier offensichtlich kein Arzt gerufen wurde, wird gefolgt, das Ereignis hatte jedoch keine negativen Folgen. Es musste den behandelnden Ärzten bewusst sein, dass es typisch für ein derartiges psychotische Durchgangssyndrom ist, dass tagsüber zunächst eine Beruhigung eintritt, dass jedoch in der darauffolgenden Nacht ein erneuter Verwirrtheitszustand drohte. Es hätten entsprechende vorbeugende Maßnahmen durchgeführt werden müssen und als sich zeigte, dass sich das psychotischen Durchgangssyndrom wiederholte, hätte eine Verlegung auf die Intensivstation des Hauses erfolgen müssen, um eine angemessene Überwachung der hochgradig verwirrten Patientin sicher zu stellen. Eine Überwachung auf der Station durch die Nachtwache konnte nicht ausreichend sein. Das Anbringen von Bettgittern war grundsätzlich richtig, es ist jedoch bekannt, dass Patienten mit einem psychotischen Durchgangssyndrom durchaus diese Bettgitter überwinden und aus dem Bett stürzen können. Dieses wäre durch angemessene organisatorische Maßnahmen vermeidbar gewesen. Hinsichtlich der Folgen dieses Organisationsfehlers stimmt die Schlichtungsstelle mit der Beurteilung des Gutachters überein.

**Fazit:** Eine postoperative angemessene Überwachung von Patienten muss in einem Krankenhaus organisatorisch sichergestellt sein. Insbesondere wenn ein psychotisches Durchgangssyndrom auftritt, ist die ständige Beobachtung dieser Patienten erforderlich, sei es auf einer Intensivstation oder durch eine Sitzwache. Die Unterlassung einer derartigen Aufsicht muss als fehlerhaft angesehen werden.

## 70
### Schwere Coxarthrose links bei Zustand nach intertrochantärer Umstellungsosteotomie, Implantation einer Hüftgelenkstotalendoprothese. Perforation des Femurschaftes

**Krankheitsverlauf:** Bei der zum Zeitpunkt der Operation 58-jährigen Patientin war 6 Jahre zuvor eine intertrochantäre Umstellungsosteotomie links durchgeführt wegen einer Dysplasie Coxarthrose. Im weiteren Verlauf entwickelte sich dann eine Hüftkopfnekrose Stadium IV links mit ausgeprägten sekundärarthrotischen Veränderungen sowie einem kompletten Einbruch des Nekrosebezirkes zentral. Daraus ergab sich die Indikation zur Implantation einer Hüftgelenkstotalendoprothese.

Es erfolgte zunächst die problemlose Implantation der Endoprothesenpfanne mit auch postoperativ belegter regelrechter Positionierung. Bei der Schaftpräparation fand sich eine sehr ausgeprägte Sklerosierung infolge der vorangegangenen Umstellungsosteotomie. Es war deshalb ein Aufbohren des proximalen Femurschaftes erforderlich, um einen Zugang zu der Markhöhle zu gewinnen. Es wurde dann ein Zweymüller-Schaft Größe 5 eingebracht, wobei der Operateur eine leicht varische Schaftpostion bemerkte, die ihm jedoch tolerabel erschien. Unter der Operation erfolgten Durchleuchtungskontrollen, die eine regelrechte Positionierung der Endoprothesepfannen zeigten mit ebenfalls regelrechter Artikulation zum Endoprothesenkopf, jedoch keine Beurteilung des Endoprothesenschaftes erlaubten.

Eine postoperative Röntgenkontrolle mit Darstellung der gesamten Endoprothese unterblieb. Eine derartige Röntgenkontrolle erfolgte erst vier Tage postoperativ. Hier zeigte sich eine Perforation der lateralen Femurkortikalis durch den Endoprothesenstiel mit Aussprengung eines Knochenfragmentes. Daraus ergab sich die zwingende Indikation zum kurzfristigen Endoprothesenwechsel. Dieser erfolgte regelrecht.

Die Patientin war der Ansicht, dass diese Revisionsoperation bei richtigem Primäreingriff vermeidbar gewesen wäre.

Die in Anspruch genommene Klinik nimmt zu dem Vorgang nicht Stellung.

**Gutachterliche Beurteilung:** Der externe Gutachter stellt zunächst fest, dass die Indikation zur Implantation einer Hüftgelenksendoprothese zweifelsfrei gegeben war. Die Endoprothesenpfanne wurde regelrecht eingebracht.

Es wird bestätigt, dass sich die anatomischen Verhältnisse hinsichtlich der Achsenausrichtung bei der Implantation einer Hüftgelenkstotalendoprothese im proximalen Femur häufig dann als schwierig erweisen, wenn intertrochantäre Umstellungsosteotomien vorausgegangen sind. Die bestehende Sklerosierungszonen müssen häufig aufgebohrt werden. Dabei ist eine besondere Sorgfalt hinsichtlich der Ausrichtung erforderlich. Trotzdem sind Perforationen des Femurschaftes nicht immer vermeidbar. Entscheidend ist jedoch, dass eine derartige Komplikation intraoperativ bemerkt wird um entsprechend korrigierend einzugreifen. Dieses wurde versäumt. Die Endoprothese wurde vielmehr in Varusposition eingebracht. Die intraoperativen Röntgenkontrollen mit dem Bildwandler waren unzureichend, da der Endoprothesenstiel nicht miterfasst wurde. Auch eine direkt postoperativ zu fordernde Röntgenkontrollaufnahme unterblieb. So wurde diese Komplikation übersehen. Sie wurde erst vier Tage später anhand einer verspäteten Röntgenkontrolle erkannt und dann im Rahmen eines regelrechten Zweiteingriffes korrigiert. Dieser Zweiteingriff war vermeidbar. Bei Erkennung der Schaftperforation unter dem Primäreingriff wäre eine sofortige Korrektur möglich gewesen und hätte erfolgen müssen.

Die in Anspruch genommene Klinik nimmt hierzu nicht Stellung.

**Beurteilung der Schlichtungsstelle:** Den Bewertungen des Gutachters wird zugestimmt.

Die Implantation eines Endoprothesenstieles bei vorausgegangener intratrochantärer Korrekturosteotomie kann sich häufig als recht schwierig erweisen. Im Rahmen des notwendigen Aufbohrens sind Perforationen der Femurkortikalis nicht immer vermeidbar. Sie müssen jedoch intraoperativ erkannt und korrigiert werden. Erfolgt dieses nicht, so muss der erforderliche Revisionseingriff dem Operateur zur Last gelegt werden.

**Fazit:** Bei der Implantation einer Hüftgelenkstotalendoprothese nach vorausgegangener intertrochantärer Korrekturosteotomie muss bei dem Einbringen des Endoprothesenstieles mit besonderer Sorgfalt vorgegangen und durch entsprechende Röntgenkontrollen mögliche Perforationen der Femurkortikalis erkannt und intra operationem korrigiert werden.

## 71

### Coxarthrose links, Hüft-TEP links

Beinverlängerung über 3 cm. Fehlplazierung von Steinmann-Nägeln. Ischiadicus Dehnungsschaden

**Krankheitsverlauf:** Die 71-jährige Patientin mit einer Körpergröße von 160 cm und einem Gewicht von 80 kg litt unter einer schweren Coxathrose links mit entsprechender Beschwerdesymptomatik und Funktionsbehinderung. Deshalb erfolgte im März 1996 die Implantation einer zementfixierten Hüftgelenkstotalprothese vom Typ St. Georg. Postoperativ lagen eine Fußheberparese links vor sowie sensible Ausfälle im Versorgungsbereich des Nervus ischiadicus. Im weiteren Verlauf gute Rückbildungstendenz. Es ergab sich postoperativ eine Beinverlängerung links von gut 3 cm. Der Ausgleich erfolgte durch eine entsprechende Schuherhöhung der Gegenseite.

Die Patientin war der Ansicht, dass die Beinverlängerung links und die Lähmung und Gefühlsstörung auf eine fehlerhafte Operation zurückzuführen sein.

Die in Anspruch genommene Klinik schreibt, dass die Übersicht im Operationsgebiet wegen des Übergewichtes der Patientin erschwert war, sodass die ursprüngliche Schnittführung etwas erweitert werden musste. Ein beim Einbringen von Steinmann-Nägeln bemerkte Dehnung des Nervus ischiadicus sei umgehend korrigiert. Wegen der unter der Operation beobachteten schlaffen Muskulatur sei der Schenkelhals bewusst um ca. 1 cm köpernahe der Linea intertrochanterica abgesetzt, um einer Luxationsneigung vorzubeugen. Eine mögliche postoperative Beinverlängerung sei dabei in Kauf genommen worden.

**Gutachterliche Beurteilung:** Der Gutachter geht zunächst auf den vorliegenden Operationsbericht ein. Hier heißt es, dass beim Einsetzen von Steinmann-Nägeln zur Retraktion der Weichteile der Nervus ischiadicus nach dorsal gedehnt wird, sodass die Steinmann-Nägel umgehend umgesetzt werden mussten. Es fiel eine Schlaffheit der Muskulatur auf, sodass eine erhöhte Luxationsneigung der TEP zu befürchten war. Deshalb wird der Schenkelhals zunächst ca. 1 cm oberhalb der Linea intertrochanterica mit der oszillierenden Säge abgesetzt. Nach Einsetzen der Probierprothese ergab sich ein guter Sitz mit normalem Gelenkspiel ohne Luxationsneigung, sodass auf ein weiteres Absetzen des Schenkelhalses verzichtet wird. Postoperativ wurden jedoch motorische und sensible Ausfälle am operierten Bein festgestellt, die als Dehnungsschaden des Nervus ischiadicus gedeutet wurden. Eine entsprechende Lagerungsbehandlung und Elektrotherapie wurde eingeleitet. Eine exakte neurologische Diagnostik erfolgte jedoch erst ca. 2½ Monate nach dem Eingriff. Zu diesem Zeitpunkt hatten sich die motorischen Ausfälle bereits wieder vollständig erholt, sodass auch für die noch bestehenden sensiblen Ausfälle eine günstige Prognose gestellt wurde.

Weiterhin ergab sich postoperativ klinisch und nach Auswertung der vorliegenden Röntgenaufnahmen eine Beinverlängerung links von ca. 3,5 cm gegenüber dem präoperativen Zustand. Dabei schränkt der Gutachter ein, dass die für diese Messung zugrundeliegende Röntgenaufnahme nicht ganz exakt im selben Strahlengang getroffen sind, sodass die tatsächlichen Werte um einige Millimeter schwanken könnten. Die postoperativen Röntgenaufnahmen zeigten weiterhin, dass oberhalb der Linea intertrochanterica noch ein Schenkelhalsrest von 2,5 cm belassen wurde.

Der Gutachter kommt zu dem Ergebnis, dass ursächlich für den postoperativen Dehnungsschaden des Nervus ischiadicus mit entsprechenden neurologischen Ausfällen eine intraoperative Fehlplazierung von Steinmann-Nägeln zur Retraktion der Weichteile verantwortlich gemacht werden müsse und zum anderen eine Überdehnung des Nerv durch eine Verlängerung des Oberschenkel zwischen 3,0–3,5 cm. Beides sei bei Beachtung der entsprechenden Sorgfalt vermeidbar gewesen. Insbesondere weist der Gutachter daraufhin, dass Beinverlängerungen von 10–15 mm auch bei sorgfältigstem Vorgehen nicht immer vermeidbar seien. Beinverlängerungen von über 3,0 cm und darüber müssten jedoch als fehlerhaft bezeichnet werden.

Die in Anspruch genommene Klinik nimmt zu dem Gutachten nicht Stellung.

**Beurteilung der Schlichtungsstelle:** Den Bewertungen des Gutachters wird zugestimmt. Wenn zur Retraktion von Weichteilen im Rahmen der Implantation eine Hüftgelenksendoprothese Steinmann-Nägel verwandt werden, so ist hierbei eine besondere Sorgfalt erforderlich, um Begleitschäden zu vermeiden.

Nach dem Operationsbericht wurden bei dem hier zur Diskussion stehenden Eingriff die Steinmann-Nägel offensichtlich primär fehlplaziert, sodass der Nervus ischiadicus nach dorsal gedehnt wurde. Weiterhin können postoperative Beinverlängerungen ab 3,0 cm bei primär normaler Anlage des sekundär arthrotisch veränderten Hüftgelenks nicht akzeptiert werden. Im vorliegenden Fall muss hier in Verbindung mit der Fehlplazierung der Steinmann-Nägel ebenfalls eine Ursache für den postoperativen Ischiadicus-Dehnungsschaden gesehen werden, der nach ca. 10 Monaten weitgehend abgeklungen war. Bleibend ist jedoch die Notwendigkeit eines Verkürzungsausgleiches durch eine entsprechende Schuherhöhung rechts von ca. 3 cm.

**Fazit:** Die Verwendung von Steinmann-Nägeln zur Retraktion von Weichteilen im Rahmen der Implantation in der Hüfte bedarf der besonderen Sorgfalt. Der Operateur muss sich der Risiken von Begleitverletzungen insbesondere der benachbarten Gefäße und Nerven bewusst sein. Weiterhin sind postoperative Beinverlängerungen ab 3,0 cm bei einem primär normal angelegten und sekundär arthrotisch veränderten Hüftgelenk vermeidbar und müssen dem Operateur zur Last gelegt werden.

## 72

**Coxarthrose rechts,
Implantation einer Hüftgelenkstotalendoprothese**
Verrutschen eines Steinmann-Nagels mit Dickdarm-
und Gefäßverletzungen sowie Nervus ischadicus-Schädigung

**Krankheitsverlauf:** Die 65-jährige Patientin wurde im Oktober 1997 wegen einer schweren Coxarthrose rechts in einem wohnortnahen Krankenhaus zur Implantation einer Hüftgelenkstotalendoprothese aufgenommen. Praeoperativ keine Besonderheiten. Röntgenologisch keine Fehlanlage oder Dysplasie.

Nach dem lückenhaften Operationsprotokoll erfolgte der Zugang zur rechten Hüfte von dorsal. Zur Retraktion der Weichteile wurde bei der Präparation des knöchernen Acetabulums versucht, einen Steinmann-Nagel im Pfannendachbereich einzuschlagen. Dabei rutschte dieser Steinmann-Nagel vom Os ilium nach dorsal ab und verschwand ca. 20 cm in der Tiefe. Der Nagel wurde herausgezogen und im zweiten Anlauf in den Knochen eingedreht. Der Eingriff zur Implantation der Hüft-TEP wurde fortgesetzt, bis nach der Zementierung der Implantatpfanne ein ausgeprägter Blutdruckabfall auftrat. Deshalb „längere Wartepause". Dieser Blutdruckabfall wird laut Operationsprotokoll auf die jetzt einsetzende Spinalanästhesie zurückgeführt. Diese primäre Spinalanästhesie wurde wegen nicht ausreichender Wirkung durch eine Intubationsnarkose ergänzt. Schließlich wurde der Eingriff nach Transfusionen in Kopf-Tieflage fortgesetzt, das Oberschenkelimplantat einzementiert, der Kugelkopf aufgesetzt und der Eingriff in typischer Weise beendet. Erst nach Ende dieses Eingriffes wird „wegen des immer noch ungeklärten Blutdruckabfalles" eine abdominale Sonographie durchgeführt (nach dem Anästhesieprotokoll ca. 2 Stunden nach OP-Beginn). Es fand sich massenhaft freie Flüssigkeit im Bauchraum, deshalb Hinzuziehen eines Gefäßchirurgen. Nach dem Öffnen des Bauchraumes entleerte sich massenhaft Blut. Im Colon sigmoideum wurden drei bohnengroße Wanddefekte aufgefunden und übernäht. Im Bauchraum keine Blutungsquelle, im Retroperitonaeum keine Verletzung der Arteria iliaca communis oder Arteria iliaca interna, jedoch größere venöse und arterielle Blutungen aus der Tiefe der Gesäßmuskulatur. Da diese durch Umstechung nicht zu beherrschen waren, wurde die Arteria iliaca interna unterbunden.

Im weiteren Verlauf Trachetomie und Langzeitbeatmung, insgesamt Transfusion von 19 Konserven bzw. Erykonzentraten. 10 Tage postoperativ Ausräumung eines großen retroperitonealen Hämatoms. Die Ursache für diese Nachblutung wird in einer Gerinnungsstörung nach hämorrhagischem Schock und Massentransfusion gesehen.

Jetzt werden auch neurologische Defizite im Sinne einer Fußheberparese rechts bemerkt. Eine neurologische Untersuchung ergab eine Ischiadicusschädigung mit Verletzung sowohl des tibialen als auch des peronealen Anteiles.

Die Patientin war der Ansicht, dass diese schwere lebensbedrohliche Komplikation durch einen Operationsfehler hervorgerufen wurde und somit vermeidbar gewesen wäre.

Das in Anspruch genommene Krankenhaus sieht in dem Abrutschen des Steinmann-Nagels keine Verletzung der Sorgfaltspflicht. Der daraufhin eingetretene Blutdruckabfall wird weiterhin auf die erst jetzt einsetzende Spinalanästhesie zurückgeführt. Komplikationen durch den abgerutschten Steinmann-Nagel seien zunächst nicht erkennbar gewesen. Als dieses dann der Fall war, habe man unverzüglich situationsentsprechend gehandelt.

**Gutachterliche Beurteilung:** Der externe Gutachter schreibt zunächst, dass grundsätzlich die Verwendung eines Steinmann-Nagels zur Erleichterung der Retraktion der Weichteile bei der Präparation des Acetabulums anstelle des manuellen Beiseitehaltens der Weichteile zu akzeptieren sei. Er weist darauf hin, dass bei diesem Vorgehen besondere Sorgfalt erforderlich ist, vor allem in dem Sinne, dass nicht die innere Kortikalis des Darmbeines durchstoßen wird, weil dies zu schwerwiegenden Verletzungen führen könne.

Im vorliegenden Fall sei der Steinmann-Nagel nicht wie beabsichtigt, oberhalb des Acetabulum im Bereich des Pfannenerkers eingeschlagen, sondern an der falschen Stelle, nämlich weit dorsal und gefährlich nahe an der Incisura ischadica. Hier glitt der Steinmann-Nagel an der Rundung der Incisura ischadica ab und drang tief in die Becken- und Bauchweichteile, fast bis zum gegenseitigen Darmbeikamm ein. Dieses wird als ein vermeidbarer, durch ungenaues und unvorsichtiges Operieren verursachter Fehler gewertet.

Wenn, wie geschehen, der Nagel vom Darmbein abgleitet und tief in das Becken eindringt, so liege mit größter Wahrscheinlichkeit eine sehr ernste Verletzung vor und es sei nicht verständlich, dass der Operateur dies nicht zur Kenntnis genommen und kritisch beurteilt habe, sondern unmittelbar nach dieser instrumentellen Verletzung weiter operiert habe, ohne sich um diese Stichverletzung zu kümmern. Dieses wäre jedoch seine Pflicht gewesen. Die Revision des Stichkanales hätte im Interesse der Risikobegrenzung einen eindeutigen Vorrang gehabt. Den folgenden Blutdruckabfall auf die primär eingeleitete Spinalanästhesie, die dann durch eine Intubationsnarkose ergänzt wurde, zurückzuführen, sei nicht nachvollziehbar. Ein letaler Ausgang habe letztlich nur durch die Bluttransfusionen und das Eingreifen des verspätet gerufenen Chirurgen abgewandt werden können.

Die postoperativ festgestellte Teillähmung des Nervus ischiadicus müsse mit überwiegender Wahrscheinlichkeit auf eine vermeidbare Verletzung und die schwere Druckschädigung dieser Nerven zurückgeführt werden.

Das in Anspruch genommene Krankenhaus wendet ein, dass die durch den eingedrungenen Steinmann-Nagel bedingten Verletzungen primär nicht erkennbar gewesen wären. Hingewiesen wird auf mögliche besondere anatomische Verhältnisse der Patientin, die eventuell die Übersicht im Operationsgebiet erschwert hätten. Die postoperative Ischiadicus-Teilparese könne auch auf nicht vermeidbare Ursachen zurückgeführt werden.

**Beurteilung der Schlichtungsstelle:** Den Bewertungen des Gutachters wird zugestimmt. Es muss von einem unsachgemäßen und nicht sorgfältigen Umgang mit dem Steinmann-Nagel ausgegangen werden. Es wurde offensichtlich versucht, diesen Steinmann-Nagel an falscher Stelle einzuschlagen, sodass er abrutschte und tief in das Becken, fast bis zum gegenseitigen Darmbeinkamm eindrang. Unverständlich ist das weitere Verhalten des Operateurs, indem er sich offensichtlich um diese schwere Komplikation nicht kümmerte und den nachfolgenden Blutdruckabfall auf eine erst jetzt wirkende Spinalanästhesie zurückführte. Weiterhin ist bekannt, dass Ischiadicus-Teilparesen im Rahmen der Implantation einer Hüftgelenkstotalendoprothese auch bei aller Sorgfalt nicht immer vermeidbar sind. Diese Voraussetzungen waren im vorliegenden Fall jedoch nicht gegeben.

Es muss vielmehr von einem schweren Behandlungsfehler ausgegangen werden, sodass Beweiserleichterungen zugunsten der Patientin zum Tragen kommen. Als Folge der genannten Fehler sind die Darm- und Gefäßverletzung mit der deshalb notwendigen chirurgischen Intervention, der hämorrhagische Schock mit akuter Lebensbedrohung, länger dauernde Behandlung auf der Intensivstation mit Trachetomie, sekundäre Ausräumung eines Hämatoms und die Teilparese des Nervus Ischiadicus rechts.

**Fazit:** Bei der Verwendung von Steimann-Nägeln im Rahmen der Implantation einer Hüftgelenkstotalendoprothese zur Retraktion der Weichteile ist eine besondere Sorgfalt erforderlich. Sollte es dabei zu Zwischenfällen kommen, sei es durch Perforation der inneren Kortikaliswand oder durch Abgleiten des Nagels, müssen unverzüglich situationsgerechte Maßnahmen eingeleitet werden, um den möglicherweise durch diese Komplikation entstanden Schaden auf ein Minimum zu begrenzen. Entsprechende Unterlassungen sind als grob fehlerhaft zu bezeichnen.

## 73

**Coxarthrose links, Hüft-TEP links mit temporärer Osteotomie des Trochanter major**

Unzureichende Fixation des Trochanter major, Revisionsoperation

**Krankheitsverlauf:** Der 70-jährige Patient wurde von seinem behandelnden Facharzt für Orthopädie wegen einer schweren Coxarthrose links in ein benachbartes Krankenhaus zur Implantation einer Hüft-TEP eingewiesen. Der Eingriff selbst verlief ohne Besonderheiten, wobei jedoch beim Zugang eine Trochanterostoetomie durchgeführt wurde. Diese Throchanterostoetomie wurde mit einem Zerclagedraht fixiert. Primäre Wundheilung, Anschlussheilbehandlung. Im weiteren Verlauf kam es zu zunehmenden Beschwerden im Bereich des Trochanter major mit mangelnder Belastungsfähigkeit des linken Beines.

Es wurde eine Pseudarthrose der Trochanterosteotomie festgestellt und 6 Monate nach dem Primäreingriff eine Revisionsoperation in dem gleichen Krankenhaus durchgeführt. Es kam jedoch zu einer erneuten Pseudarthrosenbildung, sodass eine zweite Revsionsoperation in dem gleichen Krankenhaus erfolgte. Auch danach trat keine Beschwerdefreiheit ein, sodass der Patient eine benachbarte Klinik aufsuchte. Dort wurde eine weitere Revisionsoperation durchgeführt mit Entfernung aller Metallteile und Reinsertion der pelvitrochanteren Muskulatur am Trochanter major transossär.

Der Patient war der Ansicht, dass diese wiederholten Revisionsoperationen aufgrund eines Fehlers bei dem Primäreingriff erforderlich waren.

Das in Anspruch genommene Krankenhaus wendet ein, dass eine primäre Osteotomie des Trochanter major bei der Implantation einer Hüftgelenkstotalendoprothese nicht zu beanstanden sei. Pseudarthrosen ließen sich nicht immer vermeiden.

**Gutachterliche Beurteilung:** Der externe Gutachter stellt zunächst fest, dass die Indikation zur Implantation einer Hüftgelenkstotalendoprothese bei der vorliegenden Coxarthrose gegeben war und die Endoprothese selbst regelrecht eingebracht wurde. Die postoperativen Röntgenbilder zeigen eine gute Positionierung der Endoprothesenkomponenten.

Ungewöhnlich sei jedoch, dass bei der Operation primär eine Trochanterostomie durchgeführt wurde. Diese Notwendigkeit hierzu lasse sich auf den Röntgenbildern nicht nachvollziehen. Es würden keine außergewöhnlichen anatomischen Gegebenheiten vorliegen. Es habe sich vielmehr um eine sog. Routine-TEP gehandelt. Zwar habe der Pionier der modernen Hüftendoprothetik, Sir John Charnley, in den 60er Jahren grundsätzlich eine Trochanterosteotomie durchgeführt, jedoch mit anschließend sicherer Refixierung. Heutzutage würden bei einer Primärimplantation einer Hüft-TEP jedoch kaum mehr Trochanterosteotomie durchgeführt, eine solche komme nur bei extrem anatomischen Verhältnissen zum Einsatz oder gelegentlich beim TEP-Wechsel. Dies deshalb, weil die Problematik der Pseudarthrosenbildung gut bekannt sei. Grundsätzlich wird jedoch die hier durchgeführte primäre Trochanterosteotomie nicht als Fehler bezeichnet.

Fehlerhaft war jedoch die Refixation des osteotomierten Trochanter major. Üblich sei eine klassische Zugurtungsosteosynthese mit ausreichend starkem Osteosynthesematerial im Sinne von kräftigen Kirschner- und Zerclage-Drähten. Der im vorliegenden Fall lediglich zur Anwendung gekommene Draht sei sehr dünn und könne die anfallenden Kräfte keinesfalls übernehmen und auch das Fragment nicht stabilisieren. Weiterhin wird beanstandet, dass der osteotomierte Knochen sehr klein sei. Je kleiner aber das abgesägte Stück, um so problematischer sei die Wiederbefestigung. Bei der zweiten Revisionsoperation sei ein hakenförmig zurechtgebogener 3 mm Kirschner-Draht verwandt und zusätzlich eine Großfragmentspongiosaschraube. Auf der postoperativen Röntgenaufnahme sei bereits wieder eine Verschiebung der Fragmente zu sehen. Diese Art der Fixierung und ihre technische Durchführung könne nicht akzeptiert werden. Die Revisionsoperation mit erneuten Fixierung des primär abgesägten Trochanter major wäre bei richtiger Operationstechnik und richtiger Lage der Osteotomie vermeidbar gewesen.

Das in Anspruch genommene Krankenhaus hält die Durchführung einer Trochanterosteotomie bei der Implantation einer Hüftgelenkstotalendoprothese weiterhin für ein gängiges Verfahren und ist auch der Ansicht, dass die gewählte Stabilisierung mit einem zugegebenermaßen dünnen Draht ausreichend sei.

**Beurteilung der Schlichtungsstelle:** Den Bewertungen des Gutachters wird zugestimmt. Auch wenn heutzutage bei Primärimplantationen eine Hüftgelenkstotalendoprothese ohne vorliegende anatomische Besonderheiten auf eine Trochanterosteotomie im allgemeinen verzichtet wird, kann dieses operative Vorgehen nicht grundsätzlich als fehlerhaft bezeichnet werden. Wesentlich ist jedoch, dass das osteotomierte Knochenstück von ausreichender Größe ist, um eine anschließende Befestigung zu gewährleisten. Die Refixierung selbst muss sich nach den üblichen, allgemein anerkannten Techniken im Sinne einer Zugurtungsosteosynthese ausrichten. Ein einzelner dünner Draht kann nicht als ausreichend bezeichnet werden. Deshalb müssen die Revisionsoperationen auf die genannten Fehler zurückgeführt werden.

**Fazit:** Bei der Implantation einer Hüftgelenkstotalendoprothese sollte im Normalfall die Osteotomie des Trochanter major vermieden werden. Erweist sie sich als notwendig, muss das osteotomierte Knochenstück ausreichend groß sein, um eine zuverlässige Osteosynthese nach allgemein anerkannten Richtlinien zu ermöglichen.

# 74

## Coxarthrose links, Implantation einer Hüftgelenkstotalendoprothese
Läsion der Arteria und Vena femoralis communis und des Nervus femoralis

**Krankheitsverlauf:** Bei der 80-jährigen Patientin lag eine ausgeprägte Coxarthrose links vor. Hieraus ergab sich die Operationsindikation zur Implantation einer Hüft-TEP. Im Operationsbericht heißt es, dass es beim Bearbeiten der Hüftpfanne mit Entfernung der Osteophyten am Pfannenrand und Entknorpelung sowie stufenweise Auffräsen der Pfanne im Bereich des am unteren Pfannenrand eingesetzten 2. Hohmann-Hakens zu einer starken venösen Blutung kam. Die Exploration zeigte, dass die Quelle dieser Blutung aus der Tiefe der medialen Weichteile kam. Es wurde angenommen, aus dem Bereich der Vena femoralis.

Da dieser Bereich anatomisch von der bestehenden Wunde bei seitlichem Zugang nicht exploriert werden konnte, erfolgte ein Längsschnitt medial unterhalb des Leistenbandes mit Aufsuchen des Gefäßbündels der Arteria und Vena femoralis. Dabei zeigten sich Verletzungen beider Gefäße, sodass provisorisch eine Buldog-Klemme angelegt wurde. Aufgrund der Notwendigkeit einer gefäßchirurgischen Weiterversorgung wurden die Wunden probatorisch steril abgedeckt und die Patientin notfallmäßig per Hubschrauber in eine benachbarte Universitätsklinik verlegt.

Dort wurde gefäßchirurgisch eine Verletzung sowohl der Arteria als auch der Vena femoralis communis bestätigt. Es erfolgte eine entsprechende Resektion der geschädigten Arterien- und Venensegmente mit anschließender End-zu-End-Anastomosierung. Die doppler-sonographische Untersuchung des Beines ergab eine volle Durchgängigkeit. Anschließend wurde von Ärzten der Orthopädischen Universitätsklinik die vorgesehene Implantation einer Hüftgelenkstotalendoprothese links durchgeführt. Hier ergaben sich keine Besonderheiten. Postoperativ zeigte sich jedoch eine komplette Parese des Muskulus quadriceps in Verbindung mit typischen Sensibilitätsstörungen entsprechend einer kompletten peripheren Femoralisparese links, die auch im weiteren Verlauf keine Rückbildungstendenz zeigte. Eine operative Revision des Nervus femoralis wurde nicht durchgeführt.

Die Patientin war der Ansicht, dass diese schwerwiegende Komplikation mit Gefäß- und Nervenverletzungen bei Beachtung entsprechender Sorgfalt vermeidbar gewesen wäre.

Seitens der Chirurgischen Abteilung des behandelnden Krankenhauses wird die Ansicht vertreten, dass ursächlich für diese Komplikation der Einsatz der Hohmann-Haken zum Weghalten der Weichteilgewebe gewesen sein im Sinne eines Zuges oder einer Dehnung auf die entsprechenden Strukturen, wobei es durchaus auch einmal zu einem kleinen Einriss kommen könne. Dieses sei auch bei aller Sorgfalt nicht immer vermeidbar. Auf die entsprechende Literatur wird hingewiesen.

**Gutachterliche Beurteilung:** Der Gutachter weist zunächst darauf hin, dass es sich um die Primärimplantation einer Hüftgelenkstotalendoprothese bei einer typischen Coxarthrose gehandelt habe ohne besondere Fehlform, etwa im Sinne einer Dysplasie oder sonstiger schwieriger anatomischer Verhältnisse. Entsprechend dem Operationsbericht weist der Gutachter darauf hin, dass es im Rahmen des Fräsvorganges zur Vorbereitung der Hüftpfanne plötzlich zu einer Blutung gekommen sei. Unter den gegebenen Verhältnissen sei es zunächst richtig gewesen, das Gefäßbündel durch einen zusätzlichen Hautschnitt freizulegen, die Blutung durch Anlegen einer Gefäßklemme zu stillen und die Patientin unverzüglich per Hubschrauber in eine benachbarte Universitätsklinik zur weiteren Versorgung zu verlegen.

Der Gutachter weist weiterhin darauf hin, dass es bei der Präparation der Pfanne zur Aufnahme der Endoprothesenpfanne eindeutig zu einer Verletzung aller drei Strukturen, nämlich der Arteria und Vena femoralis communis und des Nervus femoralis gekommen sei. Dabei sei von Seiten der anatomischen Verhältnisse der Nervus femoralis von diesen drei Strukturen der der antero-medialen Gelenkkapsel am nächsten liegende. Eine Verletzung dieser drei Strukturen könne nicht auf einen Hakendruck zurückgeführt werden. Dabei wird darauf hingewiesen, dass es sich nicht nur – wie von dem Operateur vermutet – um eine kleines Leck der Vena femoralis gehandelt habe, sondern vielmehr um eine lokale Zerstörung sowohl der Arterie als auch der Vene. Erst nach entsprechender Resektion der verletzten Gefäßanteile konnte eine End-zu-End-Anastomose vorgenommen werden.

Ursächlich für diese Komplikation müsse von einer zu groben Frästechnik unter Nichtbeachtung der Weichteilstrukturen am antero-medialen Pfannenrand ausgegangen werden, die letztlich zu einer Zerreißung der Gefäßstrukturen und des Nervus femoralis geführt hätten. Es handele sich dabei um eine Komplikation, die weit über das normale Maß hinausgehe und auch unter Berücksichtigung der einschlägigen Literatur nicht als eine Komplikation angesehen werden könne, die sich bei entsprechender Sorgfalt nicht immer vermeiden lasse.

Der Gutachter bezeichnet diese Komplikation bei einem primär keinesfalls ungewöhnlichen, d.h. standardgemäßen Operationstitus als Folge eines grob fehlerhaften Vorgehens bei dem Auffräsen der Hüftpfanne.

Das in Anspruch genommene Krankenhaus vertritt weiterhin die Ansicht, dass die Schädigung beim Einsatz des Hohmann-Hebels entstanden sein muss. Die Nachteile des Hohmann-Hakens seien schon länger bekannt. Er soll die oftmals bindegewebig sehr straffen und rigiden Weichteile weghalten, um eine optimale Übersicht zu gewährleisten. Dies geschehe mit mehr oder weniger großem Kraftaufwand, der Haken rutsche leicht ab und dadurch könne es auch bei Beachtung aller Sorgfalt eventuell auch beim Wiedereinsatz des Hakens zu einer Verletzung der in der Nähe liegende Gefäß- und Nervenstrukturen kommen.

**Beurteilung der Schlichtungsstelle:** Den Ausführungen des Gutachters wird zugestimmt.

Auszugehen ist von einer typischen Coxarthrose links ohne Voroperationen. Im Rahmen des Eingriffes ist es zweifelsfrei zu einer offensichtlich umfangreichen Verletzung der Arteria und Vena femoralis und des Nervus femoralis gekommen. Dem Gutachter wird auch beigepflichtet, dass aufgrund dieser Gefäßverletzungen es richtig war, die Patientin unverzüglich per Hubschrauber in eine benachbarte Universitätsklinik zu verlegen.

Der Argumentation des Operateurs, dass diese Verletzung der genannten drei Strukturen durch den üblicherweise verwandten Hohmann-Hebel verursacht wurde, kann nicht gefolgt werden. Es ist hier auch auf den Operationsbericht hinzuweisen, in dem es heißt, dass es bei der Bearbeitung der Hüftpfanne mit Entfernung der Osteophyten am Pfannenrand und Entknorpelung sowie stufenweisem Auffräsen der Pfanne plötzlich zu einer starken Blutung kam. Es musste deshalb davon ausgegangen werden, dass dieser Fräsvorgang nicht mit der notwendigen Sorgfalt durchgeführt wurde. Es ist richtig, dass es beim Beiseitehalten der Weichteile durch entsprechenden Hakendruck auch bei aller Sorgfalt zu einer Läsion des Nervus femoralis kommen kann. Die hier vorliegende Gefäßverletzung sowohl der Arterie als auch der Vene, die zu einer Resektion der geschädigten Gefäßsegmente führte, einschließlich der Verletzung des Nerven, kann letztlich nur durch eine zu grobe Frästechnik unter Nichtbeachtung der Weichteilstrukturen am antero-medialen Pfannenrand verursacht sein. Sie war deshalb vermeidbar.

**Fazit:** Beim Ausfräsen einer Hüftgelenkspfanne ist besondere Sorgfalt geboten unter Beachtung der Weichteilstrukturen insbesondere am antero-medialen Pfannenrand.

# 75

## Septischer Hüft-TEP-Wechsel rechts.
## Postoperativ mehrfache Luxationen
Fehlpositionierung der Endoprothesenpfanne

**Krankheitsverlauf:** Bei der 69-jährigen Patientin wurde wegen einer schweren Coxathrose rechts eine Hüftgelenkstotalendoprothese implantiert. Postoperativ weiterhin Beschwerden. Im Verlauf zeigte sich eine frühzeitige Lockerung, die auf einen schleichenden, tiefen Infekt zurückgeführt werden musste. Deshalb wurde die Patientin 3 Jahre nach dem Ersteingriff zum Endoprothesenwechsel in eine orthopädische Klinik eingewiesen. Hier wurde durch präoperative Diagnostik die septische Lockerung der einliegenden Endoprothese bestätigt und die Indikation zum einzeitigen TEP-Wechsel gestellt. Der Eingriff selbst wurde in typischer Weise durchgeführt. Postoperativ kam es am 1. und 15. Tage zu einer Endoprothesenluxation, die jeweils geschlossen reponiert wurde. Nach der Entlassung aus der stationären Behandlung und Durchführung einer Reha-Maßnahme kam es etwa 6 Wochen postoperativ zu Hause beim Umdrehen im Bett erneut zu einer Endoprothesenluxation. Deshalb Noteinweisung in eine andere orthopädische Klinik. Dort Revisionoperation mit Umsetzen der Endoprothesenpfanne wegen Fehlpositionierung. Danach keine weiteren Luxationen.

Die Patientin war der Ansicht, dass die postoperativen Luxationen und die deshalb notwendige Revisionsoperation vermeidbar waren. Sie müssten auf einen operationstechnischen Fehler bei der Wechseloperation zurückgeführt werden.

Die in Anspruch genommene Klinik führt dazu aus, dass bei einem septischen Endoprothesenwechsel in der Regel ein sehr großzügiges, Débridement durchgeführt werden müsse und es sei unbestritten, dass dies zu einer vorübergehenden verminderten Stabilität im Hinblick auf Luxation führen könne. Der umgebene Weichteilmantel des Gelenks werde unvermeidbar durch den Eingriff zumindest vorübergehend deutlich geschwächt. Eine Fehlpositionierung der Endoprothese wird verneint.

**Gutachterliche Beurteilung:** Der externe Gutachter gelangt zu der Feststellung, dass nach den vorliegenden Röntgenbildern die bei der Wechseloperation eingesetzte Pfanne einen Inklinationswinkel von 55 Grad aufweist. Es wird weiterhin auf den Operationsbericht bei dem Revisionseingriff hingewiesen. Hier wird beschrieben, dass die Pfanne zu steil und zu stark antevertiert steht. Der Hüftkopf habe deshalb bei Außenrotation keinen ausreichenden Halt in der Pfanne, sodass es zwangsläufig bei dieser Bewegung zu einer Luxation kommen müsse. Dieser Fehler sei vermeidbar gewesen, sodass die entsprechenden Folgen mit wiederholten Luxationen und der Notwendigkeit einer Revisionsoperation dem Operateur anzulasten seien.

Die in Anspruch genommene Klinik weist noch einmal auf das bei einem septischen Endoprothesenwechsel notwendige großzügige Débridement hin mit entsprechender Schwächung der Weichteile und dadurch bedingt Luxationsgefährdung. Eine Inklination von 55 Grad sei noch nicht als Fehler zu betrachten, möglicherweise grenzwertig. Auf die bei der Revisionsoperation festgestellte starke Anteversion wird nicht eingegangen.

Der externe Gutachter nimmt aufgrund der Einwendungen der in Anspruch genommenen Klinik noch einmal Stellung. Er führt aus, dass es unbestritten sei, dass bei septischen Endoprothesenwechseln ein großzügiges Débridement durchgeführt werden müsse. Dieses könne auch durchaus zu einer verminderten Stabilität im Hinblick auf Luxationen führen und wenn derartige Luxationen nach regelrechter Positionierung der Gelenkkomponenten auftreten, könne dies dem Operateur nicht angelastet werden. In der Literatur wird ein Inklinationswinkel von 40–45 Grad und eine maximale Anteversion von 15 Grad der Endoprothesenpfanne genannt. Diese Zielgrößen seien heute allgemein anerkannt und hätten auch eingehalten werden können. Die Argumentation des Operateurs, dass eine flachere Implantation der Endopothesenpfanne bei dem Wechsel aufgrund der anatomischen Situation nicht möglich gewesen sei, werden widerlegt durch die Revisionsoperation, bei der die ausgewechselte Endoprothesenpfanne in einem Inklinationswinkel von 42 Grad eingebracht wurde. Deshalb müsse die wesentliche Ursache für die postoperativen Luxationen in dieser Fehlpositionierung der Endoprothesenpfanne gesehen werden und nicht in dem zweifellos notwendig großzügigen Débridement mit entsprechender postoperativer Weichteilschwächung.

**Beurteilung der Schlichtungsstelle:** Den Bewertungen des Gutachters wird zugestimmt. Es ist unbestritten, dass bei einem septischen Endoprothesenwechsel durch das dabei notwendige großzügige Débridement eine Schwächung der Weichteile resultiert und dass diese zu postoperativen Endoprothesenluxationen führen kann. Voraussetzung, dass diese Komplikation dem Operateur nicht zur Last gelegt werden kann, ist jedoch eine regelrechte Positionierung der Endoprothesenkomponenten. Diese Voraussetzung wurde jedoch, unter Berücksichtigung der postoperativen Röntgenaufnahmen und der Befunde bei der Revisionsoperation nicht erfüllt. Deshalb muss die wesentliche Ursache für die postoperativen Luxationen in der Fehlpositionierung der Endoprothesenpfanne gesehen werden. Trotz nochmaligem operativen Eingreifen in kurzem Zeitabstand mit dadurch zwangsläufig bedingter nochmaliger Schwächung der Weichteile, kam es im weiteren Verlauf bei nunmehr regulärer Positionierung der Endoprothesenpfanne zu keinen weiteren Endoprothesenluxationen.

**Fazit:** Voraussetzung für eine als schicksalshaft zu bezeichnende postoperative Endoprothesenluxation ist die regelrechte Positionierung der Endoprothesenkomponenten, wobei erfahrungsgemäß insbesondere Fehlpositionierung der Endoprothesenpfanne im Vordergrund stehen. Postoperative Endoprothesenluxationen bei entsprechenden Fehlpositionierungen müssen dem Operateur zur Last gelegt werden.

## 76

### Versuchter Wechsel einer Hüftkopfendoprothese bei periartikulären Ossifikationen, Oberschenkelspiralfraktur
Unzureichende osteosynthetische Versorgung der Spiralfraktur

**Krankheitsverlauf:** Im Februar 1988 erlitt die seinerzeit 53-jährige Patientin eine Schenkelhalsfraktur rechts und wurde deshalb mit einer Keramikkopfprothese versorgt. Der postoperative Verlauf war ohne Besonderheit und zunächst war die Patientin weitgehend beschwerdefrei. Etwa ein Jahr postoperativ stellten sich dann jedoch zunehmende Schmerzen im Bereich des rechten Hüftgelenkes ein mit nachlassender Bewegungsfunktion und Belastbarkeit, sodass die Patientin nur noch mit zwei Unterarmstützen gehen konnte. Röntgenologisch zeigten sich massive periartikuläre Ossifikationen, die lateral das Hüftgelenk vollständig überbrückten. Der einzementierte Endoprothesenschaft war regelrecht positioniert ohne Hinweise auf eine Lockerung, im Pfannenbereich geringe arthrotische Randwulstungen mit sehr schmalen röntgenologischen Gelenkspalt. Insgesamt osteoporotische Knochenstrukturzeichnung.

Es erfolgten zunächst konservative Behandlungsmaßnahmen, die jedoch zu keinerlei Besserungen führten. Deshalb wurde ein erneutes operatives Vorgehen besprochen mit Entfernung der periartikulären Ossifikation unter gleichzeitiger Auswechslung des Keramikkopfes und Implantation einer Endoprothesenpfannenkomponente. Der Eingriff erfolgte 3½ Jahre nach der Erstoperation. Der Operateur entfernte zunächst alle für ihn erreichbaren Ossifikationen. Beim Versuch, das Hüftgelenk mit der einliegenden Keramikkopfprothese zu luxieren, kam es zu einer Spiralfraktur unterhalb der Prothesenspitze. Daher konnte das ursprüngliche Ziel einer Pfannenimplantation nicht mehr durchgeführt werden, die Fraktur wurde freigelegt und im Sinne einer Plattenosteosynthese versorgt. Da dabei keine ausreichend sichere Lagerungs- und Übungsstabilität erreicht werden konnte, wurde zur weiteren Ruhigstellung ein Becken-Bein-Gips angelegt. Dieser Gipsverband verblieb über 12 Wochen, wurde dann zu einer Gipsschale gespalten und nunmehr erstmals der Versuch einer Mobilisierung insbesondere auch des gleichseitigen Kniegelenkes begonnen. Parallel wurde ein Ober-Unterschenkel-Hülsenapparat in Auftrag gegeben.

Etwa 16 Wochen postoperativ erfolgte dann diese orthopädisch-technische Versorgung mit weiterer Mobilisierung der Patientin. Dabei zeigte sich, dass das gleichseitige Kniegelenk eingesteift war. Trotz intensiver Krankengymnastik, einer versuchten Narkosemobilisierung und eines Anschlussheilverfahrens konnte letztlich nur ein sehr geringer Bewegungsumfang wieder hergestellt werden. Gleiches galt für das operierte rechte Hüftgelenk.

Die Patientin war der Ansicht, dass der vorgesehene Endoprothesenwechseleingriff fehlerhaft durchgeführt wurde und dass auch die langdauernde Gipsfixierung bei richtiger Behandlung nicht erforderlich gewesen wäre.

Die in Anspruch genommene orthopädische Klinik wendet ein, dass bei der Patientin eine deutliche Osteoporose vorlag und dass sich bei derartigen Befunden, wie sie anläßlich des hier zur Diskussion stehenden Eingriffes vorlagen, auch bei aller Sorgfalt eine Spiralfraktur bei dem Versuch der Luxation des Hüftgelenkes sich nicht immer vermeiden lässt. Es wird die Ansicht vertreten, dass die Fraktur osteosynthetisch ausreichend versorgt wurde, wobei allerdings eingeräumt wird, dass zum Zeitpunkt dieses Geschehens eine entsprechende Osteosyntheseplatte nicht zur Verfügung stand. Unabhängig davon hätte sich jedoch diese Fraktur nicht so stabil versorgen lassen, dass auf eine Gipsfixation hätte verzichtet werden können. Die nachfolgende Einsteifung des rechten Kniegelenkes sei wegen dieser notwendigen Gipsfixierung nicht vermeidbar gewesen.

**Gutachterliche Beurteilung:** Der externe Gutachter akzeptiert die Implantation einer Keramikkopfprothese nach der Schenkelhalsfraktur rechts. Dieser Eingriff wird insgesamt nicht beanstandet. Die sich im Anschluss daran entwickelnden ausgeprägten periartikulären Ossifikationen werden als eine typische Komplikation bezeichnet, die sich auch bei aller Sorgfalt nicht immer vermeiden lässt. Wegen der funktionell praktisch völligen Einsteifung des rechten Hüftgelenkes durch diese periartikulären Ossifikationen wird die Indikation für einen Revisionseingriff im Sinne der Entfernung der periartikulären Ossifikation in Verbindung mit dem Einbringen einer Pfannenkomponente bestätigt.

Die Komplikation einer Spiralfraktur des rechten Femurschaftes bei dem Versuch der Luxation der einliegenden Kopfprothese wird aufgrund der Gesamtsituation einschließlich der vorliegenden Osteoporose als eine auch bei aller Sorgfalt nicht immer vermeidbare Komplikation eingestuft, sie könnte deshalb dem Operateur nicht angelastet werden.

Es war auch grundsätzlich richtig, diese Fraktur freizulegen und durch eine Plattenosteosynthese zu versorgen. Diese Plattenosteosynthese wurde operationstechnisch fehlerhaft durchgeführt. Bei einer adäquaten Osteosynthese hätte eine übungsstabile Osteosynthese erreicht werden können, ohne eine Gipsfixierung über insgesamt 16 Wochen.

Der Gutachter stellt fest, dass es sich um eine kurze Spiralfraktur mit nach lateral ansteigendem Verlauf der Frakturlinie gehandelt hat, wobei diese Frakturlinie ca. 10 cm unterhalb der einliegenden Prothesenspitze medial begann und etwa 3 cm unterhalb der Endoprothesenspitze lateral endete. Es lag eine Dislokation ad axim von 20 Grad vor. Diese Fraktur wurde mit einer 20 cm AO-Platte versorgt. Das postoperative Röntgenbild zeigt, dass diese Platte zu weit proximal liegt, sodass die distal eingebrachte Cortikalisschraube in Höhe der Fraktur liegt und das distale Fragment insgesamt nur mit drei Schrauben gefasst ist. Die Osteotomie wurde nicht ausreichend reponiert bei fortbestehender Dislokation ad axim von ca. 10 Grad in Varusstellung. Die Situation war nicht lagerungs- und übungsstabil, sodass notwendigerweise eine Gipsfixierung erfolgte. Diese Gipsfixierung wurde über einen sehr ungewöhnlich langen Zeitraum durchgeführt.

Die Fraktur heilte letztlich in einer Achsenabweichung im Sinne 15 Grad Varusfehlstellung und 15 Flexionsfehlstellung aus. Auch dieses sei vermeidbar gewesen.

Folge dieses Fehlers seien eine erhebliche Minderung der Kniegelenksfunktion rechts. Nach der persönlichen Untersuchung des externen Gutachters betrug die Beweglichkeit Strecken-Beugen 0–10–40 Grad. Diese wird als funktionell besonders schwerwiegend bezeichnet, weil das rechte Hüftgelenk bei einer Beugefehlstellung von 30 Grad lediglich eine weitere Beugemöglichkeit um 20 Grad aufwies.

Die in Anspruch genommene Klinik wendet ein, dass unter Berücksichtigung der vorliegenden Osteoporose eine lagerungs- und übungsstabile Osteosynthese nicht möglich gewesen wäre. Es wird nochmals eingeräumt, dass eine längere Osteosyntheseplatte dem Operateur nicht zur Verfügung gestanden hätte.

**Ergänzende gutachterliche Beurteilung:** Der externe Gutachter nimmt zu diesem Einwand nochmals Stellung und stellt fest, dass eine übungsstabile Osteosynthese keiner zusätzlichen Ruhigstellung im Becken-Bein-Gips bedarf.

Auf der anderen Seite könne die beim osteoporotischen Knochen schwer zu erreichende Kompression der Fraktur in der Praxis einen Operateur veranlassen, in Einzelfällen auf eine kurzzeitige zwei- bis dreiwöchige Ruhigstellung in einer Gipsschale zurückzugreifen. Dadurch sei bei einer nur annähernd übungsstabilen Osteosynthese und entsprechend frühzeitiger krankengymnastischer Behandlung keine bleibende Funktionseinschränkung des gleichseitigen Kniegelenkes zu erwarten. Es wird noch einmal darauf hingewiesen, dass bei der vorliegenden Beurteilung die fehlerhafte Osteosynthesetechnik im Vordergrund steht und dieser Fehler war vermeidbar.

**Beurteilung der Schlichtungsstelle:** Den Bewertungen des externen Gutachters wird zugestimmt. Eine Oberschenkelspiralfraktur ist bei einem Endoprothesenwechsel in Verbindung mit ausgedehnten periartikulären Ossifikationen bei der notwendigen Luxation des Gelenkes auch bei aller Sorgfalt nicht immer vermeidbar, vor allem bei älteren Patienten mit Osteoporose. Da diese Gefahr bei einer derartigen Operation von vornherein nicht völlig auszuschließen ist, muss von Seiten des Operateurs diese mögliche Komplikation einer Femurfraktur sowohl implantattechnisch als auch operationstechnisch beherrschbar sein. Diese Voraussetzungen waren hier offensichtlich nicht gegeben, dieses war fehlerhaft. Die extrem lange Fixierung in einem Becken-Bein-Gips war zumindest im wesentlichen vermeidbar, sodass die jetzt feststellbare erhebliche Bewegungseinschränkung des präoperativ frei beweglichen rechten Kniegelenkes diesem Fehler angelastet werden muss. Unter Berücksichtigung der erheblichen Bewegungseinschränkung des gleichseitigen Hüftgelenkes muss diese zusätzliche Funktionsbehinderung des Kniegelenkes als besonders gravierend eingestuft werden.

**Fazit:** Bei einem geplanten Wechsel einer einliegenden Endoprothese muss sich der Operateur der theoretisch möglichen Komplikationen bewusst und in der Lage sein, derartige Komplikationen sowohl implantattechnisch als auch operationstechnisch zu beherrschen.

## Wechseloperation bei gelockerter Hüft-TEP, arterielle Blutung
Unzureichende primäre Gefäßversorgung, Amputation

**Krankheitsverlauf:** Bei der zum Zeitpunkt der Operation 50-jährigen Patientin war 6 Jahre zuvor wegen einer schweren Dysplasie Coxarthrose eine Hüftgelenkstotalendoprothese links implantiert. Seinerzeit unauffälliger postoperativer Verlauf mit zufriedenstellendem Ergebnis. Im weiteren Verlauf kam es dann jedoch zu einer zunehmenden Beschwerdesymptomatik aufgrund einer Endoprothesenpfannenlockerung. Deshalb erfolgte die Aufnahme in der chirurgischen Abteilung eines Kreiskrankenhauses. Nach entsprechender angemessener Operationsvorbereitung erfolgte der Eingriff mit dem Ziel einer Auswechslung der gelockerten Endler-Pfanne, wobei intraoperativ entschieden werden sollte, ob eventuell auch eine Auswechslung des Endoprothesenschaftes notwendig sei.

Unter der Operation zeigte sich, dass auch der Endoprothesenstiel gelockert war, sodass zunächst diese Endoprothesenkomponente entfernt wurde. Die gelockerte Endoprothesenpfanne ließ sich mühelos entfernen. Nach Säuberung des Pfannenlagers von Granulationsgewebe erfolgte in typischer Weise eine sukzessive Vorbereitung des knöchernen Pfannenlagers mit entsprechenden Fräsen. Es wurde dann die Originalpfanne mit selbstschneidendem Gewinde eingedreht. Dabei kam es zu einer schweren arteriellen Blutung und einem Ausbruch des ventralen Pfannendaches. Der Eingriff im Sinne eines Endoprothesenwechsels wurde unterbrochen, da nun die schwere arterielle Blutung im Vordergrund stand. Es erfolgte eine zusätzliche Inzision über der Lakuna vasorum mit Darstellung der Arteria und Vena femoralis communis. Es fanden sich sowohl im Bereich der Arterie als auch der Vene ca. 5 cm lange Defekte. Die arterielle Strombahn wurde mit einer 6 mm PTFE-Prothese wiederhergestellt, die venöse Strohmbahn durch Implantation einer 9 mm gewebten Dacronprothese. Operationsdauer insgesamt 8 Stunden. Postoperativ wurde die Patientin auf die Intensivstation verlegt, von dort aus erfolgte am folgenden Tag die Rückverlegung auf die chirurgische Allgemeinstation. Zwei Tage später wurde eine Revisionsoperation durchgeführt unter der Diagnose einer arteriellen Embolie und einer venösen Thrombose.

Am dann folgenden Tage wurde die Patientin am Nachmittag wegen des Verdachtes auf ein Compartmetsyndrom des rechten Unterschenkels in die chirurgische Klinik einer benachbarten Universität verlegt. Dort erfolgte am gleichen Tag eine nochmalige Revisionsoperation der Gefäßplastiken. Trotzdem wurde am folgenden Tag die Kniegelenksexartikulation rechts erforderlich.

Die Patientin war der Ansicht, dass die Amputation auf fehlerhafte vorausgegangene operationstechnische Maßnahmen zurückzuführen sei.

Die in Anspruch genommene chirurgische Klinik wendet ein, dass Gefäßverletzungen im Rahmen einer Endoprothesenwechseloperation zu den auch bei aller Sorgfalt nicht immer vermeidbaren Komplikationen gehören und dass die aufgetretene Komplikation sofort mit allen verfügbaren Mitteln behandelt wurde. Deshalb sei eine Verletzung der Sorgfaltspflicht nicht erkennbar.

**Gutachterliche Beurteilung:** Der externe fachorthopädische Gutachter bestätigt die Indikation zu dem Endoprothesenwechsel und zwar beider Komponenten. Der Eingriff selbst sei angemessen vorbereitet und die Explantation der einliegenden gelockerten Endoprothese verlief komplikationslos. In Übereinstimmung mit dem Operateur wird festgestellt, dass Verletzungen von Blutgefäßen auch bei sorgfältigem Vorgehen nicht immer vermieden werden können und dass sie deshalb dem Operateur nicht anzulasten seien. Es wird auch darauf hingewiesen, dass nach der Literatur bei derartigen Gefäßkomplikationen eine Rate von 7% Todesfällen und 15% Amputationen beschrieben werden.

Demgegenüber kommt ein weiterer externer Gutachter mit dem Spezialgebiet Gefäßchirurgie zu folgenden Ergebnissen: Die Patientin berichtet, dass am ersten postoperativen Tag ihr rechtes Bein stark angeschwollen und der rechte Fuß weiß und gefühllos gewesen sei. Auch am darauffolgenden Tag habe die Gefühlslosigkeit fortbestanden. Einen weiteren Tag später habe sich das ganze Bein lila verfärbt. Laut Stellungnahme des Operateurs seien nach der Gefäßrekonstruktion tägliche Dopplleruntersuchungen durchgeführt worden, der Gutachter führt aus, dass sich hierüber in den Krankenakten, d. h. weder auf der Fieberkurve, noch im Krankenblatt irgendwelche Eintragungen finden. Übereinstimmung besteht dann zwischen den Angaben der Patientin und einer Dokumentation auf der Fieberkurve, dass am 3. Tag nach der Gefäßrekonstruktion eine Doppleruntersuchung stattfand und dass daraufhin kurzfristig der Revisionseingriff erfolgte. Es wurden beide Gefäßtransplantate eröffnet und mit Fogarty-Kathetern thrombektomiert. Dabei wurden längere Gerinnsel auch aus den Unterschenkelarterien gewonnen. Anschließend wird seitens des Operateurs eine radiologische Darstellung des Abflusses mit Bilddokumentation durchgeführt.

Der Gutachter vermerkt jedoch, dass diese Angiogramme trotz ausdrücklicher Anforderungen nicht vorliegen. Dokumentiert ist, dass nach Abschluss dieses Eingriffes die Fußpulse nicht tastbar waren. Medikamentös erfolgte die Gabe von 25 000 G Heparin. Am folgenden Tag bestand ein blasser, kalter Fuß und es wurde seitens des Operateurs von einem Compartmentsyndrom ausgegangen. Deshalb erfolgte am Nachmittag dieses Tages die Verlegung in die benachbarte chirurgische Universitätsklinik. Dort wurde die Patientin unverzüglich nachoperiert. Beide Gefäße waren wiederum thrombotisch verschlossen. Die zu kleinkalibrige 6 mm PTFE-Prothese wurde explantiert und durch eine 8 mm Prothese ersetzt. Das viel zu lang gewählte Dacrontransplantat zur Rekonstruktion der Vena femoralis wurde entsprechend gekürzt. Weiter erfolgte wegen des Compartmentsyndroms eine Spaltung der Anterior- und der Peronäusloge. Trotz dieser Maßnahmen kam es zu keiner Erholung der Durchblutung im Bereich des Fußes und Unterschenkels, sodass bereits am folgenden Tag die Kniegelenksexartikulation unvermeidbar war.

Der gefäßchirurgische Gutachter schließt sich zunächst der Beurteilung des fachorthopädischen Gutachters an, dass entsprechende Gefäßverletzungen bei einem Endoprothesenwechsel auch bei aller Sorgfalt nicht immer vermeidbar sind. Es müsse jedoch erwartet werden, dass ein erfahrener Operateur die Gefährlichkeit der Gefäßkomplikation quo ad vitam und quo ad extremitatem erkennt und richtig beurteilt. Verantwortungsbewußtes Erkennen der Situation hätte nach Blutstillung, etwa durch Anlegen von Gefäßklemmen, den Hubschraubertransport der Patientin zu einem gefäßchirurgischen Zentrum erforderlich gemacht. Die über 7-stündige Operationszeit und die große Anzahl der erforderlichen Blutkonserven ließen erkennen, dass in der operierenden chirurgischen Abteilung eine sachgemäß gefäßchirurgische Wiederherstellung von Arteria und Vena femoralis communis nur bedingt möglich gewesen sei. Im gleichen Sinne spricht das viel zu kleinkalibrige PTFE-Transplantat. Darüber hinaus wurde das gewebte Dacrontransplantat nicht gestreckt in die Vena femoralis communis implantiert. Das zu lange Transplant musste trotz Antikoagulantien zur Thrombosierung führen. Als fehlerhaft müsse auch die fehlende postoperative Funktionskontrolle bezeichnet werden. In der Krankengeschichte finde sich keine einzige Dopplerkurve. Fehlen würden die Unterlagen der berichteten Kontrollangiographie sowie der Phlebographie.

Abschließend spricht der Gutachter von einer unkritischen Selbstüberschätzung des Operateurs mit dilettantischer Gefäßversorgung.

Das in Anspruch genommene Krankenhaus wendet ein, dass gefäßchirurgische Erfahrungen bestünden und deren technische Durchführung nicht beanstandet werden könne. Es wird auch darauf hingewiesen, dass ein sofortiger Hubschraubertransport mit Risiken verbunden gewesen wäre.

**Beurteilung der Schlichtungsstelle:** Den Bewertungen sowohl des fachorthopädischen als auch des gefäßchirurgischen Gutachtens wird zugestimmt. Beim Auftreten einer schweren Blutungskomplikation ist eine sofortige sachgerechte Behandlung zwingend notwendig, um die Folgen dieser Komplikation soweit als möglich zu minimieren. Ein Operateur muss seine eigenen Möglichkeiten kritisch überdenken. Jede Selbstüberschätzung ist zu vermeiden. Der unverzügliche Hubschraubertransport in ein gefäßchirurgisches Zentrum wird auch seitens der Schlichtungsstelle als das wesentlich geringere Risiko angesehen und der Beurteilung des gefäßchirurgischen Gutachtens zugestimmt, dass bei sachgerechter gefäßchirurgischer Technik die Kniegelenksexartikulation wahrscheinlich hätte vermieden werden können.

**Fazit:** Auch schwerwiegende Komplikationen lassen sich trotz Beachtung aller Sorgfalt, gerade bei Hüfttotalendoprothesenwechseloperationen, nicht immer vermeiden. Wesentlich ist, dass alle Möglichkeiten ausgeschöpft werden, die Folgen derartiger Komplikationen zu minimieren. Jede unkritische Selbstüberschätzung eines Operateurs muss hier vermieden und ggf. schnellstmöglich fachkundige Hilfe in Anspruch genommen werden.

## 78

**Hüfttotalendoprothesenlockerung rechts, Endoprothesenwechsel**

Fehlpositionierung des Endoprothesenschaftes in Retrotorsion und Varusstellung

**Krankheitsverlauf:** Bei der seinerzeit 70-jährigen Patientin wurde wegen einer schweren Coxarthrose rechts eine zementfixierte Hüft-TEP implantiert. Im Verlauf der folgenden drei Jahre kam es zu einer aseptischen Prothesenlockerung, sodass ein TEP-Wechsel erforderlich wurde. Im Rahmen dieses Eingriffes wurde zunächst nach Eröffnung des Hüftgelenkes die Endoprothese luxiert und der Oberschenkelteil der Prothese mühelos entfernt. Danach Herausnehmen der Implantatpfanne einschließlich des Knochenzementes. Auffräsen des Acetabulum bis zu einem Durchmesser von 54 mm, dann wird ein Titanring der Revisionspfanne in 20 Grad Anteversion und das Polyaethylen-Inlay befestigt.

Die nachfolgende Entfernung des Knochenzements aus der Oberschenkelmarkhöhle lässt sich nicht wie geplant durch retrogrades Ausmeißeln realisieren. Es wird deshalb nach Verlängerung des Schnittes nach distal ein 6×1 cm messendes Knochenfenster an der Vorderseite des Oberschenkels im mittleren/distalen Drittel gebildet und von hieraus der restliche Knochenzement ausgeräumt und die Markhöhle ausgiebig gespült. Dann zementloses Einsetzen des Prothesenstieles mit Probekopf und Reposition mit der Feststellung „ohne, dass sich eine Luxation zeigt". Der Probekopf wird dann gegen einen Keramik-Kopf ausgetauscht. Die Implantathüfte wird nun reponiert und der Knochendeckel des Oberschenkelfensters mit zwei Drahtumschlingen refixiert. Nach dem schichtweisen üblichen Wundverschluss wird zunächst wegen einer deutlichen Adduktionskontraktur eine Adduktorentenotomie vorgenommen. Im Operationsbericht heißt es dann: „Dabei kommt es wohl infolge übermäßiger Außenrotation zur Luxation". Die Reposition gelang geschlossen ohne Schwierigkeiten.

Im weiteren Verlauf primäre Wundheilung und Durchführung einer Anschlussheilbehandlung. Dort Feststellung einer deutlichen Außenrotationskontraktur, die sich auch durch intensive krankengymnastische Behandlungen nicht bessern ließ.

Deshalb etwa 1 Jahr später Vorstellung in einer anderen Klinik. Dort fand sich eine ausgeprägte Außenrotationsfehlstellung rechts in Verbindung mit einer Beinverkürzung rechts von 1,5 cm. Gehvermögen nur mit zwei Unterarmstützen.

Ein Jahr nach der Wechseloperation wird eine Revisionsoperation durchgeführt. Hier fand sich die Schaftprothese in einer Retrotorsion von 15 Grad und einer Verkippung im Varussinne von 10 Grad. Die Schaftprothese hatte keinen Knochenverbund. Sie wurde mühelos entfernt und gegen ein Revisionsmodell unter Zementierung in korrekter Positionierung ausgetauscht.

Die Patientin war der Ansicht, dass diese erneute Revisionsoperation aufgrund eines vorausgegangenen operationstechnischen Fehlers notwendig und somit vermeidbar gewesen wäre.

Das in Anspruch genommene Krankenhaus nimmt zu den Vorwürfen der Antragstellerin nicht Stellung.

**Gutachterliche Beurteilung:** Die Indikation zum Endoprothesenwechsel wird bestätigt. Das nach dem Endoprothesenwechsel angefertigte Röntgenbild wird wie folgt beurteilt: Zementfrei implantierte Hüftgelenksendoprothese rechts. Die Pfanne sitzt bündig im Acetabulum. Eingangswinkel ca. 55 Grad. Eine die Pfannenposition sichernde Spongiosaschraube ragt um zwei Gewindezüge ins kleine Becken. Der 160 mm Schaft der Prothese steht gegenüber der Oberschenkelachse um 10 Grad in Varuskippung, die Stielspitze lehnt sich deshalb an den Außenrand der Cortikalis. Das mit zwei Drahtumschlingungen refixierte Knochenfenster zeichnet sich an der Außenseite des Oberschenkels ab und befindet sich zu zwei Dritteln distal der Implantatspitze.

Der Gutachter stellt fest, dass die implantierte Hüftgelenksendoprothese vermeidbare Mängel aufweist hinsichtlich der Postitionierung des Oberschenkelimplantates. Dieses wurde in 15 Grad Retroversion und 10 Grad Varusstellung eingesetzt. Korrekt wäre eine achsengerechte Schaftimplantation mit einer leichten Toleranz zur Valgusposition und eine Drehstellung von 10 Grad Antetorsion. Nach dem Ablauf des Eingriffes war die Fehlpositionierung vermeidbar.

Die intraoperativen Schwierigkeiten bei der Entfernung des Knochenzementes aus dem Oberschenkel wurden sachgerecht überwunden, indem von einem Knochenfenster aus überschüssiger Zement ausgeräumt wurde. Die Auswahl einer für Revisionszwecke zu kurzen Schaftprothese erwies sich als nachteilig und hat die Varusstellung unmittelbar und die frühe Auslockerung begünstigt. Die Retrotorsion des Schaftes wäre bei sorgfältigerer Vorbereitung des Implantatlagers und genügender Freilegung des Operationsgebietes bemerkt und vermieden worden. Die anschließende kontrakte Außenrotationsfehlstellung des Beines ist Folge der Retrotorsion. Die Positionierung der Pfanne wird bei einem Eingangswinkel von ca. 55 Grad und ca. 20 Grad Anteversion als tolerabel bezeichnet.

Der Gutachter weist abschließend darauf hin, dass nach den Unterlagen einschließlich des Anästhesieprotokolles keine zwingenden Umstände dokumentiert sind, den Eingriff möglichst schnell und unter Hinnahme einer fehlerhaften Positionierung des Implantatschaftes im Oberschenkel zu beenden.

Das in Anspruch genommene Krankenhaus nimmt zu dem Gutachten nicht Stellung.

**Beurteilung der Schlichtungsstelle:** Den Ausführungen des Gutachters wird zugestimmt.

Die im Einzelnen beschriebenen Mängel hinsichtlich der Positionierung des Oberschenkelimplantates waren vermeidbar. Sie müssen als Ursache der anschließenden kontrakten Außenrotationsfehlstellung des rechten Beines angesehen werden. Die für Revisionszwecke zu kurze Schaftprothese in Verbindung mit der Varusfehlpositionierung hat mit hoher Wahrscheinlichkeit die frühzeitige Auslockerung begünstigt. Bei richtigem operativen Vorgehen wäre mit hoher Wahrscheinlichkeit die Revisionsoperation 1 Jahr später vermeidbar gewesen.

**Fazit:** Bei der Implantation einer Hüftgelenkstotalendoprothese muss auf die korrekte Positionierung des Endoprothesenschaftes in beiden Ebenen geachtet werden. Durch intraoperative Kontrollen sind Fehlpositionierungen im Varussinne und in Retrotorsion vermeidbar.

## 79

### Oberschenkelfraktur bei einliegender Hüftgelenkstotalendoprothese rechts, operative Versorgung
Fehlerhafte Operationstechnik, Ausheilung in 80 Grad Außenrotation und weitere Verkürzung um 4 cm

**Krankheitsverlauf:** Der 72-jährige Patient stürzte bei einem Waldspaziergang und empfand sofort starke Schmerzen im Bereich seines rechten Oberschenkels. Er war jedoch noch in der Lage eine in unmittelbarer Nähe befindliche Bank aufzusuchen und von hieraus per Handy einen Krankenwagen zu bestellen. Vorausgegangen war eine primäre Hüftgelenkstotalendoprothese 1977 mit dem ersten Wechsel 1987, dem zweiten Wechsel 1982 und dem dritten Wechsel 1989. Bei Einlieferung in das Krankenhaus wurde er zunächst mit einem Rollstuhl zur Röntgenabteilung gebracht. Bei der Umlagerung auf den Röntgentisch traten plötzlich sehr starke Schmerzen auf und das rechten Bein fiel in Außendrehstellung. Es wurde eine Oberschenkeltorsionsfraktur rechts bei einliegender Endoprothese festgestellt. Diese Fraktur wurde kurzfristig operativ versorgt.

Postoperativ zeigten sich eine ausgeprägte Außendrehfehlstellung und eine erhebliche Verkürzung des rechten Beines. Wegen Lockerung der einliegenden Prothese erfolgte dann 1½ Jahre später der 4. Endoprothesenwechsel jedoch ohne Korrektur der Außendrehfehlstellung. Diese wurde schließlich andernorts im Rahmen eines 5. Endoprothesenwechsels korrigiert.

Der Patient war der Ansicht, dass die Fraktur erst bei der Umlagerung auf den Röntgentisch aufgetreten sei, dieses sei vermeidbar gewesen. Zum anderen sei die operative Versorgung in einer ausgeprägten Außendrehfehlstellung und weiterer Verkürzung erfolgt. Auch diese sei vermeidbar gewesen. Ebenso wird beanstandet, dass bei dem insgesamt 4. Prothesenwechsel nach dem Unfall die Außendrehstellung nicht beseitigt wurde.

**Gutachterliche Beurteilung:** Der externe Gutachter kommt zunächst zum Ergebnis, dass mit sehr hoher Wahrscheinlichkeit davon ausgegangen werden müsse, dass die Fraktur durch das Unfallereignis selbst und nicht durch die Umlagerung auf den Röntgentisch verursacht sei.

Es habe sich um eine Torsionsfraktur des distalen Femur gehandelt bei Einliegen einer Langschaft-Endoprothese mit Stielende 8 cm oberhalb des Kniegelenksspaltes. Es sei davon auszugehen, dass diese Fraktur zunächst in sich verhakt war. Es sei wohl richtig, dass es im Rahmen der Umlagerung zu einer Lösung dieser Verhakung mit sekundärer Verschiebung der Fraktur gekommen sei, nicht aber zu der eigentlichen Fraktur. Dieses Ereignis hätte sich bei den vorliegenden Befunden jederzeit ereignen können, sodass die Umlagerung lediglich ein zufälliger Anlass hierfür war.

Als fehlerhaft wird jedoch die operative Versorgung dieser Torsionsfraktur bezeichnet. Zunächst wird betont, dass die einliegende Langschaft-Endoprothese bereits eindeutige Lockerungszeichen aufwies. Da der Patient jedoch an einer coronaren Herzerkrankung mit absoluter Arrhythmie, einem Bluthochdruck, einem insulinpflichtigen Diabetes mellitus, einer arteriellen Verschlusskrankheit des linken Beines litt und bereits 2 apoplektische Insulte vorausgegangen waren und der Patient deshalb unter Marcumar stand, war der an und für sich bevorstehende 4. Endoprothesenwechsel zum Zeitpunkt dieser Fraktur nicht angezeigt. Angezeigt sei vielmehr eine rasche und möglichst schonende Stabilisierung der Fraktur mit einem geeigneten Osteosyntheseverfahren. Die operationstechnische Versorgung dieser Fraktur erfolgte mit einem eindimensionalen Fixateur extern ohne Beseitigung der ausgeprägten Außenrotationsfehlstellung und unter Belassung einer zusätzlichen Verkürzung von ca. 4 cm.

Der Gutachter stellt fest, dass die Fraktur reponiert und das Ergebnis funktionsstabil für die Dauer der Knochenbruchheilung durch ein geeignetes Verfahren hätte gehalten werden müssen. In dem gleichen Krankenhaus erfolgte dann etwa 2½ Jahre später der 4. Endoprothesenwechsel. Der Gutachter kommt zu dem Ergebnis, dass es fehlerhaft war, diesen erneuten Endoprothesenwechsel durchzuführen, ohne die bestehende Außendrehstellung von 80 Grad zu korrigieren. Dieses erfolgte dann zu einem späteren Zeitpunkt in einer anderen Klinik im Rahmen eines 5. Endoprothesenwechsels.

Das in Anspruch genommene Krankenhaus vertritt die Ansicht, dass unter Berücksichtigung der Gesamtsituation die vorliegende Fraktur auf die möglichst ungefährlichste und rascheste Art hätte behandelt werden müssen. Dazu habe sich ein eindimensionaler Fixateur extern angeboten. Die im weiteren Verlauf festgestellte Außendrehfehlstellung von 80 Grad mit zusätzlicher Verkürzung um ca. 4 cm müsse im weiteren Heilungsverlauf eingetreten sein und hätte sich unter gegebenen Verhältnissen nicht verhindern lassen.

**Beurteilung der Schlichtungsstelle:** Den Bewertungen des Gutachters wird zugestimmt. Zunächst kann die Umlagerung auf den Röntgentisch nicht als fehlerhaft bezeichnet werden. Diese Maßnahme war zwingend notwendig und die dabei offensichtlich eingetretene Lösung der verhakten Torsionsfraktur war auch bei Beachtung aller Sorgfalt nicht vermeidbar.

Fehlerhaft war jedoch die primär-operative Versorgung. Auch unter Berücksichtigung des Allgemeinzustandes des Patienten hätte eine Reposition der Fraktur mit Ausgleich der zusätzlichen Verkürzung von 4 cm und der bestehenden Außendrehfehlstellung von ca. 80 Grad erfolgen müssen und wäre auch ohne nennenswerte zusätzliche Belastung möglich gewesen. Die Ausheilung dieser Fraktur in der genannten Außendrehfehlstellung und die zusätzliche Verkürzung waren vermeidbar. Als fehlerhaft muss es weiterhin bezeichnet werden, dass die bereits vor dem zur Fraktur führenden Ereignis erneut gelockerte Endoprothese nach Ausheilung der Fraktur in der genannten Fehlstellung ausgewechselt wurde, ohne zumindest die sehr ausgeprägte Außenrotationsfehlstellung zu korrigieren. Das alleinige erneute Auswechseln der Endoprothese konnte bei einer Außendrehfehlstellung von 80° Grad nicht zu dem gewünschten Erfolgt führen, sodass aufgrund dieses Fehlers ein erneuter, jetzt 5. Endoprothesenwechsel unter Beseitigung der Außendrehfehlstellung andernorts erforderlich war.

Bei einer regelrechten Primärversorgung der Fraktur wäre mit einer Heilung innerhalb von 3–5 Monaten zu rechnen gewesen. Daran hätte sich unfallunabhängig ein erneuter Endoprothesenwechsel anschließen müssen. Durch die Knochenbruchheilung in der genannten Fehlstellung war zusätzlich eine Korrekturoperation notwendig, um vermehrte Beschwerden mit Minderung der Gehleistung durch die ausgeprägte Außendrehfehlstellung zu vermeiden.

**Fazit:** Einer Oberschenkeltorsionsfraktur bei einliegender Hüftgelenksendoprothese muss nach Reposition der drohenden Gefahr einer Außendrehfehlstellung durch die Anwendung einer geeigneten Osteosynthesetechnik und sorgfältigen postoperativen Kontrollen besondere Aufmerksamkeit gewidmet werden.

## 80

**Oberschenkelbruch, unzureichende Nagelosteosynthese**
Verkürzung, Notwendigkeit der Reoperation,
ein Teil funktioneller Beeinträchtigungen

**Krankheitsverlauf:** Der damals 48-jährige Patient hatte am 7.1.1992 bei einem Verkehrsunfall einen Beckenschaufelbruch links, einen Beckenringbruch, einen Oberschenkelstückbruch rechts und multiple andere Verletzungen erlitten. Noch am Unfalltage wurde in dem in Anspruch genommenen Krankenhaus der Oberschenkelbruch durch konventionelle Nagelung versorgt. In den folgenden Tagen wurden Nervenausfallserscheinungen am rechten und linken Bein dokumentiert, die auf die Beckenverletzung zurückgeführt wurden. Des Weiteren wurde ein Verletzung des inneren Seitenbandes und des vorderen Kreuzbandes am linken Kniegelenk festgestellt.

In der Folgezeit war zunehmende Sinterung im Bruchbereich des Oberschenkels festzustellen. Eine Woche nach der Operation kam es zu Temperaturerhöhung. Es musste ein Serom entleert werden, die bakteriologische Untersuchung ließ Keimbesiedelung nachweisen. Vier Monate später wurde in einem anderen Krankenhaus wegen deutlichem Nagelüberstand die Metallentfernung vorgenommen. Fast zwei Jahre später wurde der Seitenbandapparat des linken Kniegelenkes operativ stabilisiert. Bis Ende 1996 ist wiederkehrende Behandlungsbedürftigkeit wegen eines Knochendefektes dokumentiert worden.

Mit Schreiben an die Schlichtungsstelle äußerte der Patient die Ansicht, dass schon bei der Erstversorgung des Oberschenkelbruches fehlerhaft gehandelt wurde. Nach Aussagen nachbehandelnder Ärzte hätte man bereits am Unfalltage mittels eines Verriegelungsnagels stabilisieren müssen. So sei es aber zu der Sinterung im Bruchbereich, zum Nagelüberstand, zu Beschwerden und zu Verknöcherungen im Hüftbereich gekommen.

**Gutachterliche Beurteilung:** Der von der Schlichtungsstelle eingeschaltete Gutachter stellte fest, dass unter Berücksichtigung der Bruchform das gewählte Osteosyntheseverfahren fehlerhaft und unzureichend war. Es sei dadurch zur Beinverkürzung von 4 cm sowie zu einer Außendrehfehlstellung gekommen. Die verbleibende Knieinstabilität wäre durch frühzeitig vorgenommene Operation vermeidbar gewesen. Die Behandlungsdauer habe sich fehlerhaft um vier bis fünf Monate verlängert. Auch die für die Zukunft zu erwartenden wiederkehrenden entzündlichen Reizerscheinungen durch Keimbefall seien dem Behandlungsfehler anzulasten.

**Beurteilung der Schlichtungsstelle:** Nach sorgfältiger Abwägung und kollegialer Absprache der Fachvertreter konnte sich die Schlichtungsstelle den Wertungen des Gutachters nur teilweise anschließen.

Der Patient hatte einen Oberschenkelschaftbruch mit Ausbruch eines großen Biegungskeiles erlitten.

Die 1992 gegebenen Arbeitsbedingungen für Kliniken der neuen Bundesländer ließen im vorliegenden Fall neben der Plattenosteosynthese auch die intramedulläre Stabilisation mit konventionellem Marknagel als sachgerechten Maßnahmen ansehen. Bei der Entscheidung zu Nagelosteosynthese stand zum damaligen Zeitpunkt die vom Gutachter geforderte Verriegelungsnagelung in den meisten Krankenhäusern der Regelversorgung aber nicht zur Verfügung. Eine Entscheidung für konventionelle Künschernagelung konnte deshalb ex post nicht als falsch angesehen werden. Fehlerhaft war aber die Wahl der Implantatstärke (10 mm), die bei der Bruchform das Risiko der Rotation und Sinterung implizierte und damit als unzureichend anzusehen war.

Bereits postoperativ war ein deutlicher Überstand des Nagels über das Rollhügelmassiv zu erkennen, auch hier war ein technischer Fehler anzunehmen. Folgerichtig kam es zu einer allerdings noch tolerablen Drehfehlstellung um 10 Grad, zusätzlich aber noch zu intolerabler Verkürzung des Oberschenkelknochens und einem Überstand des Nagels. Unter unzureichender Reaktion auf diese Verkürzung, die Außendrehfehlstellung und des Überstand des Nagels kam es zu einer knöchernen Verfestigung mit verbleibenden Beeinträchtigungen. Diese wären bei sachgerechter Wahl des Osteosyntheseverfahrens vermeidbar gewesen.

Für die begleitende Kniebandverletzung war unter den Voraussetzungen eines Krankenhauses der Regelversorgung in den damaligen neuen Bundesländern und des Polytraumas zunächst keine weitergehende Versorgung zu fordern. Der postoperativ auftretende Infekt musste als schicksalhaft angesehen werden, die Reaktion auf diesen Infekt war zunächst noch adäquat.

Nach Ansicht der Schlichtungsstelle orientierten sich die Forderungen des Gutachters an derzeit gültigen Standards, also in Form der ex post-Betrachtung und ließen deshalb nur eine teilweise Berücksichtigung zu. Als fehlerhaft musste die Wahl eines leistungsschwachen Implantates mit dem Risiko der Drehfehlstellung und der Verkürzung sowie eines beschwerdeausübenden Überstandes des Implantates angesehen werden. Die Drehfehlstellung von 10 Grad konnte allerdings noch im Grenzbereich für das typische Risiko intramedulärer Stabilisation gesehen werden und hatte auch keine richtungsweisenden Folgen. Durch die Verkürzung und dem Nagelüberstand kam es aber zu langanhaltenden Beschwerden, zu ausgedehnten Verknöcherungen im Hüftgelenksbereich, zu funktionellen Beeinträchtigungen und zu einem erheblichen Zeitverlust.

Wenn die Folgen des Polytraumas mit einer letztlich verbliebenen Minderung der Erwerbsfähigkeit von 60% eingeschätzt wurden, so war nach Ansicht der Schlichtungsstelle etwa ein Drittel dieses Schadens als Folge fehlerhaften Handelns anzusehen.

**Fazit:** Auch unter den Beeinträchtigungen eines Polytraumas ist für intrameduläre Stabilisation eines langen Röhrenknochens die Gewährleistung fachgerechter Durchführung des Eingriffes und stabile Fixation zu fordern. Andernfalls ist die Wahrscheinlichkeit eines Schadens durch eine mit Noteingriff begründete Minimalosteosynthese ungleich höher. Es müssen alternative Behandlungsmöglichkeiten, wie z. B. die Plattenosteosynthese erwogen werden.

## 81
### Oberschenkelbruch, dynamische Verriegelungsnagelung
Sinterung nach verfrühter Dynamisierung

**Krankheitsverlauf:** Die 67-jährige Patientin hatte am 8.10.1995 einen geschlossenen körpernahen Oberschenkelschrägbruch erlitten, der 10 Tage später mit einer dynamischen Verriegelungsnagelung stabilisiert wurde. Drei Wochen später wurde die körpernahe schräge Verriegelungsschraube entfernt, eine lokale Wundinfektion zwang zwei Tage später zu einer Revision. Im weiteren Verlauf kam es zu einer schleichenden Nagelwanderung des schon primär um 1,5 cm überstehenden Nagels nach körpernah, letztlich bis zum Juli 1996 um weitere 2,5 cm. Der Überstand des Nagels um 4 cm bereitete über einen längeren Zeitraum Beschwerden. Diese endeten erst mit der Nagelentfernung im März 1998. Eine verbliebene Verkürzung ist anzunehmen, in den Unterlagen aber nicht dokumentiert.

Im Schlichtungsverfahren brachte die Patientin ihre Ansicht zum Ausdruck, dass eine fehlerhafte Osteosynthese zu langanhaltender Behandlungsbedürftigkeit und zu Beschwerden geführt hat.

**Gutachterliche Beurteilung:** Der Gutachter stellte fest, dass die Indikationsstellung zur Verriegelungsnagelung sachgerecht war und auch die Osteosynthese bis auf einen noch gerade tolerablen Überstand des Nagelendes als ordnungsgemäß zu bezeichnen sei. Die Schrägbolzenentfernung knapp drei Wochen nach der Primäroperation wurde aber für verfrüht und fehlerhaft gehalten, der Gutachter führte die Komplikation der Infektion mit der Notwendigkeit der Wundrevision auf diesen Fehler zurück. Die daraus resultierende Nagelwanderung habe zu Beschwerden bis 1998 geführt. Die verfrühte Entfernung der Verriegelungsschraube wäre für die Wundheilungsstörung und die Verlängerung des stationären Aufenthaltes sowie der Behandlung verantwortlich.

In Kenntnis des Gutachtens wandte die in Anspruch genommene Klinik ein, dass die als verfrüht bezeichnete Entfernung der Schrägschraube wegen einer drohenden Wanderung des Nagels nach kniewärts vorgenommen wurde.

**Beurteilung der Schlichtungsstelle:** Den Ausführungen des Gutachters war weitgehend zu folgen. Die Röntgenaufnahmen vor Entfernung der Schrägschraube ließen eine bedrohliche Wanderung des Nagels zum Kniegelenk nicht erkennen. Mit der bloßen Möglichkeit dieser Komplikation war die nach Schrägbolzenentfernung nahezu sichere Komplikation der Stauchung und damit einhergehender Nagelwanderung nach proximal nicht zu entschuldigen. Mit engmaschiger Röntgenkontrolle hätte das denkbare Risiko der Nagelwanderung nach kniewärts minimiert werden können, alternativ wäre eine zwei bis vierwöchige Entlastung zu diskutieren gewesen. So aber wurde die bei einem Schrägbruch nahezu unvermeidliche Sinterung begünstigt. Zumindest hätte die Patientin über die Behandlungsalternativen aufgeklärt werden müssen.

Die Entfernung einer Verriegelungsschraube extrem kurze Zeit nach Implantation ist ungewöhnlich und bedarf der Aufklärung. Auch wenn die Patientin mit dem dargestellten Risiko der Sinterung einverstanden gewesen wäre, musste auf Behandlungsalternativen (Belassung des Schrägbolzen und mit einer möglichen Nagelwanderung nach distal oder aber Entfernung des Schrägbolzen und Entlastung über mehrere Wochen) hingewiesen werden. Im Übrigen bestand bei dem zur Anwendung gebrachten Implantat die Möglichkeit, mit einem kurzen Eingriff, nämlich dem Einbringen eines körperfernen Querbolzens, eine statische Verriegelung herzustellen.

Zu den Ausführungen des Gutachters über Auswirkungen der Bolzenentfernung (Infektion) war festzustellen, dass derartige Komplikationen nicht ungewöhnlich und nahezu immer als schicksalhaft aufzufassen sind. Eine solche Infektion hätte auch Wochen und Monate später bei der zeitgerechten Bolzenentfernung auftreten können. Es gab keine sicheren Beweise dafür, dass die frühe Entfernung eine Infektion begünstigt hat. Sie müsste somit als schicksalhaft angesehen werden. Gleiches galt natürlich für die Folgen der Infektion, d. h. den verlängerten Krankenhausaufenthalt.

Zusammenfassend ließ sich feststellen, dass eine zweifelsfrei ungewöhnlich früh erfolgte und durch andere Maßnahmen ersetzbare Schrägschraubenentfernung nach dynamischer Verriegelungsnagelung zu vorhersehbarer Nagelwanderung und daraus resultierenden Beschwerden führte. Diese Beschwerden konnten aber höchsten für ein Jahr als Folge fehlerhaften Handelns angesehen werden, da dann knöcherne Durchbauung nachweisbar und der 1998 vorgenommene Eingriff auch 1996 möglich war. Diese Verlängerung der Behandlungszeit um zwei Jahre konnte der primär behandelnden Klinik nicht angelastet werden.

Beschwerden für den Zeitraum eines Jahres und die Notwendigkeit der Zweitoperation in Form der bei diesem Alter entbehrlichen Nagelentfernung, waren als Folge fehlerhaften Handelns anzusehen. Die Schlichtungsstelle hielt Schadenersatzansprüche für begründet und empfahl die Frage einer außergerichtlichen Regulierung zu prüfen.

**Fazit:** Eine ausschließlich dynamische Verriegelungsnagelung mit proximaler Schrägschraube ist auch beim körpernahen Oberschenkelschrägbruch mit dem hohen Risiko der Gleitsinterung behaftet. Beim Nachweis oder bei Befürchtung dieser Komplikation ist entweder Entlastung oder sekundäre zusätzliche körperferne Querverriegelung indiziert. Mit einer drohenden Implantatwanderung nach körperfern die Schrägbolzenentfernung zu begründen, muss als fehlerhaft angesehen werden, da nunmehr eine Sinterung und eine Implantatwanderung nach körpernah ohne eine langanhaltende Entlastung unvermeidlich ist.

## Unzureichende Stabilität einer Osteosynthese bei Umstellungsosteotomie am dist. OS

Pseudarthrose, Korrekturoperation, Zeitverlust und Beschwerden

**Krankheitsverlauf:** Die damals 47-jährige Patientin erlitt 1987 bei einem Sturz einen Oberschenkelschrägbruch rechts. Der in der distalen 1/5 Grenze lokalisierte Bruch wurde mit einer Kondylenplatte stabilisiert. Im September 1988 erfolgte die Metallentfernung. Es verblieb bei knöcherner Durchbauung eine Varus-Fehlstellung. Beschwerden im Kniegelenk führten im September 1993 zu einer Kniegelenksspiegelung mit dem Nachweis eines fortschreitenden Knorpelschadens im inneren Kniegelenksabschnitt sowie eines Meniskusschadens. Als Ursache wurde die Fehlstellung im Oberschenkelbereich angesehen und eine Umstellungsoperation vorgeschlagen.

Diese wurde am 25.10.1994 in der in Anspruch genommenen Klinik vorgenommen. Es wurde mit 6 Einzelschrauben stabilisiert. Auch danach verblieben Beschwerden. Im März 1995 wurde eine Falschgelenkbildung nachgewiesen. In einem Nachbarkrankenhaus wurde wenig später das Metall entfernt und nach Knochenanfrischung und Schwammknochenanlage mit dynamischer Kompressionsschraube stabilisiert. Fünf Monate später war die knöcherne Ausheilung nachzuweisen.

Die Patientin beklagte unter Hinweis auf Einwände nachbehandelnder Ärzte unzureichende Qualität der am 25.10.1994 vorgenommenen Osteosynthese nach Umstellungsosteotomie. Dieser Fehler hätte zur Falschgelenkbildung, Verzögerung in der Behandlung und der Notwendigkeit einer erneuten Operation geführt. Im Übrigen sei sie über die Risiken der Umstellungsosteotomie nicht ausreichend aufgeklärt gewesen, sie habe diesen Eingriff überhaupt nicht gewünscht.

Die in Anspruch genommene Klinik wandte ein, dass die Knochenumstellung und Stabilisation nach gültigen Regeln erfolgt sei, die Patientin sei sehr eingehend und mehrfach über den Eingriff aufgeklärt worden.

**Gutachterliche Beurteilung:** Der von der Schlichtungsstelle eingeschaltete Gutachter gelangte zu der Feststellung, dass die Indikationsstellung zur Umstellungsoperation gerechtfertigt war und die verwandte Methode, wenn auch unter Einschränkungen bezüglich der Verletzungslokalisation, als regelrechte und leistungsfähige Methode anzusehen sei.

Bei der Durchführung seien dann allerdings Fehler zu erkennen. Sie wurden mit unzureichender Stabilisierung durch die verwandten Schrauben begründet. Es bestünden begründete Hinweise dafür, dass durch diese unzureichende Osteosynthese eine Falschgelenkbildung begünstigt und somit die Notwendigkeit erneuter Operationen bewirkt wurde. Ein Aufklärungsmangel sei nicht zu erkennen, aus den Unterlagen sei ersichtlich, dass die

Patientin über Ziel und Komplikationen des Eingriffes aufgeklärt wurde und dies durch Unterschrift bestätigt hatte.

Auch nach Einwänden des in Anspruch genommenen Klinikums blieb der Gutachter bei seiner Feststellung, dass die Stabilität der ehemaligen Osteosynthese als nicht ausreichend zu bezeichnen war.

**Beurteilung der Schlichtungsstelle:** Insbesondere unter dem Eindruck der vom Gutachter sehr detailliert gegebenen Bewertung einzelner Komponenten der Osteosynthese schloss sich die Schlichtungsstelle seiner Beurteilung an. Im Bescheid wurde festgestellt, dass sich jedes Osteosyntheseverfahren bei Knochenumstellung in ihrem Endergebnis, nämlich der stabilen Knochenheilung, messen lassen muss. Die Bedingungen sind zwar bei jedem Patienten anders und der Operateur hat sich die Frage zu stellen, mit welchen Maßnahmen er eine stabile Wiedervereinigung der Knochen erreichen will, ohne bei der Operation weitere Schäden zu setzen oder Risiken einzugehen. Bei einem Wahleingriff müssen aber alle Voraussetzungen für nachfolgende unkomplizierte Heilungen gewährleistet werden.

Die in Anspruch genommene Klinik hatte sich ohne Zweifel gerechtfertigte Gedanken über ein ausgewogenes Verhältnis von Effektivität des Eingriffes einerseits und Risikominimierung andererseits gemacht. Nach Ansicht der Schlichtungsstelle war die eingesetzte Methode an dieser Stelle grenzwertig, aber noch nicht als fehlerhaft anzusehen.

Dem Gutachter war aber dahingehend zuzustimmen, dass die Osteosynthese als nicht ausreichend stabil zu bezeichnen war. Tatsächlich wurde der körperferne Oberschenkelabschnitt nur von zwei queren Schrauben sicher gehalten, eine weitere quere Schraube musste bezüglich ihrer Wertigkeit für die Fixation als fragwürdig angesehen werden. Drei weitere von vorn nach hinten eingebrachte Schrauben waren sog. Kleinfragmenteschrauben, die bei der Dimension des Oberschenkelknochens in dieser Region und den hier wirksamen Kräften als unzureichende Kraftträger angesehen werden mussten. An dieser Feststellung konnte auch der Hinweis auf eine intraopertiv vorgenommene Stabilitätsprüfung nichts ändern.

Ein akademischer Streit über die Zahl der durchbohrten und gefassten Knochenrinden war bei sachlicher Analyse des Gesamteindrucks der Osteosynthese und unter Einbezug des Wissens um die hier wirksamen Kräfte als irrelevant anzusehen.

Auch wenn bei jeder anderen Osteosynthese in dieser Region eine Pseudarthrose nie mit letzter Sicherheit auszuschließen war, musste im vorliegenden Fall, da gerade nicht alles getan wurde, um eine solche Komplikation zu vermeiden, davon ausgegangen werden, dass die Falschgelenkbildung auf unzureichende Stabilität der Osteosynthese zurückzuführen war. Die sich daraus ergebenden Behandlungsnotwendigkeiten, der weitere Verlauf und die damit einhergehenden Beschwerden mussten deshalb als vermeidbar angesehen werden.

Die Schlichtungsstelle sah Schadenersatzansprüche als begründet an und empfahl die Frage einer außergerichtlichen Regulierung zu prüfen.

**Fazit:** Insbesondere beim Wahleingriff verlangen methodenimmante Risiken besondere Beachtung. Auch von Sorgfalt zeugende Überlegungen in Bezug auf Probleme und Risiken des Zugangsortes lassen technische Unzulänglichkeit einer Osteosynthese nicht entschuldigen. Dies wäre nur ausnahmsweise, nach besonderer Aufklärung des Patienten über zusätzliche Risiken und dem Nachweis eines besonders vorsichtigen Managements der Nachbehandlung möglich.

Der Operateur schuldet dem Patienten zwar nicht den Erfolg, er schuldet ihm aber die Gewährleistung der für den Erfolg erforderlichen Voraussetzungen.

## 83

### Genu recurvatum et valgum beiderseits mit Lateralisierung der Patella. Supracondyläre Korrekturosteotomie
Postoperativ Außenrotationsfehlstellung

**Krankheitsverlauf:** Die 25-jährige Patientin klagte seit mehreren Jahren über zunehmende Beschwerden im Bereich beider Kniegelenke, insbesondere bei Belastung. Sie suchte deshalb einen Facharzt für Orthopädie auf. Dieser diagnostizierte ein Genu valgum beiderseits bei Adipositas. Durch konservative Maßnahmen konnte keine Besserung der Beschwerdesymptomatik erreicht werden. Deshalb erfolgte eine Überweisung in eine benachbarte orthopädische Klinik. Dort fand sich ein Genu valgum und recurvatum beiderseits mit einer Beweglichkeit Strecken-Beugen 20–0–135 Grad. Die Patella war lateralisiert, das Zeichen nach Zohlen war positiv. Röntgenologisch zeigten sich auf den Ganzbeinaufnahmen bei Vermessung nach internationalem Standard physiologische Beinachsen in Aufsicht. In der Seitenansicht ergab sich eine Recurvation von 20 Grad. Zeichen einer Arthrose waren nicht erkennbar.

Es wurde die Diagnose eines Genu recurvatum et valgum mit Lateralisierung der Patella gestellt und die Indikation für eine supracondyläre Umstellungsosteotomie gesehen. Ferner wurde präoperativ darauf hingewiesen, dass aufgrund der Lateralisierung der Patella unter Umständen eine nachfolgende Tuberositasversetzung notwendig werden könnte. Der Eingriff selbst erfolgte in typischer Weise mit Platten- und Schraubenosteosynthese. Postoperativ zunächst ungestörter Verlauf. Bei Belastung zeigte sich eine deutliche Außenrotation des linken Fußes bei achsengerechter Beinstellung in Auf- und Seitsicht.

Die Patientin war der Ansicht, dass die Außendrehstellung ihres linken Fußes durch eine fehlerhafte Operation bedingt sei.

Die in Anspruch genomme Klinik bestätigte die Außendrehstellung links und schlägt zur Korrektur eine intertrochantäre Osteotomie vor.

**Gutachterliche Beurteilung:** Der externe Gutachter bejaht zunächst die Indikation für eine supracondyläre Korrekturosteotomie und zwar im Wesentlichen zum Ausgleich des Genu recurvatum. Ein Genu valgum sei präoperativ wohl klinisch beschrieben, nach den Ganzbeinaufnahmen jedoch röntgenologisch nicht zu bestätigen. Der Eingriff selbst sei bei der Recurvation und der valgus-Stellung regelrecht durchgeführt worden. Auf der postoperativen ap-Aufnahme sei eine nennenswerte Änderung der Beinachse nicht erkennbar. Die Recurvation sei voll korrigiert. Auffallend sei eine Außenrotationsfehlstellung des Femurcondylen-Massivs gegenüber dem Femurschaft. Zu der Objektivierung eines möglichen Außenrotationsfehlers erfolgt eine computertomographische Untersuchung. Hierbei ergab sich ein Außenrotationsfehler von 50 Grad der operierten Seite als Differenz zur Gegenseite. Zu berücksichtigen sei dabei nach der einschlägigen Literatur, dass eine individuelle Schwankungsbreite der Seitendifferenz bei derartigen Messungen max. 12 Grad betragen kann.

Unterstelle man, dass eine Außenrotationsvermehrung von max. 20 Grad wegen der Subluxationstendenz der Patella nach lateral geplant war, so bleibe ein überschüssiger Differenzbetrag mit einem Mittelwert von 30 Grad. Bei einer supracondylären Korrekturosteotomie sei ein Rotationsfehler bis zu 10 Grad operativ nur schwer vermeidbar. Dieser Toleranzwert sei hier jedoch erheblich überschritten und dieses sei bei entsprechender Sorgfalt im Rahmen der Osteotomie zuverlässig vermeidbar. Diese Außenrotationfehlstellung bedinge einen biomechanischen ungünstigen Bewegungs- und Belastungsablauf im Kniegelenk und den weiteren abhängigen Gelenken, sodass wegen der Gefahr einer späteren Arthrose eine Korrekturosteotomie zur Beseitigung dieses Drehfehlers erforderlich sei.

Eine Stellungnahme der in Anspruch genommenen Klinik zu diesem Gutachten liegt nicht vor.

**Beurteilung der Schlichtungsstelle:** Den Bewertungen des Gutachters wird zugestimmt. Insbesondere wegen der Recurvation kann die supracondyläre Korrekturosteotomie als indiziert angesehen werden. Im Rahmen dieser Osteotomie bestand auch die Möglichkeit durch eine begrenzte Außenrotationsvermehrung der Subluxationstendenz der Patella zu beggenen. Es wird auch konzidiert, dass hinsichtlich der postoperativen Rotationsstellung ein Korridor bis zu 10 Grad akzeptabel ist.

Auch unter Berücksichtigung dieser Gesichtspunkte lag hier jedoch postoperativ eine Außenrotationsfehlstellung weit über diesen Werten vor. Dieses war fehlerhaft und operationstechnisch vermeidbar.

**Fazit:** Bei Korrekturosteotomie der unteren Extremitäten muss neben der Achsenstellung in ap und Seitsicht besonders sorgfältig auf die Rotationsstellung geachtet werden, wobei sich hier intraoperative Hilfen durch Kirschner-Drähte oder knöcherne Markierungen anbieten.

## 84

### Fibröser metaphysärer Defekt distaler Femur links medial. Probeexzisionen
Fehlerhafte Probeexzision, Spontanfraktur

**Krankheitsverlauf:** Der 36-jährige Patient erlitt im Herbst 1995 ein Drehtrauma des linken Kniegelenkes mit Verdacht auf eine mediale Meniskusläsion. Zunächst konservative fachorthopädische Behandlung. Auf den Röntgenaufnahmen des linken Kniegelenkes in 2 Ebenen zeigte sich eine zystische Strukturauflockerung im Bereich der medialen Femurepiphyse links oberhalb des Epikondylus mit sklerosiertem Randsaum. Zur weiteren Diagnostik veranlasste der behandelnde Orthopäde zunächst seitliche Schichtaufnahmen des distalen linken Femur. Es fanden sich zystische Spongiosastrukturen ohne Malignitätskriterien. Röntgenologisch wurde ein isolierter fibrös-dysplastischer Bezirk diagnostiziert. Es erfolgte zusätzlich eine Skelettszintigraphie. Hier fand sich eine diskret relative Mehranreicherung im Herdbereich ohne lokale heiße Veränderungen. Der Befund wird als vieldeutig und mit Wahrscheinlichkeit eher bedeutungslos beschrieben. Für floride oder gar maligne Skeletterkrankungen ergaben sich keine Hinweise. Wegen anhaltender Kniegelenksbeschwerden wurde der Patient in ein benachbartes orthopädisches Fachkrankenhaus zur Arthroskopie des linken Kniegelenkes eingewiesen. Die Aufnahme erfolgte Anfang Januar 1996. Neben der Arthroskopie des linken Kniegelenkes, bei dem sich ein Innenmeniskushinterhornriss fand, der in typischer Weise behandelt wurde, entschloss man sich gleichzeitig zu einer Probeexzision der Strukturveränderung im distalen Femur links. Es wurde zunächst ein kortikaler Deckel entnommen und dann der betroffene spongiöse Knochenbezirk unter Röntgenkontrolle ausgeräumt. Makroskopisch wird eine leichte Verfettung und Rarifizierung der Spongiosa beschrieben. Der Zystenrand wurde mit der Kugelfräse angefräst, ein wesentlicher Sklerosierungssaum war nicht nachweisbar. Der Entnahmeort wird mit körpereigener Spongiosa aufgefüllt, abschließend der entnommene Knochendeckel aufgesetzt und mit Vicrylzerklage gesichert. Der histologische Befund lautet: Regelhafte Knochenspongiosa vom medialen Femurcondulus sowie straffes Sehnengewebe mit eigenartigen, evtl. reaktiven bzw. metaplastischen herdförmigen Fibroblasten- und Chondroblastenwucherungen. Zur weiteren Klärung werden weitere ergänzende Untersuchungen für erforderlich gehalten und darüber ein Nachbericht in Aussicht gestellt.

Die Mobilisierung erfolgt zunächst mit Unterarmstützen. Primäre Wundheilung. Ambulante Nachbehandlung nach partieller Meniskektomie links medial bei dem behandelnden Facharzt für Orthopädie. Ambulante Röntgenkontrollen in der behandelnden Fachklinik. Zunächst Teilbelastung, 6 Wochen postoperativ volle Belastung erlaubt. 8 Wochen postoperativ plötzlich Schmerzen oberhalb des linken Kniegelenkes. Erneute Röntgenkontrolle im Krankenhaus. Besonderheiten wurden nicht festgestellt. Weiterhin Belastung erlaubt. Zunehmende Beschwerdesymptomatik, sodass der behandelnde Facharzt für Orthopädie eine Belastungsreduzierung anordnete. Danach Besserung. Dann wieder volle Belastung. 10 Wochen postoperativ plötzlich auftretender Schmerz ohne zusätzliche Traumatisierung. Der Patientin berichtet, er sei mit dem linken Bein weggeknickt. Belastung spontan zunächst vermindert. 2 Tage später beim Gehen plötzlich sehr starker Schmerz. Er habe das linke Bein nicht mehr belasten können. Sofortige Krankenhauseinweisung. Dort wurde eine Spontanfraktur in Höhe der Probeentnahme festgestellt und osteosynthetisch versorgt.

Der Patient war der Ansicht, dass der Knochenbruch bei regelrechter Entnahme der Knochenprobe und richtiger Nachbehandlung vermeidbar gewesen wäre.

Das in Anspruch genommene Krankenhaus wendet ein, dass durch die Probeentnahme der Knochen nicht so weit geschwächt gewesen wäre, dass eine Spontanfraktur voraussehbar war.

**Gutachterliche Beurteilung:** Der externe Gutachter stellt zunächst fest, dass der arthroskopisch-chirurgische Eingriff im linken Kniegelenk indiziert war und regelrecht durchgeführt wurde. Des Weiteren befasst sich der Gutachter ausführlich mit der Frage der Indikation zur Probeexzision am distalen Femur links unter Berücksichtigung der präoperativ erhobenen Befunde. Es habe sich um einen fibrösen metaphyseren Defekt gehandelt (Synonyme: fibröser Kortikalisdefekt, nicht oszifizierende Knochenfibrose, Xanthofibrom). Die Röntgenbefunde derartiger fibröser metaphyserer Defekte sein in der überwiegenden Zahl der Fälle so unverkennbar, dass ernstzunehmende Differentialdiagnosen kaum in Frage kämen und es demnach auch keine weiteren Maßnahmen oder histologische Untersuchungen notwendig seien. Besonders das nichtoszifizierende Knochenfibrom gehöre zu den wenigen Läsionen die ausnahmslos röntgenologisch diagnostiziert werden könnten und müssten. Demnach wird die Indikation für diesen Eingriff verneint.

Der externe Gutachter führt weiterhin aus, dass auch die Durchführung dieser Knochenbiopsie fehlerhaft gewesen sei. Beim Vergleich der präoperativen Röntgenaufnahmen mit den postoperativen zeige sich, dass sich der präoperativ veränderte Knochenbezirk auf allen postoperativen Röntgenaufnahmen unverändert darstelle. Die eingebrachte Spongiosa liege nicht im Bereich des anzugehenden Befundes, sondern zentral in der Schaftmitte im Bereich der Femurmetaphyse. Deshalb sei der eigentliche Befund von der Biopsie nicht erfasst worden. Das gut sichtbare Knochenfester erfasse mit seiner unteren Begrenzung genau die obere Begrenzung der röntgenologisch sichtbaren Knochenveränderungen. Die postoperative Spontanfraktur sei somit vermeidbar gewesen, da es sich einmal um einen nicht indizierten Eingriff gehandelt habe und zum andern dieser Eingriff fehlerhaft durchgeführt wurde.

Das in Anspruch genommene Krankenhaus wendet ein, dass hinsichtlich der Indikation bei dem vorliegenden Befund nicht selten in der Medizin kontroverse Meinungen bestehen. Es sei richtig, dass die Diagnose wohl mit hoher Sicherheit röntgenologisch gestellt werden könne, jedoch nicht mit letzter Sicherheit. Im vorliegenden Fall müsse auch das Alter des Patienten berücksichtigen, welches zum Zeitpunkt des Eingriffes 35 Jahre betrug, während die hier bestehenden Veränderungen typisch seien für das 10.–20. Lebensjahr. Weiterhin wird auf eine ergänzende pathologisch-anatomische Stellungnahme verwiesen. Hier heißt es, dass bei dem vorliegenden Befund eine histologische Ausschlussdiagnostik indiziert war, da hoch differenzierte maligne Weichgewebstumore durchaus röntgenologisch als gutartige Tumoren imponieren könnten, und dass sich in manchen Fällen das nichtossifizierende Knochenfibrom nur schwer von einem hoch differenzierten Fibrosarkom unterscheiden ließe.

Zu dem Vorwurf der technisch fehlerhaften Durchführung der Probeentnahme wird nicht Stellung genommen.

**Beurteilung der Schlichtungsstelle:** Auszugehen ist nach den präoperativen röntgenologischen Befunden mit sehr hoher Wahrscheinlichkeit von einer gutartigen Läsion im Sinne eines fibrösen metaphysären Defektes, der keine weitere Diagnostik im Sinne einer Probeexzision bedurfte. Auf der anderen Seite kann jedoch nicht von einer absolut sicheren Röntgendiagnostik ausgegangen werden, sodass dem Operateur die Entscheidung zur Probeexzision zugebilligt werden muss, um die endgültige Klärung des Befundes sicher zu stellen. Somit wird die Indikation für diese Maßnahme nicht als grundsätzlich fehlerhaft eingestuft.

Zugestimmt wird der Bewertung des Gutachters, dass diese Probeexzision technisch fehlerhaft durchgeführt wurde. Trotz Einsatz eines Röntgengerätes im Rahmen dieser Probeexzision wurde der pathologisch veränderte Bezirk verfehlt, wie die postoperativen Röntgenaufnahmen beweisen. Hier stellt sich der pathologische Knochenbefund auf allen Aufnahmen unverändert dar und die eingebrachte Spongiosa liegt nicht im Bereich des anzugehenden Befundes, sondern zentral im Bereich der Femurmetaphyse. Dieses war fehlerhaft und vermeidbar. Deshalb müssen die nachfolgenden Komplikationen im Sinne einer distalen spontanen Oberschenkelschaftquerfraktur dem Operateur zur Last gelegt werden.

**Fazit:** Eine Probeexzision muss den als pathologisch erkannten Bezirk in ausreichendem Umfang erfassen, da sonst eine abschließende histologischen Diagnostik nicht erfolgen kann und somit das Ziel dieses Eingriffes verfehlt wird. Unter derartigen Voraussetzungen müssen die Folgen des Eingriffes dem Operateur zur Last gelegt, hier die osteosynthetische Versorgung der Fraktur mit der begleitenden Schmerzsymptomatik und einer Verlängerung der Behandlungszeit bis zur Ausheilung dieser Fraktur von ca. 8 Wochen.

## 85

### Unzureichende Osteosynthese bei Patellatrümmerfraktur
Zeitverlust, Schmerzen, Retropatellararthrose

**Krankheitsverlauf:** Der damals 28-jährige Patient hatte sich am 21.3.1994 beim Fußballspielen einen Trümmerbruch des unteren Kniescheibenpols rechts zugezogen. Er wurde noch am selben Tag in dem in Anspruch genommenen Krankenhaus stationär aufgenommen. Am 22.3. wurde in Spinalanästhesie der zertrümmerte untere Pol der Kniescheibe reponiert und das erzielte Ergebnis mit einer Drahtumschlingung fixiert. Eine zusätzliche Drahtumschlingung, von oberhalb der Kniescheibe zur Schienbeinrauhigkeit eingebracht, sollte zur Erhaltung der Distanzstrecke zwischen Kniescheibe und Unterschenkelknochen und damit zur Vermeidung eines Ausrisses des refixierten unteren Kniescheibenanteiles dienen.

In der Folgezeit war durch Röntgenkontrollaufnahmen eine Verlagerung des Bruchstückkonglomerates vom unteren Kniescheibenpol festzustellen. Es kam zu einer erheblichen Verzögerung der Nachbehandlung wegen von Bewegungseinschränkungen, Schmerzen und Reizerscheinungen im Kniegelenk. Erst 8 Monate später konnte der Patient seine Arbeit teilweise wieder aufnehmen.

Er machte eine fehlerhafte Erstoperation für die Verlängerung der Behandlung, Fehlheilung der Kniescheibe und einen wesentlichen Teil seiner Beschwerden verantwortlich.

Das in Anspruch genommene Krankenhaus wandte ein, dass allein der Schweregrad der Verletzung für den Gesamtverlauf verantwortlich zu machen sei.

**Gutachterliche Beurteilung:** Der von der Schlichtungsstelle eingeschaltete Gutachter gelangte zu der Feststellung, dass eine erhebliche Stufenbildung in der Gelenkfläche auf unzureichende Osteosynthese zurückzuführen sei und es daraus resultierend zu einer Verlängerung in der Behandlung sowie einem Teil des vorfristigen Verschleißes des Kniegelenkes und einem Teil der Beschwerden gekommen wäre.

In Kenntnis dieses Gutachtens wendete das in Anspruch genommene Krankenhaus ein, dass die vom Gutachter erwogenen Varianten der Osteosynthese nicht möglich waren und die diskutierten Auswirkungen spekulativ seien. Es sei auch nicht sicher, ob der deformierte untere Kniescheibenpol überhaupt gelenkbildend sei und zu Schäden im Kniescheibenoberschenkelrollengelenk führe.

**Beurteilung der Schlichtungsstelle:** Nach Sachlage war bei erfolgreicher Reposition der Bruchstücke des unteren Patellarpols eine zirkuläre Drahtumschlingung nicht als fehlerhaft anzusehen. Eine Zuggurtung war nicht möglich. Das primär ordentliche Ergebnis dieser Osteosynthese musste aber situationsgerecht abgesichert werden. Dem drohenden Ausriss des mit

Drahtumschlingung minimal fixierten unteren Kniescheibenpols musste mit biomechanisch leistungsfähiger und distanzerhaltender Fixation des Hauptbruchstückes zum Schienbeinknochen begegnet werden. Dieses wurde ansatzweise durch eine Drahtschlinge von oberhalb der Kniescheibe zur Schienbeinrauhigkeit versucht. Dieser Versuch musste als erkennbar unzureichend angesehen werden.

Die resultierende Kippstellung des Hauptfragmentes führte zur Abscherung des unteren Patellarpoles und wäre nur durch eine zentrale Führung der Distanzschlaufe zum Hauptbruchstück zu vermeiden gewesen. Die fehlerhafte Führung dieser Distanzschlaufe hat zur Abscherbewegung und zum Misserfolg geführt. Dieser Misserfolg war biomechanisch vorhersehbar. Mit der vorliegenden Osteosynthese wurde den biomechanischen Grundlagen der distanzerhaltenden Gurtung nicht Rechnung getragen. Hier musste fehlerhaftes Handeln und die Ursache für einen wesentlichen Teil von Komplikationen gesehen werden.

Das Argument des Krankenhauses, auf denkbare Probleme und die Folgen weiterreichender Osteosynthese zu verweisen, griff nicht, da diese nur bei sachgerechter Operationstechnik als verletzungsimmanent angesehen werden können. Bei unsachgemäßer Osteosynthesetechnik waren Komplikationen überwiegend dieser anzulasten.

Im vorliegenden Fall waren die zeitliche Verzögerung um mehrere Monate und damit einhergehenden Beschwerden als Folgen fehlerhafter Osteosynthese anzusehen.

Die Schlichtungsstelle hielt Schadenersatzansprüche in diesem Rahmen für begründet.

**Fazit:** Bei der Versorgung der vielschichtigen Bruchformen des Kniescheibenknochens ist eine situationsgerechte Analyse biomechanischer Gegebenheiten unerlässlich. Die ungeprüfte, stereotype Anwendung von Standardverfahren birgt das Risiko fehlgängiger Zug- oder Druckwirkung.

## 86

### Patellatrümmerfraktur, Infekt nach Zugurtungsosteosynthese
Zu späte Reaktion, Zeitverlust, Vermehrung von Beschwerden, funktionelle Beeinträchtigungen

**Krankheitsverlauf:** Der damals 27-jährige Patient hatte sich am 6.12.1997 bei einem Sturz einen rechtsseitigen Kniescheibentrümmerbruch zugezogen und wurde noch am selben Tag in dem in Anspruch genommenen Krankenhaus aufgenommen und durch Zugurtungsosteosynthese operativ versorgt. Aus Sicherheitsgründen wurde postoperativ eine Gipsschale angelegt.

In den folgenden Tagen fielen wiederkehrend Temperaturerhöhungen auf, aus den aktenkundigen Aufzeichnungen ist zu ersehen, dass auch mehrfach Sekretabsonderungen und Angaben über stärkere Schmerzen notiert wurden. Am 18.12.1997 wurden starke Schmerzen angegeben, am Folgetag im Spätdienst notfallmäßig eine Punktion vorgenommen. Es entleerte sich eine größere Menge blutig-trüben Sekretes. Am 22.12. war nochmalige Punktion erforderlich, es entleerte sich gelblich-trübe Flüssigkeit, es wurde eine Spülung vorgenommen und ein Antibiotikum in das Kniegelenk eingebracht. Der Patient wurde am Folgetag in ambulante Behandlung entlassen, zu diesem Zeitpunkt war das Ergebnis der bakteriologischen Untersuchung des Punktates vom Vortag noch nicht eingegangen. Zwei Tage später wurde der Patient mit hohem Fieber und starken Schmerzen in einem Nachbarkrankenhaus aufgenommen, dort wurde notfallmäßig und wegen eines Kniegelenksempyems operiert. Die Kniescheibe musste entfernt werden, da zwingende Hinweise für das Vorliegen einer Kniescheibenosteitis bestanden.

Der Patient war der Ansicht, dass zumindest in der Nachbehandlung nach der Operation fehlerhaft gehandelt wurde. Seinen Beschwerden sei nicht sachgerecht nachgegangen worden, es sei deshalb zu einer schweren Gelenkinfektion mit Verlust der Kniescheibe und erheblichen Behinderungen sowie zeitlichen Verzögerungen gekommen.

**Beurteilung des Gutachters:** Der von der Schlichtungsstelle eingeschaltete Gutachter stellte fest, dass die Indikation zur operativen Versorgung durch Zugurtung sachgerecht anzusehen war. Bei der technischen Durchführung seien zwar kleine Mängel zu erkennen, die erzielte Bruchstellung aber als optimal anzusehen. Es sei auch nicht aufgrund der Operationstechnik zu einer Infektion gekommen, diese müsse als schicksalhaft angesehen werden. Auch im weiteren Verlauf hätte es anfänglich keine zwingenden Gründe für die Annahme einer schwergradigen Infektion gegeben, man hätte aber nach den beiden Punktionen den Patienten nicht entlassen dürfen und frühzeitiger intervenieren müssen. Der zeitliche Gewinn sei aber nicht so groß gewesen, als dass dieses Versäumnis für den nachfolgenden Verlauf Folgen gehabt hätte.

**Beurteilung der Schlichtungsstelle:** Die Schlichtungsstelle konnte den medizinischen Wertungen des Gutachters nur teilweise zustimmen. Die Indikation zur operativen Versorgung mit Zugurtung sowie auch der Zeitpunkt waren als sachgerecht anzusehen. Der vom Gutachter beschriebene geringfügige technische Mangel war dergestalt, dass ungenügender Kontakt der verwendeten Materialien bestand, er hat auch nach Ansicht der Schlichtungsstelle keine Auswirkungen gehabt. Das Auftreten der Infektion musste als unvermeidbar angesehen werden. Als unzureichend war aber die Reaktion auf den nachfolgenden Verlauf anzusehen. Schon sehr früh war in zahlreichen aktenkundigen Notizen die Klage über starke Schmerzen angeführt. Es bestanden immer wieder leicht erhöhte Temperaturen, es wurden Sekretabsonderungen aus der Wunde beobachtet. Nach dem äußeren Eindruck der Kniegelenksregion und aus der Tatsache, dass eine anfängliche erhöhte Blutsenkungsgeschwindigkeit rückläufige Tendenzen zeigte, war aber nur zeitweise ein Zuwarten gerechtfertigt.

Nach Ansicht der Schlichtungsstelle musste spätestens am 19.12.1997 das Vorliegen eines schwelenden Infektes zwingend angenommen werden. Es kam erneut zum Temperaturanstieg, der Patient klagte über heftige Schmerzen, die Blutsenkungsgeschwindigkeit war stark angestiegen und noch am Spätabend des 19.12.1997 war eine notfallmäßige Punktion erforderlich geworden. Es ließ sich blutig-trübes Sekret entleeren, aus den Unterlagen des Krankenhauses war nicht zu ersehen, ob dieses Sekret zur bakteriologischen Untersuchung geschickt wurde. Nach der Punktion kam es zunächst durch Druckentlastung zum Rückgang von den Beschwerden.

Drei Tage später war dann erneut eine Punktion erforderlich, nach Angaben des Patienten sei dabei Eiter entleert worden. Aus den Unterlagen ist dies aber nicht sicher erkennbar. Auf jeden Fall hatte man Anlass für eine Spülung und die lokale Instillation eines Antibiotikas gesehen. Eine an diesem Tag entnommener Abstrich hat dann verspätet den Nachweis der Keimbesiedelung erbracht. Ein Nachweis, der bereits am 20.12.1997 möglich gewesen wäre, da dem Krankenhaus eine mikrobiologische Abteilung angeschlossen war. Derartigen Spezialabteilungen ist es nach notfallmäßiger Anforderung durchaus möglich, durch spezielle Verfahren zumindest eine Vorabinformation über das Vorliegen einer Keimbesiedlung zu geben.

Spätestens am 21.12.1997 hätte mit Anlage einer kontinuierlichen Spül-Saug-Drainage, begleitenden Maßnahmen und entsprechender Antiobiose gehandelt werden müssen. Zu diesem Zeitpunkt bestanden noch gute Chancen, die Eskalation des Infektes zu verhindern. Da spätestens ab dem 19.12.1997 mit allen klassischen Symptomen die Verschlechterung eines Gelenkinfektes eintrat, sind bis zur endgültigen operativen Versorgung 6 Tage vergangen. Ein Zeitraum, der bei einem Kniegelenksinfekt, besser Kniegelenksempyem, zusätzliche Schädigungen bewirken musste.

Nach Ansicht der Schlichtungsstelle war es allerdings nicht zu beweisen, dass auch bei einem operativen Eingriff am 20.12. oder 21.12.1997 die Erhaltung der Kniescheibe möglich gewesen wäre. Bei einem so langen Zeitraum der Verzögerung waren aber neben den Beschwerden in dieser Zeit und auch beim denkbaren Kniescheibenerhalt zusätzliche Folgen in Form der Verklebungen, lokaler Gewebsuntergänge (Knorpel) und letztlich daraus resultierende Dauerschäden im Gelenk zu erwarten. Aus der Tatsache vorangegangener zweiwöchiger diskreter Temperaturerhöhungen, Senkungserhöhung und dem Missverhältnis zwischen zu erwartendem Heilungsverlauf und den angegebenen Schmerzen musste dann aber spätestens am 19.12.1997 an das Vorliegen eines bisher übersehenen Infektes gedacht und die notwendigen Maßnahmen eingeleitet werden. Spätestens ab diesem Tag konnte der weitere Ablauf nicht nur als schicksalhaft angesehen werden.

Die Schlichtungsstelle entschloss sich deshalb und nach eingehender Beratung mit den zuständigen Fachvertretern dazu, teilweise von den Bewertungen des Gutachters abzuweichen. Es war zumindestens über einen Zeitraum von fünf Tagen von zusätzlichen Beschwerden, aber auch von einer anteiligen Auswirkung auf den weiteren Verlauf und den Endzustand auszugehen.

Da auch bei rechtzeitigem Handeln etwa ab dem 20.12.1997 durch das zu diesem Zeitpunkt als gesichert anzunehmende Kniegelenksempyem mit erheblichen Folgen zu rechnen war, konnte die anteilige Auswirkung fehlerhaften Handelns bzw. von Versäumnissen allerhöchstens mit 1/4 begrenzt werden. Die Schlichtungsstelle hielt Schadenersatzansprüche in diesem Ausmaß für begründet und empfahl die Frage einer außergerichtlichen Regulierung zu prüfen.

**Fazit:** Es ist Erfahrungswert, dass schleichende und zunächst nur mit wenig typischen Symptomen einhergehende Kniegelenksinfekte auch im Falle der endgültigen Exacerbation, d.h. dem eindeutigen Kniegelenksempyem, oft mit äußerlich scheinbar regulären Lokalbefunden einhergehen. Unklare Schmerzen, Temperaturerhöhungen und wechselnde Werte der Blutsenkungsgeschwindigkeit stehen aber mit solchen Befunden in einem eindeutigen Missverhältnis, die weitere Abklärung durch Probepunktion ist unerlässlich. Mit frühzeitiger, konsequenter und operativer Behandlung ist das Schadensausmaß deutlich zu reduzieren. Verzögerung zielgerichteter Diagnostik und Therapie muss als fehlerhaft angesehen werden.

## 87

### Patellatrümmerfraktur, Schienbeinbruch
Unzureichende Stabilisierung des Schienbeinbruches, posttraumatische Arthrose, Beschwerden

**Krankheitsverlauf:** Der damals 30-jährige Patient erlitt bei einem Verkehrsunfall am 24.3.1995 einen geschlossenen Kniescheibentrümmerbruch sowie eine distale Unterschenkelschaftfraktur links sowie ein Schädelhirntrauma.

Nach kurzfristiger Beobachtung in der Neurochirurgischen Abteilung des in Anspruch genommenen Krankenhauses erfolgte dann die Weiterversorgung in der traumatologischen Abteilung. Am 31.3.1995 wurden in gleicher Sitzung die Trümmerfraktur der Kniescheibe mit Drahtgurtung und der Schienbeinbruch mit Verriegelungsnagelung versorgt. Wenige Tage später musste eine Knochenweichteilinfektion im Bereich der Kniescheibe festgestellt werden, der Infekt war nach mehrfachen operativen Interventionen zur Ausheilung zu bringen. Der Schienbeinbruch heilte in Fehlstellung aus.

Mit Schreiben an die Schlichtungsstelle bezweifelte der Patient sachgemäße Versorgung der Knochenverletzungen.

**Gutachterliche Beurteilung:** Der von der Schlichtungsstelle eingeschaltete Gutachter führte aus, dass die operative Versorgung zeitgerecht erfolgte. Die Versorgung der Kniescheibentrümmerfraktur mit einfacher Drahtumschlingung sei zwar nicht als optimal anzusehen, es sei aber ein ordentliches Ergebnis erzielt worden. Da es noch vor Beginn funktioneller Behandlung zum Infekt kam, eine Komplikation, die als schicksalhaft anzusehen sei und die zu mehrfachen Nachoperationen zwang, habe die Versorgung keinen Einfluss auf das Endergebnis gehabt.

Bezüglich der Versorgung des Schienbeinbruches mit Verriegelungsnagel wurde vom Gutachter bemängelt, dass das sehr kurze köperferne Bruchstück nur mit einem Verriegelungsbolzen stabilisiert wurde und damit dem Grundprinzip der Verriegelungsnagelung bei Grenzindikation zuwidergehandelt wurde. Die schon nach kurzer Zeit daraus resultierende Fehlstellung sei ursächlich auf diese unzureichende Nagelung zurückzuführen.

Der Gutachter stellte abschließend fest, dass auch bei der Beseitigung dieser Fehlstellung eine posttraumatische Arthrose im oberen Sprunggelenk nicht mit Sicherheit vermeidbar sein wird. Eine wesentliche Verlängerung der Behandlungszeit durch die unzureichende Verriegelungsnagelung sei ebenfalls nicht zu belegen. Die Vorwürfe des Patienten seien zwar teilweise begründet, nachweisliche schwere Folgen könnten aber nicht angenommen werden.

**Beurteilung der Schlichtungsstelle:** Die Schlichtungsstelle schloss sich den Wertungen des Gutachters im Wesentlichen an.

Ausweislich der Röntgenverlaufsserie hätte nach Ansicht der Schlichtungsstelle der Verriegelungsnagel aber tiefer eingebracht und dann auch mit zwei Querbolzen fixiert werden können, da bis zur kritischen Position oberhalb des distalen Schienbeinendes 15 mm ungenutzt blieben. Die nachträgliche eingetretene Fehlstellung wäre so mit großer Wahrscheinlichkeit vermeidbar gewesen. Die verbliebene Fehlstellung ließ eine spätere Arthrose wahrscheinlich erscheinen.

Der Beurteilung der Kniescheibenbruchverletzung durch den Gutachter konnte sich die Schlichtungsstelle anschließen. Hier war eine schicksalhafte Komplikation wesentlich für Verlauf und Endzustand.

Gegen die gutachterliche Beurteilung der Schienbeinosteosynthese hatte das in Anspruch genommene Krankenhaus eingewendet, dass der zur Verfügung stehende Verriegelungsnagel nicht tiefer eingeschlagen werden konnte.

Dieser Einwand konnte nach Ansicht der Schlichtungsstelle nicht greifen. Der Nagelkopf endete in Höhe der Schienbeinrauhigkeit und hätte trotz denkbarer Probleme bei späterer Entfernung zwanglos 15 mm tiefer verlagert werden können. Die nachträglich eingetretene Fehlstellung wäre damit zu verhindern gewesen.

Auch wenn der Gutachter nach persönlicher Untersuchung des Patienten das derzeitige Ergebnis noch als akzeptabel bezeichnete, ist der Patienteneinwand über schon derzeitig bestehende Belastungsbeschwerden nicht zu widerlegen und eine Spätarthrose wahrscheinlich.

Insofern hielt die Schlichtungsstelle Schadenersatzansprüche für begründet und empfahl die Frage einer außergerichtlichen Regulierung zu prüfen.

**Fazit:** Die Anwendung intramedulär stabilisierender Implantate, speziell des Verriegelungsnagels, verlangt bei Grenzsituationen sorgfältige Planung und vorausschauend denkbare Komplikationen. Nur schwerwiegende, nicht mehr vermeidbare und nicht vorhersehbare intraoperative Probleme lassen Abweichungen vom Standard entschulden.

## 88

### Gonarthrose links, Implantation einer nicht achsenverbundenen Knieendoprothese
Fehlpositionierung der femoralen Komponente im Valgussinne

**Krankheitsverlauf:** Bei der 65-jährigen Patientin bestand eine ausgeprägte Gonarthrose links mit entsprechender Beschwerdesymptomatik und Funktionsbehinderung. Deshalb wurde die Indikation zur Implantation einer nicht achsenverbundenen Knieendoprothese gestellt. Postoperativ lag nach dem OP-Bericht keine nennenswerte Achsfehlstellung vor.

Am folgenden Morgen bemerkte die Patientin, dass das linke Bein nach außen abgewinkelt war. Zu diesem Zeitpunkt hatte sie noch keine Krankengymnastik bekommen. Sie war auch noch nicht von den Pflegekräften oder einem Arzt vor das Bett gestellt worden. Es wurden ordnungsgemäß Verbandswechsel durchgeführt und die Redon-Saugdrainage termingerecht entfernt. In den Krankenblattaufzeichnungen ist eine Valgus-Fehlstellung nicht vermerkt. 8 Tage postoperativ wurden erneut Röntgenaufnahmen des linken Kniegelenkes jetzt mit längerem Ober- und Unterschenkelanteil angefertigt. Der projizierte Valguswinkel betrug 23 Grad. Daraufhin wurde eine Revisionsoperation für erforderlich gehalten, die 14 Tage nach dem Primäreingriff durchgeführt wurde. Postoperativ zeigte sich jetzt ein Valguswinkel von ca. 6 Grad. Der weitere Verlauf war ohne Besonderheiten. Primäre Wundheilung. Typische Anschlussheilbehandlung.

Die Patientin war der Ansicht, dass der 2. Eingriff vermeidbar war, er sei zurückzuführen auf einen fehlerhaft durchgeführten Ersteingriff.

Das in Anspruch genommene Krankenhaus erwägt die Möglichkeit, dass die postoperative Valgusfehlstellung mit der Notwendigkeit des Revisionseingriffes nicht primär bestanden hätte, sondern im Rahmen der Mobilisation durch Zusammensintern des lateralen Femurkondylus sich entwickelt habe. Dabei wird darauf hingewiesen, dass es sich um eine Patientin gehandelt habe mit einer Körpergröße von 158 cm und einem Gewicht von 86 kg.

**Gutachterliche Beurteilung:** Der externe Gutachter stellt zunächst fest, dass der aktenkundige Operationsbericht in seinen wesentlichen Teilen nachvollziehbar sei. Es wurde eine nicht achsverbundene Knieendoprothese implantiert. Dieses war aufgrund der präoperativen Befunde situationsgerecht.

Der Eingriff selbst verlief offensichtlich ohne Komplikationen mit einer Operationsdauer laut Anästhesieprotokoll von 1½ Stunden, die Blutsperre lag 60 min. Der Gutachter weist darauf hin, dass Komplikationen, die eine schnelle Beendigung des Eingriffes verlangt hätten, nicht dokumentiert sind. Postoperativ ist keine vermehrte Valgusstellung vermerkt. Die postoperativ angefertigten Röntgenaufnahmen dokumentieren jedoch eine Valgusstellung von 25 Grad. Dieser nicht tolerable Befund wurde offensichtlich nicht registriert und die Situation so belassen, wie sie war. Dieses war fehlerhaft. Hätte der Operateur die fehlerhafte Achsenstellung richtig erkannt und wäre er den anerkannten Regeln der Heilkunde gefolgt, wie der Gutachter schreibt, hätte er diesen Fehler sogleich behoben. Es habe dem Operateur zumindest nach Betrachten des postoperativen Röntgenbildes nicht entgangen sein können, dass ein gravierender Fehler unterlaufen war.

Der Gutachter vermerkt hierzu weiterhin, dass Fehler bei der Bestimmung der Osteotomieflächen vorstellbar sind, denn Schablonen und Justiervorrichtungen, mit denen die anatomisch beste Resektionslinie an dem deformierten Oberschenkel gefunden wird, könnten irritieren und dadurch die winkelverkehrte Einsetzung insbesondere des Oberschenkelanteils der Prothese verursachen. Das Belassen der fehlerhaften Position sei aber nicht akzeptabel, weil die fehlerhafte Stellung die Lockerung des Implantates nach sich zieht und funktionell nicht kompensierbar ist. Ist nach Lage des Einzelfalles die Verlängerung des Eingriffes zur Beseitigung der unrichtigen Position nicht zu verantworten, z.B. bei Komplikationen oder wegen Befürchtung, dass die Verlängerung des Eingriffes für den Patienten gefährlicher sein könne, als eine Reoperation zu einem späteren Zeitpunkt, so sei das zeitweilige Belassen von 25 Grad Valgusstellung zu akzeptieren. Derartige Voraussetzungen lagen jedoch hier nicht vor.

Aufgrund des unmittelbaren postoperativen Röntgenbefundes kann der Argumentation des Operateurs nicht gefolgt werden, dass diese Fehlstellung möglicherweise durch Impression des lateralen Femurkondylus im Rahmen einer frühen Mobilisation aufgetreten sei.

Die Revisionsoperation 14 Tage später mit Umsetzen des femuralen Anteiles der Knieendoprothese war erforderlich wegen des vorausgegangenen Fehlers, der offensichtlich weder unter dem Eingriff, noch direkt postoperativ nach Anfertigung der Röntgenkontrollaufnahmen erkannt wurde.

Das in Anspruch genommene Krankenhaus nimmt zu dem Gutachten nicht Stellung.

**Beurteilung der Schlichtungsstelle/Fazit:** Den Ausführungen des Gutachters wird zugestimmt.

Bei der Implantation, insbesondere von nicht achsenverbundenen Knieendoprothesen, sind primäre Fehlpositionierungen, insbesondere der Femurkomponente, nicht immer vermeidbar. Derartige Fehlpositionierungen müssen jedoch im Rahmen des Eingriffes erkannt und unverzüglich korrigiert werden. Eine Valgusfehlstellung von 25 Grad ist unakzeptabel.

## 89

**Mediale Gonarthrose links, arthroskopisch-chirurgischer Eingriff, varisierende Tibiakopf-Umstellungsosteotomie links**

Fehlerhafte Indikation für die varisierende Tibiakopf-Umstellungsosteotomie links

**Krankheitsverlauf:** Wegen therapieresistenter Kniegelenksbeschwerden links wurde bei der damals 54-jährigen Patientin ein arthroskopisch-chirurgischer Eingriff durchgeführt. Es fand sich dabei ein medialer Hinterhorneinriss in Verbindung mit einer Knorpelschädigung 2.–3. Grades am dorso-medialen Tibiaplateau und retropatellar. Im lateralen Kompartment wurden keine wesentlichen pathologischen Befunde erhoben. Der Eingriff verlief komplikationslos. Im weiteren Verlauf bestanden jedoch anhaltende Beschwerden, sodass die Patientin von ihrem Hausarzt in ein benachbartes Krankenhaus eingewiesen wurde.

Dort wurde die Indikation für eine Tibiakopf-Umstellungsosteotomie links gestellt unter der Diagnose eines Zustandes nach Meniscusläsion links medial in Verbindung mit einem Genu-valgum links. Es wurde eine varisierende Tibiakopfosteotomie links durchgeführt. Die Patientin bemerkte nach dem Eingriff eine deutliche O-Bein-Stellung links. Nach knöcherner Konsolidierung der Osteotomie kam es bei Belastungsbeginn zu erheblichen Schmerzen, sodass 4 Monate später eine korrigierende valgisierende Osteotomie erfolgte. Dadurch wurde eine regelrechte Beinachse hergestellt.

Die Patientin war der Ansicht, dass die erste Umstellungsoperation fehlerhaft durchgeführt wurde und dass dies der Grund für die vier Monate später erneute Operation gewesen sei.

Das in Anspruch genommene Krankenhaus hält die Indikation zur varisierenden Umstellungsosteotomie für gegeben. Nach anhaltenden Beschwerden nach vorausgegangenem arthroskopisch chirurgischem Eingriff und zunehmender X-Bein-Stellung hätte durch eine varisierende Achsenkorrektur eine gute Chance zur Beschwerdebesserung bestanden. Der Eingriff selbst sei technisch regelrecht durchgeführt worden.

**Gutachterliche Beurteilung:** Der Gutachter hebt zunächst hervor, dass sich bei dem arthroskopisch-chirurgischen Eingriff ausschließlich pathologische Veränderungen im medialen Kompartment des linken Kniegelenkes der Antragstellerin fanden. In dem Krankenblatt vor der Umstellungsosteotomie sind als klinische Befunde vermerkt: Genua-Valga rechts 10 Grad, links 30° Grad, keine Schwellung, kein Erguss, Extension/Flexion –0–125 Grad. Diagnose Valgusgonarthrose links.

Die Befundung einer präoperativen Röntgenaufnahme des linken Beines im Stehen ap ergibt nach Ausmessung des Gutachters einen Valguswinkel von 6 Grad und einen Winkel zwischen anatomischer Tibiaachse und Basislinie von 92 Grad und damit insgesamt physiologische Achsenverhältnisse. Bei der Operation wurde laut OP-Bericht ein 10 Grad-Keil mit medialer

Basis aus dem Tibiakopf links entnommen, die Tibia wurde in Varusstellung gebracht und die gut aufeinanderstehenden Osteotomieflächen mit 2×10 mm Krampen (Telos) fixiert. Das postoperative Röntgenbild zeigt nach der Ausmessung des Gutachters nunmehr einen Varuswinkel von 12 Grad zwischen anatomischer Tibiaachse und anatomischer Femurachse und somit ein stark pathologischen Befund, Kniebasislinie stark nach medial abfallend, Winkel zur Tibiaschaftachse 110 Grad. Insgesamt deutliche Überkorrektur von 18 Grad.

Der Gutachter schreibt hierzu, dass es für ihn nicht nachvollziehbar sei, wieso bei physiologischen Achsenverhältnissen und arthroskopisch gesicherter medial betonter Knorpelschädigung eine varisierende Tibiakopfosteotomie ausgeführt wurde. Grundsätzlich sei bei einer medialen Gonarthrose eine valgisierende Osteotomie und bei lateraler Gonarthrose eine varisierende Osteotomie zu diskutieren. Bei einer Varusgonarthrose sei eine leichte Überkorrektur anzustreben, bei Valgusgonarthrose dürfe dagegen nur streng bis auf die physiologische Valgusstellung korrigiert werden. Die hier vorgenommene varisierende Osteotomie war aufgrund der präoperativen Befunde kontraindiziert. Sie führte zwangsläufig zu einer nicht akzeptablen Varusfehlstellung. Deshalb war möglichst kurzfristig, im vorliegenden Fall nach vier Monaten, eine nunmehr valgisierende Tibiakopfosteotomie zwingend notwendig. Dieser Eingriff wäre vermeidbar gewesen.

Das in Anspruch genommene Krankenhaus nimmt zu dem Gutachten nicht Stellung.

**Beurteilung der Schlichtungsstelle:** Den Ausführungen des Gutachters wird zugestimmt.

Es lag eindeutig keine Indikation für eine varisierende Tibiakopfumstellungsosteotomie vor. Auszugehen war von einer medial betonten Gonarthrose bei regelrechter Beinachse. Auch wenn die Osteotomie selbst technisch regelrecht durchgeführt wurde, war sie aufgrund der falschen Indikationsstellung fehlerhaft. Somit muss die vier Monate später notwendige Korrekturosteotomie auf diesen Fehler zurückgeführt werden.

**Fazit:** Um Fehlentscheidungen bei Tibiakopfkorrekturosteotomie zu vermeiden, müssen arthroskopisch gesicherte intraartikuläre Befunde zugrunde liegen in Verbindung mit präoperativen Röntgenaufnahmen im Stehen.

## 90

**Arthroskopie nach Kniebundverletzung, fehlerhafter Eingriff**
Arthrofibrose, Zeitverlust, Korrekturoperation

**Krankheitsverlauf:** Die damals 47-jährige erlitt am 23.2.1995 bei einem Skiunfall eine Drehverletzung des rechten Kniegelenkes. Nach sofortiger Rückkehr vom Urlaubsort wurde sie zunächst vom 25.2. bis 28.2.1995 im Heimatkrankenhaus unter der Verdachtsdiagnose einer vorderen Kniebandinstabilität und einer Teilverletzung des Innenbandapparates behandelt. Bei einer MRT-Untersuchung wurde die Verletzung des vorderen Kreuzbandes bestätigt. Der Patientin wurde Befundabklärung durch Arthroskopie und eventuelle spätere Kreuzbandersatzplastik vorgeschlagen. Diese Arthroskopie wurde dann in einem anderen Krankenhaus am 21.4.1995 vorgenommen. Zu diesem Zeitpunkt bestand aber bereits erhebliche Bewegungseinschränkung und starke Schwellung im Kniegelenk.

Bei dem Eingriff wurde ein hochgradiger Reizzustand der Kniegelenksinnenhaut, ein mäßiger Knorpelschaden im Bereich des Femoropatellargelenkes sowie eine Ausdünnung und Verlängerung des vorderen Kreuzbandes nachgewiesen. In gleicher Sitzung wurde eine offene Kreuzbandersatzplastik unter Verwendung des mittleren Drittels vom Kniescheibensehnenbandes vorgenommen.

Es wurde dann zunächst komplikationslose Heilung beobachtet. Die Patientin wurde zeitgerecht in ambulante krankengymnastische Behandlung entlassen. Es verblieb aber eine erhebliche Streck- und Beugehemmung und ein behandlungsbedürftiger Reizzustand im Kniegelenk, der auch nach einer AHB-Behandlung und nachfolgender mehrmonatiger intensiver krankengymnastischer Betreuung keine Besserung beobachten ließ. Unter dem Verdacht auf eine Arthrofibrose wurde Anfang 1996 eine Rearthroskopie vorgenommen, bei der Verwachsungen gelöst werden konnten. Die Beweglichkeit im Kniegelenk besserte sich dann langsam. Bei einer Untersuchung im Mai 1996 wurde endgradige Streckung bei guter Beugung (0/5/135) und ein Koordinationsdefizit beschrieben.

Die Patientin brachte ihre Ansicht zum Ausdruck, dass die Indikation und der Zeitpunkt zur Operation fehlerhaft gewesen seien.

**Gutachterliche Beurteilung:** Der von der Schlichtungsstelle eingeschaltete Gutachter stellte fest, dass bezüglich der Indikationsstellung zur Kreuzbandersatzplastik, dem Zeitpunkt des Eingriffes und der technischen Durchführung Mängel festzustellen seien. Der Instabilitätsgrad des rechten Kniegelenkes sei mangels exakter Befundniederlegung nachträglich nicht mehr genau zu bestimmen. Bei einer knapp 48-jährigen Frau seien bei Indikationsstellung bereits strenge Kriterien an eine Kreuzbandersatzplastik zu stellen (private Ansprüche). Unabhängig davon sei aber auch der Zeitpunkt für die Operation in Frage zu stellen. Die sekundäre Kreuzbandersatzplastik sei zwar heute als Standard anzusehen, im vorliegenden Fall hätten aber nachweislich präoperativ eine erhebliche Streckhemmung und ein Reizzustand vorgelegen. Zusammen mit der bei der Arthroskopie nachweisbaren schweren Synovitis hätten diese Befunde eine Kontraindikation für Kreuzbandersatzplastik dargestellt. Der nachfolgende Verlauf mit den klassischen Zeichen einer Arthrofibrose wäre vorhersehbar gewesen.

Im Gutachten wurde weiter ausgeführt, dass nach Auswertung der Röntgenaufnahmen eine fehlerhafte Positionierung des Transplantates an der Oberschenkelseite anzunehmen sei und das auch hier eventuell die Ursache für die nachfolgenden funktionellen Beeinträchtigungen gesehen werden könnte.

In Kenntnis des Gutachtens wandte die in Anspruch genommene Seite ein, dass sie keine Fehler bei der Diagnostik und Aufklärung der Patientin wie auch bei dem Zeitpunkt und Durchführung des Eingriffs erkennen könne. Die Klinik habe große Erfahrungen bei Vornahme solcher Eingriffe und die Patientin sei mit besonderer Aufmerksamkeit betreut worden. Man müsse einen schicksalhaften Verlauf annehmen.

**Beurteilung der Schlichtungsstelle:** Es ist unzweifelhaft, dass bandplastischer Ersatz bei einem 48-jährigem Patienten mit höherem Risiko des Misserfolges, insbesondere bezüglich der Funktion einhergeht. Im vorliegenden Fall war die operative Behandlung nach unterstellter ausreichender Aufklärung aber sicher patientenseits gewollt und damit, wenn auch zu einem anderen Zeitpunkt, gerechtfertigt. Auch wenn die Erfahrung der Klinik und die besondere Aufmerksamkeit in der Nachbetreuungszeit nicht bestritten sei, durfte aber nicht übersehen werden, dass zum Zeitpunkt der Operation ein funktionelles Defizit und ein für den Zeitpunkt (zwei Monate nach dem Unfall) ein ungewöhnlicher Reizzustand des Kniegelenkes vorlag.

Bei sachgerechter Führung des Patienten hätten die zum Zeitpunkt der Arthroskopie bestehenden normabweichenden Symptome eine Verschiebung des Eingriffes erreichen lassen. Unter den gegebenen Voraussetzungen war bei Arthroskopie allerhöchstens eine Gelenktoilette gerechtfertigt.

Die vom Gutachter diskutierte Fehlinserierung des Transplantates konnte trotz detaillierter Ausführungen als nicht beweisbar für die verzögerte Rehabilitation angesehen werden. Aus der Lage von Fixationsschrauben sowie der Konfiguration von Bohrkanälen dahingehende Rückschlüsse zu ziehen war nach Ansicht der Schlichtungsstelle hypothetisch, wenn auch nach dem Gesamtverlauf nicht von der Hand zu weisen. Diese Gesichtspunkte sollten aber bei der Bedeutsamkeit der dargelegten anderen Faktoren zurückgestellt werden können.

Nach Sachlage war davon auszugehen, dass es durch die beschriebenen Fehler zumindest zu einer viermonatigen Verzögerung und Beeinträchtigung des Heilverlaufes gekommen ist. Feststellungen bezüglich des Endergebnisses konnten nicht getroffen werden. Ansprüche sind durch Zeitverlust, Notwendigkeit der Korrekturoperation und damit einhergehender Beschwerden und Beeinträchtigungen auch im Beruf zu begründen.

**Fazit:** Die Zielsetzung bei Aufschub einer Kreuzbandersatzplastik ist mit Wiederherstellung normaler Funktionen und Beseitigung des posttraumatischen Reizzustandes zu umschreiben. Gelingt dies nicht, so ist bei erzwungener Sekundärversorgung von ungünstigeren Voraussetzungen als bei Primärversorgung auszugehen. Dies gilt im besonderen Maße für die Altersgruppe, für die bereits nur eine relative Indikation zur Kreuzbandersatzplastik vorliegt.

## 91

### Gelenkinfekt nach Arthroskopie, verzögerte Reaktion auf Entzündungszeichen
Deutliche Verlängerung der Behandlungszeit, Notwendigkeit von Nachoperationen, Funktionsbeeinträchtigungen, Beschwerden

**Krankheitsverlauf:** Der damals 36-jährige Patient wurde am 20.9.1995 wegen vorbestehender Beschwerden am linken Kniegelenk ambulant in der Praxis des in Anspruch genommenen Chirurgen arthroskopiert. Es wurde eine sog. Lasergelenktoilette und die Spaltung des äußeren Reservestreckapparates vorgenommen. In den folgenden Tagen waren Wundbehandlungen wegen Nachblutung erforderlich. Nach Aussage des Patienten sei das operierte Kniegelenk überwärmt, rot verfärbt und geschwollen gewesen. Er habe starke Schmerzen gehabt und dies dem Arzt auch mitgeteilt. Es sei mehrfach punktiert worden. Bei der letzten Punktion am 6.10. sei aus der Wunde trübe Flüssigkeit geflossen. Am 12.10.1995 kam es zu einer Nahtdehiszenz, am 14.10., also drei Wochen nach der Arthroskopie, erfolgte die stationäre Aufnahme im Nachbarkrankenhaus. Während des stationären Aufenthaltes bis zum 26.10.1995 musste dort mehrfach operativ revidiert werden. Die nachgewiesene Kniegelenksinfektion war aber zu beherrschen. Aus den aktenkundigen Dokumenten der nachbehandelnden Ärzte war zu ersehen, dass Bewegungseinschränkung und Beschwerden verblieben.

Der Patient machte fehlerhafte Reaktion auf die eingetretene Komplikation der Infektion für die Verlängerung der Behandlung und die Notwendigkeit mehrfacher Nachoperationen und den heutigen Zustand verantwortlich.

**Beurteilung des Gutachters:** Der von der Schlichtungsstelle eingeschaltete Gutachter führte aus, dass nach operativen Eingriffen am Kniegelenk Infektkomplikationen nie vollständig auszuschließen seien und trotz der spärlichen Arztunterlagen fehlerhaftes Handeln bei der Operation und in den ersten zwei postoperativen Tagen nicht sicher zu erkennen sei. Unklar blieb für den Gutachter, warum bis zum 6.10.1995, also bis 21/2 Wochen nach der Erstversorgung, trotz des nicht optimalen Heilungsverlaufes keine Kontrolluntersuchungen stattfanden und ob der Patient auf die Notwendigkeit einer Nachuntersuchung bei drohenden Komplikationen hingewiesen wurde.

Auch in der danach folgenden Zeit seien Versäumnisse zu bemängeln. Spätestens ab dem 6.10.1995 musste ein Infekt als äußerst wahrscheinlich angenommen werden. Entsprechende Reaktionen einschließlich diagnostischer Maßnahmen seien nicht erfolgt. Hier sei fehlerhaftes Handeln anzunehmen. Bei frühzeitiger Reaktion auf die Symptome des Kniegelenksinfektes wäre mit hoher Wahrscheinlichkeit eine Reduzierung der Behandlungszeit und Beschwerden zu erreichen gewesen. Ob mehrfache Nachoperationen vermeidbar waren, ließe sich nicht mit letzter Sicherheit feststellen. Ein nicht unwesentlicher Teil verbleibender Beschwerden und Beeinträchtigungen sei aber auf die Unterlassung bzw. Verzögerung adäquater Behandlungsmaßnahmen zurückzuführen. Eine exakte Abgrenzung sei aber nicht möglich.

**Beurteilung der Schlichtungsstelle:** Die Dokumentation der postoperativen Behandlung durch den in Anspruch genommenen Arzt war nicht ausreichend. Bei keiner der Konsultationen erfolgte eine Zustandsbeschreibung des Kniegelenkes. Der Befund bei den Punktionen vom 21.9. und 22.9.1995 wurde nicht beschrieben. Der äußere Befund des Kniegelenkes und auch die Konsistenz der Punktate wären jedoch als entscheidende Parameter für die Beurteilung anzunehmen.

Es waren des Weiteren Versäumnisse zu erkennen, die in ihrer Gesamtheit nicht mehr nachvollziehbar waren. So wurden zwischen dem 23.9. und 6.10.1995 keine Kontrolluntersuchungen angeordnet, obwohl sich nach den spärlichen Dokumentationen ein ungünstiger Heilverlauf abzeichnete. Es wurden keine laborchemischen oder mikrobiologischen Untersuchungen angeordnet.

Nach Ansicht der Schlichtungsstelle haben diese Versäumnisse eine rechtzeitige und auch noch erfolgversprechende Behandlung verhindert. Die schweren Versäumnisse, die im vorliegenden Fall auch Aufklärungserschwernisse für das eigentliche Behandlungsgeschehen bereiteten, führten nach Ansicht der Schlichtungsstelle zu einer Beweislastumkehr zugunsten des Patienten bezüglich der Kausalität zwischen Behandlungsfehler und den dadurch verursachten Gesundheitsschäden.

Vor diesem Hintergrund musste zugunsten des Patienten davon ausgegangen werden, dass die Kniegelenksinfektion bei rechtzeitiger Erkennung und konsequenter Therapie innerhalb weniger Wochen zu beherrschen war. Zusätzliche Operationen und ein großer Teil der verbliebenen Beeinträchtigungen und Beschwerden wären vermeidbar gewesen.

Der zunächst als schicksalhaft anzusehende Kniegelenksinfekt im Verein mit einer vorliegenden Kniescheibenfehlform hätte allerdings für sich allein gesehen auch zu Beeinträchtigungen geführt.

**Fazit:** Die in Einzelfällen nach Punktion oder nach Arthroskopie zu beobachtenden Normabweichungen, wie Überwärmung, Rötung, Schmerzhaftigkeit und Schwellung, müssen zu umgehender diagnostischer Abklärung führen. Gelenkpunktion und bakteriologische Untersuchung sowie labortechnische Parameter lassen im kürzesten Zeitraum Entscheidungen zu, die einen nachgewiesenen Kniegelenksinfekt erfolgreich behandeln lassen. Versäumnissen in Kombination mit Dokumentationsmängeln führen zur Beweislastumkehr und gerechtfertigter Annahme von Patientenansprüchen.

## 92

### Korpus librum Kniegelenk, durch Einwilligung nicht gedeckte Ausweitung einer geplanten Kniegelenksarthroskopie
Lange Nachbehandlungszeit und Beschwerden, funktionelle Beeinträchtigungen

**Anamnese:** Die damals 26-jährige Patientin beobachtete nach einem Tennisturnier Schmerzen und Blockaden im linken Kniegelenk. Sie stellte sich am 20.2.1995 wegen anhaltender Beschwerden einem Orthopäden vor, der nach klinischer und röntgenologischer Untersuchung operative Entfernung einer großen Gelenkmaus empfahl. Am 29.3.1995 wurde die Patientin in dem in Anspruch genommenen Krankenhaus aufgenommen und ein Aufklärungsgespräch über den am 31.3.1995 beabsichtigten Eingriff geführt. Aus dem Aufklärungsbogen war zu entnehmen, dass die Patientin über eine Kniegelenksspiegelung links, ggf. Eröffnung des Gelenkes mit Extraktion des freien Gelenkkörpers sowie über Entfernung bzw. Teilentfernung erkrankter Gelenksanteile wie z.B. Meniskus und den damit verbundenen Risiken aufgeklärt wurde. Bei der Arthroskopie am 31.3.1995 ließ sich der freie Körper im oberen Abschnitt des Gelenkes sowie ausgedehnte Knorpelschäden an der Rückfläche der Kniescheibe nachweisen. Gleichzeitig wurde bei Funktionsprüfungen eine Verlagerungstendenz der Kniescheibe nach lateral festgestellt. Daraufhin wurde zunächst das Kniegelenk durch einen äußeren Längsschnitt eröffnet, der freie Körper entfernt und Unregelmäßigkeiten an der Kniescheibenrückfläche geglättet. Beim Wundschluss wurde die sehnige Hüllmembran mit der Absicht offengelassen, der unterstellten Luxationstendenz entgegenzuwirken. Nachdem dies nach Funktionsprüfung nicht ausreichend schien, wurde zusätzlich ein Längsschnitt an der Innenseite des Kniegelenkes angelegt und eine Raffung der sehnigen Hüllmembran vorgenommen. Die Patientin wurde 13 Tage später in ambulante Behandlung entlassen. Langanhaltende Bewegungseinschränkung sowie verstärkte retropatelare Schmerzen führten zu langer Behandlungsbedürftigkeit. Die Patientin beanstandete die vorgenommene Erweiterung des am 31.3.1995 durchgeführten Eingriffes, dies sei nicht Gegenstand des Aufklärungsgespräches gewesen. Im Gegensatz zur Vorzeit beobachte sie trotz der sehr langen Nachbehandlung ein Unsicherheitsgefühl im Kniegelenk und deutliche Leistungsminderung.

Das in Anspruch genommene Krankenhaus wandte ein, dass eine sorgfältige und umfassende Operationsaufklärung durchgeführt wurde. So sei die Patientin im Gespräch auch ausführlich auf eine Erweiterung der Operation auf das medizinisch notwendige Maß hingewiesen worden. Die von der Patientin beklagten Schmerzen seien der Retropatellararthrose anzulasten.

**Bescheid der Schlichtungsstelle:** Die Patientin wurde im Rahmen des am 29.3.1995 geführten Arztgespräches zwar über die Risiken einer Arthroskopie und einer Gelenkseröffnung zur Entfernung des Gelenkkörpers aufgeklärt, nicht aber über die tatsächlich vorgenommene mediale Kapselraffung. Der allgemeine Hinweis, den Eingriff auf das medizinisch notwendige Maß zu erweitern, war hier nicht ausreichend, um einer ordnungsgemäßen Aufklärung zu genügen. Grundsätzlich hätte die Patientin für den Fall, dass intraoperativ vertretbare Behandlungsalternativen zu der zunächst vorgeschlagenen Operation bestanden, über diese Alternative mit den verschiedenen Chancen und Risiken aufgeklärt werden müssen. Im Hinblick auf einen geplanten Eingriff hat jeder Patient eigenverantwortlich zu entscheiden, ob er diesen durchführen lassen möchte oder nicht. Für diese Entscheidung ist er auf die Information und Aufklärung durch die behandelnden Ärzte angewiesen. Anderenfalls ist die Einwilligung in die Behandlung unwirksam und die Behandlung stellt eine schadenersatzpflichtige Körperverletzung und Gesundheitsschädigung dar. Für die umfassende Aufklärung trifft den Arzt die Beweislast. Der Patient, der seine Ansprüche auf Aufklärungsversäumnisse stützt, hat darzulegen und zu beweisen, dass er infolge der von seiner Einwilligung nicht gedeckten Behandlung den behaupteten Gesundheitsschaden erlitten hat und daneben plausibel darzulegen, weshalb er bei Kenntnis der aufklärungsbedürftigen Umstände es gleichwohl abgelehnt hätte, die Behandlung durchführen zu lassen. Insbesondere für den Fall, dass der Eingriff nicht vital notwendig und nicht zur Abwehr akuter Gefahr erforderlich, sondern nur vertretbar ist, obliegt dem aufklärenden Arzt eine besonders strenge und weitgehende Informationspflicht. Wird eine derartige Aufklärung unterlassen, zieht dies eine Haftung des Arztes nach sich, sofern dem Patienten daraus ein nachweisbarer Schaden entstanden ist. Hätte man sich im vorliegenden Fall auf die arthroskopische Entfernung des freien Körpers beschränkt, eine Maßnahme für die eine wirksame Einwilligung vorlag, wäre lediglich mit einer Arbeitsunfähigkeitszeit von maximal 14 Tagen zu rechnen gewesen. Da die Patientin auch mit einer Arthrotomie einverstanden war, konnte sogar Fascienspaltung ohne Naht als vertretbar angesehen werden.

Die zusätzliche Erweiterung des Eingriffes hat aber im vorliegenden Fall zu deutlicher Verlängerung der Behandlungsbedürftigkeit, zu Beschwerden und zu einer durch spätere Befundbeschreibungen belegbaren Unsicherheit im Kniegelenk geführt. Diese war von der Einwilligung des Patienten nicht gedeckt. Ein auf der unzureichenden Aufklärung beruhender Schaden musste somit angenommen werden. Die Schlichtungsstelle hielt Schadenersatzansprüche für begründet.

**Fazit:** Eine über das Ausmaß vorangegangener Aufklärung hinausgehende Ausweitung eines operativen Eingriffs ist nur dann juristisch gedeckt, wenn der Nachweis vitaler Indikation geführt werden kann. Die Alternative – Unterlassung oder Durchführung zu einem späteren Zeitpunkt – muss sorgfältig abgewogen werden. Mit oder ohne Erfolg einer solchen Ausweitung eines Eingriffes ohne Einwilligung kann der Tatbestand der Körperverletzung eingeklagt werden.

## 93

### Distorsion linkes Kniegelenk. Arthroskopisch-chirurgischer Eingriff

Nichtindizierte Resektion im Hinterhornbereich des Innenmeniskus und Abschleifen einer exophytären Ausziehung

**Krankheitsverlauf:** Der 36-jährige Patient zog sich eine Distorsion des linken Kniegelenkes zu. 3 Tage später erfolgte die erste Untersuchung bei einem Facharzt für Orthopädie. Dieser fand neben einem leichten Schonhinken Meniskuszeichen im Sinne von Steinmann I und II, auch das Payr'sche Zeichen war positiv. Röntgenologisch bis auf eine initiale subchondrale Sklerosierung der Patella kein pathologischer Befund. Unter dem Verdacht einer Meniskusläsion links wurde zunächst eine physikalische Therapie durchgeführt. Da sich die Beschwerden nicht besserten, erfolgte eine Überweisung zu einem Facharzt für Orthopädie, der ambulant arthroskopisch-chirurgische Eingriffe durchführt. Der Eingriff selbst verlief komplikationslos, auch die Nachbehandlung war zunächst unauffällig. Im weiteren Verlauf kam es dann jedoch zu einer Algodystrophie (Reflexdystrophie). Auch diese wurde fachgerecht behandelt. Bei einer Nachuntersuchung etwa 2½ Jahre später wurden keine wesentlichen Kniebeschwerden links mehr angegeben.

Der Patient war der Ansicht, dass der arthroskopisch-chirurgische Eingriff nicht regelrecht durchgeführt wurde und dass es deshalb zu der postoperativen Komplikation gekommen sei, die eine langwierige Behandlung erforderte.

Der in Anspruch genommene Operateur vertritt zunächst die Ansicht, dass die von ihm durchgeführten Maßnahmen indiziert waren und regelrecht erfolgten. Die sich anschließende Algodystrophie stelle, wenn auch eine seltene, so doch typische postoperative Komplikation dar, die weder voraussehbar noch verhinderbar sei.

**Gutachterliche Beurteilung:** Der externe Gutachter stellt zunächst fest, dass aufgrund der anhaltenden Beschwerdesymptomatik grundsätzlich eine zunächst diagnostische Arthroskopie des linken Kniegelenkes indiziert war und dass bei Erkennung von entsprechenden pathologischen Veränderungen auch die notwendigen chirurgischen Eingriffe durchzuführen sind. Über den Eingriff selbst liegt ein Operationsbericht vor in Form von Ankreuzen und Anmalen auf einem entsprechenden Vordruck, nicht in schriftlicher Form. Dabei wurde die präoperative Diagnose des Verdachtes auf eine mediale Meniskusschädigung wie folgt erweitert: Außenmeniskusdegeneration, patellare Latarelisation, Innenmeniskusbasisläsion, Auswalzung des Außenmeniskus, Insuffizienz des vorderen Kreuzbandes, Osteophyt im Oberschenkel, Plica medio-diopatellaris. Es wurde eine großzügige Resektion des Hinterhorns des medial Meniskus durchgeführt, zusätzlich wurden die exophytäre Ausziehung im Oberschenkeltunnel weggeschliffen und die Plica durchtrennt. Vom Eingriff liegen Videoaufzeichnungen vor.

**Der Gutachter beurteilt zunächst die Videoaufnahmen:** Nur sehr kurze Darstellung des retropatelaren Gleitraumes. Die in der Diagnostik angegebene Patella-Lateralisation ist optisch nicht dargestellt. Es ist eine zerfaserte Plica mediopatellaris erkennbar. Im medialen Kompartement ist eine Knorpelschädigung nicht sichtbar. Das Kreuzband wird nur kurz gestreift, pathologische Veränderungen lassen sich nicht erkennen. Eine Hakensondenprüfung des Kreuzbandes wird nicht durchgeführt. Die flüchtige und nur kurze Darstellung des Außenmeniskus ergibt degenerative Veränderungen am freien Rand ohne Krankheitswert. Die Hakensondenprüfung des Innenmeniskus, der sich als glatt begrenzt auf der Oberfläche vor allen Dingen im Hinterhorn darstellt, zeigt eine mögliche Instabilität des dorsalen Meniskusabschnittes. Ein Hinweis für eine Ruptur nahe des Hinterhornes oder gar eines Abrisses ergibt sich nicht. Jedoch wird, aus welchen Gründen auch immer, großzügig das gesamte Hinterhorn resiziert, wobei die einzelnen Resektionsschritte zeigen, dass eine Instabilität des noch restlich anhängenden Hinterhornabschnittes nicht besteht. Auf der Schnittfläche zeigen sich weder eine gelbe Verfärbung im Sinne einer Degeneration noch kann eine Rupturzone nachgewiesen werden. Die Hakensondenprüfung beweist ganz im Gegenteil die Stabilität des Meniskusgewebes, sodass die Diagnose einer Hinterhornruptur schlichtweg als falsch bezeichnet werden muss. Interkondulär zeigt sich eine sanfte ventrale Vorwölbung, die operativ abgetragen wird.

Aufgrund dieses Videobefundes kommt der Gutachter zu dem Ergebnis, dass die Entfernung eines Teiles des Innenmeniskushinterhornes nicht indiziert war. Der Innenmeniskus hätte bei den vorliegenden Befunden operativ nicht angegangen werden dürfen. Nicht indiziert war weiterhin das Abschleifen der flachen Vorwölbung im Oberschenkeltunnel, weil diesem Befund keinerlei Bedeutung zukommt. Akzeptiert wird die Durchtrennung der Plica mediopatellaris, auch wenn sie zu dieser Zeit keine Beschwerden oder sonstige Symptomatik verursachte. Dieser Befund entspreche einer anatomischen Variation und sei durchaus geeignet, zu einem späteren Zeitpunkt Beschwerden zu verursachen. Deshalb sei es richtig, im Rahmen einer Arthroskopie durch einen kleinen Scherenschnitt diese Plica zu durchtrennen. Für den weiteren Verlauf komme dieser Maßnahme keine Bedeutung zu. Wesentlich sei jedoch die nicht indizierte großzügige Entfernung des Hinterhornes des medial Meniskus links, da dadurch mit hoher Wahrscheinlichkeit einer frühzeitigeren Arthrose der Weg gebahnt sei. Der Gutachter befasst sich dann eingehend mit der Frage der postoperativen Reflexdystrophie. Er schreibt hierzu, dass jede Art von Operation, ob groß oder klein, diese Gefahr in sich berge. Es könne nicht mit ausreichender Wahrscheinlichkeit gesagt werden, dass die nicht indizierte Vergrößerung des arthroskopisch-chirurgischen Eingriffs die wesentliche Ursache für diese postoperative Komplikation darstelle, da auch im Gefolge einer reinen diagnostischen Arthroskopie eine Algodystrophie auftreten könne.

Der in Anspruch genommene Operateur vertritt weiterhin die Ansicht, dass trotz der im Video sichtbaren Befund die Teilresektion im Hinterhornbereich des Innenmeniskus indiziert war. Befunde am Meniskushinterhorn seien häufig typischerweise palpationsbedingt und es liege letztlich immer im Ermessen des Operateurs, ob er bei der Palpation mit dem diagnostischen Häkchen im Meniskusgewebe hängenbleibe oder nicht. Dieses sei nur palpatorisch und nicht optisch festzustellen.

**Beurteilung der Schlichtungsstelle:** Den Bewertungen des externen Gutachters wird zugestimmt. Aufgrund der im Video eindeutig erkennbaren Befunde im Bereich des Innenmeniskushinterhornes muss davon ausgegangen werden, dass hier keine Instabilität vorlag, diese Aufzeichnungen ergeben auch keinen Hinweis für eine Ruptur des Hinterhornes. Deshalb kann der Argumentation des Operateurs nicht gefolgt werden. Die Teilresektion muss als nicht indiziert bezeichnet werden mit den bekannten Folgen hinsichtlich der Arthroseentwicklung. Nicht indiziert war weiterhin das Abschleifen der Vorwölbung im Oberschenkeltunnel, dieses hatte jedoch keine Folgen. Als indiziert anzusehen ist die Durchtrennung der Plica, die jedoch für den weiteren Krankheitsverlauf ebenfalls ohne Bedeutung ist. Beigepflichtet wird dem externen Gutachter, dass nicht mit ausreichender Wahrscheinlichkeit nachgewiesen werden kann, dass die Algodystrophie durch die nicht indizierte Erweiterung des Eingriffes verursacht wurde. Diese Komplikation ist letztlich unabhängig davon, ob der vorangegangene Eingriff umfangreicher oder geringer war.

**Fazit:** Jede operative Maßnahme im Rahmen einer Arthroskopie bedarf der eindeutigen Indikation. Dieses gilt insbesondere bei Eingriffen im Meniskusbereich.

## 94

### Innenmeniskus-Hinterhornlappenriss links. Arthroskopisch-chirurgischer Eingriff

Hinterhornlappeneinriss wurde übersehen,
erneuter arthroskopisch-chirurgischer Eingriff erforderlich

**Krankheitsverlauf:** Der 50-jährige Patient klagte seit etwa 6 Monaten über wechselnde Beschwerden im Bereich seines linken Kniegelenks mit abendlichen Anschwellungen, wobei die Beschwerden insbesondere im medialen Gelenkabschnitt angegeben werden. Außerdem wurde über eine zunehmende Schwellung in der linken Kniekehle geklagt. Ein Unfallereignis war den Beschwerden nicht vorausgegangen. Zunächst erfolgte eine konservative Behandlung bei einem niedergelassenen Facharzt für Orthopädie, die jedoch zu keiner Besserung führte. Deshalb wurde eine Arthrographie des linken Kniegelenks veranlasst. Diese erbrachte einen Ab- bzw. Einriss im Hinterhornbereich des linken Innenmeniskus bei gleichzeitigem Vorliegen einer Baker-Zyste. Daraufhin erfolgte die Einweisung in ein benachbartes Krankenhaus. Bei der Aufnahme fand sich ein Druckschmerz über dem medialen Kniegelenksspalt ohne Vorliegen sicherer Meniskuszeichen. Die Bandführung des Kniegelenkes wird als unauffällig beurteilt. Weitere präoperative klinische Befunde sind nicht dokumentiert. Aufgrund der vorliegenden Arthrographie des linken Kniegelenk keine weiteren Untersuchungen mit bildgebenden Verfahren. Der arthroskopische Eingriff erfolgte Mitte Mai 1996. Dauer des Eingriffes 15 Minuten. Beschrieben wird ein Knorpelschaden im Bereich des Gleitlagers der Kniescheibe, ohne dass eine Einstufung der Schwere des Knorpelschadens geschieht. Erwähnt wird eine unauffällige Plica medio patelaris. Der freie Rand des Innenmeniskus wird als vollständig glatt beschrieben und bei der Untersuchung mit einem zusätzlich hineingebrachten Tasthaken lässt sich dieser nach der Beschreibung nicht in das Gelenk luxieren.

Ein Knorpelschaden im Bereich des Schienbeinplateaus medial bestand nicht. Der Knorpelbefund über dem medialen Femurkondylus wird nicht erwähnt. Das vordere Kreuzband spannt sich laut Operationsbericht gut an, das hintere Kreuzband wird nicht erwähnt. Der Außenmeniskus wird als in seiner gesamten Ausdehnung übersehbar geschildert, mit dem Tasthaken lässt sich kein zusätzlicher krankhafter Befund erheben. Im Bereich des außenseitigen Schienbeinkopf und des Femurkondylus wird ein 2.-gradiger Knorpelschaden diagnostiziert. Postoperativ nach dieser diagnostischen Arthroskopie keine Besonderheiten. Frühe Mobilisierung, Entlassung am 4. postoperativen Tag in die Weiterbehandlung des einweisenden Orthopäden. Hier folgt die Fortsetzung einer krankengymnastischen Übungsbehandlung. Nach kurzer Zeit unveränderte Beschwerdesymptomatik gegenüber der präoperativen Situation. Unveränderte klinische Befunde. Deshalb, 7 Wochen später, erneuter arthroskopisch-chirurgischer Eingriff andernorts. Jetzt ambulant. Bei diesem Eingriff wird ein Innenmeniskus-

Hinterhornlappenriss diagnostiziert und eine arthroskopische subtotale Innenmeniskus-Hinterhornresektion durchgeführt. Beschrieben wird gleichzeitig eine 3.-gradige Knorpelschädigung im Bereich der Kniescheibenrückfläche sowie 2.-gradige Knorpelschäden im Bereich der innenseitigen Oberschenkelrolle und des innenseitigen Schienbeinplateaus. Dieser 2. arthroskopisch-chirurgische Eingriff ist auf einem Operationsvideo dokumentiert. Dies zeigt die beschriebene Knorpelschädigung im Bereich der Kniescheibenrückfläche und des medialen Compartments. Das Innenmeniskus-Hinterhorn zeigt eine Lappenrissbildung und ausgeprägte degenerative Veränderungen der restlichen Hinterhornabschnitte mit aufgefaserten zerfransten Meniskusrestanteilen. Die Diagnose dieses Befundes machte bei dieser Arthroskopie keinerlei Schwierigkeiten, der Befund konnte durch Verwendung eines Tasthakens noch besser dargestellt werden. Die typische Resektion der zerstörten Meniskusanteile ist in dem Operationsvideo dargestellt.

Der Patient war der Ansicht, dass die erste Arthroskopie fehlerhaft durchgeführt wurde. Der vorher röntgenologisch festgestellte Meniskusschaden sei übersehen und nicht angemessen behandelt worden. Der 7 Wochen später erfolgte 2. arthroskopisch-chirurgische Eingriff sei vermeidbar gewesen. Er sei deshalb etwa 2 Monate länger arbeitsunfähig gewesen.

Das in Anspruch genommene Krankenhaus vertritt nach Einsicht der Videoaufzeichnung aus dem Folgeeingriff die Meinung, dass die etwa 7 Wochen später gefundenen Veränderungen im Bereich des Innenmeniskus-Hinterhorns, frischerer Natur seien und beanstanden, dass das bei dem Zweiteingriff entnommene Meniskusmaterial nicht histologisch untersucht wurde, sodass über das etwaige Alter dieser Läsion keine sichere Auskunft gemacht werden könne.

**Gutachterliche Beurteilung:** Der externe Gutachter weist zunächst darauf hin, dass die Diagnose eines Meniskusschadens durch klinische Untersuchungen nur in 50% der Fälle möglich ist. Eine Arthrographie ermögliche in erfahrenen Händen eine präoperative Diagnostik eines Innenmeniskusschadens in über 90% der Fälle. Es wird erwähnt, dass in den letzten Jahren die Arthrographie teilweise verdrängt wurde durch die Magnetresonanztomographie, die ohne Strahlenbelastung eine ähnlich sichere Diagnose eines Meniskusschadens wie die Arthrographie zulasse. Als sicherste Nachweismethode eines Meniskusschadens wird die Arthroskopie angesehen mit einer Treffsicherheit von 90–100%.

Hinsichtlich des Eingriffes selbst wird zunächst in Frage gestellt, ob die behandelnden Ärzte die von dem Patienten zur stationären Aufnahme mitgebrachten Röntgenbilder der kurzzuvor durchgeführten Arthrographie angemessen zur Kenntnis genommen haben, dokumentiert ist dieses nicht. Der arthroskopische Eingriff sei laut des knappen Operationsberichts in typischer Weise durchgeführt. Neben der rein visuellen Inspektion der Kniebinnenstrukturen, insbesondere der Menisci, wurde über eine gesonderte Stichinzision ein Tasthäkchen eingebracht, um zusätzlich durch Betastung, insbesondere durch den Versuch des hervorluxierens des Meniskus mit dem Tasthäkchens nicht direkt sichtbare Meniskusrisse auszuschließen. Dies sei wichtig bei Längsrissen im Bereich der Meniskusbasis die den freien Rand nicht erreichen und somit einer direkten visuellen Beurteilung oft nicht zugänglich sind. Da der Meniskusschaden bei der 7 Wochen später durchgeführten erneuten Arthroskopie eindeutig festgestellt und im Operationsvideo dokumentiert wurde, stellt sich die Frage, ob dieser Meniskusschaden zum Zeitpunkt der ersten Arthroskopie noch nicht vorhanden war oder dass er aufgrund einer nicht genügenden Inspektion aller Knieabschnitte dem Arthroskopeur entging. Der Gutachter führt dazu aus, dass sich degenerative Meniskusschäden langsam über längere Zeiträume hinweg entwickelte, und dass es nicht wahrscheinlich sei, dass ein so ausgedehnter Schaden – wie er 7 Wochen später nachgewiesen wurde – in diesem kurzen Zeitraum entstanden sei. Zudem sei der beschriebene Innenmeniskusschaden arthrographisch vor dem ersten Eingriff nachgewiesen. Somit müsse davon ausgegangen werden, dass zum Zeitpunkt der 1. Arthroskopie dieser Meniskusschaden schon in ähnlicher Form vorgelegen haben müsse, wie er bei der Re-Arthroskopie erkannt wurde. Die Ursache für die Nichterkennung könne in einer ungünstigen Plazierung der Eintrittsstelle des Arthroskopes in das Kniegelenk zu suchen sein. Bei ungünstiger Plazierung dieses Eintrittspunktes gelinge es evtl. nicht die Spitze des Arthroskopes in den medialen Gelenkspalt hineinzulegen, um eine ausreichende Sicht auf die Strukturen des Innenmeniskus-Hinterhornes zu haben. Sollte ein solches Problem auftreten, müsse man fordern, dass intraoperativ über eine zweite besser positionierte Stichinzision das Arthroskop dergestalt eingebracht wird, dass die entsprechenden Strukturen eingesehen werden können, vor allem, wenn die präoperative klinische Untersuchung und präoperative bildgebende Diagnostik auf eine Beteiligung dieser Strukturen hinweise.

**Beurteilung der Schlichtungsstelle:** Der Bewertung des externen Gutachters wird zugestimmt. Auch unter der Voraussetzung, dass das entnommene Meniskusgewebe bei der 2. Arthroskopie nicht histologisch untersucht wurde, muss aufgrund der Befunde, die im Operationsvideo zu erkennen sind, mit sehr großer Wahrscheinlichkeit davon ausgegangen werden, dass der bei der 2. Arthroskopie erkennbare Meniskusschaden zum Zeitpunkt der 1. Arthroskopie bereits in ähnlicher Form vorgelegen hat. Dieser Befund wurde übersehen und deshalb traten kurz postoperativ die gleichen Beschwerden wie präoperativ auf und es war 7 Wochen später der 2. arthroskopisch-chirurgische Eingriff erforderlich. Dieses war vermeidbar. Zusätzlich ergab sich eine Verlängerung der Behandlungszeit mit vermehrter Beschwerdesymptomatik von ca. 2 Monaten.

**Fazit:** Bei einem arthroskopischen Eingriff in ein Kniegelenk muss angestrebt werden die präoperativ erhobenen klinischen Befunde und die Ergebnisse bildgebender Verfahren mit den visuellen im Rahmen der Arthroskopie soweit als irgend möglich in Übereinstimmung zu bringen. Dies ist im vorliegenden Fall offensichtlich nicht geschehen, wobei es offen bleibt, ob die operierenden Ärzte überhaupt die Befunde der präoperativen Arthrographie zur Kenntnis genommen haben.

## 95

**Mediale Meniscussymptomatik, arthroskopisch-chirurgischer Eingriff**

Übersehen eines Riesenzelltumors im medialen Femurcondylus rechts

**Krankheitsverlauf:** Die 26-jährige Patientin wurde wegen rechtsseitiger Kniegelenksbeschwerden zunächst von ihrem Hausarzt mit Bestrahlung und nicht steroidalen Antirheumatika behandelt. Ein Unfallereignis war nicht vorausgegangen. Da sich die Beschwerden nicht besserten, wurde die Patientin mit der Diagnose einer „Gonartralgie rechts" an einen Facharzt für Chirurgie überwiesen. Bei der Untersuchung am 15.1.1998 ist dokumentiert, dass der Bandapparat fest war bei einer möglichen leichten hinteren Schublade. Es bestanden deutliche Zeichen für einen geschädigten inneren Meniskus sowie ein positiver Andruckschmerz der Patella. Weitere klinische Befunde das rechte Kniegelenk betreffend sind nicht dokumentiert.

Es wurden Röntgenaufnahmen des rechten Knies in zwei Ebenen angefertigt und als o.B. befundet. Wegen der genannten Zeichen für einen geschädigten inneren Meniskus rechts wurde die Indikation für einen arthroskopisch-chirurgischen Eingriff gestellt. Dieser erfolgte sieben Tage später. In dem entsprechenden Operationsbericht wird zunächst eine mäßige Reizsynovialitis beschrieben sowie eine Plica mediopatellaris. Diese Plica wird resiziert. Weiter heißt es, dass ein freier Gelenkkörper entfernt wird. Der mediale obere Rezessus wird desensibilisiert sowie eine Knorpelschädigung retropatellar vom Stadium III chondroplastisch versorgt. Beschrieben wird weiterhin ein Innenmeniscusschaden mit einem Ganglion im hinterem Bereich. Dieser Innenmeniscusschaden wird resiziert, der Kapselrand stabilisiert. Begleitende Knorpelschäden des medialen Kompartments werden chondroplastisch versorgt. Die Kreuzbänder werden als unauffällig bezeichnet, gleiches gilt für den lateralen Meniskus. Die Abschlussdiagnose lautet: Innenmeniscushinterhornganglion, Patellaspitzensyndrom, Knorpelschaden retropatellar, begleitende Synovialitis. Arthroskopische Therapie: Innenmeniscushinterhornsubtotalresektion, Teilsynovektomie, Laserarthroplastik retropatellar.

Der postoperative Verlauf dieses ambulant durchgeführten Eingriffes war unauffällig. Die präoperativ bestehenden Beschwerden besserten sich jedoch nicht, sondern zeigten eher eine zunehmende Tendenz. Der vorbehandelnde Facharzt für Chirurgie verordnete deshalb krankengymnastische Behandlungen, diese konnte jedoch wegen erheblicher Schmerzhaftigkeit nur mit großen Einschränkungen durchgeführt werden. Wegen der Schmerzen erfolgte die Verordnung von nicht steriodalen Antirheumatika oral, zusätzlich wurden diese Medikamente intramuskulär verabfolgt.

Etwa sechs Wochen später suchte die Patientin, weil sie keinerlei Erfolg der Behandlung registrieren konnte, einen anderen Facharzt für Chirurgie auf. Dieser veranlasste aufgrund des am 15. Januar angefertigten Röntgenbildes unverzüglich eine Kernspintomographie und wies sie daraufhin unter der Verdachtsdiagnose eines Riesenzelltumors im medialen Femurcondylus rechts in eine benachbarte chirurgische Universitätsklinik ein. Dort wurde der Tumor kurzfristig sachgerecht ausgeräumt. Histologisch wurde die Verdachtsdiagnose eines Riesenzelltumors bestätigt. Der weitere Verlauf war komplikationslos.

Die Patientin war der Ansicht, dass der Tumor von ihrem behandelnden Chirurgen übersehen wurde und das der durchgeführte arthroskopisch-chirurgische Eingriff überflüssig war.

Der in Anspruch genommene Facharzt für Chirurgie schreibt, dass eine klare Meniscussymptomatik vorgelegen habe und dass aus diesem Grunde die Arthroskopie indiziert war einschließlich der im Rahmen dieses Eingriffs durchgeführten chirurgischen Maßnahmen. Zu dem präoperativen Röntgenbild wird nicht Stellung genommen.

**Gutachterliche Beurteilung:** Beanstandet wird zunächst die Dokumentation der Kniegelenksbefunde rechts im Rahmen der ersten Vorstellung. Diese sei völlig unzureichend. Insofern könne zu der Indikation für einen arthoskopisch-chirurgischen Eingriff nicht mit ausreichender Sicherheit Stellung genommen werden. In Bezug auf den Eingriff selbst stellt der Gutachter fest, dass das im Operationsbericht beschriebene Meniscusganglion in dem Operationsvideo nicht sichtbar sei, eventuell wäre es aber durch den Untersucher tastbar gewesen. Unter der Voraussetzung, dass ein derartiges Meniscusganglion bestanden habe, sei die Teilresektion des Innenmeniscus nicht zu beanstanden.

Zur Frage der Laseranwendung am Knorpel nimmt der Gutachter nicht Stellung, da, wie er schreibt, diese Technik trotz weiter Verbreitung vor allem bei ambulanten Eingriffen, wissenschaftlich wegen der mit ihr verbundenen Hitzeschäden zumindest sehr umstritten sei. Als eindeutig fehlerhaft wird die Beurteilung der präoperativen Röntgenaufnahmen des rechten Kniegelenkes vom 15.1.1998 bezeichnet. Diese Röntgenaufnahmen zeigten klar eine über hühnereigroße Osteolyse im medialen Femurcondylus, wobei eine Fraktur in der Cortikalislamelle zum Kniegelenk nicht mit Sicherheit ausgeschlossen werden könne. Dieser Befund hätte Veranlassung geben müssen, die angenommene Meniscussymptomatik, für die keine näheren Befunde dokumentiert sind, im Zusammenhang mit dieser tumorösen Veränderung zu sehen. Insbesondere seien vor einem arthroskopisch-chirurgischen Eingriff weitere diagnostische Maßnahmen in Bezug auf diesen Tumorbefund zwingend notwendig gewesen, da diesem Befund in der Behandlung der Vorwand einzuräumen war.

Der in Anspruch genommene Facharzt für Chirurgie nimmt zu dem Gutachten nicht Stellung.

**Beurteilung der Schlichtungsstelle:** Den Bewertungen des Gutachters wird zugestimmt. Es besteht kein Zweifel daran, dass auf den präoperativen Röntgenaufnahmen die über hühnereigroße Osteolyse im medialen Femurcondylus rechts klar erkennbar ist, sie wurde übersehen. Der arthroskopisch-chirurgische Eingriff war zu diesem Zeitpunkt nicht indiziert, im Vordergrund standen vielmehr die weitere Diagnostik und die Therapie des osteolytischen Prozesses.

Beanstandet wird weiterhin die völlig unzureichende Dokumentation hinsichtlich der präoperativen klinischen Befunde des rechten Kniegelenkes. Dieses hatte jedoch im Hinblick auf den gesamten Krankheitsverlauf keine Folgen. Folgen des genannten Fehlers sind einmal der nicht indizierte arthroskopische Eingriff im rechten Kniegelenk und die Verzögerung der notwendigen weiteren diagnostischen und therapeutischen Maßnahmen den osteolytischen Prozess betreffend um ca. 2 Monate mit entsprechender Beschwerdesymptomatik.

**Fazit:** Präoperative Röntgenaufnahmen bedürfen der sorgfältigen Analyse. Im Rahmen des Schlichtungsverfahrens wurde wiederholt registriert, dass bei derartigen Röntgenaufnahmen das Augenmerk des untersuchenden Arztes sich auf den von ihm erwarteten Befund zentriert und dabei benachbarte Strukturveränderungen der Beobachtung entgehen. Weiterhin muss auf die Notwendigkeit einer ausreichenden zeitnahen und nachvollziehbaren Dokumentation präoperativer Befunde hingewiesen werden.

## 96
### Verdacht auf eine Bakercyste in der linken Kniekehle, operative Revision
Nachblutung, keine Operationsindikation

**Krankheitsverlauf:** Die 55-jährige Patientin wurde am 30. 3. in der chirurgischen Abteilung eines Krankenhauses aufgenommen. Diese Aufnahme erfolgte wegen Schmerzen in der linken Kniekehle beim Treppensteigen. Vorausgegangen war eine sonographische Untersuchung. Hier wird eine kleine Bakercyste beschrieben, ausgehend vom medialen Gelenkspalt des linken Kniegelenkes. Diese Bakercyste wird als Hinweis auf einen Kniebinnenschaden aufgefasst. Ein klinischer Befund des linken Kniegelenkes ist seitens des einweisenden Arztes nicht dokumentiert.

Bei der stationären Aufnahme wird im Bereich des linken Kniegelenkes kein pathologischer Befund erhoben. Es ist in dem Krankenblatt vermerkt, dass klinisch im Bereich der linken Kniekehle keine Cyste zu tasten war. Das Kniegelenk war frei beweglich, kein Erguss. Weitere Angaben, insbesondere über positive oder negative Meniskuszeichen oder über Seiten- oder Kreuzbandstabilität finden sich nicht. Es wird eine Kontrollsonographie durchgeführt, beschrieben wird eine cystische Struktur in der linken Kniekehle lateralseitig mit einem Septum. Es wird eine Verbindung zum Gelenk gesehen.

Bei dem Eingriff am 31. 3. 1998 konnte trotz sorgfältiger Präparation eine Cyste nicht gefunden werden. Der Eingriff selbst verlief ohne Besonderheiten. Am Folgetage ist dann unter 14.00 Uhr vermerkt, dass die Wunde stark nachgeblutet habe. Es wurde ein Druckverband angelegt. Ob die Wunde von einem Arzt gesehen wurde, lässt sich aus der Dokumentation nicht erkennen. Gegen 17.00 Uhr wurde laut Pflegebericht der Druckverband entfernt und die Wunde neu verbunden. Auch hier ist nicht dokumentiert, ob dieser Verbandswechsel vom Pflegepersonal oder einem Arzt durchgeführt wurde. Gegen 21.00 Uhr ist vermerkt, dass die Patientin starke Schmerzen habe und das Bein hart geschwollen war. Vom diensthabenden Chirurgen wurde zunächst eine Schmerzmedikation angesetzt. Es erfolgte eine Dopplersonographie zum Ausschluss einer Thrombose. Dieser Verdacht wurde jedoch nicht bestätigt. Kurz nach Mitternacht wurde dann operativ eingegriffen unter der Diagnose eines Kompartmentsyndroms.

Im Rahmen dieses Revisionseingriffes fand sich ein ausgedehntes Hämatom im Bereich der Kniekehle ausgehend von einer spritzenden arteriellen Blutung eines Muskelgefäßes. Es wurde eine Hämatomausräumung mit Blutstillung durchgeführt. Eine Kompartmentspaltung erwies sich nicht als notwendig.

Die Patientin beanstandet die Operation mit der Nachblutung, insbesondere die postoperativen Maßnahmen bis zu der Revisionsoperation.

**Gutachterliche Beurteilung:** Der externe Gutachter weist zunächst darauf hin, dass bei der stationären Aufnahme ein klinisch krankhafter Befund des linken Kniegelenkes der Patientin nicht dokumentiert ist. Dabei wird insbesondere beanstandet, dass sich in den Krankenblattaufzeichnungen keine Hinweise über positive oder negative Meniskuszeichen finden, auch nicht über mögliche Bandinstabilitäten. Eine Cyste in der linken Kniekehle ließ sich nicht tasten.

Der Gutachter beurteilt die beiden vorliegenden Sonographien und stellt fest, dass sich im Januar eine kleine cystische Struktur im Bereich der linken Kniekehle fand, die eine Verbindung zum Kniegelenk erkennen lässt. Die präoperative Kontrollsonographie vom 30.3. zeigt ebenfalls eine cystische Veränderung im Bereich der linken Kniekehle, diese liege jedoch dicht unter der Haut. Eine Verbindung zum Gelenk lässt sich auf diesen Aufnahmen nicht erkennen.

Der Gutachter geht dann auf die Frage der Operationsindikation ein. Er stellt fest, dass man unter einer Bakercyste eine entsprechende Veränderung im Bereich der Kniekehlenregion versteht mit einer geschwulstartigen Anschwellung eines Schleimbeutels, im eigentlichen Sinne handele es sich um ein mit dem Kniegelenk kommunizierendes Hygrom. Bakercysten seien eine relativ häufige Erscheinung und würden beim Erwachsenen in der Regel als sekundäres Phänomen einer Kniegelenkserkrankung aufgefasst. Es sei deshalb bei einer Bakercyste indiziert, vor ihrer Exstirpation eine Arthroskopie des Kniegelenkes durchzuführen, um die intraartikulären Schäden als Ursache dieser Bakercyste zu erkennen und zu behandeln. Aufgrund der präoperativen klinischen und sonographischen Befunden könne nicht davon ausgegangen werden, dass die sonographisch nachweisbare cystische Veränderung im Bereich der linken Kniekehle der Patientin ursächlich für die geklagten Beschwerden beim Treppensteigen seien.

Deshalb sei der durchgeführte Eingriff im Bereich der linken Kniekehle der Patientin am 31.3. nicht indiziert gewesen. Dieser Eingriff, bei dem sich auch eine entsprechende Cyste trotz sorgfältiger Präparation nicht finden ließ, war vermeidbar. Der Gutachter sieht wegen der Beschwerdesymptomatik und in Verbindung mit den sonographischen Befunden in einer Arthroskopie eine angemessene Maßnahme.

Das Krankenhaus nimmt zu dem Gutachten nicht Stellung.

**Beurteilung der Schlichtungsstelle:** Den Bewertungen des Gutachters wird beigepflichtet. Aufgrund der Beschwerdesymptomatik und der sonographischen Befunde wäre eine Arthroskopie in Erwägung zu ziehen. Beanstandet wird die fehlende Dokumentation eines klinischen Befundes des linken Kniegelenkes.

Eine operative Revision der linken Kniekehle war nicht indiziert. Deshalb muss auch die grundsätzlich nicht immer vermeidbare Nachblutung mit der erforderlichen Revisionsoperation als vermeidbar angesehen und dem Operateur zur Last gelegt werden. Als Folge dieses nicht indizierten operativen Eingriffes sind demnach eine entsprechende Schmerzsymptomatik im Rahmen der Operation und der Revisionsoperation anzusehen in Verbindung mit dem dafür notwendigen Krankenhausaufenthalt sowie eine bleibende Narbe in der linken Kniekehle.

**Fazit:** Eine Bakercyste bei einer 55-jährigen Patientin ist als sekundäres Phänomen einer Kniegelenkserkrankung aufzufassen. Bei entsprechender Beschwerdesymptomatik besteht primär die Indikation für eine Arthroskopie, um intraartikuläre Schäden als Ursache der Bakercyste zu erkennen und zu behandeln. Bei entsprechender Größe kann zusätzlich die Exstirpation einer Bakercyste indiziert sein.

## 97

### Unzureichende Osteosynthese einer Schienbeinkopffraktur
Schwerwiegende Fehlstellung,
Notwendigkeit einer Umstellungsosteotomie

**Krankheitsverlauf:** Der damals 47-jährige Patient zog sich am 23.4.1994 bei einem Sturz aus der Höhe einen Speichenköpfcheneinbruch links sowie eine mediale Schienbeinkopfimpressionsfraktur rechts zu. Der Patient wurde noch am gleichen Tag in dem in Anspruch genommenen Krankenhaus stationär aufgenommen, die Ellenbogengelenksverletzung wurde durch Immobilisation versorgt, der Schienbeinkopfbruch am 29.4.1994 mit zwei Kleinfragmentespongiosaschrauben stabilisiert.

Der Patient wurde dann mit Oberschenkelrundgips entlassen, dieser wurde 7 Wochen nach der Operation entfernt. Unter krankengymnastischer Nachbehandlung besserte sich die Beweglichkeit, der Knochenbruch heilte unter Stufenbildung aus. Instabilität im Kniegelenk war Anlass, im Herbst 1994 eine Magnetresonanzuntersuchung durchführen zu lassen. Dabei wurde der Verdacht auf eine Kreuzbandläsion geäußert. In dieser Zeit wurde erstmals eine Varus-Fehlstellung Verbiegung beschrieben. Diese wurde nach Röntgenkontrollen auf ein Sintern im ehemaligen Frakturbereich zurückgeführt. Im Frühjahr 1996 war aus diesem Grunde eine Umstellungsosteotomie erforderlich.

Der Patient äußerte die Ansicht, dass bei der ersten Operation ein ungeeignetes Osteosyntheseverfahren zur Anwendung kam. Es sei deshalb zu nachträglicher Verformung, zu Beschwerden, zu Zeitverlust und zur Notwendigkeit erneuter Operation gekommen.

Die in Anspruch genommene Klinik wandte ein, dass das gewählte Osteosyntheseverfahren dem Verletzungsausmaß adäquat war und zusätzliche Sicherung der Osteosynthese durch einen Gipsverband gewährleistet wurde.

**Gutachterliche Beurteilung:** Der von der Schlichtungsstelle eingeschaltete Gutachter gelangte zu der Feststellung, dass die Behandlung der Speichenköpfchenfraktur nach den Regeln der Heilkunde erfolgt, und dass die Indikationsstellung zur operativen Stabilisation der Schienbeinkopffraktur nicht zu bemängeln sei. Die verwandten Kleinfragmentimplantate seien zwar nicht als optimal einzustufen, würden aber einem in den letzten Jahren zunehmenden Trend in der Traumatologie entsprechen, mit kleinen operativen Eingriffen und einem Minimum an Osteosynthesematerial zum Erfolg zu kommen.

Es sei nicht mehr mit der nötigen Wahrscheinlichkeit auszuschließen, dass auch bei anderer Osteosynthesetechnik gleiche Komplikationen und ein gleicher Verlauf eingetreten wären.

**Beurteilung der Schlichtungsstelle:** Die Schlichtungsstelle konnte sich den medizinischen Wertungen des Gutachters nur teilweise anschließen.

Ausweislich der Röntgenaufnahmen vom Unfalltag lag nicht nur ein kleines schalenförmiges Bruchstück, sondern eine Impressionsfraktur von mindestens 1/3 des medialen Schienbeinkopfanteils vor. Es handelte sich also um einen bereits in der Belastungszone stehenden Schienbeinkopfanteil. Hier waren an die Stabilität der Osteosynthese höhere Anforderungen zu stellen. Da man das Kniegelenk bereits durch mediale Arthrotomie eröffnet hatte, war es problemlos möglich und bei gegebener Sachlage auch erforderlich, ein oder zwei lange Großfragmentspongiosaschrauben einzubringen. Sie hätten ausreichende Stabilität gewährleistet. Die in dem in Anspruch genommenen Krankenhaus eingebrachten Spongiosaschrauben aus dem Kleinfragmenteinstrumentarium erreichten mit ihrem Gewindeanteil das Zentrum des noch intakten hinteren Spongiosapfeilers gerade an der Grenze zum ehemaligen Abbruchbereich.

Eine leistungsfähige Verankerung des Gewindeanteils der Schrauben im intakten Spongiosaabschnitt war nicht gewährleistet. Obwohl primär ordnungsgemäße Stellung erreicht war, konnte hier keine Stabilität angenommen werden. Folglich hat man auch über 7 Wochen mit Gipsverband immobilisiert, ein Verfahren, welches nach operativer Versorgung des Schienbeinkopfbruches, insbesondere eines solchen Bruches, als obsolet gelten kann. Neben unzureichender Osteosynthese hat man dem Patienten noch über 7 Wochen Gipsimmobilisation mit allen daraus resultierenden Risiken auferlegt. Dies wäre durch die Auswahl geeigneter Implantate problemlos zu umgehen gewesen.

Mehrmonatige Verzögerung im Heilverlauf und die Notwendigkeit einer Umstellungsoperation sind diesem Mangel anzulasten. Auch bei korrekt durchgeführter Osteosynthese und bei Vermeidung einer nachfolgenden Sinterung sind Knorpelschäden mit Arthrose zu erwarten. Diese Spätschäden müssten als verletzungsimmanent angesehen werden.

Die Schlichtungsstelle hielt Schadenersatzansprüche für begründet und empfahl die Frage einer außergerichtlichen Regulierung zu prüfen.

**Fazit:** Der allgemeine Trend, durch minimalinvasive Osteosynthesen zur Risikominderung beizutragen, darf einer Übungsstabilität keinen Abbruch tun. Wenn ein solcher vermeidbarer Stabilitätsmangel erkannt wird, ist die Konsequenz einer mehrwöchentlichen Gipsimmobilisation als fehlerhaft anzusehen. Sie könnte nur mit einem unvermeidbaren Stabilitätsmangel begründbar sein.

## 98

### Schienbeinkopfbruch, postoperativer Kniegelenksinfekt, unzureichende verzögerte Behandlung eines Kniegelenkempyems

Langwierige Behandlung, mehrfache Nachoperationen, funktionelle Einbußen

**Krankheitsverlauf:** Die damals 78-jährige Patientin erlitt am 13.11.1994 einen lateralen Schienbeinkopfbruch links sowie einen handgelenksbeteiligenden Speichenbruch links. Wegen Komplikationen aus internistischer Sicht konnte die operative Versorgung der Schienbeinkopffraktur erst 12 Tage nach der Verletzung erfolgen. Sie bestand im Anheben des eingesunkenen Gelenkabschnittes, Unterfütterung mit Beckenkammspongiosa und Absichern des erzielten Ergebnisses durch Abstützplatte und zusätzlicher Einzelverschraubung. Das erzielte Ergebnis konnte nach radiologischen Gesichtspunkten als sehr gut bezeichnet werden.

Vier Tage postoperativ gab es mit Rötung, Schwellung und Schmerzhaftigkeit sowie deutlich pathologischen Laborwerten Hinweise für das Vorliegen eines Wundinfektes. Es wurde eine Kniegelenksspülung mit Tarolin vorgenommen, PMMA-Kugelketten in die Operationswunde eingelegt und je ein Drain in Kniegelenk und Wunde eingelegt. Die bakteriologische Untersuchung ließ Staphylokokken und Streptokokken nachweisen. In den folgenden Tagen rutschten nach und nach die zwei Drains aus dem Gelenk bzw. aus der Wunde. Am 9.12., 26.12.1995 sowie am 7.1. und 6.3.1996 waren weitere Operationen erforderlich, nach Darstellung der behandelnden Ärzte wegen Klaffstellung der Wunde, lokalem Knochentod und späterem Freiliegen von Implantatteilen.

Die Patientin konnte am 25.4.1995 erstmals in ambulante Behandlung entlassen werden. Spärliche Dokumentationen aus der Folgezeit belegen hochgradige funktionelle Einbußen, es wurde späterer Ersatz durch Kunstgelenk in Aussicht gestellt.

**Gutachterliche Beurteilung:** Der von der Schlichtungsstelle eingeschaltete Gutachter gelangte zu der Feststellung, dass die primäre Indikationsstellung zur operativen Versorgung als sachgerecht anzusehen sei, gleiches gelte auch für die Durchführung des Eingriffes. Es sei ein sehr gutes Ergebnis erzielt worden.

Auch die eingetretene Wundkomplikation am 29.11.1994 sei noch zeitgerecht erkannt und zunächst zielgerichtet angegangen worden. Nach Lokalbefund und Laborparametern sei aber davon auszugehen, dass bereits zu diesem Zeitpunkt ein Kniegelenksempyem vorlag. Für die Symptomatik und die aktenkundigen Befunde der folgenden 3½ Monate war sich der Gutachter sicher, dass hier die Situation eines Kniegelenkempyems vorlag, welches aber nicht ausreichend therapiert wurde. Im Gefolge halbherziger Maßnahmen sei es zu weitgehender Zerstörung des Kniegelenkes, zur erheblichen Gefährdung der Patientin, zu deutlicher Verzögerung im Behandlungsverlauf und zur Verschlechterung eines normalerweise zu erwartenden Endzustandes gekommen.

Das in Anspruch genommene Krankenhaus wandte mit Schreiben vom 6.4.1998 ein, dass der Gutachter die Infektsituation aus der Sicht ex post und damit nicht sachgemäß beurteilt habe.

**Beurteilung der Schlichtungsstelle:** Die Beurteilung des Gutachters stützt sich nach Auffassung der Schlichtungsstelle auf eine objektive und nachvollziehbare Auswertung vorhandener Unterlagen. Die klinischen Fakten, die Zeiträume zwischen den Eingriffen, diagnostische Versäumnisse und Fehldeutungen sind eindeutig. Allein die kritische Analyse des Verlaufes müsste zu der retrospektiven Selbstkritik führen, dass bereits am 29.11.1994 ein Gelenkempyem vorlag, dies wurde von der in Anspruch genommenen Klinik bestritten. Die Behandlung dieses Kniegelenkempyems ließ die erforderliche Radikalität und Konsequenz vermissen. Bei dem beschriebenen Wundinfekt musste im Wissen um die vorangegangene Schienbeinkopfbruchverletzung mit Osteosynthese der Einbruch des Infektes in das Gelenk (Staphylokokken und Streptokokken waren nachgewiesen) als gesichert angenommen werden. Bei dieser Sachlage war bereits am 29.11., spätestens aber drei bis vier Tage später die Revision und Synovektomie zwingend vorgeschrieben. Motorschienenbehandlung, Intervallspülung etc. hätten bereits in den ersten Tagen nach dem 29.11.1994 zum vollen Einsatz kommen können.

Nach sorgfältiger Analyse des Verlaufes musste der Gutachter zu der Feststellung gelangen, dass mit unzureichender Radikalität agiert und ein Verlauf provoziert wurde, der tatsächlich mit einer Amputation hätte enden können. Jede andere Deutung der Symptome und der Zielsetzung gehe an den Realitäten vorbei und wurde durch diese von Woche zu Woche und von Eingriff zu Eingriff widerlegt.

Nach Ansicht der Schlichtungsstelle war davon auszugehen, dass bei der Patientin eine durchaus schwerwiegende Verletzung vorlag, der postoperative Infekt nicht als schuldhaft verursacht anzusehen und auch nicht folgenlos bleiben konnte. Es schien gerechtfertigt anzunehmen, dass funktionelle Einbußen des Kniegelenkes, damit einhergehende Beschwerden und mehrmonatige Behandlungsbedürftigkeit auch ohne Auswirkungen des fehlerhaften Handelns zu erwarten waren. Die genannten Versäumnisse hätten dann aber zu zusätzlicher, mehrmonatiger Verzögerung, zur Notwendigkeit weiterer Eingriffe und zur totalen Zerstörung des Kniegelenkes geführt.

Die Schlichtungsstelle hielt Schadenersatzansprüche für begründet und empfahl die Frage außergerichtlicher Regulierung zu prüfen.

**Fazit:** Nach Gelenkeröffnung wegen intraartikulärer Bruchverletzung ist beim postoperativen Wundinfekt die Wahrscheinlichkeit eines begleitenden Gelenkinfektes so hoch, dass eine sofortige Gelenkrevision unerläßlich ist. Alleinige Wundrevision und einmalige Spülung des Gelenkes muss als unzureichend angesehen werden. Wenn dann in den Folgetagen keine eindeutigen Zeichen der Infektberuhigung registriert werden können, sind die derzeit gültigen Maßnahmen (Synovektomie, Intervallspülung etc.) unverzüglich einzuleiten. Die Unterlassung lässt schwerwiegende Folgen erwarten und muss als fehlerhaft angesehen werden.

## 99
**Posttraumatische Osteomyelitis, Spätrezidiv**
Fehldiagnose Gicht

**Krankheitsverlauf:** Der zum Zeitpunkt der jetzigen Behandlung 48jährige Patient hatte 17 Jahre zuvor einen schweren Autounfall erlitten, wobei er sich u. a. einen offenen Ober- und ebenfalls offenen sprunggelenksnahen Unterschenkeltrümmerbruch links zuzog. Im weiteren Verlauf kam es zu einer langwierigen Osteomyelitis, die wiederholt der chirurgischen Intervention bedurfte. Schließlich gelang es nach knöcherner Stabilisierung der Mehrfachfrakturen und Entfernung allen Osteosynthesematerials in einem Zeitraum von über 2 Jahren die Osteomyelitis zu beherrschen. Funktionell verblieb eine Bewegungseinschränkung im linken Kniegelenk mit einer Beugemöglichkeit von 90 Grad bei voller Streckung, außerdem ein Spitzfuß links. In den folgenden Jahren erfolgte eine Umschulung. Entzündungszeichen im Bereich des linken Beines traten nicht auf. Medikamente wurden nicht eingenommen.

Etwa 14 Tage vor Beginn der hier zu diskutierenden Behandlung traten ohne äußerlichen Anlass zunehmende Schmerzen im Bereich des linken Kniegelenkes sowie des angrenzenden Ober- und Unterschenkels auf. Deshalb wurde der Hausarzt, ein Facharzt für Allgemeinmedizin konsultiert. Der Patient gibt an, dass er seinen Arzt aufgesucht habe, da er das linke Bein nicht mehr gut bewegen und auch nicht mehr belasten konnte. Die Schmerzen seien immer schlimmer geworden. Bei der Erstuntersuchung wird eine Schwellung des linken Kniegelenkes dokumentiert mit Rötung und Überwärmung. Bewegungsbefunde sind nicht angegeben. Aufgrund des klinischen Befundes wurde die Diagnose einer akuten Gichtarthritis des linken Kniegelenkes gestellt. Therapeutisch erfolgte an diesem und an den nächsten Tagen jeweils eine intramuskuläre Injektion eines cortisonfreien Antirheumatikums und eine orale Medikation von Colchicum dispert-Dragees. Zusätzlich wurden Dicloflogont-Tabletten verordnet. Laboruntersuchungen oder sonstige weitere diagnostische Maßnahmen erfolgten nicht. Trotz der Medikation besserten sich die Entzündungszeichen nicht, die Schmerzen gingen vorübergehend zurück. Nach einer Woche erneut erhebliche Schmerzverstärkung. Auch jetzt erfolgten keine weiteren diagnostischen Maßnahmen und keine Änderung der Therapie.

Erst weitere vier Tage später erfolgte die Einweisung in eine benachbarte chirurgische Klinik, nachdem sich eine Fistel im linken Kniebereich gebildet hatte. Bei der stationären Aufnahme fand sich eine Fistelöffnung am distalen lateralen linken Oberschenkel. Die Knieregion links war massiv entzündlich gerötet, vorwiegend an der Knieinnenseite bis zum Tibiakopf reichend im Sinne eines hoch akuten entzündlichen Prozesses. Die Beweglichkeit im Kniegelenk war schmerzhaft fast vollständig aufgehoben. Auf Druck entleerte sich eitriges Sekret aus der Fistel. Es erfolgte umgehend eine situationsgerechte chirurgische Behandlung in Verbindung mit entsprechender Diagnostik. Nachgewiesen wurden Staphyloskokkus areus sowie hämolysierende Streptokokken.

Der Patient war der Ansicht, dass sein Hausarzt das vorliegende Krankheitsbild nicht erkannt und fehlerhaft behandelt hatte.

Der in Anspruch genommene Facharzt für Allgemeinmedizin wendet ein, dass das klinische Bild äußerst typisch für eine Arthritis urica gewesen sei. Eine Blutuntersuchung sei bei einem Gichtunfall nicht ausreichend aussagekräftig, sodass das Ergebnis einer Blutuntersuchung keinen Einfluss auf den Krankheitsverlauf gehabt hätte. Es sei gerechtfertigt, unter den gegebenen Umständen eine Behandlung mit Cholicin sofort einzuleiten. Der weitere Verlauf sei nicht voraussehbar gewesen.

**Gutachterliche Beurteilung:** Der externe Gutachter stellt zunächst fest, dass bei dem Patienten die Anamnese hinsichtlich von Stoffwechselerkrankungen, wie z. B. Gicht, leer war. Bekannt war jedoch die Unfallanamnese mit langdauernder anschließender Osteomyelitis, wenn auch viele Jahre zurückliegend. Hinsichtlich der Arthritis urica führt der Gutachter aus, dass nach der Definition der WHO eine Gicht als gesichert gelte, wenn mindestens zwei der folgenden Kriterien zusammentreffen:
- Typischer Gelenkbefall,
- Harnsäurekristallnachweis aus dem Gelenk,
- Hyperurecämie,
- Weichteiltophus,
- Knochentophus.

Von diesen Kriterien war nur das erste eingeschränkt erfüllt, da kein typischer Gelenkbefall (z. B. im Großzehengrundgelenk) vorlag. Von dem Vorhandensein einer Gicht konnte demnach anhand der klinischen Befunde nicht mit ausreichender Wahrscheinlichkeit ausgegangen werden. Eine weitere Abklärung durch Laboruntersuchungen und Röntgenuntersuchungen und im weiteren Verlauf Untersuchungen eines Gelenkpunktates wären erforderlich gewesen.

Der Gutachter stellt fest, dass das Krankheitsbild einer Gichtarthritis konsequenterweise neben einer allgemeinen Schmerzmedikation auch mit Colchicin behandelt wird, insbesondere im akuten Gichtanfall. Ein derartiger Einsatz dieses Medikamentes zur differentialdiagnostischen Abgrenzung gegenüber einer akuten Arthritis anderer Genese wird allgemein akzeptiert. Wesentlich sei jedoch, dass im vorliegenden Fall diese Therapie zu keiner Besserung der Entzündungszeichen führte. Weiterhin wird angeführt, dass nach der vorliegenden Karteikarte dem behandelnden Hausarzt die Anamnese einer posttraumatischen Osteomyelitis bekannt war. Die Diagnose einer Gicht hätte höchstens kurzfristig als Arbeitsdiagnose akzeptiert werden können einschließlich der sich direkt daran anschließenden Maßnahmen. Insgesamt hätte die richtige Diagnose wenige Tage nach dem akuten Krankheitsbild gestellt werden können und müssen mit unverzüglicher Einleitung einer befundgerechten Therapie, d. h. seitens des Hausarztes einer stationären Einweisung in eine chirurgische Klinik. Dieses unterblieb, bis es schließlich zu einer spontanen Fistelbildung kam. Der jetzige Befund einer Ankylose des linken Kniegelenkes bei vorheriger Beugefähigkeit bis 90 Grad müsse im Wesentlichen auf die benannten Fehler zurückgeführt werden.

Der in Anspruch genommene Facharzt für Allgemeinmedizin stellt fest, dass der Zustand des Knies, wie er sich bei der Krankenhauseinweisung ergab, nicht von Anfang an so gewesen sei. Er habe sich vielmehr erst im Laufe der letzten Tage dahingehend entwickelt. Deswegen sei dann auch die Krankenhauseinweisung erfolgt.

**Beurteilung der Schlichtungsstelle:** Den Bewertungen des Gutachters wird zugestimmt. Offensichtlich war sich der behandelnde Arzt seiner Diagnose aufgrund der klinischen Befunde so sicher, dass er auf jede weitere Untersuchung verzichtete. Auch als sich zeigte, dass die Colchicinbehandlung keine Besserung der Entzündungsaktivitäten ergab, revidierte er seine primäre Diagnose nicht und setzte die begonnene Therapie vielmehr fort, bis es zu einer Fistelbildung kam. Es wäre zwingend notwendig gewesen, auch unter Kenntnis der Anamnese, an die Reaktivierung einer, wenn auch längerer Zeit zurückliegenden ausgedehnten Osteomyelitis, zu denken oder entsprechend differentialdiagnostische Untersuchungen durchzuführen bzw. zu veranlassen oder den Patienten kurzfristig stationär einzuweisen. Bei entsprechendem Vorgehen wäre der jetzt vorliegende Befund mit völliger Fixierung des linken Kniegelenkes in ca. 40 Grad Beugestellung mit sehr hoher Wahrscheinlichkeit vermeidbar gewesen.

**Fazit:** Eine Arbeitsdiagnose und darauf aufbauende sofortige Therapie kann akzeptiert werden. Es ist jedoch zwingend erforderlich, dass diese Arbeitsdiagnose kurzfristig überprüft und abgesichert wird, zumal, wenn die durchgeführte Therapie nicht zu dem zu erwartenden Ergebnis führt.

## 100

### Dekubitalgeschwür nach Kniegelenksendoprothesenoperation, unzureichende Dekubitalprophylaxe
Verlängerung des Krankenhausaufenthaltes, mehrfache Nachoperationen

**Krankheitsverlauf:** Die damals 82-jährige Patientin unterzog sich am 27.9.1996 in dem in Anspruch genommenen Krankenhaus der Implantation einer Kniegelenkendoprothese. Fünf Tage später wurde erstmals ein Dekubitalgeschwür über dem Gesäß beschrieben, dessen Ausmaß in den folgenden Tagen noch weiter zunahm und zu mehrfachen Nachoperationen führte.

Die Patientin äußerte gegenüber der Schlichtungsstelle die Ansicht, dass bei der vorliegenden Gefährdung durch Alter, Schwergewichtigkeit und altersgemäße Immobilität die Dekubitalprophylaxe unzureichend war und es dadurch zu erheblich verlängertem Krankenhausaufenthalt, der Notwendigkeit von mehreren Operationen sowie zu langanhaltenden Schmerzen kam.

Das in Anspruch genommene Krankenhaus wandte ein, dass man die Gefährdung der Patientin sehr wohl erkannt und die Dekubitalprophylaxe nach dem in der Klinik üblichen Standard vorgenommen habe.

**Beurteilung des Gutachters:** Der von der Schlichtungsstelle eingeschaltete Gutachter stellte fest, dass nach sorgfältiger Analyse der Pflegeprotokolle die nach Sachlage, d.h. Gefährdung der Patientin erforderlichen Maßnahmen zumindest nicht dokumentiert wurden. Obwohl in derartigen Fällen ein Durchlagegeschwür nicht immer zu vermeiden sei, gäbe es zwingende Hinweise dafür, dass Versäumnisse ganz wesentlich für das Auftreten dieses Dekubitalulcus und seiner Ausdehnung waren.

**Beurteilung der Schlichtungsstelle:** Nach Eingang des Gutachtens hatte die Schlichtungsstelle das in Anspruch genommene Krankenhaus um Übersendung eines Exemplars des erwähnten Standarddokumentes gebeten. Bei diesem handelte es sich aber nur um eine Aufzählung üblicher Maßnahmen, die unter Berücksichtigung der besonderen Umstände des Falles nicht für ausreichend gehalten werden konnten. Es bestand besondere Gefährdung durch Übergewichtigkeit, Immobilität und Alter. Dieses Risiko hätte erkannt werden und dann auch in besonderer substantiierter Dokumentationen im Pflegebericht seinen Niederschlag finden müssen. Hinweise auf Dekubitusprophylaxe nach Standard konnten hier nicht überzeugen. Die äußerst dürftigen Ausführungen der Pflegeberichte ließen es in hohem Maße wahrscheinlich erscheinen, dass die Risikosituation unterschätzt wurde und unzureichende Maßnahmen die Entstehung eines letztlich überhandgroßen Dekubitalgeschwürs begünstigten.

Nach Ansicht der Schlichtungsstelle waren erheblicher Zeitverlust, Verlängerung des Krankenhausaufenthaltes und der Schmerzphase sowie die

Notwendigkeit mehrfacher Nachoperationen als Folge von Versäumnissen anzusehen. Schadenersatzansprüche wurden für begründet erachtet und empfohlen, die Frage einer außergerichtlichen Regulierung zu prüfen.

**Fazit:** Bei deutlichem Übergewicht sowie erkennbarer Immobilität des alten Patienten ist der postoperativen Dekubitusprophylaxe ein besonders hoher Stellenwert beizumessen. Die Pflegedokumentation muss dieser Erkenntnis Rechnung tragen um im Fall der nicht immer vermeidbaren Komplikation den Nachweis für die erforderliche Sorgfalt führen zu können. Bei mangelhafter Dokumentation ist von einem Versäumnis auszugehen.

## 101

**Ganglion in Höhe des Fibulaköpfchens links, operative Entfernung**
Durchtrennung mit Teilresektion des tiefen motorischen Peronaeusastes

**Krankheitsverlauf:** Des 36-jährige Patient, von Beruf Teppichleger, klagte Ende 1994 über Beschwerden im linken Bein. Er wurde von seinem behandelnden Arzt zunächst zu einem Neurologen überwiesen. Dieser fand ein Taubheitsgefühl und Missempfindungen am linken Fußrücken infolge eines Reizzustandes des Nervus peronaeus. Keine motorischen Ausfallserscheinungen. Als Ursache dieses Reizzustandes des Nervus peronaeus wurde ein Ganglion in Höhe des Fibulaköpfchens links festgestellt. Deshalb erfolgte die Überweisung zur operativen Entfernung. Aus dem Operationsbericht geht hervor, dass ein schräger Hautschnitt durchgeführt wurde, Durchtrennung und Spalten der Faszie. Anschließend Darstellung eines taubeneigroßen, prall gefüllten Ganglions. Dieses wurde freipräpariert und entfernt. Wundverschluss. Postoperativ spürte der Patient sofort eine Fußheberschwäche links. 17 Tage später wurde eine neurologische Untersuchung veranlasst. Hier wurde eine vollständige motorische Parese im Versorgungsbereich des tiefen motorischen Perenaeusastes links festgestellt und der Verdacht auf Kontinuitätsunterbrechung geäußert. Es erfolgte deshalb 10 Tage später die Einweisung in eine neuro-chirurgische Klinik.

Bei der dort durchgeführte Revisionsoperation fand sich eine Durchtrennung des tiefen Peronaeusastes mit einer Kontinuitätsunterbrechung von über 4 cm. Der oberflächliche Peronaeusast war narbig eingemauert. Gleichzeitig wurde eine zystische Formation unterhalb des Wadenbeinköpfchens entfernt. Therapeutisch erfolgte eine Nerventransplantation des Hautnerven vom linken Unterschenkel (Nervus suralis). Die weiteren Kontrollen ergaben eine weiterhin bestehende komplette Fußheberparese.

Der Patient war der Ansicht, dass diese Fußheberlähmung durch eine fehlerhafte Operation verursacht sei.

Der in Anspruch genommene Operateur nimmt zu den Vorwürfen nicht Stellung.

**Gutachterliche Beurteilung:** Der externe Gutachter bestätigt zunächst die Operationsindikation, da durch das Ganglion Irritationen des Nervus peronaeus links bedingt waren. Aufgrund der neurochirurgischen Revision muss davon ausgegangen werden, dass bei dem Eingriff der motorische Ast des Nervus peronaeus in einer Länge von 4 cm resiziert wurde. Dies sei dem Operateur seinerzeit offensichtlich nicht aufgefallen. Der Gutachter führt aus, dass sich in der Regel der Peronaeusnerv knapp unterhalb des Wadenbeinköpfchens in einen oberflächlichen, sensiblen und einen tiefen motorischen Ast aufteilt. Bei Operationen in diesem Bereich sei es unabdingbar, nach Durchtrennung der Haut und des Unterhautfettgewebes als erstes den sehr verletzlichen Peronaeusnerven aufzusuchen, im Gesunden zu isolieren und zur Schonung beiseite zu halten. Geschähe dieses nicht, laufe man zwangsläufig Gefahr, den Peronaeusnerven zu verletzen oder, wie im vorliegenden Fall, sogar teilweise zu resizieren.

Bei Operationen in diesem Bereich könne es als typisches Operationsrisiko zu einer Schädigung des Nervus Peronaeus durch Hakendruck oder Nervendehnung kommen. Diese Risiken seien jedoch bei vorheriger Präparation des Nerven gering. Auch könne es unter Berücksichtigung dieser Maßnahmen niemals zu einer Resektion des Nerven oder Anteile des Nerven auf mehrere Zentimeter kommen. Dieses sei grundsätzlich fehlerhaft.

Des weiteren führt der Gutachter an, dass offensichtlich das Ganglion am Wadenbeinköpfchen links bei der Erstoperation nicht komplett entfernt wurde. Anders sei es nicht zu erklären, dass bei der Revisionsoperation zwei Monate später unterhalb des Wadenbeinköpfchens eine große zystische Formation entfernt werden musste. In dieser kurzen Zeit konnte sich kein Rezidiv ausbilden.

Der in Anspruch genommene Operateur nimmt zu diesem Gutachten nicht Stellung.

**Beurteilung der Schlichtungsstelle:** Der Bewertung des Gutachters wird zugestimmt. Die postoperative Nervenschädigung spricht für einen operationstechnischen Fehler. Es wurde nicht mit der notwendigen Sorgfalt vorgegangen. Die nunmehr trotz neurochirurgischer Intervention weiterhin bestehende komplette Fußheberparese links muss dem Operateur angelastet werden.

**Fazit:** Bei operativen Eingriffen im Bereich des Wadenbeinköfpchens ist der hier verlaufenden Peronaeusnerv aufzusuchen, im Gesunden zu isolieren und zur Schonung beiseite zu halten. Geschieht dies nicht, besteht ein hohes Risiko, diesen Nerven zu verletzen und die entsprechenden Folgen müssen dem Operateur zur Last gelegt werden.

## 102

**Offener Unterschenkelbruch mit arterieller Gefäßverletzung, unzureichende Beachtung primärer und sekundärer intraoperativer Blutung**

Unterschenkelamputation

**Krankheitsverlauf:** Der damals 47-jährige Patient erlitt bei einem Verkehrsunfall neben einem Schädel-Hirn-Trauma I. Grades und Beckenringfrakturen eine offene Unterschenkeltrümmerfraktur links. Schon am Unfallort fiel dem eingeschalteten Notarzt eine schwere arterielle Blutung auf, die nach Kompression sistierte. Bei der wenig später erfolgten Einlieferung in das in Anspruch genommene Krankenhaus wurde notfallmäßige Stabilisation der Unterschenkelfraktur vorgenommen. Eine intraoperativ auftretende starke arterielle Blutung wurde als Verletzung der Arteria tibialis anterior angesprochen. Die Blutung wurde mit Umstechung gestillt. Während der mehrstündigen Versorgung musste auch eine diagnostische Laparatomie vorgenommen werden, es fanden sich aber lediglich retroperitoneale Blutungen, die auf die Beckenfraktur zurückzuführen waren.

Die Unterschenkelfraktur wurde durch Platten- und Schraubenosteosynthese sowie mit Anlagerung von Schwammknochen versorgt. Schon in den ersten postoperativen Stunden wurden auf der Wachstation gestörte Durchblutungsverhältnnisse am Unterschenkel dokumentiert. Zwei Tage nach der Aufnahme auftretende Streckkrämpfe waren Anlass zur Verlegung in eine benachbarte Universitätsklinik. Zielsetzung war die Abklärung eines intrakraniellen Blutungsgeschehens. Bei Aufnahme wurde Mangeldurchblutung des Unterschenkels festgestellt. Eine sofort erfolgte operative Revision der Kniekehle ließ eine Zerreißung der Arteria poplitea und der Arteria tibialis anterior nachweisen. Beide körpernahen Gefäßstümpfe waren durch Ligaturen verschlossen. Die schweren Ernährungsstörungen am Unterschenkel ließen in den Folgetagen eine Unterschenkelamputation nicht vermeiden.

Mit Schreiben an die Schlichtungsstelle äußerte der Patient die Ansicht, dass die Erstversorgung der Gefäßverletzung unzureichend war und es aus diesem Grunde zu Unterschenkelamputation und ihren Auswirkungen kam.

**Gutachterliche Beurteilung:** Der von der Schlichtungsstelle eingeschaltete Gutachter stellte fest, dass bereits bei Aufnahme und mit dem Wissen um eine bei der Bergung aufgetretene starke arterielle Blutung die diagnostischen Maßnahmen unzureichend waren. Eine frühzeitige qualifizierte Diagnostik und Versorgung der Gefäßverletzung sei deshalb nicht erfolgt. Auch bei der Versorgung der Knochenbruchverletzung sei der intraoperativ aufgetretenen schweren arteriellen Blutung nicht genügend Rechnung getragen worden. Auf die eindeutigen Zeichen der Mangeldurchblutung in den folgenden Tagen sei nicht sachgerecht reagiert worden. Organisatorische Versäumnisse hätten zur Verhinderung sachgerechter diagnostischer Maßnahmen geführt.

Der Gutachter machte keine Ausführungen dazu, ob bei sachgerechter Reaktion in den ersten 24 Stunden ein Gliedmaßenerhalt möglich gewesen wäre. Nach Verlegung, 48 Stunden später, habe es keine Möglichkeit für die Erhaltung des Unterschenkels mehr gegeben. Nachweisbar habe eine Zerreißung der Arteria poplitea vorgelegen. Diese Verletzung sei durch Fehldeutung mit Ligatur versorgt wurden. Beim Ausmaß der Verletzung hätte auch nach sofortige und sachgerechte Behandlung mit erheblichen Folgen gerechnet werden müssen. Unter Hinweis auf die Fachliteratur führte der Gutachter aus, dass es etwa in 1/5 der Fälle zu Amputationen kommen kann. Man müsse aber davon ausgehen, dass bei sachgerechter Sofortdiagnostik und Versorgung der Gefäßverletzung eine hohe Chance des Gliedmaßenerhaltes bestanden habe.

In Kenntnis des Gutachtens wandte die in Anspruch genommene Klinik ein, dass in der damaligen Notsituation die Identifikation der Verletzungsstrukturen schwierig war. Man sei sich über den Schweregrad der Verletzung im klaren gewesen, habe aber angenommen, mit den eingeleiteten Maßnahmen die Extremität zu erhalten. Bei ausreichender Durchblutung der im Operationsfeld liegenden Muskulatur habe man von intakter Strombahn ausgehen können. Eine fehlerhafte Unterbindung der Hauptschlagader sei aus anatomischen Gründen nicht denkbar. Man müsse retrospektiv darauf schließen, dass dieses Gefäß durch eine unfallbedingte Gefäßinnenwandzerreißung verletzt war.

**Beurteilung der Schlichtungsstelle:** Bei dem Patienten, der ausweislich des Notfallprotokolls am Unfallort eine schwere arterielle Blutung aufwies, war eine qualifizierte präoperative Diagnostik erforderlich und möglich. Sie wurde aber unterlassen. Auch dem zweiten Warnzeichen, der intraoperativ auftretenden schweren arteriellen Blutung wurde nicht ausreichend nachgegangen. Die als Ligatur der Arteria tibiales angesehene Maßnahme wurde zwei Tage später in der nachbehandelnden Universitätsklinik als umfassende Ligatur im Teilungsbereich der Arteria poplitea beschrieben. Die pathohistologische Untersuchung des Amputationsstumpfes ließ keinen Abriss nachweisen. Die klinische und angiologische Untersuchung vor der Operation hätte Hinweis auf den schweren Grad der Verletzung gegeben.

Auch das operative Management sei zu bemängeln. Eine am Unfallfolgetag vorgenommene Dopplersonographie ließ im Knöchelbereich keine Pulsqualitäten mehr nachweisen. Bei einer solchen Sachlage konnte die gelegentliche Feststellung von rötlichem Hautcolorit nicht ausreichen. Wenn über mehr als 12 Stunden aus organisatorischen Gründen eine sachgerechte Abklärung durch Kontrastmitteldarstellung nicht möglich war, läge die Annahme organisatorischer Mängel auf der Hand.

**Beurteilung der Schlichtungsstelle:** Angesichts der Schwere der Verletzung war, wie bereits vom Gutachter ausgeführt, in etwa 1/5 der Fälle auch bei sachgerechter Diagnostik und Therapie mit einer Amputation zu rechnen. Bei Beweispflicht des Patienten für die Kausalität zwischen den vorstehend aufgezeigten Mängeln in ärztlicher Betreuung und Organisation und deren Folgen, wäre der Beweis nicht zu führen.

Nach Ansicht der Schlichtungsstelle wäre es im vorliegenden Fall aufgrund der Summation aller Versäumnisse, die als schwerwiegend einzustufen waren, unbillig, die Beweislast auf Seiten des Patienten zu belassen. Es musste von Beweislastumkehr zugunsten des Patienten ausgegangen werden. Unter Berücksichtigung dieser Beweislastverteilung war davon auszugehen, dass die Amputation auf den beschriebenen Mängeln beruhte.

Beim Schweregrad der Verletzung konnte auch bei primärer verletzungsadäquater Diagnostik und Therapie und in Analogie zu gleich gelagerten Fällen mit erheblichen Folgeschäden gerechnet werden. Nach Becken- und offener Unterschenkelverletzung, begleitender Gefäß- und wahrscheinlicher Nervenverletzung wäre auch bei Gliedmaßenerhalt mit einer MdE von mindestens 30% zu rechnen gewesen. Nach Exartikulation in Kniegelenkshöhe wurde später eine MdE von 50% zuerkannt. In der Differenzsumme sind die Folgen fehlerhaften Handelns anzunehmen.

**Fazit:** Die unmittelbar posttraumatisch auftretende Massenblutung beim Unterschenkeltrümmerbruch in Kniegelenksnähe verpflichtet zu qualifizierter präoperativer Abklärung. Andernfalls besteht das Risiko unzureichender bzw. gefährdender Ligatur. Gleiches gilt für postoperativ zu beobachtende Zeichen der Mangeldurchblutung, bei deren Nichtbeachtung binnen weniger Stunden irreparable Schäden zu erwarten sind.

## 103

### Außendrehfehlstellung nach Unterschenkelverriegelungsnagelung

Korrekturoperation, Zeitverlust und damit einhergehende Beschwerden

**Krankheitsverlauf:** Die damals 37-jährige Patientin zog sich am 8.1.1995 einen Unterschenkelspiralbruch rechts in der körperfernen Drittelgrenze zu. Gleichzeitig kam es zu einem Abbruch der Hinterkante des Schienbeinendes. Die Patientin wurde noch am gleichen Tage in das in Anspruch genommene Krankenhaus eingeliefert. Am 10.1.1995 wurde die Fraktur des Schienbeines mit einem Verriegelungsnagel stabilisiert, anschließend wurde sie mit einem Oberschenkelgipsverband immobilisiert. Die Patientin konnte am 20.1.1995 in die ambulante Behandlung entlassen werden.

Zeitgerecht wurde am 9.3.1995 der körpernahe Querbolzen am Schienbeinknochen entfernt, dabei fiel eine Außendrehfehlstellung auf, die durch Computertomographie auf 19 Grad definiert wurde. Eine mit der Patientin besprochene Korrekturmaßnahme wurde aus mehreren Gründen bis Januar 1997 verschoben. Erst dann fand die Querdurchtrennung des Schienbeinknochens und Derotation statt. Das erzielte Ergebnis wurde mit einem äußeren Spanner fixiert. Dieser wurde am 10.4.1997 entfernt. Die erzielte Stellung wurde als gut beschrieben. Die knöcherne Durchbauung war im Herbst 1997 und nach Abschluss der Behandlung nachweisbar.

Die Patientin bemängelte eine fehlerhafte Erstversorgung mit Hinnahme erheblicher Außendrehfehlstellung des Unterschenkels. Dies habe zu deutlicher Verzögerung der Behandlung und zur Notwendigkeit einer zweiten Operation geführt.

**Gutachterliche Beurteilung:** Der von der Schlichtungsstelle eingeschaltete Gutachter gelangte zu der Feststellung, dass die nachgewiesene Außendrehfehlstellung von 19 Grad jenseits denkbarer Fehlbeurteilung liege, die Hinnahme dieser Fehlstellung sei als fehlerhaft anzusehen. Der Gutachter beschrieb eine Verlängerung der Behandlungsbedürftigkeit um mehrere Monate und die zusätzliche Notwendigkeit der Korrekturoperation mit einhergehenden Beschwerden als Folge ursprünglich fehlerhafter Handlung.

**Beurteilung der Schlichtungsstelle:** Die Schlichtungsstelle schloss sich im Wesentlichen der Bewertung des Gutachters an.

Die physiologische Außendrehfehlstellung des Unterschenkels, gemessen an der Verdrehung der Querachse des Kniegelenkes zur Querachse des oberen Sprunggelenkes beträgt individuell zwischen 15–21 Grad. Bei der Patientin wurde computertomographisch festgestellt, dass diese physiologische Außendrehfehlstellung bei ihr 31 Grad betrug (unverletzte Seite). Bei der geschlossenen Nagelosteosynthese wird noch vor Beginn der Operation mit einer Einstellung nach „äußerer Sicht", einer Sicht, die sich an der Stellung der gesunden Vergleichsseite orientiert, eine Einstellung auf dem Extensionstisch vorgenommen. Bei einer weit über die Norm hinausgehenden physiologischen Außendrehstellung von 31 Grad ist trotzdem eine Fehlstellung von 19 Grad nicht mehr zu tolerieren. Dem Gutachter war mit dem Vorwurf fehlerhafter Einstellung bei Reposition zuzustimmen.

Der Zeitverlust von zwei Jahren stand aber nicht im Ermessen der in Anspruch genommenen Klinik. Bereits im März 1995 wurde eine Korrekturosteotomie vorgeschlagen. Insofern war allerhöchstens eine Verzögerung der Behandlungszeit von drei Monaten, die Notwendigkeit erneuter Operation und die damit einhergehenden Beschwerden als Folge fehlerhaften Handelns anzunehmen.

Die Schlichtungsstelle sah Schadenersatzansprüche in diesem Ausmaß für begründet an.

**Fazit:** Bei der geschlossenen Nagelosteosynthese von Frakturen langer Röhrenknochen ist neben der Bewertung des Bildverstärker-Befundes und unter Berücksichtigung individueller Fehlstellungen ein sorgfältiger Vergleich mit der kontralateralen Seite erforderlich. Spätestens am Ende der Operation und noch vor Ausleitung aus der Narkose ist, insbesondere an den unteren Gliedmaßen eine abschließende kontrollierende Vergleichsuntersuchung unerlässlich. Bei Unterlassung derselben kann es zu verspäteter Feststellung einer korrekturbedürftigen Fehlstellung kommen. Diese Unterlassung ist also fehlerhaft.

Bei einer statischen Verriegelung ist auch eine Entschuldung mit Behauptung eines nachträglich entstandenen Drehfehlers nicht möglich.

## 104
### Vorfristige Dynamisierung nach statischer Verriegelungsnagelung einer Unterschenkelfraktur
Daraus resultierende Verkürzung und Notwendigkeit einer Korrekturoperation, Zeitverlust

**Krankheitsverlauf:** Der damals 28-jährige Patient erlitt am 20.3.1997 durch Sturz beim Skilaufen einen körperfernen Schien- und Wadenbeinbruch, der fünf Tage später im Krankenhaus des Urlaubsortes durch statische Verriegelungsnagelung stabilisiert wurde. Zur Anwendung kam ein Verriegelungsnagel mit dünnem Quermesser, der körperfern und körpernah jeweils mit einem Querbolzen verriegelt wurde.

Nach Entlassung und Rückkehr in den Heimatort übernahm der in Anspruch genommene Chirurg am 4.4.1997 die Behandlung. Entsprechend der Maßgabe der vorbehandelnden Klinik wurde zunächst eine sehr vorsichtige Belastungssteigerung angeordnet. Am 3.10., also 10 Wochen nach der operativen Versorgung, wurde der körpernahe Querbolzen entfernt. Diese proximale Dynamisierung wurde mit der Besorgnis erklärt, dass bei Entfernung des körperfernen Bolzens eine Gefährdung des oberen Sprunggelenkes bestanden hätte.

In der Folgezeit und bei Maßgabe weiterer, sehr vorsichtig aufbauender Belastung, kam es durch Sinterung im ehemaligen Bruchbereich trotzdem schleichend zur Wanderung des Nagels nach proximal.

In einem Schreiben an die Schlichtungsstelle führte der Patient an, dass der in Anspruch genommene Chirurg entgegen den Anweisungen des erstbehandelnden Krankenhauses die Querbolzenentfernung im körpernahen Schachtabschnitt vorgenommen habe.

Der in Anspruch genommene Chirurg wandte ein, dass er die Entscheidung zur körpernahen Dynamisierung in sorgfältiger Analyse der Bruchsituation und der Nagellage getroffen habe. Nach 10-wöchiger Behandlung habe er dann aber zur Begünstigung der Knochenheilung eine Entscheidung herbeiführen müssen.

**Beurteilung der Schlichtungsstelle:** Die sehr nahe am oberen Sprunggelenk gelegene Schienbeinstückfraktur mit begleitender Wadenbeinschrägfraktur wurden mit einer statischen Verriegelungsnagelung stabilisiert, ein bewährtes Verfahren, welches hier aber in einer grenzwertigen Situation eingesetzt wurde. Zur Vermeidung weiterer Knochenläsionen wurde ein dünner Nagel gewählt. Wegen der Lokalisation des Bruches war körperfern nur ein Bolzen einzubringen. Die primären Aufnahmen des erstbehandelnden Krankenhauses, wie auch die späteren Röntgenkontrollen, zeigten einen klaffenden Bruchspalt am Schienbein bei langem Schrägbruch mit Ausbruchskeil sowie einen Schrägbruch des Wadenbeines.

Nach Ansicht der Schlichtungsstelle war gegen die zum Einsatz gekommene Stabilisationsmethode grundsätzlich nichts einzuwenden. Die grenzwertige Situation konnte aber von vornherein mit einer sehr viel längeren Heilungszeit rechnen lassen. Der vom erstbehandelnden Krankenhaus für die Nachbehandlung gegebene Vorschlag, etwa nach 6 Wochen den körperfernen Bolzen zu entfernen, musste nach Sachlage als unrealistisch angesehen werden. Dies hat auch der in Anspruch genommene Chirurg richtig erkannt. Nach dem primären Röntgenbild konnte eine sog. Dynamisierung, d.h. Entfernung eines Bolzens mit dem Ziel der Knochenkompression und damit einhergehender Begünstigung der Knochenbruchheilung erst mit dem Nachweis beginnender Kallusbildung diskutiert werden. Einschränkend hatte deshalb das erstbehandelnde Krankenhaus im Arztbrief auch hinzugesetzt, dass der Entriegelungszeitpunkt aber nach klinischen und röntgenologischen Aspekten festzusetzen sei.

Der in Anspruch genommene und nachbehandelnde Chirurg hat dann auch die Problematik der Fraktursituation zunächst sachgerecht eingeschätzt und nur vorsichtige Teilbelastung freigegeben. Auch die Entscheidung, in Abweichung vom Vorschlag der erstbehandelnden Klinik eine Dynamisierung körperfern zu unterlassen, war nach Sachlage korrekt.

Da aber zum Zeitpunkt der Dynamisierung, d.h. 10 Wochen nach Verletzung noch keinerlei Hinweise für knöcherne Abstützung durch Ersatzknochenbildung vorlagen, war auch die Entfernung des körpernahen Querbolzen ein äußerst riskantes und ein von der Schlichtungsstelle als fehlerhaft angesehenes Vorgehen. Da jedwede Abstützung für den Knochen fehlte, musste das Prinzip der sog. Dynamisierung ins Leere gehen.

Nach Ansicht der Schlichtungsstelle hätte nach Sachlage entweder weitere vorsichtige Teilbelastung für eine ungewisse Zeit oder aber operative Reintervention zur Diskussion gestanden.

Für die letztere Möglichkeit wäre eine Verriegelungsnagelung kaum diskutabel gewesen, das Einbringen eines zweiten Bolzens war nach Bruchform nicht möglich. Ein stärkerer Nagel hätte auch nur als Verriegelungsnagel fungieren dürfen. In dieser Situation eine Plattenosteosynthese zu erwägen, war ebenfalls problematisch und ist nach aller Erfahrung bei so gestalteter Bruchsituation gehäuft mit Komplikationen behaftet.

Der solideste Wege wäre weiteres Zuwarten, auch entgegen allen Wünschen und Vorstellungen des Patienten, gewesen. Bis zum 3.6., dem Zeitpunkt der Dynamisierung, haben sich keine nennenswerten Veränderungen im Sinne der Implantatlockerung oder Fehlstellung eingestellt. Es wäre nach dieser Sachlage gerechtfertigt gewesen, den Patienten mit Hinweis auf den Schweregrad der erlittenen Verletzung zu weiterer Geduld anzuhalten.

Im Gegensatz zu früherer Ansicht der aus der Entwicklungszeit der Verriegelungsnagelung stammende Vorschlag zu frühzeitiger Dynamisierung, mit dem Ziel der Begünstigung der Knochenneubildung wurde Mitte der 70er Jahre zwar nicht grundsätzlich aufgegeben, aber relativiert. In zahllosen Fällen unterbliebener Dynamisierung hatte sich im Laufe der Jahre komplikationslose knöcherne Durchbauung nachweisen lassen. Von vielen Autoren wurde aufgrund dieser Erfahrung die Dynamisierung nur für die Fälle vorgeschlagen, bei denen verzögerte Durchbauung des Bruchspaltes auffällig war und eine Dynamisierung durch daraus resultierende Druckwirkung eine Knochenneubildung begünstigen konnte. Für Fälle drohender und schädigender Sinterung wurde diese Dynamisierung ausgeschlossen. Insofern konnte diese Dynamisierung nicht als Postulat oder Allheilmittel angesehen werden. Sie musste das Ergebnis sorgfältiger Abwägung sein.

Insofern war nach Ansicht der Schlichtungsstelle die Entscheidung, am 10.3.1997 den körpernahen Bolzen zu entfernen, als fehlerhaft anzusehen. Die Gesamtsituation wurde nicht ausreichend berücksichtigt. Es kam zu Beschwerden, zur Verkürzung des Schienbeinknochen um mehr als 1,5 mm und zu einem Nagelüberstand. Die Auswirkungen der Verkürzung und eine verlängerte Schmerzphase waren nach Ansicht der Schlichtungsstelle auf die unsachgemäße Entscheidung zurückzuführen.

Der in Anspruch genommene Chirurg regte daraufhin eine weitere gutachterliche Beurteilung an. In diesem Gutachten wurde die Entscheidung zur Dynamisierung als standardgemäß bewertet.

Nach Ansicht der Schlichtungsstelle hat der Gutachter aber dabei die vorstehend genannten Gesichtspunkte nicht berücksichtigt. In Kenntnis dieses Gutachtens wandte der in Anspruch genommene Chirurg noch mal ein, dass er seine Entscheidung mit der Zielsetzung einer Begünstigung von Kallusbildung und dem drohenden Risiko von Bolzen- oder Nagelbruch abhängig gemacht habe.

Die Schlichtungsstelle hat daraufhin noch einmal Stellung bezogen und ausgeführt, dass das Prinzip der Dynamisierung zwar auf die Begünstigung von Knochenbruchheilung abhebt, das die Dynamisierung aber ausschließlich Bruchsituationen vorbehalten bleibt, bei denen abstützende Bruchflächen vorliegen, so z.B. Querbrüche und Bolzenschrägbrüche. In Situationen des Stück- oder Trümmerbruches kann das Prinzip der Dynamisierung nicht funktionieren, da die Sinterung vorhersehbar ist. Die Dynamisierung mit der Sorge um Nagelbruch oder Pseudarthrose zu begründen, konnte nicht greifen. Ein vorhersehbares Risiko (Bolzen- oder Nagelbruch) konnte nicht zur Entschuldung des ebenfalls vorhersehbaren fehlgängigen Ausganges der Dynamisierung dienen. Von drei Alternativen: 1. Belassung des Nagels mit der Hoffnung auf doch noch eintretende Verfestigung bei weiterer Entlastung oder Teilbelastung auch unter Hinnahme des denkbaren Implantatbruches, 2. operative Reintervention (Verriegelungsnagel oder Platte), 3. wenn überhaupt vertretbar, Dynamisierung, war letztgenannte Entscheidung sicher die ungünstigste und wurde deshalb von der Schlichtungsstelle als fehlerhaft angesehen.

Das von dem in Anspruch genommenen Chirurgen initiierte Gutachten, welches auch in Unkenntnis der Entscheidung der Schlichtungsstelle vom 19.2.1998 erstattet wurde, wurde darauf abgestellt, dass die Dynamisierung der korrekte Weg zur Begünstigung von Knochenbruchheilung und Vermeidung von Implantatbruch war. Es wurde aber im Wesentlichen die unbestrittene Tatsache diskutiert, dass eine Entfernung des körperfernen Bolzens kontraindiziert war und sich eine Plattenosteosynthese verbot.

Nach Ansicht der Schlichtungsstelle wurde der feinspezifischen biomechanischen Situation zum Zeitpunkt der Dynamisierung ungenügend Rechnung getragen und eine Auseinandersetzung mit der ersten Bescheiderteilung vom 23.2.1998 verabsäumt.

Die Schlichtungsstelle blieb deshalb bei Ihrer Entscheidung, dass die den grundsätzlichen Prinzipien widersprechende Dynamisierung durch den in Anspruch genommenen Chirurgen fehlerhaft war und zur Verkürzung des Unterschenkels, einer allerdings noch tolerablen Fehlstellung im Bruchbereich sowie zu Beschwerden geführt habe. Von den denkbaren Behandlungsalternativen war – auch aus der Sicht ex ante – eine Dynamisierung die ungünstigste Entscheidung, der Misserfolg war vorprogrammiert.

Die Schlichtungsstelle sah Schadenersatzansprüche für gerechtfertigt an und empfahl die Frage außergerichtlicher Regulierung zu überprüfen.

**Fazit:** Die Verriegelungsnagelung ist seit mehr als zwei Jahrzehnten bei Behandlung von Frakturen langer Röhrenknochen als Methode der Wahl anzusehen. Die in Einzelfällen bei statischer Verriegelung zu diskutierende Dynamisierung bedarf sorgfältiger Abwägung bzw. Berücksichtigung biomechanischer Gegebenheiten. Eine Missachtung derselben und die Nichtberücksichtigung denkbarer Komplikationen, muss als fehlerhaft angesehen werden.

## 105

### Schienbeinquerbruch, Verriegelungsnagelung, zögerliche Reaktion auf Markraumphlegmone
Zeitverlust, damit einhergehende Beschwerden, funktionelle Beeinträchtigungen

**Krankheitsverlauf:** Der damals 26-jährige Patient hatte am 30.9.1995 einen Unterschenkelbruch rechts erlitten, der wegen massiver Schwellungen erst am 18.10.1995 in dem in Anspruch genommenen Krankenhaus durch eine statische Verriegelungsnagelung des Schienbeinknochens stabilisiert wurde. Sechs Wochen nach Operation musste erneut wegen Abszessbildung, zunächst im Nageleinschlagbereich, später auch im Bruchbereich operativ behandelt werden. Am 12.1.1996 wurden die Querbolzen im körperfernen Abschnitt entfernt und dort Septopalketten eingelegt. Am 1.4.1996 wurde in einem Nachbarkrankenhaus die Nagelentfernung vorgenommen, der Markraum wurde aufgebohrt, es wurde ein äußerer Spanner angelegt, der erst im August nach dem Nachweis knöcherner Durchbauung entfernt werden konnte. Ende 1996 war der Abschluss der Behandlung möglich. Es verblieb eine Spitzfußstellung.

In seinem Schreiben an die Schlichtungsstelle vertrat der Patient die Ansicht, dass schon bei der ersten Operation spätestens aber im weiteren Verlauf Fehler gemacht worden seien, die für die lange Behandlungsbedürftigkeit sowie die Notwendigkeit mehrfacher Operationen, für Narbenbildungen und Beeinträchtigungen verantwortlich wären.

Die in Anspruch genommene Klinik wies darauf hin, dass zu jedem Zeitpunkt sachgerecht reagiert worden wäre, die eingetretene Infektion sei als schicksalhaft anzusehen.

**Gutachterliche Beurteilung:** Der von der Schlichtungsstelle eingeschaltete Gutachter kam zu der Feststellung, dass die Indikationsstellung und die Durchführung der Verriegelungsnagelung als sachgerecht anzusehen sei. Die Infektion wurde von ihm als schicksalhafte Komplikation angesehen. Der Gutachter bemängelte jedoch die Behandlungsstrategie ab Dezember 1995. Die am 12.1.1996 vorgenommene Operation sei unzureichend gewesen, zu diesem Zeitpunkt hätten zwingende Hinweise für das Vorliegen einer Markraumphlegmone bestanden. Die Metallentfernung und Immobilisation entweder mit Fixateur oder Gipsverband sei angezeigt gewesen. Die Unterlassung dieser Maßnahmen sei als Versäumnis anzusehen, es sei zu mehrmonatiger Verzögerung sachgerechter Behandlung gekommen.

**Beurteilung der Schlichtungsstelle:** Die Indikation zur intramedulären Stabilisation des Schienbeinbruches war nach Ansicht der Schlichtungsstelle sachgerecht, auch die Durchführung der Operation einschließlich des erzielten Ergebnisses waren nicht zu bemängeln. Eine als schicksalhaft anzusehende Infektion zunächst im Bereich des Nageleinschlages, sich dann aber ausbreitend, wurde rechtzeitig erkannt. Es war auch gerechtfertigt, zunächst den abwartenden Weg einzuschlagen, dies unter Antibiotikaschutz und in der Hoffnung, den Infekt solange in Ruhe zu halten, bis ausreichende knöcherne Durchbauung eingetreten war. Spätestens am 12.1.1996 musste aber nach Ansicht der Schlichtungsstelle dieser Weg als gescheitert angesehen werden. Die eitrige Sekretion nahm zu, bei Entfernung des körperfernen Querbolzens entleerte sich Eiter, der auf eine Markraumphlegmone hinwies. Zu diesem Zeitpunkt lediglich mit Fortsetzung der Antibiotikagabe und mit lokaler Einlage von antibiotikahaltigen Kunststoffketten zu agieren war fehlerhaft. Mit und ohne Nachweis knöcherner Durchbauung waren Metallentfernung, Markraumsanierung durch Aufbohrung und intramedullärer Einlage von Antibiotikaträger sowie Fixation mit Fixateur oder Gipsverband zu diesem Zeitpunkt als standardgemäße Maßnahmen anzusehen. Eine Entscheidung wurde aber über weitere drei Monate verzögert, dieser Zeitraum war mit Schmerzen und Beeinträchtigungen vergesellschaftet, sie sind als Folgen eines Versäumnisses anzusehen.

Mit dem Eingriff Anfang April 1996 wurde dann so agiert, wie bereits spätestens ab Januar vorgegangen werden musste. Die Dauer der nunmehr folgenden Behandlung war nach Ansicht der Schlichtungsstelle annähernd identisch der zu sehen, die auch nach zeitgerechter operativer Intervention zu erwarten war. Gleiches galt nach Ansicht der Schlichtungsstelle für die Endfolgen. Narben, Muskelkontrakturen mit Krallenzehenbildung, reduzierte Gehstrecke und eingeschränkte Funktionen konnten nicht mit ausreichender Wahrscheinlichkeit auf Folgen fehlerhaften Handelns zurückgeführt werden.

Für die genannten Folgen fehlerhaften Handelns hielt aber die Schlichtungsstelle Schadenersatzansprüche für begründet.

**Fazit:** Der Infekt nach operativer Behandlung langer Röhrenknochen ist beim Ausschluss eindeutig nachweisbarer Verstöße gegen Hygienestandards als schicksalhaft anzusehen. Die zeit- und sachgerechte Reaktion auf eine eingetretene Infektion ist nach heutigem Standard vorgeschrieben, Versäumnisse bzw. Abweichungen von anerkannten Maßnahmen sind als fehlerhaft anzusehen. Eiterabsonderungen aus Wunden, die eine verdachtsweise Beziehung zum Markraum herleiten lassen, zwingen zum Ausschluss einer Markraumphlegmone. Die Belassung eines intramedullär liegenden Implantates ist schon bei Verdacht auf eine Markraumphlegmone nicht zu vertreten und fehlerhaft.

## 106

### Kompartmentsyndrom nach technischer unzureichender Unterschenkel-Verriegelungsnagelung

Verzögerung sachgerechter Maßnahmen, zahlreiche Nachoperationen, neurologische Ausfallserscheinungen, Zeitverlust

**Krankheitsverlauf:** Der 42-jährige Patient hatte am 17.1.1997 bei einem Verkehrsunfall einen Hüftpfannenbruch links sowie einen Etagenbruch des linken Unterschenkels erlitten und wurde unmittelbar danach in das in Anspruch genommene Krankenhaus eingeliefert. Noch am selben Tage wurde die Unterschenkelfraktur durch einen Verriegelungsnagel stabilisiert. Postoperativ wurden Schwellungen und Schmerzen im linken Unterschenkel sowie schnell zunehmende neurologische Ausfallserscheinungen beobachtet. Der hinzugezogene neurologische Konsiliarius diskutierte als Ursache für diese Ausfallserscheinungen höhergelegene Nervenschädigungen (Folge der Hüftpfannenfraktur?, Folge eines Bandscheibenvorfalles?).

Zur Versorgung der Hüftpfannenfraktur erfolgte am 21.1.1997 die Verlegung in die benachbarte Universitätsklinik, dort musste aber zunächst vorrangig ein Kompartmentsyndrom operativ versorgt werden. Anschließend war eine bestehende Klaffstellung (Verlängerung) am Schienbeinknochen Anlass zur Reosteosynthese. Erst später konnte der Hüftpfannenbruch operativ versorgt werden. Im Gefolge der Unterschenkel-Reosteosynthese kam es zum Infekt und zur Notwendigkeit zahlreicher Nachoperationen mit einhergehender deutlicher Verlängerung der Behandlungszeit. Neurologische Ausfallserscheinungen wurden später als rückläufig bezeichnet. Es verblieben erhebliche Behinderungen.

Der Patient machte eine fehlerhafte Erstoperation und die unzureichende Beachtung eines sich entwickelnden Kompartmentsyndroms für die Verlängerung der Behandlungsbedürftigkeit, für die Notwendigkeit mehrfacher Nachoperationen sowie Verlängerung der Schmerzphase verantwortlich.

Das in Anspruch genommene Krankenhaus wies darauf hin, dass nach dem Anfangsbefund vom Vorliegen eines Nervenschadens höher gelegener Ursache ausgegangen werden konnte. Die Versorgung der Unterschenkelfraktur sei nach gültigen Regeln erfolgt.

**Gutachterliche Beurteilung:** Der von der Schlichtungsstelle beauftragte Gutachter gelangte zu der Feststellung, dass bereits bei der Erstversorgung der Unterschenkelfraktur mit Aufbohrung des Markraumes über das für den verwendeten Nagel erforderliche Maß hinaus eine nicht unerhebliche Schädigung gesetzt worden sei. Zusätzlich habe man bei der Operation eine für den Unterschenkel unzulässige Verlängerung herbeigeführt.

In der postoperative Phase zwischen dem 18.1.1997 und 21.1.1997 habe man die erforderliche differentialdiagnostische Abklärung eines Kompartmentsyndroms verabsäumt. Mit hoher Wahrscheinlichkeit sei es deshalb zu erheblichen Nervenausfallserscheinungen gekommen. Dieses sei auch durch ein neurologisches Zusatzgutachten bestätigt worden. Im Gefolge der erforderlichen Reosteosynthese (wegen Verlängerung), einer zu unterstellenden Mangeldurchblutung und wegen eines daraus resultierenden und zu lange bestehenden Kompartmentsyndroms sei es zur Infektion und zur Notwendigkeit zahlreicher Nachoperationen mit erheblicher Verlängerung der Behandlungszeit gekommen.

Unter Berücksichtigung des Schweregrades der Kombinationsverletzung sei aber nur die Hälfte des Gesamtschadens am linken Unterschenkel und Fuß auf die fehlerhafte ärztliche Behandlung zurückzuführen.

In Kenntnis dieses Gutachtens hat die Anspruchsseite eingewandt, dass die versäumnisbedingten Beeinträchtigungen und Behinderungen mit mehr als einem hälftigem Anteil angesetzt werden müssen.

Das in Anspruch genommene Krankenhaus führte aus, dass man ehemals und auch nach Einschätzung des konsiliarisch tätigen Neurologen die Symptomatik sehr wohl anders und somit nicht schuldhaft fehldeuten konnte. Die Nagelosteosynthese sei nach gültigen Regeln durchgeführt worden.

**Beurteilung der Schlichtungsstelle:** Der Fragenkatalog wurde nach Ansicht der Schlichtungsstelle ausführlich und überzeugend beantwortet. Nach den vorhandenen bildgebenden Befunden vom 17.1.1997 wurde intraoperativ eine Verlängerung des Unterschenkels von 2 cm billigend in Kauf genommen. Eine Verlängerung, die für den Unterschenkel als ungewöhnlich und für Nerven und Gefäße extrem gefährdend angesehen werden musste, schon beim nicht traumatisiertem Unterschenkel und bei dem Ziel kosmetisch korrigierender Verlängerung gilt die Strecke von 2 cm als grenzwertig. Die Muskelhüllmembranen führen bei einer solchen Verlängerung zur Kompression der eingebetteten Gewebe. Das traumainduzierte Hämatom sowie reaktive Schwellung verursachten hier zusätzlichen Druckanstieg. Deshalb gilt für gleich oder ähnlich gelagerte Verletzungen der Vorschlag (allerdings nicht die Forderung) nach prophylaktischer Facienspaltung.

Einschränkend musste allerdings darauf hingewiesen werden, dass auch bei korrekter Nagelosteosynthese ein Kompartmentsyndrom nicht auszuschließen war. Unter den gegebenen Bedingungen bestand aber die akute Gefahr des Kompartmentsyndroms. Bei kritischer Analyse der Symptome der vier folgenden Tage war im Rahmen der differentialdiagnostischen Abklärung der Ausschluss eines Kompartmentsyndroms zwingend geboten. Die Ausfallserscheinungen auf eine höher gelegene Schädigung zurückzuführen, musste als unzureichend und damit fehlerhaft angesehen werden. Eine frühzeitigere operative Intervention bei sachgerecht diagnostiziertem Kompartmentsyndrom hätte nach den Erfahrungen in gleich oder ähnlich gelagerten Fällen eine Begünstigung der neurologischen und der Durchblutungssituation erwarten lassen.

Insbesondere die Tatsache einer schleichenden Verschlimmerung wäre Anlass gewesen, von der Annahme einer höher gelegenen Schädigung abzurücken. Bei einer Verlängerung von 2 cm von einer Nagelosteosynthese nach gültigen Regeln auszugehen, war nicht statthaft.

Zusammenfassend war festzustellen, dass den von der Schlichtungsstelle beauftragten Gutachtern (unfallchirurgisch und neurologisch) dahingehend zuzustimmen, war dass ein intraoperativer Fehler und postoperative Versäumnisse zu erheblicher Verzögerung der Behandlungszeit, zur Notwendigkeit einer Korrekturoperation, zur Vermehrung von Schmerzen, zu bleibenden Nervenausfallserscheinungen und zu einem Teil der verbliebenen Beeinträchtigung geführt haben. Da das Kompartmentsyndrom und die später komplizierende Infektion nicht mit ausreichender Wahrscheinlichkeit als Folge fehlerhaften Handelns begründet werden konnte, war nur ein hälftiger Anteil der verbliebenen Beeinträchtigungen am linken Unterschenkel und dafür Schadenersatzansprüche anzunehmen.

**Fazit:** Die intraoperativ billigend hingenommene Verlängerung des Schienbeinknochens nach intramedullärer Stabilisation muss bei einer Distraktionslänge von 2 cm als fehlerhaft und komplikationsträchtig angesehen werden. Knochenheilung, Durchblutungssituation einschließlich die der Nervenbahnen sind in hohem Maße gefährdet. Bei zunehmenden neurologischen Ausfallserscheinungen müssen denkbare differentialdiagnostische Erwägungen über Schädigung durch andere Ursachen bis zum gesicherten Ausschluss eines Kompartmentsyndroms zurückgestellt werden. Bei Unterlassung zielgerichteter Diagnostik und Maßnahmen sind weitergehende Komplikationen zu einem wesentlichen Teil diesem Versäumnis anzulasten.

## 107

**Kompartmentsyndrom, unzureichende Reaktion auf entsprechende Symptome**

Zeitverlust, Funktionsausfälle, verlängerte Schmerzphase

**Krankheitsverlauf:** Die damals 42-jährige Patientin ist am 19.12.1994 mit dem linken Fuß umgeknickt und beobachtete nachfolgend Schmerzen im Knöchelgelenk mit zunehmender Schwellung. Sie stellte sich auf Rat des Hausarztes am 21.12.1994 dem in Anspruch genommenen Chirurgen vor. Dieser diagnostizierte nach klinischer und röntgenologischer Untersuchung eine Verdrehung des oberen Sprunggelenkes, legte einen stabilisierenden Zinkleimverband an und leitete eine Thromboseprophylaxe ein.

Zunehmende Schmerzen durch den drückenden Verband waren für die Patientin Anlass, am Abend des gleichen Tages bei dem Chirurgen anzurufen, der den Ratschlag gab, den Verband aufzuschneiden. 8 Tage später stellte sich die Patientin erneut bei dem Chirurgen vor, der wegen weiterbestehender Schwellung der Knöchelregion und Schmerzen im Unterschenkel spezielle Röntgenaufnahmen anfertigen ließ, die aber wiederum keine Knochenverletzung zur Darstellung brachten. Unter dem Verdacht auf ein Kompartmentsyndrom (Kompression von Muskeln, Nerven und Gefäßen innerhalb der nicht dehnungsfähigen sehnigen Hüllmembran des Unterschenkels infolge Flüssigkeitsansammlung) überwies er die Patientin in das ebenfalls in Anspruch genommene benachbarte Krankenhaus.

Bei stationärer Aufnahme am 29.12.1994 wurde Rötung, Schwellung und Schmerzhaftigkeit des Unterschenkels sowie Störung der aktiven Fußhebung beschrieben. Es wurde der Verdacht auf eine traumatische Peronaeusläsion geäußert. 5 Tage später wurde von einem rückwärtigen Schnitt die sehnige Hüllmembran gespalten. Es fanden sich Flüssigkeitsansammlungen und zerfallende Muskulatur. Intraoperativ gewonnene Wundabstriche ließen Keimbesiedlung ausschließen. Es verblieben Muskel- und Nervenausfallserscheinungen sowie eine Spitzfußstellung.

Aus den aktenkundigen Aufzeichnungen war zu ersehen, dass die Patientin bis Sommer 1997 behandlungsbedürftig war, allerdings wurden zu diesem Zeitpunkt zusätzlich aufgetretene Nervenausfallserscheinungen auch auf einen Bandscheibenvorfall zurückgeführt.

Mit Schreiben an die Schlichtungsstelle machte die Patientin unzureichende diagnostische Maßnahmen durch den erstbehandelnden Chirurgen und das weiterbehandelnde Krankenhaus für die lange Behandlungsbedürftigkeit und Ausfallserscheinungen verantwortlich.

Der in Anspruch genommene Chirurg wendete ein, dass die Patientin zwei Tage nach dem Unfall bei ihm vorstellig wurde, alle Zeichen einer Umknickverletzung geboten habe und die eingeleitete Behandlung sachgerecht gewesen sei. Als sich die Patientin erst 8 Tage später, allerdings zum verabredeten Termin, bei ihm vorstellte, habe er sofort die Krankenhauseinweisung veranlasst.

**Beurteilung der Schlichtungsstelle:** Bezüglich der Behandlung durch den in Anspruch genommenen, ambulant tätigen Chirurgen war festzustellen, dass die Patientin sicher eine schwere Umknickverletzung im Knöchelgelenk erlitten hatte und es zu Band- und Kapselverletzungen gekommen sein musste. Die eingeleitete Behandlung mit stabilisierendem Zinkleimverband und der Verordnung gerinnungshemmender Substanzen war bei dieser Sachlage nicht falsch. Knöchelbandverletzungen werden heute im überwiegenden Teil der Fälle konservativ durch stabilisierende Verbände behandelt. Der weitere therapeutische Weg war im vorliegenden Fall nicht verbaut.

Die Patientin hatte laut Krankenunterlagen für den Folgetag einen Kontrolltermin, den sie, nachdem am Abend vorher der Verband von ihr abgenommen wurde, nicht wahrnahm. Der behandelnde Chirurg hatte somit zunächst keine Möglichkeit, seine Diagnose zu korrigieren oder zu präzisieren. Er hat aber bei der Zweitvorstellung die hinzugetretene Komplikation eines Kompartmentsyndroms erkannt und sofortige stationäre Behandlung eingeleitet. Insofern waren seine diagnostischen und therapeutischen Maßnahmen nicht zu bemängeln. Die Patientin hat einen Kontrolltermin nicht wahrgenommen und hätte in den folgenden 7 Tagen jederzeit Gelegenheit gehabt, eine Verschlimmerung des Befundes bei Vorstellung klären lassen können.

Bezüglich der Behandlung der gleichfalls in Anspruch genommenen Klinik kam die Schlichtungsstelle zu folgendem Ergebnis: In Anbetracht der bei Aufnahme bestehender Symptome und der schriftlich übermittelten Verdachtsdiagnose des einweisenden Arztes auf ein Kompartmentsyndrom musste einer solchen Verdachtsdiagnose mit geeigneten diagnostischen Maßnahmen nachgegangen werden.

Aus den Krankenblattunterlagen der ersten 5 stationären Behandlungstage waren keine Verlaufsbeschreibungen zu entnehmen, die geeignet wären, entsprechende Sorgfalt im Bezug auf Abklärung eines Kompartmentsyndroms zu belegen sowie zu begründen, warum erst 5 Tage später operiert wurde.

In diesem Zusammenhang war darauf hinzuweisen, dass Lücken und Ungenauigkeiten bei der Führung von Krankenakten zur Beweiserleichterung zugunsten des Patienten führen müssten (OLG Stuttgart VersR 1989, Seite 199 f.). Die unterlassene Dokumentation einer aufzeichnungspflichtigen Maßnahme indiziert deren Unterbleiben (OLG Köln VersR 1988, Seite 1274). Das Versäumnis zielgerichteter Maßnahmen bzw. der Mangel eines Nachweises derselben musste deshalb als fehlerhaft angesehen werden.

Bezüglich des Schadensumfanges kam die Schlichtungsstelle zu dem Ergebnis, dass auch dann, wenn man noch am 29.12. oder 30.12. pflichtgemäß gehandelt hätte, Narbenbildung und mehrwöchentlicher Krankenhausaufenthalt zu erwarten war. Es hätten auch Ausfallserscheinungen verbleiben können. Sie hätten aber mit an Sicherheit grenzender Wahrscheinlichkeit nicht das Ausmaß gehabt, dass dann zu zweijähriger Behandlungsbedürftigkeit, zur Spitzfußbildung und zur Gangstörung mit der Notwendigkeit des Tragens von orthopädischem Schuhwerk führte.

Die Schlichtungsstelle hielt Schadenersatzansprüche für begründet und empfahl die Frage einer außergerichtlichen Regulierung zu prüfen.

**Fazit:** Normabweichende Schwellungen, Schmerzen sowie sensible oder motorische Ausfallserscheinungen nach Verletzungen insbesondere des Unterschenkels müssen an die Möglichkeit des Vorliegens eines Kompartmentsyndroms denken lassen. Bis zum Beweis des Gegenteiles sind unverzüglich alle dahingehenden diagnostischen und Kontrollmaßnahmen einzuleiten, da sich das Schicksal der betroffenen Gliedmaße oft binnen Stunden entscheidet. Unterlassungen sind als fehlerhaft anzusehen. Mangelnde Dokumentation führt zu Beweiserleichterung für den Patienten.

## 108
### Achillessehnenruptur links mit postoperativer Gipsfixierung und Schienenlagerung Peronaeusparese links

**Krankheitsverlauf:** Der 79-jährige Patient zog sich bei einem Sturz eine Achillessehnenruptur links zu. Diese wurde von seinem behandelnden Orthopäden, den er wegen Wirbelsäulenbeschwerden bereits wiederholt konsultiert hatte, diagnostiziert und es erfolgte die Einweisung in eine benachbarte orthopädische Klinik zur operativen Versorgung. Aus dem Operationsbericht ergeben sich keine Besonderheiten, auch der weitere Krankheitsverlauf war in Bezug auf die Achillessehnenruptur unauffällig bei primärer Wundheilung. Postoperativ wurde eine gepolsterte ventrale Oberschenkel-Fuß-Gipsschale in Kniebeugung und angedeuteter Spitzfußstellung angelegt mit Hochlagerung auf einer Braun'schen Schiene. Laut Operationsbericht war eine Wundkontrolle am 3. postoperativen Tag vorgesehen, nach 2 Wochen zirkulärer Oberschenkelgips in reduzierter Spitzfußstellung.

Der Patient selbst berichtet, dass er am Tage nach der Operation an der Außenseite des linken Kniegelenks einen starken Druckschmerz verspürt habe, der stechend bis in den Unterschenkel gezogen sei und er habe den behandelnden Assistenzarzt darauf aufmerksam gemacht. Dieser habe aber darauf hingewiesen, dass das Bein zur Erreichung der optimalen Heilung fixiert bleiben müsse und ein Verbandswechsel erst in einigen Tagen erfolgen dürfe.

In der Pflegedokumentation ist unter dem ersten postoperativen Tag vermerkt: „3.30 Uhr ein Ampulle Tramal, Patient klagt über Schmerzen, Gipsdruck". Ob diese Beobachtung an einen Arzt weitergegeben wurde ist nicht dokumentiert, Maßnahmen wurden nicht ergriffen. Der weitere Verlauf war aus der Sicht des behandelnden Fachkrankenhauses unauffällig, der erste Verbandswechsel erfolgte am 8. postoperativen Tag, Besonderheiten sind hier nicht vermerkt. Auch beim Gipswechsel am 17. postoperativen Tag sind keine Besonderheiten dokumentiert. Erst bei einer Wiederaufnahme nach vorübergehender Entlassung mit Gipsverband 6 Wochen postoperativ fiel die vollständige Fuß- und Zehenheberlähmung links auf.

Der Patient war der Ansicht, dass diese Fußheberlähmung links durch Gips- oder Schienendruck verursacht worden sei und dass die behandelnden Ärzte auf sein Klagen in der Nacht vom Operationstag zum 1. postoperativen Tag nicht reagiert hätten.

Das in Anspruch genommene Fachkrankenhaus wendet ein, dass bei dem Patienten ausgeprägt degenerative Wirbelsäulenveränderungen in allen Lumbaletagen vorliegen mit breitbasigen Protosionen, einen kleinen linksseitigen mediolateralen Bandscheibenprolaps L5/S1 und eine sekundäre Spinalstenose. Hier sei die Ursache für die Parese zu suchen.

**Gutachterliche Beurteilung:** Der externe neurologische Gutachter stellt fest, dass bei dem Patienten Zeichen einer Polyneuropathie an beiden unteren Extremitäten vorlagen. Daneben subakute neurogene Schädigungszeichen in der Muskulatur die vom Nervus peronaeus bzw. der Nervenwurzel L5 innerviert werden. Im Muskulus tibialis posterior fanden sich keine subakuten neurogenen Schädigungszeichen. Auch in der proximalen Beinmuskulatur und Oberschenkelmuskulatur beiderseits waren mäßige Zeichen einer chronischen neurogenen Schädigung nachweisbar.

Die ausgeprägten degenerativen Veränderungen im Bereich der Lendenwirbelsäule werden bestätigt. Aufgrund der Gesamtbefunde müsse mit hoher Wahrscheinlichkeit davon ausgegangen werden, dass die den behandelnden Ärzten erst ca. 6 Wochen postoperativ aufgefallene Fuß- und Zehenheberparese links kurzfristig nach der Operation durch Gips- oder Schienendruck verursacht worden ist. Eine operationsunabhängige lumbale Nervenwurzelkompression L5 links bei bestehenden ausgedehnten degenerativen Wirbelsäulenveränderungen muss als sehr unwahrscheinlich bezeichnet werden. Dieses auch unter Berücksichtigung der Rückbildungstendenz der Peronaeusparese links, wie der Gutachter anhand der aktenkundigen Vorbefunde bei seiner klinischen und elektromyographischen Untersuchung feststellten konnte.

**Beurteilung der Schlichtungsstelle:** Den Bewertungen des Gutachters wird zugestimmt. Als wesentlich wird die Pflegedokumentation angesehen, in der es eindeutig heißt, dass der Patient bereits um 3.30 Uhr des postoperativen Tages über entsprechende Schmerzen klagt und dass hier ein Gipsdruck vermerkt ist. Bei einer derartigen Beschwerdesymptomatik mit postoperativer Gipsfixierung und Schienenlagerung muss unverzüglich gehandelt werden. Die mögliche Gefährdung des Nervus peronaeus in Höhe des Fibularköpfchens bei entsprechender Lagerung muss als bekannt vorausgesetzt werden. Dass diese Lähmung bei dem ersten Gipswechsel nicht bemerkt und im weiteren Verlauf auf andere Faktoren zurückgeführt wurde und auch keinerlei gezielte Untersuchungen veranlasst wurden, um diese Fußheberparese differentialdiagnostisch abzuklären, muss als erheblicher Sorgfaltsmangel bezeichnet werden. Somit sind entsprechende Schadenersatzansprüche begründet, im Sinne einer zunächst kompletten Peronaeusparese links, die 1 Jahr postoperativ eine Rückbildungstendenz erkennen lässt, eine vollständige Rückbildung jedoch als nicht wahrscheinlich bezeichnet werden kann.

## 109

### Achillessehnenruptur und -naht, unzureichende Verbandsnachsorge
– neurologische Ausfallserscheinungen, Zeitverlust, Beschwerden

**Krankheitsverlauf:** Der damals 37-jährige Patient hatte am 12.3.1996 einen Achillessehnenriss links erlitten und wurde noch am gleichen Tag in dem in Anspruch genommenen Krankenhaus stationär aufgenommen und operiert. Der Eingriff erfolgte gegen 23.00 Uhr, anschließend wurde ein Unterschenkelrundgipsverband angelegt und gespalten. In den folgenden Stunden auf der Wachstation wurden erhebliche Schmerzen beklagt. Binnen 6 Stunden wurden drei Ampullen Dipidalos verabreicht.

Auch im Verlauf des Folgetages mussten gehäuft Schmerzmittel appliziert werden. Der Patient klagte über Schmerzen an der Schienbeinvorderkante und an den Zehen. Die Beschwerden nahmen in der folgenden Nacht zu. Am 14.3. wurde ein Gipswechsel vorgenommen und einen Rundgips angelegt. Dieser Verband wurde erst am Folgetag gespalten. Eine neurologische Konsiliaruntersuchung am 18.3. ergab einen Schaden im Ausbreitungsbereich des Nervus fibularis profundus. Auch 1¼ Jahr später ließen neurologische Untersuchungen motorische und sensible Ausfallserscheinungen dokumentieren.

Der Patient beklagte, dass man seinen Schmerzen ehemals nicht zeit- und sachgerecht nachgekommen sei. Die in Anspruch genommene Klinik wendete ein, dass mit mehrfachen Gipsverbandwechseln den Klagen des Patienten sehr wohl gerecht wurde.

**Gutachterliche Beurteilung:** Der von der Schlichtungsstelle eingeschaltete Gutachter führte aus, dass die schon sehr früh geäußerten und das Maß des Üblichen überschreitenden Schmerzen auf eine Erhöhung des Innendruckes im Gipsverband hätten schließen lassen müssen. Ob es sich dabei um eine isolierte Druckeinwirkung auf den Wadenbeinnerven oder um Auswirkung kompressionsbedingter Mangeldurchblutung gehandelt habe, könne letztlich nicht mehr entschieden werden. Gleiches gelte für die Frage, welche der beiden ersten Gipsverbände letztendlich verantwortlich für die verbleibenden Ausfallserscheinungen wurde.

In Kenntnis des Gutachtens wies das in Anspruch genommene Krankenhaus nochmals darauf hin, dass mehrfach Gipswechsel vorgenommen wurde und die Weichteilverhältnisse engmaschig kontrolliert wurden. Der Schmerzmittelverbrauch sei nicht als zu hoch zu bezeichnen.

**Beurteilung der Schlichtungsstelle:** Die Darstellung der Klinik einer engmaschigen Kontrolle musste relativiert werden. Der Patient wurde am 12.3.1996 gegen 23.00 Uhr operiert, der erste Gipswechsel fand in den Mittagsstunden des 14.3.1996, d.h. 36 Stunden später, statt. Der erneut angelegte Rundgipsverband wurde erst am 15.3.1996 gespalten. In den ersten

24 Stunden nach der Operation erhielt der Patient dreimal eine Ampulle Dipidolas, drei Tabletten Tramal und Gelonida. Bei einem solchen Schmerzmittelverbrauch und der Angabe über Schmerzen im Schienbein und in den Zehen hätte bereits am Nachmittag des 13.3. die Effektivität der Spaltung des Gipsverbandes geprüft werden müssen. Nach Verletzung oder nach Operationen ist zunächst von einer gesteigerten Flüssigkeitsansammlung im betroffenen Gliedmaßenabschnitt auszugehen. Aus diesem Grunde wird ein zirkulärer Gipsverband (sofern er denn überhaupt nötig ist) „bis auf den letzten Faden" gespalten. Diese Maßnahme ist aber nicht unbedingt Gewähr für die Verhinderung eines Druckanstieges. Bei sehr dicken Gipsverbänden oder imkompletter Spaltung kann deren Effekt nicht ausreichen.

Im vorliegenden Fall gab es gerechtfertigte Hinweise dafür, dass es entweder schon in den ersten 36 Stunden oder dann in der Zeit vom 14.3. bis 15.3.1996 zu einem fatalen Druckanstieg mit Auswirkung auf den Wadenbeinnerven gekommen ist. Mit Hilfe des Anscheinbeweises war von einem typischerweise auf Behandlungsfehler (mangelnde Gipskontrolle) zurückzuführenden Gesundheitsschaden auszugehen, es konnte keine andere Erklärungsmöglichkeit als die Annahme eines ärztlichen Fehlers in Betracht kommen. Bei korrektem Vorgehen wäre nach medizinischer Erfahrung die zeitgerechte Heilung der Sehne, aufbauende Belastung ca. ab der 6. postoperativen Woche mit Normalisierung des Gangbildes und der Funktion bis zur 16. postoperativen Woche zu rechnen gewesen.

Nach Ansicht der Schlichtungsstelle bestand der vermeidbare Schaden in deutlicher Verzögerung der Mobilisation, Einschränkung der Funktion, Gangstörung durch motorische und sensible Ausfälle und mehrmonatiger Verlängerung der Behandlung. Unter diesen Gesichtspunkten wurden Schadenersatzansprüche für begründet gehalten.

**Fazit:** Die das übliche Maß überschreitende Schmerzhaftigkeit nach Operation und nachfolgender Gipsimmobilsation verpflichtet zu dokumentierter Abklärung. Ein in der postoperativen Schwellungsphase angelegter Gipsverband muss unmittelbar nach Anlage gespalten werden.

## 110

**Achillessehnenruptur, Fehldeutung als Muskelriss**
Verlängerte Behandlungszeit, vermehrte Beschwerden

**Krankheitsverlauf:** Der damals 32-jährige Patient hatte am 23.3.1996 beim Handballspiel und nach einem plötzlichen Antritt einen Schmerz in der rechten Wade verspürt. Er ging zunächst selbst von einem Muskelriss aus und suchte erst zwei Tage später den in Anspruch genommenen Chirurgen auf. Diese beschrieb Schwellungen im hinteren Wadenbereich, keine Blutergußverfärbung, sowie Druckschmerzhaftigkeit im mittleren hinteren Wadenbereich. Er behandelte in den nächsten Wochen unter der Diagnose eines Muskelfaserrisses. Es wurden resorbierende Verbände angelegt, Reizstrom verordnet und Schonung sowie eigentätiges Kühlen empfohlen. Zwei Monate später berichtete der Patient dem Arzt über vermehrte Schmerzhaftigkeit, dieser äußerte nunmehr den Verdacht auf eine Achillessehnenruptur, die einige Tage später im Nachbarkrankenhaus operativ behandelt wurde. Im Operationsbericht wurde eine veraltete Achillessehnenruptur beschrieben, eine End-zu-End-Naht war aber noch möglich, allerdings unter zusätzlicher Verstärkung. Es folgte eine Gipsimmobilisierung bis Anfang August.

Der Patient äußerte in einem Schreiben an die Schlichtungsstelle, dass seiner Ansicht nach eine ursprünglich fehlerhafte Diagnose zu einer verlängerten Behandlung und zu Beeinträchtigungen geführt habe.

Der in Anspruch genommene Arzt für Chirurgie wandte ein, dass anfänglich lediglich Symptome einer Muskelverletzung vorgelegen hätten und er somit eine sachgerechte Behandlung eingeleitet habe. Die Achillessehnenruptur könnte auch sekundär aufgetreten sein, primär habe es jedenfalls keine Hinweise für eine solche gegeben.

**Beurteilung des Gutachters:** Der von der Schlichtungsstelle beauftragte Gutachter stellte fest, dass die Vergesellschaftung von Muskelfaserriss und Achillessehnenriss ein ungewöhnliches und ihm nicht bekanntes Geschehen darstelle. Es müsse davon ausgegangen werden, dass bereits am 25.3.1996 bei Übernahme der Behandlung durch den in Anspruch genommenen Arzt mittels geeigneter Untersuchungstechnik eine Achillessehnenruptur nachweisbar war. Eine Verzögerung der Behandlung um Monate könnte angenommen werden. Weitere Auswirkungen seien nicht zu belegen.

In Kenntnis dieses Gutachtens wurde von dem Chirurgen noch einmal auf die Möglichkeit einer multilokalen Verletzung (Muskel und Sehne) hingewiesen.

**Beurteilung der Schlichtungsstelle:** Nach Ansicht der Schlichtungsstelle erfolgte die gutachterliche Auswertung vorhandener Dokumente sorgfältig, die Bewertung wurde als überzeugend angesehen. Eine zweizeitige Verletzung, zunächst in Form des Muskelrisses, dann eines späteren Sehnenrisses wurde unter Berücksichtigung physiologischer und anatomischer Gegebenheiten für undenkbar gehalten.

Es wurde weiter ausgeführt, dass die anatomische Struktur auch einer vorgeschädigten Sehne ungleich widerstandsfähiger ist, als die der vergesellschafteten Muskulatur. Der Muskelriss ist das Ergebnis eines Missverhältnisses zwischen reflektorisch kontrollierter Muskelleistung und seiner Beanspruchbarkeit im Moment des Risses. Der nahezu immer auf der Basis degenerativer Veränderungen resultierende Sehnenriss ist die Folge einer Diskrepanz zwischen Muskelleistung und Beanspruchbarkeit des Sehnengewebes. Das Zusammentreffen derart konträrer Mechanismen kann als nahezu unmöglich bezeichnet werden. Der denkbare Einwand, dass es zunächst zu einem Muskelriss und erst im weiteren Verlauf zu einem Sehnenriss gekommen sei, konnte ebenfalls nicht überzeugen, da ein durch Riss geschwächter Muskel auch eine degenerativ geschwächte Sehne kaum zum Zerreißen bringen kann.

Nach Ansicht der Schlichtungsstelle war die Feststellung des Gutachters überzeugend, dass es am 23.3.1996 zu einer zunächst nicht erkannten Sehnenruptur kam. Als Erklärung für die Fehldeutung konnte allerhöchstens herhalten, dass kontrahierte Muskulatur oberhalb des Sehnenspiegels und nach Sehnenriss, zu einer Wulstbildung, zu Schmerzhaftigkeit und zur Annahme des Muskelrisses führte. Eine solche Fehldeutung war zwar nachvollziehbar, enthob aber nicht von der Pflicht, trotz lokaler Schwellung und scheinbar eindeutigem Schmerzpunkt oberhalb der Sehne einen Sehnenriss auszuschließen. Wären dahingehende gezielte Untersuchungsmaßnahmen aktenkundig gemacht worden, könnte der Einwand des Vorliegen einer lavierten Achillessehnenruptur in Form der schwer erkennbaren Zerschleißung noch geltend gemacht werden. Eine solche Zerschleißung hat aber nach dem späteren Operationsbefund nicht vorgelegen. Es handelte sich um eine typische Achillessehnenruptur drei Querfinger oberhalb des Fersenbeines, die mit Wahrscheinlichkeit bei primärer aber unvollständiger Untersuchung übersehen wurde. Auch eine zweizeitige Sehnenruptur schied aus, da bei operativer Versorgung ausschließlich älteres Narbengewebe angetroffen wurde.

Nach Ansicht der Schlichtungsstelle ist dem Patienten durch das Versäumnis qualifizierter Untersuchung ein Zeitverlust von mehreren Monaten mit einhergehenden Beeinträchtigungen entstanden. Es wurden Schadenersatzansprüche für begründet angesehen und empfohlen die Frage außergerichtlicher Regulierung zu prüfen.

**Fazit:** Bei der Annahme eines tief gelegenen Wadenmuskelrisses sollte stets an eine Sehnenbeteiligung gedacht werden. Eine zielgerichtete manuelle Abklärung eines Sehnenrisses ist dafür zu fordern. Im Zweifelsfall ist sonographische, besser noch computertomographische Abklärung zu veranlassen.

## 111

### Übersehene Achillessehnenruptur
Zeitverlust von 7 Wochen und damit einhergehende Beschwerden

**Krankheitsverlauf:** Der damals 32-jährige Patient verspürte am 6.9.1996 bei einem Ballspiel einen plötzlichen Schmerz in der Achillessehne rechts. Bei der zwei Tage später erfolgten Vorstellung in der Ambulanz des Heimatkrankenhauses berichtet er von einem Fußtritt. Es wurde eine Prellung der rechten Wade diagnostiziert, Zeichen für das Vorliegen einer Achillessehnenverletzung wurden verneint. Vom 19.9.–15.10.1996 erfolgte dann die Behandlung bei dem in Anspruch genommenen Chirurgen, der am 12.9. eine sonographische Untersuchung in der Praxis eines ebenfalls in Anspruch genommenen Radiologen veranlasste.

Im Ergebnis dieser Untersuchung wurde eine Achillessehnenruptur verneint, es wurde deshalb unter Beibehaltung der ursprünglichen Diagnose einer Prellung weiterbehandelt. Erst am 1.10.1996 wurde in der Praxis des Chirurgen und durch dessen Vertreter erneut der Verdacht auf das Vorliegen einer Achillessehnenverletzung geäußert. Bei einer Folgevorstellung am 7.10.1996 wurde die operative Behandlung besprochen, die dann anlässlich stationären Aufenthaltes am 17.10.–23.10.1996 vorgenommen wurde. Es wurde eine veraltete Achillessehnenruptur beschrieben.

Mit Schreiben an die Schlichtungsstelle machte der Patient geltend, dass eine fehlerhafte Diagnose durch den Chirurgen und den Radiologen für eine erhebliche Verzögerung der Behandlung mit den einhergehenden Beschwerden verantwortlich sei. Es sei daraus resultierend zu beruflichen und finanziellen Nachteilen gekommen.

**Gutachterliche Beurteilung:** Der von der Schlichtungsstelle eingeschaltete Gutachter kam nach Sichtung der sonographischen Aufnahmen des Radiologen vom 12.9.1996 zu der Feststellung, dass der typische Lokalisationsort einer Achillessehnenruptur nur auf einer Abbildung teilweise dargestellt war. Bereits auf dieser Aufnahme seien aber zwingende Hinweise für das Vorliegen einer Achillessehnenruptur zu finden.

Bezüglich der Untersuchungen durch den in Anspruch genommenen Chirurgen führte der Gutachter aus, dass sich bis zum 1.10.1996 in dessen Krankenunterlagen kein Hinweis auf eine durchgeführte klinische Überprüfung der Achillessehnenfestigkeit fand. Insbesondere bei Läsionen mit möglicher Achillessehnenbeteiligung sollte eine einfache und reproduzierbare Überprüfung vorgenommen werden. Es beständen begründete Hinweise, dass dieses unterlassen wurde. In Kenntnis des negativen Sonographiebefundes sei die von dem Chirurgen fortgesetzte konservative Therapie unter der Annahme einer Wadenprellung jedoch nachvollziehbar. Der Gutachter beanstandete dann noch lediglich den Zeitraum zwischen der sicheren Diagnosestellung am 1.10. und der stationären Aufnahme am 17.10.1996.

Er stellte zusammenfassend fest, dass durch zweiseitige Versäumnisse insgesamt eine Verzögerung von 7–8 Wochen angenommen werden könne.

**Beurteilung der Schlichtungsstelle:** Die Schlichtungsstelle konnte sich den Ausführungen des Gutachters in wesentlichen Passagen anschließen, stellte aber einschränkend fest, dass in den Krankenunterlagen des in Anspruch genommenen Chirurgen die klinische Untersuchung zwar nicht explizit erwähnt worden sei, in den Unterlagen aber ein handschriftlicher Vermerk vorlag, der als „Verdacht auf Läsion der Achillessehne – Stützen mitgeben" zu werten war und am 9. 9. oder 11. 9. 1996 getätigt wurde.

Hieraus ergab sich, dass der in Anspruch genommene Chirurg zur richtigen Verdachtsdiagnose gelangt war. Korrekterweise ließ er diesen Verdacht am 11. 9. 1996 durch Überweisung zur Sonographie abklären. Somit konnte ihm bei der Primärdiagnostik kein fehlerhaftes Handeln unterstellt werden. Nach Erhalt des negativen Sonographiebefundes durfte er sich zunächst auf dieses Ergebnis verlassen.

Die Schlichtungsstelle schloss sich der Ansicht des Gutachters an, dass ab 1. 10. 1996, dem Tag der medizinischen Diagnose: Achillessehnenruptur, eine Operation indiziert war. Die Gründe für die Verzögerung waren letztlich nicht mehr zu klären. Ebenso wie der Gutachter sah die Schlichtungsstelle die sonographische Untersuchung als nicht ausreichend an. Da sich bereits auf den Sonographiebildern, die den für eine Achillessehnenruptur typischen Bereich noch nicht einmal optimal darstellten, Hinweise für eine Ruptur fanden, musste davon ausgegangen werden, dass diese Befundung nicht korrekt war.

Die Schlichtungsstelle sah Schadenersatzansprüche für begründet an.

**Fazit:** Die von den betroffenen Patienten relativ häufig angeführte Erklärung für die Achillessehnenverletzung mit Annahme eines Fußtrittes, ist nach aller Erfahrung eine Fiktion. Sie stellt den laienhaften Versuch der Erklärung für den plötzlichen Schmerz und die Funktionsbeeinträchtigung dar. Dies ist Erfahrungswert und muss für besonders gründliche Untersuchung der Achillessehne in Form der Untersuchung von Hand, der Prüfung einer Leistungsminderung und der gezielten sonographischen Untersuchung sein. Die häufig angeführten Ersatzdiagnosen (Muskelriss oder Prellung) können erst dann als gesichert angenommen werden, wenn die genannten Untersuchungen zweifelsfrei negative Befunde festhalten lassen. Die Unterlassung zielgerichteter Untersuchung, insbesondere bei längerem Bestehen von Beschwerden, muss als fehlerhaft angesehen werden.

## 112

**Sprunggelenksverrenkungsbruch.
Unzureichende Röntgendiagnostik**

Gabeldesintegration, posttraumatische Arthrose, Belastungsschmerzen

**Anamnese:** Die damals 32-jährige Patientin zog sich am 18.2.1997 bei einem Umknickereignis einen sprunggelenksbeteiligenden Wadenbein- und Schienbeinbruch zu. Sie wurde noch am selben Tag in der Praxis des in Anspruch genommenen Chirurgen vorstellig. Wegen einer bestehenden Schwangerschaft fertigte er nur eine Röntgenaufsichtsaufnahme und diagnostizierte einen Außenknöchelspitzenabbruch unterhalb der sogenannten Syndesmose, er hielt deshalb konservative Behandlung für ausreichend. Es wurde eine Gipsschale angelegt, diese dann aber wegen Beschwerden nach drei Wochen durch eine Aircast-Schiene ersetzt. Bleibende Schmerzen führten nach Ende der Schwangerschaft im April zu erneuten Röntgenuntersuchungen andernorts. Es wurde eine Außenknöchelfraktur mit Beteiligung des Bandapparates und ein hinterer Schienbeinkantenabbruch diagnostiziert. Operative Maßnahmen wurden nicht mehr als erfolgversprechend eingeschätzt.

Die Patientin führte noch heute bestehende Beschwerden auf unzureichende Erstdiagnostik mit der Folge des Übersehens einer schwererwiegenden Knochenverletzung und daraus resultierende Unterlassung einer notwendigen Operation zurück. Der in Anspruch genommene Chirurg wies darauf hin, dass sich die Patientin in der 33. SSW vorgestellt und er aus diesem Grunde zur Risikominimierung nur eine Röntgenaufnahme gefertigt habe. Diese hätte ihm ausreichend Sicherheit über das Vorliegen einer konservativ zu behandelnden Knöchelfraktur gegeben. Nach Sachlage wäre eine Operation mit Thrombosegefährdung und Gefährdung durch die Anästhesie einhergegangen.

**Gutachterliche Beurteilung:** Der von der Schlichtungsstelle eingeschaltete Gutachter stellte fest, dass schon auf der Erstaufnahme deutliche Hinweise für die Annahme schwererwiegender Verletzung bestanden hätten. Eine bis oberhalb des Sprunggelenkes ziehende Frakturlinie hätte den Verdacht auf Beteiligung der Bandverbindung aufkommen lassen müssen. Trotz Schwangerschaft wäre eine weitergehende Diagnostik zu fordern gewesen. Bereits eine seitliche Aufnahme hätte den Schweregrad der Verletzung und die Notwendigkeit operativer Maßnahmen erkennen lassen. Risiken durch Thrombose seien bei operativer Behandlung sogar geringer, das Risiko einer Anästhesie sei heute weitgehendst zu vernachlässigen. Die Unterlassung der gebotenen operativen Behandlung habe zur Gabeldesintegration, zur posttraumatischen Arthrose und daraus resultierenden Beschwerden geführt.

In Kenntnis des Gutachtens wandte der in Anspruch genommene Chirurg ein, dass nach Abschluss der immobilisierenden Behandlung keine wesentlichen Beschwerden mehr bestanden hätten, es sei ja auch zur knöchernen Durchbauung gekommen. Er wies darauf hin, dass nicht jede Fraktur operiert werden müsse und hier ein Widerstreit zwischen Klinik und Praxis bestehe. Risiken der Thromboseprophylaxe nach Operation und Gefährdung durch Anästhesie wurden noch einmal explizit dargelegt.

**Bescheid der Schlichtungsstelle:** Die Entscheidung des in Anspruch genommenen Chirurgen, in Anbetracht einer bestehenden Schwangerschaft das Strahlenrisiko möglichst gering zu halten, zeugte zwar von Sorgfalt, barg aber letztlich auch das Risiko der Fehldiagnose. Dem Gutachter musste dahingehend gefolgt werden, dass bei geeigneter Abschirmung das Strahlenrisiko minimiert werden kann und das Risiko einer Fehldiagnose bedeutend höher eingeschätzt werden musste. Unabhängig davon sei aber auch die Aufsichtsaufnahme nicht ausreichend ausgewertet worden, es wäre in sachgerechter Deutung dieser Einzelaufnahme dann wahrscheinlich doch zur zusätzlichen Seitaufnahme gekommen, diese hätte das ganze Ausmaß der Verletzung erkennen lassen. Die Abrissverletzung an der Schienbeinhinterkante hätte insbesondere bei entsprechendem Erfahrungsstand an die Mitbeteiligung des Bandapparates denken lassen können. Auch beim Zweifel an der Notwendigkeit operativer Maßnahmen hätte mit der Patientin über diese Behandlungsalternative gesprochen werden müssen. Dass die operative Rekonstruktion von Sprunggelenksverletzungen mit drohender Gabeldesintegration die eindeutig besseren Ergebnisse erzielen lässt, könnte derzeit nicht mehr zur Diskussion gestellt werden. Da nach heutigem Wissensstand die Risiken der Röntgendiagnostik, der Thrombose und der Anästhesie durch geeignete Maßnahmen minimiert werden können, wurden von der Schlichtungsstelle die von dem in Anspruch genommenen Chirurgen vorgebrachten Gründe für Unterlassung weitergehender Diagnostik als nicht stichhaltig angesehen. Zusammen mit der fehlerhaften Auswertung der Aufsichtsaufnahme hat dies zur Unterlassung sachgerechter Maßnahmen geführt, eine beschwerdemachende Gabeldesintegration und posttraumatische Arthrose mussten als Folge dieser Fehler angesehen werden. Die Schlichtungsstelle hielt Schadenersatzansprüche für begründet.

**Fazit:** Auch bei bestehender Schwangerschaft muss bei gesicherten Hinweisen für ossäre und ligamentäre Verletzungen des oberen Sprunggelenkes das Ausmaß der Verletzung sicher abgeklärt werden, um folgenschwere Fehleinschätzungen zu verhindern. Bei situationsgerechter Analyse der Nutzen-Schaden-Relation kann in Kenntnis heutiger Strahlenschutzmittel die Unterlassung eindeutig abklärender Röntgenaufnahmen nicht entschuldigt werden. Die schwerwiegenden Folgen einer übersehenden und deshalb unzureichend behandelten Syndesmosensprengung machen standardgemäße Abklärung zwingend erforderlich.

# 113

**Sprunggelenkverrenkungsbruch**
Technisch fehlerhafte Versorgung, mehrfache Nachoperationen, Arthrodese

**Krankheitsverlauf:** Die damals 35-jährige Patientin hatte sich am 5. 10. 1994 bei einem Umknicktrauma einen Sprunggelenkverrenkungsbruch zugezogen und wurde am gleichen Tag in dem in Anspruch genommenen Krankenhaus operativ durch Platten- und Schraubenosteosynthese versorgt. Sechs Wochen nach der Operation wurde vorsichtiger Belastungsaufbau gestattet, der aber mit Beschwerden einherging. Nach einem erneuten Umknicktrauma vom 1. 12. 1994 wurde drei Wochen später wieder mit Teilbelastung begonnen, es wurde aber über zunehmende Schmerzen geklagt, die erst nach der Entfernung der das sog. Volkmann'sche Dreieck fixierenden Schraube zurückgingen. Nach aktenkundigen Befunden konnte zunehmende Beweglichkeit und Belastbarkeit beschrieben werden.

Im September 1995 erfolgte dann die Entfernung der Platte am Wadenbein und der sie fixierenden Schrauben. Zunehmende Beschwerden und Bewegungseinschränkungen führten dann im August 1996 zu einer Narkosemobilisation und im September 1996 zur operativen Mobilisation des inzwischen hochgradig bewegungseingeschränkten oberen Sprunggelenkes. Im Februar 1997 wurde eine Gelenkinnenhautentfernung vorgenommen und im Juli 1997 war dann eine endoprothetische Versorgung erforderlich.

Die Patientin war der Ansicht, dass bei der ersten Operation nicht korrekt operiert wurde und es daraus resultierend zu Beschwerden und zur Notwendigkeit weiterer Operation kam.

Das in Anspruch genommene Krankenhaus wies darauf hin, dass die Operation nach üblichen Regeln vorgenommen wurde, auf die weiteren Komplikationen habe man dann keinen Einfluss mehr nehmen können.

**Beurteilung des Gutachters:** Die eingeschaltete Gutachterin gelangte zu der Feststellung, dass die Indikation zur Operation der Knöchelfraktur sachgerecht war, der Außenknöchel sei auch korrekt versorgt worden, bei der Stabilisation eines hinteren Schienbeinabbruchstückes sei aber ein technischer Fehler unterlaufen.

Da bei regelhafter Versorgung nach Sprunggelenkverrenkungsbrüchen mit etwa 4–5-monatiger Behandlungsbedürftigkeit zu rechnen sein, müssten alle darüber hinausgehenden Maßnahmen mit hoher Wahrscheinlichkeit auf fehlerhafte Plazierung einer Schraube zurückgeführt werden.

**Beurteilung der Schlichtungsstelle:** Den Wertungen der Gutachterin konnte sich die Schlichtungsstelle nicht ohne weiteres anschließen.

Zunächst war korrigierend festzuhalten, dass keine Sprunggelenkverrenkungsverletzung vom Typ Weber B, sondern vom Typ Weber C vorgelegen hatte. Eine Verletzung, bei der mit Sicherheit neben einem Außenknöchelbruch und dem Abbruch des hinteren Volkmann'schen Dreieckes eine Zerreißung der Bandverbindung zwischen Schien- und Wadenbeinende (Syndesmose) stattfand. Allein die Bruchform ließ eine nahezu sichere Feststellung in dieser Richtung zu.

Der Gutachterin war dahingehend zuzustimmen, dass die Versorgung der Außenknöchelfraktur nach den Regeln und erfolgreich vorgenommen wurde. Für die Gesamtosteosynthese konnte man das Einbringen einer sog. Syndesmosenschraube vermissen, der Schraube nämlich, die zur Sicherung der Bandheilung zwischen Schien- und Wadenbeinende eingebracht und etwa 6–7 Wochen belassen wird. Auch ohne eine solche Schraube kann es allerdings zu straffer, narbiger Heilung kommen. Im vorliegenden Fall war schon bei postoperativen Kontrollen eine leichte Klaffstellung zu erkennen, die im weiteren Verlauf zugenommen hat und nach dem zweiten Unfall ganz offenkundig war.

Der Gutachterin war weiterhin dahingehend zuzustimmen, dass bei der Fixation des sog. hinteren Volkmann'schen Dreiecks ein technischer Fehler unterlaufen ist. Dieses nicht etwa mit der Wahl der Materials, sondern der Lage der Schraube. Falls ein genügend großes Bruchstück vorliegt, was im vorliegenden Fall nicht zu bestreiten war, kann man eine 6-mm-Spongiosaschraube verwenden. Bezüglich ihrer Stabilität ist sie jeder Kleinfragmentschraube überlegen. Die Reposition des hinteren Volkmann'schen Dreiecks, war insbesondere unter kritischer Würdigung der Bilder nach Metallentfernung, in durchaus ausreichender Weise gelungen. Hier von einer Stufe zu sprechen, ging an den Bewertungskriterien vorbei.

Wenn überhaupt, lag eine Stufe von 0,5 mm vor. Es handelte sich dabei auch nur um eine Knochenstufe. Sie lässt nicht mit Sicherheit auf eine Knorpelstufe schließen. Es schien deshalb gerechtfertigt, für weitere Überlegungen die Versorgung des hinteren Volkmann'schen Dreiecks mit Stufenbildung aus allen Überlegungen auszuschließen.

Der entscheidende Fehler war in der Lage der Schraube zu sehen. Die gewindebewehrte Spitze der Schraube war etwas zu weit nach außen gerichtet, das Gewinde hatte mit einem Teil seine Pflicht erfüllt, nämlich das reponierte Bruchstück zu halten, mit einem überstehenden Teil aber in die Knochenrinne am Schienbeinknochen hinein geragt, in der sich der Wadenbeinknochen an den Schienbeinknochen anlehnt und hatte dort zum direkten Kontakt und zur Knochenauflösung geführt.

So waren auch die Beschwerden zu erklären, die nach Beginn der Teilbelastung auftraten (15.11.1994). Als wegen eines Umknicktraumas vom 1.12.1994 für etwa drei Wochen wieder entlastet wurde, gingen die Beschwerden auch zurück und traten prompt bei Wiederaufnahme der Belastung erneut auf. Erst mit der Entfernung der Schraube am 10.1.1995 klangen diese Beschwerden ab. In der Folgezeit wurde dann auch mehrfach aktenkundig gemacht, dass die Beschwerden zurückgingen, die Beweglichkeit zunahm und das Gangbild besser wurde.

Erst Ende 1995 verschlechterte sich das Gesamtbild wieder. Röntgenaufnahmen vom Januar 1996 zeigten zwar einen sehr ordentlichen Gelenkbefund, wenn man von einer zunehmenden Gabeldesintegration absah. In der Folgezeit verschlechterte sich die Beweglichkeit dann aber schnell, es wurden mehrere Mobilisationsversuche unternommen und im Juni 1997 bei nunmehr deutlicher arthrotischer Deformität eine Endoprothese implantiert.

Analysierte man die zur Verfügung gestellten Röntgenaufnahmen, so ließen sich zwei Kritikpunkte in den Vordergrund stellen: Bei der operativen Versorgung wurde versäumt, der Tatsache einer Sprengung der Bandverbindung zwischen Schien- und Wadenbeinende Rechnung zu tragen. Insbesondere die Röntgenaufnahmen im Dezember 1994 zeigten dann auch, dass es daraus resultierend zu einer Gabeldesintegration gekommen ist, einer Verbreiterung der Knöchelgabel, die eine entscheidende Voraussetzung für die spätere posttraumatische Arhtrose war.

Der zweite Fehler wog, entgegen der Ansicht der Gutachterin, nicht so gravierend. Die fehleingebrachte Spongiosaschraube zur Fixation des Volkmann'schen Dreieckes hatte zwar Irritationen am Wadenbeinknochen bewirkt, jedoch mit der Entfernung am 10.1.1995, also drei Monate nach der Verletzung, haben die Beschwerden dann aber schnell nachgelassen. Für den späteren Verlauf waren Auswirkungen dieser Schraubenlage nicht anzunehmen.

Hier war allerdings darauf hinzuweisen, dass beim Schweregrad dieser Verletzung auch bei optimaler Versorgung eine arthrotische Verformung nicht auszuschließen war. Das Ausmaß hätte sich sicher aber mehr als hälftig reduzieren lassen, der Verlauf wäre kürzer, die mehrfachen Nachoperationen vermeidbar gewesen.

Die Schlichtungsstelle hielt aus genannten Gründen Schadenersatzansprüche für begründet.

**Fazit:** Die Syndesmosenzerreißung ist obligate Begleitverletzung des Sprunggelenkverrenkungsbruches und verlangt neben korrekter Osteosynthese entweder mehrwöchentliche Immobilisation im Gipsverband oder präliminäre Stabilisation der Gabel durch Syndesmosenschraube. Postoperative Mobilisation ohne diese Schraube führt in aller Regel zur Gabeldesintegration und damit Begünstigung einer posttraumatischen Arthrose. Wenn eine solche Gabeldesintegration frühzeitig erkennbar ist, muss die Unterlassung geeigneter Maßnahmen als weiteres Versäumnis angesehen werden.

## 114

**Distorsion oberes Sprunggelenk, unzureichende Reaktion auf Infektzeichen nach arthroskopischer Untersuchung**
Sprunggelenksempyem

**Krankheitsverlauf:** Der damals 27-jährige Patient hatte am 4.11.1994 bei einem Verkehrsunfall neben komplizierender Hautweichteilverletzung Band- und Kapselzerreißungen am oberen Sprunggelenk rechts erlitten. Er wurde zunächst in einem auswärtigem Krankenhaus behandelt und ließ in den folgenden Wochen und Monaten wiederkehrende Schwellungen bei Schmerzhaftigkeit und Störungen der Belastbarkeit des oberen Sprunggelenkes erkennen. Knapp fünf Monate später wurde in dem in Anspruch genommenen Heimatkrankenhaus unter dem Verdacht auf Knorpelablösung am Sprungbein zunächst eine Arthroskopie und direkt anschließend eine Sprunggelenkseröffnung vorgenommen. Dabei fanden sich massive Verwachsungen und alte Knorpelverletzungen.

Schon in den ersten postoperativen Tagen klagte der Patient über vermehrte Schmerzen im Sprunggelenk, insbesondere Bewegungsschmerzen, es lag eine Schwellung vor. In den folgenden Tagen mussten z.T. erhebliche Temperaturerhöhungen beobachtet werden, gleichzeitig fielen aber auch generalisierte Hauterscheinungen unklarer Genese auf. Mit Erhöhung der Blutsenkungsgeschwindigkeit, Leukozytose und einer rasant fortschreitenden Erniedrigung der Thrombozytenzahl wurde bei scheinbar reizlos heilenden Operationswunden von einem unfallunabhängigen Geschehen ausgegangen und hierbei der Verdacht zunächst auf Pfeiffersches Drüsenfieber, später dann auch Scharlach geäußert. Eine Woche nach der Arthroskopie erfolgte die Entlassung. Der Patient musste schon am Folgetag notfallmäßig und in schlechtem Allgemeinzustand in ein Nachbarkrankenhaus eingeliefert werden, dort zunächst auf die Innere Abteilung. Die am Folgetag hinzugezogenen Chirurgen sahen zu diesem Zeitpunkt bereits ausgedehnte Hautnekrosen im ehemaligen Operationsbereich. Bei einer Notfalloperation wurde dann eine schwerste Sprunggelenksinfektion nachgewiesen.

In der Folgezeit waren noch mehrfache Operationen zum Zwecke hautplastischer Deckung und zur Entfernung des nekrotisch gewordenen Sprungbeines erforderlich. Erst im August 1995 war die stationäre Behandlung abgeschlossen. Es folgten weitere Monate der Rehabilitierung.

Der Patient war der Ansicht, dass bei der Operation und in der nachfolgenden Betreuung Fehler gemacht worden seien, die zu dem dramatischen Krankheitsbild der Sepsis und schwersten Zerstörungen im Sprunggelenksbereich führten.

Das in Anspruch genommene Krankenhaus wendete ein, dass bis zum Entlassungstag keine Hinweise für eine Infektion im Operationsbereich bestanden hätten und das gesamte Krankheitsbild am ehesten an ein unfallunabhängiges Leiden denken ließ.

**Gutachterliche Beurteilung:** Der Gutachter gelangte zu der Feststellung, dass auch bei Unterstellung vertretbarer Wundverhältnisse in Anbetracht der Vorgeschichte an ein postoperatives Infektgeschehen gedacht werden musste. Es seien die dazu geeigneten Maßnahmen nicht ausgeschöpft worden. Der daraus resultierende Zeitverlust habe zu schwersten Zerstörungen, zumindestens der Weichteile im Bereich des oberen Sprunggelenkes und zur Notwendigkeit mehrfacher Nachoperationen geführt. Bezüglich der Sprungbeinnekrose könnte nicht gesichert von fehlerhaftem Handeln ausgegangen werden. Nach eingetretenem Infekt, der nicht als fehlerbedingt anzusehen sei, wäre auch bei sofort und zeitgerecht einsetzender Behandlung die schleichende Zerstörung des Sprungbeines zu erwarten gewesen.

In Kenntnis des Gutachtens erklärte sich der Patient mit den Ausführungen weitgehend einverstanden, wünschte aber noch weitere Klärung des Zusammenhanges zwischen fehlerhaftem Handeln und der Zerstörung des Sprungbeines.

**Beurteilung der Schlichtungsstelle:** Dem Gutachter war dahingehend zuzustimmen, dass der Verdacht auf einen bereits vorangegangenen Infekt bestand, dass es immerhin fast 8 Wochen der Behandlung einer infizierten Wunde bedurfte und nachfolgend weiter Schmerzen und Schwellungen im Sprunggelenk bestanden, die bei Arthroskopie und Gelenkeröffnung auf massive Verwachsungen und Knorpelschäden zurückgeführt wurden. Bei dieser Sachlage war bereits von gestörten Durchblutungsverhältnissen des Sprungbeines auszugehen, sodass ein Hinzutreten des Gelenkempyems, auch wenn rechtzeitig behandelt, die Überlebenschance dieses Sprungbeines in höchstem Maße gefährdete.

Insofern war der Nachweis, dass in verzögerter Intervention gesicherte Ursache für den Sprungbeintod zu suchen war, nicht möglich. Es war aber festzuhalten, dass nach einer regelhaft durchgeführten Gelenkoperation auftretende und signifikante Entzündungszeichen nicht in ausreichendem Maße abgeklärt wurden (z. B. durch Sonographie und durch probatorische und risikofreie Gelenkpunktionen). Es war so zu einer Verzögerung adäquater Maßnahmen um mindestens vier Tage gekommen. In Anbetracht der aktenkundigen Rasanz bezüglich der Verschlechterung lokaler Bedingungen, wäre bei rechtzeitiger Diagnostik und Therapie mit hoher Wahrscheinlichkeit die Zerstörung der umhüllenden Weichgewebe vermeidbar gewesen. Mehrfache plastische Operationen hätten sich erübrigt.

Die wohlgemerkt nicht als fehlerhaft zu bezeichnende Infektion, die sicher bereits ab dem 4. oder 5. postoperativen Tag als Gelenkempyem anzusehen war, hätte mit hoher Wahrscheinlichkeit mehrere Monate der Nachbehandlung bedurft. Insbesondere wäre durch die sich ausschließbare Sprungbeinresektion eine weitere Verzögerung eingetreten. Es erschien aber gerechtfertigt, zumindestens zwei bis drei Monate der Verzögerung im Heilverlauf und die vermeidbaren hautplastischen Maßnahmen als Folge von Versäumnissen und Fehlern anzusehen. Dabei waren auch langanhaltende Schmerzen, insbesondere mehrfach postoperativ verstärkte Schmerzen und verbleibende Probleme durch Narben zu berücksichtigen. Die Schlichtungsstelle hielt Schadenersatzansprüche für begründet und empfahl die Frage außergerichtlicher Regelung zu prüfen.

**Fazit:** Der postoperativ auftretende Infekt ist in aller Regel als schicksalhaft anzusehen. Bei suspekter Vorgeschichte und zumindest partiell klassischen Symptomen des Infektes müssen alle Maßnahmen zum Ausschluss des Lokalinfektes ergriffen werden. Eine Beschränkung auf Abklärung naheliegender Erkrankungen muss als unzureichend und damit fehlerhaft angesehen werden.

# 115

## Nervenläsion bei Syndesmosenschraubenentfernung durch AIP

Notwendigkeit einer Revisionsoperation, Zeitverlust, Beschwerden

**Krankheitsverlauf:** Die damals 38-jährige Patientin erlitt am 14.2.1994 einen Außenknöchelbruch links. Drei Tage später wurde in dem später in Anspruch genommenen Krankenhaus eine Versorgung mit zwei Einzelschrauben und einer Syndesmosenschraube vorgenommen. Der weitere Verlauf war komplikationslos. Die Knochenverletzung heilte ideal aus.

Zeitgerecht wurde die Syndesmosenschraube in Lokalanästhesie durch einen Arzt im Praktikum entfernt, danach beobachtete die Patientin zunehmende Schmerzen sowie sensible Ausfallserscheinungen, die von der bei Zweitoperation entstandene Narbe bis auf den Vorfuß zogen. Fünf Monate später wurde aus diesem Grunde eine Revision des Nerven vorgenommen. Er fand sich in Höhe der ehemaligen Syndesmosenschraube teilverletzt, klobig aufgetrieben und musste zur Vermeidung bleibender Beschwerden durchtrennt werden. Die histologische Aufarbeitung des Operationspräparates ließ ein Neurom nach einer Verletzung nachweisen.

Die Patientin machte die fehlerhafte Durchführung der Operation für die noch heute bestehenden Beschwerden und Ausfallserscheinungen verantwortlich.

Seitens der in Anspruch genommenen Klinik wurde eine bei Syndesmosenschraubenentfernung erfolgte Verletzung des Nervens in Abrede gestellt.

**Beurteilung der Schlichtungsstelle:** Die vom Außenknöchel zum Schienbein hinführende Syndesmosenschraube soll für etwa 6-7 Wochen die bei dem Außenknöchelbruch zerrissenen Bandstrukturen schützen und ihre Heilung begünstigen. Die Schraube wird in aller Regel 4-7 cm oberhalb des Sprunggelenkes leicht von hinten nach vorn verlaufend eingebracht. Bei ihrer zeitgerechten Entfernung wird immer über eine winzige Stichinzision von etwa 3-5 mm Länge durch die Haut eingegangen, mit spreizender Klemme ein Kanal zum Kopf der Schraube geschaffen und diese dann mit einem Spezialschraubenzieher entfernt.

Der Eingriff wird in Lokalanästhesie durchgeführt und dauert bei einem erfahrenen Operateur etwa 5-8 Minuten. Er kann insofern als Minimaleingriff bezeichnet werden. Eine Verletzung des in dieser Höhe vor dem Außenknöchel verlaufenden Nervus fibularis superficiales ist eine sehr ungewöhnliche Verletzung. Sie ist einmal denkbar, wenn man die Stichinzision an falscher Stelle, nämlich vor dem Wadenbein, anlegt. Dann werden aber erhebliche Probleme bei der Führung des die Schraube herausdrehenden Schraubschlüssels bestehen.

Eine andere Möglichkeit für die Verletzung ist darin zu sehen, dass bei erschwerter Auffindung des Schraubenkopfes ein benutztes Instrument tangential nach vorne abrutscht. Der erfahrene Operateur kennt das Risiko bzw. den Verlauf des Nervens und würde alles Notwendige tun, um diese Komplikation zu vermeiden. Im vorliegenden Fall wurde der Eingriff von einem Arzt im Praktikum ausgeführt, der nach Aussage seines Oberarztes diesen Eingriff schon einige Male unter seiner Anleitung vorgenommen hatte. Dem Oberarzt wurde die korrekte Lage einer markierenden Kanüle demonstriert. Es wurde dann Anweisung gegeben, den Eingriff durchzuführen.

4½ Monate später wurde wegen Beschwerden eine Freilegung des Nerven vorgenommen. Der Nerv war in Höhe der Narbe, welche nach Syndesmosenschraubenentfernung entstanden war, mit der Haut verbacken. Zur Beseitigung von Beschwerden erfolgte die kurzstreckige Resektion. Das eingesandte Operationspräparat ließ eine Wucherung im Nervengewebe nachweisen. Auf Nachfrage bei dem Chirurgen, der den Revisionseingriff vorgenommen hatte, war zu erfahren, dass die Stichinzision für die Syndesmosenschraubenentfernung hinter der alten Operationsnarbe, also in einem Bereich lag, in dem der Verlauf eines Nerven nicht zu erwarten war. Also ein Ort, an dem jeder andere Operateur über Stichinzision ebenfalls auf den Schraubenkopf zugegangen wäre und dessen ordnungsgemäße Lokalisation von dem Oberarzt kontrolliert worden war.

Wenn es jedoch bei diesem Zugang zur Irritation des Nerven kam, so erhebt sich die Frage, ob hier in genügender Weise atraumatisch vorgegangen worden war. Nach den von der Rechtsprechung entwickelten Grundsätzen muss auch bei einer Operation der hier vorgenommenen Art jederzeit der Facharztstandard gewährleistet sein. Dies bedeutet jedoch nicht, dass jede ärztliche Maßnahme durch einen Facharzt vorgenommen werden muss. Vielmehr dürfen auch Ärzte, die sich noch in ihrer Ausbildung befinden, tätig werden. In einem solchen Fall ist es jedoch erforderlich, dass das Handeln des sich in der Ausbildung befindlichen Arztes von einem Facharzt ausreichend überwacht wird.

Allein die Überprüfung der korrekten Lage der markierten Kanüle konnte hierfür nicht als ausreichend angesehen werden. Da also hier nach den der Schlichtungsstelle vorliegenden Unterlagen eine ausreichende Überwachung des AIP nicht stattfand, hatte die Arztseite den Beweis dafür zu führen, dass die Nervenläsion gerade nicht auf der Unerfahrenheit des AIP beruhte. Dieser Beweis konnte jedoch aufgrund der vorliegenden Unterlagen nicht geführt werden. Insofern musste zugunsten der Patientenseite angenommen werden, dass die Nervenläsion vermeidbar war.

Das Versäumnis hat zur Notwendigkeit eines Zweiteingriffes, zu viermonatigen vermehrten Beschwerden und zu heute noch bestehenden teilweisen Gefühlsausfall im Ausbreitungsbereich des betroffenen Nerven geführt.

Die Schlichtungsstelle hielt deshalb Schadenersatzansprüche für gerechtfertigt.

**Fazit:** Nach in der heute gültigen Rechtssprechung ist für jeden operativen Eingriff Facharztstandard zu gewährleisten. Dieser ist auch bei Operation unter Kontrolle eines Facharztes anzunehmen. Die Nichtgewährleistung dieses Standards führt im Falle der Klageerhebung wegen Komplikationen zur Beweislastumkehr.

## 116

### Sprunggelenksverrenkungsbruch, unzureichende Berücksichtigung der Bandinstabilität und nachfolgend erkennbare Gabeldesintegration

Erhebliche Verzögerung in der Behandlung, Begünstigung einer Infektkomplikation, Notwendigkeit von Nachoperation, funktionelle Beeinträchtigungen, Beschwerden

**Krankheitsverlauf:** Der damals 58-jährige Patient zog sich bei einer Umknickverletzung am 3. 9. 1995 einen Sprunggelenksverrenkungsbruch links zu. Bei ambulanter Erstversorgung wurden ein Außenknöchelschrägbruch sowie Bandzerreißung der Syndesmose und des Innenknöchelbandes festgestellt. Es erfolgte Brucheinrichtung, die aber nur ungenügend gelang.

Wegen erheblicher Schwellung wurde zunächst im Gipsverband immobilisiert und eine sekundäre operative Versorgung in Aussicht gestellt. Die weitere Betreuung übernahm ein niedergelassener Chirurg, der den Patienten dann verabredungsgemäß am 11. 9. 1995 in das hier in Anspruch genommene Krankenhaus einwies. Am Folgetag erfolgte die operative Versorgung. Zunächst wurde das Innenband freigelegt und genäht, dann der Außenknöchelbruch reponiert und das erzielte Ergebnis mit einer 6-Loch-Krallen-Platte stabilisiert. Zur Fixation eines Knochenausbruchstückes wurden zwei zusätzliche Kirschner-Drähte eingebracht, abschließend wurde mit einem U-Gipsverband immobilisiert.

Postoperativ wurden kurzfristig Temperaturerhöhung, Reizerscheinungen im Bereich des Innenknöchels und auch Bakterienbesiedelung beschrieben. In den Folgetagen beruhigte sich aber dieser Entzündungsprozeß. Bei der Entlassung lagen reizlose Wundverhältnisse vor. Eine abschließende Röntgenkontrollaufnahme vom 27. 9. 1995 wurde dahingehend bewertet, dass gute Frakturstellung vorliege. Der Patient wurde am 28. 9. 1995 in die weitere Betreuung durch den Chirurgen entlassen.

Nach Ablauf der vom Krankenhaus empfohlenen Zeit der Gipsimmobilisation veranlaßte er am 17. 10. 1995 in einer benachbarten Röntgenpraxis Röntgenkontrollaufnahmen. Die Frakturstellung wurde als regelrecht beschrieben. Eine weitere Beschreibung der Situation der Knöchelgabel erfolgte nicht. Der Patient wurde vorsichtig aufbauend mobilisiert, klagte aber immer wieder über Schmerzen.

Bei einer erneuten Röntgenkontrolle am 19. 11. 1995 wurde nunmehr eine Klaffstellung zwischen Innenknöchel und Sprungbein beschrieben. Zu diesem Zeitpunkt lag eine Rötung der Narbe über dem Außenknöchel vor.

Der behandelnde Chirurg veranlaßte ein ausführliches Trainingsprogramm und Gehschulung. Die Beschwerden und die bestehende Schwellung gingen nicht zurück. Es war keine sichere Belastung möglich. Bei einer weiteren Röntgenkontrolle am 9. 4. 1996 wurde eine fortgeschrittene Luxationsstellung beschrieben. Es erfolgte erneute stationäre Einweisung in das in Anspruch genommene Krankenhaus. Bei der Aufnahme am

11.4.1996 war ein Wundinfekt über dem Außenknöchel nachweisbar. Es erfolgte die Metallentfernung und Einlage von antibiotikahaltigen Kunstharzkugeln. Die Röntgenkontrollen ließen feststellen, dass die Fraktur noch nicht durchbaut war, also von einer Infektpseudarthrose ausgegangen werden konnte.

Bis zur Entlassung am 26.4.1996 erfolgte die schrittweise Entfernung der antibiotikahaltigen Kunstharzkugeln. Bei der Entlassung am 30.4.1996 wurde erstmals eine Teillähmung des Wadenbeinnervens beschrieben. Die Ursache und das erste Offenkundigwerden dieses Schadens war nicht zu eruieren. Die weitere Betreuung übernahm eine andere unfallchirurgische Abteilung. Anläßlich stationären Aufenthaltes vom 21.5.–30.5.1996 wurde eine Spongiosaplastik mit Entnahme aus dem Becken vorgenommen. Bereits bei der Entlassung wurden reizlose Wundverhältnisse beschrieben. Bei ambulanter Röntgenkontrolle am 3.7.1996 war knöcherne Verfestigung im Bereich der Wadenbeinfraktur nachweisbar. Dem Patienten wurde aufbauende Belastung gestattet.

Im Abschlussbericht einer Reha-Klinik wurde deutliche Muskelverschmächtigung von Ober- und Unterschenkel, hochgradige Bewegungseinschränkung im Ober- und Sprunggelenk, Schwellungsneigung und Belastungsschmerz beschrieben. Bei einer Begutachtung drei Jahre später mussten erhebliche Fehlstellungen im Bereich des Sprunggelenkes, Bewegungseinschränkung, gestörtes Gangbild und Restfolgen nach Wadenbeinnervenschädigung festgestellt werden.

Der Patient bemängelte fehlerhafte Behandlung in dem in Anspruch genommenen Krankenhaus. Es ist daraus resultierend zu mehrjähriger Behandlungsbedürftigkeit, zu Nachoperationen und zu bleibenden Beeinträchtigungen gekommen. Eine operative Versteifung des Sprunggelenkes sei ihm in Aussicht gestellt worden.

Das in Anspruch genommene Krankenhaus wandte ein, dass die aufgeschobene Primärversorgung nach Sachlage und den postoperativen Röntgenbildern als ordnungsgemäß anzusehen sei.

**Gutachterliche Beurteilung:** Der von der Schlichtungsstelle beauftragte Gutachter führte aus, dass die Versorgung der hier vorliegenden Sprunggelenksfraktur besser primär erfolgt wäre. Die Indikationsstellung zur Osteosynthese in dem in Anspruch genommenen Krankenhaus sei aber nicht zu bemängeln. Auch die Durchführung sei sachgerecht erfolgt. Die zur Anwendung gekommene Hakenplatte sei ein gängiges Implantat. Die eingebrachten Kirschner-Drähte seien allerdings nicht geeignet, eine Verletzung der Syndesmose zu stabilisieren. Zu den behaupteten allergischen Geschehen sei es nicht gekommen. Die später behandlungsbedürftige Entzündung sei auf eine schleichend einsetzende Instabilität zurückzuführen. Die Abschlussröntgenaufnahmen seien von dem in Anspruch genommenen Krankenhaus nicht sachgerecht gedeutet worden. Es habe bereits zu diesem Zeitpunkt eine Klaffstellung der Knöchelgabel und eine Rotationsfehlstellung des Wadenbeines bestanden.

Auch die Weiterbetreuung sei dann nicht sachgemäß erfolgt. Eine Zunahme der Klaffstellung sei übersehen worden. Der rechtzeitige Korrektureingriff damit versäumt worden. Mit der eingetretenen Infektion habe das in Anspruch genommene Krankenhaus dann aber ab April 1996 nicht mehr korrigierend eingreifen können.

Die Maßnahmen des nachfolgend in Anspruch genommenen Krankenhauses seien nicht zu bemängeln.

**Beurteilung der Schlichtungsstelle:** Ausweislich der primär gefertigten Röntgenaufnahmen handelte es sich um einen Außenknöchelbruch vom Typ Weber C. Die dann bei der späteren Operation nachgewiesene Zerreißung des Innenknöchelbandes und der Syndesmose, auch die primär bestehende Luxationsstellung, ließen eine solche Feststellung gerechtfertigt erscheinen. Die zur Anwendung gekommene Krallenplatte war geeignet, die Fraktur zu stabilisieren. Alternativ für die beiden eingebrachten Kirschner-Drähte wäre eine schräg verlaufende interfragmentäre Zuschraubung günstiger gewesen. Die beiden Drähte waren ausweislich des Operationsberichtes auch nicht zur Fixation der Syndesmose gedacht. Im Operationsbericht wurde lediglich die Naht der Knöchelbänder und der Syndesmose beschrieben.

Es wurden auch nicht 12 Kirschner-Drähte von 14 mm Stärke eingebracht, es handelte sich hier eindeutig um einen Schreibfehler. In Auswertung des Operationsberichtes war erkennbar, dass insgesamt nur zwei Drähte mit jeweils der Stärke von 1,4 mm verwandt wurden. Einer der Drähte wurde wegen Überstandes etwas zurückgezogen. Es handelte sich also um die zwei Drähte, die dann auch auf der postoperativen Röntgenaufnahme zu erkennen waren.

Die am 27.9.1995 gefertigten Röntgenaufnahmen zeigten aber, und hier war dem Gutachter zuzustimmen, eine mäßige Klaffstellung zwischen Innenseite des Sprungbeines und Innenkante des Innenknöchels. Der achsengerechte und ausreichend stabilisierte Außenknöchel stand nicht in der ordnungsgemäßen Stellung zum Schienbein, d. h. in der dazugehörigen Knochenrinne an der Außenseite des Schienenbeines. Er befand sich in geringer Außenrotationsfehlstellung. Diese Gabeldesintegration war am 27.9.1995 zwar noch als geringfügig anzusehen, sie resultierte aber aus der ungenügenden Stabilität der Bandnaht und der Unterlassung, eine sog. Syndesmosenschraube einzubringen. Eine solche, zwischen Wadenbein- und Schienbeinende eingebrachte Schraube hat das Ziel, über mehrere Wochen den Gabelschluss zu halten und wird erst nach narbiger Ausheilung der genähten Bänder zwischen der 7. und 10. Woche entfernt.

In einem großen Teil aller operativ tätigen Kliniken wird bei zerrissener Syndesmose und Außenknöchelbandrissen von dieser Möglichkeit Gebrauch gemacht. Die Unterlassung einer solchen Maßnahme ist aber nicht fehlerhaft. Dann allerdings muss ein sicherer Gabelschluss und nachfolgend eine Gipsimmobilisation gewährleistet werden. Ein solcher Gabelschluss lag aber bei dem Patienten nicht vor. Dieses wurde nicht erkannt. Bei sachgerechter Diagnose der bereits primär verbliebenen Desintegration wäre zumindest der Vorschlag für eine baldige Kontrolle in der operierenden Klinik angebracht gewesen. Vom Verlauf hätte man abhängig machen können, ob eine Sekundärstabilisation angezeigt war.

Die schwerwiegende Eskalation im Heilverlauf, die bei der weiteren Behandlung offenkundig wurde, hatte ihren Anfang mit der Fehleinschätzung der abschließenden Röntgenkontrollen in dem in Anspruch genommenen Krankenhaus genommen. Sie wäre mit vorausschauender Planung und entsprechenden Anordnungen vermeidbar gewesen. Bereits in Kenntnis des Befundes vom 17.10.1990 hätte man sich sofort zu einer Korrekturmaßnahme mit wahrscheinlich erfolgreichem Ausgang entscheiden müssen. Nach Sachlage der schon am Unfalltag röntgenologisch nachgewiesenen schweren Verrenkungsprozession konnte zwar davon ausgegangen werden, dass auf lange Sicht eine Arthrose im oberen Sprunggelenk besteht, dass aber noch für längere Zeit beeinträchtigte Funktion und Belastbarkeit bestehen könne.

Das Zusammentreffen mehrerer und äußerst ungünstiger Faktoren führte zu einem mehrjährigem Behandlungsverlauf, zu einem wahrscheinlich nicht vermeidbaren Infekt, zu Nachoperationen und letztlich zur Zerstörung des oberen Sprunggelenkes. Der hälftige Teil dieser Entwicklung war auf primäre Unterlassung ausreichender Stabilisierung der Knöchelgabel und die Fehldeutung postoperative Aufnahmen zurückzuführen. Die Schlichtungsstelle hielt Schadenersatzansprüche für begründet.

**Fazit:** Die beim Sprunggelenkverrenkungsbruch aus dem Verletzungsmuster ableitbare Beteiligung stabilisierender Bandstrukturen verlangt bei Operation und Nachbetreuung sachgerechte Einschätzung und daraus resultierende Maßnahmen. Bei der Unterlassung ist Begünstigung bzw. Verschlimmerung der posttraumatischen Arthrose zu erwarten.

## 117

**Metallallergie, Nichtbeachtung gegebener Hinweise**
Allergische Schübe, Zeitverlust bei Behandlung, Beschwerden

**Krankheitsverlauf:** Die damals 28-jährige Patientin hatte am 15.3.1996 bei einem Skiunfall einen Außenknöchelbruch links erlitten, der am 17.3. zu stationärer Aufnahme in die in Anspruch genommene Klinik und am 20.3. zu operativer Versorgung führte. Neben einer Einzelschraube wurden eine 5-Loch-Drittelrohr-Platte eingesetzt. Das erzielte Repositionsergebnis wurde als gut angesehen. Am 28.3. wurden erstmals allergische Symptome dokumentiert, entsprechende Medikamente verordnet, die Patientin dann aber am 30.3. in ambulante Behandlung entlassen.

Der eingeschaltete Hausarzt veranlasste am 1.4.1996 einen Allergietest um den alten Allergiepass zu kontrollieren. Noch vor Eingang des Ergebnisses kam es am 2.4.1996 zu einem schweren anaphylaktischen Schock, zu lebensbedrohlicher Situation, zur Notfallaufnahme und zu längerer stationärer Behandlung. Die eingebrachten Implantate wurden entfernt. Es blieben allerdings zahlreiche kleine Metallabriebteile zurück. Der Knöchelbruch wurde nunmehr mit Gipsverband behandelt. Nach der Entlassung durfte die Patientin ab Mai 1996 zunehmend belasten, die Röntgenaufnahmen zeigten eine gute knöcherne Heilung. In der Folgezeit kam es aber in kurzen Abständen immer wieder zu allergischen Reaktionen, diese wurden zeitweise als Folge eine Pilzerkrankung aufgefasst, sie führten aber jedesmal erneut und zu längeren Arbeitsunfähigkeitszeiten.

Anlässlich eines stationären Aufenthaltes vom 17.2. bis 25.2.1997 wurde in einem anderen Krankenhaus auf Vorschlag des behandelnden Hausarztes der Versuch unternommen, die noch verbliebenen Metallabriebteile zu entfernen. Dies gelang in einer aufwendigen Operation vollständig. Fünf Tage später kam es noch einmal zu einem allergischen Schub, die Patientin war danach beschwerdefrei.

Die Patientin ist der Ansicht, dass man ihren, bereits vor der Operation gegebenen Hinweisen auf das Vorliegen einer Metallallergie und ihrem Allergiepass keine Bedeutung beigemessen habe und es deshalb zu einer erheblichen Verzögerung, zu Beschwerden und zu einer lebensbedrohlichen Reaktion sowie zu einer zusätzlichen Operation (Entfernung der Metallabriebteile) gekommen sei.

**Beurteilung des Gutachters:** Der Gutachter stellt fest, dass die von der Patientin gegebenen Hinweise auf eine bestehende Metallallergie fehlerhaft mißachtet wurden. Es gäbe zwingende Hinweise dafür, dass die Patientin bereits präoperativ auf die Allergie hingewiesen habe. In der Folge sei es zu allergischen Reaktionen, einmal zu einer lebensbedrohlichen Situation, zu erheblichem Zeitverlust und der Notwendigkeit einer zusätzlichen Operation gekommen.

Mit Schreiben vom 12.5.1999 wandte die in Anspruch genommene Klinik ein, dass die vom Gutachter angeführte Chronologie des Ablaufes nicht nachvollziehbar sei. Man sei sich zum Zeitpunkt der Operation über das Ausmaß der Gefährdung nicht klar gewesen. Es wird weiterhin bemängelt, dass der Gutachter alternative Erklärungen für die allergischen Reaktionen verabsäumt habe.

**Beurteilung der Schlichtungsstelle:** Seitens der Schlichtungsstelle war festzustellen, dass es gerechtfertigte Hinweise dafür gab, dass die Patientin noch vor der Operation am 20.3.1996 auf bei ihr vorliegende Allergien hingewiesen hat. Die aktenkundige Dokumentation darüber, dass man am Tage nach der Operation den Allergiepass zurückgegeben hatte, ließ es unwahrscheinlich erscheinen, dass der Inhalt dieses Passes nicht bereits vor der Operation bekannt war. Der Hinweis der Patientin, dass sie bei präoperativ erfolgter Erörterung eine Nickelallergie in Anwesenheit von drei Personen des Klinikpersonals dahingehend informiert wurde, dass heute bereits jeder zweite Mensch eine Nickelallergie habe, lässt ebenfalls annehmen, dass das Problem diskutiert wurde. Die ex post getroffenen Feststellungen der in Anspruch genommenen Klinik über die Chronologie der Dokumentation vermochten nicht zu überzeugen.

Kommt es im zeitlichen Zusammenhang nach Einsatz von Implantaten, die allergieauslösende Elemente enthalten, zu typischen Symptomen, so sind diese und ihre Auswirkungen als Folge unterlassener Berücksichtigung anzusehen. Dabei ist es unerheblich, ob es sich um lokale oder generalisierte Auswirkungen handelt. Bei besonderer Empfindlichkeit gegen das Allergen (hier mit hoher Wahrscheinlichkeit Nickelsulfat) reicht die Zeit überhaupt nicht aus, um lokale Reaktionen zu verursachen. Letzteres wäre nur der günstigste Fall, um frühzeitig reagieren zu können. Das zeitliche Zusammentreffen gegebener Symptomatik ließ eine die Arztseite entlastende Deutung nicht zu.

Nach dem derzeitigen Wissensstand der Traumatologie war von einer schuldhaften Verursachung des bei der Patientin abgelaufenen Krankheitsbildes auszugehen. Dies hat zur Verzögerung der Behandlungszeit um mehrere Monate, zu einer zusätzlichen und unnötigen Operation (Entfernung von Abriebteilen) sowie zu damit einhergehenden Beschwerden und Beeinträchtigungen geführt.

Die Schlichtungsstelle hielt Schadenersatzansprüche für begründet und empfahl die Frage einer außergerichtlichen Regulierung zu prüfen.

**Fazit:** Beim Einsatz handelsüblicher Metallimplantate muss eine denkbare Nickel- oder Kobaltallergie berücksichtigt bzw. beigegebenen Hinweisen präoperativ ausgeschlossen werden. Im Zweifelsfall ist der Einsatz weniger gefährdender Implantate zu gewährleisten. Wenn präoperativ irgendwie geartete Hinweise auf eine Allergie, insbesondere Metallallergie, bestehen, ist deren Nichtbeachtung fehlerhaft. Bei erstem Hinweis auf eine Allergie müssen alle Unterlagen des Patienten unübersehbar gekennzeichnet werden, um auch in der Organisationskette Versäumnisse zu verhindern.

## 118

**Mangelhafte Aufklärung vor Fußgelenksarthroskopie, Bluterguss und Nervenausfallserscheinungen**

**Krankheitsverlauf:** Der damals 38-jährige Patient unterzog sich am 16.1.1995 einer ambulanten Fußgelenksarthroskopie. Eine Nachblutung führte durch narbige Irritationen zu Nervenausfallserscheinungen, bei späterer Freilegung des Nerven wurde eine intraoperative Verletzung desselben ausgeschlossen.

Der Patient machte die fehlerhafte Durchführung der Fußgelenksarthroskopie für die bleibenden Folgen verantwortlich. Er bemängelte nicht erfolgte Aufklärung über dieses Risiko.

**Gutachterliche Beurteilung:** Der von der Schlichtungsstelle eingeschaltete Gutachter bezeichnete die Indikation zur Arthroskopie als sachgerecht, auch der Eingriff sei fehlerfrei vorgenommen worden. Postoperative Blutergüsse seien eine nicht immer vermeidbare Komplikation. In den zur Verfügung gestellten Unterlagen würden aber Hinweise für eine präoperative Aufklärung fehlen. Dieses müsse als Mangel angesehen werden.

In Kenntnis des Gutachtens führte der Patient nochmals an, dass er über mögliche Folgen der Operation nicht aufgeklärt worden sei. Der Eingriff sei als Routineoperation dargestellt worden. Es sei eine Schmerzlinderung und Verbesserung der Fußbeweglichkeit sowie Fußbelastbarkeit in Aussicht gestellt worden.

Der in Anspruch genommene Chirurg führte aus, dass die postoperativ aufgetretene Blutung aus dem medialen Einstiegsportal eine mögliche Operationsfolge darstelle, er habe den Patienten präoperativ ausreichend aufgeklärt.

**Beurteilung der Schlichtungsstelle:** Die Schlichtungsstelle schloss sich dem Gutachter dahingehend an, dass bezüglich Indikationsstellung und Durchführung der Operation keine Mängel zu erkennen seien.

Beweispflichtig für eine ordnungsgemäße präoperative Aufklärung sei aber der in Anspruch genommene Arzt. In den von ihm vorgelegten Unterlagen fanden sich keine schriftlichen Hinweise über eine stattgehabte operative Aufklärung, des Weiteren keine schriftliche Einverständniserklärung sowie eine schriftliche Bestätigung über eine vorgenommene Aufklärung.

Das dem Versicherungsnehmer überreichte Merkblatt über ambulante Operationen war ebenfalls nicht geeignet, eine ordnungsgemäße präoperative Aufklärung des Patienten zu beweisen, denn es enthielt in erster Linie Verhaltensanweisungen für den Patienten vor und nach ambulanten Operationen. Etwaiger Risiken wurden nur pauschal und – bezogen auf den vorliegenden Fall – nicht ausreichend dargestellt. Auch wenn die Operation sachgerecht durchgeführt wurde, und der den Nerven irritierende Bluterguss auf eine schicksalhafte Komplikation zurückzuführen war, musste der nicht widerlegbare Vorwurf unzureichender Aufklärung zur Anerkennung von Ansprüchen führen. Es wurde empfohlen, die Frage außergerichtlicher Regulierung zu prüfen.

**Fazit:** Die Aufklärung über typische Komplikationen operativer Eingriffe bedarf der schriftlichen Bestätigung durch den Patienten. Bei fehlender Dokumentation über diese Aufklärung ist ein Sorgfaltsverstoß anzunehmen, der als grober Fehler bewertet werden muss und somit zur Beweiserleichterung für den Patienten führt. Der Arzt muss nunmehr den ihm nicht möglichen Beweis dafür antreten, dass der Patient bei sachgemäßer Aufklärung trotz genannter Komplikationen dem Eingriff zugestimmt hätte.

## 119

**Benigner Tumor am linken Fußrücken**
Verspätete Erkennung und fehlerhafte Behandlung
einer postoperativen Infektion

**Krankheitsverlauf:** Die 38-jährige Patientin berichtet, dass sie seit längerer Zeit an einer zunehmenden Schwellung im Bereich des linken Fußrückens gelitten habe. Sie habe deshalb einen Facharzt für Chirurgie aufgesucht. Dieser habe die operative Entfernung dieser Schwellung für erforderlich gehalten und ihr gesagt, es könne sich um ein Überbein oder um einen Auswuchs einer Sehne handeln.

Im Computerausdruck der Karteikarte des behandelnden Chirurgen findet sich kein klinischer Befund etwa über Art, Beschaffenheit oder Lokalisation dieser tumorösen Schwellung. Auch finden sich keine Angaben seiner Beziehungen zu benachbarten Geweben bezüglich Verschieblichkeit, Verbindung zum Sehnen- oder Gelenkbereich, Schmerzhaftigkeit, Überwärmung oder evtl. sonstigen Entzündungszeichen.

Dieser nicht definierte Tumor wird lt. Operationsbericht in großflächiger Lokalanästhesie entfernt. Schnittführung über dem großen Tumor. Es heißt weiter, dass eine teils scharfe teils stumpfe Präparation und Freilegung der Sehne erfolgte, welche von Synovialgewebe massiv ummantelt war. Das Synovialgewebe wurde in toto entfernt. Anschließend lag die Sehne frei. Um welche Sehne es sich handelt kann den Eintragungen nicht entnommen werden. Ob eine Geschwulst im Sinne der Definition oder ein entzündliches Gewebe vorlag, in welcher Ausdehnung, Farbe oder Konsistenz die Veränderungen sich darstellten, ist in dem Operationsbericht nicht erwähnt. Ein feingeweblicher Befund fehlt. Somit kann auch rückblickend nicht gesagt werden, um welche Art von Geschwulst es sich gehandelt hat.

Bei der ersten Nachuntersuchung am postoperativen Tag wird der gesamte Spann des linken Fußes als gerötet beschrieben, diese Veränderung wird als allergische Reaktion auf das Desinfektionsmittel angesehen. Die Wunde wurde nach Entfernung von 2 Fäden gespreizt und die Patientin angewiesen, die offene Wunde mit Leitungswasser zu spülen. Bei der nächsten Kontrolle 3 Tage später fand sich eine lokale Schwellung mit Schmerzhaftigkeit. Die Wunde wurde „sondiert" und das Antibiotikum Toxycyclin verordnet. In den folgenden 4 Tagen erfolgten tägliche Wundinspektionen durch den behandelnden Chirurgen, wobei zunächst ein leichter Rückgang der Entzündungszeichen vermerkt wurde. Am 7. postoperativen Tag kam es jedoch auf Druck zu einer Eiterentleerung aus der gespreizten Wunde. Deswegen wurde in Lokalanästhesie die Wunde revidiert, breit eröffnet und gereinigt. Die weitere Lokalbehandlung bestand lt. Karteintrag in einem „antibiotischen Schutzverband". Der gesamte Wundbereich wurde von der Patientin nach ärztlicher Anordnung mit Leitungswasser gespült. Als Antibiotikum wurde jetzt Amoxylin verordnet. Wegen Zunahme des Entzündungsprozesses erfolgte 2 Tage nach der Wundrevision die Einweisung der Patientin in das benachbarte Krankenhaus.

Die Patientin beanstandet die Behandlung der postoperativen Infektion und die zu späte Einweisung zur sachgerechten Behandlung in das benachbarte Krankenhaus.

Der in Anspruch genommene Arzt geht von der Diagnose eines Synovialoms aus. Die Rötung und Schwellung am ersten postoperativen Tag habe er als allergisches Exantem gedeutet. Deswegen habe er zwei Fäden entfernt, die Wunde gespreizt und einen antibiotischen sterilen Verband angelegt sowie die Patientin darauf hingewiesen den Fuß zu Hause zu kühlen. Am 4. postoperativen Tag hätte sich die Wunde entzündet gezeigt mit schmerzhafter Schwellung. Bei einer Wundsondierung habe sich kein Sekret entleert, deswegen habe er ein orales Antibiotikum verordnet. Am 7. postoperativen Tag habe sich im Spannbereich Eiter entleert, sodass er den Entschluss gefasst habe, die Wunde lokal zu revidieren. Eine Resistenzbestimmung des Erregers habe er aus technischen Gründen nicht durchführen können. Erst am 9. postoperativen Tag habe sich eine weitere Verschlechterung des Wundgebietes gezeigt und auch das Allgemeinbefinden der Patientin habe sich reduziert, sodass er daraufhin die stationäre Aufnahme veranlaßt habe.

**Gutachterliche Beurteilung:** Die externe Gutachterin rügt zunächst die unzureichende Dokumentation hinsichtlich der Lokalbefunde der beschriebenen tumorösen Schwellung. Eine Operationsindikation wird grundsätzlich bejaht. Der operative Eingriff als solcher wird als nicht fehlerhaft bezeichnet. Fehlerhaft sei jedoch die Unterlassung einer feingeweblichen Untersuchung des entfernten tumorösen Gewebes, sodass auch rückblickend eine eindeutige Diagnose nicht möglich ist. Der wesentliche Fehler wird jedoch in der postoperativen Behandlung gesehen, wobei grundsätzlich herausgestellt wird, dass sich eine postoperative Infektion auch bei aller Sorgfalt nicht immer vermeiden läßt. Diese Komplikation wurde jedoch nicht richtig erkannt und fehlerhaft behandelt. Es sei unverständlich, dass unter der Vermutung einer allergischen Reaktion am 1. postoperativen Tag 2 Fäden entfernt und die Wunde sondiert wurde. Im weiteren Verlauf erfolgte keine bakteriologische Untersuchung, sodass eine gezielte antibiotische Behandlung nicht möglich war. Die Schutzbehauptung, dass eine derartige Untersuchung aus technischen Gründen nicht habe durchgeführt werden können, wird von der Gutachterin nicht akzeptiert. Als fehlerhaft wird weiterhin angesehen, dass die operative Revision am 7. postoperativen Tag nach dem sich auf Druck Eiter entleerte, in Lokalanästhesie durchgeführt wurde. Dieser Eingriff hätte in Allgemeinnarkose ausgeführt werden müssen, da die Injektion eines Lokalanästhetikums geeignet ist, die Ausbreitung der Infektion zu begünstigen. Wenn entsprechende sachgerechte Behandlungen in der Praxis nicht möglich sind, hätte rechtzeitig eine Einweisung zur stationären Behandlung erfolgen müssen.

Durch diese Fehler und der deshalb nachfolgenden ausgedehnten Wundrevision mit einer bei richtiger Behandlung vermeidbaren Hauttransplantation hätte sich die Behandlungsdauer wesentlich verlängert einschl. vermehrter Beschwerdesymptomatik und entsprechender Verlängerung der Arbeitsunfähigkeit.

**Beurteilung der Schlichtungsstelle:** Den Bewertungen wird insgesamt zugestimmt. Grundsätzlich lassen sich eine postoperative Infektion auch bei Beachtung aller Sorgalt nicht immer vermeiden, wesentlich ist jedoch, dass diese rechtzeitig erkannt und sachgerecht behandelt wird. Dies war hier nicht der Fall. Am 4. postoperativen Tag lagen eindeutige Entzündungszeichen vor, die Wunde war offen und es hätte eine bakteriologische Untersuchung erfolgen müssen. Nur so ist eine gezielte antibiotische Behandlung möglich. Entsprechende Voraussetzungen müssen in der operativ tätigen Praxis gegeben sein. Es war fehlerhaft so lange zu warten bis Pus makroskopisch sichtbar war und es war weiterhin fehlerhaft, den notwendigen Eingriff in Lokalanästhesie durchzuführen. Aufgrund des weiteren Krankheitsverlaufs schätzt die Schlichtungsstelle die Verlängerung der Behandlungszeit auf ca. 4 Monate einschl. der vermehrten Beschwerdesymptomatik und bei richtiger Primärbehandlung vermeidbarer weiterer Wundrevisionen und einer Hauttransplantation.

## 120

### Ausgeprägter Spreizfuß mit Hallux valgus sowie kontrakten Krallenzehen 2 und 3 mit Luxation in den Grundgelenken
Fehlerhafte Operationstechnik zur Korrektur der Krallenzehen.
Fehlerhafte Nachbehandlung bei ambulanter Operation

**Krankheitsverlauf:** Bei der 58-jährigen Patientin handelte es sich um eine erhebliche Deformierung des linken Vorfußes. Es bestanden ein ausgeprägter Spreizfuß mit grober Abwinkelung der Großzehe im Sinne eines Hallux valgus sowie kontrakte Krallenzehen 2 und 3 mit Luxation in den Grundgelenken. Leichtere Zehenfehlstellung 4 und 5. Die grundsätzlich indizierten Korrektureingriffe wurden ambulant durchgeführt in einer Praxis, die über 200 km vom Wohnort der Patientin lag. Zur Korrektur des Hallux valgus erfolgte eine SCARF-Osteotomie des ersten Mittelfußstrahles. Zur Korrektur der kontrakten Krallenzehenfehlstellung 2 und 3 wurden die Mittelfußköpfchen 2 und 3 reseziert. Zusätzlich wurde eine Korrekturosteotomie des 4. Mittelfußknochens durchgeführt. Postoperativ wurde eine Gipsschiene angelegt.

Die Patientin wurde kurzfristig nach dem Eingriff ohne dokumentierte Kontrolle der Durchblutungsverhältnisse nach Hause gebracht mit der Weisung einer Wiedervorstellung zum Verbandswechsel in drei Tagen. Zwei Tage postoperativ wurde die Patientin wegen Herzrhythmusstörungen und Tachykardie auf die innere Abteilung eines benachbarten Krankenhauses eingeliefert. Dort erfolgte am 3. postoperativen Tag der Verbandswechsel. Hier zeigten sich ausgeprägte Durchblutungsstörungen in Verbindung mit einer Wundinfektion insbesondere des 2. und 3. Strahles. Es erfolgte die sofortige Verlegung auf die chirurgische Abteilung dieses Krankenhauses. Dort Wundrevision mit Ausschneidung des nekrotischen Gewebes und Entfernung der stabilisierenden Kirschner-Drähte der 2. und 3. Zehe. Wegen zunehmender Nekrosen mussten am 12. postoperativen Tag die Zehen 2 und 3 amputiert werden.

Die Patientin war der Ansicht, dass die Amputation der beiden Zehen auf eine fehlerhafte Operation und eine fehlerhafte Nachsorge zurückzuführen sei.

Der operierende Facharzt für Orthopädie vertritt die Ansicht, dass diese Komplikation weder auf eine fehlerhafte Operationstechnik noch auf eine mangelhafte Nachsorge zurückzuführen sei. Seitens des Anästhesisten sei keine Kontraindikation für einen liegenden Krankhaustransport nach Hause gesehen worden und der erste Verbandswechsel am 3. postoperativen Tag erscheine ausreichend.

**Beurteilung des Gutachters:** Der externe Gutachter erhebt gegen die Korrektur des Hallux valgus mittels einer Osteotomie des ersten Mittelfußknochens nach SCARF in Verbindung mit dem durchgeführten Weichteileingriff im Großzehengrundgelenk keine grundsätzlichen Einwände. Die technische Ausführung weiche wohl vom Ideal ab, indem die durchgeführte Schraubenosteosynthese die Fragmente nur unzuverlässig stabilisiere. Deshalb sei jedoch zur zusätzlichen Absicherung postoperativ eine Gipsschiene angelegt worden. Die röntgenologisch erkennbare postoperative Korrektur des Hallux valgus sei zufriedenstellend.

Beanstandet wird dagegen die operative Korrektur der kontrakten Krallenzehe 2 und 3 mit Resektion der entsprechenden Mittelfußköpfchen. Der Gutachter führt dazu aus, dass seit Anfang der 90er Jahre die z. T. seit Anfang des Jahrhunderts gebräuchlichen Korrektureingriffe am Vorfuß kritisch überdacht und durch neuere Methoden ersetzt wurden. Entsprechende Literatur stand zum Zeitpunkt des hier durchgeführten Eingriffes 1998 zur Verfügung. Die Resektion der Metatarsalköpfchen II und III zur Korrektur der bestehenden Zehenfehlstellung mit Luxation im Grundgelenk führe zu einem schwerwiegenden Verlust der entsprechenden Sohlenstützpunkte und müsse nach den derzeit allgemein anerkannten Richtlinien abgelehnt werden.

Als fehlerhaft wird weiterhin die ambulante Durchführung eines komplexen Vorfußkorrektureingriffes ohne ausreichende postoperative Kontrolle angesehen. Die Indikation zur ambulanten Operation sei hier überzogen. Eine fachgerechte Nachkontrolle in der unmittelbaren postoperativen Zeit bei einer Entfernung zwischen Praxis und Wohnort der Patientin von ca. 200 km sei nicht sichergestellt. Die Empfehlung eines Verbandswechsels nach drei Tagen sei unzureichend. Somit müsse die Amputation der 2. und 3. Zehe auf eine unzureichende postoperative Sorgfalt zurückgeführt werden.

Der in Anspruch genommene Facharzt für Orthopädie wendet gegen das Gutachten ein, dass postoperative Durchblutungsstörungen nach Zehenkorrekturen bis zur Zehenamputation auch bei korrektem Vorgehen auftreten können und das es sich deshalb um ein Operationsrisiko handele, welches auch bei aller Sorgfalt nicht immer vermeidbar sei.

**Beurteilung der Schlichtungsstelle:** Der Bewertung des Gutachters wird grundsätzlich zugestimmt. Die Resektion von Mittelfußköpfchen zur Korrektur kontrakter Krallenzehen mit Luxation im Grundgelenk muss abgelehnt werden. Sie führt zwangsläufig zu dem Verlust dieser wichtigen Sohlenstützpunkte mit entsprechender Beschwerdesymptomatik. In der Literatur werden ausreichend Operationstechniken beschrieben, um die hier vorliegende Fehlstellung wirkungsvoll zu korrigieren. Weiterhin wurde die Indikation zur ambulanten Operation überzogen, die ambulante Nachkontrolle war ungenügend. Der entsprechenden Argumentation des externen Gutachters wird beigepflichtet.

Folgen der Fehler sind der Verlust der Mittelfußköpfchen 2 und 3 mit zu erwartender Beschwerdesymptomatik beim Gehen und der Verlust der 2. und 3. Zehe sowie eine Verlängerung des Krankheitsverlaufs mit zusätzlicher Beschwerdesymptomatik von etwa 6 Wochen.

**Fazit:** Bei ambulant durchgeführter Operation müssen die Grenzen der Möglichkeiten beachtet werden sowohl hinsichtlich der Größe des Eingriffs als auch der Sicherstellung der Nachsorge. Dabei sind auch eventuell sehr große Entfernungen zwischen Arztpraxis und Wohnung des Patienten zu berücksichtigen. Zumindest muss ein weiterbehandelnder Arzt am Wohnort unmittelbar postoperativ telefonisch informiert und die entsprechende Nachsorge delegiert werden. Bei Wahl der Operationstechnik müssen neuzeitlichere Entwicklungen (bei vergleichbaren Risiken) mit besseren Erfolgsaussichten erwogen werden.

## 121

### Spreizfuß mit Hallux valgus beiderseits, Operation nach Keller-Brandes beiderseits
Indikationsstellung fehlerhaft

**Krankheitsverlauf:** Die 31-jährige Patientin klagte seit längerer Zeit über Beschwerden im Bereich beider Vorfüße und zwar einmal medial in Höhe des Köpfchen Metatarsale 1 und plantar im Bereich des Mittelfußköpfchens 2 und 3. Kliniksch fand sich ein ausgeprägter Spreizfuß beiderseits mit sekundärer Halluxvalgus-Bildung. Über dem Köpfchen metatarsale 1 medial schmerzhaft große Bursa. Typische Druckschwiele unter den Mittelfußköpfchen 2 und 3 plantar. Beweglichkeit im Großzehengrundgelenk frei, keine wesentlichen Fehlstellungen der Zehen 2 bis 4. Leichter Digitus varus quintus beiderseits. Röntgenologisch fächerförmiges Auseinanderweichen der Metatarsalia im Sinne eines Spreizfuß. Der Intermetatarsalwinkel zwischen dem 1. und 2. Mittelfußstrahl liegt über 10 Grad. Keine Zeichen einer Arthrosis im Großzehengrundgelenk. Trotz Einlagenversorgung anhaltende Beschwerden vor allem am Köpfchen metastarsale 1 medial mit entsprechenden Schuhproblemen. In der Orthopädischen Abteilung eines Kreiskrankenhauses wurde aufgrund dieser Befunde die Indikation für eine operative Korrektur des Hallux valgus nach Keller/Brandes gesehen und der entsprechende Eingriff beiderseits durchgeführt. Die postoperativen Röntgenbilder zeigen, dass der Eingriff in Bezug auf das Ausmaß der Resektion im Bereich des Grundgliedes der 1. Zehe und der Entfernung der sog. Pseudoexostose regelrecht durchgeführt wurde. Unveränderter Spreizfuß mit Varusfehlstellung des 1. Mittelfußstrahles, entsprechende Verkürzung der Großzehe. Der postoperative Verlauf war regelrecht. Nach Belastungsbeginn zunehmend Schmerzen im Bereich des Großzehengrundgelenkes und weiterhin medial im distalen Bereich metastarsale 1 mit erneut sich entwickelnder Valgusfehlstellung der Großzehe. Deshalb, etwa 1 Jahr später, Nachoperation mit basisnaher Osteotomie des Metastarsale 1 zur Korrektur der Varusfehlstellung mit Normalisierung des Intermetatarsalwinkels.

Die Patientin war der Ansicht, dass die Beschwerden postoperativ im Bereich des Großzehengrundgelenkes auf einen operationstechnischen Fehler zurückzuführen seien, außerdem wurde die gewählte Operationsmethode beanstandet, offensichtlich nach Rücksprache mit dem später weiterbehandelnden Facharzt für Orthopädie.

Das in Anspruch genommene Krankenhaus wendet ein, dass einmal der Eingriff operationstechnisch richtig durchgeführt sei und zum andern es sich bei der Methode nach Keller/Brandes um eine seit Jahrzehnten weitverbreitete und anerkannte Technik zur Korrektur des Hallux valgus handele.

**Gutachterliche Beurteilung:** Der externe Gutachter bemängelt zunächst, dass bei der Operation kein Interponat im neugeformten Gelenk eingebracht sei, bei sonst regelrechter Operation nach Keller/Brandes. Die postoperative schmerzhafte Bewegungseinschränkung im Großzehengrundgelenk wird auf dieses fehlende Interponat zurückgeführt. Weiterhin wird aufgrund des Lebensalters und der Vorbefunde beanstandet, dass die Technik nach Keller-Brandes hier zur Anwendung kam und nicht eine Technik zur Korrektur des Spreizfußes mit entsprechender Normalisierung des Intermetastarsalwinkels.

Das in Anspruch genommene Krankenhaus wendet ein, dass die Bildung eines sog. Interponates nicht allgemein gefordert werde und weist nochmals darauf hin, dass die Operation nach Keller/Brandes regelrecht durchgeführt wurde. Schmerzhafte Bewegungseinschränkungen im Großzehengrundgelenk postoperativ würden zu den, auch bei richtiger Operationstechnik, nicht immer vermeidbaren Risiken dieses Eingriffes zählen.

**Beurteilung der Schlichtungsstelle:** Den Bewertungen des Gutachters wird in der Hinsicht nicht zugestimmt, dass die Bildung eines Interponats bei der Hallux valgus-Operation nach Keller/Brandes erforderlich und ihre Unterlassung ein Fehler sei. Dies entspricht auch der Literatur wo z. B. A. Rütt zur Operation nach Keller/Brandes schreibt, dass er ein derartiges Interponat für belanglos halte. Die Schlichtungsstelle kann sich der Ansicht des Gutachters nicht anschließen, dass der Verzicht auf ein derartiges Interponat als wesentliche Ursache für die postoperativen Beschwerden im Großzehengrundgelenk der Patientin angesehen werden müssten. Da auch derartige Verläufe mit Bildung eines Interponats bekannt sind, kann nicht mit ausreichender Wahrscheinlichkeit hier die Ursache für diesen weiteren postoperativen Verlauf gesehen werden. Wesentlich ist jedoch das durchgeführte Operationsverfahren. In der einschlägigen Literatur wird die Indikation für die Operationstechnik nach Keller-Brandes abhängig gemacht von dem Alter des Patienten, dem Ausmaß der Deformität und von degenerativen Veränderungen im Großzehengrundgelenk. Die Technik nach Keller/Brandes wird im Wesentlichen gesehen bei älteren Patienten mit bestehender Grundgelenksarthrose. Im vorliegenden Fall war die Patientin 31 Jahre alt. Es lagen keine degenerativen Veränderungen im Großzehengrundgelenk vor. Es bestanden ein ausgeprägter Spreizfuß mit einem Intermetastarsalwinkel von über 10 Grad, eine sog. Pseudexostose am Köpfchen metastarsale 1 medial und eine sekundär Hallux valgus-Fehlstellung. Unter diesen Voraussetzungen war die Wahl der Operationstechnik nach Keller/Brandes fehlerhaft. Es wäre eine Korrekturosteotomie zur Verminderung der Spreizfußstellung mit bestmöglicher Normalisierung des Intermetastarsalwinkels erforderlich gewesen, wie er etwa 1 Jahr später durchgeführt wurde. Als Schaden dieses Fehlers ist die vermeidbare Operation nach Keller/Brandes zu sehen mit der Verkürzung der Großzehe und entsprechenden postoperativen Beschwerden mit Verlängerung des Behandlungszeitraumes um ca. 1 Jahr.

**Fazit:** Hallux valgus-Operationen bedürfen grundsätzlich einer sorgfältigen Abwägung hinsichtlich des geeigneten Operationsverfahrens. Auch bei richtiger Operationstechnik muss eine fehlerhafte Indikation für die Korrektur der vorliegenden Fehlstellung dem Operateur zur Last gelegt werden.

## 122

### Spreizfuß mit chronischer Bursitis über dem Köpfchen Metatarsal I medial rechts

Bursektomie mit fehlerhafter Abmeißelung einer sog. Pseudoexostose

**Krankheitsverlauf:** Die 28-jährige Patientin suchte einen Facharzt für Orthopädie wegen Beschwerden an der Innenseite der rechten Großzehe auf. Vorausgegangen war andernorts die Verordnung von entlastenden Korkleder-Einlagen wegen eines Spreizfußes, die jedoch nicht zu der gewünschten Beschwerdebesserung geführt hatten.

Bei der Erstkonsultation des in Anspruch genommenen Facharztes für Orthopädie ist ein Hallux valgus mit Ballenexostose und chronischer Bursitis dokumentiert. Die Großzehenbeweglichkeit wird als frei beschrieben. Auf dem präoperativen Röntgenbild beträgt der Intermetatasalwinkel rechts 6 Grad und liegt somit im Normbereich. Eine Hallux valgus-Fehlstellung liegt nicht vor. Eine sog. Pseudoexostose am Köpfchen Metatarsale I medial ist nicht erkennbar.

Im Operationsbericht wird eine Bursektomie beschrieben in Verbindung mit einer Exostosenabmeißelung am Köpfchen Metatarsale I rechts sowie eine mediale Kapselweichteilraffung der Großzehe rechts. Postoperativ wird ein gepolsterter und gespaltener Unterschenkelgipsverband angelegt. Der postoperative Verlauf war unauffällig. Die Gipsabnahme erfolgte 14 Tage postoperativ. Zunächst keine weiteren Behandlungsmaßnahmen. Erst als eine Bewegungseinschränkung im Bereich der rechten Großzehe mit anhaltenden Beschwerden beim Abrollen registriert werde, erfolgte ca. 3 Monate postoperativ die Verordnung einer krankengymnastischen Übungsbehandlung. Im weiteren Verlauf entwickelt sich ein typischer Hallux rigidus, sodass etwa 6 Monate nach dem Ersteingriff eine Operation nach Keller/Brandes durchgeführt wurde.

Die Patientin ist der Ansicht, dass die Erstoperation fehlerhaft erfolgte und dass die zweite Operation mit Verkürzung der Großzehe bei richtiger Voroperation vermeidbar gewesen wäre.

Der in Anspruch genommene Facharzt für Orthopädie kann einen Behandlungsfehler nicht erkennen.

**Gutachterliche Beurteilung:** Der Gutachter stellt zunächst fest, dass im Gegensatz zu der Dokumentation des in Anspruch genommenen Facharztes für Orthopädie definitionsgemäß ein Hallux valgus nicht vorlag. Auch sei röntgenologisch eine sogenannte Pseudoexostose am Köpfchen Metatarsal I medial nicht erkennbar. Es bestand lediglich ein leichter Spreizfuß mit einer Bursitis über dem Köpfchen Metatarsal I medial.

Die operative Entfernung der chronisch entzündeten und schmerzhaften Bursa evtl. auch mit sparsamer Resektion von Knochengewebe am Köpfchen Metatarsale I medial wird von dem Gutachter, wenn auch mit Zurückhaltung, akzeptiert, wenn dieses auch unter Berücksichtigung des

Lebensalter der Patientin nicht zu den allgemein anerkannten Behandlungen gehöre. Wesentlich ist jedoch, dass bei diesem Eingriff nicht nur ein möglicherweise bestehender, im Röntgenbild nicht erkennbarer, knorpliger Vorsprung am Köpfchens des ersten Mittelfußknochens medial entfernt wurde, sondern mindestens 1/3 der gesamten medialen Gelenkfläche des Köpfchens Metatarsale I. Dadurch kam es zu einer Instabilität im Großzehengrundgelenk mit Abweichung der Großzehe im Varussinne. Eine entsprechende postoperative Beschwerdesymptomatik war somit unvermeidbar mit Ausbildung eines Hallux rigidus. Deswegen musste die bei den Ausgangsbefunden und dem Lebensalter der Patientin primär nicht notwendige Operation nach Keller/Brandes durchgeführt werden mit entsprechender Verkürzung der Großzehe. Weiterhin sieht der Gutachter für die postoperative Gipsfixierung von 14 Tagen keine Indikation.

Der in Anspruch genommene Arzt schreibt, dass das schlechte Ergebnis der Großzehenoperation vielleicht durch eine andere Operationsmethode besser gewesen wäre.

**Beurteilung der Schlichtungsstelle:** Der Bewertung durch den Gutachter wird zugestimmt. Bei der operativen Entfernung sog. Pseudoexostosen am Köpfchen Metatarsale I muss peinlich darauf geachtet werden, dass die Gelenkfläche des Köpfchen Metatarsale I nicht tangiert wird. Es darf lediglich die Pseudoexostose entfernt werden. Die zusätzliche Entfernung von mindestens 1/3 der medialen Gelenkfläche des Köpfchen Metatarsal I war eindeutig fehlerhaft und musste zwangsläufig zu den nachfolgenden Komplikationen führen. Dieser operationstechnische Fehler wurde seitens des Operateurs nicht erkannt. Eine Röntgenkontrolle erfolgte erst ca. 5 Monate nach dem Eingriff vor der operativen Revision im Sinne von Keller/Brandes. Folgen des Fehlers sind somit eine wesentliche Verlängerung der Behandlungszeit, vermehrte Schmerzen für die Dauer von ca. 8 Monaten und die Notwendigkeit einer primär nicht indizierten Operation nach Keller/Brandes mit entsprechender Verkürzung der Großzehe und die damit verbundene kosmetische Beeinträchtigung.

## 123

**Hallux valgus und Krallenfehlstellung der 2. Zehe rechts, Operation nach Brandes bzw. Hohmann**

**Krankheitsverlauf:** Die 75-jährige Patientin wurde von ihrem Hausarzt in die Chirurgische Abteilung eines benachbarten Krankenhauses eingewiesen wegen Beschwerden im Bereich der ersten und insbesondere der zweiten Zehe rechts. Klinisch fand sich ein mäßig ausgeprägter Hallux valgus rechts mit entsprechender Pseudoexostose am Köpfchen Metatarsale I medial und darüberliegender Bursa mit lebhafter lokaler Druckschmerzhaftigkeit. Bewegungseinschränkung im Großzehengrundgelenk. Die zweite Zehe war infolge der Raumenge zwischen dem ersten und zweiten Strahl bei der bestehenden Hallux valgus-Fehlstellung nach dorsal ausgewichen. Über dem Mittelgelenk dorsal bestand ein Clavus mit ausgeprägter lokaler Druckschmerzhaftigkeit. Das Grundgelenk der zweiten Zehe war in Dorsalflektion kontrakt, das in Beugung stehende Mittelgelenk ließ sich passiv strecken. Der röntgenologische Befund ergab einen Interphalangealwinkel von 16 Grad mit Hallux valgus-Fehlstellung der Großzehe, eine größere Pseudoexostose am Köpfchen Metartasale I medial, eine Subluxation im Großzehengrundgelenk mit deutlicher Arthrose. Im Grundgelenk der zweiten Zehe rechts zeigte sich eine nach dorsal gerichtete Subluxation. Das Mittelgelenk stand in Beugestellung.

Operativ wurde der Hallux valgus in der Technik nach Keller-Brandes korrigiert. Im Bereich der zweiten Zehe erfolgte der Eingriff in der Technik nach Hohmann mit Resektion des distalen Köpfchens des Grundgliedes und Stabilisierung mit einem Kirschner-Draht. Das postoperative Röntgenbild zeigte eine gute Korrekturstellung der Großzehe mit regelrechter Resektion in typischer Technik nach Keller-Brandes. Die zweite Zehe zeigte jetzt eine Streckstellung im Mittelgelenk bei typischer Resektion des Köpfchens des Grundgliedes nach Hohmann und regelrechtem Einliegen des Kirschner-Drahtes in diesem Bereich. Der Kirschner-Draht verläuft jedoch in Höhe des Grundgelenkes dorsalseitig in den Weichteilen, die Dorsalfehlstellung im Grundgelenk ist vermindert bei unveränderter Subluxation nach dorsal. Postoperativ keine Besonderheiten. Primäre Wundheilung. Die Kirschner-Drähte werden termingerecht entfernt. Krankengymnastische Nachbehandlung.

Seitens der Großzehe ergibt sich insgesamt ein günstiges Ergebnis. Die zweite Zehe steht jedoch im Grundgelenk dorsal flektiert, das Mittelgelenk ist in Streckstellung weitgehend fixiert.

Die Patientin klagt über erhebliche Beschwerden und Schuhprobleme in Bezug auf die zweite Zehe. Deshalb erfolgte andernorts drei Monate später eine Revisionsoperation mit ausgiebiger dorsaler Kapselotomie im Grundgelenk der zweiten Zehe und Beseitigung der Kontraktur mit der Subluxation. Postoperativ Stabilisierung mit Kirschner-Draht. Günstiger weiterer Verlauf.

Die Patientin vertritt die Ansicht, dass die Revisionsoperation wegen fehlerhafter Erstoperation erforderlich gewesen sei.

Das in Anspruch genommene Krankenhaus führt aus, dass die Operation der Hammerzehe rechts nach Hohmann indiziert war und dass dieser Eingriff regelrecht durchgeführt wurde. Eine postoperative Kontraktur durch Narbenbildung sei eine typische und nicht immer vermeidbare Komplikation.

**Gutachterliche Beurteilung:** Der externe Gutachter bestätigt zunächst die Diagnose eines typischen Hallux valgus bei Krallenfehlstellung der zweiten Zehe rechts. Die operative Korrektur der Großzehe entspricht nach dem Urteil des externen Gutachters dem Operationsstandard für ältere Patienten unter Berücksichtigung der vorliegenden Befunde. Der Eingriff wurde in der Technik nach Keller-Brandes regelrecht durchgeführt.

Beanstandet wird das operative Vorgehen im Bereich der zweiten Zehe. Hier sei ein falscher Ansatz gewählt. Die primäre Deformität der zweiten Zehe lag im Grundgelenk mit einer typischen Dorsalflektionskontraktur mit Subluxation. Die Beugefehlstellung im Mittelgelenk war sekundär, es habe sich im Gegensatz zu der Angabe des Krankenhauses nicht um eine Hammerzehe, sondern um eine typische Krallenzehe gehandelt. Die Korrektur dieser Fehlstellung hätte primär im Grundgelenk erfolgen müssen und zwar zunächst im Sinne einer ausgedehnten Kapselotomie evtl. mit Verlängerung der Strecksehne, unter Umständen auch mit sparsamer Entfernung der Basis des Grundgliedes.

Der Gutachter weist darauf hin, dass die Korrektur der Fehlstellung dieser Zehe im Grundgelenk auch vor der empfehlenswerten Fixierung mit einem Kirschner-Draht erfolgt sein muss und dass der Kirschner-Draht nur die Aufgabe habe, diese erreichte Stellung zu sichern unter der Berücksichtigung möglicher kommender Narbenentwicklungen. Durch eine Operation in der Technik nach Hohmann konnte dieses Operationsziel nicht erreicht werden. Das Mittelgelenk war lediglich sekundär beteiligt. Der weitere Verlauf war durch den grundsätzlichen falschen Operationsansatz vorprogrammiert. Die Revisionsoperation war erforderlich und bei primär richtigem Vorgehen vermeidbar.

**Beurteilung der Schlichtungsstelle:** Den Bewertungen des Gutachters wird zugestimmt. Es lag primär eindeutig eine nach dorsal gerichtete Flektionskontraktur im Grundgelenk der zweiten Zehe vor, die Fehlstellung im Mittelgelenk war sekundär. Es hat sich definitionsgemäß um eine typische Krallenfehlstellung gehandelt, nicht um eine Hammerzehe. Dieses wurde seitens des Operateurs nicht erkannt und deshalb ein falscher Operationsansatz gewählt mit Korrektur im Mittelgelenk. Dieses war vermeidbar. Die Folgen sind vermehrte Beschwerden bis zur Revisionsoperation, wobei letztere bei primär richtiger Behandlung vermeidbar war.

**Fazit:** Fehlstellungen der zweiten Zehe sind bei einem Hallux valgus infolge der dadurch bedingten Raumenge zwischen dem ersten und dritten Strahl häufig. Bei operativen Korrekturen muss geklärt werden, welche Gelenke der zweiten Zehe eine Kontraktur aufweisen. Der operative Behandlungsansatz muss sich nach diesen Befunden richten. Bei einer ausgeprägten Kontraktur im Grundgelenk im Sinne einer Krallenzehe muss dieses Gelenk primär operativ korrigiert werden.

## 124

**Hallux valgus links, Operation nach Keller-Brandes**
Fehlerhafte Operationstechnik mit Resektion der medialen Hälfte
des Mittelfußköpfchens I

**Krankheitsverlauf:** Die 51jährige Patientin klagte seit längerer Zeit über Beschwerden im Bereich des linken Vorfußes, insbesondere der Großzehe, über Druck- und Scheuerstellen an dem sog. Ballen sowie über Schmerzen beim Abrollen des Fußes. Es fanden sich ein typischer Spreizfuß mit Hallux valgus-Fehlstellung links und größerer Pseudexostose am Köpfchen Metatarsale I medial; Bewegungsschmerzen und Bewegungseinschränkung im Großzehengrundgelenk. Röntgenologisch zeigten sich neben einem Spreizfuß ein Hallux valgus mit einem Valguswinkel von 18–20 Grad und eine deutliche Arthrosis deformans im Großzehengrundgelenk.
    Aufgrund dieser Befunde wurde die Indikation zur Operation in der Technik nach Keller-Brandes gestellt. In dem Operationsbericht heißt es u. a., dass zunächst durch Präparation ein distal gestielter Lappen von etwa 1,5 cm Breite gewonnen wurde. Danach Eröffnung des Großzehengrundgelenkes mit Absetzen der Basis der Grundphalanx von gut einem Drittel der Gesamtlänge. Anschließend Entfernung der Pseudoexostose am Köpfchen Metatarsale I. Einschlagen des vorbereiteten gestielten Lappens in die Nearthrose. Fixierung mit Kirschner-Drähten, schichtweise Wundverschluss. Postoperativ verzögerte Wundheilung mit entsprechender Lokalbehandlung und Verordnung einer Hallux valgus-Nachtschiene.
    Die Patientin berichtet, dass kurze Zeit nach Belastungsbeginn heftige Schmerzen beim Abrollen des linken Fußes eingetreten seien. Die Großzehe sei immer krummer geworden und habe sich weiter verkürzt. Auch sei sie immer unbeweglicher geworden. Bei jedem Schritt habe sie starke Schmerzen und selbst ihre Therapeutin habe ihr gesagt, dass sie nicht weiter helfen könne. Es wurde deshalb ein anderer Facharzt für Orthopädie aufgesucht. Es fand sich eine stark verkürzte Großzehe links, die insgesamt nach medial verschoben war mit starker Bewegungseinschränkung und Bewegungsschmerzen im ehemaligen Großzehengrundgelenk.
    Röntgenologisch ergaben sich folgende Befunde: Gegenüber der präoperativen Aufnahme war das Grundglied der Großzehe um gut die Hälfte verkürzt bei glatter, regelrecht verlaufender Osteotomiefläche. Vom Köpfchen Metatarsale I fehlte über die Hälfte des medialen Anteiles mit schräg verlaufender Osteotomie von der Gelenkfläche nach medial proximal der ehemaligen Pseudoexostose. Verlagerung des erhaltenen distalen Anteiles des Grundgliedes der ersten Zehe nach medial in Richtung dieser schrägen Osteotomieebene. Das mediale Sesambein wird nicht mehr vom Mittelfußköpfchen I unterstützt.
    Die Patientin war der Ansicht, dass das schlechte Operationsergebnis mit den anhaltenden Beschwerden und die sehr starke Verkürzung ihrer linken Großzehe durch eine fehlerhafte Operation bedingt seien.

Der in Anspruch genommene Facharzt für Orthopädie bestätigt zunächst die Indikation für die Korrektur des Hallux valgus links nach Keller-Brandes. Zu den postoperativen klinischen und röntgenologischen Befunden nimmt er nicht Stellung.

**Gutachterliche Beurteilung:** Der externe Gutachter geht zunächst davon aus, dass bei der bestehenden Hallux valgus-Fehlstellung eine Korrekturoperation nach Keller-Brandes indiziert war. Es habe sich um eine 51-jährige Patientin gehandelt mit einem Hallux valgus-Winkel von 28 Grad und deutlicher Arthrose im Großzehengrundgelenk. Die Resektion der Basis des Grundgliedes des ersten Strahles um etwa die Hälfte sei großzügig erfolgt, befinde sich aber noch im Rahmen des Vertretbaren. Der wesentliche Fehler liege in der hälftigen Resektion des Köpfchens des Metatarsale I im Rahmen einer wesentlich zu radikalen Abtragung der Pseudoexostose. Da postoperativ die mediale Hälfte der Gelenkfläche des ersten Mittelfußstrahles fehlte, verlagerte sich die Großzehe zwangsläufig nach medial proximal. Dieses führte zu einer zusätzlichen Verkürzung der Großzehe in Verbindung mit einer schmerzhaften Nearthrose auf dieser schräg verlaufenden Resektionsfläche. Dieser operationstechnische Fehler war vermeidbar. Nach allgemeingültiger Auffassung habe die Resektion der Pseudoexostose medial am Mittelfußköpfchen I in der Rinne, die sich regelmäßig zwischen der normalen Gelenkfläche des Metatarsale-I-Köpfchen und der Exostose finde, zu erfolgen.

Der Gutachter führt weiterhin aus, dass durch diesen operationstechnischen Fehler die Fußfunktion dauerhaft beeinträchtigt sei. Eine spontane Rückbildung sei nicht anzunehmen. Vermutlicherweise sei die Verordnung von orthopädischen Schuhen nach Maß erforderlich. Eine operative Rekonstruktion sei aufwendig und dürfte im Ergebnis unsicher sein. In Frage käme nur die Interposition körpereigenen Knochens mit Arthrodesierung des Großzehengrundgelenkes in Funktionsstellung.

Der in Anspruch genommene Facharzt für Orthopädie nimmt zu dem Gutachten keine Stellung.

**Beurteilung der Schlichtungsstelle:** Den Bewertungen des externen Gutachters wird zugestimmt. Die Indikation für eine Hallux valgus-Operation nach Keller-Brandes war aufgrund der vorliegenden Befunde und des Lebensalters gegeben. Die Resektion der Basis des Grundgliedes des ersten Strahles um etwa die Hälfte muss als noch akzeptabel bezeichnet werden. Über die Nachbehandlung insgesamt sind Aufzeichnungen sehr dürftig, sodass gewisse Mängel nicht auszuschließen sind. Der entscheidende Fehler ist die wesentlich zu großzügige Resektion der sog. Pseudoexostose am Köpfchen Metatarsale I medial, bei der nicht nur diese Pseudoexostose, sondern die gesamte mediale Hälfte des ersten Mittelfußköpfchens entfernt wurde. Dadurch musste zwangsläufig die verkürzte Großzehe in diesen Defekt hineinrutschen, sich weiter verkürzen und sich nach medial verschieben mit nachfolgender erheblichen schmerzhafter Bewegungseinschränkung in diesem Pseudogelenk.

**Fazit:** Bei jeder Hallux valgus-Operation nach Brandes muss sorgfältig die vorgeschriebene Operationstechnik beachtet werden. Grundsätzlich operationstechnische Fehler mit entsprechenden funktionellen Fehlergebnissen müssen dem Operateur angelastet werden.

## 125

**Hallux valgus rechts, Operation nach Keller-Brandes**
Fehlerhafte, schrägverlaufende Osteotomie des Großzehengrundgliedes, Revisionsoperation

**Krankheitsverlauf:** Der Patient wurde Anfang 1997 von seinem Hausarzt in die Chirurgische Abteilung eines benachbarten Krankenhauses eingeliefert wegen erheblicher Schmerzen im Bereich des rechten Vorfußes mit zunehmender Tendenz bei Fehlstellung der Großzehe. Der rechte Fuß könne nicht mehr abgerollt werden, es werde vorwiegend die Fußaußenkante belastet.

Klinisch fand sich ein Spreizfuß mit typischer Hallux valgus-Fehlstellung in Verbindung mit einer entsprechenden Pseudoexostose am Köpfchen Metatarsale I rechts medial. Weitere Einzelheiten sind nicht bekannt, insbesondere hinsichtlich eventuell bestehender arthrotischer Veränderungen am Großzehengrundgelenk, des Hallux valgus-Winkels und des Intermetatarsalwinkels. Die Hallux valgus-Fehlstellung wurde in der Technik nach Keller-Brandes operiert. In dem Operationsbericht wird ein typisches Vorgehen beschrieben. U.a. heißt es, dass nach Mobilisation des Grundgliedes im proximalen Bereich eine Resektion der proximalen Hälfte mit der oszillierenden Säge folgte. Eine Interpostition von Weichteilgewebe im Resektionsspalt wurde nicht vorgenommen. Es erfolgte vor Wundverschluss eine Transfixation des Metatarso-Phalangeal-Gelenkes I mittels Kirschner-Draht.

Der postoperative Verlauf war zunächst unauffällig. Ein postoperatives Röntgenbild wurde nicht angefertigt. Bei Belastungsbeginn kam es zu erheblichen Beschwerden. Der Patient konnte nicht auftreten. Vom Hausarzt wurden Schmerzen und Schwellungen im Großzehengrundgelenk festgestellt. Es erfolgte deshalb eine Überweisung zum Facharzt für Orthopädie, der eine Röntgenaufnahme in zwei Ebenen anfertigte. Auf diesen Röntgenbildern zeigte sich eine unvollständige Resektion der Grundgliedbasis I mit einer schräg von proximal tibial nach distal fibula verlaufenden Osteotomie mit einem kräftig plantarwärts gerichteten Corticalissporn fibulaseitig. Außerdem fanden sich drei hirse- bis pfefferkorngroße rundliche Knochenreste plantar im Spalt des Neogelenkes.

Da die Beschwerden im Neo-Großzehengrundgelenk auf diesen Befund zurückgeführt werden mussten, wurde gut zwei Monate nach dem Ersteingriff eine Revisionsoperation durchgeführt. Der Operationsbefund bestätigte den Röntgenbefund. Es wurde eine entsprechende Nachresektion der Grundgliedbasis des Strahls I durchgeführt mit nunmehr regelrecht querverlaufender Osteotomiefläche. Der postoperative Verlauf war unauffällig, typische krankengymnastische Nachbehandlung.

Der Patient war der Ansicht, dass die Zweitoperation Folge des fehlerhaften Ersteingriffes war und dass er deshalb wesentlich mehr Beschwerden erlitten habe und wochenlang seiner Arbeit nicht habe nachgehen können.

Von dem in Anspruch genommenen Krankenhaus erfolgte keine Stellungnahme.

**Gutachterliche Beurteilung:** Der externe Gutachter geht zunächst auf die Frage der Indikation der Operationstechnik nach Keller-Brandes ein. Er bemängelt, dass kein präoperatives Röntgenbild vorliegt, ebenso keine ausreichenden präoperativen klinischen Befunde. Dadurch sei es nicht möglich, rückblickend festzustellen, ob die Operation nach Keller-Brandes bei dem 43-jährigen Mann gerechtfertigt war. Alternative Eingriffe mit Erhaltung des Großzehengrundgelenkes werden benannt. Eindeutig fehlerhaft war jedoch die schräg verlaufende Resektionsfläche mit Belassung eines größeren lateral-plantaren Knochenspornes an der Basis der Grundphalanx des ersten Strahls. Hier müsse die Ursache für die postoperativen Beschwerden gesucht werden und hier liege auch der Grund für die notwendige Revisionsoperation.

Der Gutachter führt dazu aus, dass nach der Literatur neben einer zu geringen oder zu großzügigen Resektion der Grundphalanx ein lateral belassener Corticalissporn mit schräg verlaufender Osteotomie der häufigste Fehler bei der Hallux valgus-Operation nach Keller-Brandes sei.

**Beurteilung der Schlichtungsstelle:** Rückblickend kann wegen unzulänglicher präoperativer klinischer und röntgenologischer Befunde keine verbindliche Aussage darüber gemacht werden, ob im vorliegenden Fall die Indikation für eine Hallux valgus-Operation in der Technik nach Keller-Brandes bestand.

Aufgrund der hausärztlicherseits bestätigten Beschwerdesymptomatik, insbesondere das Abrollen des rechten Fußes beim Gehen nur über die Außenkante, kann jedoch das Fehlen einer entsprechenden Bewegungseinschränkung im Großzehengrundgelenk in Verbindung mit einer Arthrose nicht mit ausreichender Wahrscheinlichkeit verneint werden. Deshalb war die Indikation für die Operationstechnik nach Keller-Brandes nicht eindeutig fehlerhaft. Fehlerhaft war jedoch die technische Durchführung dieses Eingriffes mit schräg verlaufender Basisresektion mit Belassen eines fibularen Corticalissporns. Dieses musste zwangsläufig zu den postoperativen Beschwerden führen mit der Notwendigkeit einer Revisionsoperation etwa 2 Monate später. Fehlerhaft bedingt sind somit die Schmerz- und Schwellungszustände nach dem Ersteingriff für die Dauer von ca. 6 Wochen, die Revisionsoperation 8 Wochen nach dem Ersteingriff und eine Verlängerung der Arbeitsunfähigkeit von etwa 10 Wochen.

**Fazit:** Bei der hier durchgeführten Operation nach Keller-Brandes ist einer der typischen operationstechnischen Fehler realisiert im Sinne einer von medial nach lateral schräg verlaufenden Osteotomie unter Belassung eines größeren lateralen Knochenspornes im Bereich des Grundgliedes der Großzehe. Bei dem Eingriff ist deshalb grundsätzlich auf eine eindeutig querverlaufende Osteotomie zu achten mit glatten Resektionsrändern.

## 126

**Spreizfuß mit Hallux valgus und Fehlstellung der 2. und 3. Zehe rechts, operative Korrekturen**
Unzureichende Lateralisierung des Köpfchens Metatarsale I bei der Operationstechnik nach Austin, Revisionsoperation

**Krankheitsverlauf:** Der 26-jährige Patient litt seit längerer Zeit Beschwerden im Bereich des rechten Vorfußes, insbesondere auf der Medialseite des 1. Strahles, wo sich ein großes „Überbein" befunden hätte. Außerdem wurde über Beschwerden unter dem Vorfuß geklagt. Es erfolgte deshalb im Juli 1996 eine Hallux valgus-Operation nach Austin in Verbindung mit einer Operation nach Helal der 2. und 3. Zehe rechts. Der postoperative Verlauf war ohne Besonderheiten. Übliche Nachbehandlung mit Krankengymnastik und Hallux valgus-Nachtschiene. Primäre Wundheilung. Der Patient stellte jedoch fest, dass das „Überbein" an seinem rechten Fuß nach wie vor vorhanden war, eher sogar größer als vorher. Wegen der dadurch bedingten anhaltenden Beschwerdesymptomatik stellte er sich in einer benachbarten orthopädischen Klinik vor. Dort erfolgte 1 Jahr nach dem ersten Eingriff eine Revisionsoperation, jetzt mit einer basisnahen Umstellungsosteotomie des 1. Strahles sowie der Entfernung der Pseudoexostose und einer Weichteilkorrektur im Großzehengrundgelenk. Dieses führte zu der gewünschten Besserung.

Der Patient war der Ansicht, dass die anhaltenden Beschwerden nach dem ersten Eingriff durch eine unzureichende Operationstechnik bedingt waren und deshalb die erneute Operation ein Jahr später notwendig gewesen wäre.

Der in Anspruch genommene Operateur (Facharzt für Chirurgie) vertritt die Ansicht, dass die Indikationsstellung und die Durchführung des von ihm vorgenommenen Eingriffs dem neuesten Stand der wissenschaftlichen Empfehlung der Fußchirurgie entspreche. Die Eingriffe seien völlig korrekt durchgeführt. Die erneut aufgetretenen Beschwerden könnten nicht auf eine vorausgegangene Fehlbehandlung zurückgeführt werden.

**Gutachterliche Beurteilung:** Der externe Gutachter kommt zunächst zu dem Ergebnis, dass bei dem Patienten eine deutliche Hallux valgus-Fehlstellung vorlag in Verbindung mit einem Metatasus primus varus und einer deutlichen Pseudoexostose am Köpfchen Metatarsale I. Eine wesentliche Fehlstellung der 2. und 3. Zehe sei röntgenologisch nicht erkennbar. Auf der anderen Seite würden sich Hammerzehen nicht immer röntgenologisch abbilden, sodass rückwirkend nicht beurteilt werden kann, ob die Operation an diesen Zehen indiziert war. Zu berücksichtigen sei jedoch der aktenkundige klinische Befund, in dem entsprechende Zehfehlstellungen benannt werden. Somit müsse die Operationsindikation akzeptiert werden. Zur Anwendung kam für den ersten Strahl die Technik nach Austin in Verbindung mit einer Verlagerung des Musculus adductor hallucis und einer Raffung der Gelenkkapsel medialseitig. An den Zehen 2 und 3 erfolgte eine Osteotomie nach Helal in Verbindung mit einer Verlängerung der Strecksehnen.

Der Gutachter vertritt grundsätzlich die Ansicht, dass die gewählten Operationsverfahren unter Berücksichtigung der präoperativen Befunde und des Lebensalters des Patienten nicht die Verfahren der 1. Wahl seien. Auf der anderen Seite überlappten sich die Anwendungsbereiche der einzelnen Operationsverfahren und ihre Anwendung hinge auch von den Erfahrungen und Fertigkeiten des Operateurs ab. Grundsätzlich könnten deshalb die durchgeführten Maßnahmen nicht als fehlerhaft bezeichnet werden.

Beanstandet wird jedoch eine unzureichende Verschiebung des Köpfchens Metatarsale I nach lateral. Das Ausmessen der prä- und postoperativen Röntgenbilder ergebe eindeutig, dass lediglich eine Verschiebung von 2 mm erfolgt sei. Dieses sei unzureichend. Bei der Austin-Osteotomie und bei anderen Osteotomien distal am Metatarsale I zur Korrektur eines Hallux valgus sei eine Verschiebung um ein 1/3 bis die Hälfte des Kopfdurchmessers erforderlich. Bei der vorliegenden Breite des Mittelfußköpfchens bei dem Patienten von 31 mm hätte eine Verschiebung demnach 11–16 mm betragen müssen. 2 mm seien völlig unzureichend.

Weiterhin stellt der Gutachter fest, dass die sog. Pseudoexostose am Köpfchen Metatarsal I auf den prä- und postoperativen Röntgenaufnahmen sich fast unverändert darstelle. Hinsichtlich der Osteotomie nach Helal am 2. und 3. Strahl beanstandete der Gutachter, dass diese Osteotomien nahezu vertikal angelegt sind.

Eine wesentliche Verschiebung der betroffenen Mittelfußköpfchen, die in der Regel unter der Belastung des Fußes nach dorsal erfolgten, habe nicht stattgefunden. Es sei auch nicht ersichtlich, warum die Strecksehnen dieser Zehen verlängert wurden.

Der Gutachter vertritt jedoch die Ansicht, dass die Bandbreite der üblichen Operationsverfahren bei Zehendeformitäten und bei der Metatarsalgie relativ groß sei, sodass die genannten technischen Unstimmigkeiten nicht eindeutig als Behandlungsfehler zu bezeichnen seien.

Der Operateur wendet ein, dass die Lateralisierung des Köpfchens Metatarsale I ausreichend gewesen wäre, die tatsächliche Verschiebung könne auf den postoperativen Röntgenaufnahmen nicht mit ausreichender Sicherheit beurteilt werden.

Der Gutachter nimmt zu diesen Einwendungen nochmals Stellung und kommt zu dem Ergebnis, dass auf den korrekt angefertigten Röntgenaufnahmen im dorsoplantaren Strahlengang das Ausmaß der Verschiebung zweifelsfrei zu beurteilen sei und das schlechte Operationsergebnis mit der Notwendigkeit einer Revisionsoperation sei eindeutig auf eine völlig mangelhafte Lateralisierung des Köpfchens Metatarsale I zurückzuführen.

**Beurteilung der Schlichtungsstelle:** Den Beurteilungen des Gutachters wird zugestimmt. Es muss davon ausgegangen werden, dass in der Vorfußchirurgie in vielerlei Hinsicht noch nicht feste Standards etabliert sind. Deshalb wird den Beurteilungen des Gutachters zur Indikation der einzelnen Eingriffe gefolgt. Trotz dieser Bandbreite steht jedoch fest, dass bei einer Osteotomie im distalen Bereich des 1. Strahles zur Korrektur einer Hallux valgus-Fehlstellung, egal in welcher Technik, das Köpfchen Metatarsale I ausreichend verschoben werden muss. Geschieht dies eindeutig nicht, muss dieses als operationstechnischer Fehler bezeichnet und die daraus sich ergebenden postoperativen Beschwerden mit der Notwendigkeit einer Revisionsoperation dem Operateur angelastet werden.

**Fazit:** Zur Korrektur von Vorfuß- und Zehendeformitäten stehen eine größere Reihe von Operationstechniken zur Verfügung. Der jeweilige Eingriff hat im Einzelnen die präoperativen Befunde, die Beschwerdesymptomatik und das Alter des Patienten zu berücksichtigen. Dabei besteht eine gewisse Bandbreite der jeweils zur Anwendung kommenden speziellen Operationstechnik.

Bei der Durchführung müssen jedoch grundsätzliche Prinzipien berücksichtigt werden. Bei der distalen Osteotomie zur Therapie des Hallux valgus ist eine ausreichende Lateralisierung des Köpfchens Metatarsal I zu fordern.

## 127

### Hallux valgus links, Chaevron-Osteotomie
Varisierende Abkippung des Mittelfußköpfchens I

**Krankheitsverlauf:** Bei der 55-jährigen Patienten bestanden Vorfußbeschwerden im Sinne eines Spreizfußes und vor allem an der Innenseite der linken Großzehe, am sog. Ballen. Es wurde die Indikation zur operativen Korrektur eines Hallux valgus im Sinne einer Chaevron-Osteotomie gestellt. Der Eingriff selbst verlief komplikationslos. Die Patientin bemerkte kurz nach dem Eingriff, dass der Ballen an ihrer Großzehe durch die Operation sich eher noch vergrößert habe. Im weiteren Verlauf traten zunehmende Schmerzen im Großzehengrundgelenk auf mit nachlassender Beweglichkeit und deswegen erfolgte etwa ein Jahr später eine Revisionsoperation unter der Diagnose eines Hallux rigidus.

Die Patientin war der Ansicht, dass diese erneute Operation erforderlich war aufgrund eines Fehlers bei dem Primäreingriff.

Das in Anspruch genommene Krankenhaus vertritt die Ansicht, dass die Indikation für eine Chaevron-Osteotomie zur Korrektur des bestehenden Hallux-valgus gegeben war und das der Eingriff selbst in typischer Weise durchgeführt wurde. Der weitere Verlauf sei nicht vorhersehbar gewesen.

**Gutachterliche Beurteilung:** Der externe Gutachter stellt zunächst anhand der präoperativen Röntgenbilder fest, dass bei der Patientin ein Interphalangealwinkel von 10 Grad bestand. Der Hallux valgus-Winkel betrug 18 Grad. Zusätzlich zeigte sich im Endgelenk eine Abweichung von 10 Grad im Valgussinne. Das Großzehengrundgelenk stellte sich röntgenologisch regelrecht dar. Kein Hinweis auf Arthrose. Keine Inkongruenz der Gelenkflächen.

Der externe Gutachter geht zunächst kritisch auf die Operationsindikation im Sinne einer Chaevron-Osteotomie bei den vorliegenden Befunden ein.

Er schreibt, dass im vorliegenden Falle eine Weichteiloperation nach Mc Bride/Pisani mit Exostosenabtragung am ersten Mittelfußköpfchen unter Umständen kombiniert mit einer basisnahen Umstellungsosteotomie zu bevorzugen gewesen wäre. Auf der anderen Seite wird eine subcapitale Chaevron-Osteotomie des ersten Mittelfußknochens nicht als fehlerhaft bezeichnet. Sollte man sich zu diesem Eingriff entschließen, dürfe jedoch nur eine geringe varisierende Umstellung des Köpfchens des ersten Mittelfußknochens mit entsprechender Lateralisation erfolgen.

Die postoperativen Röntgenbilder zeigen jedoch eine extreme varisierende Abkippung des Köpfchens des Metatarsale I von 35 Grad ohne eindeutig erkennbare Lateralisierung. Der zur Stabilisierung eingebrachte Kirschner-Draht fasst das Köpfchen Metatarsale I nur marginal und endet in den periartikulären Weichteilen. Das präoperativ kongruente Großzehengrundgelenk zeigt nunmehr eine ausgeprägte Inkongruenz, in dem das laterale

Drittel der Gelenkfläche an der Basis des ersten Strahles nicht mehr mit dem Köpfchen Metatarsale I artikuliert. Durch die extreme varisierende Abkippung ragt dieses Köpfchen deutlich medialseitig vor, wie eine sog. Pseudoexostose bei einem Hallux valgus.

Aufgrund dieses operationstechnischen Fehlers war der weitere Krankheitsverlauf vorprogrammiert. Die Beobachtung der Patientin, dass postoperativ die Exostose sogar größer war als präoperativ, läßt sich anhand der Röntgenbilder bestätigen. Die postoperative ausgeprägte Inkongruenz der Gelenkfläche im Großzehengrundgelenk führte zu der Ausbildung eines Hallux rigidus. Deshalb erfolgte etwa ein Jahr nach dem Primäreingriff eine Revisionsoperation in der Technik nach Keller-Brandes. Dieses war vermeidbar.

Das in Anspruch genommene Krankenhaus nimmt zu der Beurteilung des Gutachters nicht Stellung.

**Beurteilung der Schlichtungsstelle:** Den Bewertungen des Gutachters wird zugestimmt.

Aufgrund der präoperativen Befunde kann die Indikation für eine Chaevron-Osteotomie bei dem bestehenden Hallux valgus akzeptiert werden. Eindeutig fehlerhaft war jedoch die Operationstechnik mit der extremen varisierenden Abkippung des Mittelfußköpfchens I um mindestens 35 Grad.

Diese führte einmal zu einem deutlichen knöchernen Vorsprung an der Innenseite des Großzehengrundgelenkes im Sinne eines sog. Ballen und weiterhin zu einer schwerwiegenden Inkongruenz im Großzehengrundgelenk der nachfolgenden Ausbildung des Hallux rigidus. Deshalb war der Revisionseingriff etwa ein Jahr später erforderlich.

**Fazit:** Bei einer Chaevron-Osteotomie muss die Stellung des Mittelfußköpfchens unter der Operation überprüft werden um ggf. korrigierend einzugreifen. Weiterhin muss eine korrekte Lage des zur Stabilisierung eingebrachten Kirschner-Drahtes gefordert werden.

## 128

### Spreizfuß mit Hallux valgus rechts, basisnahe Umstellungsosteotomie des ersten Mittelfußknochens

Verwendung nickelhaltigen Osteosynthesematerials bei bekannter Nickelallergie – entzündliche Reaktionen, Pseudarthrose

**Krankheitsverlauf:** Die 45-jährige Patientin klagte über Vorfußbeschwerden insbesondere im Bereich ihres Ballens an der Innenseite des rechten Fußes. Klinisch fand sich ein ausgeprägter Spreizfuß mit Hallux valgus-Fehlstellung und mäßig ausgeprägter Pseudoexostose am Köpfchen Metatarsale I medial. Das Großzehengrundgelenk war frei beweglich. Röntgenologisch verbreiterter Intermetatarsalwinkel I/II 15 Grad. Aufgrund dieser Befunde wurde die Indikation für eine basisnahe Umstellungsosteotomie des ersten Mittelfußknochens gestellt. Der Eingriff selbst wurde regelrecht durchgeführt. Die Osteotomie wurde mit einem Kirschner-Draht und einer zusätzlichen Drahtnaht fixiert. Postoperativ primäre Wundheilung, es kam jedoch kurzfristig zu stärkeren Schwellungen des rechten Vorfußes mit ekzematösen Hautveränderungen. Deswegen wurde die Patientin von ihrem Hausarzt erneut eingewiesen.

Bei der Wiederaufnahme ist eine deutliche Schwellung des rechten Vorfußes dokumentiert, die bis in die Wade reichte. Die Narben waren reizlos, rötlich fleckiges Exanthem über dem rechten Vorfuß mit Überwärmung. Durchblutung, Motorik und Sensibilität intakt. Die Laborwerte waren unauffällig. Ein 3-Phasen-Knochenszintigramm ergab folgende Befunde: „Ausgedehnter entzündlicher Prozess der rechten Fußwurzel medial, aber auch eher lateral mit Knochenbeteiligung auch lateral". Röntgenschichtaufnahmen des ersten Mittelfußknochens zeigten einen Zustand nach Umstellungsosteotomie an der Basis des ersten Mittelfußknochens mit einliegendem Metall. Im Bereich der Osteotomie besteht eine relativ breite Aufhellungszone, es scheint hier eine ausreichende, jedoch nicht vollständige Durchbauung erfolgt zu sein. Das einliegende Osteosynthesematerials wurde wegen dieser Befunde vorzeitig entfernt. Erlaubt wurde eine Teilbelastung mit Unterarmstützen.

Im weiteren Verlauf gingen die Schwellneigung und die ekzantematösen Veränderungen langsam zurück. Es entwickelte sich jedoch eine Pseudarthrose, die in einem anderen Krankenhaus sachgerecht und erfolgreich behandelt wurde.

Die Patientin war der Ansicht, dass dieser Krankheitsverlauf vermeidbar gewesen wäre. Es sei bei ihr eine Nickelallergie bekannt gewesen. Trotzdem sei nickelhaltiges Metall bei der Operation eingebracht worden.

Das in Anspruch genommene Krankenhaus vertritt die Ansicht, dass die geringe Menge des eingebrachten Materials auch bei der bekannten Nickelallergie im weiteren Verlauf nicht wesentlich gewesen sei.

**Gutachterliche Beurteilung:** Zunächst wird die Operationsindikation im Sinne einer basisnahen Umstellungsosteotomie des Metatarsale I aufgrund der vorliegenden Befunde als indiziert angesehen. Präoperativ sei jedoch bei der Patientin eine Nickelallergie zweifelsfrei bekannt gewesen. Eine entsprechende Bescheinigung der behandelnden Dermatologin lag vor mit Nachweis einer Allergie gegen Nickelsulfat und ein entsprechender Allergiepass war aktenkundig.

Unter diesen Voraussetzungen hätte auf das Einbringen nickelhaltiger Implantate auf jeden Fall verzichtet werden müssen. Es habe sich um einen Wahleingriff gehandelt, der ohne zeitliche Bedrängnis ausgeführt wurde. Für diesen Eingriff hätten ohne Schwierigkeiten nickelfreie Kirschner-Drähte, Knochenklammern oder Schrauben aus Titan verwendet werden können. Der Gutachter bezeichnet den Hinweis der behandelnden Ärzte auf die geringe Menge des eingebrachten nickelhaltigen Materials als nicht hilfreich. Die Folge dieses Fehlers waren die postoperativ anhaltende Schwellung, die bis in den Unterschenkelbereich reichten in Verbindung mit ekzematösen Hautveränderungen. Dieses führte zu einer vorzeitigen Entfernung des Osteosynthesematerials, bevor die Osteotomie ausreichend knöchern durchgebaut war. Der Gutachter weist hier besonders auf die oben bereits angeführten Befunde der 3-Phasen-Knochenszintigraphie und der Röntgenschichtaufnahmen hin.

Es sei richtig, dass Pseudarthrosen bei derartigen Osteotomien auch bei aller Sorgfalt nicht immer vermeidbar seien. Hier müsse jedoch die Ausbildung einer Pseudarthrose mit den entsprechenden operativen Maßnahmen im Wesentlichen dem vorangegangenen Fehler zur Last gelegt werden.

Das in Anspruch genommene Krankenhaus wendet nochmals ein, dass es wohl richtig sei, dass die Patientin vor der Operation bei der Anamnese auf eine Nickelallergie hingewiesen habe. Trotzdem sei es richtig gewesen, bei der Operation die entsprechenden Implantate zu verwenden. Es handele sich um zwei relativ kurze Kirschner-Drähte, die anders als größere Implantate unbedenklich eingesetzt werden könnten. Bei solch kleinen Implantaten komme es in den weitaus meisten Fällen auch bei bestehenden Nickelallergien nicht zu allergischen Reaktionen.

**Beurteilung der Schlichtungsstelle:** Den Ausführungen des Gutachters wird zugestimmt. Die bestehende Nickelallergie der Patientin war dem Operateur bekannt. Deshalb musste auf das Einbringen nickelhaltigen Osteosynthesematerials verzichtet werden. Dieses war bei dem Wahleingriff auch ohne Schwierigkeiten möglich. Die Reaktion bei bestehender Nickelallergie ist nicht abhängig von der Menge des eingebrachten nickelhaltigen Metalls, wie auch der Krankheitsverlauf mit den typischen ausgedehnten Reaktionen zeigt.

Es muss davon ausgegangen werden, dass es durch dieses Nickelmaterial zu einem ausgedehnten entzündlichen Prozess der rechten Fußwurzel kam, wie im 3-Phasen-Knochenszintigramm nachgewiesen. Dieses in Verbindung mit der notwendigen vorzeitigen Entfernung des Osteosynthesematerials muss als wesentliche Ursache für die sich im weiteren Verlauf ausbildende Pseudarthrose angesehen werden. So muss auch diese Komplikation dem Operateur angelastet werden.

**Fazit:** Bei bekannter Nickelallergie muss bei einem Wahleingriff auf die Implantation nickelhaltigen Materials auch in kleiner Menge verzichtet werden. Geschieht dieses nicht, müssen die Folgen dem Operateur zur Last gelegt werden.

## 129

### Hallux rigidus links, Arthrodese im Großzehengrundgelenk
Postoperative Wundheilungsstörungen.
Dorsalflektion im Groß-Zehengrundgelenk 50 Grad

**Krankheitsverlauf:** Der 48-jährige Patient wurde wegen eines Hallux rigidus mit entsprechender Beschwerdesymptomatik von seinem behandelnden Orthopäden nach vorausgegangener erfolgloser konservativer Behandlung in ein benachbartes Krankenhaus eingewiesen. Bei der stationären Aufnahme wurde die Diagnose eines typischen Hallux rigidus bestätigt. Röntgenologisch fand sich eine schwere Arthrose in dem Großzehengrundgelenk.

Wegen dieses Befundes wurde die Indikation für eine Arthrodese im Großzehengrundgelenk gestellt. Der Eingriff selbst erfolgte in typischer Weise unter Fixierung mit einer um 20 Grad abgewinkelten AO-4-Loch-Platte. Postoperativ kam es zu Wundheilungsstörungen mit Hautnekrosen und nachfolgendem Wundinfekt, der trotz regelrechter Behandlung nicht zur Abheilung gebracht werden konnte. Deswegen musste das Osteosynthesematerial etwa 2 Monate postoperativ entfernt werden. Da das Gelenk noch keine knöcherne Konsolidierung zeigte, erfolgte nunmehr die Fixierung mit zwei Kirschner-Drähten. Im weiteren Verlauf kam es dann zu einer knöchernen Durchbauung der Arthrodese.

Der Patient beanstandet die Stellung seiner Großzehe mit einer starken Überstreckung im Grundgelenk und dadurch bedingten Schuhproblemen und Beschwerden.

**Gutachterliche Beurteilung:** Der externe Gutachter bestätigt zunächst die Indikation für eine Arthrodese bei dem vorliegenden Hallux rigidus mit ausgeprägter Arthrose im Großzehengrundgelenk. Der Gutachter weist darauf hin, dass die dorsale Abwinkelung der Zehe gegenüber dem Mittelfußknochen nach der Literatur mit 10-20% angegeben wird.

Im vorliegenden Fall lasse sich jedoch aus den postoperativen Röntgenbildern eine Dorsalflektion im Großzehengrundgelenk von 50 Grad erkennen, während das Großzehenendgelenk eine Plantarflektion von 50 Grad aufweist. Diese Befunde wurden später durch eine klinische Untersuchung bestätigt. Eine derartige Dorsalflektionsstellung im Großzehengrundgelenk vom 50 Grad im Rahmen einer Arthrodese sei jedoch fehlerhaft.

Der Gutachter geht weiterhin auf die postoperative Wundheilungsstörung ein. Es wird zunächst festgehalten, dass sich grundsätzlich eine derartige Komplikation auch bei aller Sorgfalt und operationstechnisch richtigem Vorgehen nicht immer vermeiden läßt. Im vorliegenden Fall sei jedoch die verwandte Osteosyntheseplatte richtig in einem Winkel von 20 Grad abgebogen. Bei der tatsächlich erfolgten Einstellung in 50 Grad Dorsalflektion zeigten die postoperativen Röntgenaufnahmen, dass diese Platte nur jeweils im Bereich der zwei äußeren Schrauben dem Knochen anliege, während sie im Bereich der beiden inneren Schrauben und besonders über dem resizierten Gelenkspalt deutlich knochenfern liege. Durch diese Situation in Verbindung mit der fehlerhaften Dorsalextension von 50 Grad sei der Gesamtumfang der operierten Zehe erheblich größer geworden und dadurch habe sich die Haut, wie auch im Operationsbericht vermerkt, nur unter Spannung über dem Implantat schließen lassen. Hier sei die wesentliche Ursache für die postoperativen Wundheilungsstörungen mit Hautnekrosen zu suchen.

Aufgrund der eingetretenen Komplikation sei es richtig gewesen, etwa zwei Monate nach dem Primäreingriff das nunmehr freiliegende Osteosynthesematerial zu entfernen. Auch sei es nicht zu beanstanden, dass zu diesem Zeitpunkt eine Fixierung mit zwei Kirschner-Drähten erfolgte, da die Arthrodese sich als nicht knöchern fest erwies. Es sei jedoch nicht verständlich, dass im Rahmen dieses Revisionseingriffes die Fehlstellung der Zehe mit 50 Grad Dorsalflektion nicht korrigiert wurde. Bei kritischer Einschätzung dieser Situation hätte hier eine gute Möglichkeit zur Korrektur bestanden.

**Beurteilung der Schlichtungsstelle:** Den Ausführungen des Gutachters wird zugestimmt.

Bei einem Hallux rigidus mit ausgeprägter Arthrose in dem Großzehengrundgelenk kann die Arthrodese bei einem 48-jährigen Mann als Operationsverfahren der Wahl bezeichnet werden. Wesentlich ist jedoch die Einstellung im Großzehengrundgelenk in Bezug auf die Dorsalflektion, wobei hier ein Winkel von nicht über 20 Grad zu beachten ist. Eine Dorsalextension von 50 Grad ist nicht akzeptabel. Sie muss zwangsläufig zu vermehrten Beschwerden, insbesondere zu Schuhproblemen führen.

Dem Gutachter wird auch beigepflichtet in Bezug auf die Beurteilung der Sekundärheilung. Es wird bestätigt, dass eine derartige Komplikation sich auch bei aller Sorgfalt nicht immer vermeiden läßt. Voraussetzung ist jedoch eine vorausgegangene reguläre Operationstechnik. Diese Voraussetzung war hier nicht erfüllt.

Unter den vorliegenden Gegebenheiten, die von dem Gutachter im einzelnen dargelegt werden, konnte die Haut nur unter größer Spannung vernäht werden, sodass hier die wesentliche Ursache für die nachfolgende Wundheilungsstörung mit Hautnekrosen und Wundinfekten zu sehen ist.

Übereinstimmung besteht auch mit dem Gutachter in der Hinsicht, dass es nicht verständlich ist, dass im Rahmen der Revisionsoperation etwa zwei Monate nach dem Primäreingriff mit Entfernung des Osteosynthesematerials und Einbringen von zwei Kirschner-Drähten die Fehlstellung nicht korrigiert wurde, obwohl zu diesem Zeitpunkt eine gute Möglichkeit hierzu bestanden hätte.

**Fazit:** Bei einer Arthrodese im Großzehengrundgelenk muss sorgfältig auf das Ausmaß der Dorsalflektion geachtet werden, hier sind 10-20 Grad anzustreben. Ein Wert von 50° Grad ist nicht akzeptabel.

## 130

### Hallux rigidus beiderseits, Operation nach Keller-Brandes
Unzureichende Resektion der Basis des Grundgliedes
des ersten Strahles – Rezidivoperation

**Krankheitsverlauf:** Der 29-jährige Patient litt seit längerer Zeit unter zunehmenden Schmerzen beim Abrollen der Füße insbesondere im Bereich des Großzehengrundgelenkes. Es wurden zunächst konservative Behandlungen eingeleitet, die jedoch keine Besserung erbrachten. Deshalb wurde der Entschluss zur Operation gefaßt. Präoperativ fand sich eine erhebliche schmerzhafte Bewegungseinschränkung im Großzehengrundgelenk bei geringer Hallux valgus-Fehlstellung. Der Eingriff erfolgte in der Technik nach Keller-Brandes rechts im November 1994, links im März 1995. Postoperativ zunächst beiderseits keine Besonderheiten. Im weiteren Verlauf kam es jedoch kurzfristig erneut rechts zu erheblichen Schmerzen beim Abrollen im Großzehengrundgelenk mit einer zunehmenden Einsteifung, sodass der Fuß weitgehend über den Außenrand abgerollt wurde.

Der Patient der Ansicht, dass dieses schlechte postoperative Ergebnis auf eine unzulängliche Operationstechnik zurückzuführen sei.

Der in Anspruch genommene Operateur (Facharzt für Allgemeinmedizin) wendet ein, dass die Operation ordnungsgemäß erfolgt sei. Rezidive bei Hallux rigidus-Operationen seien bekannt und nicht immer vermeidbar.

**Gutachterliche Beurteilung:** Der externe Gutachter bestätigt zunächst die Diagnose eines Hallux rigidus mit geringer valgus-Abweichung beiderseits. Röntgenologisch zeigte sich eine erhebliche Arthrose im Großzehengrundgelenk beiderseits. Der Interphalangealwinkel war beiderseits mit unter 10 Grad nicht pathologisch verändert. Der Valguswinkel zwischen dem Mittelfußknochen und dem Grundglied der ersten Zehe betrug links 15° Grad, rechts 12° Grad. Aufgrund des Befundes wird die Operationstechnik nach Keller-Brandes akzeptiert, sie sei auch weiterhin als ein Standardverfahren bei diesem Krankheitsbild zu bezeichnen.

Der Gutachter selbst hätte allerdings bei dem Lebensalter des Patienten eine Arthrodese im Großzehengrundgelenk bevorzugt. Wesentlich ist, dass der Eingriff technisch fehlerhaft durchgeführt wurde. Der Gutachter stellt hierzu fest, dass nach entsprechenden Messungen der prä- und postoperativen Röntgenbilder eine Resektion der Basis des Grundgliedes der Großzehe rechts um 11%, links um 23% erfolgte und damit auch links noch unter 1/4 blieb. Es bestehe in der Literatur keine Einigkeit darüber, in welchem Umfang die Resektion zu erfolgen habe. Es wird die Hälfte bis 2/3 diskutiert. Einheitlich werde jedoch die Forderung vertreten, dass die Grundphalanx mindestens zu 1/3, d.h. 33% der Gesamtlänge resiziert werden müssen. Geschieht dies nicht, sei ein Rezidiv vorprogrammiert.

Im vorliegenden Fall lag die Resektionsstrecke beiderseits deutlich unter dem geforderten Mindestmaß bei dem Eingriff nach Keller-Brandes bei

Hallux rigidus. Dieses war vermeidbar. Somit müsse das Rezidiv dieser fehlerhaften Operationstechnik angelastet werden. Die Folge dieses Fehler seien vermehrte postoperative Beschwerden einschließlich der erforderlichen Rezidivoperationen. Zwischenzeitlich wurde gut zwei Jahre nach dem Ersteingriff auf der rechten Seite eine Nachresektion vorgenommen, links steht diese noch aus.

Der in Anspruch genommene Operateur wendet ein, dass bei einer zu großzügigen Resektion des Grundgliedes eine erhebliche Verkürzung der Zehe resultiere, häufig auch in Verbindung mit einer Dorsalflektion der Restzehe. Er führt an, dass er nicht nach der typischen Technik Keller-Brandes operiert habe, sondern vielmehr im Sinne einer Modifikation mit schräg verlaufender Osteotomiefläche entsprechend den Empfehlungen des 1. Wiesbadener Symposiums „Der Fuß im Sport" vom 14./15.3.1997, wissenschaftliche Leitung durch Herrn Dr. K. H. Olms. In den entsprechenden Abstrakts wird diese Modifikation näher beschrieben.

**Ergänzende gutachterliche Beurteilung:** Der externe Gutachter befaßt sich in einer ergänzenden Stellungnahme mit diesen Einwendungen des Operateurs. Er stellt anhand der vorliegenden postoperativen Röntgenbilder fest, dass im vorliegenden Fall die „klassische" Operationstechnik nach Keller-Brandes zur Anwendung kam und nicht die in dem genannten Workshop empfohlene Modifikation. Die Resektionsfläche im Bereich des distalen Grundgliedes I verlaufe in typischer Weise nach Keller-Brandes in beiden Ebenen im rechten Winkel zur Zehenachse und nicht entsprechend der Modifikation schräg.

Unter dieser Voraussetzung sei das Ausmaß der Resektion eindeutig zu gering und somit die wesentliche Ursache für das Rezidiv.

**Beurteilung der Schlichtungsstelle:** Der Bewertung des externen Gutachters wird zugestimmt. Auch wenn bei Patienten im Lebensalter – wie im vorliegenden Fall – bei einem Hallux rigidus heute eher die Arthrodese im Großzehengrundgelenk bevorzugt wird, ist das klassische Opertionsverfahren nach Keller-Brandes weiterhin akzeptabel. Wesentlich ist jedoch, dass dieses Verfahren technisch richtig durchgeführt wird und hier muss beim Hallux rigidus mindestens die Resektion von 1/3 des Grundgliedes der Großzehe gefordert werden. Auch wenn bekannt ist, dass bei regelrechter Operationstechnik Rezidive auftreten können, muss bei entsprechend fehlerhafter Durchführung der Operation ein derartiges Rezidiv dem Operateur angelastet werden.

**Fazit:** Wird bei einem Hallux rigidus die Operationsindikation in der Technik nach Keller-Brandes gestellt, muss darauf geachtet werden, dass wenigstens 1/3 des Grundgliedes der Großzehe resiziert wird. Ergänzt sei darauf hingewiesen, dass auch eine konsequente krankengymnastische Nachbehandlung erforderlich ist.

## 131

**Morton'sche Neuralgie, dritter Strahl rechts.
Operative Behandlung**
Unzureichende Operationstechnik.
Anhaltende Beschwerdesymptomatik

**Krankheitsverlauf:** Die 48-jährige Patientin litt zwei Jahre unter zunehmenden Schmerzen unter dem rechten Vorfuß bei Belastung. Von ihrem behandelnden Facharzt für Orthopädie wurde die Diagnose einer Morton'schen Neuralgie III/IV rechts gestellt. Zunächst konservative Behandlung im Sinne einer Einlagenversorgung nach vorherigem Abdruck. Röntgenologisch ergab sich außer einem Spreizfuß kein pathologischer Befund. Wegen anhaltender Beschwerdesymptomatik erfolgte dann die Überweisung in ein benachbartes Krankenhaus zur ambulanten operativen Behandlung. Aus den Unterlagen des Krankenhauses geht lediglich hervor, dass am 12.6.1996 eine Voruntersuchung stattfand. Ein Eintrag über Beschwerden, Befunde oder geplantes Vorgehen fehlt. Es erfolgte lediglich eine Aufklärung zur Operation, in der auf das Risiko von Restbeschwerden nach der Operation hingewiesen wurde. Postoperativ zunächst keine Besonderheiten, insgesamt primäre Wundheilung. Die Patientin berichtet, dass plötzlich eine Woche nach der Operation wiederum heftige Schmerzen im rechten Vorfuß aufgetreten seien. Sie habe sich deshalb wieder an ihren behandelnden Facharzt für Orthopädie gewandt. Dieser habe zunächst versucht, durch eine Unterspritzung des Nerven eine Linderung herbeizuführen, dies habe aber nur für etwa zwei Stunden zu einer Besserung geführt. Sie leide auch weiterhin unter erheblichen Schmerzen. Der mittlere Zeh im Vorfuß verkrampfe sich schon nach wenigen Stunden, sodass ihr selbst das Strümpfetragen schon zur Qual werde, auch das Stehen und Gehen sei behindert.

Die Patientin war der Ansicht, dass die anhaltenden Beschwerden auf eine nicht ordnungsgemäß durchgeführte Operation zurückzuführen seien. Sie erwähnt dabei, dass die Operation in Rückenmarksnarkose durchgeführt wurde ohne Anlegung einer Blutsperre.

Der in Anspruch genommen Operateur ist der Ansicht, dass der Eingriff technisch regelrecht durchgeführt wurde. Eine Blutsperre oder Blutleere sei nicht unbedingt erforderlich. Rezidive nach diesem Eingriff seien bekannt.

**Gutachterliche Beurteilung:** Der externe Gutachter bestätigt zunächst die Operationsindikation. Kritisiert wird, dass keine Befunde über eine Voruntersuchung seitens des Operateurs dokumentiert sind. Des Weiteren befaßt sich der Gutachter eingehend mit dem Operationsbericht. Der Eingriff erfolgte unter der klinischen Diagnose: Morton'sche Neuralgie des Nervus digitalis dorsalis communis III. Operationsziel: Neurektomie. Es erfolgte eine dorsale longitudinale intermetatarsale Inzision im Raum D III/D IV.

Freilegung des Nervus digitalis plantaris communis III und Resektion desselben über ein Segment von 2 cm. Blutstillung. Wundverschluss.

Der pathologische Befund ergab: Makroskopisch grau-gelblicher faserigstrukturierter maximal 4,7 cm langer und bis zu 0,2 cm dicker Gewebszylinder. Mikroskopisch: Partikel eines lockeren aufgebauten Faser- und Fettgewebe mit Abschnitten von größeren Nervenfasern und den Zeichen einer deutlichen perineuralen Fibrose bzw. Hyalinose und degenerativen Nervenfaserveränderungen.

Der Gutachter weist zunächst auf auf einen Widerspruch im Operationsbericht über die operativ angegangenen Strukturen hin. Als klinische Diagnose und als Operationsdiagnose wurde angegeben, dass der dorsale Digitalnerv angegangen werden sollte. Im Text des Operationsberichtes ist jedoch verzeichnet, dass der plantare Digitalnerv aufgesucht wurde. Weiterhin sei auffällig, dass im Operationsbericht nur darüber berichtet wird, dass ein Nerv freigelegt und resiziert wurde. Zu erwarten sei bei einer Morton'schen Neuralgie jedoch eine mindestens kirschkerngroße Nervenauftreibung im Sinne eines sogenannten Neuroms. Auch der histologische Befund lasse vermuten, dass bei der Operation nicht ein typischer Morton'schen Neuromknoten gefunden wurde. Der histologische Befund deutet darauf hin, dass ein Nerv partiell entfernt wurde. Bemängelt wird, dass im Operationsbericht die Leitstruktur der Operation, nämlich das Ligamentum metatarsum transversum nicht erwähnt wurde. Dieses Ligament bilde den verstärkten Vorderrand der tiefen Plantaraponeurose und spanne sich plantarseitig von Metatarsalköpfchen zu Metatarsalköpfchen. Es schließe den Intermetatarsalraum, in dem die beiden Interosseussehnen verlaufen, gegen die Fußsohle ab und bilde so das Dach des Kanals, in dem der Nervus digiti plantaris communis caudal von ihm verläuft. Dieses Ligamentum metatarsum transversum müsse bei der Operation dargestellt werden. Eine ausreichende Resektion des Morton'schen Neuroms sei nur möglich, wenn es durchtrennt werde. Bei allen Gebilden, die cranial des Ligamentes liegen, handele es sich nicht um den gesuchten Plantarnerven. Aus alle dem gehe hervor, dass offensichtlich bei der Operation nicht mit der notwendigen Sorgfalt vorgegangen wurde. Die krankhaften Strukturen wurden nicht dargestellt und nicht wie erforderlich entfernt. Nicht wesentlich sei es, ob die Operation mit oder ohne Blutleere bzw. Blutsperre durchgeführt wurde. Dieses müsse der Operateur abwägen und entscheiden. Es wird schließlich darauf hingewiesen, dass nach der Literatur bei ordnungsgemäßer Resektion eines Neuromknotens die Gefahr eines Rezidives mit Ausbildung eines störenden Amputationsneuroms verschwindend klein sei. Aufgrund des operationstechnischen Fehlers müssen die anhaltenden postoperativen Beschwerden dem Operateur zur Last gelegt werden.

Der in Anspruch genommene Operateur weist auf den pathologisch-histologischen Untersuchungsbefund hin. Danach habe er Nervenstrukturen ordnungsgemäß entfernt.

**Beurteilung der Schlichtungsstelle:** Den Bewertungen des Gutachters wird zugestimmt. Zunächst wird die Operationsindikation nach Ergebnislosigkeit der konservativen Behandlung bestätigt. Bestätigt wird auch die Kritik des Gutachters hinsichtlich der fehlenden Dokumentation präoperativer Befunde seitens des Operateurs, wobei allerdings aufgrund der Karteikarte des niedergelassenen behandelnden Facharztes für Orthopädie davon ausgegangen werden muss, dass die präoperative Diagnose einer Morton'schen Neuralgie rechts im interdigitalem Raum III/IV richtig war. Wesentlich sind die Einwände des Gutachters in Bezug auf den vorliegenden Operationsbericht mit dem hier dargelegten operativen Vorgehen und den sich daraus ergebenen gravierenden Widersprüchen. Unter Berücksichtigung des pathologisch-histologischen Befundes muss davon ausgegangen werden, dass das eigentliche Morton'sche Neurom nicht dargestellt und nicht resiziert wurde. In dem Operationsbericht wird von der Resektion eines kompletten Nervensegmentes von 2 cm Länge berichtet. Dieses wird jedoch in dem pathologisch-histologischen Befund nicht bestätigt. Abgesehen davon, dass Hinweise auf ein Morton'sches Neurom fehlen. Die einzige Möglichkeit einer Beschwerdebesserung wird in einer Revisionsoperation gesehen.

**Fazit:** Bei der operativen Behandlung einer Morton'schen Neuralgie muss nach Darstellung der Leitstrukturen der betroffene Nerv dargestellt und unter Einschluss des typischen Neuroms resiziert werden. Geschieht dies nicht, kann keine Beschwerdebesserung erwartet werden.

## 132

**Paronychie, Nagelwallexzision in falscher Seite**
Unnötige Operation, Beschwerden und Beeinträchtigungen

**Krankheitsverlauf:** Die damals 28-jährige Patientin unterzog sich am 13.10.1998 in der Praxis des in Anspruch genommenen Chirurgen einer Operation am rechten Großzehennagel. Vorausgegangen waren entzündliche Schübe am innenknöchelseitigen Nagelwall. Der Patienten wurde eine Randexzision empfohlen. Nach Entfernung des seitlichen Nagelrandes und Abtragen entzündlichen Granulationsgewebes kam es dann zu komplikationsloser Heilung. Als Ursache der Infektion wurde eine vermehrte Verkrümmung des Großzehennagels mit Tendenz zu beiderseitigem Einwachsen angesehen. Aus diesem Grunde wurde der Patientin im infektfreien Intervall eine Keilexzision mit teilweiser Ausrottung der Nagelmatrix (Emmert-Plastik) vorgeschlagen.

Dieser Eingriff wurde dann am 27.1.1999 vorgenommen. Die Keilexzision war für die Seite des Nagels besprochen, an der es ehemals zu den Entzündungen gekommen war. Nach dem Anlegen der Leitungsanästhesie, Desinfektion und Abdeckung hat der in Anspruch genommene Chirurg, auf der Fußseite sitzend, sich noch einmal nach der zu operierenden Nagelseite erkundigt. Von der Patientin aus gesehen handelte es sich um die linke Seite, vom Operateur aus gesehen war die linke Seite die Nagelseite, die nicht zur Operation vorgesehen war. Diese Seitenverwechslung wurde dann später von dem Chirurgen auch nicht in Abrede gestellt.

Da die Patientin durch die Leitungsanästhesie keine Empfindungen hatte, konnte sie den sich nun anbahnenden Fehler nicht korrigieren. Erst bei einem, von ihr am Folgetag selbsttätig vorgenommenen Verbandswechsel bemerkte sie die Verwechslung.

Im Schreiben an die Schlichtungsstelle brachte sie zum Ausdruck, dass ihr durch diese Verwechslung unnötige Schmerzen und Beeinträchtigungen entstanden seien und eine weitere Operation erforderlich sei.

**Beurteilung der Schlichtungsstelle:** Die in diesem Falle fehlerhaft erfolgte Seitenverwechslung konnte nicht in Abrede gestellt werden. Auch wenn der in Anspruch genommene Chirurg einwandte, dass zu beiden Seiten des rechten Großzehennagels durch fehlgängiges Nagelwachstum Risiken bestanden, war die Patientin nur zum operativen Eingriff an der Seite entschlossen, die ihr in der Vergangenheit entzündungsbedingt Beschwerden gebracht hatte. Hierüber bestand Einigkeit zwischen Patient und Arzt, auch die Einwilligung war dahingehend erfolgt. Die Seitenverwechslung musste zwar als Folge eines Missverständnisses aber gleichzeitig auch als vermeidbar fehlerhaft angesehen werden. Nach Ansicht der Schlichtungsstelle war es infolge dieses Fehlers zu mehrtägigen mittelschweren Schmerzen und zu Beeinträchtigungen über mindestens 10 Tage gekommen. Schadenersatzansprüche wurden deshalb für begründet angesehen.

**Fazit:** Aus Laiensicht gegebene verbale Hinweise eines Patienten über Schmerz- oder Erkrankungsort bedürfen bei der Vornahme eines Eingriffs aber auch diagnostischer Maßnahmen, der gesicherten Übereinkunft. Für letztere ist ausschließlich der Arzt verantwortlich. Laienhafte Descriptionen müssen bei jeder Behandlungsmaßnahme ins Kalkül gezogen werden.

## 133

### Sogenannte Periarthrosis humero scapularis rechts. Lokale Infiltration

Überdosierung eines Cortisonpräparates, Injektionen durch examinierte Krankenschwester. Multiple Spritzenabszesse

**Krankheitsverlauf:** Die 46-jährige Patientin mit einem insulinpflichtigen Diabetes sucht im Juli 1997 ihren Hausarzt – Facharzt für Allgemeinmedizin – auf wegen seit einiger Zeit bestehender Schmerzen im Bereich der rechten Schulter mit Bewegungseinschränkung. Es erfolgte eine klinische Untersuchung. Befunde sind nicht dokumentiert. Die klinische Diagnose lautet: Periarthritis humero scapularis rechts. Wegen der starken Schmerzen erhielt die Patientin am ersten Behandlungstag neben einer oralen Medikation von Diclofenac eine intramuskuläre Injektion von Tramadolor. Angaben über die Dosierung fehlen. Die Injektion wurde von einer examinierten Krankenschwester verabreicht. Am Folgetag wurde wegen anhaltender erheblicher Schmerzhaftigkeit eine Injektion im Bereich der rechten Schulter mit Dexa-Hexal 8 durchgeführt, zusätzlich wurden häufige Kälteanwendungen verordnet. Diese Injektion erfolgte wiederum durch eine examinierte Krankenschwester. Angaben über die genauere Lokalisation dieser Injektion im Bereich der rechten Schulter liegen nicht vor. Die Injektion soll intramuskulär erfolgt sein. Derartige intramuskuläre (?) Injektionen/Infiltrationen im Bereich der rechten Schulter mit Dexa-Hexal 8 wurden in den folgenden sieben Tagen fünfmal wiederholt. Zwei Tage nach der letzten Injektion wurde die Patientin durch einen Notarzt in ein benachbartes Krankenhaus eingewiesen. Dort fanden sich ausgedehnte Abszesse im Bereich der oberen vorderen Toraxwand sowie der Axilla rechts. Es erfolgte eine sachgerechte chirurgische Therapie.

Die Patientin war der Ansicht, dass die Abszesse durch vorangegangene Injektionsbehandlung verursacht wurden und vermeidbar waren.

Der in Anspruch genommene Arzt für Allgemeinmedizin meint, dass im Rahmen seiner Behandlung keine Entzündungszeichen im Bereich der rechten Schulter erkennbar gewesen seien. Die Injektionen seien durch sein Praxispersonal durchgeführt, welches über die Injektionstechnik durch ihn belehrt worden sei. Bei der Patientin seien Injektionen durch eine staatlich anerkannte Krankenschwester erfolgt. Die Injektionsorte seien gewechselt worden. Es habe sich ausschließlich um intramuskuläre Injektionen auch im Bereich der rechten Schulter gehandelt. Ein insulinpflichtiger Diabetes der Patientin sei ihm bekannt gewesen. Darüber hinaus habe eine deutliche Adipositas bestanden bei einer Körpergröße von 151 cm mit einem Gewicht von 112 kg.

**Gutachterliche Beurteilung:** Der externe Gutachter kritisiert zunächst die mangelhafte Dokumentation von klinischen Befunden. Später angefertigte Röntgenaufnahmen zeigten keine arthrotischen Veränderungen des rechten

Schultergelenkes, sodass man rückblickend von Degenerationen im Bereich der Rotatorenmanschette ausgehen müsse. Grundsätzlich seien auch bei dieser nicht näher differenzierten Periarthrosis humero scapularis lokale Infiltrationen auch unter Anwendung eines Medikamentes wie Dexamethason indiziert. Dabei seien neben den allgemein geforderten hygienischen Voraussetzungen, die richtige Applikation und Dosierung des Medikaments zu berücksichtigen. Die beiden letztgenannten Kautelen seien im vorliegenden Falle nicht erfüllt. Einmal seien die Injektionen offensichtlich, wie aus den Operationsbefunden des nachbehandelnden Krankenhauses hervorgeht, in der Umgebung des rechten Schultergelenks (intramuskulär?) durchgeführt und nicht einem klinischen Befund entsprechend gezielt. Zum anderen sei eine erhebliche Überdosierung des Cortisonpräparates zu verzeichnen mit insgesamt sechs Injektionen von jeweils 8 mg Dexamethason in einem Zeitraum von nur 8 Tagen. Auch wenn grundsätzlich bei der Beachtung der geforderten hygienischen Kautele, richtiger Injektionstechnik und richtiger Dosierung die Komplikation einer nachfolgenden Entzündung nicht ausgeschlossen werden können, müssten im vorliegenden Fall aufgrund der genannten Fehler die nachfolgenden Abszesse dem behandelnden Arzt zur Last gelegt werden.

Der behandelnde Facharzt für Allgemeinmedizin wendet ein, dass die Behandlung ausschließlich zur Schmerzlinderung durchgeführt sei und dass deshalb neben Tramadolor auch Dexamethasonpräparate zum Einsatz kamen in Verbindung mit einer oralen Medikation.

**Beurteilung der Schlichtungsstelle:** Den Bewertungen des Gutachters wird zugestimmt. Es wird darauf hingewiesen, dass bei dem vorliegenden Krankheitsgeschehen, einer Periarthropatia humero scapularis mit entsprechender Schmerzhaftigkeit, grundsätzlich neben krankengymnastisch-physikalischen Maßnahmen Injektionsbehandlungen indiziert sind. Die durch eine examinierte Krankenschwester erfolgte intramuskuläre Injektion an typischer Stelle wird nicht beanstandet. Anders ist die Situation jedoch bei einer gezielten Schmerztherapie im Bereich des Schultergelenkes unter Verwendung eines Cortisonpräparates. Indiziert sind hier gezielte lokale Infiltration basierend auf einem klinischen dokumentationspflichtigen Befund in einer angemessenen Dosierung. Ungezielte periartikuläre Injektionen mit einem Cortisonpräparat sind nicht indiziert und dieses noch in einer Gesamtdosierung von 48 mg Dexamethason in einem Zeitraum von acht Tagen. Durch eine derartige Häufung von lokalen Infiltrationen mit einem cortisonhaltigen Präparat erhöht sich das Risiko der Infektion wesentlich, wobei im vorliegenden Fall noch zu berücksichtigen ist, dass es sich bei der Antragstellerin um eine sehr adipöse insulinpflichtige Diabetikerin gehandelt hat. Dieses war dem behandelnden Arzt bekannt. Weiter war es fehlerhaft, eine derartige gezielte Injektionsbehandlung im Bereich eines Schultergelenks durch medizinisches Hilfspersonal vornehmen zu lassen, auch wenn es sich dabei um eine staatlich geprüfte Krankenschwester handelt. Eine derartige Therapie darf nur von einem approbierten Arzt durchgeführt werden. Somit müssen die nachfolgenden Abszesse im Bereich der rechten Schulter mit notwendigen Operationen und der damit verbundenen Schmerzsymptomatik und stationären Krankenhausbehandlung dem behandelnden Arzt zur Last gelegt werden.

**Fazit:** Infiltration im Bereich eines Schultergelenkes müssen nach entsprechender exakter klinischer dokumentierter Diagnostik gezielt durchgeführt werden unter Beachtung einer dem Präparat angemessenen Dosierung. Derartige Behandlungen sind ausschließlich einem approbierten Arzt vorbehalten.

## 134

### Zervikobrachialsyndrom bei Osteochondrose der HWS, Infusionsbehandlungen

Anlegung der Infusion durch eine Praxishelferin, Fehlpunktion der Vene, Arzt nicht informiert

**Krankheitsverlauf:** Die 50-jährige Patientin befand sich bereits längere Zeit in ambulanter Behandlung bei einem niedergelassenen Facharzt für Orthopädie wegen Beschwerden im Bereich des Nackens mit Ausstrahlungen über die linke Schulter in den linken Arm. Es wurde die Diagnose eines Zervikobrachialsyndroms gestellt bei Osteochondrose der HWS. Zunächst erfolgte eine intensive physikalische Therapie unterstützt durch eine Neuraltherapie, durch die jedoch keine ausreichende Besserung erreicht werden konnte. Deshalb wurden im Sinne einer Schmerztherapie Infusionen angelegt. Vorgesehen waren zwei Infusionen pro Woche. Die ersten beiden Infusionen, die von einer Praxishelferin angelegt wurden, wurden gut vertragen. Vor der dritten Infusion klagte die Patientin gegenüber der Praxishelferin über Kopf- und Magenschmerzen. Nach Auskunft der Patientin habe die Praxishelferin ihr gesagt, dass dieses auf den ausgerenkten Halswirbel zurückzuführen sei. Sie habe den behandelnden Arzt nicht informiert und versucht die dritte Infusion anzulegen. Dieser Tropf sei nicht durchgelaufen, es habe sich eine stärkere Schwellung in ihrer Ellenbeuge eingestellt. Die Praxishelferin sei eine halbe Stunde nach Anlagen der Infusion wieder zu ihr gekommen, habe die Anschwellung bemerkt, die Nadel gezogen und versucht, am Handgelenk erneut den Tropf anzulegen. Daraufhin sei das Handgelenk stark angeschwollen. Die Arzthelferin habe lediglich ein Pflaster angelegt, der zuständige Arzt wurde nicht gerufen. Die Patientin wurde mit einem neuen Termin nach Hause geschickt ohne weitere Verhaltensregeln. Zu Hause habe sie einen Schweißausbruch erlitten mit Herzrasen und Schwindelgefühl. Sie habe dann einen anderen Arzt aufgesucht, der die Weiterbehandlung übernommen habe.

Die Patientin war der Ansicht, dass die Fehlpunktionen vermeidbar gewesen wären mit den entsprechenden Folgen und dass der Arzt die notwendige Sorgfaltspflicht habe vermissen lassen.

Der in Anspruch genommene Facharzt für Orthopädie nimmt zu den Vorwürfen nicht Stellung.

**Gutachterliche Beurteilung:** Der externe Gutachter bestätigt zunächst die Indikation einer entsprechenden Schmerztherapie mit Infusionsbehandlungen bei dem vorliegenden Krankheitsbild. Es habe sich bei der Infusion neben einem Vitamin-B-Komplex in 100 ml Glucoselösung jeweils um 0,5 ml Aspisol gehandelt. Die hier somit eingesetzte Acetylsalicylsäure gehöre zu der Gruppe der sauren antiphlogistischen antipyretischen Analgetika, die für derartige Infusionen verwendet werden könnten. Bekannt seien u. a. Nebenwirkungen im Magen-Darm-Trakt, auch pseudoallergische

Reaktionen. Die gewählte Dosierung mit 0,5 ml Acetylsalicylsäure sei ausgesprochen niedrig, aber gut geeignet für die Behandlung leichterer bis mittelschwerer Schmerzen auch als Infusion. Der Gutachter befasst sich eingehend mit der Frage, ob das Anlegen derartiger intravenöser Infusionen an Praxishelfer delegiert werden dürfe. Dieses wird seitens des Gutachters bei einer von dem zuständigen Arzt bestimmten erfahrenen Hilfskraft akzeptiert. Der Arzt bleibe in einem solchen Fall unbestritten jedoch nicht nur für die Anordnung der Maßnahmen, sondern auch für die Auswahl einer geeigneten Person und die Durchführung verantwortlich.

Als fehlerhaft wird zum einen bezeichnet, dass die Praxishelferin vor der 3. Infusion nach Vorbringen entsprechender Beschwerdesymptomatik seitens der Patientin den zuständigen Arzt nicht gerufen, sondern vielmehr diese 3. Infusion versucht hat anzulegen. Eine Fehlpunktion einer Vene sei grundsätzlich nicht immer vermeidbar. Es sei jedoch fehlerhaft gewesen, den zuständigen Arzt von dieser Komplikation nicht zu informieren sondern zu versuchen, die Infusion nunmehr am Handrücken anzulegen, wobei es wiederum zu einer Fehlpunktion kam und schließlich die Patientin ohne weitere Anweisung lediglich mit einem Pflasterverband unter Mitteilung eines neuen Termines nach Hause zu schicken. Die nachfolgende Gesundheitsbeeinträchtigungen hätten mit Wahrscheinlichkeit durch Hinzuziehung des behandelnden Arztes zumindest gemindert werden können.

Der in Anspruch genommene Facharzt für Orthopädie nimmt zu dem Gutachten nicht Stellung.

**Beurteilung der Schlichtungsstelle:** Den Bewertungen des Gutachters wird weitgehend zugestimmt. Die Anlegung von intravenösen Infusionen mit Medikamenten, wie hier verwandt, kann an eine erfahrene von dem Praxisinhaber zu bestimmende Mitarbeiterin delegiert werden, wobei jedoch die Verantwortung für die richtige Durchführung dieser Maßnahmen bei dem Arzt verbleibt.

Fehlpunktionen an der Vene sind nicht immer vermeidbar, wesentlich ist, dass sie frühzeitig bemerkt und korrigiert werden. Fehlerhaft war es, den Arzt von den von der Patientin vor der 3. Infusion angegebenen Beschwerden nicht zu informieren und trotzdem dieser eine weitere Infusion anzulegen. Fehlerhaft war aus der Sicht der Schlichtungsstelle auch, dass diese Infusion nicht kurzfristig überwacht wurde, sodass erst 30 Minuten später die Fehlpunktion mit der paravenösen Weichteilschwellung in der Ellenbeuge bemerkt wurde. Als fehlerhaft wird auch die nunmehr versuchte Punktion seitens der Praxishelferin am gleichseitigen Handrücken bezeichnet. Nach der vorausgegangenen Komplikation hätte dies dem behandelnden Arzt vorbehalten bleiben müssen. Fehlerhaft war weiterhin, die Patientin nach Fehlschlagen auch dieser Venenpunktion ohne weitere Anweisungen und ohne Information des zuständigen Arztes lediglich mit einem neuen Termin nach Hause zu schicken.

**Fazit:** Die Organisation einer Praxis muss sicherstellen, dass der zuständige Arzt seitens seiner Praxishelferinnen über eingetretene Komplikationen unverzüglich informiert wird, um notwendigen weiteren Maßnahmen anzuordnen. Empfohlen wird seitens der Schlichtungsstelle intravenöse Infusionen nicht an eine Praxishelferin zu delegieren.

## 135

### Wirbelsäulenfehlstatik mit muskulärer Dysbalance, lokale Infiltrationsbehandlungen
Pneumothorax

**Krankheitsverlauf:** Die 59-jährige Patientin wurde unter den Diagnosen eines chronischen linksseitigen Tinnitus bei ausgeprägter Fehlstatik und degenerativen Veränderungen der gesamten Wirbelsäule und psycho-physischer Erschöpfung zu einem stationären Heilverfahren in einer Reha-Klinik aufgenommen.

Im Rahmen dieses Heilverfahrens kamen krankengymnastische Behandlungen zur Anwendung einschließlich Einübungen nach dem Brügger-Konzept mit begleitenden balneo-physikalischen Maßnahmen (klassische Massagen, Fango-Packungen, Teilgüsse und Entspannungsübungen). Wegen unzureichender Beschwerdebesserung wurde dann zusätzlich die Indikation für eine Infiltrationsbehandlung gestellt. Es fanden sich vor diesen Maßnahmen typische Schmerzpunkte u. a. im Ansatzbereich des Musculus levator scapulae links. Kurz nach der hier erfolgten Infiltration klagte die Patientin über ein thorakales Engegefühl und Schmerzen im Brust- und Rückenbereich. Der Blutdruck war zunächst stabil. Auskultatorisch konnte ein Vesikuläratmen festgestellt werden. Keine Herzrhythmusstörungen. Wegen Zunahme der Beschwerdesymptomatik wurde dann eine Röntgenthoraxaufnahme angefertigt, auf der sich ein linksseitiger Pneumothorax darstellte. Es erfolgte seitens der Reha-Klinik die sofortige Verlegung in ein benachbartes Krankenhaus, wo dieser Pneumothorax sachgerecht behandelt wurde.

Die Patientin war der Ansicht, dass dieser Pneumothorax durch eine Fehlbehandlung im Rahmen der Infiltrationen verursacht sei.

**Gutachterliche Beurteilung:** Der externe Gutachter bestätigt zunächst die Indikation für eine derartige Infiltrationsbehandlung, wobei im vorliegenden Fall 2,5 ml Scandicain 1%ig verwandt wurden. Zur Technik derartiger Infiltrationsbehandlungen führt der externe Gutachter aus, dass es zunächst hinsichtlich der Lagerung des Patienten unterschiedliche Empfehlungen gibt (z. B. Bauchlage oder Sitzen).

Da das Schulterblatt der Brustwand aufliege, müsse bei Infiltrationen in diesem Bereich die Injektionsnadel aufwärts direkt über den Schulterblattrand gerichtet sein. Das Einstechen der Nadel unter einem flachen tangentialen Winkel vermeide, dass sie zwischen die Rippen gelange, wo sie einen Pneumothorax hervorrufen könne. Unter Beachtung und in Kenntnis der topographischen Anatomie dieser Region könne ein Pneumothorax bei derartigen Behandlungsmaßnahmen vermieden werden. Bei richtiger Plazierung der Injektionsnadel könnten keine Gesundheitsbeeinträchtigungen ausgelöst werden, so müsse der hier aufgetretene Pneumothorax dem behandelnden Arzt zur Last gelegt werden.

Wesentlich für den weiteren Verlauf ist, dass diese Komplikation seitens des behandelnden Arztes sehr kurzfristig erkannt und einer entsprechenden zielgerichteten Therapie zugeführt wurde, die auch kurzfristig zu einer Normalisierung der Lungenfunktion führte.

**Beurteilung der Schlichtungsstelle:** Den Bewertungen des externen Gutachters wird zugestimmt. Derartige Infiltrationsbehandlungen gehören zu den allgemein anerkannten und bewährten Behandlungsmaßnahmen bei einem Krankheitsbild wie hier vorliegend. Die verwandten Medikamente sind nicht zu beanstanden. Fehlerhaft war jedoch die Injektionstechnik, die zu der Komplikation eines Pneumothorax führte.

**Fazit:** Bei Infiltrationsbehandlungen paraventebral der Brustwirbelsäulen und im Schulterblattbereich müssen die Richtlinien der Infiltrationstechnik sorgfältig beachtet werden. Nur so lassen sich Komplikationen (wie hier ein Pneumothorax) vermeiden.

## 136

**Paravertebrale Infiltrationsbehandlung, Schmerztherapie, paravertebrale Abszesse**

Fehlende Indikation für paravertebrale Wurzelblockaden

**Krankheitsverlauf:** Die 35-jährige adipöse Patientin (Größe 161 cm, Gewicht 85,7 kg) klagte seit längerer Zeit über rezidivierende Schmerzen im Bereich der Lendenwirbelsäule und befand sich deshalb in hausärztlicher Behandlung. Da die hier durchgeführten Maßnahmen nicht zu der gewünschten Beschwerdebesserung führten, überwies der Hausarzt sie in ein benachbartes Krankenhaus mit der Frage der Durchführung einer ambulanten Schmerztherapie. Dort fand sich nach der vorliegenden Dokumentation eine gute Beweglichkeit der Lendenwirbelsäule, Blockierung der Iliosakralfuge, paravertebrale Muskelhartspann, keine neurologischen Ausfallserscheinungen. Röntgenologisch und im Magnetresonanztomogramm fanden sich eine Spondylosis deformans im Bereich der mittleren bis unteren Brustwirbelsäule bei betonter Dorsalkyphose, im Lumbalbereich etwas vermehrte Lordosierung mit Verschmälerung des Zwischenwirbelraumes L4/L5. Kein Anhalt für Bandscheibenprolaps oder wesentliche Protosion der Bandscheiben in Höhe der Lendenwirbelsäule. In Höhe L3/4 und L4/5 hypertrophe Gelenkfacetten der Wirbelbogengelenke, die zu einer diskreten bis mäßigen Einengung der Neuroforamina führten.

Als Diagnose für die geplante Schmerztherapie wird angeführt: Paravertebraler Hartspann, psychogen. Es wurden in zwei Sitzungen Infiltrationen durchgeführt, zunächst paravertebral in Höhe L2, L3 und L4 links sowie im Bereich des linken Iliosakralgelenkes. Bei der zweiten Behandlung erfolgten paravertebrale Infiltrationen in Höhe L2 bis L5 links und ebenfalls eine Infiltration des linken Iliosakralgelenkes. Im weiteren Verlauf kam es zu einer paravertebralen Abszedierung links, die in einem anderen Krankenhaus chirurgisch versorgt wurde und abheilte.

Die Patientin führte die Entstehung des Abszesses auf eine mangelhafte Hygiene bei den durchgeführten Behandlungen zurück. Außerdem sei die ganze Behandlung wirkungslos gewesen.

Das in Anspruch genommene Krankenhaus geht davon aus, dass die durchgeführten paravertebralen Infiltrationsbehandlungen im Sinne einer therapeutischen Lokalanästhesie mit Wurzelblockaden indiziert waren und dass sich die Komplikation eines Infektes mit nachfolgender Abszedierung auch bei Beachtung aller hygienisch erforderlichen Maßnahmen nicht immer vermeiden lasse.

**Gutachterliche Beurteilung:** Der externe Gutachter befasst sich im Wesentlichen mit der Frage der Indikation einer derartigen Schmerztherapie. Dabei sei hier von einem chronisch rezidivierenden Lumbalsyndrom bei degenerativen Wirbelsäulenveränderungen auszugehen, wobei jedoch insgesamt die nachweisbaren pathologischen Veränderungen mit bildgebenden Verfahren im Lendenwirbelbereich gering seien. Neurologische Ausfallserscheinungen wurden zu keinem Zeitpunkt nachgewiesen, subjektiv wurde allerdings über austrahlende Beschwerden in das linke Bein geklagt, jedoch ohne segmentale Zuordnungsmöglichkeiten. Auch sei die Beweglichkeit der Lendenwirbelsäule nicht nennenswert eingeschränkt gewesen. Als einzige objektivierbare klinische Befunde seien ein paralumbaler Hartspann und eine Blockierung der Iliosakralfuge links aufgeführt.

Schon der Schmerztherapeut habe lediglich die Diagnose eines paravertebralen Hartspannes gestellt und dabei auf eine psychogene Komponente hingewiesen. Diese stünde in einem deutlichen Widerspruch zu den durchgeführten Behandlungsmaßnahmen. Es wird zunächst bestätigt, dass in der Therapie des chronischen Rückenschmerzes die Injektionsbehandlung im Sinne einer therapeutischen Lokalanästhesie einen wichtigen und unumstrittenen Stellenwert einnimmt. Voraussetzung für gezielte Wurzelblockaden durch entsprechende Injektionsbehandlungen oder gezielte Infiltrationen im Bereich der Wirbelbogengelenke seien jedoch entsprechende Befunde. Bei Wurzelblockaden müsse zunächst festgestellt werden, ob es sich um ein monoradikuläres oder polyradikuläres Schädigungsmuster handelte. Nervenwurzelblockaden hätten grundsätzlich selektiv zu erfolgen, d.h. nach vorheriger Testung, welche Nervenwurzel für den bestehenden Schmerz verantwortlich sei.

Es wird von dem Gutachter als fehlerhaft bezeichnet, an den beiden Behandlungstagen ohne erkennbare Indikation jeweils 4 Wurzelblockaden durchzuführen. Dieses erbringe therapeutisch keine Vorteile, erhöhe lediglich die Komplikationsrate der sonst nebenwirkungsarmen Verfahrensart therapeutischer Lokalanästhesien.

Der externe Gutachter weist darauf hin, dass jeder Injektion das Risiko einer Infektion mit der Ausbildung eines Spritzenabszesses innewohne und auch bei richtiger Injektionstechnik und Beachtung aller weiteren Maßnahmen nicht immer vermeidbar sei. Hygienische Mängel werden seitens des Gutachters nicht nachgewiesen. Auch werden die injizierten Medikamente nicht beanstandet (Xylonest 1%, Carbostesin 25%).

Das in Anspruch genommen Krankenhaus nimmt zu diesem Gutachten nicht Stellung.

**Beurteilung der Schlichtungsstelle:** Es wird zunächst davon ausgegangen, dass sich bei der Patientin ein paravertebraler Hartspann fand in Verbindung mit einer Blockierung des linken Kreuzdarmbeimgelenkes. Klinisch ergaben sich keine Hinweise auf eine Nervenwurzelirritation oder gar Kompression. In den bildgebenden Verfahren fand sich kein Anhalt für einen Nukleos polposus-Prolaps oder eine nennenswerte Bandscheibenprotosion im Lumbalbereich, nachweisbar waren lediglich hypertrophe Gelenkfacetten in Höhe L3/4 und L4/5. Sowohl von dem überweisenden Hausarzt als auch von dem die Schmerztherapie durchführenden Arzt wurde auf eine psychogene Komponente hingewiesen. Unter diesen Voraussetzungen wird der Beurteilung des externen Gutachters zugestimmt, dass es nicht indiziert war, in den beiden Sitzungen je 4 paravertebrale Wuzelblockaden durchzuführen. Derartige Wurzelblockaden haben selektiv zu erfolgen, fußend auf einer vorausgegangenen sorgfältigen klinischen Befunderhebung. Auch die magnetresonanztomographisch nachgewiesenen hypertrophen Gelenkfacetten L3/4 und L4/5 rechtfertigen keine therapeutischen Wurzelblockaden in einer Sitzung in jeweils 4 lumbalen Wurzeletagen.

Die von dem Gutachter aufgeführte nicht immer vermeidbare Komplikation einer Infektion mit nachfolgender Abszedierung im Rahmen von Infiltrationsbehandlungen wird grundsätzlich bestätigt. Kommt es jedoch zu einer derartigen Komplikation bei nicht indizierten Behandlungsmaßnahmen muss diese dem behandelnden Arzt zur Last gelegt werden.

**Fazit:** Paravertebrale Wurzelblockaden im Sinne einer Schmerztherapie bedürfen der eindeutigen Indikation und müssen auf einer vorausgegangenen sorgfältigen klinischen Untersuchung in Verbindung mit den Befunden bildgebender Verfahren beruhen.

# 137

**Lumboischialgie, intramuskuläre Injektion**
Spritzenabszess, zu kurze Kanüle

**Krankheitsverlauf:** Die 36-jährige Patientin mit einem Körpergewicht von 100 kg bei einer Körpergröße von 164 cm litt seit Herbst 1994 an rezidivierenden Lumboischialgien. Sie befand sich deshalb in hausärztlicher Behandlung, wobei im Wesentlichen eine orale Medikation gegen die Schmerzen durchgeführt wurde. An einem Wochenende im Jahr 1997 kam es zu einer akuten Schmerzzunahme, sodass die Patientin den ärztlichen Notfalldienst rief. Der diensthabende Notfallarzt gab zu Protokoll: „Sie klagte über heftige Schmerzen im Sinne einer Lumboischialgie ohne fassbare neurologische Defizite. Da die Patientin durch ihre heftigen Schmerzen nahezu immobilisiert war, entschied ich mich zu einer medikamentösen Therapie per intraglutealer Injektion. Diese erfolgte üblicherweise nach Hautdesinfektion im oberen äußeren Quadranten der Glutealmuskulatur." Appliziert wurde eine Ampulle Dexametason mit Diclofenac sowie eine Ampulle Baralgin. Zur Injektionstechnik schreibt der Notarzt: „Desinfektion durch Druck und Reiben mit einem Alkoholtupfer. Übliche Einwirkungszeit des Desinfektionsmittels. Die Injektion selbst erfolgte nach Tasten des Beckenkammes in den oberen äußeren Quadranten der Glutealmuskulatur, Einstichtiefe 4 cm (bedingt durch die Kanüllänge). Stichrichtung nach lateral."

In der darauffolgenden Nacht kam es zu zunehmenden Schmerzen in der linken Gesäßseite. Am nächsten Tag wurde die Patientin in der Neurologischen Klinik stationär aufgenommen. Hier klagte sie über ein Taubheitsgefühl am rechten Gesäß mit Ausstrahlung über die Oberschenkelrückseite in den Bereich der Wade. Seitens der neurologischen Klinik wurde zunächst festgestellt, dass durch die vorausgegangene intramuskuläre Injektion keine pathologisch-neurologischen Befunde bedingt sind. Computertomographisch fand sich ein Bandscheibenvorfall L5/S 1 rechts mit Irritation der Wurzel S 1 rechts. Kurzzeitig entwickelte sich ein typischer Spritzenabszess im linken Gesäßbereich, der üblicherweise chirurgisch behandelt wurde. Dabei entleerten sich ca. 80 ml Eiter in Verbindung mit nekrotischem Fettgewebe. Bakteriologisch Staphylococcus aureus.

Die Patientin war der Ansicht, dass der Abszess durch mangelhafte hygienische Bedingungen verursacht sei.

Der in Anspruch genommene Notarzt wendet ein, dass er unter Verwendung einer Einmalspritze und Einmalkanüle die übliche Hautdesinfektion durchgeführt habe und dass sich die eingetretene Komplikation trotz aller Sorgfalt nicht immer vermeiden lasse.

**Gutachterliche Beurteilung:** Der externe Gutachter geht zunächst auf die Frage der lokalen Desinfektion vor einer intramuskulären Injektion ein. Nach der Literatur wird eine intramuskuläre Injektion in die Kategorie II (mittleres Infektionsrisiko) eingestuft. Die Reinigung der Haut habe mit einem zugelassenen Desinfektionsmittel und sterilem Tupfer zu erfolgen. Erneutes Auftragen des Desinfektionsmittels nach 30 Sekunden und Abwischen der Haut mit sterilem Tupfer vor der nunmehr durchzuführenden intramuskulären Injektion. Die Richtlinien des BGA schreiben eine Einwirkzeit des Desinfektionsmittels von 1 Minute vor. Im vorliegenden Fall sind trotz der nicht präzisen Angaben des Notarztes Fehler nicht nachweisbar.

Als nächstes geht der externe Gutachter auf die verabreichten Medikamente und die Applikationsform ein. Er führt dazu aus, dass bereits 1993 das Bundesgesundheitsamt in Übereinstimmung mit den Pharmaherstellern über Diclofenac folgendes veröffentlichte: „Es kann davon ausgegangen werden, dass die im Vergleich zu einer oralen bzw. rektalen Gabe erhöhten Risiken der parenteralen Verabreichung (wie etwa durch die Injektion bedingten Schmerzen, Gewebsnekrosen, Abszessbildung und Nervenschädigung) im Bereich der Injektionsstelle nur dann medizinisch vertretbar sind, wenn ein besonders rascher Wirkungseintritt benötigt wird oder eine orale bzw. rektale Zufuhr nicht möglich ist."

Ebenso schreibt die Arzneimittelkomission der Deutschen Ärzteschaft 1995: „Die intramuskuläre Gabe sollte allerdings nur solchen Patienten vorbehalten sein, denen eine verzögerte Schmerzminderung nicht zuzumuten ist. Der Arzt muss hierbei eine sorgfältige Nutzen-Risiko-Abwägung vornehmen." Dabei ist bekannt, dass auch mit Diclofenaczäpfchen ein Wirkungseintritt innerhalb der ersten Stunde nach Applikation eintritt. Sehr schnell wirksam sind weiterhin die oral zu verabreichenden Dispersformen des Diclofenac.

Im vorliegenden Fall wird die Wahl der intramuskulären Applikation mit den starken Schmerzen der Patientin (die sie praktisch ans Bett fesselten) begründet. Es habe ein hoher Leidensdruck der Patientin bestanden. Die Behandlung fand am Wochenende statt, sodass im Fall unzureichender Schmerzlinderung lediglich einschränkende Therapiemöglichkeiten bestanden hätten. Der externe Gutachter hält im vorliegenden Fall aufgrund der Gesamtsituation die intramuskuläre Applikation der verwandten Präparate für vertretbar.

Der Gutachter geht dann auf die Injektionstiefe ein. Im Beipackzettel von Diclofenacpräparaten heißt es übereinstimmend, dass die Injektion „tief intragluteal" oder „sicher intramuskulär" zu erfolgen habe. Nach computertomographischen Untersuchungen beträgt die Dicke des Fettgewebsmantels an den Injektionsstellen des Gesäßes bei der Mehrheit der Erwachsenen mehr als 3,5 cm. Bei einer Nadellänge von 4 cm ist daher im Normalfall eine Injektion in das Fettgewebe zu erwarten. Eine derartige Injektion ist jedoch technisch fehlerhaft, da das Fettgewebe für die injizierten Medikamente kaum aufnahmefähig ist und Abszesse bzw. Nekrosen ungleich häufiger auftreten als bei eindeutig intramuskulärer Injektion. Entsprechend sei bei intramuskulärer Injektion im Normalfall eine Kanülenlänge von 6 cm zu verwenden. Im vorliegenden Fall wog die Patientin 100 kg, sodass hier auch eine Kanüllänge von 6 cm nicht ausreichend ist, sondern vielmehr eine Kanülenlänge von wenigstens 8 cm benötigt wird, um mit ausreichender Sicherheit den Muskel zu erreichen. Die Verwendung einer Kanülenlänge von 4 cm musste im vorliegenden Fall zu einer Applikation in das subcutane Fettgewebe führen. Dieses war fehlerhaft und vermeidbar und muss als wesentliche Ursache für die anschließende Abszedierung angesehen werden.

Der in Anspruch genommene Notarzt nimmt zu diesem Gutachten nicht Stellung.

**Beurteilung der Schlichtungsstelle/Fazit:** Den Bewertungen des Gutachters wird zugestimmt. Bei jeder intramuskulären Injektion sind grundsätzlich zunächst die geforderten hygienischen Bedingungen zu beachten. Weiterhin muss eine sorgfältige Nutzen-Risiko-Abwägung erfolgen, in dem Sinne, ob nicht eine Behandlung mit oraler oder rektaler Darreichungsform zu bevorzugen ist. Fällt die Entscheidung für eine intramuskuläre Injektion, so muss unter Berücksichtigung der lokalen Verhältnisse auf eine ausreichende Kanülenlänge geachtet werden, um das verwandte Präparat tatsächlich sicher intramuskulär zu applizieren. Nach den Erfahrungen der Schlichtungsstelle wird hiergegen nicht selten verstoßen.

## 138

### Rotatorenmanschettenruptur, Infektion nach mehrfachen Cortisoninjektionen, unzureichende Aufklärung
Langwieriger Behandlungsverlauf, damit einhergehende Beschwerden, Notwendigkeit der Arthrodese des Schultergelenkes

**Krankheitsverlauf:** Die damals 48-jährige Patientin stellte sich am 25.5.1997 wegen seit längerer Zeit bestehender Schmerzen im linken Schultergelenk in der Praxis des in Anspruch genommenen Chirurgen vor. Unter dem Verdacht auf ein sog. Supraspinatussyndroms wurde eine cortisonhaltige, schmerz- und entzündungshemmende Injektion in die Schulterregion vorgenommen und bis zum 12.6.1997 mehrfach wiederholt. Ein am 3.6.1997 auf Überweisung tätiger Orthopäde injizierte ebenfalls ein cortisonhaltiges Präparat, am gleichen Tag erfolgte die gleiche Behandlung von dem in Anspruch genommenen Chirurgen. Der Orthopäde riet zu einer Magnetresonanztomographie, diese ließ eine Partialruptur der Rotatorenmanschette nachweisen.

Nach der letzten Injektion am 12.6.1997 kam es zu akut zunehmender Schmerzhaftigkeit und Reizerscheinungen, die am 13.6. Anlass waren, eine stationäre Einweisung zu veranlassen. Die Patientin bemühte sich am 14.6.1997 um einen Aufnahmetermin. Bei Aufnahme am 16.6.1997 wurde notfallmäßig ein Abszess entleert. In den folgenden drei Wochen waren noch zwei Nachoperationen erforderlich. Am 1.8.1997 musste andernorts die operative Versteifung des Schultergelenkes vorgenommen werden.

Die Patientin monierte, dass die Injektionsbehandlung zu einer Schultergelenksinfektion geführt habe, sie über die Risiken dieser Maßnahme nicht aufgeklärt wurde und die eingetretene Infektkomplikation zu spät erkannt worden sei. Es sei deshalb zu erheblichem Zeitverlust, zum Infekt, zu zahlreichen Nachoperationen und letztlich zur Versteifung des Schultergelenkes mit schwerwiegenden Auswirkungen auf ihr privates und berufliches Leben gekommen.

**Gutachterliche Beurteilung:** Der von der Schlichtungsstelle eingeschaltete Gutachter stellte fest, dass die Diagnosestellung und die Indikation zu Behandlung mit Cortisoninjektion nicht zu bemängeln sei. Die Häufung der Injektionen, insbesondere eine Doppelinjektion an einem Tag sei allerdings nicht nachvollziehbar. Die Veranlassung einer MRT-Untersuchung und die Einweisung zur klinischen Behandlung seien als sachgerecht und von Sorgfalt zeugend anzusehen. Die eingetretene Infektion und der danach folgende Ablauf müssten somit als schicksalhaft angesehen werden.

Der Gutachter sah fehlerhaftes Vorgehen des in Anspruch genommenen Chirurgen aber darin, dass der Übergang der akuten Bursitis subacromialis in einen eitrigen Schulterinfekt nicht eindeutig erkannt worden sei. Ein Schaden sei der Patientin jedoch nicht entstanden, da dennoch die richtigen Maßnahmen ergriffen worden seien.

**Beurteilung der Schlichtungsstelle:** Nach eingehender Beratung der zuständigen Fachvertreter der Schlichtungsstelle konnten sich diese der Bewertung des Gutachters nicht anschließen.

Unabhängig davon, dass die Schlichtungsstelle aufgrund der auch vom Gutachter aufgezeigten Lücken in der Dokumentation von einer Beweislasterleichterung zugunsten der Patientin ausging (Annahme einer fehlenden Indikation für die zusätzliche intraartikuläre Injektion am 3.6.1997, nachdem die Patientin am gleichen Tag bereits eine Injektion durch den Orthopäden erhalten hatte), ist durch die Dokumentation des in Anspruch genommenen Chirurgen nicht nachgewiesen, dass die im vorliegenden Fall am 13.6.1997 dringenst indizierte Krankenhauseinweisung der Patientin mit dem gebotenen Nachdruck dargestellt wurde.

Darüber hinaus griff die von der Patientin erhobene Aufklärungsrüge. In den Behandlungsunterlagen fanden sich keine Hinweise auf eine stattgehabte Aufklärung. Die Rechtsprechung stellt klar dar, dass dann, wenn wie hier, der Injektion ein spezifisches Infektionsrisiko mit möglichen schweren Folgen (Schultergelenkversteifung) anhaftet, welches dem Patienten verborgen ist und mit dem er nicht rechnet, er ein Anrecht darauf habe, darüber informiert zu werden. Dieses um selbst abwägen zu können, ob er sich der Injektionsbehandlung unterziehen will. Eine Information des Patienten darf auch deswegen nicht unterbleiben, wenn sich das Risiko einer Infektion bei sachgemäßem Vorgehen und Einhaltung der Regeln der Asepsis nur sehr selten verwirkliche. Darin liegt noch keine Überspannung der ärztlichen Aufklärungspflicht (z.B. BGH Urteil vom 14.2.1989, MedR 1989, Seite 189 ff.).

Die Schlichtungsstelle hielt Schadenersatzansprüche unter dem Gesichtspunkt der nicht nachgewiesenen Aufklärung für begründet.

**Fazit:** Mehrfache intraarticuläre oder paraarticuläre Injektionen cortisonhaltiger Präparate sind grundsätzlich als risikobehaftet anzusehen, vor ihrem Einsatz ist sorgfältige Abwägung, insbesondere aber Aufklärung zu verlangen.

## 139

**Epicondylosis humeri ulnaris rechts, lokale Infiltrationstherapie**
Überdosierung durch zu geringe Injektionsabstände, subcutane Fettgewebsnekrose

**Krankheitsverlauf:** Die 30-jährige Patientin litt seit längerer Zeit an chronischen Schmerzen im Bereich des rechten Ellenbogengelenkes ellenseitig und war dadurch in ihrer Tätigkeit am Computer eingeschränkt. Es erfolgte zunächst eine intensive Behandlung in Form von Ultraschall, Iontophorese, Querfriktionen, Krankengymnastik und Kyrotherapie. Eine nennenswerte Beschwerdelinderung konnte dadurch jedoch nicht erreicht werden. Deshalb entschloss sich der behandelnde Arzt für Allgemeinmedizin lokale Infiltrationen mit einem Cortisonpräparat durchzuführen. Es erfolgten nunmehr drei Infiltrationen und zwar am 26.9., 30.9. und 2.10., wobei jeweils Lipotalon in Verbindung mit Lidojekt verabreicht wurde. Nach vorübergehender Besserung traten erneut Beschwerden auf, deshalb erfolgte am 24.10. des gleichen Jahres die 4. lokale Infiltration. Nach vorübergehender Besserung erneut ausgeprägte Beschwerdesymptomatik. Deshalb suchte die Patientin einen anderen Arzt auf, vor allem auch, weil ihr Hautveränderungen im Injektionsbereich aufgefallen waren. Es fanden sich jetzt eine ausgeprägte Unterhautfettgewebsnekrose mit bräunlicher Verfärbung des darüberliegenden Hautareals. Die Beweglichkeit des Ellenbogengelenkes war frei. Es bestand ein Druckschmerz über dem Epikondylus humeri ulnaris. Keine neurologischen Ausfallserscheinungen.

Die Patientin war der Ansicht, dass die kosmetisch sehr störende Hautveränderung auf fehlerhafte Injektionen zurückzuführen sei und vermeidbar gewesen wäre.

Der in Anspruch genommene Arzt für Allgemeinmedizin vertritt die Ansicht, dass die insgesamt 4 Lipotalon-Lidojekt-Injektionen indiziert waren und ordnungsgemäß durchgeführt wurden. Gelegentlich im Rahmen einer derartigen Therapie auftretende Nekrosen des subcutanen Fettgewebes seien nicht immer vermeidbar.

**Beurteilung des Gutachters:** Der externe Gutachter gelangt zu der Feststellung, dass nach erfolgloser, intensiver konservativer Vorbehandlung (wie hier geschehen) grundsätzlich die lokale Infiltration einer Korticoid-Kristallsuspension in Verbindung mit einem Lokalanästhetikum indiziert sei. Dabei seien die im vorliegenden Fall verwendeten Medikamente Lipotalon mit der Wirksubstanz Dexametason 2,5 mg und Lidojekt mit der Wirksubstanz Lindocain 2%ig nicht zu beanstanden. Schließlich sei eine genaue Infiltrationstechnik bei der hier vorliegenden Epicondylosis humeri ulnaris nach vorheriger Markierung wegen der unmittelbaren Nähe des Nervus ulnaris erforderlich sowie eine subcutane Applikation zu vermeiden, da hierdurch Unterhautnekrosen und Atrophien begünstigt würden. In erster Linie wird jedoch der zeitliche Ablauf der Infiltration beanstandet. Es wurden drei Infiltrationen jeweils mit einem Cortisonpräparat innerhalb eines Zeitraumes von einer Woche durchgeführt. Dieses wird eindeutig als fehlerhaft bezeichnet. Es wird ein Mindestabstand zwischen den einzelnen Injektionen von ein bis zwei Wochen gefordert.

Durch diese Überdosierung, möglicherweise auch in Verbindung mit einer nicht korrekten Applikationstechnik sei das Risiko einer Unterhautfettgewebsnekrose wesentlich erhöht. Es sei wohl davon auszugehen, dass auch bei richtiger Injektionstechnik und richtiger Dosierung sich derartige Komplikationen nicht immer mit Sicherheit vermeiden ließen. Da seitens des behandelnden Arztes hier jedoch gegen diese Voraussetzungen verstoßen wurde, müssen die nachfolgenden Veränderungen auf diesen Fehler zurückgeführt werden.

Der in Anspruch genommene Arzt für Allgemeinmedizin nimmt zu dem Gutachten nicht Stellung.

**Beurteilung der Schlichtungsstelle:** Den Bewertungen des externen Gutachters wird zugestimmt. Es liegt eindeutig eine erhebliche Überdosierung im Rahmen der erfolgten Infiltration vor. Die Injektionsabstände wurden wesentlich zu kurz gewählt. Die nachfolgende Fettgewebsnekrose, mit der kosmetisch störenden Hautpigmentierung, muss ursächlich auf den genannten Fehler zurückgeführt werden.

**Fazit:** Bei Lokalinfiltrationen mit cortisonhaltigen Präparaten ist auf die zeitliche Abfolge der einzelnen Behandlungsmaßnahmen streng zu achten. Zu kurze Abstände führen zwangsläufig zu lokalen Überdosierungen und nachfolgenden Schäden müssen hierauf zurückgeführt werden.

## 140

### Epicondylosis humeri radialis links, lokale Infiltrationen
Fehlerhafte Medikamente, zu hohe Dosierung,
Hautatrophie mit Schwund des Unterhautfettgewebes

**Krankheitsverlauf:** Die 46-jährige Patientin litt seit längerer Zeit an Beschwerden im Bereich ihres linken Ellenbogengelenkes, insbesondere unter allen Belastungen. Sie suchte deshalb ihren behandelnden Arzt für Allgemeinmedizin auf. In der Karteikarte heisst es: „Nach Befunderhebung und Diagnosestellung wurden die therapeutischen Möglichkeiten erörtert und eine Spritzentherapie mit 1 ml Procain 1%ig und 1 ml Triam-inject 40 mg in drei Sitzungen vorgeschlagen". Der behandelnde Arzt schreibt weiterhin: „Noch am gleichen Tag erfolgte die erste Injektion subcutan in den Bereich des Epicondylus humeri radialis links. Die nächste lokale Infiltration erfolgte 2 Tage später, die dritte 4 Tage später. In den weiteren Ausführungen heisst es, dass sich die Patientin erst etwa 7 Monate später wieder vorstellte wegen einer Beeinträchtigung ihres Armes. Es fanden sich deutliche Depigmentierungen im ehemaligen Infiltrationsbereich mit einer Atrophie des Unterhautfettgewebes. Es erfolgte daraufhin eine Überweisung zu einer Fachärztin für Dermatologie. Diese fand einen tiefen atrophischen Herd im Bereich des linken Ellenbogengelenks radialseitig mit einer kinderhandtellergroßen geröteten atrophischen Haut. Dieser Bereich war stark berührungsempfindlich im Sinne einer Dysästhesie. Behandlungsmöglichkeiten wurden nicht gesehen.

Die Patientin war der Ansicht, dass diese schmerzhafte und kosmetisch störende Hautveränderung Folge einer fehlerhaften Injektionsbehandlung sei.

Der in Anspruch genommene Arzt für Allgemeinmedizin bestätigt die Indikation der von ihm durchgeführten Therapie und auch deren Durchführung. Er weist darauf hin, dass sich die Patientin erst etwa 7 Monate nach dieser Behandlung in seiner Sprechstunde erneut vorstellte. Aufgrund des nunmehr vorliegenden Befundes habe er eine entsprechende Überweisung ausgefertigt, ein schuldhaftes Fehlverhalten wird verneint.

**Gutachterliche Beurteilung:** Der externe Gutachter befasst sich zunächst mit der Frage der Indikation. Es wird betont, dass am Anfang einer Therapiekette bei einer Epycondilosis humeri radialis physikalische Maßnahmen stehen wie Kyrotherapie, Ultraschall, Elektrotherapie, Salbenanwendung, eventuell auch vorübergehende Ruhigstellungen und Bandagen. Erst bei Versagen derartiger Maßnahmen bestünde die Indikation für eine invasive Therapie, wobei lokale Infiltrationsbehandlungen mit Cortisonpräparaten in Verbindung mit einem Lokalanästhetikum allgemein anerkannt seien. Bei derartigen Infiltrationen müsse auf eine richtige Technik sorgfältig geachtet werden. Subcutane Infiltrationen seien kontraindiziert.

Nach der Literatur würden oberflächlich in das Fettgewebe injizierte Cortisonpräparate in die darüberliegende Epidermis infiltrieren. Relativ schnell resorbierbare Substanzen wie Triamcinolon könnten dort einen Schwund des subcutanen Fettgewebes verursachen. An anderer Stelle heisst es, dass es nach Injektion von Glucocortoidkristallsuspensionen in die Subcutes nicht selten zu meist reversiblen Atrophien von Cutis und Subcutis kommen könne.

Der Gutachter befasst sich mit den im vorliegenden Fall verwandten Medikamenten und deren Dosierung. Zur Anwendung kam das Lokalanästhetikum Procain. Dieses weist eine geringere Gewebeverträglichkeit und eine wesentlich höhere Nebenwirkungsrate auf als vergleichbare Präparate. In der Fachinformation von Procain, Jena-Pharm, werden beispielsweise folgende Nebenwirkungen aufgeführt: Lokale Allergien und pseudoallergische Reaktionen in Form einer Kontaktdermatitis, lokale Reaktionen bei subcutaner und intramuskulärer Applikation, Ödeme, Erxtheme und Hämatome. Bei der Curasan-Pharm heisst es unter Nebenwirkungen: „oberflächliche und tiefe Nekrosen, Hämatome, Schwellungen, Ödeme, Erytheme im Bereich der Injektionsstelle." Weiterhin heisst es: „Procain sollte nicht mit anderen Arzneimitteln gemischt werden, da eine Änderung des PH-Wertes oder der Elektrolytkonzentration zum Ausfall des Wirkstoffes führen kann."

Deshalb geht der Gutachter davon aus, dass die Wahl von Procain als Lokalsanästhetikum im Rahmen der durchgeführten Infiltrationen zumindest mit zu der im weiteren Verlauf eingetretenen Schädigung der Patientin beigetragen hat. In Bezug auf das verwandte Cortisonpräparat Triam-Inject wird grundsätzlich die Indikation bei einer Epicondylose bestätigt.

Als fehlerhaft werden jedoch sowohl die jeweilige Dosierung als auch insbesondere die zeitlichen Abstände der drei durchgeführten Infiltrationen bezeichnet. Die Dosierung habe sich nach der Größe und der Lokalisation des zu behandelnden Gebietes zu richten. Für kleinere Gebiete, wie im vorliegenden Krankheitsfall, wird von einer Dosierung jeweils von ca. 10 mg ausgegangen. Hinsichtlich der Intervalle werden sowohl von den Herstellern als auch der Literatur Abstände von ca. 14 Tagen angegeben. Dabei wird ein Spielraum der Injektionsintervalle zwischen ein bis drei Wochen toleriert in Abhängigkeit vom Präparat und der Dosierung.

Im vorliegenden Fall wurden innerhalb von sechs Tagen drei Infiltrationen durchgeführt mit einer jeweiligen Dosierung von 40 mg. Diese muss neben einer möglicherweise auch fehlerhaften Infiltrationstechnik als die entscheidende Ursache für die postoperativen Komplikationen im Sinne einer Hautatrophie und eines Gewebeschwundes im Unterhautfettgewebe radialseits des linken Ellenbogengelenkes gesehen werden.

Der in Anspruch genommene Arzt für Allgemeinmedizin nimmt zu dem Gutachten nicht Stellung.

**Beurteilung der Schlichtungsstelle/Fazit:** Den Bewertungen des externen Gutachters wird zugestimmt. Bei der Behandlung einer Epicondylosis humeri radialis oder ulnaris stehen am Anfang konservative Maßnahmen, wie von dem Gutachter im einzelnen benannt. Erst bei deren Ergebnislosigkeit sind lokale Infiltrationen auch unter Verwendung eines Cortisonpräparates eine allgemein anerkannte Maßnahme. Wesentlich ist die Wahl der Präparate, wobei auch die empfehlenswerte zusätzliche Verwendung eines Lokalanästhetikums zu beachten ist. Weiterhin die jeweilige Dosierung bei den einzelnen Infiltrationen und deren zeitliche Abstände. Schließlich ist auf eine sorgfältige Injektionstechnik zu achten, wobei vor allem Infiltrationen direkt unter die Haut streng zu vermeiden sind.

## 141

**Cortisoninjektion in die Achillessehne**
Nekrose, langwierige Nachbehandlungszeit, Reoperation

**Krankheitsverlauf:** Die damals 29-jährige Patientin wurde ab August 1994 wegen einer sog. Achillodynie, einem chronischen Reizzustand der Achillessehne, behandelt. Es wurden Einlagen und physikalische Therapie verordnet. Bei einer sonographischen Untersuchung am 21.9.1994 waren keine Konturunterbrechungen nachweisbar. Am 21.11.1994 wurde in der Praxis des in Anspruch genommenen Facharztes von einem Mitarbeiter unter der klinischen Diagnose „Tendovaginitis" eine Injektion von 20 mg Volon verabreicht, ein Tapeverband angelegt und Eisbehandlung empfohlen. 8 Tage später berichtete die Patientin von Beschwerdelinderung. Nach einem Auslandsaufenthalt stellte sich die Patientin im März 1995 erneut und mit Beschwerden in der Praxis vor. Es wurde eine flächige Hautverfärbung im Bereich der ehemaligen Injektionsstelle dokumentiert. Im Dezember 1995 wurde nach telefonischer Beratung notiert, dass immer noch keine Besserung eingetreten sei.

Im Januar 1996 wurde Rötung und Schwellung über der Achillessehne dokumentiert und diese als unerwünschte Arzneimittelwirkung angesehen. Im September 1996 wurde eine deutliche Verschmächtigung der Muskulatur bei immer noch bestehendem Reizzustand im Verlauf der Achillessehne beschrieben. Anlässlich eines erneuten Auslandsaufenthaltes wurde im Oktober 1996 in einer amerikanischen Klinik eine als degenerativ angesehen nekrotische Veränderung der Achillessehne diagnostiziert und im März 1997 operative Versorgung mit Ersatzplastik vorgenommen. Die Achillessehne wurde intraoperativ als hochgradig verdünnt und narbig verändert beschrieben.

Mit Schreiben an die Schlichtungsstelle äußerte die Patientin die Ansicht, dass die Schädigung der Sehne auf eine fehlerhaft durchgeführte Injektion zurückzuführen sei. Es sei zu jahrelangen Beschwerden und einer unnötigen Operation gekommen.

**Gutachterliche Beurteilung:** Der von der Schlichtungsstelle eingeschaltete Gutachter führte aus, dass eine erhöhte Dosis des Cortisonpräparates Volon wahrscheinlich fehlappliziert wurde. Daraus resultierend sei es zu einer Gewebsnekrose gekommen. Trotz deutlich erkennbarer Weichteilveränderungen habe man bei mehrfachen Nachuntersuchungen in der in Anspruch genommenen Klinik eine sonographische Kontrolle verabsäumt. Ob die Operation vermeidbar gewesen sei, ließe sich nicht mehr feststellen, sie wäre aber sicher früher erfolgt. Eine schleichende Sehnenzerrüttung infolge Mangeldurchblutung und Überbelastung sei zu diskutieren aber unwahrscheinlich.

In einem ergänzenden Gutachten und in Kenntnis nachträglich zugänglich gemachter Befunde aus den USA stellte der Gutachter dann präzisierend fest, dass die intraoperativ nachgewiesenen Veränderungen eine iatrogene Zerstörung der Achillessehne äußerst wahrscheinlich mache. Der von der Arztseite vorgetragene Einwand, dass auch bei sachgerechter Injektion Achillessehnennekrosen infolge einer Diffusion möglich seien, sei fachlich nicht haltbar.

**Beurteilung der Schlichtungsstelle:** Die 2 Jahre nach der Erstbehandlung nachgewiesene ausgedehnte nekrotische Veränderung im Verlauf der Achillessehne könnte natürlich auch das Ergebnis eines seit 2 Jahren schwelenden und behandlungsunabhängigen Degenerationsprozesses sein. Wenn die sonographische Untersuchung im November 1994 noch reguläre Sehnenstruktur nachweisen ließ und im März 1995 mit Schwellung und pathologischer Hautverfärbung Hinweis für einen schwelenden Krankheitsprozess gab, so erscheint dieser Zeitraum nicht geeignet, davon auszugehen, ein chronischer Reizzustand (Achillodynie) sei nunmehr in einem fortschreitenden und behandlungsunabhängigen Zerstörungsprozess übergegangen. Die Wahrscheinlichkeit von bekannten Auswirkungen fehlerhafter Injektion ist wesentlich wahrscheinlicher.

14 Monate nach der Injektion eine unerwünschte Arzneimittelwirkung als ursächlich zu beschreiben, musste als fehlerhaft angesehen werden. Nach Ansicht der Schlichtungsstelle war eine Fehlplazierung des Cortisonpräparates Ursache für die schleichende Nekrose, langanhaltende Behandlungsbedürftigkeit und Beschwerden und die Notwendigkeit sehnenplastischer Operation.

**Fazit:** Der chronische Reizzustand des Achillessehnenhüllgewebes, in aller Regel Folge degenerativer Veränderungen im Achillessehnengewebe, ist durch einmalige, in manchen Fällen auch wiederholte, Cortisoninjektion in das paratendinöse Gewebe positiv zu beeinflussen. Das Risiko der intratendinösen Injektion muss dabei bekannt sein.

## 142

**Adduktorenzerrung**
Nicht gerechtfertigte Injektion eines Cortisonpräparates

**Krankheitsverlauf:** Der 28-jährige Patient hatte am 25.3.1995 beim Fußballspiel eine Zerrung der linken Leistenregion erlitten und stellte sich zwei Tage später wegen bleibender Beschwerden bei dem in Anspruch genommenen Chirurgen vor. Dieser injizierte in den Einstrahlungsbereich der Sehnen der Oberschenkelanspreizmuskeln ein Cortisonpräparat. Obwohl er in seinen Unterlagen die unfallmäßige Zerrung dokumentiert hat, begründete er später diese Maßnahme mit der Annahme einer Insertionstendinose.

Weitere zwei Tage später beobachtete der Patient eine zunehmende Schmerzhaftigkeit und eine Anschwellung im Bereich der linken Leiste. Wegen Abszessbildung und weitergehenden Komplikationen einschließlich einer Osteitis und ausgedehnten Gewebsuntergängen wurden danach in verschiedenen Krankenhäusern ausgedehnte operative Eingriffe erforderlich, die Behandlung dauerte mehrere Jahre.

Der Patient machte im Schlichtungsverfahren geltend, dass die ehemals erfolgte Injektion zur Infektion geführt habe. Er sei über die Risiken derselben nicht informiert gewesen, der Arzt habe lediglich eine Schmerzlinderung in Aussicht gestellt.

Der in Anspruch genommene Chirurg wendete ein, dass er wegen bleibender Schmerzen nach Zerrung eine Schmerzlinderung und Eindämmung eines Reizzustandes beabsichtigt habe und die Injektion unter Beachtung der Sterilitätskautelen vorgenommen habe. Der eingetretene Infekt müsse als schicksalhaft angesehen werden.

**Beurteilung des Gutachters:** Der Gutachter gelangt zu der Feststellung, dass die Injektion eines Cortisonpräparates zwei Tage nach erfolgter Zerrung nicht gerechtfertigt und indiziert war und somit als fehlerhaft anzusehen sei. Die eingetretenen Komplikationen müssten deshalb als fehlerbedingt angesehen werden.

Nach Einsicht in das Gutachten wendete der in Anspruch genommene Chirurg ein, dass auch nach einer einfachen Schmerzmittelinjektion, deren Indikation nicht in Abrede gestellt werden könne, gleiche Komplikationen auftreten konnten. Er habe den Patienten sofort in das Krankenhaus eingewiesen, der weitere komplikationsträchtige Verlauf könnte auch durch dortige Versäumnisse oder Fehler erklärt werden.

Im Übrigen sei im Gutachten die juristische Beurteilung offengelassen worden, ob eine fehlerhafte Indikationsstellung die Haftung für alle Folgen der fälschlich gewählten Therapie begründet.

**Beurteilung der Schlichtungsstelle:** Der Fragenkatalog wurde vollständig beantwortet, die Schlichtungsstelle schloss sich den Beurteilungen des Gutachters an.

Leistenschmerzen nach einer zwei Tage zuvor erfolgten Zerrung lassen die Annahme einer Insertionstendinose nicht gerechtfertigt erscheinen. Bei klarer Sachlage einer frischen Verletzung hätte aber nur die Injektion eines Analgetikums, auf keinen Fall aber eines Cortisonpräparates zur Diskussion stehen können. Die lokale Injektion eines Analgetikums wäre zwar nicht grundsätzlich falsch, müsste aber von der Wahrscheinlichkeit ausgehen, dass eine Linderung nur sehr kurzfristig und letztlich damit ineffektiv gewesen wäre.

Im vorliegenden Fall wurde jedoch ein Medikament verabreicht, welches zu diesem Zeitpunkt unsachgemäß und nach derzeitigem Kenntnisstand für Verletzungen auch wirkungslos war und von dem bekannt ist, dass es auch mit gewissen Risiken der Begünstigung von Infektionen verbunden ist. Insofern musste die dann aufgetretene Infektion als Folge einer fehlerhaften Entscheidung zu einem nicht angezeigtem Medikament angesehen werden. Alle Folgen, sowie die Notwendigkeit zahlreicher Operationen, die Schmerzen, die erheblichen Verzögerungen im Heilungsprozess und ein denkbarer Dauerschaden waren als Auswirkung dieser fehlerhaften Entscheidung zu bewerten.

Zum Einwand denkbarer Versäumnisses des nachbehandelnden Krankenhauses war festzustellen, dass aus Sicht ex ante die dramatische Verschlechterung des Befundes nicht erkennbar war und somit in den Entscheidungen der behandelnden Klinik kein Fehlverhalten gesehen werden konnte. Derjenige, der den ersten Behandlungsfehler begangen hat, haftet auch für die daran anschließende weitere Gesundheitsbeeinträchtigung (adäquate Kausalität), es sei denn, die Kausalitätskette wäre an irgendeiner Stelle unterbrochen worden.

Die Schlichtungsstelle hielt Schadenersatzansprüche für begründet und empfahl die Frage einer außergerichtlichen Regulierung zu prüfen.

**Fazit:** Die Auswirkungen eines unter falschen Voraussetzungen verabreichten Medikamentes müssen als Folge fehlerhaften Handelns auch dann angesehen werden, wenn die Applikationsform (hier Injektion) schicksalhafte Komplikationen zur Folge habe kann. Unter sachgerechter Abwägung von Nutzen und Risiko ist also eine Injektion von Cortison unmittelbar nach einer Zerrung als fehlerhaft anzusehen.

## 143

### Fehlerhafte Reaktion auf Thrombosezeichen, verzögerte Diagnostik
Zeitverlust, Schmerzen, postthrombotisches Syndrom

**Krankheitsverlauf:** Der damals 31-jährige Patient, der seit Jahren an einer chronischen Schleimbeutelreizung vor der rechten Kniescheibe litt, wurde am 30.7.1996 in dem in Anspruch genommenen Krankenhaus stationär aufgenommen. Am 31.10.1996 erfolgte die operative Entfernung des Schleimbeutels, anschließend wurde mit elastischem Strumpf und Gipsschale behandelt. In der Zeit vom 31.7.–4.8. wurde Thromboseprophylaxe mit Heparininjektion vorgenommen. Zwei Tage nach der Entlassung wurde bei einer Nachkontrolle erstmals Schmerz in der Wade angegeben. Es wurde weiter mit Kompressionsverband behandelt und dem Patienten ab dem 12.8.1996 eine aufbauende Teilbelastung angeraten.

Am 13.8.1996 wurden die Klammern entfernt, wieder wurde über Spannung in der Wade geklagt und dies auch in der Karteikarte dokumentiert. Es wurde ein Zinkleimverband angelegt und dieser am 15.8. gewechselt. Im Karteiblatt wurde eine Schwellung sowie die Angabe des Patienten über Wadenschmerzen dokumentiert. Am 19.8. bestand immer noch erhebliche Schwellung. Die Beschwerden wurden als rückläufig beschrieben. Am 20.8.1996 wurde der Patient mit den akuten Zeichen einer Becken-Bein-Venen-Thrombose zur stationären Aufnahme eingewiesen.

Während des stationären Aufenthaltes bis zum 12.9.1996 wurde eine Lyse-Therapie versucht, spätere Kontrastmitteluntersuchungen ließen einen Teilerfolg feststellen. Im Oktober 1996 erfolgte eine Reha-Maßnahme, bei Abschluss wurde ein postthrombotisches Syndrom beschrieben.

Der Patient machte unzureichende Thromboseprophylaxe bzw. unzureichende Bewertung der Zeichen einer sich entwickelnden Thrombose für das schwere Krankheitsbild, die Notwendigkeit einer Lyse-Therapie und Langzeittherapie mit Marcumar sowie bleibende Beschwerden verantwortlich.

**Gutachterliche Beurteilung:** Der von der Schlichtungsstelle eingeschaltete Gutachter gelangte zu der Feststellung, dass bis zum 6.8.1996 (erstmalige ambulante Vorstellung) kein fehlerhaftes Handeln zu erkennen sei. Auch die Unterlassung der Thromboseprophylaxe sei nicht zu bemängeln. Es sei mit Kompressionsstrumpf unter Maßgabe aufbauender Belastung behandelt worden. Auch bei der Fortsetzung der medikamentösen Thromboseprophylaxe wäre eine Thrombose nicht sicher zu vermeiden gewesen.

**Beurteilung der Schlichtungsstelle:** Die Schlichtungsstelle konnte sich den Wertungen des Gutachters nicht in vollem Umfang anschließen. Der Patient hatte über 5 Tage ein gerinnungshemmendes Medikament erhalten und wurde dann mit elastischem Kompressionsstrumpf und zusätzlicher Gipsschiene in ambulante Behandlung entlassen. Nach Ansicht der Schlichtungsstelle ließ sich nicht beweisen, da die Unterlassung der Thromboseprophylaxe in den zwei Tagen bis zum 6.8.1996 (Gipsabnahme) ursächlich für die später nachgewiesene Thrombose war. Sie konnte sehr wohl noch während des stationären Aufenthaltes aufgetreten sein.

Der Patient war nicht als Risikopatient einzustufen. Aus der Tatsache einer lediglich verkürzten Thromboseprophylaxe, einem allerhöchstens leichten therapeutischem Versäumnis, konnte im Wissen um das generelle Risiko der Thrombose auch bei ausreichender Therapie nicht mit hinreichender Wahrscheinlichkeit auf einen therapeutischen Fehler rückgeschlossen werden.

Nach Ansicht der Schlichtungsstelle stellte aber die unzureichende Berücksichtigung der seit dem 6.8.1996 geklagten Beschwerden ein Versäumnis mit vermeidbaren Folgen dar. Bei einem Patienten, der nach einer Operation mit Blutleere und sechstägiger Gipsimmobilisation über Spannungsschmerzen in der Wade klagte, konnte nach gültigem Standard eine äußere Betrachtung und Betastung wegen Angabe von Wadenschmerzen nicht ausreichen. Spätestens ab 13.8.1996 mussten dann geeignete Maßnahmen ergriffen werden (Duplexsonographie, Phlebographie), um eine nach Sachlage mögliche Thrombose auszuschließen.

Da vom 19.8. bis zum 20.8.1996 eine akute Verschlimmerung aufgetreten war, ist davon auszugehen, dass es in diesen zwei Tagen zu einer fulminanten Ausweitung der Gerinnselbildung kam. Bei rechtzeitig erfolgter Diagnostik hätte also eine früher eingeleitete Lyse-Therapie mit hoher Wahrscheinlichkeit besseren Erfolg gehabt. Es wäre zwar in Analogie gleichgelagerten Fällen auch zu einer stationären Behandlung mit Lyse-Therapie sowie Langzeitbehandlung mit gerinnungshemmenden Medikamenten sowie der Notwendigkeit des Tragens von Kompressionsstrümpfen gekommen, bleibende Blutrückflussstörungen wären aber vermeidbar gewesen. So ist es zu einer mehrmonatigen Verzögerung der Behandlungszeit, zu unnötigen Beschwerden und einem ausgeprägtem sog. postthrombotischen Syndrom gekommen.

Die Schlichtungsstelle hielt Schadenersatzansprüche für begründet und empfahl die Frage einer außergerichtlichen Regulierung zu prüfen.

**Fazit:** Nach Operationen in Blutleere oder Blutsperre und Gipsimmobilisation ist der Angabe über Wadenschmerzen und dem klinischen Symptom einer Umfangsvermehrung unverzüglich mit geeigneten diagnostischen Maßnahmen nachzugehen. Die Unterlassung ist als fehlerhaft anzusehen.

## 144

### Gipsimmobilisation nach Unterschenkelschnittwunde, unterlassene Thromboseprophylaxe, Fehldeutung von Thrombosezeichen

Zeitverlust, Schmerzen, schweres postthrombotisches Syndrom

**Krankheitsverlauf:** Die damals 56-jährige Patientin wurde im Mai 1993 wegen einer Unterschenkelschnittwunde durch den in Anspruch genommenen Chirurgen versorgt. Nach Wundnaht wurde ein Drain eingelegt und mit Gipsschiene immobilisiert. Außer einer oberflächlichen Wundrandnekrose kam es zu komplikationsloser Heilung. Eine Thromboseprophylaxe erfolgte nicht. Zwei Wochen nach der Verletzung wurde die Schiene entfernt. Aus den Krankenunterlagen des in Anspruch genommenen Chirurgen ist ersichtlich, dass auch noch nach einer Woche Schmerzmittel erforderlich waren. Die Patientin berichtete, dass diese Mittel wegen Schmerzen im Unter- und Oberschenkel verordnet wurden. Einen Tag nach der Gipsabnahme wurde ein tiefe Beinvenenthrombose diagnostiziert. Sie hat zu langer Behandlungsbedürftigkeit und zu bleibenden Insuffizienzzeichen in den großen ableitenden Venen geführt.

Die Patientin machte unterlassene Thromboseprophylaxe für die ihr entstandenen Schäden verantwortlich.

Der in Anspruch genommene Arzt wandte ein, dass bei der Patientin keine Risikofaktoren vorgelegen hätten und zur damaligen Zeit noch keine Standards für die Thromboseprophylaxe bestanden hätten.

**Gutachterliche Beurteilung:** Der von der Schlichtungsstelle beauftragte Gutachter führte aus, dass bei Gipsimmobilisation über mehrere Wochen an das Risiko einer Thrombose gedacht, der Patient darüber aufgeklärt und entsprechende Prophylaxe gewährleistet werden muss. Bei konsequent durchgeführter Thromboseprophylaxe wäre es nicht zur Thrombose gekommen.

**Beurteilung der Schlichtungsstelle:** Nach eingehender Beratung gelangte die Schlichtungsstelle zu der Feststellung, dass der Bewertung des Gutachters so nicht gefolgt werden konnte. Die nicht weiter begründete Aussage des Gutachters, dass bei durchgeführter Thromboseprophylaxe eine Beinvenenthrombose verhindert worden wäre, schien nicht ausreichend. Es ist keinesfalls so, dass bei Vornahme einer Prophylaxe mit Gabe z. B. von Heparin eine Thrombose sicher verhindert werden kann. Die Thromboseprophylaxe kann das Risiko des Auftretens einer Thrombose zwar mindern, diese bekannte Risikominderung ist aber nicht so ausreichend, dass man meinen kann, sie wäre bei regelrechtem Vorgehen verhindert worden.

Nach Ansicht der Schlichtungsstelle war ein Beweis dafür, dass die Thrombose aufgrund der unterlassenen Thromboseprophylaxe eingetreten sei, nicht zu führen. Im übrigen war auf die Situation ex ante abzustellen.

1993 lagen noch keine bindenden Richtlinien vor. Bei der Patientin handelte es sich um eine oberflächliche Wunde und außer dem Alter bestanden keine Risikofaktoren.

Es gab im vorliegenden Fall jedoch Hinweise dafür, dass die Zeichen einer sich entwickelnden Thrombose fehlgedeutet wurden. Wenn eine als harmlos eingestufte oberflächliche Hautwunde vorlag, so hätte der in Anspruch genommene Arzt beim Hinweis auf Schmerzen und der Notwendigkeit der Verordnung von Schmerzmitteln über einen längeren Zeitraum an eine Thrombose denken müssen. Dies ist nicht geschehen. Die fehlerhafte Deutung von Symptomen einer sich anbahnenden Thrombose hat zumindest zu einer Verlängerung der Schmerzphase und mit Wahrscheinlichkeit auch zu einer Ausweitung des Verschlussbereiches geführt. Dies war vermeidbar.

**Fazit:** Auch wenn aus Sicht ex ante eine Thromboseprophylaxe nicht zwingend erforderlich scheint, sind ungewöhnliche Beschwerden in der Phase einer Gipsimmobilisation verpflichtend, eine Thrombose auszuschließen.

## 145

### Unzureichende Thromboseprophylaxe bei Gipsbehandlung wegen des Verdachtes auf Achillessehnenreizung

Zeitverlust, Beschwerden, Notwendigkeit stationärer Behandlung und langanhaltender Marcumarmedikation, posttraumatisches Syndrom

**Krankheitsverlauf:** Der damals 54-jährige Patient wurde im Februar 1995 wegen seit Wochen bestehender Schmerzen an der Rückseite des linken Unterschenkels bei seinem Hausarzt vorstellig, der insbesondere nach der Angabe über reduzierte Wegstrecke (200 m) oder dem Verdacht auf ein arterielles Verschlussleiden die Fußpulse tastete und auf der linken Seite fehlende Fußpulse konstatierte.

Am 24.2.1995 stellte sich der Patient bei dem in Anspruch genommenen Chirurgen vor, der wegen Schmerzen im Ansatzbereich der Achillessehne einen Reizzustand des Sehnenhüllgewebes vermutete und noch am selben Tag einen Unterschenkelliegegips anlegte. Dieser wurde über zwei Wochen belassen. Nach Gipsabnahme bestand Druckschmerz in der Wade, sonst aber keine typischen Thrombosezeichen. Fünf Tage später wurde ein Kompressionsstrumpf angelegt. Als Begründung dafür wurde eine Varikosis angegeben. Bleibende Beschwerden waren einige Tage später Anlass, mit dem Patienten eine Kontrastmitteldarstellung zu besprechen. Dieser wechselte daraufhin den Arzt und wurde von diesem am 21.3.1995 unter dem Verdacht auf eine Phlebothrombose in das Krankenhaus eingewiesen. Es wurde eine ausgedehnte Beinvenenthrombose diagnostiziert. Wegen einer hinzutretenden Lungenembolie erfolgte am 30.3.1995 die Verlegung in die benachbarte Universitätsklinik. Dort war die Behandlung für weitere vier Wochen erforderlich.

Im August 1995 wurde anlässlich einer Nachbehandlung in der Reha-Klinik der Verdacht auf eine arterielle Verschlusskrankheit bestätigt. Wenig später erfolgte erfolgreiche chirurgische Behandlung.

Der Patient machte fehlerhafte Einschätzung seiner anfänglichen Beschwerden und eine Gipsbehandlung ohne Thromboseprophylaxe für das Auftreten einer Thrombose einschließlich Lungenembolie mit allen nachfolgenden Beeinträchtigungen einschließlich des postthrombotischen Syndroms verantwortlich.

Der in Anspruch genommene Chirurg äußerte die Ansicht, dass zum Zeitpunkt seiner Untersuchung und Behandlung kein Hinweis für eine Thrombose bestand und er zur Behandlung der diagnostizierten Achillessehnenreizung eine Gipsimmobilisation für gerechtfertigt halten musste.

**Gutachterliche Beurteilung:** Der von der Schlichtungsstelle eingeschaltete Gutachter gelangte zu der Feststellung, dass bei dem Patienten bereits bei erster Untersuchung durch den in Anspruch genommenen Chirurgen eine arterielle Verschlusskrankheit vorgelegen habe. Bereits der Hausarzt habe kurz zuvor diese Diagnose gestellt. Sie sei einige Monate später bestätigt worden und erfolgreich operativ behandelt worden.

Es sei deshalb davon auszugehen, dass bei Untersuchung am 24.2.1995 die erforderliche Sorgfalt verletzt wurde. Bei korrekter Untersuchung oder Abwägung von Risikofaktoren hätte man dann eine Gipsbehandlung unterlassen. Auch unter Annahme einer Achillessehnenreizung hätte alternativ die Möglichkeit der Behandlung mit Absatzerhöhung bestanden. Bei den gegebenen Risikofaktoren und der Entscheidung zum Gipsverband hätte aber eine Thromboseprophylaxe unbedingt eingeleitet werden müssen. Es seien demgemäß Versäumnisse und Fehler mit Folgen zu erkennen.

Auch wenn man nicht mit Gewissheit bei einer sachgemäßen Thromboseprophylaxe eine Thrombose vermeiden könne, sei zumindestens ihr Risiko nach derzeitigem Kenntnisstand deutlich zu reduzieren. Die Auswirkungen des postthrombotischen Syndroms mit Schwellzuständen, der Notwendigkeit des Tragens von Kompressionsstrümpfen, Beschwerden und ein erheblicher Zeitverlust seien als mittelbare Folge fehlerhafter Behandlung anzusehen. Sie seien aber abzugrenzen von den Auswirkungen der inzwischen operativ behandelten arteriellen Verschlusskrankheit.

Der in Anspruch genommene Chirurg wendete mit Schreiben vom 9.12.1997 ein, dass seines Erachtens nach im Gutachten vornehmlich hypothetische Erwägungen zur Grundlage der Entscheidung gemacht worden seien.

Die arterielle Verschlusskrankheit Anfang Februar 1995 sei nicht bewiesen, der vom Gutachter geforderte medizinische Standard für die Thromboseprophylaxe sei mit Literatur jenseits des zur Diskussion stehenden Zeitraumes belegt. Der Gutachter sei den Beweis schuldig geblieben, dass die Thrombose vor dem 21.3.1995 aufgetreten sei.

**Beurteilung der Schlichtungsstelle:** Die Schlichtungsstelle schloss sich dem Urteil des Gutachters an.

Zu Einwendungen gegen das Gutachten war festzustellen, dass es kaum einen Zweifel daran gibt, dass der Patient bereits am 24.2.1995 die Symptome einer arteriellen Verschlusskrankheit aufwies. Der Hausarzt hatte diese am Vortag eindeutig festgestellt und auf der linken Seite fehlende Fußpulse nachgewiesen. Zu gleicher Einschätzung kam man dann auch bei der Aufnahmeuntersuchung in der Inneren Abteilung der Medizinischen Universitätsklinik am 30.3.1995. In den ersten Wochen und Monaten nach der Behandlung durch den in Anspruch genommenen Chirurgen stand aber das arterielle Verschlussleiden im Hintergrund. Somit war davon auszugehen, dass bei einer ordnungsgemäßen Untersuchung am 24.2.1995 die Mangeldurchblutung am linken Vorfuß nachweisbar war, eine solche Untersuchung aber verabsäumt wurde. Die Mangeldurchblutung stellte einen Risikofaktor für immobilisierende Gipsbehandlung dar.

Bezüglich des Standards der Thromboseprophylaxe 1995 musste berücksichtigt werden, dass bereits seit 1990 von Expertengruppen die sog. Empfehlungen zur Thrombosebehandlung bei ambulanten Patienten erarbeitet und in den chirurgischen Publikationen veröffentlicht wurden. Diese Empfehlungen wurden in den nachfolgenden Jahren regelmäßig überarbeitet und in chirurgischen Fachzeitschriften publiziert.

Zumindest seit 1994 war es Standard, bei Risikopatienten mit Notwendigkeit immobilisierender Gipsbehandlung eine Thromboseprophylaxe vorzuschlagen und bei Einverständnis des Patienten durchzuführen. Nur über Art und Dosierung des zu verwendenden Medikamentes gab es zu diesem Zeitpunkt noch differierende Ansichten. Bei dem Patienten lagen ohne jeden Zweifel erhebliche Risikofaktoren vor. Eine klinische Untersuchung hätte Hinweise für das arterielle Verschlussleiden gegeben. Eine weitergehende Befragung nach der Wegstrecke hätte die Diagnose erhärten lassen.

Der Patient war zu diesem Zeitpunkt 95 kg schwer und wurde in allen Krankenhausunterlagen als adipös beschrieben und gab selbst einen Konsum von 40 Zigaretten pro Tag an. Seine Mutter hatte nach einer Kniegelenksoperation eine schwere Thrombose durchgemacht. Im Frühjahr 1995 war er deshalb als Hochrisikopatient einzustufen. Am ersten Tag des Patientenkontaktes ohne weitere differentialdiagnostische Abklärung und ausreichende Befunderhebung, unter der Mutmaßung einer Achillessehnenreizung bei einem Hochrisikopatienten einen Gipsverband anzulegen, der im übrigen durch lokale Maßnahmen, evtl. Absatzerhöhung hätte ersetzt werden können und dann auf jegliche Thromboseprophylaxe zu verzichten, musste deshalb als grob fehlerhaft angesehen werden.

Aufgrund der sich aus dem schweren Behandlungsfehler ergebenden Beweislasterleichterung bezüglich der Kausalitätsfrage musste im vorliegenden Fall davon ausgegangen werden, dass die Thrombose bei regelrechtem Verhalten nicht aufgetreten wäre. Aus der Unterlassung resultierten eine Verlängerung der Behandlungsdauer von mehreren Monaten und die Notwendigkeit einer einmonatigen stationären Behandlung sowie die Auswirkungen des postthrombotischen Syndroms.

**Fazit:** Geplante Gipsimmobilisation bei einem Hochrisikopatienten verlangt besonders sorgfältige Abwägung des Thromboserisikos. Unterlassung einer solchen muss als grober Fehler eingeschätzt werden und führt im Falle eines resultierenden Schadens zu Beweiserleichterungen für den Patienten bezüglich der Kausalitätsfrage. Mangelnde Dokumentation über erhobene Befunde und Aufklärung führen zur Beweislastverschiebung auf den in Anspruch genommenen Arzt, der beweisen muss, dass auch bei sachgerechter Diagnose und standardgemäßer Thromboseprophylaxe eine Thrombose aufgetreten wäre. Dies ist praktisch nicht möglich.

## 146

**Distorsion oberes Sprunggelenk, Muskelfaserriss, Immobilisierung mit Gipsschiene**
Keine Thromboseembolieprophylaxe, fulminante Lungenembolie mit Exitus laetalis

**Krankheitsverlauf:** Der 43-jährige Patient verletzte sich am 10.2. bei einem Fußballspiel im Bereich des linken Sprunggelenkes sowie des linken Unterschenkel. Er suchte deshalb am 12.2. die Praxis eines Facharztes für Orthopädie auf. Dort wurden folgende Befunde erhoben: Gangbild links hinkend, Schwellung linkes oberes Sprunggelenk, Hämatom distaler Unterschenkel links. Röntgenologisch ergaben sich im Bereich des linken Unterschenkel mit oberen Sprunggelenk in zwei Ebenen keine knöchernen Verletzungen. Es wurden ein stabilisierender Tape-Verband sowie ein Zinkleimverband angelegt. Die nächste Konsultation erfolgte am 19.2. Jetzt fand sich ein massives Hämatom im linken Unterschenkel ca. 10 cm proximal des oberen Sprunggelenkes. Dieses Hämatom wurde punktiert, wobei etwa 20 ml Blut gewonnen wurden. Jetzt wurde eine Unterschenkel-Gipsschiene angelegt und es wurden Unterarmstützen verordnet. 7 Tage später, am 26.2., Wiedervorstellung. Jetzt fand sich klinisch eine deutliche Delle im Sehnenspiegel der linken Achillessehne. Es wurde die Verdachtsdiagnose einer Ruptur des Sehnenspiegels linke Wade gestellt. Deshalb Überweisung in eine benachbarte chirurgische Abteilung.

Dort fanden sich am Folgetage, dem 27.2., Zeichen einer Thrombose. Es wurde am gleichen Tage eine Phlebographie veranlasst. Diese ergab eine komplette Thrombose der Vena tibialis arterior und postoerior. Teilweise Thrombosierung der medialen Fibularisvene. Ausgedehnte thrombotische Aussparungsfiguren der Vena poplitea und der V. femoralis. Am gleichen Tag Verlegung in die medizinische Klinik. Dort unverzüglich intravenös therapeutische Heparininjektionen. Zwei Tage später, am 29.2., akut auftretende Schmerzen thorakal verbunden mit Luftnot. Schocksymptomatik. Verlegung auf die medizinische Intensivstation. Trotz der sofort durchgeführten Behandlungsmaßnahmen verstarb der Patient etwa eine Stunde später. Nach Ansicht der Ehefrau des Patienten hätte der Tod durch eine vorbeugende Thrombose-verhindernde Behandlung vermieden werden können.

Der in Anspruch genommene Facharzt für Orthopädie vertritt die Ansicht, dass bei dem Patienten keine besonderen Risikofaktoren vorlagen. Es habe sich nicht um einen Knochenbruch, sondern um eine Weichteilquetschung gehandelt. Deshalb sei unter Berücksichtigung des Risikos einer heparininduzierten Thrombozytopenie eine Prophylaxe mit einem Heparinpräparat nicht erforderlich gewesen.

**Gutachterliche Beurteilung:** Der externe Gutachter kommt zunächst zu dem Ergebnis, dass die primär eingeleitete Behandlung mit Anlegung eines stabilisierenden Verbandes und erlaubter Belastung des linken Beines nicht zu beanstanden sei. Es handelte sich unter Berücksichtigung des gesamten Befundes um eine sinnvolle Therapie. Bei der Wiedervorstellung am 19.2. sei es auch nachvollziehbar, das jetzt festgestellte große Hämatom zu punktieren. Für eine körpereigene Resorption eines Blutergusses dieser Größenordnung sein in der Regel eine Zeitdauer von mehreren Wochen erforderlich, unter Umständen muss bei einer Abkapselung auch eine operative Hämatomausräumung erfolgen. Zudem besteht die Gefahr einer sekundären Infektion. Bei den jetzt vorliegenden Befunden war an diesem Tage auch die Anlegung einer Unterschenkelgipsschiene eine nicht zu beanstandende Maßnahme. Alternativ wäre auch ein Gehgips in Betracht gekommen, um eine Belastung des linken Beines zu ermöglichen. Durch die Gipsschiene war eine derartige Belastung nicht möglich, sodass konsequenterweise Unterarmstützen verordnet wurden. Damit lag jetzt ein immobilisierender Verband am Unterschenkel mit Fixierung des oberen Sprunggelenkes vor unter Belastungsunmöglichkeit des linken Beines.

Unter diesen Voraussetzungen hätte an diesem Tag eine Thromboseembolieprophylaxe mit einem subcutan zu applizierenden Heparinpräparat erfolgen müssen. Bei der Wiedervorstellung am 26.2. wurde offensichtlich die Gipsschiene entfernt und die Untersuchung ergab den Verdacht auf eine Ruptur in Höhe des Sehnenspiegels der linken Wade. Deshalb war die Überweisung in eine benachbarte chirurgische Abteilung situationsgerecht. Ob bei der Untersuchung des Patienten an diesem Tag bereits klinische Zeichen einer Beinvenenthrombose zu erheben waren, ließe sich aus dem Befund des behandelnden Facharztes für Orthopädie nicht erkennen.

Der Gutachter schließt aus der Tatsache, dass am Folgetag in der chirurgischen Abteilung sofort der klinische Verdacht auf eine Thrombose geäußert und entsprechende Untersuchungen unverzüglich veranlasst worden, dass mit hoher Wahrscheinlichkeit auch am 26.2. bereits klinisch entsprechende Verdachtsmomente vorlagen. Nach diesen wurde offensichtlich nicht gefahndet. Dieses wird als Sorgfaltsmangel angesehen.

Im Wesentlichen befasst sich der Gutachter hier mit der Frage der Thromboseembolieprophylaxe. Er führt dazu aus, dass der Patient zu einer Gruppe mit niedrigem Thromboseembolierisiko zählte. Als Gründe werden aufgeführt, das lediglich eine Weichteilverletzung bestand im Bereich der unteren Extremitäten ohne Beteiligung der knöchernen Strukturen. Der Patient war zum Unfallzeitpunkt erst 43 Jahre alt und er war sportlich. Laut Aktenlage bestand kein Übergewicht. Herz- und Kreislauferkrankungen lagen ebenfalls nicht vor. Das Risiko einer tiefen Venenthrombose betrage bei solchen Patienten 2%, einer proximalen Bein-Becken-Venenthrombose 0,4%. Als wesentlich benannt wird, dass bei dem Patienten am 19.2. nach Punktion des Hämatoms ein fixierender Verband angelegt wurde mit Ruhigstellung des oberen Sprunggelenkes und Belastungsunfähigkeit des linken Beines, sodass Gehen nur mit Unterarmstützen möglich war. Auch unter Berücksichtigung des niedrigen Thromboseembolierisikos dieses Patienten war nach der einschlägigen Literatur eine Thromboseembolieprophylaxe mit einem Heparinpräparat erforderlich. Dieses auch nach Risikoabwägung des möglichen Auftretens einer heparininduzierten Thrombozytopenie. Die nachfolgende Thrombose mit fulminanter Lungenembolie müsse mit hoher Wahrscheinlichkeit auf dieses Versäumnis zurückgeführt werden.

Der in Anspruch genommene Facharzt für Orthopädie weist darauf hin, dass die Phlebographie erst am 27.2. durchgeführt wurde, obwohl er die stationäre Einweisung bereits am 26.2. ausgefertigt habe.

**Beurteilung der Schlichtungsstelle:** Den Beurteilungen des externen Gutachters wird insgesamt zugestimmt. Es ist unbestritten, dass am 19.2. nach Punktion eines Hämatoms eine Immobilisierung des linken Unterschenkels/Fußes erfolgte in Verbindung mit der Verordnung von zwei Unterarmstützen, da das linke Bein ab diesem Zeitpunkt nicht belastbar war. Vor diesem Termin bestand keine Notwendigkeit für eine entsprechende Thromboseembolieprophylaxe.

Es besteht auch Übereinstimmung mit dem Gutachter, dass eine Risikoabwägung unter Berücksichtigung einer möglichen heparininduzierten Thrombozytopenie erfolgen muss und das Ergebnis dieser Risikoabwägung fällt auch unter Berücksichtigung der einschlägigen Literatur eindeutig in Richtung einer durchzuführenden Thromboseembolieprophylaxe mit einem Heparinpräparat ab dem 19.2. Dieses auch unter Berücksichtigung des von dem Gutachter im Einzelnen dargelegten Risikoprofils des Patienten.

Ergänzend weist die Schlichtungsstelle darauf hin, dass der Patient zum Zeitpunkt des Anlegens der Gipsschiene zumindest sehr eindringlich auf das Risiko einer Thromboseembolie hätte hingewiesen werden müssen und auf die möglichen prophylaktischen Maßnahmen. Es trifft zwar zu, dass das Risiko einer Thrombose/Embolie nicht mit Sicherheit verhindert werden kann, auch wenn eine ordnungsgemäße Thromboseprophylaxe durchgeführt wird. Das Risiko kann jedoch statistisch deutlich verringert werden, wenn eine entsprechende Prophylaxe betrieben wird. Dabei geht die Schlichtungsstelle sogar davon aus, dass hier ein schwerer Behandlungsfehler vorliegt mit der Folge einer Beweislasterleichterung.

**Fazit:** Bei allen ruhigstellenden Verbänden im Bereich der unteren Extremitäten, die eine Fortbewegung nur mit Unterarmstützen erlauben, muss eine Thromboseembolieprophylaxe mit einem Heparinpräparat erfolgen. Bei Unterlassung auch bei niedrigem Risikoprofil ist von einem schweren Behandlungsfehler auszugehen.

## 147

### Ambulante Operation eines Hallux valgus links. Thrombose/Embolie

Unzureichende Thromboseembolieprophylaxe.
Verzögerung der Diagnose einer Beinvenenthrombose

**Krankheitsverlauf:** Die 32-jährige Patientin suchte im Herbst 1993 einen Facharzt für Orthopädie wegen zunehmender Beschwerden durch einen Hallux valgus links auf. Es fand sich eine ausgesprochene Hallux valgus-Fehlstellung mit einem Intermetatarsalwinkel von 18 Grad und einem Hallux valgus-Winkel von 42 Grad ohne wesentliche degenerativ-arthrotische Veränderungen im Großzehengrundgelenk. Aufgrund dieser Befunde wurde die Indikation zur ambulanten operativen Korrektur gestellt. Der Eingriff wurde im Oktober 1993 durchgeführt. Es erfolgte eine gelenkerhaltende distale Korrekturosteotomie am Metatarsale I ohne begleitende Osteosynthese in Verbindung mit einer korrigierenden Weichteiloperation im Großzehengrundgelenk einschließlich Entfernung der Pseudoexostose am Köpfchen Metatarsale I medial. Der Eingriff selbst wurde regelrecht durchgeführt. Das postoperative Röntgenbild zeigt ein sehr gutes Korrekturergebnis. Zur Fixierung wurde ein Gipsstiefel angelegt. Die Patientin erhielt am Operationstag Venalot i.m., weiterhin wurden Venalot-Dragees 3×1 pro Tag rezeptiert. Am postoperativen Tag Gipskontrolle, keine Besonderheiten. Drei Tage später wurde der Gips über der Operationswunde gefenstert und ein Verbandswechsel durchgeführt. Keine Besonderheiten. Die Fäden wurden termingerecht entfernt. Primäre Wundheilung. Drei Wochen postoperativ Röntgenkontrolle. Entfernung des Gipsstiefels, Neuanlegung eines Gipsstiefels mit Gehsohle.
Am 24. postoperativen Tag stellte sich die Patientin erneut vor wegen Schmerzen in der linken Wade. Als Untersuchungsbefund wurde dokumentiert: „Schmerz Wade, kein Thrombosehinweis, Rezept Venalot/Hepathromb./WV in zwei Wochen oder eher bei Beschwerdepersistenz". Sechs Tage später erneute Vorstellung wegen Unterschenkelschmerzen mit Schwellung links. Jetzt ist der Verdacht auf eine Thrombose dokumentiert. Es wurde eine Ampulle Butazolidin i.m. verabreicht und ein Rezept über 10 Ampullen Heparin-Calcium-Braun ausgefertigt. Erneute Vorstellung zwei Tage später. Jetzt deutliche Schwellung linker Unterschenkel mit einer Differenz zu rechts von 2,5 cm. Schmerzen in der linken Kniekehle. Der Gips wurde entfernt. Es wurde eine sonographische Untersuchung der Fossa poplitea durchgeführt und dokumentiert „kein Anhalt für eine Oberschenkelthrombose". Verordnung des niedermolekularen Heparin Clexane. Es folgten zwei weitere Vorstellungen, es wird eine Besserung der Beschwerden vermerkt. Fast 7 Wochen postoperativ erneute Vorstellung, nochmals wird die Verdachtsdiagnose einer Thrombose gestellt und die Patientin zum Internisten überwiesen. Am gleichen Tag internistischerseits umfangreiche Diagnostik mit dem Ergebnis einer älteren Unterschenkelthrombose links

mit Perfusionsausfall der rechten Lunge. In der folgenden Nacht Anforderung eines Notarztes wegen Luftnot, klinische Einweisung. Stationär wird eine Unter- und Oberschenkelthrombose links gesichert. Perfusionsszintigraphisch wird eine Lungenembolie rechts nachgewiesen. Es erfolgte eine entsprechende Heparinisierung.

Im Rahmen dieser stationären Behandlung wurde ein genetischer Gerinnungsdefekt im Sinne einer APC-Resistenz festgestellt.

Die Patientin war der Ansicht, dass durch richtige vorbeugende Maßnahmen die Thrombose mit anschließender Lungenembolie zu verhindern gewesen wäre.

Der in Anspruch genommene Facharzt für Orthopädie vertritt die Ansicht, dass kein erhöhtes Thromboserisiko vorlag. Die Patientin sei postoperativ nicht bettlägerig gewesen und es sei kein kompletter Unterschenkelgips, sondern nur ein Gipsstiefel angelegt worden. Außerdem halte der die Gabe von Venalot als Thromboseprophylaxe für ausreichend.

**Beurteilung des Gutachters:** Der externe Gutachter stellt zunächst fest, dass die Hallux valgus-Operation indiziert war, dass ein befundangemessenes Operationsverfahren gewählt und richtig durchgeführt wurde. Die postoperative Fixierung im Gipsstiefel sei bei der gewählten Operationstechnik indiziert gewesen. Gegen die ambulante Durchführung der Operation bestehen keine Einwände, da die postoperative Überwachung sichergestellt war.

Beanstandet wird die Thromboseembolieprophylaxe. Die Gabe von Venalot wird als unzureichend eingestuft. Als Risikofaktor hinsichtlich einer posttraumatischen Thrombose wird in erster Linie die Fixierung im Gipsstiefel genannt, als zweites die Einnahme oraler Kontrazeptiva seitens der Patientin. Nach der Dokumentation muss davon ausgegangen werden, dass dem operierenden Arzt dieser Tatbestand nicht bekannt war und auch nicht hinterfragt wurde. Dieses ist jedoch erforderlich.

Dem operierenden Arzt ist nicht vorzuwerfen, dass er die angeborene APC-Resistenz nicht kannte, eine entsprechende präoperative Diagnostik in dieser Hinsicht wird nicht gefordert. Hingewiesen wird noch auf ein Übergewicht von 80 kg bei einer Körpergröße von 170 cm.

Insgesamt lagen wesentliche Risikofaktoren vor, die eine entsprechende Thromboseembolieprophylaxe mit einem niedermolekularen Heparin zwingend erforderten. Weiterhin wird die verspätete Diagnostik der sich entwickelnden Thrombose gerügt. Bei dem ersten dokumentierten Verdacht mit entsprechender Beschwerdesymptomatik ca. 4 Wochen postoperativ wären sofortige weiterführende Untersuchungen zum Nachweis oder sicheren Ausschluss einer Thrombose erforderlich gewesen, um ggf. rechtzeitig eine wirksame Therapie einzuleiten. Dieses wurde versäumt.

**Beurteilung der Schlichtungsstelle:** Den Bewertungen des externen Gutachters wird zugestimmt. Eine Immobilisierung in einem Gipsstiefel nach durchgeführter Hallux valgus-Operation ist als wesentlicher Risikofaktor für eine postoperative Thromboseentwicklung anzusehen. Das gleiche gilt für die Einnahme oraler Kontrazeptiva. Hier ist seitens des Operateurs eine präoperative Beratung der Patientin notwendig, nach Möglichkeit mit dem Ziel, diese Medikation präoperativ auszusetzen. Hinzukommt das Übergewicht. Diese drei Faktoren erfordern eine Thromboseemboliephrophylaxe mit einem niedermolekularen Heparin. Die Verordnung von Venalot muss als völlig unzureichend und ungeeignet eingestuft werden. In der Gesamtschau ist von einem schweren Fehler auszugehen.

**Fazit:** Eine Thromboseemboliephrophylaxe ist bei Vorliegen mehrerer, individuell zu bestimmenden Risikofaktoren zwingend notwendig. Ihre Unterlassung ist fehlerhaft, auch unter dem Gesichtspunkt, dass sich unter einer angemessenen Prophylaxe eine Thrombose nicht mit Sicherheit vermeiden lässt. Entscheidend ist die zweifelsfreie Senkung eines entsprechenden Risikos. Bei Vorliegen mehrerer Risikofaktoren ist die Nichtdurchführung einer ordnungsgemäßen Prophylaxe nicht mehr verständlich und nicht nachvollziehbar, sodass im Wege der Beweislasterleichterung zugunsten der Patientin die Folgen dieses Fehlers im Sinne einer postoperativen Thrombose mit rezidivierender Lungenembolie und den damit verbundenen Beschwerden und der stationären Behandlung dem behandelnden Arzt zur Last gelegt werden.

## 148

### Operative Entfernung eines Histiozytoms rechte Ferse, Thrombo-Embolie

Nichterkennung einer postoperativen Thrombose, keine Veranlassung einer weiteren Diagnostik

**Krankheitsverlauf:** Der 50-jährige Patient suchte einen niedergelassenen Facharzt für Chirurgie auf wegen einer Geschwulst im Bereich seiner rechten Ferse. Es wurde vereinbart, diesen Tumor ambulant operativ zu entfernen. Der Eingriff selbst verlief ohne Besonderheiten. Histologisch ergab sich ein Geschwulstareal von 0,8 cm Durchmesser, es handelte sich um ein Histiozytom. Der Patient erhielt für den Tag der Operation und den ersten postoperativen Tag eine Arbeitsbefreiung. Eine Immobilisation des rechten Beines erfolgte nicht. In den nachfolgenden 11 postoperativen Tagen suchte der Patient den Operateur insgesamt 6-mal auf. Zunächst ergaben sich keine Besonderheiten. Am 9. postoperativen Tag bemerkte der Patient Schmerzen in der rechten Wade und eine Beinschwellung rechts. Zwei Tage später erfolgte der letzte Praxisbesuch bei dem Operateur. An diesem Tag wurde die Fäden entfernt. Die Wunde war reizlos verheilt. Der Operateur verordnete wegen der Beinschwellung und der Schmerzen in der rechten Wade Acetyl-Salicylsäure sowie Kühlung und Einreibungen. Keine weiteren Maßnahmen. Der nächste Vorstellungstermin wurde für den 3. nachfolgenden Tag vereinbart. Zu dieser Vorstellung kam es jedoch nicht mehr, da der Patient zwei Tage nach der letzten Konsultation notfallmäßig in ein benachbartes Krankenhaus eingewiesen wurde.

Hier fand sich eine tiefe Beinvenenthrombose rechts mit nachfolgenden Lungenembolien. Es wurde eine entsprechende Behandlung durchgeführt, durch die die eingetretenen Gesundheitsschäden nahezu vollständig behoben werden konnten.

Der Patient war der Ansicht, dass die Thrombose und die nachfolgende Lungenembolie durch rechtzeitige Erkennung und angemessene Behandlung hätte vermieden werden können.

Der in Anspruch genommene Facharzt für Chirurgie vertritt die Ansicht, dass eine medikamentöse Thromboseembolieprophylaxe mit einem Heparinpräparat nicht indiziert war, da postoperativ keine Immobilisierung erfolgte. Bei der letzten Konsultation seien keine ausreichend sicheren Anzeichen einer Thrombose erkennbar gewesen.

**Gutachterliche Beurteilung:** Der externe Gutachter kommt zu dem Ergebnis, dass bei dem 50-jährigen übergewichtigen, als Raucher bekannten Patienten, eine entsprechende medikamentöse Thromboseemebolieprophylaxe mit einem Heparinpräparat hätte erwogen werden sollen. Eine derartige Prophylaxe sei jedoch nicht zwingend erforderlich gewesen, da keinerlei Immobilisierung postoperativ erfolgte. Das Unterlassen einer derartigen medikamentösen Thromboseembolieprophylaxe erfordere jedoch zwingend, dass der behandelnde Arzt in dem Bewusstsein der möglichen Gefährdung schon geringsten Symptomen einer solchen Komplikation nachgehe.

Bei der letzten Konsultation lagen mit Schmerzen und Beinschwellung rechts eindeutige klinische Symptome vor, die eine weitere gründliche klinische und eventuell aperative Diagnostik zwingend erforderlich gemacht hätten. Die Verordnung von Acetyl-Salicylsäure sowie Kühlung und Einreibungen sei zu diesem Zeitpunkt keine angemessene Therapie gewesen. Aufgrund der kurz darauf nach erfolgter Noteinweisung erhobenen Befunde könnte zweifelsfrei ausgesagt werden, dass durch entsprechend aperative Untersuchungsmaßnahmen die Diagnose einer tiefen Beinvenenthrombose zwei Tage zuvor hätte gestellt werden können mit der unverzüglichen Konsequenz einer entsprechenden zielgerichteten Therapie. Dadurch hätte sich mit großer Wahrscheinlichkeit der weitere Verlauf im Sinne einer Lungenembolie vermeiden lassen.

Der in Anspruch genommene Facharzt für Chirurgie nimmt zu dem Gutachten nicht Stellung.

**Beurteilung der Schlichtungsstelle:** Den Bewertungen des Gutachters wird zugestimmt. Auch wenn bei dem 50-jährigen übergewichtigen, rauchenden Patienten Risikofaktoren hinsichtlich einer Thromboseembolie vorlagen, war nach den allgemein anerkannten Richtlinien eine medikamentöse Prophylaxe mit einem Heparinpräparat nicht zwingend erforderlich. Bei derartigen Behandlungen muss das Nutzen-Risiko-Verhältnis abgewogen werden.

Bei der Anwendung von Heparin zur Thromboseembolieprophylaxe ist die Möglichkeit einer heparininduzierten Thrombozytopenie zu berücksichtigen. Es ist postoperativ keine Immobilisierung erfolgt und der Eingriff selbst war so gering, dass das betroffene Bein voll belastet werden konnte. Insoweit wurde der Patient auch nur für einen Tag postoperativ krankgeschrieben.

In Übereinstimmung mit dem Gutachter sind jedoch postoperativ sorgfältige Kontrollen in Bezug auf die Entstehung einer tiefen Beinvenenthrombose erforderlich und bei entsprechenden Hinweisen, die eindeutig vorlagen, muss eine weitergehende Diagnostik durchgeführt bzw. veranlaßt werden. Unterbleibt dieses, müssen die Folgen dem behandelnden Arzt zur Last gelegt werden.

**Fazit:** Nach kleinen operativen Eingriffen im Bereich der unteren Extremitäten ohne Immobilisierung ist eine medikamentöse Thromboseembolieprophylaxe mit einem Heparinpräparat im Allgemeinen nicht erforderlich, sollte jedoch bei entsprechenden Risikofaktoren erwogen werden. Erforderlich ist auf jeden Fall eine sorgfältige postoperative Kontrolle um ggf. die Komplikation einer tiefen Venenthrombose rechtzeitig zu erkennen.

## 149

### Hüftdysplasie. Pfannenschwenk-Osteotomie nach Tönnis
Verätzung im Gesäßbereich durch das verwendete Desinfektionsmittel

**Krankheitsverlauf:** Bei dem 25-jährigen Patienten mit einer Körpergröße von 185 cm und einem Gewicht von 100 kg lag eine ausgeprägte Hüftgelenkspfannendysplasie rechts vor. Deshalb wurde am 27.2. eine Pfannenschwenk-Osteotomie nach Tönnis durchgeführt. Narkosedauer insgesamt 6 Stunden. Im Rahmen der Operation zunächst Bauchlage für 45 Minuten, dann Rückenlage für 4 Stunden 25 Minuten. Im Operationsprotokoll wird die geschilderte Wechsellagerung beschrieben. Während des operativen Eingriffs ergaben sich keine Besonderheiten, auch der postoperative Verlauf war unauffällig.

Am Tag nach der Operation werden im Pflegebericht Brandblasen an der rechten und linken Gesäßseite mit einem Durchmesser von je 8–10 cm beschrieben. Die Behandlung erfolgte mit Sofra-Tüll und Lagerung des Patienten auf einer Gelmatratze. Im weiteren Verlauf Pinselung mit Pyoktanin-Lösung. Die Wunden heilten unter entsprechender Narbenbildung ab.

Der Patient war der Ansicht, dass diese Verbrennungen/Verätzungen bei Beachtung der notwendigen Sorgfalt vermeidbar gewesen wären.

Die in Anspruch genommene orthopädische Klinik vertritt die Ansicht, dass ein Sorgfaltsmangel nicht vorliege. Der Patient sei während der Operation auf einer Wärmematte und Gummimatte in Verbindung mit einer Doppelschicht dicken, wasserundurchlässigen papierbeschichteten Abdeckung gelagert worden. Zur Desinfektion sei das Präparat Silent der Firma Henkel verwandt, Hautveränderungen im Sinne einer Verätzung bzw. Verbrennung durch dieses Mittel seien nicht bekannt. Diese Desinfektionsflüssigkeit komme nur indirekt ursächlich in Betracht, in dem die Leitfähigkeit benetzter Unterlagen eine elektrische Verbindung vom Patienten zum Operationstisch herstellt (Stellungnahme der Firma MAQUET).

In Fachkreisen der Hochfrequenzchirurgie sei die Möglichkeit von Leckströmen diskutiert. Die Ursache dieser Ströme sei nicht eindeutig geklärt. Voraussetzung dafür scheint aber zu sein, dass eine Verbindung zwischen Patient und Operationstisch vorliegen muss, sodass hier die einzig denkbare Kausalität für die Verbrennung gegeben sein könnte.

**Gutachterliche Beurteilung:** Der externe Gutachter diskutiert als Ursache der Hautschädigung am Gesäß im Wesentlichen zwei Möglichkeiten: Es könnte sich um eine Verätzung durch das zur Operationsvorbereitung benutzte Desinfektionsmittel handeln, welches in Rückenlage an das Gesäß gelangt sei. Dieses gilt um so mehr, wenn der Patient in einer Desinfektionsmittellache liegt und zwischen dem Gummi- bzw. Plastiküberzug des Operationstisches und der Körperoberfläche des Patienten nur von der Desinfektionslösung durchtränkte Materialien liegen. Auch flüssigkeitsundurchlässige Plastikunterlagen zwischen der Haut auf der einen Seite und dem Bezug des Operationstisches auf der anderen Seite trügen eher zu einer Entstehung des Schadens bei. Allerdings gehe aus der festgestellten Hautveränderung die Ursache der Schädigung nicht eindeutig hervor. So könne das Zusammentreffen einer besonderen Hautempfindlichkeit, örtlicher Druck durch die Rückenlage von über 5 Stunden und der Einwirkung des Desinfektionsmittels einzeln und in Kombination eine Rolle spielen. Eine Verbrennung durch elektrischen Strom liege diesen Hautveränderungen in der Regel nicht zugrunde. Hier insbesondere wegen der Doppelseitigkeit mit weitgehender Symmetrie.

Diskutiert wird weiterhin eine örtliche Druckschädigung allein bedingt durch die Lagerung. Bei der angegebenen Rückenlage sei es wahrscheinlich, dass der Patient auf den Stellen des späteren Druckschadens gelegen habe. Im Gesäßbereich nahe der hinteren Schweißrinne bestünden schlechte Durchblutungsbedingungen. Eine vermehrte Schweißsekretion könne hier die Bildung einer feuchten Kammer begünstigen.

Es sei bekannt, dass bei minderdurchbluteten Hautarealen, wie in diesem Bereich, durch erhöhten Druck bei längerem Aufliegen ein Druckgeschwür entstehen könne, wobei der Einfluss von Desinfektionsmittel begünstigend wirke.

Abschließend kommt der Gutachter zu dem Ergebnis, dass die Hautläsion im Wesentlichen entstanden sei im Rahmen einer Rückenlagerung über 5 Stunden und 25 Minuten auf einer, mit dem Desinfektionsmittel durchtränkten Unterlage. Eine derartige Durchfeuchtung der Unterlagen mit einem Desinfektionsmittel sei unter Beachtung der notwendigen Sorgfalt vermeidbar.

Folgen des Fehlers sind vermehrte Beschwerden postoperativ für die Dauer von ca. 3 Monaten bis zur abgeschlossenen Wundheilung mit anschließender Narbenbildung.

Die in Anspruch genommene orthopädische Klinik akzeptiert die Aussagen des externen Gutachters.

**Beurteilung der Schlichtungsstelle/Fazit:** Den Bewertungen des Gutachters wird zugestimmt. Insbesondere bei langdauernden Operationen in Rückenlage muss sorgfältig darauf geachtet werden, dass nach der notwendigen Hautdesinfektion der Patient nicht auf einer von Desinfektionslösung durchtränkten Unterlage liegt, da sonst eine eindeutig erhöhte Gefahr der Entstehung eines Weichteilschadens im Sinne einer Verätzung besteht.

## 150

### Coxarthrose rechts bei Hüftkopfnekrose. Hüft-TEP rechts
Verbrennung 3. Grades linke Gesäßseite

**Krankheitsverlauf:** Der 47-jährige Patient litt an einer ausgeprägten Coxarthrose rechts bei Hüftkopfnekrose. Wegen der entsprechenden Beschwerdesymptomatik und Funktionsbehinderung lag die Indikation zur Implantation einer zementlosen Hüft-TEP vor. Deshalb wurde er von seinem Hausarzt in eine benachbarte Klinik eingewiesen. Nach der Operation klagte der Patient über starke Schmerzen im Bereich der linken Gesäßseite. Hier fand sich eine Rötung von etwa Kinderhandtellergröße. Daraus entwickelte sich kurzfristig eine tiefe Nekrose im Sinne einer Verbrennung dritten Grades. 14 Tage postoperativ erfolgte chirurgischerseits ein Débridement, anschließend wurde der Defekt mit einem Hauttransplantat gedeckt. Ca. zwei Monate später reizlose Narbe.

Der Patient war der Ansicht, dass diese Verbrennung im Bereich seines linken Gesäßes vermeidbar war.

Die in Anspruch genommene Klinik schreibt, dass an dem ursächlichen Zusammenhang zwischen der Verbrennung am linken Gesäß und der durchgeführten Operation aus ihrer Sicht kein Zweifel besteht und dass diese Verbrennung am ehesten durch die Elektrode verursacht sei, welche während der Operation zur Erdung des Körpers diente.

**Gutachterliche Beurteilung:** Der externe Gutachter bestätigt zunächst die Indikation für die zementlose Hüft-TEP rechts. Der Eingriff wurde regelrecht durchgeführt. Das postoperative Röntgenbild zeigt eine gute Positionierung der eingebrachten Endoprothesekomponenten. Insoweit sind hier Fehler oder Versäumnisse nicht erkennbar. In Übereinstimmung mit der in Anspruch genommenen Klinik kommt der Gutachter zu dem Ergebnis, dass die postoperative Verbrennung dritten Grades im Bereich des linken Gesäß offensichtlich durch die hier angelegte Elektrode verursacht wurde. Diese Komplikation sei vermeidbar gewesen. Fehlerbedingt sind somit die durch diese Verbrennung bedingten Beschwerden in Verbindung mit der notwendigen operativen Behandlungsmaßnahme. Ein negativer Einfluss auf die Endoprothesenoperation als solche, wird verneint.

Die in Anspruch genommene Klinik nimmt zu dem Gutachten nicht Stellung.

**Beurteilung der Schlichtungsstelle/Fazit:** Den Bewertungen des Gutachters wird zugestimmt. Es wird ausgeführt, dass selbstverständlich im Rahmen einer derartigen Operation eine entsprechende Elektrode zur Erdung des Körpers angelegt werden muss. Im Rahmen der Vorbereitung für einen derartigen Eingriff ist es notwendig, den Operationsbereich sehr großflächig mit einem entsprechenden Desinfektionsmittel zu behandeln. Dabei lässt es sich häufig nicht vermeiden, dass das Desinfektionsmittel auch zur

Gegenseite – hier bei Rücklage der linken Gesäßseite – fließt. Liegt in diesem Bereich die Elektrode, so kann es zu Verbrennungen kommen, wie sie bei dem Patienten aufgetreten sind. Deshalb muss diese Elektrode grundsätzlich so positioniert werden, dass eine derartige Komplikation nicht auftreten kann. Sie muss keinesfalls unter der gegenseitigen Gesäßseite liegen, sondern kann vielmehr in einer Region angebracht werden, wo keine Gefahr besteht, dass sie mit Desinfektionsflüssigkeiten Kontakt hat.

## 151

### Spastische Hemiparese links mit Spitzfuß
Operative Spitzfußkorrektur nach Strayer, Ulcerationen im Gipsverband

**Krankheitsverlauf:** Der 16-jährige Patient wurde 1995 von seinem behandelnden Facharzt für Orthopädie in eine orthopädische Klinik zur operativen Korrektur einer Spitzfußstellung links eingewiesen. Bei der Aufnahme fand sich bei dem 190 cm großen und 123 kg schweren jungen Mann eine typische spastische Hemiparese links aufgrund eines frühkindlichen hypoxischen Hirnschadens mit einer Spitzfußstellung von 20 Grad bei leichter Varusfehlstellung. Bei gebeugtem Kniegelenk ließ sich der Spitzfuß bis zur Neutralstellung ausgleichen.

Aufgrund dieses Befundes wurde seitens der behandelnden Klinikärzte davon ausgegangen, dass der entscheidende Anteil der Kontraktur im Gastroknemikusbereich, nicht dagegen im Bereich des Musculus soleus lag. Deshalb entschied man sich zum Operationsverfahren nach Strayer, bei dem eine Verlängerung des Gastroknemikusanteils unter Belassung des Soleusanteiles im sehnigen Anteil proximal der Achillessehne durchgeführt wird. Von einer kompletten Achillotenotomie wurde Abstand genommen, vor allem auch wegen des sehr hohen Körpergewichtes. Unter den gegebenen Voraussetzungen wurde hier ein erhöhtes Risiko für eine postoperative Nahtinsuffizienz mit eventueller Hackenfußfehlstellung gesehen, eine Komplikation die als schwerwiegender angesehen wurde im Vergleich zu einem möglichen Spitzfußrezidiv bei der Technik nach Strayer.

Unter der Operation konnte die Spitzfußstellung ausgeglichen werden. Postoperativ wurde ein gepolsterter Gips eingelegt, der am Tage nach der Operation an der Vorderseite längs gespalten wurde. Die Entlassung erfolgte eine Woche postoperativ mit liegendem Gipsverband. In den postoperativen Tagen sind Beschwerden seitens des Patienten im Fersenbereich dokumentiert, die aber als Operationsfolge gedeutet wurden und nicht zu einer Gipsrevision, etwa im Sinne einer Fensterung der Fersengegend, führten.

Nach dem Bericht des Patienten seien diese Schmerzen zum Zeitpunkt der Entlassung weitgehend abgeklungen. Die postoperative Betreuung erfolgte durch den einweisenden Facharzt, wobei zunächst keine Besonderheiten vermerkt sind. Erst im weiteren Verlauf traten erneut Schmerzen im Fersenbereich und jetzt auch im Bereich des linken Fußrückens auf in Verbindung mit einer Geruchsbelästigung. Dieses führte zur Entfernung des Gipsverbandes und es fand sich jetzt ein Druckulcus über dem linken Fußrücken und ein weiterer über der linken Ferse in der Größe von 4×4 cm. Erneute Einweisung in das Krankenhaus mit dortiger Behandlung der Druckulcerationen über einen Zeitraum von 6 Wochen.

Bei der Nachuntersuchung durch den externen Gutachter fanden sich entsprechende Narbenbildungen über dem linken Fußrücken und im Bereich der linken Ferse, weiterhin ein Spitzfuß links von 20 Grad.

Der Patient war der Ansicht, dass die Druckgeschwüre durch eine richtige Anlage des Gipsverbandes vermeidbar gewesen wären und weiterhin das Spitzfußrezidiv auf eine fehlerhaft durchgeführte Operation zurückzuführen sei.

Die in Anspruch genommene Klinik führt an, dass der Gips regelrecht gespalten worden sei. Es sei auch ein Fenster über der Operationswunde zur Wundkontrolle angelegt worden. Die Durchblutung der Zehen sei regelrecht gewesen. Die Schmerzen im Fersenbereich seien unerheblich gewesen und hätten das postoperative übliche Beschwerdemaß nicht überschritten. Rezidive nach Spitzfußoperationen nach Strayer ließen sich auch bei aller Sorgfalt der Operation und der Nachbehandlung nicht immer vermeiden und könnten somit dem Operateur nicht angelastet werden.

**Gutachterliche Beurteilung:** Der externe Gutachter gelangt zu der Feststellung, dass aufgrund des Gesamtbefundes, auch unter Berücksichtigung des hochgradigen Übergewichtes, die Entscheidung des Operateurs, zur Korrektur des spastischen Spitzfußes die Technik nach Strayer anzuwenden, durchaus nachvollziehbar sei. Auch sei der Eingriff technisch regelrecht durchgeführt. Ein Spitzfußrezidiv gehöre zu den typischen Komplikationen dieses Verfahrens und sei auch bei richtiger Operationstechnik und Nachbehandlung nicht immer vermeidbar.

Fehlerhaft sei es jedoch, bei entsprechenden Beschwerden postoperativ einen liegenden Gipsverband, auch wenn dieser gepolstert sei, nicht zu revidieren. Offensichtlich seien die von dem Patienten geäußerten Beschwerden bagatellisiert worden. Die erhöhte Druckgeschwürsanfälligkeit bei Patienten mit spastischen Paresen hätte den behandelnden Ärzten bekannt sein müssen. Eine alleinige Spaltung des Gipses an der Vorderseite sei nicht ausreichend, vor allem bei der hier geäußerten und dokumentierten Beschwerdensymptomatik im Fersenbereich.

Durch diesen Fehler sei eine etwa 6-wöchige nochmalige stationäre Behandlung mit entsprechender Schmerzsymptomatik erforderlich gewesen. Die Gesamtbehandlungszeit hätte sich um etwa 4 Monate verlängert.

**Beurteilung durch die Schlichtungsstelle:** Den Bewertungen wird zugestimmt. Sowohl die Operationsindikation als auch die Durchführung des Eingriffes waren regelrecht, deshalb kann das Rezidiv dem Operateur nicht angelastet werden. Es gehört zu den typischen, auch bei aller Sorgfalt nicht immer vermeidbaren Risiken des hier durchgeführten Eingriffes. Vermeidbar waren die postoperativen Druckulcerationen sowohl im Bereich des linken Fußrückens als auch der Ferse.

**Fazit:** Bei liegenden Gipsverbänden muss, auch wenn diese gepolstert und gespalten sind, entsprechenden Beschwerdeangaben des Patienten sorgfältig nachgegangen werden. Dieses gilt insbesondere im Rahmen der Behandlung von spastischen Paresen. Hier besteht eine besondere Gefährdung hinsichtlich der Ausbildung von Druckulcerationen, die jedoch bei der Beachtung der notwendigen Sorgfalt vermeidbar sind.

## 152

**Pseudoradiculäres Lumbalsyndrom. Krafttraining**
Fehlende Aufsicht im Rahmen des Krafttrainings. Bursitis subacromialis

**Krankheitsverlauf:** Der 55-jährige Patient litt seit längerer Zeit an einem pseudoradiculären Lumbalsyndrom links aufgrund degenerativer Veränderungen im unteren Lumbalbereich. Da ambulante Behandlungsmaßnahmen nicht zu einer Besserung führten, erfolgte die Einweisung in eine Reha-Klinik. Dort wurden gezielte Therapien für den Lumbalbereich eingeleitet u. a. auch ein Krafttraining. Am Ende der dritten Behandlungswoche traten ausgeprägte Schmerzen im linken Schultergelenk auf. Dokumentiert ist eine starke Druckschmerzhaftigkeit des Sehnenansatzes am Tuberculum majus links sowie eine schmerzhafte Bewegungseinschränkung des linken Schultergelenks in allen Ebenen. Es erfolgte eine lokale Eisbehandlung, medikamentös wurden cortisonfreie Antirheumatika gegeben. Das Krafttraining wurde eingestellt. Nach Beendigung der Reha-Maßnahmen suchte der Patient wegen anhaltender Beschwerden in der linken Schulter einen Facharzt für Orthopädie in seinem Wohnbereich auf. Es fand sich ein stark druckschmerzhafter Schleimbeutel subacromial in Verbindung mit einer Bewegungseinschränkung im linken Schultergelenk. Ultraschalluntersuchungen und eine später durchgeführte Magnetresonanztomographie ergaben eine typische Bursitis subacromialis und subdeltoidia sowie mäßige degenerative Veränderung der Rotatorenmanschette. Durch befundangemessene konservative Behandlung konnte die Bursitis subacromialis zum Abklingen gebracht werden, die freie Beweglichkeit des linken Schultergelenkes wurde wieder hergestellt. Der Patient war der Ansicht, dass diese Beschwerden und Bewegungseinschränkungen in seinem linken Schultergelenk durch das Krafttraining verursacht wurden. Er sei in Bezug auf dieses Krafttraining nicht eingewiesen und auch nicht beaufsichtigt worden.

Die in Anspruch genommene Reha-Klinik teilt mit, dass das Krafttraining zur allgemeinen körperlichen Konditionierung in Absprache mit dem Patientin angesetzt wurde. Dieses erfolgte auf freiwilliger Basis. Es bestand jederzeit die Möglichkeit für den Patientin, das Krafttraining bei Beschwerden oder aus sonstigen Gründen nach Rücksprache mit dem medizinischen Personal abzusetzen. Ein individueller Therapieplan wurde im Hinblick auf das Krafttraining nicht erstellt. Die Einweisung zur Benutzung der Geräte erfolgte durch einen Heilsportlehrer.

**Gutachterliche Beurteilung:** Der externe Gutachter bestätigt zunächst grundsätzlich die Indikation für ein derartiges Krafttraining bei dem vorliegenden pseudoradiculären Lumbalsyndrom. Er führt aus, dass durch dieses Training an den Geräten eine verbesserte Koordination der einzelnen Muskelgruppen untereinander und eine Verbesserung der Kondition der Muskulatur erreicht werde. Gerade Patienten mit chronischen Wirbelsäulenerkrankungen würden ihr Körpergefühl und damit auch das Gefühl für das Zusammenspiel der Muskelgruppen bei Bewegung verlieren, die Leistungsfähigkeit der Muskulatur sei herabgesetzt. Ein Krafttraining im Sinne einer medizinischen Trainingstherapie sei ideal zur Behandlung derartiger Defizite. Der Gutachter stellt jedoch weiterhin fest, dass Patienten mit chronisch schmerzhaften Erkrankungen oft das Koordinations- und Bewegungsgefühl verlieren und dass eine Korrektur der Bewegungsabläufe beim Training durch den Therapeuten häufig notwendig sei. Außerdem sei die Leistungsfähigkeit jedes einzelnen Patienten unterschiedlich und da eine Überforderung nicht stattfinden dürfte, die zu vermehrten Beschwerden führten könnten, müsse die Dosierung der Gewichte und die Wiederholungen der Übungen durch einen Therapeuten zunächst vorgegeben und dann ständig überwacht werden. Dieses sei im Rahmen des Krafttrainings des betroffenen Patienten nicht geschehen. Die Folge sei ein Überlastungsschaden im Bereich der linken Schulter, wobei davon auszugehen sei, dass bei einem 55-jährigen Mann degenerative Veränderungen im Bereich des Weichteilmantels des Schultersgelenks vorliegen, wie sie bei dem Patienten auch später im Rahmen der Magnetresonanztomographie bestätigt wurden. Verschleisserscheinungen allein besagten jedoch nicht, dass auch Beschwerden und Funktionsbehinderungen bestehen. Würden derartige Gelenke jedoch überlastet, komme es zu typischen Überlastungsreaktionen des Weichteilmantels der Schulter mit Beschwerden und Funktionsbehinderungen. Dies sei im Rahmen eines Krafttrainings durch eine angemessene Dosierung und Kontrolle durch einen Therapeuten vermeidbar.

Die in Anspruch genommene Reha-Klinik akzeptiert die Beurteilung des externen Gutachters.

**Beurteilung der Schlichtungsstelle:** Den Bewertungen des Gutachters wird zugestimmt. Eine entsprechende Anleitung, Dosierung der Kraftleistung und Überwachung muss im Rahmen eines derartigen Krafttrainings gefordert werden. Geschieht dies nicht, müssen entsprechende Überlastungsschäden den verordnenden Ärzten zur Last gelegt werden.

# TEIL III:
## Arzthaftungsrecht

# 1 Rechtsfolgen ärztlicher Fehler

Genauso vielfältig wie sich das Spektrum ärztlicher Behandlungsfehler darstellt, präsentieren sich die daraus resultierenden Rechtsfolgen für den Arzt. Jedoch mit der Besonderheit, dass ein und derselbe Fehler geeignet ist, eine Lawine von juristischen Konsequenzen auf verschiedensten Rechtsgebieten auszulösen:

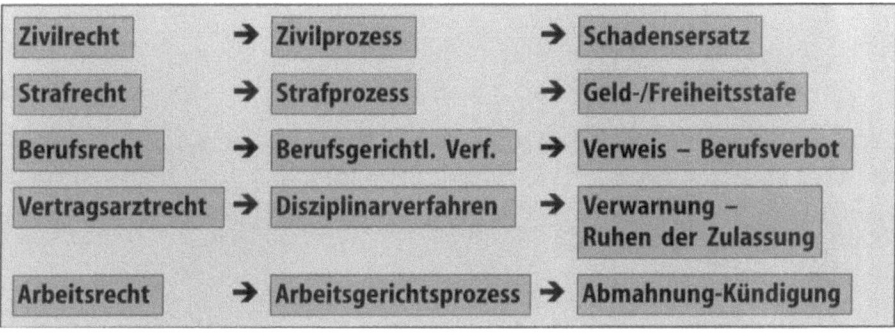

Die Art und Anzahl der einem ärztlichen Behandlungsfehler nachfolgenden juristischen Konfrontationen richtet sich – dies zeigt das Fallmaterial der Norddeutschen Schlichtungsstelle – hauptsächlich danach, wie sich der aus dem Behandlungsfehler resultierende Gesundheitsschaden für den Patienten auswirkt, wie tief und gefestigt das Vertrauensverhältnis zwischen Patient und Arzt während der Behandlung war und schließlich, wie sich die Kommunikation zwischen Patient und Arzt nach Beendigung des Behandlungsverhältnisses wegen aufgetretener Meinungsverschiedenheiten gestaltet.

Einer mangelnden Klärungsbereitschaft seitens des Arztes bei ausgebliebenem oder nicht vollständig erreichtem Behandlungserfolg steht eine reziproke Beschwerdebereitschaft des Patienten gegenüber. In einem nicht unerheblichen Anteil der bei der Norddeutschen Schlichtungsstelle gestellten Schlichtungsanträge wird neben dem Behandlungsfehlervorwurf auch mehr oder minder deutlich die Beanstandung erhoben, der Arzt habe angesichts eines patientenseits vermuteten Behandlungsfehlers die Kommunikation abgebrochen. Da aber allein die Kommunikation über eine patientenseits vermutete fehlerhafte Behandlung keine Obliegenheitsverletzung gegenüber dem Haftpflichtversicherer des Arztes bedeutet, also den Versicherungsschutz nicht gefährdet (Terbille, Schmitz-Herscheid, Zur Offenbarungspflicht bei ärztlichen Behandlungsfehlern, NJW 00, 1749 ff), drängt sich die Vermutung auf, dass der Aspekt des Fehlermanagements bei der Ausbildung junger und Weiterbildung schon länger tätiger Ärzte in bedenklicher Weise vernachlässigt wird.

# 2 Die zivilrechtliche Arzthaftung

Mit der Zunahme von zivilrechtlichen Arzthaftpflichtprozessen in den 60er Jahren korrespondierte auch ein Anstieg von Strafverfahren gegen Ärzte. Diese Entwicklung (der Strafprozess beschert dem Patienten keine Entschädigung bei Feststellung einer strafrechtlichen Verantwortlichkeit des Arztes) beruhte darauf, dass zum einen die Einsichtgewährung in Krankenunterlagen von Ärzten und Krankenhausträgern sehr restriktiv gehandhabt wurde, der Patient also große Mühe hatte, die für die Vorbereitung eines Zivilprozesses wichtigen ärztlichen Unterlagen zu erhalten. Zum anderen verschaffte ihm das Strafverfahren ein kostenloses medizinisches Sachverständigengutachten, anhand dessen es ohne finanzielles Risiko möglich war, die Erfolgsaussichten eines Zivilprozesses zumindest grob abzuklären. Diese Situation war für beide Seiten unbefriedigend. Der Patient erlangte durch den Strafprozess nicht die im Endeffekt angestrebte zivilrechtliche Schadensersatzleistung und der Arzt sah sich – auch wenn sich schließlich seine Unschuld herausstellte – mindestens in der regionalen Presse mit unerwünschten Schlagzeilen konfrontiert.

Seit der Bundesgerichtshof (BGH) in der Rechtsprechung zur ärztlichen Dokumentation auch ein Einsichtsrecht des Patienten in die ihn betreffenden Krankenunterlagen postuliert hat, und seitdem die Landesärztekammern in Deutschland flächendeckend Ende der 70er Jahre als Serviceleistung Gutachterkommissionen und Schlichtungsstellen errichtet haben, die Patienten in einem für sie kostenlosen Verfahren Gutachten zur Verfügung stellen, ist die Zahl der Strafverfahren gegen Ärzte deutlich rückläufig. Daraus folgt, dass in der überwiegenden Zahl der Fälle der Strafprozess von Patienten für die Vorbereitung der zivilrechtlichen Klärung eines vermuteten Behandlungsfehlers und eines darauf gestützten Schadensersatzanspruches benutzt wurde.

Das Bürgerliche Gesetzbuch (BGB) regelt die zivilrechtliche Haftung des Arztes. Spezielle gesetzliche Regelungen, die ausschließlich die ärztliche Behandlung betreffen, finden sich im BGB nicht. Es gelten die allgemeinen, auch für andere Rechtsbeziehungen wirksamen Vorschriften, sodass die Ausgestaltung der rechtlichen Beziehungen zwischen Patient und Arzt in erster Linie durch die Vorgaben der im Laufe der Zeit ergangenen Gerichtsurteile erfolgte (Richterrecht).

Die zivilrechtliche Arzthaftung beruht auf Vertrag und auf den Vorschriften über unerlaubte Handlungen. Diese vertraglichen und deliktischen Anspruchsgrundlagen schließen sich nicht gegenseitig aus, sondern bestehen nebeneinander. Die Haftungsvoraussetzungen und Haftungsfolgen sind allerdings unterschiedlich ausgestaltet.

# 3 Haftung aus Vertrag

## 3.1 Abschluss des Behandlungsvertrages

Der Grundsatz der Vertragsfreiheit gilt auch im Arztrecht. Nicht nur Privatpatienten, sondern grundsätzlich auch Kassenpatienten steht das Recht der freien Arztwahl zu. Der Arzt ist in der Regel nicht verpflichtet, jeden Patienten zur Behandlung anzunehmen, ausgenommen Notfälle oder Patienten, die im Rahmen des Bereitschaftsdienstes eine Behandlung erbitten. Allerdings darf eine Monopolstellung des Arztes nicht dazu führen, dass der Patient im Falle einer Ablehnung ärztlicher Behandlung ohne Hilfe bleiben würde (Laufs/Uhlenbruck S. 369).

Der Vertragsschluss wird in der überwiegenden Zahl der Fälle stillschweigend vollzogen. Der Patient begibt sich in die Behandlung des Arztes, der Arzt übernimmt die Behandlung. Diese übereinstimmende Willensübereinstimmung beider Vertragsteile lässt den Behandlungsvertrag zustande kommen. Damit ist der Inhalt des Behandlungsvertrages aber in keiner Weise konkretisiert. Das Bürgerliche Gesetzbuch hilft insofern auch nicht weiter, da es spezialgesetzliche Regelungen zum Arztvertrag nicht enthält. Nach den allgemeinen schuldrechtlichen Vorschriften ist von dem übereinstimmenden Willen der Vertragsparteien auszugehen, dass der Arzt die Maßnahmen ergreift, die von einem aufmerksamen und gewissenhaften Arzt aus berufsfachlicher Sicht seines Fachbereichs vorausgesetzt und erwartet werden (Geiß/Greiner, S. 3; BGH VersR 97, 1357; VersR 97, 315; VersR 95, 659; Deutsch, Medizinrecht, S. 44).

## 3.2 Geschäftsführung ohne Auftrag

Behandelt ein Arzt einen geschäftsunfähigen oder bewusstlos angetroffenen Patienten, fehlt es an einem wirksam abgeschlossenen Behandlungsvertrag. Die Rechtsbeziehungen richten sich in diesen Fällen nach den Regeln über die Geschäftsführung ohne Auftrag (§ 677 BGB). Praktisch resultieren für den Arzt dieselben Pflichten, die ihm in diesem Falle bei einem wirksam abgeschlossenen Behandlungsvertrag erwachsen würden. Allerdings ist der Behandlungsrahmen dadurch eingeengt, dass zunächst nur die vitalen oder absolut indizierten Maßnahmen zu treffen sind. Relativ indizierte, mit erheblicheren Risiken verbundene Behandlungsmaßnahmen sind der Entscheidung des Patienten vorzubehalten (Steffen/Dressler, S. 24).

### 3.3 Zwangsbehandlung während gesetzlich angeordneter Unterbringung

Auch im Rahmen einer Behandlung, die sich als hoheitliche Zwangsmaßnahme darstellt (z. B. Behandlung gemäß § 26 Nds. PsychKG), erhält der Untergebrachte während der Unterbringung die nach den anerkannten Regeln der ärztlichen Kunst gebotene Heilbehandlung, die grundsätzlich ohne seine Einwilligung zulässig ist (OLG Oldenburg, VersR 96, 59).

### 3.4 Behandlung von Soldaten durch Truppenärzte

In diesem Bereich ist das Recht der freien Arztwahl ebenfalls ausgeschlossen. Die ärztliche Behandlung von Soldaten im Rahmen der gesetzlichen Heilfürsorge ist Wahrnehmung einer hoheitlichen Aufgabe und damit Ausübung eines öffentlichen Amts, und zwar unabhängig davon, ob sie durch Truppenärzte in Krankenanstalten der Bundeswehr oder im Auftrag der Bundeswehr durch Ärzte eines zivilen Krankenhauses durchgeführt wird (BGH VersR 96, 976). In einem solchen Fall untersteht der hinzugezogene Zivilarzt Weisungen des Bundeswehrarztes allenfalls hinsichtlich des Umfangs seiner Tätigkeit. Eine weitergehende, inhaltliche Weisungsgebundenheit ist durch die Natur der ärztlichen Tätigkeit ausgeschlossen.

### 3.5 Unentgeltliche ärztliche Behandlung

Auch in den Fällen unentgeltlicher ärztlicher Behandlung kommt ein Arztvertrag zwischen den Beteiligten zustande. Ein Gefälligkeitsverhältnis mit entsprechender Haftungsminderung ist nicht anzunehmen. Der Haftungsmaßstab ist der gleiche wie bei jeder anderen ärztlichen Behandlung (Laufs/Uhlenbruck, S. 359).

# 4 Vertragstypus des Behandlungsvertrages

| | |
|---|---|
| ■ Vertragsart | **Dienstvertrag** (§ 611 BGB) ausnahmsweise mit werkvertraglichen Elementen (z. B. Herstellung und Lieferung von Prothesen) |
| ■ Vertragszweck | **Dienstleistung** mit dem Ziel der Heilung oder Linderung von gesundheitlichen Beschwerden Erfolg der Dienstleistung wird nicht geschuldet **Sonderabreden zulässig** (z. B. reiner Diagnosevertrag – second opinion) |
| ■ Vertragsschluss | **Formlos** gültig, meist stillschweigend durch übereinstimmendes Verhalten von Patient und Arzt. Bei kosmetischen Operationen oftmals schriftlich. |

**Vertragsart, Vertragszweck.** Als denkbare Vertragsmodelle kommen für den ärztlichen Behandlungsvertrag sowohl der Dienstvertrag (geschuldet wird eine Dienstleistung) als auch der Werkvertrag (geschuldet wird ein Erfolg) in Betracht. Jedoch kann der Arzt gegenüber dem Patienten keine „Gesundheitsgarantie" übernehmen, zumal der Begriff der Krankheit stets auch durch subjektive Komponenten bestimmt ist, die in der Person des Patienten liegen (Deutsch, Medizinrecht, S. 48, Laufs/Uhlenbruck, S. 314).

Die Rechtsprechung definiert deshalb den ärztlichen Behandlungsvertrag als Dienstvertrag, d. h. der Arzt schuldet die Dienstleistung, nicht den Behandlungs- oder Heilerfolg. Der Arzt verpflichtet sich, dass er die Behandlung kunstgerecht durchführt.

Der Dienstvertrag kann ausnahmsweise auch werkvertragliche Elemente beinhalten.

Werkvertragsrecht ist anzuwenden z. B. bei der Herstellung und Lieferung von Prothesen, Korsetts oder Schuheinlagen durch den Orthopäden (AG Krefeld, NJW 67, 1512). Allerdings sind bis auf z. B. die technische Anfertigung der Prothese, die allein der Gewährleistung nach Werkvertragsrecht unterfällt, alle übrigen auf die prothetische Versorgung gerichteten Leistungen der Heilbehandlung zuzurechnen und damit dem dienstvertraglichen Element.

Auch die kosmetische Operation, die misslingt, räumt dem Arzt kein werkvertragliches Nachbesserungsrecht ein, denn der Mängelbeseitigungsanspruch ist gerade wegen des meist weggefallenen Vertrauens bei einer misslungenen Operation nicht gegeben (Laufs/Uhlenbruck, S. 315). Selbst bei vertraglichen Sonderabreden ist auf ärztliche Tätigkeit Dienstvertragsrecht anzuwenden. Die Sonderabreden können allenfalls das Indikationsspektrum einschränken (z. B. reiner Diagnosevertrag zur Einholung einer zweiten Meinung – second opinion) oder erweitern (z. B. rein kosmetische Operation, also Eingriff ohne Heiltendenz und ohne medizinische Indikation).

# 5 Vertragspartner auf Patientenseite

## 5.1 Privatpatienten

Vertragsbeziehungen entstehen ausschließlich zwischen Privatpatient und Arzt.

Berechtigt (zur Entgegennahme der Behandlungsbemühungen des Arztes) ist der Patient. Im Gegenzuge dazu ist er verpflichtet, die ärztlichen Behandlungsmaßnahmen zu bezahlen. Honorarstreitigkeiten sind vor dem Zivilgericht zu führen.

## 5.2 Kassenpatienten

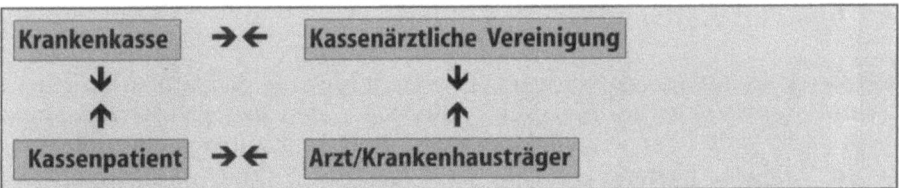

Auch der Kassenpatient schließt – bei grundsätzlich freier Arztwahl – einen bürgerlich rechtlichen Behandlungsvertrag mit dem Kassenarzt (Vertragsarzt) ab. Grundsätzlich unterscheidet sich dieser inhaltlich nicht von dem Behandlungsvertrag zwischen Privatpatient und Arzt. Die Besonderheit besteht darin, dass der Honoraranspruch des Arztes gegen den Patienten entfällt und an seine Stelle der Vergütungsanspruch gegen die Kassenärztliche Vereinigung tritt, der vor den Sozialgerichten, nicht vor den Zivilgerichten einzuklagen ist (Laufs/Uhlenbruck, S. 355).

# 6 Vertragspartner und Haftung auf Arztseite in der Arztpraxis

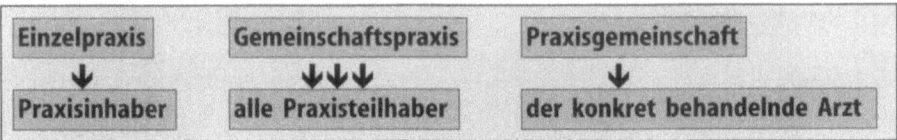

## 6.1 Einzelpraxis

Der **Praxisinhaber** wird Partner des Behandlungsvertrages mit dem Patienten. Dies gilt nicht nur bei Privatpatienten, sondern auch bei Kassenpatienten (vgl. Laufs/Uhlenbruck, S. 366). Auch wenn ein Vertreter des niedergelassenen Arztes in der Praxis tätig wird, ist von einem Arztvertrag zwischen Patient und Praxisinhaber auszugehen. Der Praxisvertreter haftet ausschließlich deliktisch (BGH VersR 98, 457).

Ohnehin keine Vertragspartner sind Assistenzärzte, Arzthelferinnen oder sonstige in der Praxis tätige Personen.

## 6.2 Gemeinschaftspraxis

Die Gemeinschaftspraxis zeichnet sich durch einen einheitlichen Patientenstamm aus. Parteien des Behandlungsvertrages sind deshalb der **Kassenpatient und** – falls nicht ausdrücklich etwas anderes vereinbart ist – **alle Ärzte der Gemeinschaftspraxis**. Dies gilt auch dann, wenn der Patient ausschließlich von einem Arzt der Gemeinschaftspraxis behandelt wird. Die Liquidationsansprüche stehen allen Partnern der Gemeinschaftspraxis zu. Auf der anderen Seite haften sie grundsätzlich gesamtschuldnerisch für vertragliche Schadenersatzansprüche. Allerdings setzt eine vertragliche Haftung aller Ärzte für nicht selbst begangene Fehlleistungen in einer echten Gemeinschaftspraxis voraus, dass es sich um weitgehend austauschbar angebotene ärztliche Leistungen handelt. Dies ist z.B. der Fall, wenn die in einer Gemeinschaftspraxis verbundenen Ärzte nach außen als Gemeinschaft zur Erbringung gleichartiger Leistungen auf einem bestimmten Fachgebiet auftreten, also die Person des versorgenden Arztes weitgehend in den Hintergrund tritt (BGH VersR 99, 1241). Bei Privatpatienten entfaltet die Liquidation eine Indizwirkung für die Vertragsbeziehungen und damit auch für die vertragliche Haftung (Steffen und Dressler: persönliche Mitteilung anlässlich des Seminars „Neue Entwicklungslinien der BGH-Rechtsprechung zum Arzthaftungsrecht" am 05. 05. 2000 in Berlin). Deliktisch (s. Kap. 8) ist jeder Partner nur für den eigenen Fehler verantwortlich.

## 6.3 Praxisgemeinschaft

Ein einheitlicher Patientenstamm existiert nicht. Vertragliche Beziehungen entstehen ausschließlich zwischen dem **konkret behandelnden Arzt der Praxisgemeinschaft** und dem Patienten. Liquidationsansprüche stehen nur dem einzelnen behandelnden Arzt der Praxis zu. Er haftet allein für etwaige Schadenersatzansprüche sowohl vertraglich als auch deliktisch.

# 7 Vertragspartner und Haftung auf Arztseite bei Krankenhausbehandlung

Sowohl die ambulante als auch die stationäre Krankenhausbehandlung ist bei Kassenpatienten wie Privatpatienten den schuldrechtlichen Regelungen des Behandlungsvertrages unterworfen. Dies gilt nicht nur für die Behandlung in privatrechtlich organisierten Krankenhäusern, sondern auch für öffentlich-rechtliche Krankenhausträger.

Die unterschiedlich strukturierten Aufgaben- und Organisationszuordnungen im Krankenhausbereich und die Vielfalt der an der stationären Krankenhauspflege Beteiligten bringt es mit sich, dass die Bestimmung des Vertragspartners und der eventuell haftpflichtigen Personen für den Patienten nicht auf den ersten Blick möglich ist.

## 7.1 Stationäre Behandlung

### a) Totaler Krankenhausaufnahmevertrag

Der Regelfall der stationären Behandlung im Krankenhaus ist für Kassenpatienten der sog. totale Krankenhausaufnahmevertrag, geregelt durch das Krankenhausgesetz und die Bundespflegesatzverordnung (BPflV). Von diesem Vertragstypus ist immer dann auszugehen, wenn bei Krankenhausaufnahme keine Zusatzvereinbarungen getroffen werden. Alle Leistungen während des Krankenhausaufenthalts sind vom Krankenhausträger als alleinigem Vertragspartner zu erbringen. Dies gilt gleichermaßen für den ärztlichen wie den pflegerischen Bereich. Der Krankenhausträger haftet für die Fehlleistungen aller Mitarbeiter, die in Erfüllung seiner Behandlungsverpflichtung tätig geworden sind (§ 278 BGB). Zieht der Krankenhausträger zur Erfüllung seiner Behandlungspflichten freipraktizierende, niedergelassene Ärzte hinzu, sind die hinzugezogenen Ärzte nicht Vertragspartner des Patienten, sondern Erfüllungsgehilfen des Krankenhausträgers, der auch für die Fehler dieser Ärzte einzustehen hat. Die an der Behandlung beteiligten Krankenhausärzte oder -mitarbeiter sind nicht Vertragspartner des Patienten, weshalb eine vertragliche Haftung dieses Personenkreises ausscheidet.

### b) Gespaltener Krankenhausaufnahmevertrag (Belegabteilung)

Der Belegarztvertrag ist das typische Beispiel für den gespaltenen Krankenhausaufnahmevertrag. Der Krankenhausträger schafft die Voraussetzungen für die belegärztliche Tätigkeit. Er stellt das nachgeordnete ärztliche und nichtärztliche Personal zur Verfügung und hält die Räumlichkeiten und die apparative Ausstattung vor.

Der **Belegarzt** schuldet die ärztliche Behandlung, er ist auch für den ärztlichen Bereitschaftsdienst für seine Belegpatienten verantwortlich sowie für die von ihm veranlassten Leistungen der nachgeordneten Ärzte des Krankenhauses, die bei der Behandlung des Patienten in dem selben Fachgebiet wie der Belegarzt tätig werden (§ 23 Abs. 1 Nr. 3 BPflV). Er haftet auch für die von ihm veranlassten Leistungen von Ärzten und ärztlich geleiteten Einrichtungen außerhalb des Krankenhauses (§ 23 Abs. 1 Nr. 3 BPflV). Allerdings wird in diesen Fällen der vom Belegarzt hinzugezogene niedergelassene Arzt außerhalb des Krankenhauses regelmäßig unmittelbare Vertragsbindungen mit dem Patienten eingehen, sodass der Belegarzt letztlich kein Haftungsrisiko trägt (BGH VersR 92, 1263: gynäkologischer Belegarzt – Kinderärztin; BGH VersR 89, 1051: gynäkologische Praxis – Arzt für Labormedizin). Neben der Haftung aus eigener fehlerhafter ärztlicher Behandlung im belegärztlichen Leistungsbereich haftet der Belegarzt auch für Fehlleistungen der von ihm selbst angestellten Hilfspersonen, einschließlich der von ihm bestellten ärztlichen Urlaubsvertretung (§ 278 BGB).

Der **Krankenhausträger** haftet dem Patienten gegenüber allein für Fehler, die nachgeordnete Ärzte des Krankenhauses begehen, die bei der Behandlung des Patienten nicht im Fachgebiet des Belegarztes tätig geworden sind. Wenn aber, wie in der Mehrzahl der Fälle, das Belegkrankenhaus als Vollbeleg-Krankenhaus betrieben wird, bestehen unmittelbare vertragliche Beziehungen zwischen dem Patienten und dem Belegarzt des anderen Fachgebiets, der ausschließlich eigene Behandlungsaufgaben erfüllt und dementsprechend zugleich für die nachgeordneten Ärzte seines Fachs haftet (§ 278 BGB). Der Krankenhausträger haftet insoweit nicht, wohl aber für die nachgeordneten nichtärztlichen Hilfskräfte.

Treffen Organisationsverstöße des Krankenhausträgers mit Mängeln im Zuständigkeitsbereich des Belegarztes zusammen, haften beide gesamtschuldnerisch für daraus entstehende Schäden (Geiß/Greiner, S. 16).

### c) Totaler Krankenhausaufnahmevertrag mit Arztzusatzvertrag

Diese Vertragsgestaltung lässt zwei voneinander getrennte Verträge zustande kommen, nämlich einmal zwischen Patient und Krankenhaus, zum anderen zwischen Patient und liquidationsberechtigtem Krankenhausarzt hinsichtlich der mit diesem vereinbarten Wahlleistung. Die Wahlleistungsvereinbarung bedarf der Schriftform (§ 22 Abs. 2 BPflV). Dem Patienten müssen vor Abschluss dieser Vereinbarung die konkreten Vergütungssätze der einzelnen Wahlleistungen mitgeteilt werden.

Vereinbaren die Parteien nichts Entgegenstehendes, ist davon auszugehen, dass der Patient bei ansonsten gegenüber dem totalen Krankenhausvertrag unveränderter Lage lediglich die Leistungen des selbst liquidierungsberechtigten Krankenhausarztes hinzukaufen möchte. Im Zweifel ist deshalb ein Arztzusatzvertrag nebst einheitlichem Krankenhausvertrag zustande gekommen, bei welchem der Krankenhausträger Schuldner sämtlicher Leistungen ist, d. h. auch derjenigen, die der Arzt als Wahlleistungen zu erbringen hat. Hinsichtlich letzterer ist zusätzlich der selbst liquidierende Arzt Vertragsschuldner. Im Ergebnis decken sich hier also die Zuständigkeitsbereiche beider Vertragsschuldner auf Behandlungsseite teilweise.

Nur dann, wenn dies hinreichend deutlich vereinbart wird, kommt dagegen entsprechend dem Belegarztmodell ein gespaltener Krankenhausvertrag zustande, bei dem der selbst liquidierende Arzt hinsichtlich der mit ihm vereinbarten Wahlleistungen alleiniger Vertragspartner wird (Frahm/Nixdorf, S. 22) ist.

## 7.2 Ambulante Behandlung im Krankenhaus

Grundsätzlich wird die ambulante Versorgung von Kassenpatienten durch die freipraktizierenden Kassen- und Vertragsärzte sichergestellt (BGH MDR 1988, 86). Zur Teilnahme an der vertragsärztlichen Versorgung der Versicherten können aber nach § 116 SGB V auch Krankenhausärzte mit abgeschlossener Weiterbildung ermächtigt werden. Vertragliche Beziehungen zwischen Patienten und dem Krankenhausträger entstehen nicht, alleiniger Vertragspartner ist der an der kassenärztlichen ambulanten Versorgung beteiligte Chefarzt. Dies gilt auch dann, wenn in Abwesenheit des Chefarztes ein nachgeordneter Arzt vertretend tätig wird. Dieser Arzt übernimmt dadurch keine eigenen vertraglichen Verpflichtungen (BGH MDR 88, 86).

### a) Ambulante Operationen im Krankenhaus

Vertragspartner ist allein der Krankenhausträger. Chefärzte und nachgeordnete Ärzte sind als Erfüllungs- bzw. Verrichtungsgehilfen des Krankenhausträgers tätig. Für schuldhafte Pflichtverletzungen bei ambulanten Operationen haften sie ausschließlich deliktisch.

### b) Notfallbehandlung im Krankenhaus

Die Haftung bei Notfallbehandlung im Krankenhaus hängt davon ab, wie diese Behandlungsform im Krankenhaus organisiert ist und ob ein Chefarzt oder ein anderer Arzt im Rahmen der vertragsärztlichen Versorgung ermächtigt ist.

Liegt eine kassenärztliche Ermächtigung gemäß §§ 95, 116 SGB V vor, bestehen vertragliche Beziehungen zwischen Chefarzt und Kassenpatienten. Bei Privatpatienten ist dies ohnehin der Fall. Ist kein Kassenarzt oder ermächtigter Chefarzt vorhanden, kommt ausschließlich ein Vertrag mit dem Krankenhausträger zustande.

### c) Poliklinische Institutsambulanzen der Hochschulen

Wenn das Krankenhaus die ambulante Behandlung als Institution übernimmt, bestehen vertragliche Beziehungen ausschließlich zwischen Kassenpatient und Krankenhausträger.

## 7.3 Übersicht

| Vertragsart | Behandlungsort | Verpflichteter | Vertragsinhalt |
|---|---|---|---|
| Totaler Krankenhausaufnahmevertrag | Krankenhaus | Krankenhausträger | Krankenhausversorgung Behandlung |
| Gespaltener Krankenhausaufnahmevertrag | Belegabteilung | Krankenhausträger | Krankenhausversorgung |
|  |  | Belegarzt | Behandlung, auch durch nachgeordnete Ärzte seines Faches ärztl. Bereitschaftsdienst für Beleg-Patienten |
|  | Krankenhaus | Krankenhausträger | Krankenhaus-Versorgung |
|  |  | Chefarzt | Behandlung |
| Totaler Krankenhausaufnahmevertrag mit Arztzusatzvertrag | Krankenhaus | Krankenhausträger | Krankenhausversorgung |
|  |  | Krankenhausträger Chefarzt | Behandlung Behandlung |
| Privatpatienten und Kassenpatienten | Krankenhaus-Ambulanz | liquid.-ber. Chefarzt | Behandlung |
| **Sonderfälle bei Kassenpatienten ohne ärztliche Wahlleistungen:** | | | |
| Ambulante Operationen im Krankenhaus |  | Krankenhausträger | Behandlung |
| Notfallbehandlung in einem Krankenhaus, in dem kein Kassenarzt oder ermächtigter Chefarzt zur Verfügung steht |  | Krankenhausträger | Behandlung |
| Poliklinische Institutsambulanzen |  | Krankenhausträger | Behandlung |

# 8 Deliktische Haftung

Auch ohne Vertrag haftet der Arzt, wenn er schuldhaft und rechtswidrig das Leben, den Körper oder die Gesundheit des Patienten verletzt. Die Verletzungshandlung kann nicht nur durch aktives Handeln des Arztes geschehen, sondern auch in dem Unterlassen einer gebotenen Maßnahme bestehen.

Der lege artis vorgenommene ärztliche Heileingriff ist nach ständiger Rechtsprechung tatbestandsmäßig als eine unerlaubte Handlung im Sinne der §§ 823 ff. BGB einzuordnen und zwar sogar dann, wenn der erstrebte Heilerfolg eintritt. Die Haftung für diese „Körperverletzung" entfällt nur dann, wenn der ordnungsgemäß aufgeklärte Patient wirksam einwilligt oder der Eingriff nach den Grundsätzen der Geschäftsführung ohne Auftrag (z.B. Behandlung eines bewusstlosen Unfallopfers) gerechtfertigt ist.

Die Einwilligung des Patienten bedarf – entgegen einer in medizinischen Gutachten weit verbreiteten Meinung – nicht der Schriftform, sie ist formlos wirksam und kann durch schlüssiges Verhalten erklärt werden. Das Nichtvorhandensein eines vom Patienten unterzeichneten Schriftstücks sagt dementsprechend nichts darüber aus, ob der Eingriff mit vorheriger Zustimmung des Patienten erfolgte oder nicht. Das unterzeichnete Aufklärungs -bzw. Einwilligungsformular stellt nicht die Willenserklärung selbst, sondern lediglich ein für Beweiszwecke erstelltes, sinnvolles Schriftstück dar, das zuvor Geschehenes (Aufklärungsgespräch, Zustimmung des Patienten) dokumentieren soll.

Deliktische Haftung besteht unabhängig neben der aus dem Vertrag. Sie lässt die vertragliche Haftung unberührt, selbstverständlich aber kann für den Schaden nur einmal Ersatz gefordert werden.

Wenn auch die tatsächlichen Voraussetzungen der vertraglichen und der deliktischen Haftung sehr ähnlich, zum Teil identisch (z.B. geforderter Sorgfaltsmaßstab) sind, unterscheiden sie sich doch u.a. in punctis Beweislast, Umfang des Schadenersatzanspruchs, Verjährung und bei der Haftung für das Verschulden von Hilfspersonen.

# 9 Zivilrechtliche Haftungsgrundlagen

## 9.1 Vertragsverletzung

Die Verletzung des Behandlungsvertrages ist in der Regel identisch mit dem Behandlungsfehler. Hierbei ist zu beachten, dass die ärztliche Dienstleistung vor allem ein Handeln darstellt und nur selten auf ein Unterlassen gerichtet ist. Nicht alle Behandlungsfehler führen zu einem Schaden. Selbst wenn durch den Behandlungsfehler ein Schaden verursacht würde, haftet der Arzt nur für Verschulden, und zwar für das eigene (§ 276 BGB) oder das seines Erfüllungsgehilfen (§ 278 BGB).

> Die Voraussetzungen vertraglicher Haftung:
> - wirksamer Behandlungsvertrag
> - Vertragsverletzung (Behandlungsfehler)
> - Verschulden (Fahrlässigkeit)
> - Kausalität (Schaden durch Behandlungsfehler).

## 9.2 Delikt

Der Arzt haftet, wenn er schuldhaft und rechtswidrig den Patienten an Leben, Körper und Gesundheit verletzt (§ 823 Abs. 1 BGB). Wenn ein – weisungsgebundener – Verrichtungsgehilfe des Arztes bei Ausübung einer ihm übertragenen Aufgabe dem Patienten widerrechtlich einen Schaden zufügt, haftet der Arzt nach § 831 BGB.

> Die Voraussetzungen der deliktischen Haftung (aus unerlaubter Handlung):
> - Verletzung von
>   Leben, Körper, Gesundheit des Patienten
> - Rechtswidrigkeit
>   (richtiger Eingriff ohne rechtswirksame Einwilligung)
>   (rechtswirksame Einwilligung, aber fehlerhafter Eingriff)
> - Verschulden (Fahrlässigkeit)
> - Kausalität (Schaden durch Behandlungsfehler).

# 10 Zivilrechtliche Haftungsfolgen und Anspruchsberechtigte

## 10.1 Anspruchsberechtigte

**Bei deliktischer Haftung:**
Anspruchsberechtigte:
- **Patienten**
- **Dritte** (eigene Ansprüche):
  - **Ehefrau** bei Schwangerschaft nach fehlgeschlagener Sterilisation des Ehemannes
  - **Kind** bei eigenen Schäden durch fehlerhafte Behandlung der Mutter
  - **nahe Angehörige** bei psychischen Beeinträchtigungen pathologischen Krankheitswertes durch Tod des Patienten
  - **sofern Berechtigte vorhanden:**
    - Beerdigungskosten
    - entgangener Unterhalt bei Tötung
    - entgangene Dienste bei Tötung

**Bei vertraglicher Haftung:**
Anspruchsberechtigte:
- **Patienten**
- **Dritte** (eigene Ansprüche):
  - **Eltern** bei vermehrtem Unterhalts- und Betreuungsaufwand für geschädigtes Kind
  - **Erben und nächste Angehörige** für Schäden aus verweigerter Einsichtsgewährung in Krankenunterlagen.

## 10.2 Anspruchsumfang

| Identisch bei Vertragsverletzung und deliktischer Haftung: | Ersatz von Vermögensschäden<br>■ Erwerbseinbußen<br>■ Aufwendungsersatz für vermehrte Bedürfnisse<br>■ Heilungskosten<br>■ Kosten medizinisch notwendiger Besuche nächster Angehöriger im Krankenhaus |
|---|---|
| Zusätzlich nur bei Vertragsverletzung: | ■ vermehrter elterlicher Unterhalts- und Betreuungsaufwand bei geschädigtem Kind<br>■ Freistellung von Behandlungskosten bei<br>– unnötiger Überflussbehandlung<br>– gebotener, aber unzulänglicher wirtschaftlicher Information<br>■ Rechtsverfolgungskosten bei verweigerter Einsichtgewährung in Krankenunterlagen |
| Zusätzlich nur bei deliktischer Haftung: | ■ Schmerzensgeld (vererbbar). |

### a) Identische Ansprüche aus Vertrag und Delikt

Bei der deliktischen Haftung und bei der Haftung aus Vertrag gelten zunächst gleichermaßen die Regeln des allgemeinen Schadensersatzrechts:

Herstellung des Zustandes, der bestehenden würde, wenn das schädigende Ereignis nicht eingetreten wäre.

Der durch die Verletzung der Integrität des Patienten (äußere körperliche, innere gesundheitliche Beeinträchtigung) entstandene Schaden umfasst in erster Linie die Kosten der – versuchten – Heilung und der Pflege. In zweiter Linie sind es Vermögensnachteile, die durch Vermehrung der Bedürfnisse eintreten. Schließlich kann der Schaden eintreten durch Aufhebung oder Minderung der Erwerbsfähigkeit oder der Erschwerung des beruflichen Fortkommens.

**Heilungs- und Pflegekosten:** Heilungs- und Pflegekosten sind Aufwendungen, die – wie die Kosten ambulanter und stationärer ärztlicher Behandlung – dazu dienen, das verletzungsbedingte Leiden zu heilen oder zu mindern. Diese Kosten werden nur ersetzt, wenn sie zur Herstellung der Gesundheit erforderlich sind und wenn sie tatsächlich anfallen. Schadensersatz für fiktive Heilungs- und Pflegekosten wird nicht geleistet. Ihr Maß bestimmt sich vornehmlich nach dem medizinisch Gebotenen.

**Vermehrung der Bedürfnisse:** Demgegenüber versteht man unter den Kosten vermehrter Bedürfnisse alle verletzungsbedingten, ständigen, immer wiederkehrenden Aufwendungen, die nicht dazu dienen, die Gesundheit wieder herzustellen, sondern dazu, die Nachteile auszugleichen (z. B. Kosten für Rollstuhl, Treppenlift u. ä.), die dem Verletzten durch dauernde Beeinträchtigung seines Wohlbefindens entstehen. (Geigel/Rixecker, Der Haftpflichtprozess, 23. Auflage, 4. Kapitel, Rdnr. 124 ff.).

### b) Zusätzliche Ansprüche nur bei Vertragsverletzung

Neben dem Integritätsschutzbereich des Patienten können noch anderweitige Vermögensinteressen geschützt sein. Voraussetzung dafür ist, dass der individuelle Behandlungsvertrag deren Schutz ausdrücklich oder auch nur stillschweigend mit beinhaltet (BGH VersR 83, 443: Muss der Arzt, der dem Patienten eine stationäre Behandlung vorschlägt, den Umständen nach begründete Zweifel haben, ob der private Krankenversicherer des Patienten die Behandlung im Krankenhaus als notwendig ansehen und die Kosten dafür übernehmen wird, so hat er die vertragliche Pflicht, den Patienten darauf hinzuweisen. Unterlässt er diesen Hinweis, haftet er für die zusätzlichen Kosten des stationären Aufenthalts).

### c) Zusätzliche Ansprüche nur bei Delikt

Im Vergleich zum vertraglichen Schadenersatzrecht treten bedeutende Ansprüche hinzu, die nur bei unerlaubter Handlung bestehen:
Der Anspruch auf Ersatz des immateriellen Schadens (§ 847 BGB), das Schmerzensgeld. Dabei ist allerdings zu beachten, dass der physische Schmerz weder Voraussetzung noch allein geltender oder vorherrschender Maßstab für die Gewährung von Schmerzensgeld ist. Vielmehr kommt es auf den immateriellen Schaden an, der von vorübergehenden geringgradigen Beeinträchtigungen bis zu schwersten Gesundheitsschäden (Erblindung, Querschnittslähmung) reichen kann.

# 11 Ärztlicher Standard

Nach § 276 BGB schuldet der Arzt dem Patienten vertraglich wie deliktisch die im Verkehr erforderliche Sorgfalt. Diese bestimmt sich nach dem medizinischen Standard des jeweiligen Fachgebiets. Der Arzt muss diejenigen Maßnahmen ergreifen, die von einem gewissenhaften und aufmerksamen Arzt aus berufsfachlicher Sicht seines Fachbereichs vorausgesetzt und erwartet werden (BGH VersR 99, 716), d.h. die Beachtung der in der Wissenschaft allgemein oder überwiegend anerkannten Grundsätze für Diagnose und Therapie, die Beachtung des in medizinischer Praxis und Erfahrung Bewährten, nach naturwissenschaftlicher Erkenntnis Gesicherten. Er muss das von einem durchschnittlich befähigten Arzt verlangte Maß an Kenntnis und Können garantieren.

Der ärztliche Standard ist eine variable Größe: Er passt sich den Gegebenheiten und Notwendigkeiten an. Neue Erkenntnisse und Entwicklungen wachsen wie von selbst in den Standard hinein (Deutsch, Ressourcenbeschränkung und Haftungsmaßstab im Medizinrecht, VersR 98, 261).

Für das Maß und den Umfang des vom Arzt zu verlangenden Standards darf keine einheitliche Messlatte angelegt werden. Es sind Differenzierungen jedenfalls unter dem Gesichtspunkt der verschiedenen Fachgruppen und im Blick auf die Verkehrserwartung angezeigt. So schuldet z. B. ein Facharzt ein anderes Maß an Fachwissen und Können als ein praktischer Arzt (BGH VersR 91, 469).

Sofern sich der Patient an eine Klinik oder einen niedergelassenen Facharzt wendet, hat er entsprechend seiner Erwartung Anspruch auf den Behandlungsstandard eines Facharztes, wobei der Kenntnisstand der medizinischen Wissenschaft zum Zeitpunkt der konkreten Behandlung maßgebend ist (OLG Frankfurt VersR 98, 1378). Verfügt ein Arzt über den zu fordernden Standard hinaus über bessere medizinische Erkenntnis- und Behandlungsmöglichkeiten, dann muss er diese auch zugunsten seiner Patienten einsetzen (BGH VersR 87, 686; OLG Oldenburg, VersR 89, 402)

Bei der Bestimmung des im Einzelfall vorauszusetzenden Standards ist nicht generell auf den optimalen, sondern auf den unter den konkreten Gegebenheiten zu erwartenden abzustellen. Der rasche Fortschritt in der medizinischen Technik und die damit einhergehende Gewinnung immer neuer Erfahrungen und Erkenntnisse bringt es mit sich, dass es zwangsläufig zu Qualitätsunterschieden in der Behandlung von Patienten kommt, je nachdem, ob sie sich etwa in eine größere Universitätsklinik oder eine personell und apparativ besonders gut ausgestattete Spezialklinik oder aber in ein Krankenhaus der Allgemeinversorgung begeben. In Grenzen ist deshalb der zu fordernde medizinische Standard je nach den personellen und sachlichen Möglichkeiten verschieden. Er kann in einem mittleren oder kleineren Krankenhaus gewahrt sein, wenn jedenfalls die Grundausstattung modernen medizinischen Anforderungen entspricht. Erst eine deutliche Minderausstattung kann zur Haftung führen, wenn es deswegen zu vermeidbaren Schädigungen der Patienten kommt (Steffen/Dressler: Arzthaftungsrecht, 8. Aufl., S. 51; BGH VersR 88, 495).

Haftungsrechtlich ist der Arzt nicht auf sein Fachgebiet festgelegt (Kurierfreiheit). Er muss aber, wenn er sich auf anderes Fachgebiet begibt, dessen Standard garantieren (BGH VersR 82, 147).

# 12 Ärztliche Sorgfalt, Fahrlässigkeit, Behandlungsfehler

## 12.1 Grundsätze, Zivilrecht, Strafrecht

Nach § 276 Abs. 1 Satz 2 BGB handelt fahrlässig, wer die im Verkehr erforderliche Sorgfalt außer Acht lässt. Sowohl für die vertragliche als auch für die deliktische Haftung ist Fahrlässigkeit eine Anspruchsvoraussetzung. Ohne Fahrlässigkeit haftet der Arzt nicht.

Im Zivilrecht sind generell die Voraussetzungen der Fahrlässigkeitshaftung erfüllt, wenn eine objektive Sorgfaltspflicht verletzt wurde. Strafrechtliche Schuld setzt zusätzlich zu dem objektiv-sorgfaltswidrigen Verhalten voraus, dass der Arzt auch subjektiv unter Berücksichtigung seiner individuellen Faktoren befähigt war, den von ihm erwarteten objektiven Sorgfaltstandard einzuhalten.

Minderkenntnisse wären also im Rahmen des Strafverfahrens zugunsten des Arztes zu berücksichtigen. Im Zivilrecht kann sich der Arzt zu seiner Entlastung nicht auf subjektive Unfähigkeit berufen, weil es hier nur auf die objektive Sorgfaltswidrigkeit ankommt.

## 12.2 Fachkenntnisse, Fortbildung

Der Patient kann erwarten, dass der Arzt für die übernommene Behandlung die erforderlichen Fähigkeiten und Kenntnisse besitzt. Das schließt auch die Fortbildung ein, denn der Sorgfaltsstandard passt sich dem Stand der Wissenschaft an. Der Arzt schuldet eine Behandlung, die dem jeweiligen aktuellen Stand der Medizin entspricht. Zwar muss nicht stets das neueste Behandlungskonzept mit stets neuester apparativer Ausstattung angewandt werden. Jedoch ist die Anwendung einer Behandlungsmaßnahme dann sorgfaltswidrig, wenn neue Methoden risikoärmer sind und/oder bessere Heilungschancen versprechen, in der medizinischen Wissenschaft im wesentlichen unumstritten sind und deshalb ausschließlich eine solche Methode von einem sorgfältigen und damit auch auf Weiterbildung bedachten Arzt verantwortet werden kann. Der Arzt ist verpflichtet, um mit der Entwicklung von ärztlicher Kunst und Wissenschaft Schritt halten zu können, im Bereich der Humanmedizin wegen des Gewichts der im Rahmen seiner Tätigkeit möglicherweise betroffenen Rechtsgüter sich bis an die Grenze des Zumutbaren über die Erkenntnisse und Erfahrungen in der Wissenschaft unterrichtet zu halten (BGH VersR 77, 546). Hierzu bedarf es in der Regel des regelmäßigen Lesens einschlägiger Fachzeitschriften auf demjenigen medizinischen Gebiet, auf welchem der Arzt praktiziert.

## 12.3 Apparative Ausstattung

Bei der apparativen Ausstattung gestaltet sich das Schritthalten in der Praxis schon aus Kostengründen weitaus schwieriger als bei bloßer Anwendung neuer geistiger Erkenntnisse. Deshalb kann es für eine gewisse Übergangszeit gestattet sein, mit älteren, bis dahin bewährten apparativen Methoden zu arbeiten, sofern dies nicht schon wegen der Möglichkeit, den Patienten in eine besser ausgestattete Einrichtung zu überweisen, unverantwortlich sein sollte (BGH VersR 88, 179; Frahm/Nixdorf, S. 53).

## 12.4 Fachgruppen

Weiterer Sorgfaltsmaßstab ist die Zugehörigkeit des Arztes zu einem bestimmten medizinischen Teilbereich. Es kommt also auf die von den Ärzten oder Fachärzten einer bestimmten Disziplin erwarteten Fähigkeiten an. Der Patient kann erwarten, dass er eine ordnungsgemäße Behandlung durch den von ihm konsultierten Fachmann erhält.

## 12.5 Sorgfalt

Bei der erforderlichen Sorgfalt handelt es sich um einen objektivierten und typisierten Haftungsmaßstab. In den Hintergrund treten die persönlichen Eigenschaften des Arztes und seine persönliche Schuld. Maßgebend ist, ob der Arzt die Sorgfalt angewendet hat, die von einem besonnen und gewissenhaft handelnden Arzt seines Fachbereichs in diesem konkreten Fall zu diesem Zeitpunkt (Beurteilungsmodus: ex ante) zu verlangen war. Ob diese Sorgfalt verletzt ist, richtet sich nicht nach juristischen, sondern nach medizinischen Maßstäben, die wiederum von medizinischen Sachverständigen zu beurteilen sind (BGH VersR 95, 659).

## 12.6 Wirtschaftlichkeit und Sorgfalt

Sorgfaltsanforderungen können auch mit Maßnahmen der Kostendämpfung im Gesundheitswesen kollidieren. Der Arzt wird durch die Folgen der Budgetierung, Deckelung oder Fallpauschalen von der Haftung für die erforderliche Sorgfalt im Einzelfall nicht generell befreit. Zwar hat der Arzt bei der Ermittlung der Sorgfalt die Beschränkungen durch die sozialgesetzlichen Vorgaben zu berücksichtigen. Der verfassungsrechtliche Schutz der

Gesundheit erzwingt jedoch stets einen Normalstandard der Sorgfalt zur Erhaltung der Gesundheit, zur Kontrolle der Schmerzen und zur Wiederherstellung des Kranken. Die Grenze zur Sorgfaltspflichtverletzung ist jedenfalls spätestens dann überschritten, wenn das Unterlassen der Behandlung einen groben Behandlungsfehler darstellen würde. Insoweit setzen sich die medizinischen Notwendigkeiten zur Erhaltung der grundgesetzlich geschützten Gesundheit gegenüber der Sozialgesetzgebung durch. Der Arzt sollte ihnen Folge leisten (Deutsch: Ressourcenbeschränkung und Haftungsmaßstab im Medizinrecht, VersR 98, 261).

## 12.7 Schuldhafter Behandlungsfehler

Aus Vorstehendem lässt sich die Definition des schuldhaften (= bei sorgfältigem Vorgehen vermeidbaren) Behandlungsfehlers ableiten:

> Verstoß gegen anerkannte Regeln der Heilkunde (Betrachtungsweise: **ex post**) aufgrund
> Außerachtlassung derjenigen Sorgfalt, die von einem ordentlichen, pflichtgetreuen Arzt der in Rede stehenden Fachrichtung in der konkreten Situation erwartet werden kann (Betrachtungsweise: **ex ante**).

# 13 Schwerer (Grober) Behandlungsfehler

## 13.1 Grundsätze

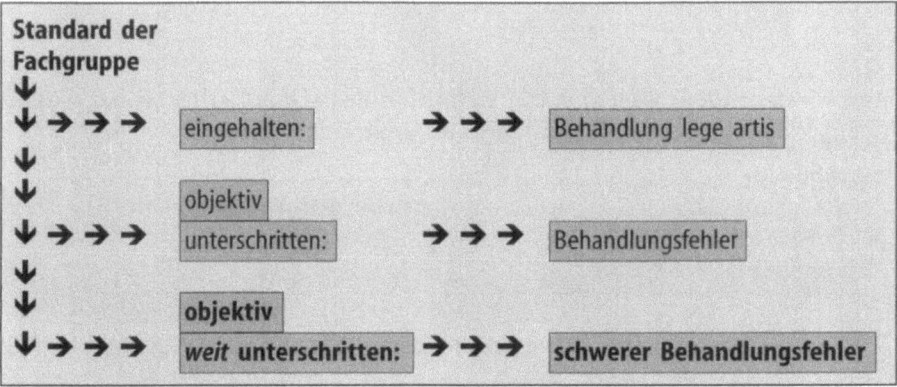

Die grobe Fahrlässigkeit ist eine allgemein anerkannte Erschwerungsform der Fahrlässigkeit. Die allgemeine Formel der Rechtsprechung, dass die erforderliche Sorgfalt nach den gesamten Umständen in ungewöhnlich großem Maße verletzt wurde und unbeachtet gelassen blieb, was im gegebenen Fall jedem hätte einleuchten müssen, ist nur deshalb brauchbar, weil sie unbestimmt ist (Deutsch: Der grobe Behandlungsfehler: Dogmatik und Rechtsfolgen, VersR 88, 1).

Ob sich ein Behandlungsfehler in Gewicht und Bedeutung des ärztlichen Pflichtenverstoßes als grob darstellt, erfordert eine rechtliche Bewertung durch das Gericht aufgrund der vom medizinischen Sachverständigen aufgearbeiteten Fakten im Rahmen einer Gesamtbetrachtung des Behandlungsgeschehens und unter Berücksichtigung der konkreten Umstände. Entscheidend ist nicht die subjektive Vorwerfbarkeit des fehlerhaften ärztlichen Verhaltens, sondern allein, in welchem Maß das ärztliche Verhalten sich objektiv von gesicherten und bewährten medizinischen Erkenntnissen und Erfahrungen entfernt (BGH VersR 99, 238); OLG Stuttgart VersR 92, 1134).

## 13.2 Definition

Ein Behandlungsfehler ist als grob zu beurteilen, wenn der Arzt eindeutig gegen bewährte ärztliche Handlungsregeln oder gesicherte medizinische Erkenntnisse verstoßen und einen Fehler begangen hat, der aus objektiver ärztlicher Sicht nicht mehr verständlich erscheint, weil er einem Arzt schlechterdings nicht unterlaufen darf (BGH VersR 96, 1148).

> **Weitere Umschreibungen des schweren Behandlungsfehlers:**
> - grundlose Außerachtlassung selbstverständlicher diagnostischer Maßnahmen
> - Elementare Fehler im Bereich der Therapie
> - Offenkundiger Verstoß gegen anerkannte Behandlungsgrundsätze
> - Verletzung der erforderlichen Sorgfalt nach den gesamten Umständen in ungewöhnlich großem Maße und Nichtbeachtung dessen, was im gegebenen Fall jedem hätte einleuchten müssen.

## 13.3 Beispiele aus der Rechtsprechung für schwere Behandlungsfehler

Es liegen grobe ärztliche Behandlungsfehler vor, wenn bei Heparininfusionen die Gerinnungsparameter nicht regelmäßig kontrolliert und eintretende Sehfunktionsstörungen des Patienten nicht unverzüglich abgeklärt werden (OLG Hamm VersR 99, 622).

Die Ruhigstellung der Finger in Streckstellung nach einer Fraktur des 5. Mittelhandknochens ist behandlungsfehlerhaft. Es ist ein grober Behandlungsfehler, wenn der Chefarzt die fehlerhafte Ruhigstellung nach der postoperativen Visite nicht sogleich korrigieren lässt (OLG Oldenburg VersR 95, 1237).

Übersieht der Arzt bei der Nachschau nach der operativen Behandlung einer Luxationsfraktur des oberen Sprunggelenks auf der Röntgenaufnahme eine nicht tolerable Fehlstellung in der Sprunggelenkgabel und unterlässt er eine zwingend gebotene operative Reposition, so kann dies als grober Behandlungsfehler anzusehen sein. (OLG Celle VersR 98, 54).

Liegen alle Symptome eines Gasbrandes mit Ausnahme eines übelriechenden Wundsekrets vor, so kann es grob fehlerhaft sein, ohne stichhaltige Gründe für die Annahme einer Gefäßverletzung den Patienten zur Durchführung einer Angiographie zu verlegen, anstatt bei den sichtbaren Zeichen eines toxischen Kreislaufverfalls sofort chirurgisch eine Entlastungsinzision des geschwollenen Oberschenkels zur weiteren Befunderhebung und Therapie herbeizuführen (OLG Hamm VersR 98, 104).

Klinische Zeichen für ein Kompartmentsyndrom erfordern einen sofortigen operativen Eingriff (Faszienspaltung in 1–2 Stunden). Eine spätere

Operation bedeutet einen groben Behandlungsfehler (OLG Oldenburg VersR 95, 218).

Ein Arzt verstößt gegen elementare medizinische Behandlungsregeln und unterlässt zugleich die Erhebung medizinisch zweifelsfrei gebotene Befunde, wenn er trotz eindeutiger Hinweise in ein Gebiet infiltriert und operiert, ohne zuvor abzuklären, dass dort kein bakterieller Entzündungsprozess abläuft (OLG Oldenburg VersR 92, 184).

Häufen sich Mängel in der Behandlung, kann eine Gesamtwürdigung des Behandlungsgeschehens die Feststellung eines groben Behandlungsfehlers ergeben, auch wenn die Fehler jeweils für sich genommen nicht als grobe Behandlungsfehler anzusehen sind (OLG Stuttgart VersR 90, 858).

Allerdings: Ist bei unveränderter klinischer Situation der gleiche Fehler zweimal gemacht worden, wird aus einem einfachen Behandlungsfehler noch kein grober Behandlungsfehler (OLG Braunschweig VersR 00, 454).

# 14 Allgemeine Qualitätsanforderungen

## 14.1 Übernahme der Behandlung

Übernimmt ein Arzt eine Tätigkeit, der er nach seinen persönlichen Fähigkeiten, seiner apparativen Ausstattung oder in seiner persönlichen Situation (z. B. Erkrankung oder Übermüdung) nicht gewachsen ist, liegt ein Übernahmeverschulden vor.

### a) Berufsanfänger und Ärzte in Facharztausbildung

Dieser Personenkreis muss gegenüber den eigenen Fähigkeiten besonders selbstkritisch sein und in Zweifelsfällen den Rat erfahrener Fachkollegen einholen bzw. den Eingriff unterlassen (BGH NJW 88, 2298). Allerdings entfällt bei Fehlern ein Schuldvorwurf gegenüber dem Unerfahrenen, wenn ein zugezogener Oberarzt das Vorgehen des Anfängers, z. B. dessen Diagnose billigt (OLG München VersR 93, 1400: partielle Beugesehnendurchtrennung nicht erkannt).

Berufsanfänger und Ärzte in Facharztausbildung müssen gegenüber dem ihnen übergeordneten Facharzt offenbaren, wenn sie mangels hinreichender Erfahrung Bedenken haben, einen Eingriff vorzunehmen (BGH NJW 94, 3008). Sie müssen immer einen Facharzt als Operationsassistenz haben (BGH NJW 92, 1560).

### b) Weiterbildung

Die Rechtsprechung verlangt von einem Arzt nicht in jedem Fall, dass er alle medizinischen Veröffentlichungen sofort kennt und beachtet (OLG Düsseldorf VersR 85, 478).

Gefordert wird nur das regelmäßige Lesen einschlägiger Fachzeitschriften auf dem entsprechenden Gebiet (z. B. von Fachärzten nicht die Lektüre medizinischer Spezialliteratur eines anderen Fachgebiets). Von Ärzten, die sich mit der Behandlung einer bestimmten Krankheit befassen, ist zusätzlich auch die Lektüre von Zeitschriften zu fordern, welche über die Behandlung dieser Krankheit und deren Risiken berichten (BGH VersR 82, 147).

Vom Facharzt wird bei der Anwendung neuer, noch nicht allgemein eingeführter Methoden über die Lektüre der einschlägigen inländischen Fachzeitschriften hinaus auch die Berücksichtigung des methodisch spezifischen ausländischen Schrifttums erwartet (BGH VersR 91, 469). Von Allgemeinmedizinern wird die Lektüre von ausländischen Fachzeitschriften nicht verlangt.

### c) Fachübergreifende Behandlung

Wendet der behandelnde Arzt – was haftungsrechtlich zulässig ist – Behandlungsmethoden an, die außerhalb seines Fachgebietes liegen, muss er den Qualitätsstandard der übernommenen Behandlungsaufgabe gewährleisten (BGH VersR 82, 147: Urologe behandelt TBC).

Allerdings ist ein Patient, dessen Krankheit der Behandlung durch Ärzte mit besonderen medizinischen Kenntnissen und Erfahrungen bedarf, an einen Spezialisten oder in eine dazu geeignete Spezialklinik weiter zu verweisen. Die Unterlassung stellt einen Behandlungsfehler dar (BGH VersR 88, 179).

### d) Apparativer Standard

Generell hat der Arzt die nach dem Stand der medizinischen Wissenschaft für die Behandlung erforderlichen technischen Dienstmittel und Apparaturen vorzuhalten und zu verwenden.

**Unzureichende Ausstattung.** Die für eine konkrete Behandlung unzureichende technisch-apparative Ausstattung bedeutet deshalb ein Übernahmeverschulden.

Stehen dem Arzt keine ausreichenden apparativen Bedingungen für eine standardgemäße Behandlung zur Verfügung, dann ist der Patient von vornherein in ein anderes Krankenhaus zu überweisen, das nach seiner personellen und apparativen Ausstattung diesen Standard gewährleistet. Das Unterlassen dieser Maßnahme ist ein Behandlungsfehler.

**Grenzwertige Ausstattung.** Ist der zu fordernde medizinische Behandlungsstandard trotz einer als dürftig einzustufenden Ausstattung des Krankenhauses gerade noch gewahrt, ist aber im konkreten Fall die apparative Ausstattung für die kontrollierte Führung der Therapie von besonderem Gewicht, stellt dies einen Umstand dar, der für die Entscheidung des Patienten, ob er sich in diesem Krankenhaus behandeln lassen sollte oder besser ein anderes, vielleicht sogar auf die Behandlung seiner Erkrankung spezialisiertes Krankenhaus aufsuchen sollte, von erheblicher Bedeutung ist, sodass er darüber informiert werden muss (BGH VersR 89, 851).

**Kapazitätsgrenzen bei optimaler Ausstattung.** Die apparative Ausstattung und das sich hieraus ergebende Kapazitätsangebot in einem Krankenhaus wird – auch – von den finanziellen Ausstattungsmöglichkeiten bestimmt. Ein Patientenanspruch auf die denkbar beste apparative Ausstattung kann selbst in einer Universitätsklinik nicht ausnahmslos bejaht werden (OLG Köln VersR 99, 847).

**Beratungsumfang bei Ausstattungsdefiziten.** Die ärztliche Beratungs- und Hinweispflicht erstreckt sich nicht auf eine Aufklärung darüber, dass mangels optimaler Ausstattung nicht die modernsten Methoden angewendet werden können oder in anderen Krankenhäusern gegebenenfalls modernere Apparaturen zur Verfügung stehen, wenn und soweit der Standard guter ärztlicher Behandlung gewährleistet ist und eine anderweitige Behandlung in Ansehung der konkreten Umstände des Falls nicht dringend geboten erscheint. Eine derart weitgehende Hinweispflicht ist insbesondere dann abzulehnen, wenn eine Standardbehandlung, die vielfach erprobt worden ist und sich in der Praxis langjährig bewährt hat, anwendbar ist und auch angewendet wird (OLG Köln VersR 99, 847).

### e) Geräteanwendung

Bei Einsatz von technischer Apparatur gilt, dass sich der Arzt als technisch und naturwissenschaftlich aufgeschlossener Mensch über die mit der Anwendung eines Geräts für den Patienten verbundenen Risiken vertraut machen muss (BGH VersR 91, 1289: Verbrennungen nach fehlerhafter Anwendung eines Hochfrequenzchirurgiegeräts).

Der Arzt hat funktionsfähiges medizinisch- technisches Gerät für die Behandlung zur Verfügung zu stellen. Die Kontrollpflichten gehen über die in § 11 MedGV vorgeschriebenen sicherheitstechnischen Kontrollen hinaus. So ist z.B. vor jedem operativen Eingriff das Intubationsgerät optisch zu kontrollieren (OLG Hamm VersR 80, 585). Daneben besteht auch die Verpflichtung des Arztes, die medizinischen Geräte (z.B. HF-Chirurgiegeräte) warten und prüfen zu lassen (Laufs/Uhlenbruck, S. 432).

## Organisation

Medizinhaftung ist zu nicht geringem Teil Organisationshaftung (Deutsch, Das Organisationsverschulden des Krankenhausträgers, NJW 00, 1745 ff). Im Rahmen der Organisation sind folgende strukturell verschiedene Pflichtenkreise zu unterscheiden:

### a) Sicherstellungspflichten

Nach der Rechtsprechung hat die Behandlungsseite die Organisation von Diagnostik und Therapie so zu gestalten, dass jede vermeidbare Gefährdung der Patienten ausgeschlossen ist (OLG Köln VersR 90, 1240).

Danach treffen Ärzte und Kliniken folgende Pflichten:

**Sicherstellungspflichten**
- hygienischer Standard
- apparativer Standard
- Standard der Arzneimittelvorhaltung
- Standard der Geräte- und Verrichtungssicherheit
- Personeller Ausstattungsstandard (grundsätzlich Facharztstandard):
  – Vermeidung von Anfängeroperation ohne Facharztassistenz
  – Kein auf sich allein gestellter Anfängerarzt in Klinikambulanz
  – Der Ausstattungsstandard muss auch im Nacht- und Sonntagsdienst der Kliniken gewährleistet sein
  – Generelle Richtlinien und Weisungen für interne Ablauforganisation
  – Regelung des Operationsdienstes nach ermüdendem Nachtdienst
  – Regelung für den Fall eines plötzlichen personellen Engpasses.

Der Krankenhausträger hat alle organisatorischen und technischen Vorkehrungen gegen von dem Operationspersonal ausgehende vermeidbare Keimübertragungen zu treffen (BGH VersR 91, 467).

Solange dem Patienten im Krankenhaus eine Behandlung geboten wird, die dem jeweils zu fordernden medizinischen Standard genügt, muss er nicht darüber informiert werden, dass dieselbe Behandlung andernorts mit besseren personellen und apparativen Mitteln und deshalb mit einem etwas geringeren Komplikationsrisiko möglich ist. Anderes gilt, sobald neue Verfahren sich weitgehend durchgesetzt haben und dem Patienten entscheidende Vorteile bieten (BGH VersR 88, 179).

Es kann ein Organisationsverschulden des Krankenhausträgers darin liegen, dass ein Medikament mit erheblich niedrigeren Risiken für den Patienten nicht rechtzeitig vor der Operation zur Verfügung steht (BGH VersR 91,315: PPSB-Hepatitis – sicher im Jahre 1982).

Ist bei einer Hüftgelenkerneuerung wegen der besonderen anatomischen Verhältnisse des Patienten (hier: ungewöhnlich zierlicher Körperbau) die Anfertigung einer Sonderprothese erforderlich, müssen Vorkehrungen getroffen werden, um das – wenn auch seltene – Risiko einer Inkompatibilität der Prothesenelemente aufzufangen (OLG Zweibrücken VersR 99, 719).

Werden in einem solchen Fall der Operationsverlauf und die dabei zutage getretenen Befunde nicht ordnungsgemäß dokumentiert und gesichert, insbesondere ein zunächst eingesetztes, dann aber wieder entferntes Prothesenteil nicht aufbewahrt, ist dies als Verstoß gegen die Pflicht zur Befundsicherung zu werten, der zu Beweiserleichterungen (hier: zur Beweislastumkehr für die haftungsbegründende Kausalität) führen kann.

Bekommt ein Patient im Krankenhaus bei einer Bewegungs- und Transportmaßnahme der ihn betreuenden Krankenschwester aus ungeklärten Gründen das Übergewicht und stürzt, so ist es Sache des Krankenhausträgers, aufzuzeigen und nachzuweisen, dass der Vorfall nicht auf einem pflichtwidrigen Verhalten der Pflegekraft beruht (BGH VersR 91, 310).

## b) Pflicht zur personellen Organisation des ärztlichen Dienstes

### aa) Organisatorische Anordnungen zur
- **Beachtung** der ärztlichen Aufklärungspflicht (BGH VersR 85, 598: Es ist Aufgabe, des Chefarztes, die Aufklärung der Patienten organisatorisch sicherzustellen).
- **Beachtung** einer erforderlichen therapeutischen Aufklärung, die für die Zeit nach der Behandlung (Nachsorge) erteilt wird (OLG Stuttgart VersR 95, 1353: Hinweis, dass Kopfschmerzen, die nach einer Spinalanästhesie auftreten, anästhesiologisch therapiert werden müssen).
- **Beachtung** bekannter gefährlicher Nebenwirkungen von Arzneimitteln (OLG Koblenz VersR 92, 752).
- **Beachtung** der Möglichkeit von Eigenblutspenden bei längerfristig geplanten Operationen als Alternative zur Transfusion von fremdem Spenderblut (BGH VersR 92, 314).
- **Organisation** der Arbeitsabläufe und Vorsorgemaßnahmen im Krankenhaus, z. B. der lückenlosen Patientenüberwachung in der Aufwachphase nach einer Vollnarkose (KG Berlin, Urteil vom 22. 08. 1983, AHRS 3010/18).

### bb) Kontrollpflichten:
Dem **Chefarzt** obliegt die fachliche Aufsicht über die nachgeordneten ärztlichen und nichtärztlichen Dienste (BGH VersR 80, 768). Dazu gehört auch die Kontrolle über einen erfahrenen **Oberarzt** (OLG Köln VersR 89, 708). Die ordnungsgemäße Überwachung der **Assistenzärzte** verlangt gezielte Kontrolle ihrer Arbeit. Die regelmäßige Visite reicht nicht (BGH VersR 88, 723). Der **Krankenhausträger** hat die Chefärzte wegen der ihnen übertragenen Organisationsaufgaben seinerseits zu überwachen (BGH VersR 79, 844).

An die Leitung (Weisungen) und die Überwachung (Kontrolle) des nachgeordneten ärztlichen (und nichtärztlichen) Personals werden sehr strenge Anforderungen gestellt (BGH VersR 94, 386). Die Darlegung und der Beweis einer ausreichenden Überwachung obliegt der Behandlungsseite (OLG Oldenburg VersR 98, 1381).

## c) Pflicht zur personellen Organisation des nichtärztlichen Dienstes

### aa) Allgemein:
Sachgerechte **Auswahl, Anweisung** und **Überwachung** der nachgeordneten, nichtärztlichen Mitarbeiter mit klaren und eindeutigen Regelungen hinsichtlich ihres Dienst- und Verantwortungsbereichs und der Zusammenarbeit mit dem ärztlichen Dienst (OLG Köln VersR 91, 311). **Einsatz** von Krankenpflegepersonal in hinreichend großer Anzahl und mit ausreichender Erfahrung (OLG Köln VersR 97, 1404).

**Einschreiten** eines Belegkrankenhauses gegen eine Handhabung, durch welche ein Belegarzt dem Pflegepersonal Aufgaben überlässt, die dessen pflegerische Kompetenz übersteigen (BGH VersR 96, 976).

**bb) Speziell:** Erteilung der erforderlichen Anweisungen z. B.
- wenn eine besondere Überwachung des Patienten erforderlich ist (OLG Celle VersR 85, 478: Dekubitusprophylaxe)
- zur Kontrolle eines zentralvenös gelegten Infusionssystems (BGH VersR 84, 356).

## Ambulante Operationen

### a) Rahmenbedingungen

**aa) Kassenpatienten:** Die **Rahmenbedingungen** zur Durchführung der ambulanten Operation einschließlich der notwendigen Anästhesien im niedergelassenen Bereich und im Krankenhaus und zur Zusammenarbeit zwischen dem überweisenden und durchführenden Arzt regelt der sog. **dreiseitige Vertrag** zwischen DKG, KBV und den Spitzenverbänden der Krankenkassen nach § 115 b Abs. 1 SGB V (DÄBL 90, Heft 27, 9. Juli 1993, A 1955 ff.).

Die **Mindestanforderungen** in Bezug auf die fachliche Befähigung, bauliche und apparativ-technische, hygienische und personelle Voraussetzungen des Operierens beschreibt eine auf diesem Vertrag basierende, ab 01.10. 1994 geltende **Qualitätssicherungs-Vereinbarung** (DÄBL 91, Heft 31/32, 8. August 1994, A 2124 ff.).

**bb) Privatpatienten:** Die Bundesärztekammer hat ähnliche **Richtlinien zur Qualitätssicherung** für ambulante Operationen und endoskopische Eingriffe, die auch für die Behandlung von Privatpatienten gelten, erlassen (DÄBL 91, Heft 38, 23. September 1994, A 2466 ff.).

### b) Die Relevanz der Qualitätssicherungs-Vereinbarung

Der durch die Vereinbarungen und Richtlinien vorgegebene Rahmen kann als sachverständige Äußerung über die von der Medizin für notwendig gehaltenen Bedingungen gewürdigt werden (Steffen/Dressler: Arzthaftungsrecht, 8. Aufl., S. 95 ff.), d. h. Rahmenverstöße können deshalb haftungsrechtlich zunächst **ohne weitere gutachterliche Prüfung** als ärztliches Fehlverhalten einzuordnen sein, der Arzt muss also Gründe vortragen und notfalls beweisen, die dies widerlegen.

### c) Besonderheiten

Grundsätzlich gilt, dass der zu fordernde Standard bei ambulanten und stationären Operationen gleich ist (Ulsenheimer, Die zivilrechtliche Haftung und strafrechtliche Verantwortung, in Carstensen, Ulsenheimer Hrsg. Ambulantes Operieren- Vernetzung der Dienste, MedR Schriftenreihe Medizinrecht, Springer, 1997, S. 42). Um das Patientenrisiko nicht zu erhöhen, werden bei ambulanten Operationen besondere Anforderungen an Anamnese und Diagnose für das rechtzeitige Erkennen der medizinischen und sozialen Umstände gestellt, die den Patienten vor allem auch in der arztfernen postoperativen Phase zum Risikopatienten machen. Dabei kann der Arzt für seine Indikationsstellung für ein ambulantes Operieren zwar die vom überweisenden Arzt erhobenen Vorbefunde mit berücksichtigen. Sein Vertrauen beschränkt sich aber auf die zweifelsfrei dokumentierten objektiven Befunde. Für ihre Bewertung ist er selbst verantwortlich (Steffen/Dressler: Arzthaftungsrecht, 8. Aufl., S. 95).

### d) Postoperative Sicherungsaufklärung

Für die postoperative Phase muss der Operateur dem Patienten genaue und ihm verständliche Anweisungen für den richtigen Umgang mit den normalerweise zu erwartenden postoperativen Beschwerdebildern geben und ihm dadurch ermöglichen, die Symptome einer Entwicklung rechtzeitig zu erkennen, die das Kontaktieren eines Arztes nötig macht. Erhöhte Anforderungen sind auch an die Dokumentation und an den Arztbrief zu stellen.

# 15 Spezifische Qualitätsanforderungen

## 15.1 Diagnostik

Aus dem Wesen des Dienstvertrages folgt, dass nicht in jedem Fall die objektiv richtige Diagnose geschuldet wird. Nicht jeder Irrtum und jede sachlich unrichtige Diagnose kann dem Arzt als haftungsbegründendes Fehlverhalten angelastet werden (OLG Karlsruhe VersR 94, 860). Das Nichterkennen einer erkennbaren Erkrankung begründet allerdings einen Schuldvorwurf (BGH VersR 58, 545).

Die Rechtsprechung unterscheidet zwischen (haftungsrechtlich folgenlosem) **Diagnoseirrtum** und (haftungsrechtlich relevantem) **Diagnosefehler**, wenngleich sie diese Begriffe nicht konsequent als termini technici verwendet. Dies würde sich allerdings im Interesse einer besseren Verständlichkeit der Urteilsbegründungen für die involvierten juristischen Laien (Arzt und Patient) durchaus anbieten.

### a) Diagnosepflichten

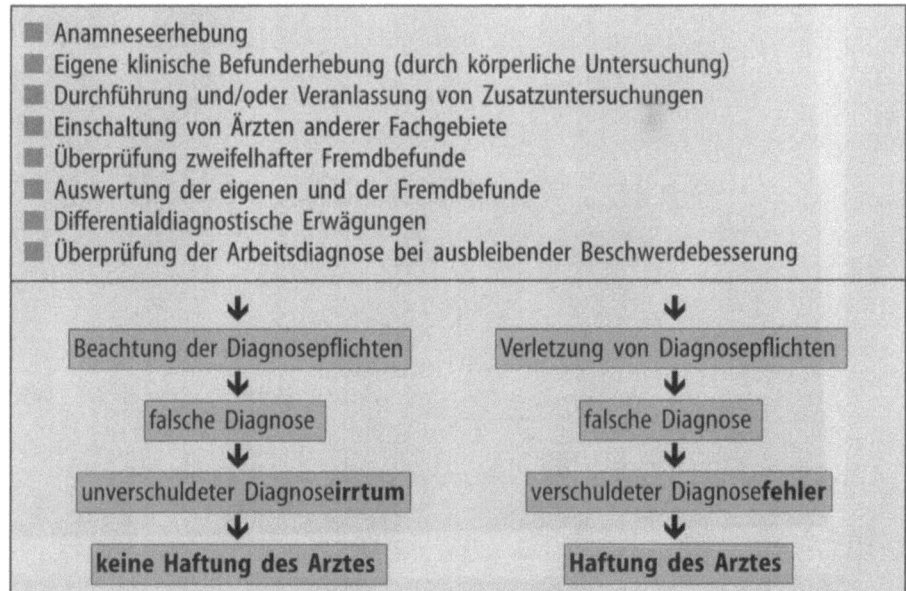

Die Symptome einer Erkrankung sind nicht immer eindeutig, sondern können auf verschiedene Ursachen hinweisen. Zusätzlich kann jeder Patient aufgrund der Unterschiedlichkeiten im menschlichen Organismus die Symptome ein und derselben Krankheit in recht unterschiedlicher Ausprägung aufweisen. Deshalb sind Irrtümer bei der Diagnosestellung oft nicht Folge eines vorwerfbaren Versehens des behandelnden Arztes. Unzutreffende Diagnosen, die lediglich auf eine Fehlinterpretation der Befunde zurückzuführen sind, werden von der Rechtsprechung deshalb stets nur mit Zurückhaltung als Behandlungsfehler gewertet (BGH VersR 94, 860). Viel eher dagegen kann das Nichterheben gebotener Befunde, das Unterlassen erforderlicher Untersuchungen – die dann möglicherweise zu anderer Diagnose geführt hätten – einen Behandlungsfehler darstellen (OLG Stuttgart VersR 98, 1550: Nach einer Arthroskopie des Kniegelenks war nach den klinischen Befunden – hier: Überwärmung, Rötung, Schwellung und Schmerzempfindlichkeit des Knies, Leukozytose und stark erhöhte Blutkörperchensenkungsgeschwindigkeit – die Erhebung weiterer Befunde – hier: durch Punktion – zweifelsfrei geboten, die Unterlassung der Punktion war fehlerhaft.

**aa) Arbeitsdiagnose:** Unterlässt der Arzt die Überprüfung einer von ihm gestellten ersten Diagnose (Arbeitsdiagnose) im weiteren Behandlungsverlauf, dann gilt dies nicht nur dann als sorgfaltswidrig, wenn die etwa begonnene Therapie keine Wirkung zeigt, sondern auch bereits dann, wenn Krankheitserscheinungen auftreten, die für die zunächst angenommene Erkrankung untypisch sind (BGH VersR 85, 886) oder auch für eine ganz andere Erkrankung sprechen könnten. Auszugehen ist immer von der „schlechtesten" Diagnose (OLG Frankfurt, Urteil vom 24.02. 1991- AHRS 2430/3).

**bb) Differentialdiagnose:** Können Symptome – wenn auch vielleicht mit unterschiedlichem Wahrscheinlichkeitsgrad – auf mehrere verschiedene Krankheiten hindeuten, so ist, wenn (wie in der Regel) eine vernünftige Therapie eine sichere Festlegung erfordert, durch weitere differentialdiagnostische Maßnahmen Aufschluss über die konkret vorliegende Erkrankung zu suchen (BGH VersR 93, 836: Differentialdiagnose, OLG Stuttgart VersR 98, 1550: Bei postoperativen Anzeichen einer bakteriellen Infektion sind diese an die erste Stelle der differentialdiagnostischen Erwägungen zu setzen und durch weitere Befunderhebungen abzuklären).

Der Vorwurf einer unzureichenden Diagnostik und Befunderhebung ist unbegründet, wenn der Arzt die dafür gebotene Einschaltung von anderen Fachärzten durch entsprechende Überweisung veranlasst hat (OLG Oldenburg VersR 99, 101).

**cc) Stufendiagnostik:** Grundsätzlich hat sich der Umfang der Diagnostik am Krankheitsbild zu orientieren. Die Diagnostik ist stufenweise aufzubauen (Basisdiagnostik, Aufbaudiagnostik, Spezialdiagnostik). Dies gilt insbesondere bei wenig erforschten Krankheitsbildern (OLG Hamm VersR 97, 1342).

**dd) Diagnostischer Übereifer:** Nicht nur das Unterlassen diagnostischer Maßnahmen, sondern auch ein Zuviel davon kann einen Behandlungsfehler darstellen (Laufs/Uhlenbruck, S. 412).

**ee) Diagnostisches Übernahmeverschulden:** Im Bereich der Diagnostik liegt Übernahmeverschulden dann vor, wenn eine erforderliche diagnostische Ausstattung und Spezialerfahrung fehlen (OLG Stuttgart VersR 94, 106: Keine Hinzuziehung eines HNO-Arztes bei Schmerzen und Beschwerden im Ohrenbereich).

**ff) Diagnostische Beratung:** Ein Diagnosefehler kann auch vorliegen, wenn unterbliebene Verhaltensanweisungen an Patient oder Personal zur verspäteten Diagnosestellung führt (Steffen/Dressler: Arzthaftungsrecht, 8. Aufl., S. 66).

**gg) Keine Verträglichkeitsdiagnostik bei gebräuchlichen Medikamenten:** Nach einem gefäßchirurgischen Eingriff ist eine Thromboseprophylaxe unumgänglich; die Verwendung des Mittels Heparin ist dabei üblich und nicht zu beanstanden. Eine diesbezügliche Verträglichkeitsdiagnostik gehört nicht zu dem geschuldeten medizinischen Standard einer Operationsvorbereitung (OLG Düsseldorf VersR 99, 1371).

## b) Diagnostische Eingriffe

Nicht jeder Diagnosevorgang bleibt für den Patienten ohne Folgen. Je stärker ein diagnostischer Eingriff die körperliche Integrität berührt und je größer die mit ihm verbundenen Risiken sind, desto mehr stellt sich neben den (haftungsrechtlich) ansonsten eher unmaßgeblichen Wirtschaftlichkeitsgesichtspunkten die Frage nach einer ausreichenden medizinischen Indikation. Die Bejahung der Indikation zu einer risikobehafteten invasiven diagnostischen Maßnahme setzt immer eine Güterabwägung zwischen der diagnostischen Aussagefähigkeit, den Aufklärungsbedürfnissen und den besonderen Risiken für den Patienten voraus (BGH VersR 95, 1055).

> **Bei Diagnoseeingriffen ist zusätzlich folgendes zu beachten:**
> ■ Bei Indikationsstellung ist besondere Güterabwägung zwischen diagnostischem Aufklärungsbedürfnis, zu erwartendem therapeutischen Nutzen und Patientenrisiko erforderlich.
> ■ Unbedenkliche Untersuchungsarten ohne gesundheitsschädliche Folgen sind vorrangig einzusetzen (OLG Oldenburg VersR 91, 1242).
> ■ Pflicht zur Nachbeobachtung (BGH NJW 81, 2513: nach Herzkatheteruntersuchung).

## 15.2 Therapie

### a) Therapiegrundsätze

Dem Arzt steht bei der Wahl der diagnostischen und therapeutischen Methode aufgrund seiner medizinischen Kenntnisse und seines ärztlichen Wissens ein gewisser Beurteilungs- und Ermessensspielraum zu (BGH VersR 92, 238). Diese ärztliche Therapiefreiheit bedeutet zugleich Methodenfreiheit und fehlende Bindung an die Schulmedizin (Laufs/Uhlenbruck S. 386 ff.).

Der Arzt ist auch nicht stets auf den jeweils sichersten therapeutischen Weg festgelegt, denn das Patienteninteresse ist in erster Linie auf Befreiung von Krankheit, nicht auf größtmögliche Sicherheit ausgerichtet, ein höheres Risiko muss aber durch besondere Sachzwänge des konkreten Falls oder durch eine günstigere Heilungsprognose gerechtfertigt sein (BGH VersR 88, 82; OLG Frankfurt VersR 98, 1378).

Die Wahl der Therapie muss der Arzt grundsätzlich nach seinem ärztlichen Beurteilungsermessen aufgrund der jeweils verschiedenen Gegebenheiten des konkreten Behandlungsfalles und seiner eigenen Erfahrung und Geschicklichkeit in der Behandlungsmethode treffen können (Steffen/Dressler: Arzthaftungsrecht, 8. Aufl., S. 67).

### aa) Beispiele aus der Rechtsprechung für Therapiefreiheit:

- Bündelnagelung eines Torsionsbruchs statt Plattenosteosynthese (BGH VersR 88, 82)
- Verzicht auf antibiotische Prophylaxe bei Schnittwunde (OLG Oldenburg VersR 91, 229)
- Dorsale Schiene mit Stärkebinden statt Rundgips (OLG Hamm VersR 92, 834)
- Grenzen für konservative Behandlung einer Schrägfraktur des Schienbeins bei stark adipösen und alkoholabhängigen Patienten (OLG München VersR 93, 103)
- Heparinbehandlung statt Thrombolyse bei Beinvenenthrombose (OLG München VersR 93, 362)
- Bei Fraktur Drahtextension oder Fixateur externe (OLG Düsseldorf, VersR 98, 55)
- Verzicht auf Gipsverband – Ruhigstellung nach Operation einer dislozierten Fraktur des Mittelfußknochens vertretbar wegen eines erhöhten Thrombose- und Sudeckrisikos (OLG Köln VersR 98, 243).

## b) Indikationsstellung

> **Güterabwägung bei Indikationsstellung:**
>
> Schwere des Krankheitsbildes — Nutzen für Patienten — Risiken der Behandlung
>
> **Bei risikobehafteten invasiven diagnostischen Maßnahmen zusätzlich:**
>
> diagnostische Aussagefähigkeit — Klärungsbedürfnis — besondere Risiken für Patienten

Jeder Heileingriff und jede Heilbehandlung muss grundsätzlich indiziert sein. Es muss also ein Grund zur Anordnung bzw. Verordnung eines bestimmten diagnostischen oder therapeutischen Verfahrens vorliegen, der die Anwendung einer ärztlichen Maßnahme, sei es diagnostisch oder therapeutisch, rechtfertigt.

Die Frage der Indikation ist deshalb auch stets eine solche der Interessenabwägung: Schwere des Krankheitsbildes, Gefährlichkeit der beabsichtigten Maßnahme, Risiko und Schwere des Eingriffs, Erfolgsaussichten und erstrebter Zweck der Heilbehandlung müssen in angemessenem und vernünftigen Verhältnis zueinander stehen (Laufs/Uhlenbruck, S. 416).

Die Rechtsprechung stellt vor allem bei diagnostischen Eingriffen strenge Anforderungen an die Indikationsstellung (OLG Düsseldorf VersR 84, 643: Vertebralis- Angiographie).

## c) Methodenwahl

**aa) Ermessensspielraum:** Die Wahl der Diagnostik- oder Therapiemethode ist primär Sache des Arztes, dem die Rechtsprechung insoweit einen großen Ermessensspielraum einräumt.

Der Arzt schuldet seinem Patienten neben einer sorgfältigen Diagnose die Anwendung einer Therapie, die dem jeweiligen Stand der Medizin entspricht.

Das bedeutet nicht, dass jeweils das neueste Therapiekonzept verfolgt werden muss, wozu dann auch eine stets auf den neuesten Stand gebrachte apparative Ausstattung gehören müsste (BGH VersR 88, 179).

Der Zeitpunkt, von dem ab eine bestimmte Behandlungsmaßnahme veraltet und überholt ist, sodass ihre Anwendung nicht mehr dem einzuhaltenden Qualitätsstandard genügt und damit zu einem Behandlungsfehler wird, ist jedenfalls dann gekommen, wenn neue Methoden
   risikoärmer sind und/oder
   bessere Heilungschancen versprechen,
   in der medizinischen Wissenschaft unumstritten sind und
   deshalb allein ihre Anwendung verantwortet werden kann.

Unter verschiedenen eingeführten und bewährten Therapiemethoden kann der Arzt seine konkrete Anwendungsmethode frei wählen, wenn
- Heilungsaussichten
- Eingriffsbelastung
- Schadenrisiken

im wesentlichen gleichwertig sind.

**bb) Ermessensgrenze:** Die Grenze des Ermessens bildet die medizinische Kontraindikation. Bekannte Risiken sind durch die Wahl einer risikoärmeren Alternative möglichst zu verringern oder zu vermeiden. Die Wahl der risikoreicheren Therapie muss stets medizinisch sachlich begründet sein (Geiß/Greiner, S. 47).

Der Arzt hat alle bekannten und medizinisch vertretbaren Sicherheitsmaßnahmen anzuwenden, die eine erfolgreiche und komplikationsfreie Behandlung gewährleisten, und muss um so umsichtiger vorgehen, je einschneidender ein Fehler sich für den Patienten auswirken kann (BGH VersR 85, 969: Adduktions-(Varisierungs-) Osteotomie am Hüftgelenk).

### cc) Leitlinien

**Definitionen**

> nach Bundesärztekammer und KBV:
> - Systematisch entwickelte Entscheidungshilfen für die angemessene ärztliche Vorgehensweise bei speziellen gesundheitlichen Problemen
> - Wissenschaftlich begründete und praxisorientierte Handlungsempfehlungen
> - Orientierungshilfen im Sinne von Handlungs- und Entscheidungskorridoren, von denen in begründeten Fällen abgewichen werden kann oder sogar muss.

**Rechtsqualität:** Leitlinien sind rechtlich nicht verbindlich. Sie haben weder haftungsbegründende Wirkung bei Abweichungen noch haftungsbefreiende Wirkung bei Befolgung. Sie stellen sachverständige Äußerungen dar, die ausschließlich Indizwirkung dafür entfalten können, ob der Arzt die Sorgfalt angewendet hat, die von einem besonnen und gewissenhaft handelnden Arzt seines Fachgebiets in diesem konkreten Fall zu diesem Zeitpunkt zu verlangen war.

Je stärker die Besonderheiten des Einzelfalles von typisierten Fallvarianten abweichen, desto schwächer ist die Indizwirkung der Leitlinien einzustufen. Stärkere Indizwirkung ergibt sich in den Bereichen, die nicht primär den Einzelfall, sondern Strukturvorgaben betreffen (z. B. interdisziplinäre Vereinbarungen über die Zusammenarbeit einzelner Berufsgruppen wie z. B. die Vereinbarung zwischen Chirurgen und Anästhesisten über die Verantwortung für die prä-, intra- und postoperative Lagerung).

**Rechtsfolgen der Nichtbeachtung von Leitlinien:** Aus der bloßen Indizwirkung der Leitlinien können sich Auswirkungen auf die Beweislastverteilung zwischen Arzt und Patienten ergeben:

Ist die Leitlinie dem Regelungsbereich der Strukturvorgaben zuzuordnen, kann die Nichtbeachtung einer Aufgabenzuweisung zur Beweislastumkehr zu Lasten des Arztes führen.

Betrifft die Leitlinie hingegen den Bereich der Diagnose- und Therapiewahl, begründet ein Abweichen – isoliert betrachtet – noch keine Beweislastumkehr (Ratzel, Orthopädie, Mitteilungen 2/2000, S. 102). Neue diagnostische und therapeutische Methoden, die in vorliegenden Leitlinien keine Erwähnung fanden, sind nicht a priori überflüssig oder gar falsch (Stürmer, K. M., Leitlinien Unfallchirurgie, S. VII, Georg Thieme Verlag, Stuttgart, 1997).

### d) Behandlungsalternativen

Zur aufklärungspflichtigen Alternative kann eine neue Methode überhaupt erst dann werden, wenn sie sich etabliert hat. Die Anwendung der alten Behandlungsmethode oder Operationstechnik wird erst dann zum Behandlungsfehler, wenn die neue Methode, die neue Technik an einem für Aussagen über die Nutzen-Risiko-Bilanz ausreichend großen Patientengut medizinisch erprobt und im wesentlichen unumstritten ist, in der Praxis nicht nur an wenigen Zentren, sondern verbreitet Anwendung findet, für den jeweils betroffenen Patienten risikoärmer oder weniger belastend ist und/ oder bessere Heilungschancen verspricht (BGH VersR 92, 240).

Diagnose und Behandlungsmöglichkeiten, die erst in wenigen Spezialkliniken erprobt und durchgeführt werden, sind für den allgemeinen Qualitätsstandard nur insoweit zu berücksichtigen, als es um die Frage geht, ob der Patient wegen eines speziellen Leidens in diese Spezialklinik hätte überwiesen werden müssen (OLG Oldenburg VersR 89, 402).

### e) Neue Behandlungsmethoden

Der Arzt kann eine neue Behandlungsmethode grundsätzlich auch dann anwenden, wenn sie sich noch in der Phase der Erprobung befindet, solange
- sie im konkreten Fall nicht kontraindiziert ist,
- er die Erkenntnislücken bezüglich des Potentials spezifischer Komplikationen durch entsprechend großzügige Sicherheitspolster für den Patienten neutralisiert und
- er den Patienten über die Neuartigkeit und die Möglichkeit unbekannter Risiken ausführlich unterrichtet.

In dieser Phase begeht der Arzt, wenn er auf die neue Methode verzichtet, keinen Behandlungsfehler (Steffen/Dressler: Arzthaftungsrecht, 8. Aufl., S. 79).

Stellt eine im experimentellen Stadium befindliche Behandlungsart wegen der noch unerforschten Risiken keine echte Alternative dar, so kann dem Arzt im Rahmen seiner Aufklärungspflicht nicht abverlangt werden, den Patienten auf die Existenz entsprechender Forschungsprojekte hinzuweisen und diesem anheimzustellen, sich gegebenenfalls um Aufnahme zu bemühen (LG Koblenz VersR 94, 1349).

### f) Außenseitermethode

Qualitätsstandard zwingt den Arzt nicht zur Standardbehandlung, denn grundsätzlich ist der Arzt nicht an die Regeln der Schulmedizin gebunden. Ein Abweichen von der Standardmethode kann aufgrund der Besonderheiten des Falles oder ernsthafter Kritik an der hergebrachten Methode geboten sein (BGH VersR 96, 1224).

Die Wahl einer Außenseitermethode kommt nur dann in Betracht, wenn der Operateur über besondere Erfahrungen in der Anwendung der Methode verfügt und das Für und Wider der Operationsmethode mit dem Patienten erörtert hat (OLG Düsseldorf VersR 91, 1176: Küntscher-Marknagelung zur Behandlung eines Oberarmschaftbruchs).

### g) Heilversuch

Der Versuch einer neuen, klinisch nicht hinreichend erprobten Therapie kann vertretbar sein.

> **Voraussetzungen:**
> - Die Standardmethode ist im konkreten Fall wenig erfolgversprechend
> - Die Prognose des Heilversuchs ist deutlich günstiger und
> - Die Heilungschancen übersteigen das Fehlschlagrisiko deutlich.

Der Patient muss über den Versuchscharakter der Therapie umfassend aufgeklärt werden. Dazu gehört auch eine detaillierte Darstellung der Chancen und der Risiken (Steffen/Dressler: Arzthaftungsrecht, 8. Aufl., S. 82).

### h) Nachsorge

Der Abschluss seiner Behandlungsmaßnahmen enthebt den Arzt nicht von Schutzpflichten gegenüber dem Patienten. Er ist im Rahmen der Nachsorge verpflichtet, den Patienten vor Gefahren zu schützen, die aus seinen Behandlungsmaßnahmen resultieren. Auch ein (unverschuldeter) Diagnoseirrtum oder (verschuldeter) Diagnosefehler kann eine solche Verpflichtung begründen.

**Beispiele für Nachsorgepflichten aus der Rechtsprechung:**
- Nebenwirkungen bei Verordnung risikoreicher Medikamente sind zu kontrollieren (OLG Hamm VersR 91, 585: Augentropfen)
- Kontrolle des Erfolgs einer Behandlungsmaßnahme (BGH VersR 95, 1099: Sterilisationskontrolle)
- Unterrichtung des nachbehandelnden Arztes über mögliche Komplikationen; über sich aus dem Entlassungsbefund ergebende besondere therapeutische Konsequenzen für die Nachbehandlung (BGH VersR 88, 82: Nicht ausreichend stabilisierte Fraktur)
- Eindringliche Belehrung, einen Spezialisten aufzusuchen, insbesondere, wenn der Patient die Notwendigkeit erkennbar zu leicht nimmt (OLG Oldenburg VersR 94, 1478: Sofortiger Arztbesuch bei Symptomen einer Thrombose
- Aufforderung zu dringend erforderlicher erneuter Vorstellung (OLG München VersR 96, 379)
- Eindringliche Belehrung über Fristgebundenheit einer Nachoperation (BGH VersR 91, 308: Korrekturoperation bei Drehfehler nach Unterschenkelfraktur)
- Hat der Patient in der Ambulanz des Krankenhauses eine vorgesehene Nachuntersuchung nicht abgewartet und das Krankenhaus verlassen, ohne über die Folgen seiner Handlungsweise belehrt zu werden, so kann, wenn die Therapiemaßnahme dringlich ist, der Arzt verpflichtet sein, den Patienten erneut einzubestellen (BGH VersR 91, 308)
- Hat ein Patient eine Bandscheibenoperation im Wege der perkutanen Nukleotomie an sich vornehmen lassen, so muss ihn der behandelnde Arzt vor einer längeren Heimreise mit dem Pkw darauf hinweisen, dass zur Unterstützung der Wirbelsäule Kissen fachgerecht untergelegt werden müssen und dies keineswegs durch den Patienten selbst geschehen darf (OLG Frankfurt VersR 99, 1544).

## Allerdings:
Bricht der Patient die Behandlung ab, bevor eine Diagnose gestellt worden ist, so kann der Arzt im allgemeinen darauf vertrauen, dass der weiterbehandelnde Arzt den Verdachtsmomenten für eine Krankheit von sich aus nachgeht (OLG Hamburg VersR 89, 1296).

## 15.3 Koordination/Kommunikation/Arbeitsteilung

Der Patient hat in jeder Phase der Gesamtbehandlung Anspruch auf fachärzlichen Standard. Die zwangsläufig mit zunehmender Spezialisierung verbundenen Reibungsverluste (Informationsverluste, Zuständigkeitslücken) dürfen deshalb nicht zu einer Standardunterschreitung in der Gesamtbehandlung führen.

Zunehmende Spezialisierung bedeutet daher erhöhte Anforderungen an die
Organisation der Arbeitsteilung,
Ausgestaltung der Koordination und
Kommunikation zwischen den an der Behandlung beteiligten Personen.

## a) Horizontale Arbeitsteilung

> ■ Der Patient wird von mehreren gleichberechtigten Fachärzten verschiedener Fachrichtungen behandelt.
> ■ Gleiche hierachische Ebene, keine Weisungsgebundenheit.

Die umfassende Beratung und Behandlung obliegt zunächst dem zuerst tätig gewordenen Arzt.

**aa) Vertrauensgrundsatz:** Werden die Ärzte verschiedener Fachrichtungen nacheinander tätig, dann gilt als Grundprinzip der Vertrauensgrundsatz: Die Ärzte der verschiedenen Fachrichtungen können wechselseitig davon ausgehen, dass der andere beteiligte Arzt seine Aufgaben richtig wahrnimmt (OLG Stuttgart VersR 92, 55).

Der Vertrauensgrundsatz gilt grundsätzlich auch, wenn Ärzte verschiedener Fachrichtungen gleichzeitig tätig werden, z.B. Chirurg und Narkosearzt während einer Operation. In dieser Situation bedarf es zum Schutz des Patienten einer Koordination der beabsichtigten Maßnahmen, um Risiken auszuschließen, die sich aus der Unverträglichkeit der von den beteiligten Fachrichtungen vorgesehenen Methoden oder Instrumente ergeben können (BGH VersR 99, 579).

**bb) Grenzen des Vertrauensgrundsatzes:** Der überweisende Arzt, muss die Befunde des hinzugezogenen Arztes des Spezialfachs zumindest summarisch auf Plausibilität überprüfen. Erkannten Fehlern oder tatsächlichen/wertenden Unzulänglichkeiten der Befunde des beigezogenen Arztes muss er nachgehen. Gleiches gilt für sich gleichsam aufdrängende, leicht erkennbare Unzulänglichkeiten. Umgekehrt kann auch dem zu einer speziellen Untersuchung seines Fachgebiets herangezogenen Arzt obliegen, den überweisenden Arzt auf Zweifel an den eigenen Befunden oder auf erkannte oder offenkundige Fehler des überweisenden Arztes in seiner bisherigen Diagnostik und/oder Therapie hinzuweisen (BGH VersR 94, 102).

Der Arzt, an den ein Patient überwiesen wird, hat aber auch eigenständige Pflichten. Hat er z.B. Zweifel an der ihm übermittelten Diagnose, dann muss er diesen Zweifeln nachgehen und ggf. mit dem überweisenden Arzt Kontakt aufnehmen (BGH VersR 94, 102).

**cc) Verantwortungsbereiche:** Entscheidend für die Abgrenzung der Verantwortungsbereiche sind oft Vereinbarungen der betroffenen Berufsverbände (z. B. Vereinbarung zwischen dem Berufsverband Deutscher Anästhesisten und dem Berufsverband der Deutschen Chirurgen über die Zusammenarbeit bei der operativen Patientenversorgung vom 28. 08. 1982).

Sind die Verantwortungsbereiche nicht klar abgegrenzt bzw. abgrenzbar, können die an der Behandlung Beteiligten dem Patienten im Falle von Mängeln als Gesamtschuldner haften (OLG Stuttgart VersR 95, 1353).

**dd) Pflichten des überweisenden Arztes bei Überweisung zur Weiterbehandlung:** Überweist der Arzt den Patienten zur Weiterbehandlung an einen anderen Arzt, ist seine Aufgabe mit der Übernahme des Patienten durch den hinzugezogenen Arzt beendet.

**Ausnahme:** In nicht einfach liegenden Fällen, die eine besondere Überwachung erfordern, hat der überweisende Arzt dem nachbehandelnden Arzt neben dem zuletzt erhobenen Befund die sich daraus für die Nachbehandlung ergebenden besonderen therapeutischen Konsequenzen mitzuteilen. Eine nur routinemäßige, kurze Unterrichtung z. B. über den stationären Verlauf reicht in solchen Fällen nicht aus. Vielmehr ist dringend und konkret eine besonders sorgfältige Nachbeobachtung herauszustellen (OLG Oldenburg VersR 93, 1357).

**ee) Pflichten des überweisenden Arztes bei Konsilanforderung:** Zieht der behandelnde Arzt einen weiteren Arzt konsiliarisch zu, verbleibt die Pflicht zur Behandlung des Patienten und damit auch zur Koordination der ärztlichen Zusammenarbeit beim überweisenden Arzt. Für die bereits erfolgte Behandlung bleibt der überweisende Arzt auch dann verantwortlich, wenn er einen Konsiliararzt zuzieht (OLG Köln VersR 90, 1242; Geiß/Greiner S. 75). Dieser ist rechtzeitig einzuschalten (OLG Hamm VersR 96, 756) und ausreichend zu unterrichten. Insbesondere sind ihm bekannte fremdanamnestische Befunde zu übermitteln, damit er sie in seine konsiliarische Bewertung einbeziehen kann (OLG Celle VersR 97, 365: Beurteilung eventuell fortbestehender Suizidgefahr).

Ein niedergelassener Arzt, der einen Patienten zu weiterer Diagnostik in ein Krankenhaus überwiesen hat, darf die Ergebnisse der ihm in personeller und apparativer Ausstattung überlegenen Klinik bei der Weiterbehandlung zugrunde legen, wenn sich ihm nicht Zweifel an der Richtigkeit aufdrängen müssen (OLG Köln VersR 93, 1157: Überweisung zur Arthroskopie).

Eine Haftung des weiterbehandelnden (Haus-)Arztes für fehlerhafte Befunde des zugezogenen Arztes kommt nur dann in Betracht, wenn er erkennen muss oder erkannt hat, dass gewichtige Bedenken gegen das diagnostische oder therapeutische Vorgehen des hinzugezogenen Konsiliararztes bestehen und er diese nicht berücksichtigt und mit dem Patienten auch nicht erörtert. Notfalls ist sogar eine Identitätsprüfung zu veranlassen (OLG Düsseldorf VersR 97, 1358: nicht mit Histologie zu vereinbarender Sichtbefund – Magenresektion).

**ff) Pflichten des Konsiliararztes:** Der Konsiliararzt haftet grundsätzlich nur für sein eigenes Handeln. Die Verantwortung für die Gesamtbehandlung verbleibt bei dem die Behandlung führenden, überweisenden Arzt, damit auch die Pflicht zur therapeutischen Aufklärung (**Ausnahme:** Wenn der konsiliarisch tätige Arzt erkennt oder erkennen muss, dass der überweisende Arzt drohende Gefahren verkannt und sie in seine Überweisung deshalb nicht einbezogen hat. Dann muss auch ein lediglich konsiliarisch hinzugezogener Arzt auf die Notwendigkeit weiterer diagnostischer Maßnahmen hinweisen – BGH VersR 94, 102).

Der konsiliarisch hinzugezogene Arzt ist grundsätzlich an den Auftrag gebunden. Seine Tätigkeit ist aber nicht auf die rein technische Ausführung des Auftrags begrenzt. Er übernimmt vielmehr im Rahmen des Überweisungsauftrags auch eigenständige Pflichten.

**Der Konsiliararzt**
- entscheidet über die Art und Weise der Leistungserbringung
- prüft, ob die erbetene Leistung kontraindiziert ist
- prüft, ob der Auftrag von dem überweisenden Arzt richtig gestellt ist und dem Krankheitsbild entspricht (BGH VersR 94, 102; OLG Oldenburg VersR 96, 1111).

**Vertrauensgrundsatz:**
- Der Konsiliararzt darf darauf vertrauen, von dem überweisenden Arzt vollständig unterrichtet zu werden. Zur eigenen Erhebung fremdanamnestischer Befunde ist er deshalb nicht ohne weiteres verpflichtet (OLG Celle VersR 97, 365).
- Der hinzugezogene Arzt kann sich im Regelfall darauf verlassen, dass der überweisende Arzt, jedenfalls **wenn er derselben Fachrichtung angehört,** den Patienten in seinem Verantwortungsbereich sorgfältig und ordnungsgemäß untersucht und behandelt hat und dass die Indikation zu der erbetenen Leistung zutreffend gestellt ist (OLG Stuttgart VersR 91, 1060).

**gg) Berichtspflicht:** Der hinzugezogene Arzt ist gehalten, den behandelnden Arzt in einem Arztbrief über das Ergebnis des Überweisungsauftrags zu unterrichten (BGH VersR 94, 102), soweit deren Erfüllung die Schweigepflicht nicht verletzt (OLG München VersR 93, 1357).

**hh) Pflichten des weiterbehandelnden Arztes:** Die Pflichten des weiterbehandelnden Arztes (Diagnostik, Therapie) entsprechen denen des behandelnden Arztes.

Der nachbehandelnde Arzt trifft die diagnostischen und therapeutischen Dispositionen in eigener Verantwortung, wobei er sich ohne eigene Plausibilitätsprüfung auf Wertungen und Empfehlungen des vorbehandelnden Arztes nicht stützen darf, auch wenn dieser Spezialist ist.

Eine Übernahme der von dem vorbehandelnden Arzt erhobenen Befunde kann sich zwar im Einzelfall anbieten, wenn diese zuverlässig übermittelt werden (bildgebende Verfahren; histologische Befunde) oder die Diagnostik den Patienten belasten würde. Im Regelfall sollte eine nicht belastende Diagnostik wiederholt werden, weil die aktuellen Befunde zu erheben und vom weiterbehandelnden Arzt selbständig auszuwerten sind (Geiß/Greiner, S. 79).

## b) Vertikale Arbeitsteilung

**Kennzeichen:**
- Hierarchische Strukturen (Chefarzt, Oberarzt, Assistent, Pflegekraft)
- Weisungsgebundenheit.

Auch hier gilt der Vertrauensgrundsatz: Jeder darf vertrauen, dass der andere an der Behandlung Beteiligte den ihm obliegenden Aufgabenteil mit der gebotenen Sorgfalt wahrnimmt. Erhebliche Einschränkungen dieses Vertrauensgrundsatzes ergeben sich allerdings daraus, dass zu den Pflichten eines Vorgesetzten auch die ordnungsgemäße Auswahl, Überwachung, Kontrolle, Instruktion und Information seiner Mitarbeiter gehört und insoweit auch die Delegation von Aufgaben stets erneut geprüft werden muss (Ulsenheimer, Rechtliche Probleme in Geburtshilfe und Gynäkologie, S. 85).

**aa) Chefarzt/ärztlicher Dienst:** Dem Leitenden Arzt obliegt die Fachaufsicht über die ärztlichen Mitarbeiter.

Bei der Übertragung ärztlicher Aufgaben an Assistenten in Weiterbildung hat der Leitende Arzt die Eignung des jeweiligen Arztes zu kennen und regelmäßig zu überprüfen. Dies findet besonders Anwendung bei der Gestaltung des Operationsprogramms. Ein Anfänger muss schrittweise unter Aufsicht an die Operationen der jeweiligen Schwierigkeitsstufen herangeführt werden. Dabei ist stets zu prüfen, ob der Anfänger einen Ausbildungsstand erreicht hat, der ihn befähigt, die wesentlichen medizinischen Zusammenhänge der operativen Aufgabe zu erfassen, sodass ihm der Eingriff übertragen werden kann, ohne dass für den Patienten hierdurch ein zusätzliches Risiko entsteht (Rumler-Detzel, Arbeitsteilung und Zusammenarbeit in der Chirurgie -Rechtliche Verantwortlichkeit-, VersR 94, 254).

Der Leitende Arzt hat für die Überwachung des nachgeordneten Personals zu sorgen und geeignete Kontrollmechanismen einzurichten. Die Auswahl und den Einsatz seiner ärztlichen Mitarbeiter und deren Qualifikation hat er laufend zu prüfen. Regelmäßige Visiten, Röntgenbesprechungen, Indikationsbesprechungen und geeignete Fortbildungsmaßnahmen sollen dazu dienen, typische Fehler und Gefahren klarzulegen und Mängel in Diagnostik und Therapie zu beseitigen (Bergmann/Kienzle, Krankenhaushaftung, S. 80). Zu einer ordnungsgemäßen Klinikorganisation gehört es auch, dass die Ärzte durch Belehrung über allgemeine Grundsätze der Aufklärungspflicht unterrichtet und deren Beachtung stichprobenweise kontrolliert werden (BGH VersR 84, 468).

**bb) Chefarzt/nichtärztliche Hilfspersonen:** Die Pflegedienstleitung ist für die Sicherstellung der persönlichen Besetzung einer Station mit ausreichend qualifiziertem Personal sowie die Einhaltung der allgemeinen und besonderen Hygieneregeln verantwortlich. Im Bereich der Grund- und Funktionspflege erfüllt das Pflegepersonal keine aus dem ärztlichen Sektor abgeleiteten Aufgaben. Die Verantwortung und Weisungsbefugnis liegt insoweit bei der Pflegedienstleitung. Jedoch hat der Leitende Arzt das Pflegepersonal auf Besonderheiten bei der Pflege eines bestimmten Patienten hinzuweisen, wenn eine erhöhte Gefährdung des Patienten vorliegt (BGH VersR 86, 788: Dekubitusprophylaxe; BGH VersR 84, 356: Gefahren eines zentralvenösen Zugangs mittels einer Abbocath-Verweilkanüle 1975). Jedenfalls insoweit ist er dem Patienten auch für die pflegerische Betreuung mitverantwortlich

Der Leitende Arzt muss bei Auftreten von personellen Engpässen im Pflegebereich, die eine ordnungsgemäße Versorgung der Patienten gefährden, durch organisatorische Umstellung des Operations- oder Behandlungsprogramms reagieren, soweit die Krankheit des Patienten und ihre Erfordernisse der organisatorischen Reaktion zugänglich sind.

## c) Kommunikation

Im Blick auf die spezifischen Gefahren der Spezialisierung (insbesondere Koordinierungslücken) tendiert die Rechtsprechung zu einer Fehler-/Verschuldensvermutung zu Lasten der beteiligten Ärzte, wenn die konkrete Schadensursache im Kommunikationsbereich entstanden ist.

Bei festgestellten Koordinierungsfehlern liegt die Annahme einer Ursächlichkeitsvermutung des Fehlers für den Gesundheitsschaden des Patienten zu Lasten des Arztes nahe (BGH VersR 84, 356).

### aa) Kommunikation Arzt/Arzt

**Berichtspflicht:** Der hinzugezogene Arzt ist grundsätzlich verpflichtet, dem überweisenden Arzt in einem Arztbrief darüber zu berichten, was er in Erledigung des Überweisungsauftrags getan hat. Von der Berichtspflicht werden auch solche Maßnahmen umfasst, die der hinzugezogene Arzt über den ihm konkret erteilten Überweisungsauftrag hinaus hat vornehmen wollen, zu denen es aber wegen Nichterscheinens des Patienten nicht mehr gekommen ist (BGH VersR 94, 102).

**Informationsbeschaffung:** Bei der in einer Neurologischen Universitätsklinik begonnenen und vom Hausarzt lange Zeit fortgesetzten Verschreibung eines mit schweren Nebenwirkungen (z. B. Kleinhirnatrophie) behafteten Medikaments treffen den Hausarzt uneingeschränkt die nach herrschender Rechtsauffassung von einem Arzt bei der Anwendung von Arzneimitteln zu beachtenden Sorgfaltspflichten. Danach hat sich der Hausarzt über das Medikament zu informieren (bezüglich Kontraindikation, Dosierung und Nebenwirkungen). Zumindest muss er sich telefonisch durch Rückfrage in der Universitätsklinik über die in der Neurologie bekannten Nebenwirkungen und Schadensfolgen der Medikation erkundigen (OLG Koblenz VersR 92, 752).

**Datenbeschaffung:** Kümmert sich der Arzt tagelang nicht um das Ergebnis einer histologischen Untersuchung, die die Schlüsseldiagnose abklären soll, und verzögert sich dadurch die Verlegung des Patienten in die Universitätsklinik und die unvermeidbare Nachoperation, so ist von einem gravierenden schmerzensgelderhöhenden Verschulden des Arztes auszugehen (OLG Koblenz VersR 94, 353: Bauchfellentzündung und Öffnung der Naht nach zweiter Kaiserschnittentbindung).

**bb) Kommunikation Arzt/Patient:** Der Arzt schuldet dem Patienten nicht nur eine fachgerechte Behandlung, sondern auch eine angemessene Kommunikation darüber (Laufs, Nicht der Arzt allein muss bereit sein, das Notwendige zu tun, NJW 00, 1757 ff.).

Ist es für den Therapieerfolg wichtig, dass der Patient bestimmte Verhaltensmaßregeln befolgt, so muss der Arzt sie dem Patienten deutlich erläutern. Außerdem muss er sich vergewissern, dass der Patient die Erläuterung verstanden hat. Unterlässt er das, so kommt eine Haftung wegen Verletzung der therapeutischen Aufklärungspflicht in Betracht (OLG Bremen VersR 99, 1151).

Ist bei einer Erkrankung die frühe Einweisung in die Klinik als sicherste Maßnahme anzusehen, wird dieser Weg aber nicht gewählt, so gehört es zur weiteren ambulanten Behandlung, dass diese vom Arzt zeitnah überprüft wird. Dies hat durch Herstellung einer Kommunikation zwischen dem Arzt und dem Patienten oder der Pflegeperson zu erfolgen, damit sichergestellt wird, dass die getroffenen Maßnahmen greifen (OLG Bremen 95, 541: Überwachung des Krankheitsverlaufs bei gefährlicher Erkrankung).

Hat der Patient eine vorgesehene Nachuntersuchung in der Ambulanz nicht abgewartet und das Krankenhaus verlassen, ohne über die Folgen seiner Handlungsweise belehrt worden zu sein, kann der Arzt verpflichtet sein, ihn erneut einzubestellen und ihn über das Erfordernis und die Dringlichkeit gebotener Therapiemaßnahmen aufzuklären (BGH VersR 81, 308).

## 15.4 Beratung

### a) Sicherungsberatung (Sicherungsaufklärung)

Zur sachgerechten Behandlung gehört die Belehrung des Patienten über ein therapierichtiges Verhalten zur Sicherung des Heilerfolgs und die Unterrichtung des Patienten über erhobene Befunde zur Sicherstellung einer Nachbehandlung. Dem steht die Pflicht des Arztes gleich, dem Patienten bestimmte Anweisungen für die künftige Lebensführung zu erteilen, wenn die erhobenen Befunde derartige Maßnahmen erfordern. Ebenso wie der Arzt etwa die gebotenen Medikamente zur Bekämpfung einer Krankheit zu verordnen und auf Einzelheiten über deren Einnahme hinzuweisen hat, muss er die gebotenen Anordnungen über Art und Ausmaß körperlicher, insbesondere auch sportlicher, Belastungen treffen, über Sinn und Zweck etwaiger Beschränkungen aufklären, erforderlichenfalls auf die Dringlichkeit der Befolgung hinweisen und vor den Folgen einer etwaigen Nichtbeachtung warnen (BGH VersR 86, 1121).

Dies gilt nicht nur, wenn die Diagnose gesichert ist, sondern auch für den Fall, dass insoweit noch keine Klarheit herrscht, denn gerade dann ist häufig eine „vorsichtige" Lebensführung geboten, um eine Heilung nicht von vornherein zu erschweren oder die noch nicht klar erkannte Erkrankung zu verschlimmern. Es liegt auf der Hand, dass dem Patienten beispielsweise körperliche Anstrengungen zu untersagen sind, wenn die konkrete Gefahr besteht, dass dadurch ein als möglicherweise erkrankt erkanntes Organ weiter geschädigt werden könnte (OLG Köln VersR 92, 1231: Sicherheitsaufklärung über Herzerkrankung).

### b) Therapeutische Beratung

Der Arzt, der die Behandlung eines Patienten übernommen hat, muss ihn untersuchen sowie über die nach ärztlicher Erkenntnis gebotenen Maßnahmen informieren und dementsprechend beraten, und zwar – falls es darauf ankommt – auch über die Dringlichkeit solcher Maßnahmen. Er hat den Patienten auch vor Gefahren zu warnen, die bei Unterlassen der ärztlichen Behandlung entstehen können. Ein Verstoß gegen die so verstandene Pflicht zur therapeutischen Beratung ist ein selbständiger Behandlungsfehler, der zum Ersatz des dadurch entstandenen Körper- und Gesundheitsschadens verpflichtet (BGH VersR 91, 100).

Wenn es für den Therapieerfolg wichtig ist, dass der Patient bestimmte Verhaltensmaßregeln zu befolgen hat, muss der Arzt diese dem Patienten klar und deutlich erläutern und sich vergewissern, ob der Patient sie auch verstanden hat (OLG Bremen VersR 99, 1151).

### c) Verlaufsberatung

Die Verlaufsaufklärung besteht aus Informationen über den voraussichtlichen Verlauf der Krankheit und die verschiedenen Therapiemöglichkeiten mit allen für den Patienten wichtigen Umständen. Insoweit trifft den Arzt dem Patienten gegenüber eine gesteigerte Informationspflicht über das Risiko einer Nichtbehandlung als Vertragspflicht. Dem Patienten muss der Krankheitsverlauf in behandelter und unbehandelter Form dargelegt werden. Gerade weil ein Arzt grundsätzlich gegen den erklärten Willen des Patienten zu Eingriffen in dessen körperliche Integrität nicht berechtigt ist, gehört es zu den besonders bedeutungsvollen Berufspflichten eines jeden Arztes, wenn er erkennt, dass bestimmte ärztliche Maßnahmen erforderlich sind, um drohende Gesundheitsschäden von dem Patienten abzuwenden, diesen mit aller Eindringlichkeit auf die Notwendigkeit der Behandlung hinzuweisen und alles nach der Sachlage Gebotene zu unternehmen, damit der Patient seine Weigerung aufgibt und seine Einwilligung zu den notwendigen ärztlichen Maßnahmen gibt (OLG Köln VersR 93, 1234).

### e) Wirtschaftliche Beratung

Den Arzt können in gewissem Umfang auch Informationspflichten in Bezug auf wirtschaftliche Auswirkungen seiner Behandlung treffen. Ist dem Arzt bekannt, dass der Krankenversicherer des Patienten bereits vor der Behandlung Zweifel an der medizinischen Notwendigkeit der Heilbehandlung geäußert hat, muss der Patient vor Beginn der Behandlung auf die Bedenken des Versicherers und das damit verbundene Kostenrisiko hingewiesen werden (Rieger, Verletzung der wirtschaftlichen Aufklärungs- und Dokumentationspflicht durch den behandelnden Arzt, DMW 1999, 1468).

# 16 Aufklärung

Nach höchstrichterlicher Rechtsprechung erfüllt der gebotene, fachgerecht ausgeführte ärztliche Heileingriff diagnostischer wie therapeutischer Art den Tatbestand der Körperverletzung. Um als rechtmäßig zu gelten, muss er von einer durch Aufklärung getragenen Einwilligung des Patienten gedeckt sein (informed consent).

## 16.1 Arten der Aufklärung

Das Recht unterscheidet zwischen der Grundaufklärung, der Eingriffs- und Risikoaufklärung als Hauptpflicht des Behandlungsvertrages und zwischen therapeutischen Aufklärungspflichten (s. Kap. 15), die als Nebenpflichten aus dem Behandlungsvertrag angesehen werden.

## 16.2 Grundaufklärung

Ein ärztlicher Eingriff ist rechtswidrig, wenn nicht wenigstens eine sogenannte „Grundaufklärung" des Patienten erfolgt ist. Der Schutz des Patienten, der sich der ärztlichen Behandlung unterwirft, gebietet in jedem Fall eine Aufklärung über Verlauf, Chancen und Risiken der Behandlung „im großen und ganzen". Ihm muss als medizinischem Laien eine zutreffende Vorstellung darüber vermittelt werden, wie ihm geholfen werden kann, aber auch, welchen Gefahren er sich dabei aussetzt. Dazu müssen ihm nicht alle denkbaren Risiken des Eingriffs medizinisch exakt beschrieben werden. Es genügt, wenn er einen zutreffenden Eindruck erhält von der Schwere des Eingriffs und von der Art der Belastungen, die für seine Integrität und Lebensführung auf ihn zukommen können.

Die Notwendigkeit von Einzelhinweisen ergibt sich etwa bei Risiken, die für den Nichtmediziner nicht erkennbar und überraschend und für diesen Patienten auch ersichtlich von Bedeutung sind.

Die Grundaufklärung setzt weiter voraus, dass der Patient auch einen Hinweis auf das schwerste in Betracht kommende Risiko erhalten hat, das dem Eingriff spezifisch anhaftet (BGH VersR 96, 195: Lähmungserscheinungen bis hin zur Querschnittslähmung nach Myelographie).

### a) Folgen unzureichender Grundaufklärung

Bei fehlender Grundaufklärung ist das Selbstbestimmungsrecht des Patienten im Kern genauso verletzt, als wenn der Arzt den Eingriff vorgenommen hätte, ohne den Patienten überhaupt um seine Zustimmung zu ersuchen (BGH VersR 96, 195).

Weist der Arzt vor einer Injektion lediglich auf die Möglichkeit eines vorübergehenden Taubheitsgefühls hin, während tatsächlich gravierende Risiken wie Entzündungsgefahr, Kreislauf- und Unverträglichkeitsreaktionen oder Nervenverletzungen drohen, so fehlt es an der erforderlichen Grundaufklärung; infolgedessen hat der Arzt auch dann zu haften, wenn sich ein besonders seltenes, an sich nicht aufklärungspflichtiges Risiko verwirklicht (OLG Hamm VersR 96, 197).

### b) Grundaufklärung bei ungesicherter Diagnose

Rät der Arzt zur Operation und legt er diesem Rat den Hinweis auf eine bestimmte Indikation zugrunde, so ist die erteilte Einwilligung unwirksam, sofern der ärztliche Rat nicht dem Stand der Wissenschaft entsprechend diagnostisch abgesichert war.

Der Arzt hat zu verdeutlichen, wie „sicher" seine Diagnose im Hinblick auf differential-diagnostisch in Erwägung zu ziehende Alternativen und die Untersuchungsmöglichkeiten sind, die nach dem Stand der Wissenschaft geboten erscheinen (OLG Frankfurt VersR 96, 101).

## 16.3 Risikoaufklärung allgemein

Der Patient ist auch bei einem indizierten Eingriff über typische, mit dem Eingriff verbundene Risiken aufzuklären, auch dann, wenn sie sehr selten sind (BGH VersR 93, 228). In diesem Zusammenhang hat die sogenannte Komplikationsdichte allein kein entscheidendes Gewicht (BGH VersR 71, 929), es kommt vielmehr auf die Umstände des Einzelfalls an, insbesondere auf die Dringlichkeit des Eingriffs (BGH VersR 81, 532) und vor allem auf das Gewicht, das mögliche und nicht ganz außerhalb der Wahrscheinlichkeit liegende Risiken für den Entschluss des Patienten haben können, seine Einwilligung für den beabsichtigten Eingriff zu erteilen (OLG Karlsruhe VersR 89, 1053).

Im Vordergrund der Risikoaufklärung stehen nicht in erster Linie Komplikations- und Schadenshäufigkeit, maßgeblich ist vielmehr die Schwere des Risikos für das Leben bzw. die weitere Lebensführung des Patienten im Verwirklichungsfall (OLG Karlsruhe VersR 98, 718).

## a) Typisches Risiko

Eingriffsspezifisch ist ein Risiko, dass dem Eingriff typischerweise anhaftet und mit diesem unmittelbar zusammenhängt (OLG Oldenburg VersR 95, 786: Infektionsrisiko bei Gelenkpunktion, Risiko der Gelenkversteifung). Die statistische Häufigkeit des Auftretens ist nicht maßgebend. Ein Risiko kann trotz extremer Seltenheit für den Eingriff „spezifisch" sein (OLG Hamm VersR 93, 1399).

Nach der Rechtsprechung ist über ein eingriffsspezifisches Risiko auch dann aufzuklären, wenn es zwar selten ist, aber im Fall seiner Verwirklichung die Lebensführung des Patienten schwer belastet (BGH VersR 84, 465):
- (BGH VersR 85, 969: Hüftkopfnekrose nach etwaigem Fehlschlagen einer Adduktions-Osteotomie
- OLG Oldenburg VersR 94, 1493: Dauerhafte Nervschädigung nach Hüftgelenksoperation
- OLG Oldenburg VersR 97, 978: Querschnittslähmung nach Bandscheibenoperation
- OLG Oldenburg VersR 95, 786: Infektionsrisiko mit möglicher Folge einer Gelenkversteifung bei intraartikulärer Injektion.

Aufzuklären ist auch über das Risiko einer Nachoperation und über deren spezifische Risiken, wenn die Notwendigkeit, sich nachoperieren zu lassen, ein spezifisches Risiko der Erstoperation ist (BGH VersR 96, 330).

## b) Risikostatistiken

Die Rechtsprechung verlangt für eine ordnungsgemäße Aufklärung keine Angaben von Prozentsätzen. Entscheidend ist, dass der Patient in die Lage versetzt wird, zumindest eine ungefähre Vorstellung von dem Ausmaß der Risiken zu erhalten und er sich damit ein zutreffendes Bild vom Eingriff und dessen Folgen machen kann, um eine eigenverantwortete Entscheidung zu treffen (OLG Oldenburg VersR 94, 221).

Risikostatistiken sind für das Maß der Aufklärung von nur geringem Wert. Entscheidend kommt es auf die Zwischenfallhäufigkeit für diese Behandlungssituation, dieses Arztes, dieses Krankenhauses an (OLG Celle VersR 81, 1184).

## c) Indikationsgrad

Die vitale oder absolute Indikation entbindet von der Aufklärung nicht, auch nicht die Befürchtung gleichartiger Risiken bei Nichtbehandlung. Diese Umstände können nur Eindringlichkeit und Genauigkeit der Aufklärung beeinflussen. Je weniger ein ärztlicher Eingriff medizinisch geboten ist, um so ausführlicher und eindrücklicher ist der Patient zu informieren (BGH VersR 91, 227).

Das Maß der Ausführlichkeit, mit der die Risiken anzusprechen sind, hängt im übrigen davon ab, ob und welche erheblichen Folgen einer Nichtbehandlung zu erwarten sind (OLG Düsseldorf VersR 96, 377 ff.), ob der Erfolg des Eingriffs zweifelhaft ist und möglicherweise nur zu einer vorübergehenden Besserung des Zustands des Patienten führen wird (OLG Hamm VersR 90, 855) oder gar die Gefahr besteht, dass sich der Zustand des Patienten nach der Operation deutlich verschlechtert (BGH VersR 91, 227), ob der Patient (für den Arzt erkennbar) von einer falschen Einschätzung der Erforderlichkeit des Eingriffs ausgeht (BGH VersR 92, 747), ob lediglich ein diagnostischer, nicht unmittelbaren Heilungszwecken dienender Eingriff geplant ist (OLG Karlsruhe VersR 89, 1053).

Bei Kontraindikation: Trotz ansonsten umfassender Risikoaufklärung (u. a. letzte Chance, therapieresistente Beschwerden zu beheben oder zu lindern) befreit die Einwilligung den Arzt nicht von der Haftung für schädliche Folgen, wenn er nicht darauf hingewiesen hat, dass der Eingriff herrschend als medizinisch eindeutig kontraindiziert qualifiziert wird (OLG Köln VersR 00, 492: Zur Behandlung der von einem Tarsaltunnelsyndrom ausgehenden Schmerzsymptomatik strikt kontraindizierte Neurotomie des Nervus tibialis).

### d) Nicht aufklärungsbedürftige Risiken

Ein außergewöhnliches und praktisch kaum relevantes, die Lebensführung des Patienten im Regelfall nicht schwer belastendes Risiko hat für den Entschluss des Patienten, ob er einem Eingriff zustimmt, letztlich keine Bedeutung und ist deshalb nicht aufklärungspflichtig (BGH VersR 93, 228).

Nicht aufklärungspflichtig sind weiter eingriffsspezifische Risiken, die so außergewöhnlich und nicht vorhersehbar sind, dass sie für den Entschluss des Patienten, ob er in die Operation einwilligt, keine Bedeutung haben (OLG Hamm, VersR 94, 1399: Augenmuskelparese nach lumbaler Myografie als vernachlässigbares Risiko).

### e) Allgemein bekannte Risiken

Der Arzt darf, sofern der Patient nicht offenbar die bevorstehende Operation für ganz ungefährlich hält, voraussetzen, dass dieser mit den mit jeder größeren, unter Narkose vorgenommenen Operation verbundenen allgemeinen Gefahren rechnet. Dazu gehört neben dem allgemeinen Risiko des Auftretens einer Wundinfektion, eines Narbenbruchs und auch die jeder nicht nur banalen Operation anhaftende Gefahr einer Fettembolie (BGH VersR 86, 342).

Ausnahmsweise hat der Arzt bei allgemein bekannten Risiken dann aufzuklären, wenn der Patient diese Risiken ersichtlich nicht kennt oder insoweit sich Komplikationen in eine für den Laien überraschende Richtung entwickeln können und für diesen Patienten besonders schwerwiegend wären (BGH VersR 79, 1012: Gefahr einer Wundinfektion infolge eines Eingriffs an großen Gelenken).

### f) Nicht aufklärungsbedürftiger Patient

Die Selbstbestimmungsaufklärung ist entbehrlich, wenn der Patient deshalb nicht mehr aufgeklärungsbedürftig ist, weil er aus eigenem medizinischen Vorwissen (eigene medizinische Fachqualifikation, Kenntnisse aus Vorbehandlung, allgemeine Vorkenntnis) ein hinreichendes allgemeines Bild hat oder weil er durch einen vorbehandelnden Arzt im erforderlichen Umfang aufgeklärt worden ist (Geiß/Greine, S. 176). Das gilt auch, soweit der Patient in einem nicht allzu entfernten früheren Zeitpunkt für die Operation aufgeklärt war und auch für eine wiederholte Operation ohne geänderte Risiken (OLG Köln VersR 95, 1237).

### g) Verzicht des Patienten auf Aufklärung

Die Aufklärung über mögliche Gefahren, die sonst die unabdingbare Voraussetzung für eine gültige Einwilligung bildet, ist an sich verzichtbar. Es gehört auch zur Selbstbestimmung des Patienten, dass er dem Arzt seines Vertrauens freie Hand geben darf, vielleicht in dem nicht unvernünftigen Bestreben, sich selbst die Beunruhigung durch Einzelheiten einer Gefahr zu ersparen, nachdem er sich bereits von der Notwendigkeit ihrer Inkaufnahme überzeugt hat. Freilich liegt es im Wesen der Sache, dass an die rechtliche Wirksamkeit eines besonders weitgehenden Aufklärungsverzichts des Patienten strenge Anforderungen geknüpft sind (BGH VersR 73, 244).

### h) Ungewisse Risiken

Keine Aufklärungspflicht besteht, wenn es für das Bestehen eines Risikos keinen wissenschaftlichen Nachweis gibt und das Auftreten eines Risikos nur nicht ausgeschlossen werden kann (LG Augsburg, VersR 94, 1478).

Anlass zur Aufklärung gibt es jedoch, wenn eine wissenschaftliche Diskussion stattgefunden hat, in der ernsthafte Stimmen auf bestimmte Gefahren hingewiesen haben, die nicht lediglich als unbeachtliche Außenseitermeinungen abgetan werden können. Diese wissenschaftliche Auseinandersetzung muss noch nicht abgeschlossen sein oder zu allgemein akzeptierten Ergebnissen geführt haben (BGH VersR 96, 233).

### i) Unbekannte Risiken

Die Haftung aus verletzter Aufklärungspflicht setzt voraus, dass das Risiko nach damaliger medizinischer Sicht bekannt war bzw. dass es dem behandelnden Arzt hätte bekannt sein müssen. War es dem behandelnden Arzt nicht bekannt und musste es ihm auch nicht bekannt sein, etwa weil es nur in anderen Spezialgebieten der medizinischen Wissenschaft diskutiert wurde, entfällt eine Haftung des Arztes mangels Verschulden (OLG Düsseldorf VersR 96, 377).

### j) Umfang der Risikoaufklärung bei kosmetischen Operationen

Der Patient muss bei kosmetischen Operationen, die nicht, jedenfalls nicht in erster Linie der Heilung eines körperlichen Leidens dienen, sondern eher einem psychischen und ästhetischen Bedürfnis, darüber unterrichtet werden, welche Verbesserungen er günstigenfalls erwarten kann, und ihm müssen etwaige Risiken deutlich vor Augen gestellt werden, damit er genau abwägen kann, ob er einen etwaigen Misserfolg des ihn immerhin belastenden Eingriffs und darüber hinaus sogar bleibende Entstellungen oder gesundheitliche Beeinträchtigungen in Kauf nehmen will, selbst wenn diese auch nur entfernt als eine Folge des Eingriffs in Betracht kommen. Noch weniger als sonst ist es selbstverständlich, dass er in Unkenntnis dessen, worauf er sich einlässt, dem ärztlichen Eingriff zustimmt, und es gehört andererseits zu der besonderen Verantwortung des Arztes, der eine kosmetische Operation durchführt, seinem Patienten das Für und Wider mit allen Konsequenzen vor Augen zu stellen. Deswegen stellt die Rechtsprechung auch sehr strenge Anforderungen an die Aufklärung des Patienten vor einer kosmetischen Operation (BGH VersR 91, 227).

Der Arzt muss mit schonungsloser Offenheit und Härte demonstrieren, mit welcher Verstümmelung des Körpers zu rechnen ist. Bei kosmetischen Eingriffen entfällt der Gesichtspunkt, dass der Patient nicht durch Erzeugung unangemessener Angst von der Einwilligung abgehalten werden darf. Ein Patient, der lediglich die äußere Erscheinung als ungenügend empfindet, muss durch vollständige und schonungslose Aufklärung in den Stand versetzt werden zu entscheiden, ob er den durch Operation erreichbaren Zustand dem bisherigen wirklich vorzieht (OLG Hamburg VersR 83, 63; OLG Düsseldorf VersR 99, 61).

### k) Umfang der Risikoaufklärung bei diagnostischen Eingriffen

Bei diagnostischen Eingriffen ohne therapeutischen Eigenwert sind allgemein strengere Anforderungen an die Aufklärung des Patienten über damit verbundene Risiken zu stellen. Insbesondere diagnostischem Perfektionismus oder gar wissenschaftlicher Neugier gilt es hier vorzubeugen. Aber es darf nicht übersehen werden, dass die Wichtigkeit diagnostischer Eingriffe sehr verschieden sein kann. Auch sie sind mitunter dringend, ja sogar vital oder bedingt vital indiziert. Stets ist zu erläutern, was der Eingriff für den Patienten im Hinblick auf dadurch ermöglichte Gestaltungen der Therapie erhoffen lässt (BGH VersR 79, 720).

### l) Umfang der Risikoaufklärung bei ambulanten Operationen

Zusätzlich zur normalen Risikoaufklärung ist die Frage zu erörtern, ob der vorgesehene Eingriff ambulant oder stationär erfolgen soll.

Ist der vorgesehene Eingriff zwar im Behandlungskatalog für ambulante Eingriffe enthalten, wird er aber nach guter ärztlicher Übung überwiegend noch stationär durchgeführt, bedarf es der besonderen Erläuterung, warum sich der Operateur für den ambulanten Eingriff entschlossen hat und welche besonderen Risiken bei der Durchführung des Eingriffs in der Ambulanz entstehen (Bonvie, Rechtliche Risiken des ambulanten Operierens, MedR 93, 43). Ist der in der Ambulanz vorgesehene Eingriff überhaupt nicht im Leistungskatalog auf der Grundlage des § 115 b SGB V enthalten, bedarf es besonderer Aufklärung des Patienten, warum sich der Arzt gleichwohl im Rahmen seiner Methodenfreiheit aufgrund der besonderen Umstände dieses Einzelfalls zur ambulanten Operation entschlossen hat (BGH VersR 82, 168). Der Arzt hat in diesem Fall zu begründen, dass er nach Art und Schwere des Eingriffs die ambulante Durchführung für sinnvoll hält und die besonderen Risiken des ambulanten Eingriffs unter den konkreten Umständen in Kauf genommen werden können.

## 16.4 Aufklärung über alternative Behandlungsmethoden

### a) Beratung über Behandlungsalternativen erforderlich

Zwar ist die Wahl der Behandlungsmethode primär Sache des Arztes. Gibt es indessen für den konkreten Behandlungsfall mehrere medizinisch gleichermaßen indizierte und übliche Behandlungsmethoden, die gleichwertig sind, aber unterschiedliche Risiken und Erfolgschancen haben, besteht mithin für den Patienten eine echte Wahlmöglichkeit, dann muss ihm durch entsprechende vollständige ärztliche Belehrung die Entscheidung darüber überlassen bleiben, auf welchem Weg die Behandlung erfolgen soll und auf welches Risiko er sich einlassen will. Einer der dabei in Betracht kommenden Fälle ist gerade der, dass eine konservative Behandlung als Alternative zu einer Operation medizinisch zur Wahl steht (BGH VersR 92, 830: Tossy II; BGH NJW 00, 1788: Teilhemilamektomie L5/S1). Besteht die Möglichkeit, eine Operation durch eine konservative Behandlung zu vermeiden, und ist die Operation deshalb nur relativ indiziert, so muss der Patient hierüber aufgeklärt werden (BGH VersR 00, 766).

Allerdings setzt die ärztliche Aufklärungspflicht voraus, dass das jeweilige Risiko, um das es geht, nach dem medizinischen Erfahrungsstand im Zeitpunkt der Behandlung bekannt ist. In Fällen, in denen Behandlungsalternativen zur Verfügung stehen, ist dazu aber nicht erforderlich, dass die wissenschaftliche Diskussion über bestimmte Risiken einer Behandlung bereits abgeschlossen ist und zu allgemein akzeptierten Ergebnissen geführt hat. Dann genügt vielmehr, dass ernsthafte Stimmen in der medizinischen Wissenschaft auf bestimmte, mit einer Behandlung verbundene Gefahren hinweisen, die nicht lediglich als unbeachtliche Außenseitermeinungen abgetan werden können, sondern als gewichtige Warnungen angesehen werden müssen (BGH VersR 90, 522: Thromboseprophylaxe).

### b) Beratung über Behandlungsalternativen nicht erforderlich

Entsprechend dem Grundsatz, dass der Arzt in der Therapiewahl frei ist, darf er in der Regel davon ausgehen, dass der Patient insoweit seiner ärztlichen Entscheidung vertraut und keine eingehende fachliche Unterrichtung über spezielle medizinische Fragen erwartet. Das Selbstbestimmungsrecht des Patienten erfordert dessen Unterrichtung nur dann, wenn mehrere Behandlungsmethoden zur Verfügung stehen, die zu jeweils unterschiedlichen Belastungen des Patienten führen oder unterschiedliche Risiken und Erfolgschancen bieten. Dass die Belastungen für ihn unterschiedlich sind, hat der Patient zu beweisen.

Die Pflicht des Arztes, den Patienten über Behandlungsalternativen aufzuklären, entfällt, wenn eine an sich gegebene Behandlungsalternative im konkreten Fall wegen anderer behandlungsbedürftiger Verletzungen des Patienten ausscheidet (BGH VersR 92, 831).

Liegen unterschiedliche Risiken vor, ist aber die Frage, welches Risiko das größere Gewicht hat, ungeklärt und weitgehend auch eine Frage des Einzelfalls, besteht keine Notwendigkeit, das Für und Wider der in Betracht kommenden Behandlungsalternativen mit dem Patienten zu erörtern. Eine echte Wahlmöglichkeit würde ihm dadurch nicht eröffnet, denn bei gleichen Belastungen, gleichen Erfolgschancen und jedenfalls ihrem Gewicht nach auch gleichen Risiken besteht für den Patienten kein Grund, einer bestimmten Operationsmethode den Vorzug zu geben (BGH VersR 88, 179).

Bei gleichwertigen und anerkannten Operationsmethoden ist der Arzt in der Wahl der Methode frei. Über einen Schulenstreit hinsichtlich der Vorzüge und Nachteile braucht er bei Gleichwertigkeit der Methoden nicht aufzuklären (KG VersR 93, 189: Hallux valgus).

### Aufklärungsadressaten

Aufklärungsadressat ist in erster Linie der Patient, der die Einwilligung in den Eingriff zu geben hat.

### a) Minderjährige Patienten

**aa) Grundsatz:** Wenn es um die ärztliche Behandlung eines minderjährigen Kindes geht, kann der Arzt davon ausgehen, dass der mit dem Kind vorsprechende Elternteil aufgrund einer allgemeinen Funktionsaufteilung zwischen den Eltern auf diesem Teilgebiet der Personensorge oder einer konkreten Absprache ermächtigt ist, für den Abwesenden die erforderliche Einwilligung in ärztliche Heileingriffe nach Beratung durch den Arzt mitzuerteilen. Der Arzt darf in Grenzen auf eine solche Ermächtigung vertrauen, solange ihm keine entgegenstehenden Umstände bekannt sind.

**bb) Leichte Erkrankungen:** In „Routinefällen", wenn es etwa um die Behandlung leichterer Erkrankungen und Verletzungen geht, kann der Arzt sich im allgemeinen **ungefragt** auf die Ermächtigung des erschienenen Elternteils zum Handeln für den anderen verlassen.

**cc) Ernstere Erkrankungen:** In anderen Fällen, in denen es um ärztliche Eingriffe schwererer Art mit nicht unbedeutenden Risiken geht, muss sich der Arzt **vergewissern**, ob der erschienene Elternteil die Ermächtigung des anderen hat und wie weit diese reicht; er wird aber, solange dem nichts entgegensteht, auf eine wahrheitsgemäße Auskunft des erschienenen Elternteils vertrauen dürfen. Darüber hinaus kann es angebracht sein, auf den erschienenen Elternteil dahin einzuwirken, die vorgesehenen ärztlichen Eingriffe und deren Chancen und Risiken noch einmal mit dem anderen Elternteil zu besprechen.

**dd) Schwere Erkrankungen:** Geht es allerdings um schwierige und weitreichende Entscheidungen über die Behandlung des Kindes, die mit erheblichen Risiken für das Kind verbunden sind, dann liegt eine Ermächtigung des einen Elternteils zur Einwilligung in ärztliche Eingriffe bei dem Kind durch den anderen nicht von vornherein nahe. Sie folgt weder aus einer üblichen Funktionsteilung zwischen den Eltern bei der Wahrnehmung der Personensorge, noch kann sich der Arzt, auch wenn er keinen Anhalt für Differenzen zwischen den Eltern des Kindes über die anzustrebende Behandlung hat, darauf verlassen, der ihm gegenüber auftretende Elternteil habe freie Hand, solche schwierigen Entscheidungen allein zu treffen. Ein Anschein spricht dafür nicht. Eine andere rechtliche Beurteilung würde die Berechtigung und Verpflichtung des anderen Elternteils, die Personensorge für das Kind gerade in besonders wichtigen Angelegenheiten mit wahrzunehmen, auch unterlaufen. Deshalb muss sich der Arzt in einem solchen Fall die **Gewissheit verschaffen**, dass der nicht erschienene Elternteil mit der vorgesehenen Behandlung des Kindes einverstanden ist (BGH VersR 89,145).

**ee) Einsichtsfähige Minderjährige:** Minderjährige können eine wirksame Einwilligung abgeben, sofern sie die notwendige Einsicht und Willensfähigkeit besitzen (BGH NJW 59, 811).

## b) Beschränkt geschäftsfähige oder geschäftsunfähige Patienten

Bei diesem Patientenkreis ist der gesetzliche Vertreter Aufklärungsadressat. Steht dieser nicht zur Verfügung, ist ein Pfleger zur Entgegennahme der Aufklärung und zur Entscheidung über die Einwilligung zu bestellen, soweit dies zeitlich möglich ist (Frahm/Nixdorf, S. 129).

## c) Bewusstlose Patienten (Unfallopfer)

Bei bewusstlosen Patienten kann sich der Arzt an „verständigen Patienten" orientieren (Steffen/Dressler Rdnr. 418, S. 172). Danach sind dringende Maßnahmen durchzuführen und weniger dringliche Eingriffe zurückzustellen, bis eine Aufklärung des Patienten durchführbar ist (OLG Frankfurt NJW 81, 1322).

## d) Bewusstlose Patienten (intraoperativ)

### aa) Unvorhersehbare Operationserweiterung

Grundsatz: Stößt der Arzt während der Operation unerwartet auf ein erhöhtes Operationsrisiko, über das er mit dem Patienten noch nicht gesprochen hat, so ist der Eingriff mangels wirksamer Einwilligung des Patienten abzubrechen, sofern dies medizinisch möglich und vertretbar ist (Geigel/Schlegelmilch, Der Haftpflichtprozess, 23. Auflage, Kap. 14 Rdnr. 236).

Ausnahme: Bedeutet eine Nichtbehandlung die Gefahr schwerer Folgen, die für das weitere Leben des Patienten von erheblichem Gewicht sind, kann von einer mutmaßlichen Einwilligung ausgegangen werden (OLG Celle VersR 84, 445). Eine solche Einwilligung ist ebenfalls bei nur belangloser Erweiterung der Operation anzunehmen (OLG München VersR 80, 173 ff.), oder wenn die Erweiterung dringlich aus akuter vitaler Indikation geboten ist (OLG Frankfurt NJW 81, 1322).

Intraoperatives Abweichen von präoperativen Absprachen: Zeigt sich während des Eingriffs, dass der Einsatz eines „Normnagels" geboten ist, nicht hingegen die Verwendung des mit dem Patienten besprochenen speziell angefertigten Nagels, so bedarf dies keiner erneuten Rücksprache mit dem Patienten unter Unterbrechung der Operation (OLG Celle VersR 00, 58).

### bb) Vorhersehbare Operationserweiterung: 
Nach Nr. 7 der Empfehlungen der Bundesärztekammer zur Patientenaufklärung vom 9.3. 1990 (DÄBl 1990 B 940) soll die Aufklärung zu einem Zeitpunkt erfolgen, zu dem der Patient noch in vollem Besitz seiner Erkenntnis- und Entscheidungsfähigkeit ist. Bei chirurgischen Eingriffen, bei denen der Arzt die ernsthafte Möglichkeit einer Operationserweiterung oder den Wechsel in eine andere Operationsmethode in Betracht ziehen muss, ist der Patient vor der Operation entsprechend aufzuklären.

Hat der Arzt vor der Operation Hinweise auf eine möglicherweise erforderlich werdende Operationserweiterung unterlassen und zeigt sich intraoperativ die Notwendigkeit zu einem weiteren Eingriff, dann muss er, soweit dies möglich ist, die Operation beenden und den Patienten nach Abklingen der Narkoseeinwirkungen entsprechend aufklären und seine Einwilligung in den zusätzlichen Eingriff einholen (BGH VersR 93, 703).

### b) Ausländische Patienten

Bei einem ausländischen Patienten muss der Arzt zum Aufklärungsgespräch eine sprachkundige Person hinzuziehen, wenn er nicht ohne weiteres sicher sein kann, dass der Patient die deutsche Sprache so gut beherrscht, dass er die Erläuterungen des Arztes verstehen kann. Die Beweislast dafür liegt beim Arzt, der die ordnungsgemäße Aufklärung darzulegen und zu beweisen hat (OLG Karlsruhe VersR 97, 241).

## 16.6 Aufklärungspflichtiger

- Das Aufklärungsgespräch ist durch einen Arzt zu führen. Eine Delegation auf seine Hilfspersonen ist unzulässig (BGH VersR 74, 486).
- Jeder beteiligte Arzt ist grundsätzlich für seine spezielle Behandlungsaufgabe aufklärungspflichtig (OLG Hamm VersR 94, 815).
- Überträgt ein Arzt seine Verpflichtung auf einen anderen, z. B. auf den Stationsarzt, so ist dagegen nichts einzuwenden. Der die Aufklärung übernehmende Arzt haftet im Falle eines Aufklärungsversäumnisses dann aber zusätzlich selbst (BGH VersR 81, 456, 457) neben dem Behandlungsträger.

## 16.7 Maßgeblicher Zeitpunkt der Aufklärung

Die Bedeutung des Selbstbestimmungsrechts des Patienten verlangt bei zeitlich und sachlich nicht dringlichen Wahleingriffen (auch diagnostischen), die mit erheblichen Belastungen und Risiken verbunden sind, Rechtzeitigkeit der Einwilligungserklärung und damit auch eine Aufklärung, die Überlegungsfreiheit ohne vermeidbaren Zeitdruck (Notfälle und Sonderlagen ausgenommen) gewährleistet.

Ein verspätet aufgeklärter Patient muss substantiiert darlegen, dass ihn die späte Aufklärung in seiner Entscheidungsfreiheit beeinträchtigt hat. Entsprechenden Vortrag des Patienten hat der Arzt, dem die Beweislast für eine vollständige und ordnungsgemäße Aufklärung verbleibt, zu widerlegen (BGH VersR 92, 960; BGH VersR 94, 1235).

### a) Bei Vereinbarung des Operationstermins

Ist die Durchführung der Operation nicht mehr vom Vorliegen wichtiger Untersuchungsbefunde abhängig, ist der Arzt bereits bei der Vereinbarung eines Operationstermins zur Aufklärung verpflichtet,

Ausnahme:
> Wenn nur ein kleiner Eingriff bzw. eine Operation mit nur geringen oder wenig einschneidenden Risiken durchgeführt werden soll (BGH VersR 92, 960 ff.).

## b) Am Operationstag

Eine Aufklärung des stationär aufgenommenen Patienten erst am Operationstag ist grundsätzlich verspätet (BGH VersR 92, 960, 961). Dies gilt erst recht nach bereits erfolgter Narkose- oder Schmerzmittelgabe, die eine freie Entscheidung nicht mehr zulässt (BGH VersR 83, 957) oder wenn z. B. der Patient infolge fortschreitenden Krankheitsgeschehens kaum noch in der Lage ist, eine eigenverantwortliche Entscheidung zu treffen.

Ausnahme:
Bei einfachen Eingriffen und bei Eingriffen mit weniger einschneidenden Risiken, wird eine Aufklärung am selben Tage für ausreichend erachtet.

## c) Am Vorabend der Operation

**aa) Eingriffsaufklärung:** Da der Patient regelmäßig überfordert ist, wenn er am Vorabend der Operation erstmals von gravierenden Risiken erfährt, ist dieser Zeitpunkt ebenfalls nicht ausreichend (BGH VersR 92, 960). Das gilt erst recht bei nicht dringlichem Eingriff, der mit erheblichen Risiken und Belastungen verbunden ist.

Ausnahme:
Von einer Rechtzeitigkeit kann noch ausgegangen werden, wenn eine umfassende Aufklärung bereits mehrere Tage vor dem Eingriff erfolgt ist und der Patient nur über ein weiteres Behandlungsrisiko erst am Vorabend informiert wird (OLG Hamm VersR 95, 1440).

**bb) Zeitpunkt der Narkoseaufklärung:** Die Aufklärung über normale Narkoserisiken ist am Vorabend der Operation noch ausreichend.

## d) Zeitpunkt der Risikoaufklärung bei ambulanten oder rein diagnostischen Eingriffen

Ambulante Operationen mit erheblichen Risiken erfordern ausnahmsweise eine frühzeitige Aufklärung. Grundsätzlich reicht bei ambulanten oder bloß diagnostischen Eingriffen, bei denen der Patient nicht so stark unter dem Druck des Eingebundenseins in den Krankenhausbetrieb steht, eine Aufklärung am Tag des Eingriffs aus. Ihm darf jedoch nicht der Eindruck vermittelt werden, sich nicht mehr aus einem bereits in Gang gesetzten Geschehen lösen zu können. Ihm muss auch hier noch Gelegenheit zu einem ruhigen Abwägen gegeben sein (BGH VersR 94, 1235).

Unterzeichnet der Patient die ihm schon mehrere Tage vor der Operation überlassene Einwilligungserklärung erst auf dem Weg zum Operationssaal nach Verabreichung einer Beruhigungsspritze und dem Hinweis des Arztes, dass man die Operation andernfalls auch unterlassen könne, so ergibt sich hieraus keine wirksame Einwilligung in die Operation (BGH VersR 98, 716).

### e) Verzicht des Patienten auf Überlegungsfrist

Dem Patienten muss – ebensowenig wie die Aufklärung selbst – auch eine Überlegungszeit nicht aufgezwungen werden: Die im Anschluss an die Diagnostik erfolgte Aufklärung ist rechtzeitig, wenn zwar die Operation nicht so dringlich ist, dass sie bereits an nächsten Tag erfolgen muss, der Patient sich aber für einen frühen Operationstermin entscheidet (Frahm/Nixdorf, S. 132).

## 16.7 Hypothetische Einwilligung

Der Nachweis der hypothetischen Einwilligung unterliegt strengen Voraussetzungen, damit nicht das Recht des Patienten zur Aufklärung auf diesem Wege unterlaufen wird. Hat der Arzt substantiiert vorgetragen, dass der Patient bei ordnungsgemäßer Aufklärung den Eingriff in gleicher Weise von ihm hätte durchführen lassen, muss der Patient plausible Gründe dafür darlegen, dass er sich in diesem Fall in einem echten Entscheidungskonflikt befunden haben würde. Abzustellen ist auf die persönliche Entscheidungssituation dieses Patienten. Was aus ärztlicher Sicht sinnvoll und erforderlich gewesen wäre und wie ein „vernünftiger Patient" sich verhalten haben würde, ist deshalb grundsätzlich nicht entscheidend.

Wäre eine Ablehnung der Behandlung aus medizinischer Sicht unvernünftig gewesen oder würde die Nichtbehandlung sogar gleichartige Risiken höherer Komplikationsdichte zur Folge gehabt haben, kann dies allenfalls bei der Wertung des Entscheidungskonflikts berücksichtigt werden (BGH VersR 94, 1302).

**Beispiel:** Vor der chirurgischen Entfernung des Weisheitszahns Nr. 48 ist über das Risiko der Verletzung des Nervus lingualis als Folge der Osteotomie oder der Leitungsanästhesie aufzuklären. War die Entfernung des Zahns alternativlos dringend indiziert, ist von hypothetischer Einwilligung auszugehen, wenn der Eingriff von einer kieferchirurgischen Spezialpraxis ausgeführt worden ist (OLG Köln VersR 99, 1284).

## 16.8 Aufklärungsformulare

Aufklärung und Einwilligung bedürfen nicht der Schriftform. Ausreichend, ist grundsätzlich, wenn der Arzt in den Krankenunterlagen dokumentiert, dass, wann und über welche Risiken aufgeklärt worden ist und/oder durch einen Mitarbeiter belegen kann, dass er sich generell um sachgemäße Aufklärung bemüht.

Eine ausschließliche Formularaufklärung ohne Aufklärungsgespräch ist nicht ausreichend (BGH VersR 95, 361, 362). Ein bloßes Einwilligungsformular bedeutet ein Indiz für ein durchgeführtes Aufklärungsgespräch (OLG Oldenburg VersR 94, 1348). Die Erklärungen des Patienten im Aufklärungsformular sind den Grundsätzen der Auslegung von Willenserklärungen zugänglich (BGH VersR 92, 358; OLG Oldenburg VersR 94, 1425), d. h. bei Auslegung einer Willenserklärung ist der wirkliche Patientenwille zu erforschen und nicht an dem buchstäblichen Sinne des Ausdrucks zu haften; dabei sind die Grundsätze von Treu und Glauben zu beachten.

# 17 Ärztliche Dokumentation

## 17.1 Überblick

| | |
|---|---|
| **Früher** | **freiwillige** Gedächtnisstütze des Arztes |
| **Heute** | **Nebenpflicht** des Behandlungsvertrages |
| **Zweck** | **Patientensicherheit** **Behandlungsunterstützung** → Weiterbehandlung durch den dokumentierenden Arzt → Behandlung anderenorts |
| **Umfang** | **Pflicht:** Nur **für künftige Behandlung relevante Daten und Fakten**, die den Arzt (selbst oder einen anderen Weiterbehandler) in die Lage versetzen, die Vorbehandlung nachzuvollziehen und darauf aufbauend sachgemäß zu behandeln. Kein wahlloses Datensammeln erforderlich. **Empfehlung:** Zusätzliche Dokumentation zur Beweissicherung (z. B. non compliance) |
| **Form** | Adressat: Dokumentation muss **für Arzt nachvollziehbar** sein allg. gebräuchl. Kürzel, Symbole, Schlagworte erlaubt |
| **Archiv** | 3–30 Jahre: abhängig von → Art der Dokumente → Gesetzes- oder Verwaltungsvorschriften Empfehlung: grds. 30 Jahre (Verjährungsfrist vertraglicher Haftungsansprüche). |
| **Einsicht** | Berechtigte: → Patienten, gesetzliche oder bevollmächtigte Vertreter → **Erben, Angehörige** → Krankenkassen → Behörden Modalitäten: → **Kopien** gegen Kostenerstattung → **Einsichtnahme** |

| Mängel | Grenzen: | → bei subjektiven Wertungen des Arztes<br>→ bei psychiatrischen Krankenunterlagen |
|---|---|---|
| | Rechtsfolgen: | Mögliche **prozessuale Nachteile** bis zur Fiktion eines schweren Behandlungsfehlers mit Beweislastumkehr auch hinsichtlich Kausalität. |

## 17.2 Zweck

Die ärztliche Dokumentation ist seit Ende der 70er Jahre durch die Rechtsprechung des BGH eindeutig als vertraglich wie deliktisch begründete Pflicht des Arztes definiert. Sie ist Ausdruck des durch Art. 2 Abs. 1 Grundgesetz garantierten Selbstbestimmungsrechts des Patienten und dient in erster Linie der Patientensicherheit im Sinne einer Behandlungsunterstützung.

Angesichts der Vielzahl zu behandelnder Patienten und der unüberschaubaren Datenflut wäre der Arzt nicht in der Lage, ohne Rückgriff auf die Krankengeschichte die dem Patienten geschuldete ärztliche Leistung zu erbringen. Die Dokumentation soll dem Arzt ausschließlich bei der Erfüllung seiner vertraglichen Pflichten im Interesse der Sicherheit des Patienten behilflich sein.

## 17.3 Form

Ob die Dokumentation in wortreichen Ausführungen vorgenommen wird oder überwiegend aus Kürzeln, Symbolen oder Schlagworten besteht, bleibt dem Arzt überlassen, letztere müssen jedoch allgemein gebräuchlich und für einen anderen Arzt aussagekräftig und nachvollziehbar sein (BGH VersR 84, 386). Eine Aufzeichnung in Stichworten muss so abgefasst sein, dass Irrtümer beim nachbehandelnden Arzt vermieden werden.

## 17.4 Umfang, Inhalt

Zu dokumentieren sind die durchgeführten ärztlichen Maßnahmen, die erhaltenen Informationen oder sonstigen Tatbestände, die für den dokumentierenden Arzt selbst oder im Falle einer Weiterbehandlung anderenorts relevant für die künftigen diagnostischen und/oder therapeutischen Dispositionen sein könnten.

Die – stets zukunftsorientierte – Dokumentation enthält die wichtigsten diagnostischen und therapeutischen Maßnahmen (Diagnoseuntersuchungen, Funktionsbefunde, Medikation, ärztliche Hinweise für und Anweisungen an den Funktions- und Behandlungspfleger, Abweichung von Standardbehandlungen) und Verlaufsdaten (Operationsbericht, Narkoseprotokoll, Zwischenfälle, Wechsel des Operateurs in der Operation, Anfängerkontrolle, Intensivpflege) (Steffen/Dressler: Arzthaftungsrecht, 8. Aufl., S. 189).

## 17.5 Keine Dokumentationspflicht

Eine Dokumentationspflicht besteht nicht, soweit Routineuntersuchungen oder Routinehandlungen sich von selbst verstehen. So kann es bei einem wirklichen Routineeingriff für den erfahrenen Chirurgen genügen, dass er nur die Art, die Tatsache der Durchführung und die Namen der Beteiligten an der Operation vermerkt, sofern keine Komplikationen (die freilich stets zu dokumentieren wären) eingetreten sind. Bei Anfängeroperationen gilt diese Ausnahme jedoch nicht. Der Anfänger hat den Gang der Operation genau aufzuzeichnen (BGH VersR 85, 782).

Ist es medizinisch nicht gebräuchlich, Kontrolluntersuchungen in den Krankenaufzeichnungen zu dokumentieren, wenn sie ohne positiven Befund geblieben sind, fordert es die Rechtsprechung ebenfalls nicht. In solchen Fällen kann allein aus dem Schweigen der Dokumentation nicht auf das Unterbleiben entsprechender Untersuchungen geschlossen werden (BGH VersR 93, 836: Kontrolle auf Symptome eines Sudeck-Syndroms).

Allerdings ist die Rechtsprechung in diesem Punkt nicht konsequent: Wenn der Arzt den Gang der Behandlung detailliert und umfassend zu dokumentieren hat, dann versteht es sich von selbst, dass hierzu auch die ohne Befund endende Untersuchung gehört (Bender: Der Umfang der ärztlichen Dokumentationspflicht – ein weiterer Schritt der Verrechtlichung –, VersR 97, 918).

**Empfehlenswert:** Auch die ohne positiven Befund endende Untersuchung sollte dokumentiert werden, obwohl die Rechtsprechung dies zur Zeit (aber wie lange noch?) nicht fordert. Eine heute durchgeführte Behandlungsmaßnahme wird die Gerichte erst nach einigen Jahren beschäftigen. Es ist durchaus denkbar, dass dann eine mehrere Jahre zurückliegende allgemeine ärztliche Übung zum Nachteil des dokumentationspflichtigen Arztes anders definiert werden könnte.

Die Dokumentationspflicht erstreckt sich nicht auf Umstände, die ausschließlich der Beweissicherung für den Haftungsprozess für den Patienten dienen. Wenn nicht gleichzeitig die Dokumentation aus medizinischen Gründen erforderlich ist, ist sie es allein aus Rechtsgründen schon gar nicht.

## 17.6 Ambulante Operationen

Ambulante Operationen erfordern eine erweiterte, fachgebietsübergreifende, zum Zwecke der Qualitätssicherung vergleichende statistische Auswertungen ermöglichende Basisdokumentation. Die postoperative Phase ist bei ambulanten Operationen besonders problembehaftet, sodass die Dokumentation widerspiegeln muss, dass die Details der postoperativen Phase prospektiv in Erwägung gezogen und mit dem Patienten erörtert worden sind (Bergmann/Kienzle, Krankenhaushaftung, S. 91). Hier bietet sich die Verwendung eines Merkblatts an. Zusätzlich empfiehlt es sich, dessen Erörterung mit dem Patienten im Krankenblatt zu vermerken.

## 17.7 Archivierung

Dokumentationspflicht bedeutet auch Dokumentationsaufbewahrungspflicht.

Die Dokumentation muss jederzeit verfügbar sein. Ärzte/Krankenhausträger haben die hierfür notwendigen organisatorischen Maßnahmen zu ergreifen. Dazu gehört z. B. auch, dass bei Röntgenaufnahmen die Weitergabe an Dritte (an wen, wann, warum?) dokumentiert wird, desgleichen ggf. auch die Bemühungen um Rückerhalt.

Die Aufbewahrungsfristen sind so vielfältig wie die Dokumentationspflichten selbst. Die Spanne beträgt **3–30 Jahre**. Es ist nicht ratsam, die Dokumentation nur solange aufzubewahren, wie Gesetze oder Verwaltungsvorschriften es vorschreiben. Die Verjährung vertraglicher Schadenersatzansprüche tritt erst nach 30 Jahren ein. In diesem Zeitraum besteht die Möglichkeit, mit einem Haftungsprozess überzogen zu werden. Zwar kann dem Arzt, der die Patientenunterlagen nach Ablauf der vorgeschriebenen Aufbewahrungsfristen vernichtet, grds. allein daraus kein Beweislastnachteil erwachsen, dass die Unterlagen nicht mehr im Prozess verwendet werden können. Jedoch trifft den Arzt in Einzelfällen eine über die vorgeschriebene Aufbewahrungsfrist hinausgehende Verpflichtung, Unterlagen aufzubewahren, wenn es Anhaltspunkte dafür gibt, dass diese Unterlagen für die Weiterbehandlung des Patienten wichtig oder von haftungsrechtlicher Bedeutung sein könnten. Es ist daher ratsam, ärztliche Dokumentationen **grundsätzlich 30 Jahre** auch dann aufzubewahren, wenn sie möglicherweise nicht mehr für die Behandlung des Patienten relevant sein können.

## 17.8 Schweigepflicht

Grundsätzlich unterliegen medizinische Befunddaten der ärztlichen Schweigepflicht. Die Weitergabe dieser Daten an Dritte stellt eine Verletzung des Persönlichkeitsrechts i. S. v. § 823 Abs. 1 BGB dar (vgl. Laufs/Uhlenbruck, S. 545).

Dies folgt daraus, dass der Patient nicht das Objekt, sondern das Subjekt der medizinischen Untersuchung (vgl. Münch. Komm. zum BGB § 823 Rdnr. 352) ist. Im Vordergrund steht daher das Selbstbestimmungsrecht des Patienten. Solange der Patient nicht in die Weitergabe von medizinischen Befunddaten einwilligt, ist grundsätzlich der behandelnde Arzt an die ärztliche Schweigepflicht gebunden, die auch über den Tod des Patienten hinaus gilt.

**Grenzen der ärztlichen Schweigepflicht:** Stellt ein Arzt bei einem Patienten eine Aidserkrankung fest und verbietet der Patient ihm, dessen Lebensgefährtin zu informieren, so steht die ärztliche Schweigepflicht der Information der Lebensgefährtin jedenfalls dann nicht entgegen, wenn die Lebensgefährtin ebenfalls Patientin dieses Arztes ist; denn in diesem Fall muss das Geheimhaltungsinteresse des Erkrankten gegenüber der durch eine Infektion drohenden Lebensgefahr der Lebensgefährtin zurückstehen (OLG Frankfurt/M., VersR 00, 320).

## 17.9 Einsichtsrecht

### a) Patienten

Der Patient hat gegenüber Arzt und Krankenhaus grundsätzlich auch außerhalb eines Rechtsstreits Anspruch auf Einsicht in die ihn betreffenden Krankenunterlagen, soweit sie Aufzeichnungen über objektive physische Befunde und Berichte über Behandlungsmaßnahmen (Medikation, Operation etc.) betreffen (BGH VersR 83, 264). Dem kann nicht entgegengehalten werden, dass der Patient nicht in der Lage sei, solche Aufzeichnungen medizinischer und technischer Art zu verstehen.

### b) Erben, Angehörige

Die Verschwiegenheitspflicht des Arztes endet nicht mit dem Tod des Patienten.

Das Einsichtsrecht steht auch Erben zu, soweit vermögensrechtliche Interessen vorliegen und soweit die Einsichtnahme nicht dem Willen des Verstorbenen widerspricht, was vom Arzt in Grundzügen darzulegen wäre. Die Tendenz der Rechtsprechung geht dahin, nächsten Angehörigen eines Verstorbenen, auch wenn sie nicht Erben sind, ein Einsichtsrecht in die Krankenunterlagen zu gewähren (Steffen/Dressler: Arzthaftungsrecht, 8. Aufl., S. 197). Dies sei aus „nachwirkenden Persönlichkeitsbelangen" des Verstorbenen herzuleiten. Aber auch hier hat die Orientierung an dem mutmaßlichen Willen des Verstorbenen zu erfolgen. Wie im Falle der Erben hat der Arzt bei Verwehrung der Einsichtnahme einen entgegenstehenden Willen des Verstorbenen darzulegen und ggf. zu beweisen.

Die Einsichtnahme von Behörden ist grundsätzlich zulässig. Die Rechtsprechung hält die Kontrollbefugnis z.B. der Rechnungshöfe für vorrangig gegenüber den Interessen des Arztes und der Patienten (Laufs/Uhlenbruck, S. 453 m. w. N.).

### c) Modalitäten

Das Einsichtsrecht kann der Arzt nach seiner Wahl gewähren durch Herstellung von Fotokopien gegen Kostenerstattung oder aber durch Einsichtnahmegewährung in den Praxisräumen.

### d) Grenzen

Das Einsichtsrecht erstreckt sich nicht auf rein subjektive Wertungen des Arztes, sondern nur auf objektive Fakten.
Bei psychiatrischen Krankenunterlagen ist das Einsichtsrecht eingeschränkt, selbst dann, wenn der Patient inzwischen beschwerdefrei ist. Entscheidend ist in erster Linie die therapeutische Vertretbarkeit. Daneben sind außerdem persönliche Belange der in das psychiatrische Behandlungsgeschehen einbezogenen Personen (befragte Angehörige und beteiligte Ärzte) zu berücksichtigen. In einem solchen Fall hat der Arzt die dem uneingeschränkten Einsichtsbegehren des Patienten entgegenstehenden therapeutischen Gründe darzulegen.

## 17.10 Rechtsfolgen bei Dokumentationmängeln

Ein Dokumentationsmangel bildet für den Patienten keine eigenständige Anspruchsgrundlage (BGH VersR 93, 836). Er stellt nur im Ausnahmefall gleichzeitig einen Behandlungsfehler dar, wenn der Mangel der Dokumentation ursächlich für eine dadurch bedingte falsche Diagnostik/Therapie bzw. Über-Diagnostik/Übertherapie geworden ist (BGH VersR 95, 706).
Ansonsten gewährt der Dokumentationsmangel im Arzthaftpflichtprozess dem Patienten Beweiserleichterungen bis hin zur Beweislastumkehr (näheres s. Kapitel 19).

## 17.11 Empfehlungen zur Dokumentation

Das Persönlichkeitsrecht des Patienten und die Verantwortung des Arztes für die Sicherheit des ihm anvertrauten Kranken gebieten es, den Krankheits- und Behandlungsverlauf für den Fachmann nachvollziehbar im Hinblick auf künftige Behandlungsnotwendigkeiten festzuhalten.
Der Arzt sollte in seinem eigenen Interesse ausgiebiger dokumentieren, als es die – sich stetig wandelnde – Rechtsprechung vorschreibt.
Auch bei den Aufbewahrungsfristen sollte sich der Arzt nicht auf die vorgeschriebenen Mindestfristen beschränken, sondern stets die 30-jährige Verjährungsfrist vertraglicher Schadenersatzansprüche berücksichtigen.

# 18 Der Arzthaftpflichtschaden

## 18.1 Schadenbegriffe

### a) Schaden:

Jede Einbuße, die jemand aufgrund eines bestimmten Schadenereignisses an seinen Lebensgütern wie Gesundheit, Ehre, Eigentum oder Vermögen erleidet.

### b) Vermögensschaden

Der Vermögensschaden besteht in der Differenz zwischen der durch das Schadenereignis für den Geschädigten tatsächlich eingetretenen Situation und einer Situation, die bestehen würde, wenn das schädigende Ereignis nicht eingetreten wäre.
- Verdienstausfall
- entgangener Gewinn
- Kosten einer Heilbehandlung, Pflegekosten
- Arzneimittel
- Hilfsmittel
- Mehraufwendungen infolge der Verletzung
- Umschulungskosten
- Aufwendungen für die Rechtsverfolgung

### c) Immaterieller Schaden

Neben Vermögensschäden können auch immaterielle Schäden eintreten. Darunter fallen Beeinträchtigungen des körperlichen und seelischen Wohlbefindens:
- körperliche Schmerzen
- Sorgen wegen der Zukunft
- Beeinträchtigung der Lebensfreude
- körperliche Verunstaltung
- notwendig gewordener Verzicht auf Hobby, Sport
- Verminderung der Heiratsaussichten
- psychische Belastungen von Krankheitswert.

### d) Körper- oder Gesundheitsschaden

> Physischer Eingriff in die körperliche Unversehrtheit, ebenso wie die physisch oder psychisch vermittelte Störung der inneren Lebensvorgänge sowie des körperlichen oder seelischen Wohlbefindens.
> Auf welche Weise und wie tiefgreifend Körper oder Gesundheit geschädigt und Schmerzen erlitten werden, ist ohne Belang (Geigel/Rixecker Kap. 2, Rdnr. 5, BGH VersR 91, 816).

### e) Primärschäden

> Durch den Fehler des Arztes unmittelbar verursachte Gesundheitsbeschädigungen.

### f) Sekundärschäden

> Folgeschäden, die erst durch den Primärschaden entstanden sind:
> - Weitere Gesundheitsschäden
> - Vermögensschäden

## 18.2 Kausalität

### a) Kausalität im Rechtssinn

Im Rechtssinn ursächlich ist gleichermaßen (äquivalent) jeder Umstand, der nicht hinweggedacht werden kann, ohne dass der Erfolg entfiele. Diese Äquivalenzlehre würde allerdings bei ihrer Anwendung im Zivilrecht zu einer beliebigen, konturenlosen Kausalkette führen.

### b) Kausalität im Zivilrecht

Im deutschen Schuldrecht gelten die Adäquanztheorie und die Lehre vom Schutzzweck der Norm.

Adäquat kausal ist eine Ursache für einen Schaden geworden, wenn sie geeignet war, ihn unter normalen Umständen herbeizuführen. Der Kausalzusammenhang zwischen dem Verhalten des Schädigers und dem eingetretenen Schaden wird aber nicht allein mit der auf eine bloße Wahrscheinlichkeitsbetrachtung ausgerichteten Adäquanzlehre bestimmt.

Über die Feststellung der Adäquanz hinaus bedarf es einer wertenden Beurteilung auf der Grundlage des Schutzzwecks der vereitelten Vertragspflicht bzw. der verletzten Norm:

Eine Ersatzverpflichtung des Schädigers ist nur dann zu bejahen, wenn der Schaden nach Art und Entstehungsweise aus dem Bereich der Gefahren stammt, deren Abwendung die verletzte Norm oder die übernommene Vertragspflicht dient (OLG Düsseldorf VersR 96, 711).

## c) Kausalität im Arzthaftungsrecht

Die rechtliche Verantwortung des Arztes für eine bestimmte Folge setzt voraus, dass sein Verhalten den Haftungstatbestand (schuldhafter Behandlungsfehler) und den Verletzungserfolg (Körperverletzung) verwirklicht (haftungsbegründende Kausalität) und die daraus entstehenden Schäden (haftungsausfüllende Kausalität) verursacht hat.

### aa) Haftungsbegründende Kausalität im Arzthaftungsrecht

Auf dieser Ebene sind Ursachen und Verantwortlichkeiten zu klären:
- Was ist die Ursache des primären Gesundheitsschadens?
- Wer hat dafür die Verantwortung zu tragen?

### bb) Haftungsausfüllende Kausalität im Arzthaftungsrecht

Auf dieser Ebene sind die Schadensfolgen abzuklären:
- Hat eine körperliche oder geistige Beeinträchtigung nach vorangegangener Rechtsgutverletzung stattgefunden?
- Welche zu entschädigende Auswirkung hat diese nach sich gezogen?

## d) Kausalitätsgrenzen

Arzt und Krankenhausträger haften nur für den durch einen Behandlungsfehler verursachten Schaden. Eine Haftung besteht nicht, wenn kein Schaden entstanden oder ein Schaden nicht nachweisbar ist. Die Gefährdung als solche führt nicht zu einer Rechtsfolge.

Fehlerunabhängig, also schicksalhaft eingetretene Schäden begründen ebensowenig eine Einstandspflicht, wie der Arztfehler, durch den der Krankheitsverlauf nicht messbar verschlimmert wurde (BGH VersR 81, 754).

## e) Kausalität bei Fehler des nachbehandelnden Arztes

Der Arzt haftet nicht nur für die durch seinen Fehler herbeigeführte Primärverletzung, sondern grundsätzlich für alle sich daraus adäquat entwickelnden Schadensfolgen, auch dann, wenn an ihnen Dritte, etwa ein nicht fachgerecht gleichzeitig oder nachbehandelnder Arzt mit beteiligt sind. Die Berücksichtigung der Verursachungsanteile erfolgt erst im Innenausgleich unter den beteiligten Schädigern (Steffen/Dressler Rdnr. 311, S. 130).

## f) Kausalität bei schwerem Fehler des nachbehandelnden Arztes

Es entspricht gefestigter Rechtsprechung, dass der erstbehandelnde Arzt grundsätzlich für alle Schadensfolgen aufzukommen hat, die mit dem von ihm zu verantwortenden schlechten Zustand des Patienten in adäquatem

Kausalzusammenhang stehen, also insbesondere auch mit der von ihm veranlassten Belastung des Patienten mit einer Nachbehandlung und der mit dieser verbundenen Gefahr von Fehlern des nachbehandelnden Arztes. Die Grenze, bis zu welcher der Erstschädiger dem Verletzten für die Folgen einer späteren fehlerhaften ärztlichen Behandlung einzustehen hat, wird in der Regel erst überschritten, wenn es um die Behandlung einer Krankheit geht, die mit dem Anlass für die Entstehung in keinem inneren Zusammenhang steht, oder wenn der die Zweitbeschädigung herbeiführende Arzt in außergewöhnlich hohem Maße die an ein gewissenhaftes ärztliches Verhalten zu stellenden Anforderungen außer Acht gelassen und derart gegen alle ärztlichen Regeln und Erfahrungen verstoßen hat, dass der eingetretene Schaden seinem Handeln haftungsrechtlich wertend allein zugeordnet werden muss (OLG Oldenburg VersR 98, 1110).

### g) Patientendisposition und Schaden

Die Haftung wird nicht dadurch eingeschränkt, dass ein Patient aufgrund seiner besonderen physischen oder psychischen Konstitution für die betreffende Gesundheitsschädigung stärker anfällig ist und deshalb einen schwereren Schaden erleidet, als eine Person mit normaler Konstitution. Von jeher ist in diesen Fällen die Haftung nicht eingeschränkt oder vermindert. Es ist im Rahmen adäquater Kausalität der volle Schaden zu ersetzen (OLG Koblenz VersR 99,1420).

### h) Begehrensneurose

Verarbeitet der Patient das ihm ärztlich zugefügte Missgeschick auf falsche Weise oder verfällt er einer Begehrensneurose, hat der Arzt, um sich zu entlasten, zu beweisen, dass der Patient ohne die fehlerhafte Behandlung und deren Folgen aufgrund seiner Persönlichkeitsstruktur in seiner privaten und beruflichen Sphäre aus womöglich objektiv geringfügigem Anlass in ähnlicher Weise – alsbald oder später – gescheitert wäre, ferner, dass unbewusste Begehrensvorstellungen des Klägers zu einer unangemessenen Verarbeitung der erlittenen körperlichen Beeinträchtigung mit der Folge einer Minderung seiner Erwerbsfähigkeit geführt haben, die dann keine Einstandspflicht begründet (BGH VersR 82, 1141: Hodenatrophie nach Leistenbruchoperation).

### i) Hypothetische oder „überholende" Kausalität

Die Haftung des Arztes für aus einem Behandlungsfehler in Betracht stehende Schäden – Primär- oder Sekundärschäden – entfällt, wenn er beweisen kann, dass diese Schäden sich behandlungsunabhängig in entsprechender Weise auch bei fehlerfreier Behandlung verwirklicht hätten (OLG Köln VersR 92, 1231).

Die fehlerhafte Behandlung führt insoweit nicht zum Ersatz des Schadens, der wegen einer Vorschädigung jedenfalls eingetreten wäre. Das ergibt sich aus dem Prinzip der Gewinnabwehr des Schadensrechts. Wesentlich ist, ob der Schaden auch ohne das schadenstiftende Ereignis früher oder später eingetreten wäre. Bei Vorhandensein einer Schadenanlage, die zum gleichen Schaden geführt haben würde, ist die Ersatzpflicht auf die Nachteile beschränkt, die durch den früheren Schadenseintritt bedingt sind (Deutsch, Medizinrecht, S. 184).

### j) Komplikation oder Behandlungsfehlerfolge?

Häufig wird bei gutachterlicher Bewertung des ärztlichen Handelns der Begriff „Komplikation" falsch oder verbunden mit rechtlich unzutreffenden Wertungen verwendet.

> **Komplikation:**
> Verlauf nach einer ärztlichen Maßnahme, bei welchem das Optimum positiver gewünschter Veränderungen objektiv nicht erreicht oder überhaupt keine positiven, sondern nur oder auch negative Veränderungen aufgetreten sind.

Komplikationen können nach dieser Definition ebensogut auf fehlerhaftem wie auf fehlerfreiem ärztlichen Handeln beruhen. Der Begriff „Komplikation" enthält also keine Aussage von haftungsrechtlicher Relevanz. Der Patient wird die Komplikation auf ärztliches Fehlverhalten zurückführen, der Arzt wird auf die Komplikation als das „typische Risiko" der Operation verweisen.

Zahlreiche Gutachten leiden in dieser Situation an einem gravierenden Mangel, wenn der Gutachter argumentiert, es handle sich bei der eingetretenen Komplikation um eine bei dem in Rede stehenden Eingriff wohlbekannte, sie trete in einer gewissen statistischen Häufigkeit auf, sei also schicksalhaft vom Patienten in Kauf zu nehmen.

Abgesehen davon, dass eine solche gutachterliche Aussage für die haftungsrechtliche Beurteilung ohne Wert ist, führt sie patientenseits regelmäßig zu der Vermutung arztkollegenfreundlicher Beurteilung (Hansis, S. 13).

Erforderlich ist vielmehr eine gutachterliche Auseinandersetzung z. B. mit dem Operationsbericht und den damit in Verbindung stehenden prä- und postoperativen Befunden, insbesondere die Prüfung, ob der Operateur technisch korrekt vorgegangen ist, um das bekannte Risiko der Operation zu vermeiden.

> Entscheidendes Kriterium für die kausale Zurechnung einer Komplikation ist, ob sie als
> **trotz korrekten ärztlichen Vorgehens unvermeidbare Komplikation**
> oder
> **aufgrund unsorgfältigen ärztlichen Vorgehens vermeidbare Komplikation**
> einzuordnen ist. **Dies ist für jeden Einzelfall individuell zu prüfen.**

# 19 Der Beweis im Zivilprozess

## 19.1 Beweisumfang

### a) Grundsätze

> Jede Partei hat die Voraussetzungen der für sie günstigen Norm zu beweisen.

Im Zivilprozess hat jede Partei die tatsächlichen Voraussetzungen der ihr günstigen Norm darzulegen und zu beweisen. Das heisst, dass der Kläger die Beweislast für alle anspruchsbegründenden, der Beklagte für alle anspruchsvernichtenden Tatsachen- und Rechtsbehauptungen, Einreden und Einwendungen trägt (Frahm/Nixdorf S. 80).

Oft ist im Rahmen eines Prozesses der Sachverhalt unklar und das tatsächliche Geschehen unter den Parteien streitig. Zur Aufhellung des Geschehens wird den Parteien deshalb auferlegt, jeweils ihre Version der Ereignisse darzustellen und im Prozess zu beweisen. Dabei wird das gerichtliche Verfahren von den Aktivitäten der Parteien beherrscht. Jede von ihnen hat die ihr günstigen Tatsachen zu behaupten und kann die ungünstigen bestreiten oder zugestehen. Wird eine Behauptung durch die Gegenseite bestritten, ist sie zu beweisen.

### b) Beweismittel

Als Beweismittel kommen Augenschein, Zeugenvernehmungen, Beweis durch Sachverständige, Urkunden (z.B. ärztliche Dokumentation) und Beweis durch Parteivernehmung in Betracht (§ 271 ff ZPO). Der Beweis ist erbracht, wenn das Gericht von der Richtigkeit der strittigen Behauptung überzeugt ist. Dabei kann der Beweis direkt oder indirekt geführt werden, d.h. die streitige Tatsache kann unmittelbar oder im Wege des Indizienbeweises dargetan werden. Im Zivilprozess gilt nur die Überzeugung des Gerichtes. Eine Beurteilung nach überwiegender Wahrscheinlichkeit ist zur Beweisführung selbst nicht geeignet (Deutsch, Medizinrecht, S. 209, 210).

## 19.2 Beweislast

> Beweislast: Risiko des Prozessverlustes für den Fall der Nichtbeweisbarkeit.

Die Beweislast regelt die Situation, in der eine bestrittene Tatsache nicht zur Überzeugung des Gerichtes festgestellt werden kann. Das ist der Fall, wenn entweder ein Beweis nicht angetreten oder nicht erbracht wird. Wer dann die Beweislast trägt, verliert in diesem Fall des „non liquet" den Prozess. Die Beweislast stellt also eine automatische Regelung dar, die über Gewinn oder Verlust einzelner Punkte im Verfahren oder des gesamten Prozesses entscheidet.

## 19.3 Beweislastverteilung im Arzthaftpflichtprozess

Den Arztfehlerprozess kennzeichnen spezifische Beweisprobleme auf beiden Seiten.

Der Patient hat nur begrenzten Einblick in das Tun des Arztes, er kennt die Einzelheiten seiner Behandlung nicht, kann sich währenddessen auch regelmäßig nicht um die Beweissicherung kümmern und befindet sich damit typischerweise in Beweisnot (Voß, S. 34).

Andererseits steht der Arzt vor der Schwierigkeit, dass Zwischenfälle, die in der Regel auf ärztliches Fehlverhalten hindeuten, in vielen Bereichen infolge der Unberechenbarkeit des lebenden Organismus ausnahmsweise auch schicksalhaft eintreten können. Um dies im Einzelfall beweisen zu können, müsste der Arzt jede Einzelheit seines Handelns dokumentarisch oder durch Zeugen absichern, was Effektivität und Zügigkeit seines Eingriffs lähmt (Laufs/Uhlenbruck, S. 897).

Diese im Arzthaftungsprozess typischen Feststellungsschwierigkeiten führen dazu, dass der Beweislastverteilung häufiger als in anderen Rechtsgebieten prozessentscheidende Bedeutung zukommt (Voß, S. 35).

## 19.4 Beweislast des Patienten

### a) Der Patient hat grundsätzlich die anspruchsbegründenden Tatsachen zu beweisen

- **Behandlungsfehler des Arztes**
  - Verstoß gegen anerkannte Regeln der Heilkunde
  - unzureichende therapeutische Beratung
    - Sicherungsberatung
    - Verlaufsberatung
    - wirtschaftliche Beratung
  - Hygienemängel
  - Organisationsfehler
  - Allg. Beratungsfehler
- **Verschulden des Arztes (Fahrlässigkeit)**
- **Kausalität zwischen schuldhaftem Fehler und Schaden.**

### b) Ausnahmen der Beweislast des Patienten, d. h., der Arzt hat die Vermutung eines eigenen Fehlers zu widerlegen

#### aa) Vertikale Arbeitsteilung

Bei **nachgewiesenem Fehler** des Gehilfen besteht gem. § 831 BGB eine Vermutung für:
- Kontrollfehler des Arztes
- Auswahlfehler des Arztes
- Anweisungsfehler des Arztes

#### bb) Horizontale Arbeitsteilung

Bei **nachgewiesenen Mängeln** besteht eine Vermutung für:
- Koordinationsfehler des Arztes
- Kooperationsfehler des Arztes
- Kommunikationsfehler des Arztes

#### cc) Bei von Arztseite „voll beherrschbaren Risiken"

Bei **nachgewiesenen Schäden** besteht eine Vermutung für
- fehlerhaftes Vorgehen des Arztes
- fehlerhafte Organisation des Arztes.

## 19.5 Beweislast des Arztes für anspruchsvernichtende Tatsachen

- Unterbrechung des Kausalzusammenhangs durch schwere Nachbehandlungsfehler
- Mitverschulden des Patienten
- Verjährung der geltend gemachten Ansprüche.

Auszugehen ist von dem allgemeinen Grundsatz, dass der Patient als Anspruchsteller die Beweislast für alle anspruchsbegründenden, der Arzt für alle anspruchsvernichtenden Tatsachen- und Rechtsbehauptungen, Einreden und Einwendungen trägt. Der Patient hat daher einen schuldhaften Behandlungsfehler und den Ursachenzusammenhang zwischen Fehler und dem geltend gemachten Gesundheitsschaden zu beweisen (BGH VersR 95, 539). Die Beweislast gilt für fehlerhaftes positives Tun wie für fehlerhaftes Unterlassen gleichermaßen. Bleibt die Behauptung ungeklärt, ist der Behandlungsfehler zu Lasten des Patienten unbewiesen (BGH VersR 91, 315; BGH VersR 86, 788, 789).

Diese Beweislastverteilung trägt dem Grundsatz Rechnung, dass der Arzt nicht den Behandlungserfolg schuldet. (BGH VersR 80, 428; BGH VersR 95, 539; BGH VersR 99, 60). Allein auf diese Weise erhält er die für die Ausübung seines Berufes erforderliche Handlungsfreiheit. Diese würde in Frage gestellt, wenn der Arzt stets zusätzlich sein Nichtverschulden beweisen müsste. Er soll nach vorn schauen und nicht ängstlich auf Absicherung bedacht sein. Die Beweislast des Patienten bewahrt damit vor der defensiven Medizin und garantiert, dass die Haftung des Arztes nur erfolgt, wenn ihm alle Haftungsvoraussetzungen zugerechnet werden können (Baumbach/Lauterbach, S. 286, Rdnr. 17).

## 19.6 Das Beweismaß

**Für Behandlungsfehler und Primärschaden:** Der dem Patienten obliegende Beweis ist nach § 286 ZPO zur Gewissheit des Richters zu führen. Entscheidend ist die persönliche Überzeugung des Gerichtes, nicht der Grad der Überzeugung eines Sachverständigen. Das Abwägen im Sinne des § 286 ZPO verlangt vom Richter keine absolute oder unumstößliche Gewissheit im Sinne des wissenschaftlichen Nachweises, sondern nur „einen für das praktische Leben brauchbaren Grad von Gewissheit, der Zweifeln Schweigen gebietet, ohne diese völlig auszuschließen."

**Für Sekundärschaden:** Für weitere Folgen (Sekundärschäden) genügt zur Feststellung der Ursächlichkeit die überwiegende Wahrscheinlichkeit (§ 287 ZPO). Es genügt, dass mehr für als gegen den Ursachenzusammenhang spricht (BGH VersR 89, 758; BGH VersR 94, 52).

## 19.7 Beweislast hinsichtlich der Grund- und Risikoaufklärung

Der Arzt trägt die Beweislast für das Einverständnis des aufgeklärten Patienten in die durchgeführte Behandlung (informed consent).

### a) Der Arzt hat zu beweisen

- Hinweis auf Art und Umfang typischer Risiken der Behandlung
- Hinweis auf Dringlichkeit der Behandlung
- Hinweis auf Gefahren bei Nichtdurchführung einer vorgesehenen Behandlung
- Durchführung des Aufklärungsgesprächs zum richtigen Zeitpunkt
- Entscheidung des Patienten gegen ärztlichen Rat
- dass der nicht oder nicht zeitgerecht aufgeklärte Patient bei ordnungsgemäßer Aufklärung ohnehin in die Behandlung eingewilligt hätte
- dass es bei einem Eingriff zu späterer Zeit unter günstigeren Bedingungen zu gleichartigen Schädigungen gekommen wäre.

### b) Der Patient hat zu beweisen

- Dass die ohne Einwilligung durchgeführte Maßnahme zu dem behaupteten Gesundheitsschaden geführt hat
- weshalb verspätete Aufklärung sein Selbstbestimmungsrecht verkürzt hat
- weshalb er gegen medizinische Vernunft auf Behandlung verzichtet hätte
- dass die schriftliche Einwilligungserklärung nachträglich manipuliert wurde
- dass eine erteilte Einwilligung rechtzeitig widerrufen wurde.

# 20 Beweiserleichterungen für Patienten

- Anscheinsbeweis
- schwerer Behandlungsfehler
- mangelnde Befunderhebung bzw. Befundsicherung
- Dokumentationsmangel
- Manipulation von Beweismitteln
- Anfängereingriffe
- von Behandlungsseite „voll beherrschbares Risiko".

## 20.1 Anscheinsbeweis

Die Regeln des Anscheinsbeweises gelten sowohl für die vertragliche als auch für die deliktische Haftung (BGH Versicherungsrecht 78, 542). Sie sind wegen der bei den einzelnen Patienten jeweils unterschiedlichen Bedingungen, auf die der Arzt in der Behandlung trifft und die auch den Behandlungsverlauf bestimmen, nur mit Zurückhaltung anzuwenden (Steffen/Dressler: Arzthaftungsrecht, 8. Aufl., S. 204).

Bei typischen Geschehensabläufen mildert sich die Beweislast des Patienten durch den Anscheinsbeweis, wenn ein gewisser Tatbestand feststeht, der aufgrund eines medizinischen Erfahrungssatzes die Vorstellung von einem bestimmten Geschehensablauf aufdrängt. Der Patient hat dann lediglich den Umstand darzutun, der nach der Lebenserfahrung auf das schadensursächliche Verschulden des Arztes hindeutet. Überzeugt sich das Gericht vom Vorliegen dieses Umstandes, so ist damit die bestimmte Ursache bewiesen.

### a) Varianten des Anscheinsbeweises

Von einem festgestellten Behandlungsfehler wird auf einen hierdurch typischerweise verursachten Gesundheitsschaden geschlossen.

**Beispiel:** Eine ohne gewichtige Gründe 13 Stunden nach einem Bruch des Sprunggelenks in die Schwellung hinein vorgenommene Operation begründet regelmäßig einen (nicht groben) Behandlungsfehler. Die Ursächlichkeit eines solchen Fehlers für eine Infektion im Bereich des Bruchs mit anschließender Versteifung des Sprunggelenks kann auf der Grundlage eines medizinischen Erfahrungssatzes durch Anscheinsbeweis festgestellt werden, insbesondere, wenn der Zeitpunkt des Sichtbarwerdens der Entzündung so dicht bei der Operation liegt, dass andere Ursachen vernünftigerweise ausscheiden (OLG Hamm VersR 88, 807).

Aus einem festgestellten, typischerweise auf einen Behandlungsfehler zurückzuführenden Gesundheitsschaden wird auf das Vorliegen eines Behandlungsfehlers geschlossen.

**Beispiel:** Kommt es bei Anwendung eines Hochfrequenzchirurgiegeräts beim Patienten zu endogenen Verbrennungen, ist nach den Grundsätzen des Anscheinsbeweises davon auszugehen, dass dem Arzt ein schuldhafter Behandlungsfehler zur Last fällt (OLG Saarbrücken, VersR 91, 1289).

**Einschränkung bei Variante 2:** Der Anscheinsbeweis greift nur, wenn für den Gesundheitsschaden keine andere Erklärungsmöglichkeit als das Versagen des Arztes ernsthaft in Betracht kommt. Soweit andere, selbst weniger wahrscheinliche Erklärungsmöglichkeiten erwogen werden können, ist der Anscheinsbeweis nicht geführt.

### b) Entkräftung des Anscheinsbeweises

Es bleibt Sache des Arztes, die ernsthafte Möglichkeit eines atypischen Geschehensablaufs darzulegen, um damit dem Anscheinsbeweis die Grundlage zu entziehen und die Beweislast auf Patientenseite wieder voll herzustellen (Deutsch, Medizinrecht, S. 212, 213). Eine abstrakte Vermutung genügt dafür aber nicht. Der Arzt muss vielmehr dartun, dass eine andere Ursache ernsthaft in Betracht kommt (BGH VersR 95, 723).

## 20.2 Beweislasterleichterungen bei schwerem Behandlungsfehler

### a) Voraussetzungen

> ■ Schwerer Behandlungsfehler
> ■ Der schwere Fehler muss grundsätzlich geeignet sein, den konkret aufgetretenen Gesundheitsschaden hervorzurufen. Ein allenfalls theoretisch denkbarer Zusammenhang genügt nicht (BGH VersR 89, 80).

Hat der Patient den Beweis eines Sachverhalts geführt, der die Bewertung des Behandlungsfehlers als schwer rechtfertigt, wird ein Kausalzusammenhang zwischen schwerem Behandlungsfehler und primärer Gesundheitsschädigung vermutet. Zu beachten ist aber, dass die Beweislastumkehr aus schwerem Behandlungsfehler grundsätzlich nur insoweit eingreift, als sich gerade dasjenige Risiko verwirklicht hat, dessen Nichtbeachtung den Behandlungsfehler als grob erscheinen lässt (OLG Celle VersR 84, 444).

Nicht erforderlich ist, dass der schwere Behandlungsfehler die einzige Ursache ("monokausal") für den Schaden war. Beim schweren Behandlungsfehler reicht für die Annahme der Beweislastumkehr aus, dass der Behandlungsfehler generell geeignet ist, den eingetretenen Primärschaden zu verursachen. Wahrscheinlich braucht der Eintritt eines solchen Schadens nicht zu sein (BGH VersR 96, 1535).

### b) Ausnahmsweise keine Beweislasterleichterung bei schwerem Behandlungsfehler

1. Wenn der Eintritt des Primärschadens aufgrund des schweren Fehlers äußerst unwahrscheinlich ist (BGH VersR 97, 362). Der Arzt muss allerdings die Tatsachen beweisen, die zu der Annahme gänzlicher Unwahrscheinlichkeit führen (BGH VersR 86, 1535).
2. Wenn der Patient durch sein Verhalten die Aufklärung der Schädigungsursache in ähnlicher Weise wie ein Arzt durch einen schweren Behandlungsfehler beeinträchtigt. Dies ist nicht abhängig davon, dass das Patientenverhalten die Kriterien des Mitverschuldens im Sinne des § 254 BGB erfüllt (OLG Braunschweig VersR 98, 459).
3. Bei fehlender Kausalität (Arzt beweist, dass der Primärschaden auch bei rechtzeitiger sachgerechter Behandlung in gleicher Weise eingetreten wäre; BGH Versicherungsrecht 81, 954).

### c) Umfang der Beweislastumkehr bei schwerem Behandlungsfehler

Die Umkehr der Beweislast bei einem schweren Behandlungsfehler erstreckt sich grundsätzlich nur auf den Beweis der Ursächlichkeit des Behandlungsfehlers für den körperlichen oder gesundheitlichen Primärschaden, der ohne die Beweislastumkehr dem Patienten nach § 286 ZPO obläge (haftungsbegründende Kausalität).

Auf die haftungsausfüllende Kausalität, d. h. den Kausalzusammenhang zwischen körperlicher oder gesundheitlicher Primärschädigung und sekundären Gesundheitsschäden des Patienten wird die Beweislastumkehr grundsätzlich nicht ausgedehnt. Es bleibt insoweit bei der Beweislast des Patienten, allerdings mit dem geringeren Beweismaß des § 287 ZPO (BGH VersR 94, 1076, BGH VersR 94, 52, BGH VersR 87, 688). **Ausnahme:** Wenn der sekundäre Gesundheitsschaden typisch mit dem Primärschaden verbunden ist und die als schwer fehlerhaft zu wertende Missachtung der ärztlichen Verhaltensregel gerade auch solche Art Schädigungen vorbeugen soll (BGH VersR 89, 145; OLG Düsseldorf VersR 88, 40, 41: Periartikuläre Injektion im Ellenbogengelenk, Hygienemangel – Epicondylitis von Beweislastumkehr mit umfasst).

Auch bei der Beurteilung von Zukunftsschäden kommen dem Patienten Beweiserleichterungen nach feststehendem schweren Fehler zugute (BGH VersR 79, 939; Laufs/Uhlenbruck, S. 909).

Die Umkehr der Beweislast bei schwerem Behandlungsfehler erstreckt sich nie auf den Kausalzusammenhang zwischen Primärschaden und Vermögensschaden des Patienten (Geiß/Greiner, S. 121).

## 20.3 Beweiserleichterung durch mangelnde Befunderhebung bzw. Befundsicherung

### a) Voraussetzungen

**Befunderhebung:** Der Arzt ist verpflichtet, die für die Diagnose und Behandlung notwendigen Befunde zu erheben. Unterlässt er dies, so bringt er den Patienten nicht nur in Gefahr, sondern beeinträchtigt auch die Prozesssituation des Patienten nach schlechtem Ausgang der Behandlung (OLG Stuttgart VersR 92, 1361: Zum Ausschluss einer Eisensplitterverletzung ist eine röntgenologische Darstellung der Orbita zu veranlassen). Wenn durch die mangelnde Befunderhebung die Feststellung eines Ursachenzusammenhangs erschwert oder vereitelt wird, kommt es zur Beweiserleichterungen, die bis zur Umkehr der Beweislast gehen können. Etwa verbleibende Zweifel gehen dann zu Lasten des Arztes (BGH VersR 98, 475; **Ausnahme:** Wenn der Ursachenzusammenhang ganz unwahrscheinlich ist).

**Befundsicherung:** Hat der Arzt den Befund erhoben, so ist er bzw. das Krankenhaus verpflichtet, diesen Befund zu sichern. Erhobene Daten sind in das Krankenblatt einzutragen, Streifen mit mechanisch aufgezeichneten medizinischen Daten sind zu verwahren. Bei schuldhafter Verletzung dieser Pflicht kommt es zu den dargestellten Beweislasterleichterungen für den Patienten.

### b) Umfang der Beweiserleichterung bei mangelnder Befunderhebung bzw. Befundsicherung

**Grundsatz:** Ein Verstoß gegen die Pflicht zur Erhebung und Sicherung medizinischer Befunde und zur ordnungsgemäßen Aufbewahrung der Befundträger erlaubt im Wege der Beweiserleichterung für den Patienten einen Schluss auf ein reaktionspflichtiges positives Befundergebnis, wenn ein solches Ergebnis hinreichend wahrscheinlich ist.

Diese Beweiserleichterung erstreckt sich regelmäßig jedoch nicht auch auf eine Ursächlichkeit der unterlassenen Befundauswertung für einen vom Patienten erlittenen Gesundheitsschaden.

Allerdings setzt auch in der Kausalitätsfrage eine Beweiserleichterung ein, wenn sich bei Durchführung der versäumten Untersuchung mit hinreichender Wahrscheinlichkeit ein so deutlicher und gravierender Befund ergeben hätte, dass sich die Verkennung dieses Befundes als fundamental oder die Nichtreaktion auf ihn als grob fehlerhaft darstellen müsste (BGH VersR 99, 60; BGH VersR 99, 231; BGH VersR 99, 1282).

## 20.4 Beweiserleichterung bei Dokumentationsmangel

### a) Beweiswert der ärztlichen Dokumentation

In Arzthaftpflichtprozessen liegen oftmals hinsichtlich der in Streit stehenden, z. T. Jahre zurückliegenden Behandlungsphasen widerstreitende Darstellungen der Prozessparteien vor. Eine zeitnah, d. h. in unmittelbarem Zusammenhang mit der Behandlungsmaßnahme und sorgfältig erstellte Dokumentation ist von hohem, kaum zu erschütternden Beweiswert: Liegt eine ordnungsgemäße ärztliche Dokumentation vor, kann das Gericht die darin enthaltenen Umstände und Vorgänge grundsätzlich als richtig unterstellen, auch wenn die Patientenseite die Richtigkeit der Dokumentation bestreitet.

Diesen Beweiswert verliert die Dokumentation jedoch, wenn sie nicht im engen zeitlichen Zusammenhang erstellt oder manipuliert worden, desgleichen, wenn sie insgesamt unzulänglich ist. Geht der Patientin und dem nachbehandelnden Arzt entgegen der Gewohnheit des Operateurs der Operationsbericht erst ein Jahr nach dem Eingriff zu, ist dies ein genügender Anhaltspunkt, der die Vermutung der Vollständigkeit und Richtigkeit der Dokumentation erschüttert (OLG Zweibrücken VersR 99, 1546).

### b) Voraussetzungen der Beweiserleichterung bei Dokumentationsmangel

Beweiserleichterungen kommen dann in Betracht, wenn die gebotene ärztliche Dokumentation lückenhaft oder unzulänglich blieb oder Krankenunterlagen gezielt nachträglich manipuliert wurden und sich darum für den Patienten im Schadensfalle die Aufhellung des Sachverhalts unzumutbar erschwert (OLG Frankfurt VersR 92, 578).

Ähnlich wie beim Verstoß gegen die Berufspflicht zur Befundsicherung verschlechtert die Verletzung der ärztlich geschuldeten Aufgabe der Dokumentation von Befunden die Möglichkeit, im Nachhinein den grundsätzlich vom Patienten zu erbringenden Beweis für den Ursachenverlauf zwischen Behandlungsfehler und Körperschaden zu führen). Dies hat zur Folge, dass dem Patienten zum Ausgleich der hierdurch eingetretenen Erschwernis, einen ärztlichen Behandlungsfehler nachzuweisen, eine entsprechende Beweiserleichterung zugute kommt, um auch für die Prozessführung eine gerechte Rollenverteilung im Arzt-Patienten-Verhältnis zu schaffen (BGH VersR 89, 80, 81).

Die unterlassene oder lückenhafte Dokumentation einer aus medizinischer Sicht aufzeichnungspflichtigen Maßnahme indiziert ihr Unterbleiben (BGH VersR 86, 788: Dekubitusprophylaxe). **Ausnahme:** Ist es medizinisch nicht üblich, Kontrolluntersuchungen auch dann zu dokumentieren, wenn sie ohne positiven Befund bleiben, dann kann nicht schon aus dem Schweigen der Dokumentation auf das Unterlassen entsprechender Untersuchungen geschlossen werden (BGH VersR 93, 836: Kontrolle auf Symptome eines Sudeck-Syndroms).

Eine Dokumentation, die aus medizinischer Sicht nicht erforderlich ist, ist auch aus Rechtsgründen nicht geboten (BGH VersR 93, 836).

Ist bei einer Hüftgelenkerneuerung wegen der besonderen anatomischen Verhältnisse des Patienten (hier: ungewöhnlich zierlicher Körperbau) die Anfertigung einer Sonderprothese erforderlich, müssen Vorkehrungen getroffen werden, um das – wenn auch seltene – Risiko einer Inkompatibilität der Prothesenelemente aufzufangen.

Werden in einem solchen Fall der Operationsverlauf und die dabei zutage getretenen Befunde nicht ordnungsgemäß dokumentiert und gesichert, insbesondere ein zunächst eingesetztes, dann aber wieder entferntes Prothesenteil nicht aufbewahrt, ist dies als Verstoß gegen die Pflicht zur Befundsicherung zu werten, der zu Beweiserleichterungen (hier: zur Beweislastumkehr für die haftungsbegründende Kausalität) führen kann (OLG Zweibrücken VersR 99, 719).

### c) Umfang der Beweiserleichterung bei Dokumentationsmangel

Zunächst erstreckt sich die Beweiserleichterung für den Patienten auf das Vorliegen eines schuldhaften Behandlungsfehlers.

Eine unvollständige oder auch nur lückenhafte Dokumentation führt grundsätzlich nicht unmittelbar zu einer Beweislastumkehr hinsichtlich des Ursachenzusammenhangs. Dazu kann es vielmehr nur kommen, wenn die Dokumentationslücke einen groben Behandlungsfehler indiziert, der als solcher die Grundlage für Beweiserleichterungen bildet (BGH VersR 99, 1282).

Sind Behandlungsunterlagen nicht verfügbar, kommen dem Patienten ebenfalls Beweiserleichterungen zugute, denn der Krankenhausträger hat dafür zu sorgen, dass über den Verbleib von Behandlungsunterlagen jederzeit Klarheit besteht. Verletzt er diese Pflicht, dann ist davon auszugehen, dass er es zu verantworten hat, wenn die Unterlagen nicht verfügbar sind. Eine dadurch entstehende Beweisnot des Patienten wird durch eine Beweiserleichterung zu seinen Gunsten ausgeglichen (BGH VersR 96, 330).

### d) Ausnahmsweise keine Beweiserleichterung bei Dokumentationsmangel

1. Kann der nicht dokumentierte Befund auf andere Weise ermittelt werden (z.B. intraoperativer Befund bei Nachoperation), kommt es nicht zur Beweiserleichterung.
2. Wenn der kausale Zusammenhang zwischen Behandlungsfehler und Schaden gänzlich unwahrscheinlich ist, helfen auch Dokumentationsver-

säumnisse dem Patienten nicht (OLG Düsseldorf VersR 87, 11, 38; Deutsch, Medizinrecht, S. 216).

## 20.5 Beweiserleichterung durch Manipulation von Beweismitteln

Zerstört eine Partei Beweismittel oder bringt sie sie beiseite bzw. ändert ihren Inhalt, wird dieses Verhalten durch eine Beweiserleichterung für die dadurch benachteiligte Partei ausgeglichen. Dieser allgemeine prozessuale Grundsatz gilt auch im Arzthaftungsprozess. Voraussetzung ist eine Pflicht, Beweismittel aufzubewahren bzw. deren Beeinträchtigung zu unterlassen.

Für den Arzt besteht eine solche Sicherungspflicht für die Dokumentation des Behandlungsverlaufes und zum Aufbewahren von Sachen und Körperteilen, die prozesserheblich sein können, wie abgebrochene medizinische Instrumente, Tupferstücke, Fotographien usw. (OLG Köln VersR 88, 43). Die Beeinträchtigung des Beweismittels führt zu prozessualen Erleichterungen für den Patienten, die bis zur Umkehr der Beweislast reichen können (Deutsch, Medizinrecht, S. 217).

## 20.6 Beweiserleichterungen bei Anfängereingriffen

Ist ein Gesundheitsschaden des Patienten bei dem Eingriff des Arztes in Weiterbildung entstanden, so haben der Krankenhausträger, der für die Übertragung der Operation Verantwortliche, möglicherweise der aufsichtsführende Arzt, aber auch der behandelnde, in der Ausbildung befindliche Arzt selbst zu beweisen, dass die eingetretene Primärschädigung nicht auf mangelnder Übung und Erfahrung beruht, dass also im Endergebnis dem Anfänger selbst bei seinem Vorgehen kein Fehler unterlaufen ist, der den Schaden zur Folge hatte (BGH VersR 80, 49; Frahm/Nixdorf, S. 100).

Wird ein formal noch in der Weiterbildung befindlicher Arzt eingesetzt, hat die Behandlungsseite die Beweislast für das Vorliegen eines dennoch ausreichenden Kenntnis- und Erfahrungsstandes. Kann dieser nicht bewiesen werden, greifen Beweiserleichterungen hinsichtlich der Kausalität ein.

## 20.7 Beweiserleichterungen im „voll beherrschbaren Risikobereich"

### a) Voraussetzungen

Überall da, wo Erfolg oder Misserfolg medizinischer Einzelmaßnahmen nicht von Unwägbarkeiten aus der Eigenart des lebenden Organismus des Patienten heraus beeinflusst sein können, unterscheidet sich die Stellung des Arztes an sich nicht wesentlich von denjenigen anderer Vertragsschuldner.

In diesem Bereich des voll beherrschbaren Risikos gilt, wenn feststeht, dass die Schädigung des Patienten dort erfolgte, die aus § 282 BGB entwickelte der Beweislastverteilung: Der Arzt hat die Vermutung des Verschuldens bzw. die objektive Pflichtverletzung zu widerlegen.

### b) Beispiele des „voll beherrschbaren Risikobereiches"

- Organisation und Koordination des Behandlungsgeschehens
- Ordnungsgemäßer Zustand der benötigten Geräte und Materialien
- Gefahrlose Geräteanwendung
- Reine Pflegemaßnahmen
- Bewegungs- und Transportmaßnahmen
- Richtige Lagerung des Patienten auf dem Operationstisch.

Die Behandlungsseite hat die Pflicht zu gehöriger Organisation und Koordination des Behandlungsablaufes und damit die Pflicht, einen generellen Sicherheits-Standard der Behandlung gegen bekannte Risiken einzuhalten.

Daneben hat der Arzt die geeigneten technischen Voraussetzungen für eine sachgemäße und gefahrlose Behandlung zu gewährleisten. Fehlfunktionen medizinischer Geräte (BGH VersR 91, 310), die zu einer Gesundheitsschädigung geführt haben, fallen deshalb in den „voll beherrschbaren Risikobereich".

Das ordnungsgemäße Funktionieren des Elektrokauters gehört z. B. zu dem Bereich, dessen Gefahren ärztlicherseits voll ausgeschlossen werden können und müssen (BGH VersR 91, 467).

Kommt ein funktionsgestörtes Gerät zum Einsatz und der Patient dadurch zu Schaden, hat der Arzt zu beweisen, dass der ordnungswidrige Gerätezustand nicht von ihm oder einer seiner Gehilfen verschuldet ist, oder dass jedenfalls eine gebotene Überprüfung vor dem Einsatz stattgefunden hat (BGH VersR 84; 356 BGH VersR 94, 562).

Erleidet ein Patient im Rahmen einer reinen Pflegemaßnahme einen Schaden, hat die Behandlungsseite die Beweislast für richtiges Pflegeverhalten. Stürzt ein Patient im Krankenhaus bei der Bewegungs- und Transportmaßnahme der ihn betreuenden Krankenschwester, so ist es Sache des Krankenhausträgers, nachzuweisen, dass der Vorfall nicht auf einem pflichtwidrigem Verhalten der Pflegekraft beruht (BGH VersR 91, 310).

Zum sog. voll beherrschbaren Risikobereich zählen Aufgaben hinsichtlich der Organisation und Koordination des Behandlungsgeschehens, sowie der Kontrolle des Zustandes der hierzu benötigten Geräte und Materialien. Betroffen hiervon sind auch die Pflegedienste in ihrem eigentlichen Aufgabenbereich.

Voll beherrschbare Risiken im Sinne dieser Rechtsprechung können sich aber auch bis in die sensiblen Randbereiche der von der spezifischen Unberechenbarkeit der Arbeit am lebenden Organismus geprägten ärztlichen Behandlung erstrecken und folgen dann den vorstehend dargestellten Regeln (BGH VersR 84, 356: Unbeobachtetes Loslösen des Infusionsschlauches von einer Verweilkanüle: Dieser Gefahr der Entkoppelung kann von ärztlicher und pflegerischer Seite voll umfänglich vorgebeugt werden).

Die technisch richtige Lagerung des Patienten auf dem Operationstisch, die Beachtung der dabei zum Schutz des Patienten bei etwaigen Lagerungsschäden einzuhaltenden Regeln, die Kontrolle der Lagerung durch die operierenden Ärzte, sind Maßnahmen, die ebenfalls dem voll beherrschbaren Risikobereich zuzuordnen sind. Wird ein Lagerungsschaden verursacht, liegt die Beweislast dafür, dass der Patient ordnungsgemäß gelagert war und dies ärztlicherseits auch überprüft wurde, bei dem Krankenhaus, das sich von der Fehlervermutung entlasten muss (BGH VersR 95, 539).

**Ausnahme:** Der Grundsatz, dass sich der Krankenhausträger bei einem Lagerungsschaden von einer Fehlervermutung entlasten muss, gilt nicht, wenn bei dem Patienten eine ärztlicherseits nicht im voraus erkennbare, extrem seltene körperliche Anomalie vorliegt, die ihn für den eingetretenen Schaden anfällig gemacht hat. Allerdings trägt die Arztseite die Beweislast dafür, dass im Einzelfall tatsächlich eine derartige Anomalie vorliegt (BGH VersR 95, 539).

### c) Umfang der Beweiserleichterung

Wenn feststeht, dass der Primärschaden des Patienten im Gefahrbereich dieses sog. voll beherrschbaren Risikos gesetzt worden ist, folgen hieraus Beweiserleichterungen für den Patienten im Hinblick auf einen Behandlungsfehler. Auf die Kausalität bezieht sich die Beweiserleichterung nicht. Eine Unaufklärbarkeit des Ursachenzusammenhangs zwischen Fehler und Gesundheitsschaden geht deshalb zu Lasten des Patienten.

Ausnahmsweise greifen bei groben Behandlungs- oder Organisationsfehlern Beweiserleichterungen auch für den Kausalitätsbeweis (BGH VersR 94, 562).

Auch bei den „voll beherrschbaren Risiken" ist zu beachten, dass der Arztseite stets die Möglichkeit eröffnet bleibt, zu beweisen, dass ein verschuldeter Behandlungsfehler nicht vorliegt (Geiß/Greiner S. 113).

# 21 Haftung für fremdes Verschulden

## 21.1 Überblick

**Im Rahmen vertraglicher Haftung**

> Nach § 278 BGB haftet der Arzt bzw. der Krankenhausträger
> - für Verschulden seiner Hilfspersonen
> - ohne Rücksicht auf sein eigenes Verschulden.

**Im Rahmen deliktischer Haftung**

> Nach § 831 BGB haftet der Arzt bzw. der Krankenhausträger
> - ohne Rücksicht auf das Verschulden seiner Hilfspersonen
> - für eigenes vermutetes Verschulden.

## 21.2 Vertragliche Haftung für Erfüllungsgehilfen

Im Rahmen der vertraglichen Haftung hat der Arzt nicht nur für eigenes Verschulden einzustehen, sondern auch für fremdes Verschulden, d. h. für Vorsatz oder Fahrlässigkeit seiner „Erfüllungsgehilfen".

Erfüllungsgehilfe ist, wer nach den tatsächlichen Gegebenheiten des Falles mit dem Willen des Schuldners (Arztes) bei der Erfüllung einer diesem obliegenden vertraglichen Verbindlichkeit (aus dem Behandlungsvertrag) als seine Hilfsperson tätig wird. Im Bereich der Arzthaftung handelt es sich bei den Erfüllungsgehilfen typischerweise um angestellte Ärzte und Arzthelferinnen.

Die Haftung des Arztes für seine Erfüllungsgehilfen umfasst das gesamte Tätigkeitsfeld der Mitarbeiter. Im niedergelassenen Bereich ist auch der Vertreter des Vertragsarztes Erfüllungsgehilfe, selbst wenn er niedergelassener Arzt ist.

Der Krankenhausträger haftet nicht nur für seine Angestellten (Ärzte und Pflegepersonal), er kann auch für den niedergelassenen Konsiliararzt haften:

Begeht ein niedergelassener Arzt, der als Konsiliararzt für ein Krankenhaus tätig ist, einen Behandlungsfehler, der zu einem Körperschaden des

Patienten führt, so haftet der Krankenhausträger diesem aus schuldhafter Verletzung des totalen Krankenhausaufnahmevertrags durch seinen Erfüllungsgehilfen (§ 278 BGB) auf Ersatz des materiellen Schadens.

Allerdings haftet der Krankenhausträger nicht auf deliktischer Grundlage d. h. nicht für etwaigen immateriellen Schaden (Schmerzensgeld), weil der selbständige niedergelassene Arzt auch als Konsiliararzt nicht weisungsabhängig ist, also nicht als Verrichtungsgehilfe (§ 831 BGB) tätig wird (OLG Stuttgart VersR 92, 55).

## 21.3 Deliktische Haftung für Verrichtungsgehilfen

Während § 278 BGB die Haftung für Erfüllungsgehilfen innerhalb eines bestehenden Vertragsverhältnisses regelt, betrifft § 831 BGB die Haftung für Verrichtungsgehilfen außerhalb eines solchen Schuldverhältnisses, d. h. im Bereich der deliktischen Haftung.

Für die Haftung nach § 831 BGB ist erforderlich, dass der – weisungsgebundene – Verrichtungsgehilfe bei Ausübung einer ihm übertragenen Aufgabe dem Patienten widerrechtlich einen Schaden zufügt. D. h. lediglich der objektive Tatbestand der unerlaubten Handlung nach § 823 BGB muss erfüllt sein, soweit es das Handeln des Gehilfen betrifft. Auf ein Verschulden des Gehilfen kommt es dabei nicht an. Vielmehr wird ein eigenes Verschulden des Arztes bzw. des Krankenhausträgers vermutet.

Im Krankenhausbereich stellt sich die Haftungszuweisung nach § 831 BGB für Behandlungsfehler der Verrichtungsgehilfen wie folgt dar:

### a) Totaler Krankenhausaufnahmevertrag

**Verrichtungsgehilfen** des Krankenhausträgers:
- Die ärztliche Assistenz und das nichtärztliche Pflegepersonal
  (OLG Düsseldorf VersR 86, 893)

**Keine Verrichtungsgehilfen** des Krankenhausträgers:
- In die Behandlung einbezogene freipraktizierende, niedergelassene Ärzte, die in der Regel eigene Behandlungsaufgaben erfüllen (BGH VersR 92, 1263)
- Durch den Klinikträger hinzugezogener (und honorierter) Konsiliararzt
  (OLG Stuttgart VersR 92, 55; OLG Oldenburg VersR 89, 1300).

## b) Gespaltener Krankenhausaufnahmevertrag

**Verrichtungsgehilfen des Krankenhausträgers:**
- Die allgemeine ärztliche Assistenz des Krankenhauses
- die nachgeordnete ärztliche Assistenz der klinikeigenen Abteilungen der anderen Fachgebiete sowie
- das nichtärztliche Pflegepersonal

(OLG Bamberg VersR 94, 814; OLG Düsseldorf VersR 90, 489)

**Verrichtungsgehilfen des Belegarztes/selbstliquidierenden Leitenden Krankenhausarztes:**
- Die in seinem Leistungsbereich zugezogene ärztliche Assistenz seines Fachs, die hier allein seine Aufgaben wahrnimmt
- Soweit von ihm zugezogen und weisungsabhängig tätig, Ärzte und ärztliche Einrichtungen außerhalb des Krankenhauses für von ihm veranlasste Leistungen, sowie der Bereitschaftsdienst unter Einschluss der Notfallversorgung (§ 23 Abs. 1 Nr. 2 und Nr. 4 BPflV).

## c) Totaler Krankenhausaufnahmevertrag mit Arztzusatzvertrag

**Verrichtungsgehilfen des Krankenhausträgers:**
- Alle nachgeordneten Ärzte und das gesamte Personal der nichtärztlichen Pflege

**Verrichtungsgehilfen des selbstliquidierenden, leitenden Krankenhausarztes im Bereich der von ihm übernommenen ärztlichen Wahlleistungen:**
- Die zugezogene ärztliche Assistenz seines Fachgebiets.

## d) Ambulanz

**Chefarztambulanz**
**Verrichtungsgehilfen des die Ambulanz leitenden Chefarztes:**
- Der nachgeordnete ärztliche und nichtärztliche Dienst (BGH VersR 88, 1270)

**Institutsambulanz**
**Verrichtungsgehilfen des Krankenhausträgers:**
- Das nachgeordnete ärztliche und nichtärztliche Personal (BGH VersR 88, 1270).

## 21.4 Entlastungsmöglichkeit

Der Arzt bzw. der Krankenhausträger kann sich von der Haftung befreien, wenn er nachweist, dass er bei der Auswahl des Verrichtungsgehilfen, der den Schaden widerrechtlich herbeigeführt hat, und beim Anleiten der ausgeführten Verrichtungen die erforderliche Sorgfalt beachtet hat.

## 21.5 Keine Entlastungsmöglichkeit bei Organen

Die Entlastungsmöglichkeit gilt nicht in Bezug auf Personen, die als verfassungsmäßige Vertreter (Organe) im Sinne der §§ 31, 89 BGB anzusehen sind.

Um diese Entlastungsmöglichkeit für Verrichtungsgehilfen einzuschränken, hat die Rechtsprechung die Haftungsvorschrift des § 31 BGB ausdehnend angewandt und den Begriff des verfassungsmäßigen Vertreters weit ausgelegt (Büsken/Klüglich, Die Krankenhaushaftung: Haftungssystem und innerbetrieblicher Schadensausgleich, VersR 94, 1145).

Es kommt entscheidend darauf an, ob dem Vertreter bedeutsame und wesentliche Funktionen und Aufgaben des Krankenhausträgers zur selbständigen und eigenverantwortlichen Erfüllung übertragen sind, so dass er diese juristische Person repräsentiert (BGH VersR 71, 1123). Ist dies der Fall, kann sich der Krankenhausträger nicht gem. § 831 BGB entlasten.

### Organe im Krankenhausbereich im Sinne der §§ 31, 89 BGB

- Der Ärztliche Direktor eines Krankenhauses
- der alleinige weisungsunabhängige Chefarzt an der Spitze eines Krankenhauses
- der Chefarzt einer organisatorisch nicht selbständigen Klinik, der im medizinischen Bereich keinen Weisungen unterliegt
- der Oberarzt, der als zuständiger Vertreter des Chefarztes in dessen Abwesenheit dessen Funktionen wahrnimmt
- die Leiter einzelner Fachbereiche eines Krankenhauses (OLG Bamberg 94, 813).

# 22 Haftungsbegrenzungen

## 22.1 Mitverschulden (§ 254 BGB)

> Außerachtlassung derjenigen Sorgfalt, die ein ordentlicher und verständiger Mensch zur Vermeidung eigenen Schadens anzuwenden pflegt
> (BGH VersR 90, 1362).

### a) Grundsatz

Grundsätzlich kann sich der wegen fehlerhafter Behandlung und Beratung in Anspruch genommene Arzt gegenüber dem Patienten darauf berufen, dass dieser den Schaden durch sein eigenes schuldhaftes Verhalten mitverursacht hat (BGH VersR 92, 1229).

Hat sich der Patient nach Beginn der Behandlung obliegenheitswidrig nicht an die Anweisungen des Arztes gehalten oder leichtfertig seine Krankheit verschlimmert, so wird sein Schadensersatzanspruch gegen den fahrlässig handelnden Arzt herabgesetzt oder bei besonders hohem Mitverschulden überhaupt ausgeschlossen.

### b) Beispiele aus der Rechtsprechung für Mitverschulden des Patienten

- Verschweigen anamnestisch bedeutsamer Umstände trotz Befragens durch den aufnehmenden Arzt (OLG München VersR 92, 1266: traumatisches Geschehen)
- Nichtbeachtung ärztlicher Anweisungen (BGH VersR 85, 1068)
- Nichtvornahme einer zumutbaren Operation zur Beseitigung einer körperlichen Beeinträchtigung. Dies gilt nur unter der Voraussetzung, dass die Operation einfach und gefahrlos und nicht mit besonderen Schmerzen verbunden ist und die sichere Aussicht auf Heilung oder wesentliche Besserung bietet (BGH VersR 87, 408)
- Weigerung, eine Untersuchung vornehmen zu lassen, die zur Abklärung einer Verdachtsdiagnose erforderlich ist, wenn der Arzt den Patienten auf die Notwendigkeit und Dringlichkeit der Untersuchung hingewiesen hat (BGH VersR 97, 1357)
- Verlassen der Klinik gegen eindeutigen ärztlichen Rat, wenn der Patient, dessen Selbstbestimmungsrecht zu beachten ist, auf die Folgen seines Tuns hingewiesen wurde (OLG Düsseldorf VersR 97, 1402)

Mitverschulden des Patienten wegen fortgesetzten Rauchens (OLG Köln VersR 97, 1102: Wer in Kenntnis der Schädlichkeit des Nikotinabusus für die Heilungschancen einer arteriellen Verschlusskrankheit entgegen ärztlicher Anordnung nicht vom Rauchen Abstand nimmt, muss sich einen Mitverschuldensanteil (hier: 1/4) zurechnen lassen, wenn er infolge einer ärztlichen Fehlbehandlung (hier: grober Behandlungsfehler) einen Schaden erleidet (hier: Amputationen an einer Extremität wegen einer nicht beherrschbaren Gangrän).

### c) Mitverschulden und ärztliche Beratung

Mit Rücksicht auf den Wissens- und Informationsvorsprung des Arztes gegenüber dem medizinischen Laien können bei mangelhafter Beratung, insbesondere bei der Eingriffsaufklärung und auch bei der Beratung über das weitere ärztliche Vorgehen (Behandlungs- bzw. Therapieaufklärung) an die Mitwirkungspflichten des Patienten keine übertriebenen Anforderungen gestellt und kann deshalb ein Mitverschulden nur in Ausnahmefällen angenommen werden (BGH VersR 97, 449).

Die Weigerung des Patienten, eine Untersuchung vornehmen zu lassen, die zur Abklärung einer Verdachtsdiagnose erforderlich ist, begründet nur dann ein Mitverschulden, wenn der Arzt den Patienten auf die Notwendigkeit und Dringlichkeit der Untersuchung hingewiesen hat (BGH VersR 97, 1357).

### d) Mitverschulden bei schwerem Behandlungsfehler

Auch bei einem schweren Behandlungsfehler des Arztes kommt es in der Kausalitätsfrage nicht zu einer Beweislastumkehr zugunsten des Patienten, wenn die sachgerechte Behandlung einer Erkrankung die Beachtung mehrerer grundsätzlich etwa gleichrangiger Komponenten (Grundpfeiler) erfordert und der Patient selbst durch eigenes schuldhaftes Verhalten den ärztlichen Behandlungsbemühungen durch Vereitelung einer dieser Komponenten zuwiderhandelt (KG VersR 91, 928: Entzündungsprozess nach Schnittverletzung am Nagelbett einer Fingerkuppe; schwerer Fehler durch unterlassene Antibiotikabehandlung; wiederholtes Missachten der Anordnung zur Ruhigstellung und Hochlagerung des Arms bzw. der Hand; Fehlverhalten des Patienten neutralisiert groben Behandlungsfehler).

## 22.2 Verjährung

Ansprüche unterliegen der Verjährung. Allerdings bewirkt die Verjährung nicht, dass die Ansprüche dadurch automatisch nach einem definierten Zeitraum erlöschen. Der Schuldner erhält lediglich ein Leistungsverweigerungsrecht, d.h. er muss den (weiterhin existenten) Anspruch nicht befriedigen, wenn er die Verjährungseinrede explizit erhebt.

### a) Verjährung bei Vertragsverletzung: 30 Jahre (§ 195 BGB)

Diese Frist beginnt mit Entstehung des Anspruchs zu laufen, also zu dem Zeitpunkt, in dem der Geschädigte zum ersten Mal die Möglichkeit hat, den Anspruch geltend zu machen, und erforderlichenfalls auch mit einer Klage zu verfolgen (BGH NJW 83, 1383). Diese Möglichkeit ist nach objektiven Kriterien zu bestimmen, es kommt u. a. nicht darauf an, ob der Geschädigte überhaupt Kenntnis vom Anspruch hat.

### b) Verjährung bei unerlaubter Handlung: 3 Jahre (§ 852 BGB)

Fristbeginn bei Behandlungsfehler: Sobald der Geschädigte Kenntnis vom Schaden und vom Ersatzpflichtigen erlangt hat.
   Gem. § 852 Abs. 1 BGB verjährt der Anspruch auf Ersatz des aus einer unerlaubten Handlung entstandenen Schadens in drei Jahren von dem Zeitpunkt an, in welchem der Verletzte von dem Schaden und der Person des Ersatzpflichtigen Kenntnis erlangt. Kenntnis von der Person des Ersatzpflichtigen hat der Verletzte nicht, solange er nicht Tatsachen kennt, die auf ein schuldhaftes Verhalten des Schädigers hinweisen, das den Schaden verursacht haben kann. Diese Kenntnis muss so weit gehen, dass der Geschädigte in der Lage ist, eine Schadensersatzklage erfolgversprechend, wenn auch nicht risikolos zu begründen (BGH VersR 88, 514).
   Insbesondere gehört zur Kenntnis von einem schuldhaften Behandlungsfehler eines Arztes das Wissen von den wesentlichen Umständen des Behandlungsverlaufs (BGH VersR 85, 740). Ferner muss der Patient als medizinischer Laie die Tatsachen kennen, aus denen sich ein Abweichen des Arztes vom ärztlichen Standard ergibt (BGH VersR 95, 659). Der Hinweis sogar eines Arztes auf nur mögliche Schadensursachen vermittelt noch keine Kenntnis der anspruchsbegründenden Tatsachen (BGH VersR 94, 439). Ein bloßes Kennenmüssen schadet dem Geschädigten – von Fällen des Rechtsmissbrauchs abgesehen – auch dann nicht, wenn es auf grober Fahrlässigkeit beruht (BGH VersR 96, 1258).
   Insbesondere wenn für die Folgen einer unerlaubten Handlung mehrere Ersatzpflichtige in Betracht kommen, beginnt die Verjährung erst mit dem Zeitpunkt, in dem begründete Zweifel über die Person des Ersatzpflichtigen nicht mehr bestehen (BGH VersR 99, 1149).

**Fristbeginn bei Aufklärungsversäumnis:** Steht fest, dass ein chirurgischer Eingriff zu gesundheitlichen Beeinträchtigungen geführt hat, und ist einem Patienten darüber hinaus bewusst, dass präoperativ nicht über mögliche Komplikationen gesprochen wurde, beginnt die Verjährungsfrist für eine auf ein Aufklärungsversäumnis gestützte Forderung aus unerlaubter Handlung nicht erst in dem Zeitpunkt, in dem das Vorliegen eines zunächst vermuteten ärztlichen Behandlungsfehlers widerlegt ist (OLG Düsseldorf VersR 99, 1371).
   Der Verjährungsbeginn bei unzureichender Eingriffsaufklärung setzt bei dem Patienten das Wissen voraus, dass die eingetretene Komplikation ein

dem Eingriff eigentümliches Risiko und nicht ein unvorhersehbarer unglücklicher Zufall war (OLG Oldenburg VersR 99, 367).

**Geschäftsunfähige:** Bei Geschäftsunfähigen ist der Wissensstand des gesetzlichen Vertreters entscheidend (BGH VersR 89, 914).

### c) Verjährung bei Gesamtschuldnern

Gegen Gesamtschuldner kann die Verjährung zu verschiedenen Zeiten beginnen, wenn der Geschädigte zu verschiedenen Zeitpunkten Kenntnis von der Person sämtlicher Gesamtschuldner erhält (§425 Abs. 2 BGB). Die Verjährungsproblematik ist für jeden Gesamtschuldner gesondert zu beurteilen (BGH NJW 83, 749).

### d) Unterbrechung der Verjährung

Durch: Anerkenntnis oder gerichtliche Geltendmachung.
Wirkung: Die Verjährungsfrist beginnt nach Beendigung der Unterbrechung von vorn.

### e) Hemmung der Verjährung

Durch: Verhandlungen zwischen Schädiger und Geschädigtem.
Die Rechtsprechung legt den Begriff „Verhandlung" in § 852 Abs. 2 BGB weit aus. Eine Hemmung der Verjährung tritt auch durch die Anrufung einer ärztlichen Schlichtungsstelle oder Gutachterkommission ein, wenn sich der Arzt auf das Verfahren eingelassen hat (BGH VersR 83, 690).
Wirkung: Die Verjährungsfrist läuft nach Wegfall des Hemmnisses normal weiter.

# 23 Der medizinische Sachverständige im Arzthaftpflichtverfahren

Der medizinische Sachverständige spielt in einer Arzthaftpflichtstreitigkeit eine entscheidende Rolle bei der Beurteilung der Haftungsfrage. Er liefert dem juristischen Entscheidungsgremium die notwendigen medizinischen Grundlagen, die unter Berücksichtigung materiell-rechtlicher und verfahrensrechtlicher Besonderheiten des Einzelfalles schließlich zu der abschließenden juristischen Bewertung führen (Scheppokat, Neu: Zur ärztlichen Begutachtung in Arzthaftpflichtsachen, VersR 01, 23).

Die Qualität der juristischen Entscheidung hängt damit wesentlich von den medizinischen Gutachtern ab, die im Idealfall Kompetenz, Objektivität, Sorgfalt und Wahrhaftigkeit miteinander verbinden (Rumler-Detzel, Anforderungen an ein ärztliches Gutachten aus der Sicht der Zivilgerichte, VersR 99, 1209).

**Die Auswahl des Sachverständigen:** Die Weichenstellung für den weiteren Prozessverlauf erfolgt oft bereits mit der Auswahl des medizinischen Sachverständigen.

Vorrangig sind deshalb bei dessen Auswahl folgende Gesichtspunkte zu berücksichtigen:
- Zweifelsfreie Sachkunde des Gutachters für den zu bewertenden medizinischen Sachverhalt.
  Ein Gutachter, der den zu beurteilenden Eingriff lediglich aus der Literatur kennt, selbst jedoch nie durchgeführt hat, verfügt nicht über die nötige Sachkunde zur Prüfung der technischen Durchführung dieses Eingriffs.
- Zugehörigkeit des Sachverständigen zu derselben Fachrichtung des in Anspruch genommenen Arztes.
  Dies gilt nur dann, wenn der Arzt im eigenen Fachgebiet behandelt hat. Begibt er sich auf ein fremdes Fachgebiet, gilt grundsätzlich der Standard des fremden Fachgebiets, dessen Einhaltung wiederum nur sachkundig von einem Sachverständigen geprüft werden kann, der dem fremden Fachgebiet angehört.
- Vergleichbare Tätigkeitsbereiche.
  Ein zu großer Unterschied in dem täglichen Berufsalltag von Sachverständigen und in Anspruch genommenem Arzt kann zu Fehlbegutachtungen führen, wenn der Gutachter die spezifische Situation dieses Arztes nicht genügend berücksichtigt (bzw. nicht berücksichtigen kann).

**Befangenheit:** Die Besorgnis der Befangenheit entwertet jedes Gutachten. Ausschlaggebend ist nicht, dass tatsächlich eine Befangenheit vorliegt. Es reicht aus, wenn eine der streitenden Parteien Argumente vorträgt, die nach Prüfung durch das Gericht die subjektive Einschätzung rechtfertigen, der Gutachter sei befangen.

### Beispiele für Befangenheit aus Sicht des Patienten
- Lehrer-Schüler-Kollegen-Verhältnis im Studium oder in der Weiterbildung
- Zusammenarbeit in Buch- oder Zeitschriftenveröffentlichungen oder dergleichen.

### Beispiele für Befangenheit aus Sicht des Arztes
- Konkurrenzsituation zwischen Gutachter und zu begutachtendem Arzt besteht
- Der Gutachter entstammt einem anderen Fachgebiet, welches sich mit dem Fachgebiet des zu begutachtenden Arztes die Körperregion des Patienten „teilt" (z. B. HNO und MKG bei Kieferhöhlenoperationen oder Plastische Chirurgie/Gynäkologie/Chirurgie bei Mamma-Operationen)
- Gutachter ist gegenwärtig oder früher behandelnder Arzt des Patienten.

**Objektivität:** Objektivität ist ein weiteres Kriterium eines guten Gutachters. Sachfragen sind ohne einseitige Berücksichtigung des Standpunktes einer Partei anzugehen. Der Gutachter hat den jeweiligen Stand der medizinischen Wissenschaft zur Zeit des Behandlungsgeschehens der Beurteilung zugrundezulegen, auch dann, wenn er selbst nur eine bestimmte Behandlungsmethode bevorzugt und damit sehr gute Heilungserfolge erzielt hat. Ein Schulenstreit darf nicht zu einseitiger Begutachtung führen. Die Lehrmeinungen sind darzustellen. Es ist dann Sache der Juristen, die haftungsrechtlich bedeutsamen Konsequenzen daraus zu ziehen. Einen didaktischen Auftrag hat der Gutachter nicht (Hansis, S. 107).

Die Kontaktaufnahme mit den streitenden Parteien sollte ausschließlich über den Auftraggeber erfolgen. Ein einseitiger Kontakt (auch nach Erstattung des Gutachtens) ist geeignet, Zweifel an der Objektivität und damit die Besorgnis der Befangenheit zu wecken.

**Die Grundlagen des Gutachtens:** In Arzthaftpflichtstreitigkeiten werden in besonderem Maße die Vorgänge von Seiten der beteiligten Parteien oftmals widerstreitend dargestellt, da solche Streitigkeiten meist längere Zeit nach dem Behandlungsgeschehen begonnen werden, die Erinnerung also oft schon stark verblasst ist.

Der Gutachter sollte entweder bei Zweifeln, welche Tatsachen er der Beurteilung zugrundezulegen hat, bei dem Auftraggeber (Privatperson, Gericht, Schlichtungsstelle oder Gutachterkommission) nachfragen, oder (besser) eine alternative Begutachtung vornehmen und dabei jeweils die Darstellung einer Partei als zutreffend zugrunde legen. Gibt der Gutachter bei streitigem Sachverhalt keine alternative Begutachtung ab, kann das Gutachten wertlos sein, weil aus juristischen Gründen (Beweislastverschiebungen zwischen Patient und Arzt) möglicherweise andere Tatsachen als richtig zu unterstellen sind, als es der Gutachter getan hat, sodass das Gutachten im Hinblick auf die Entscheidung der Haftungsfrage von falschen Grundlagen ausgeht.

### Der formale Aufbau des Gutachtens
- Darstellung des Auftrages (= Wiederholung der Fragestellung)
- Auflistung des ausgewerteten Materials
- Monita des Patienten
- Rechtfertigung des in Anspruch genommenen Arztes
- Darstellung des Erkrankungs- und Behandlungsverlaufs
- Darstellung der Behandlungsmaßnahmen der vor- und nachbehandelnden Ärzte
- Untersuchungsbefunde des Sachverständigen
- sonstige Erkenntnisquellen (MDK Gutachten, Rentengutachten, etc.)
- gutachterliche Bewertung (= Sachverständige Prüfung des Behandlungsgeschehens)
- falls erforderlich, wissenschaftliche Auseinandersetzung mit der Literatur
- Beantwortung der gestellten Fragen mit jeweils kurzer Begründung
- Literaturverzeichnis.

Das Gutachten sollte die an der Streitigkeit Beteiligten gleichermaßen in den Stand versetzen, die Darlegungen nachzuvollziehen. Es sollte also auch für medizinische Laien verständlich sein.

### Welche Maßstäbe hat der Sachverständige anzulegen?
- Hat die Behandlung dem Standard entsprochen (unter Berücksichtigung der zu begutachtenden Versorgungsstufe → niedergelassener Arzt, Belegarzt, Krankenhaus der Grund-, Regel- oder der Maximalversorgung)
- Standard zur Zeit der Behandlung
- Methodenfreiheit (eigene Methode nicht verabsolutieren).

Oftmals bereiten den medizinischen Sachverständigen Fragen der Kausalität besondere Probleme.

Die Ursächlichkeit zwischen dem Fehler und dem so definierten Gesundheitsschaden (Primärschaden, § 286 ZPO) ist anzunehmen, wenn dafür ein für das praktische Leben brauchbarer Grad von Gewissheit besteht.

Für weitere Folgen (Sekundärschäden) genügt zur Feststellung der Ursächlichkeit die überwiegende Wahrscheinlichkeit (§ 287 ZPO). Es reicht aus, dass mehr für als gegen den Ursachenzusammenhang spricht.

Mit diesen Definitionen sollte der Gutachter bei gehöriger Abwägung auch zu einem abschließenden Urteil kommen und dies auch für die Streitparteien nachvollziehbar begründen.

# 24 Gerichtliche Konfliktlösung

## 24.1 Entwicklung der Arzthaftpflichtprozesse

Die Zahl der Arzthaftpflichtstreitigkeiten hat sich in den letzten 20 Jahren vervielfacht. Eine genaue Statistik – insbesondere der Zivilprozesse – existiert nicht, jedoch sind nach übereinstimmenden Schätzungen von Haftpflichtversicherern jährlich ca. 15000 neue Anspruchserhebungen zu verzeichnen. Die Tendenz ist steigend. Genaue Daten liegen für den Bereich der Gutachterkommissionen und Schlichtungsstellen vor, die allein im Jahr 1999 in Deutschland 9545 Anträge registrierten.

## 24.2 Verfahrensgrundzüge des Arzthaftpflichtprozesses

Schadensersatzansprüche, die sich auf den Vorwurf einer fehlerhaften Behandlung stützen, sind auf dem Zivilrechtswege geltend zu machen.

Der Zivilprozess beginnt mit der Zustellung der Klageschrift, die die in Anspruch genommenen Haftpflichtigen (Ärzte, Krankenhausträger) bezeichnet und die anspruchsbegründenden Tatsachen (Behandlungsfehler, Verschulden, Schaden) darstellt.

Zusätzlich sind Beweise für die behaupteten Tatsachen anzubieten. Im Regelfall sind die Parteien des Zivilprozesses durch Rechtsanwälte vertreten. Das Verfahren wird durch den Inhalt der anwaltlichen Schriftsätze und durch die prozessleitenden Verfügungen des Gerichts bestimmt. Die Schriftsätze sollen den ersten Termin zur mündlichen Verhandlung vorbereiten.

Beweismittel vor Gericht sind Urkunden, d. h. im Arzthaftpflichtprozess Karteikarten, Krankenblätter etc., Zeugen, Vernehmung der Prozessparteien und schließlich als Kernstück eines jeden Arzthaftpflichtprozesses das medizinische Sachverständigengutachten. Die berufsspezifischen Sorgfaltspflichten eines Arztes richten sich in erster Linie nach medizinischen Maßstäben. Der Richter muss daher den berufsfachlichen Sorgfaltsmaßstab mit Hilfe eines medizinischen Sachverständigen ermitteln. Er darf den medizinischen Standard nicht ohne Sachverständigengrundlage allein aus eigener rechtlicher Beurteilung heraus festlegen (BGH VersR 95, 659). Diese Gutachten werden schriftlich erstattet, auf Antrag findet eine persönliche

Anhörung des Sachverständigen im Verhandlungstermin statt. In Zweifelsfällen holt das Gericht mehrere Gutachten ein.

Zivilprozess und Strafprozess beeinflussen sich gegenseitig nicht, theoretisch können beide parallel ablaufen und mit konformen oder konträren Ergebnissen enden:

| Strafprozess | Zivilprozess |
| --- | --- |
| Freispruch für Arzt | Verurteilung des Arztes zum Schadensersatz |
| Freispruch für Arzt | Abweisung der Schadensersatzansprüche |
| Verurteilung des Arztes | Verurteilung des Arztes zum Schadensersatz |
| Verurteilung des Arztes | Abweisung der Schadensersatzansprüche |

Dies liegt einmal an den unterschiedlichen Haftungsvoraussetzungen des Zivil- und Strafrechts, zum anderen regieren in beiden Verfahrensarten unterschiedliche Beweislastregelungen. Der Zivilprozess bietet unter bestimmten Umständen Beweislasterleichterungen für den Patienten, während im Strafprozess der allgemeine Grundsatz „in dubio pro reo" dem Arzt zu Gute kommt. Und schließlich unterscheiden sich Bedeutung und Auswertung der Behandlungsunterlagen im Zivil- und Strafprozess. Im Strafprozess wird von Amts wegen der Sachverhalt ermittelt und – unabhängig vom sich möglicherweise wandelnden – Patientenwillen eine Entscheidung über die Strafverfolgung herbeigeführt. Im Zivilprozess stehen sich Arzt und Patient als Kläger und Beklagter als formal gleichberechtigte Prozessparteien gegenüber. Allerdings bestimmt der Patient, in welchem Umfang er Schadensersatzansprüche geltend macht. Er kann z.B. im Laufe des Verfahrens die Klage zurücknehmen oder weitere Ansprüche stellen oder diese erhöhen. Er ist insoweit „Herr des Verfahrens".

# 25 Schlichtungsstellen und Gutachterkommissionen in Deutschland

## 25.1 Entstehung

In den Jahren 1975 bis 1978 wurden von den Landesärztekammern flächendeckend in Deutschland Schlichtungsstellen und Gutachterkommissionen eingerichtet. Die zunehmende Zahl von Zivil- und Strafprozessen und die damit einhergehende nachhaltige Beeinträchtigung des allgemeinen Arzt/Patienten-Verhältnisses waren die Auslöser für die Schaffung dieser Einrichtungen.

Intention war einerseits, Patienten die Durchsetzung berechtigter Schadenersatzforderungen aus fehlerhafter ärztlicher Behandlung zu erleichtern und andererseits Ärzte vor unberechtigter Inanspruchnahme zu schützen. Ärztlicher und juristischer Sachverstand sollen in einem Konflikt, der aufgrund der unmittelbaren physischen und psychischen Betroffenheit sich geschädigt fühlender Patienten und in ihrer Berufsehre getroffenen Ärzte stets eine hohe emotionale Komponente beinhaltet, in einem auf äußerste Sachlichkeit bedachten Verfahren die medizinischen und juristischen Probleme klären und damit den zwischen Patient und Arzt ausgebrochenen individuellen Streit schlichten und eine allgemeine Klimaverbesserung in dem Spannungsfeld Arzt/Patient herbeiführen.

Der förderalistischen Organisation der Ärzteschaft entsprechend finden sich in den einzelnen Landesärztekammerbereichen unterschiedlichste Institutionen, die auf ebenso unterschiedlichem Wege das Ziel der außergerichtlichen Streitschlichtung anstreben. Alle Gutachterkommissionen und Schlichtungsstellen arbeiten nach differierenden Verfahrensordnungen, gelangen aber, wenn man die Verfahrensbesonderheiten bei dem Vergleich statistischer Daten berücksichtigt, zu annähernd gleichen Ergebnissen. Zwar nicht unbedingt erforderlich, aber wünschenswert wäre, einzelne Verfahrensordnungen im Zuge einer Aktualisierung und Vereinheitlichung zu optimieren (Weizel, Gutachterkommissionen und Schlichtungsstellen für Arzthaftpflichtfragen, S. 220).

## 25.2 Sachliche Zuständigkeit

Die Gutachterkommissionen und Schlichtungsstellen prüfen ausschließlich patientenseits vermutete Behandlungsfehler (in Norddeutschland auch Aufkärungsmängel). Honorarstreitigkeiten, berufs- und standesrechtliche oder sonstige, Ärzten vorgehaltene Verfehlungen werden nicht zur Prüfung angenommen.

## 25.3 Örtliche Zuständigkeit

In Baden-Württemberg sind 4 Gutachterkommissionen auf Bezirksstellenebene eingerichtet, in Bayern, Hessen, Rheinland-Pfalz, Saarland und Sachsen auf Landesärztekammerebene. In Nordrhein-Westfalen arbeiten die Gutachterkommissionen Nordrhein und Westfalen-Lippe. Die norddeutsche Schlichtungsstelle ist für die Bundesländer Berlin, Brandenburg, Bremen, Hamburg, Mecklenburg-Vorpommern, Niedersachsen, Sachsen-Anhalt, Schleswig-Holstein und Thüringen zuständig.

**Die deutsche „Schlichtungsstellenlandschaft"**

**Hellgrauer Bereich: Norddeutsche Schlichtungsstelle**

## 25.4 Adressen

### Berlin, Brandenburg, Bremen, Hamburg, Mecklenburg-Vorpommern, Niedersachsen, Sachsen-Anhalt, Schleswig-Holstein, Thüringen

Schlichtungsstelle für Arzthaftpflichtfragen
der Norddeutschen Ärztekammern
Berliner Allee 20, 30175 Hannover
Tel.: 0511/3802416/420
Internet: www.schlichtungsstelle.de

### Baden-Württemberg

Gutachterkommission für Fragen ärztlicher Haftpflicht
bei der Landärztekammer Baden-Württemberg
Jahnstr. 2, 70597 Stuttgart
Tel.: 0711/769810

### Bayern

Gutachter für Arzthaftungsfragen bei
der Bayerischen Landesärztekammer
Mühlbaurstr. 16, 81677 München
Tel.: 089/4147459

### Hessen

Gutachter- und Schlichtungsstelle für ärztliche Behandlungen
bei der Landesärztekammer Hessen
Im Vogelgesang 3, 60488 Frankfurt
Tel.: 069/97672-161/162

### Nordrhein

Gutachterkommission für ärztliche Behandlungsfehler
bei der Ärztekammer Nordrhein
Tersteegenstr. 31, 40474 Düsseldorf
Tel.: 0211/4302-214

### Rheinland-Pfalz

Schlichtungsausschuss zur Begutachtung
ärztlicher Behandlungen bei der Landesärztekammer Rheinland-Pfalz
Deutschhausplatz 3, 55116 Mainz
Tel.: 06131/2882225
e-mail: laek.rlp@t-online.de

## Saarland

Gutachterkommission für Fragen ärztlicher Haftpflicht
bei der Ärztekammer des Saarlandes
Faktoreistr. 4, 66111 Saarbrücken
Tel.: 0681/40030

## Sachsen

Schlichtungsstelle der Sächsischen Landesärztekammer
Schützenhöhe 16, 01099 Dresden
Tel.: 0351/82670
e-mail: dresden@slaek.de

## Westfalen-Lippe

Gutachterkommission für ärztliche Haftpflichtfragen
bei der Ärztekammer Westfalen-Lippe
Gartenstr. 210-214, 48147 Münster
Tel.: 0251/9292350
e-mail: gutachterkommission@aekwl.de

### 25.5 Fachliche Besetzung

Personell sind die Gutachterkommissionen und Schlichtungsstellen durchgängig mit Ärzten und Juristen besetzt. In Norddeutschland und Sachsen entscheiden jeweils gemeinsam ein Arzt und ein Jurist, während in den übrigen Gutachterkommissionen und Schlichtungsstellen jeweils ein Jurist und (in der zweiten Instanz) mindestens zwei Ärzte die Entscheidung fällen.

## 25.6 Beteiligte des Verfahrens
## Verfahrensform (schriftlich, mündlich, 2. Instanz)

|  | Beteiligte | | | mündliche Verhandlung | 2. Instanz |
| --- | --- | --- | --- | --- | --- |
|  | Patient | Arzt | Versicherung | | |
| Baden-Württemberg | × | × | ○ | × | × |
| Bayern | × | × | × | ○ | × |
| Hessen | × | × | ○ | ○ | × |
| Norddeutschland | × | × | × | ○ | × |
| Nordrhein | × | × | ○ | ○ | × |
| Rheinland-Pfalz | × | × | ○ | × | ○ |
| Saarland | × | × | ○ | ○ | × |
| Sachsen | × | × | × | ○ | ○ |
| Westfalen-Lippe | × | × | ○ | ○ | × |

Bei allen Gutachterkommissionen und Schlichtungsstellen sind stets Patient und Arzt Verfahrensbeteiligte. In Bayern, Norddeutschland und Sachsen tritt als weitere Verfahrensbeteiligte die Haftpflichtversicherung des Arztes bzw. Krankenhausträgers in Erscheinung. Sie hat die gleichen Mitwirkungsrechte wie die anderen Beteiligten, sodass die Möglichkeit eröffnet wird, bei anspruchsbejahender Entscheidung sofort Regulierungsverhandlungen über die Höhe des zu zahlenden Schadenersatzes zu beginnen. Ist der Haftpflichtversicherer nicht am Verfahren beteiligt, wird er, mit einer anspruchsbejahenden Entscheidung einer Gutachterkommission oder Schlichtungsstelle konfrontiert, zunächst erst einmal selbst unter Hinzuziehung von Gesellschaftsärzten die medizinische und juristische Problematik erneut prüfen, ein Vorgang, der sich über Monate hinziehen und den zwischen Patient und Arzt schwelenden Streit verlängern kann.

## 25.7 Verfahrensgrundsätze

Die Verfahren laufen, mit regionalen Unterschieden, nach einem ähnlichen Schema ab:
  Zunächst werden die Verfahrensvoraussetzungen geklärt, d. h. die Zustimmung der Antragsgegner für die Durchführung des – freiwilligen – Verfahrens eingeholt.
  Danach folgt die Sachverhaltsaufklärung durch Beiziehung entscheidungserheblicher Krankenunterlagen, wobei tendenziell nach dem Amts-

ermittlungsgrundsatz (verminderte Substantiierungspflicht auf seiten des Patienten) verfahren wird (Ausnahme: in Hessen und Rheinland-Pfalz wird nur die konkret beanstandete ärztliche Behandlung geprüft).

Nach Auswertung der Krankenunterlagen folgt eine medizinische Bewertung in den Gutachterkommissionen und Schlichtungsstellen durch in diese Stellen berufene Ärztliche Mitglieder, ausnahmsweise (in der Norddeutschen Schlichtungsstelle regelmäßig) zusätzlich durch externe Gutachter, mit anschließender gutachterlicher Bewertung durch das Ärztliche Mitglied der Institution. Juristische Verfahrensleitung gewährleistet die Einhaltung der Verfahrensregeln und die Berücksichtigung der für die Beurteilung der Haftungsfrage einschlägigen Gesetze und Rechtsprechung.

Die Tätigkeit der Gutachterkommissionen und Schlichtungsstellen endet

mit der Feststellung, ob ein Ärztlicher Behandlungsfehler und ein dadurch verursachter Gesundheitsschaden vorliegt oder nicht (Baden-Württemberg, Hessen, Nordrhein, Rheinland-Pfalz, Saarland, Westfalen-Lippe)

oder

mit der Feststellung, ob die geltend gemachten Schadensersatzansprüche berechtigt sind oder nicht (Bayern, Norddeutschland, Sachsen), d. h. in diesen Stellen werden zusätzliche juristische Gesichtspunkte mit geprüft (z. B. Aufklärungsproblematik, Mitverschulden, Beweislastgrundsätze).

## 25.8 Verfahren im Vergleich zum Zivilprozess

Unterschiede finden sich bereits bei den Verfahrensbeteiligten. Im Zivilprozess sind es stets Patient und Arzt. Der Arzthaftpflichtversicherer bleibt im Hintergrund, obwohl er (im Regelfall) entscheidet, ob ohne weiteres reguliert oder ein Prozess geführt wird, den Anwalt des Arztes auswählt und bezahlt. Diese Rolle nimmt er auch in den Verfahren vor den Gutachterkommissionen ein, in Bayern, Norddeutschland und Sachsen ist er direkt am Verfahren beteiligt.

Ein weiteres Kennzeichen der außergerichtlichen Verfahren ist die Freiwilligkeit. Zwar steht es einer vor Gericht verklagten Partei auch frei, sich zu der Klage zu äußern, tut sie es aber nicht, besteht die Gefahr einer rechtskräftigen Verurteilung per Versäumnisurteil auch dann, wenn tatsächlich kein Behandlungsfehler vorliegt. Es reicht aus, wenn ein solcher für das Gericht schlüssig vorgetragen wurde.

Zivilprozesse sind öffentlich, jedermann (auch Pressevertreter) können die Verhandlung, Zeugenvernehmungen, Gutachteranhörungen und die Urteilsverkündung verfolgen. Im Gegensatz dazu sind die Verfahren vor den Schlichtungsstellen und Gutachterkommissionen nichtöffentlich, es gibt also keinen Grund, sich bei dem Sachvortrag mit medienwirksamer Argumentationsweise zu profilieren, was die angestrebte sachliche Atmosphäre unterstützt und dazu beiträgt, das ohnehin in das Gegenteil verkehrte ehemalige Vertrauensverhältnis zwischen Arzt und Patient zu versachlichen.

Die Zivilprozessordnung schreibt dem Zivilrichter vor, nach der Parteimaxime zu handeln, d.h. er darf grds. nur das verwerten, was ihm seitens der Prozessbeteiligten vorgetragen wurde. Diese Regel ist in Arzthaftungsprozessen zugunsten einer gesteigerten Pflicht des Gerichts zur Sachverhaltsaufklärung zwar gelockert aber nicht aufgehoben. Im Gegensatz dazu verfahren die Schlichtungsgremien strikt nach dem Amtsermittlungsgrundsatz (Ausn. Rheinland-Pfalz), d.h. sie stellen alle zur Sachverhaltsaufklärung erforderlichen Untersuchungen von sich aus an. Dies resultiert aus dem bei Errichtung der Stellen angestrebten Ziel der Waffengleichheit zwischen Patienten und Ärzten und berücksichtigt die Tatsache, dass die Patientenseite nicht immer anwaltlich vertreten wird.

Die Verfahren werden überwiegend (Ausn.: Baden-Württemberg) schriftlich durchgeführt, wenngleich die Satzungen die Möglichkeit der mündlichen Erörterung (Ausn.: Sachsen, Westfalen-Lippe) bieten. Zeugenvernehmungen finden – anders als im Zivilprozess – aufgrund fehlender gesetzlicher Wahrheitsverpflichtung mit staatlicher Sanktion bei Zuwiderhandlung nicht statt.

Zivilprozesse durch mehrere Instanzen dauern Jahre. Die durchschnittliche Verfahrensdauer bei den Schlichtungsstellen und Gutachterkommissionen liegt erheblich darunter (z.B. Norddeutschland: 13 Monate). Diese Stellen sind keine Schiedsgerichte im Sinne der Zivilprozessordnung, deshalb sind ihre Entscheidungen unverbindlich. Den Verfahrensbeteiligten steht daher nach Beendigung des Schlichtungsverfahrens der ordentliche Rechtsweg offen.

## Verfahrensunterschiede

| GAK/Schlichtungsstelle | Zivilgericht |
|---|---|
| Arzt/Versicherung*/Patient | Arzt/Patient |
| Freiwilliges Verfahren | Teilnahmezwang |
| nichtöffentlich | öffentlich |
| Amtsermittlungsgrundsatz | Parteimaxime |
| schriftlich* | schriftlich/mündlich |
| keine Zeugenvernehmung | Zeugenvernehmung |
| Verfahrensdauer 13 Monate* | mehrere Jahre |
| Entscheidung unverbindlich | Urteil bindend |
| kostenfrei für Patienten* | Kostenrisiko |
| Jurist/Arzt | Jurist |

*(z.B. Norddeutsches Verfahren, betrifft nicht alle Stellen)

## 25.9 Verfahrenskosten

Die Verfahren sind für Patienten grundsätzlich kostenfrei. Die Beteiligten haben lediglich etwaige Kosten für selbst beauftragte Prozessbevollmächtigte zu tragen. Die Kosten des Verfahrens und die Gutachterkosten werden überwiegend von den Landesärztekammern getragen. Die Haftpflichtversicherer leisten in Bayern, Hessen, Norddeutschland, Nordrhein, Rheinland-Pfalz, einen Kostenbeitrag und übernehmen zusätzlich in Bayern, Norddeutschland und Sachsen externe Gutachterkosten. Allerdings können in Baden-Württemberg und im Saarland die Gutachterkosten dem Patienten zufallen, wenn er die Einholung eines externen Gutachtens beantragt.

## 25.10 Entscheidungsgremien: Ärzte gemeinsam mit Juristen

Der wichtigste Unterschied zum Zivilprozess besteht letztlich darin, dass die Entscheidungsfindung auf enger Kooperation und ständiger Diskussion der ärztlichen und juristischen Fachleute innerhalb der Gutachterkommissionen und Schlichtungsstellen beruht.

## 25.11 Verfahrenshindernisse

|  | Zivil-Strafverfahren Vergleich | Berufsgerichtl. Verfahren | Bagatellschaden | Fristablauf |
|---|---|---|---|---|
| Baden-Württemberg | × | O | O | 5 Jahre |
| Bayern | × | O | × | 5 Jahre |
| Hessen | × | × | O | 3 Jahre |
| Norddeutschland | × | O | O | ohne* |
| Nordrhein | × | O | O | 5 Jahre |
| Rheinland-Pfalz | × | O | × | 4 Jahre |
| Saarland | × | O | O | 5 Jahre |
| Sachsen | × | O | O | 5 Jahre |
| Westfalen-Lippe | × | O | O | 5 Jahre |

* in den neuen Bundesländern Zuständigkeit erst ab 03.10.1990

Keine Schlichtungsstelle und Gutachterkommission wird tätig, wenn in derselben Angelegenheit bereits ein Zivilprozess anhängig oder durch Urteil rechtskräftig beendet oder ein außergerichtlicher Vergleich geschlossen worden ist. Das gleiche gilt, solange ein staatsanwaltschaftliches Ermittlungsverfahren oder ein Strafprozess läuft. In Hessen hindert zusätzlich ein berufsgerichtliches Verfahren die Anrufung der Schlichtungsstelle. Bei geltend gemachten Bagatellschäden werden nicht tätig: Bayern, Rheinland-Pfalz.

Bis auf die norddeutsche Schlichtungsstelle, die für neun Bundesländer zuständig ist, finden sich in allen Verfahrensordnungen Antragsbefristungen. Überwiegend werden Behandlungsfälle nicht geprüft, die bei Antragstellung mehr als fünf Jahre zurückliegen (Hessen mehr als drei Jahre, Rheinland-Pfalz mehr als vier Jahre). Die norddeutsche Schlichtungsstelle prüft vor dem Hintergrund der 30-jährigen Verjährungsfrist auch länger zurückliegende Behandlungsfälle, was sich aufgrund der Aufbewahrungsfristen für Krankenunterlagen bis auf wenige Ausnahmefälle bisher problemlos gestaltete. Allerdings beginnt die zeitliche Zuständigkeit für die Bereiche der neuen Bundesländer erst mit dem 03.10.1990.

# 26 Norddeutsche Schlichtungsstelle

## 26.1 Die Institution

Die Norddeutsche Schlichtungsstelle, gegründet 1976 für die Bundesländer Berlin, Bremen, Hamburg, Niedersachsen und Schleswig-Holstein, ist seit 1990 auch für die Länder Brandenburg, Mecklenburg-Vorpommern, Sachsen-Anhalt und Thüringen zuständig. Sie bearbeitet ca. 40% der in Deutschland insgesamt (1999: 9545) anfallenden Schlichtungsanträge.

**Maximen:** Die Tätigkeit dieser Institution wird maßgeblich von vier Maximen bestimmt:

**Unabhängigkeit**
Keinerlei Möglichkeit der Einflussnahme auf Bearbeitung des Einzelfalles bzgl.
- Verfahrensdurchführung
- Beurteilung der Haftungsfrage

durch Personen oder Institutionen, die nicht direkt am Verfahren beteiligt sind, insbesondere z. B.
- Ärztekammern
- Ärztliche Berufsverbände
- Ministerien
- Versicherungswirtschaft
- Verbraucherverbände
- Patientenschutzorganisationen
- Krankenkassenverbände

**Objektivität**
Gleichermaßen Streithelfer
- für Patienten bei berechtigten Ansprüchen gegen Ärzte
- für Ärzte bei unberechtigten Ansprüchen der Patienten

**Waffengleichheit**
- zwischen Laien (Patienten) und Experten (Ärzte) auf medizinischem Gebiet
- durch Anwendung des Untersuchungsgrundsatzes

**Transparenz**
Das Verfahren, 1975 aus der Theorie entwickelt, wurde im Laufe der Jahre nach praxisorientierten Gesichtspunkten optimiert, sodass ein für alle Beteiligten gleichermaßen transparentes Verfahren (Garantie des rechtlichen Gehörs) entstand, das eine zügige Sachverhaltsaufklärung ermöglicht und den Beteiligten weitgehende Mitwirkungsrechte bei wesentlichen Verfahrensschritten (z. B. Gutachterauswahl und Gutachterbefragung) einräumt. Gleichzeitig ist es gelungen, die Verfahrensdauer in Norddeutschland auf ca. 13 Monate zu reduzieren.

## 26.2 Verfahrensgang

Antragsberechtigt sind in Norddeutschland alle Personen oder Institutionen, die am Schlichtungsverfahren beteiligt sein können:
- Patienten
- Ärzte
- Krankenhausträger
- Haftpflichtversicherer.

Der formlose schriftliche Antrag soll in groben Zügen das Behandlungsgeschehen beschreiben, das aus Sicht der Patientenseite Schadenersatzansprüche begründet. In aller Regel werden die Anträge von Patienten gestellt, in ca. 55% vertreten durch Rechtsanwälte, in ca. 30% mit mehr oder minder deutlicher Hilfestellung von Krankenkassen. Es ist nicht erforderlich – und von den Patienten als medizinischen Laien auch nicht zu erwarten –, dass ein vermuteter Behandlungsfehler medizinisch detailliert vorgetragen und juristisch begründet wird. In vielen Fällen ist allein schon der ausgebliebene Behandlungserfolg Anlass für die Beantragung eines Schlichtungsverfahrens.

Sobald die übrigen Verfahrensbeteiligten ihr Einverständnis in die Überprüfung der Angelegenheit durch die Schlichtungsstelle gegeben haben, klärt die Schlichtungsstelle den Sachverhalt auf, indem sie die Krankenunterlagen des in Anspruch genommenen Arztes/Krankenhauses und auch die der vor- und nachbehandelnden Ärzte/Krankenhäuser anfordert und auswertet. Die isolierte Beiziehung und Auswertung nur der Unterlagen des in Anspruch genommenen Arztes/Krankenhauses würde zwangsläufig ein unvollständiges Bild des Gesundheitszustandes des Patienten bei Beginn und nach Abschluss der zu prüfenden Behandlung ergeben und sich nicht mit dem Untersuchungsauftrag der Schlichtungsstelle vertragen, die „Waffengleichheit" zwischen dem Patienten als medizinischen Laien und dem Arzt als Experten schaffen soll.

An die Auswertung der Krankenunterlagen schließt sich die Erarbeitung eines Fragenkataloges für den externen Gutachter an, wobei jeweils das für die Bearbeitung dieses Falles zuständige medizinisch/juristische Team der Schlichtungsstelle kooperiert.

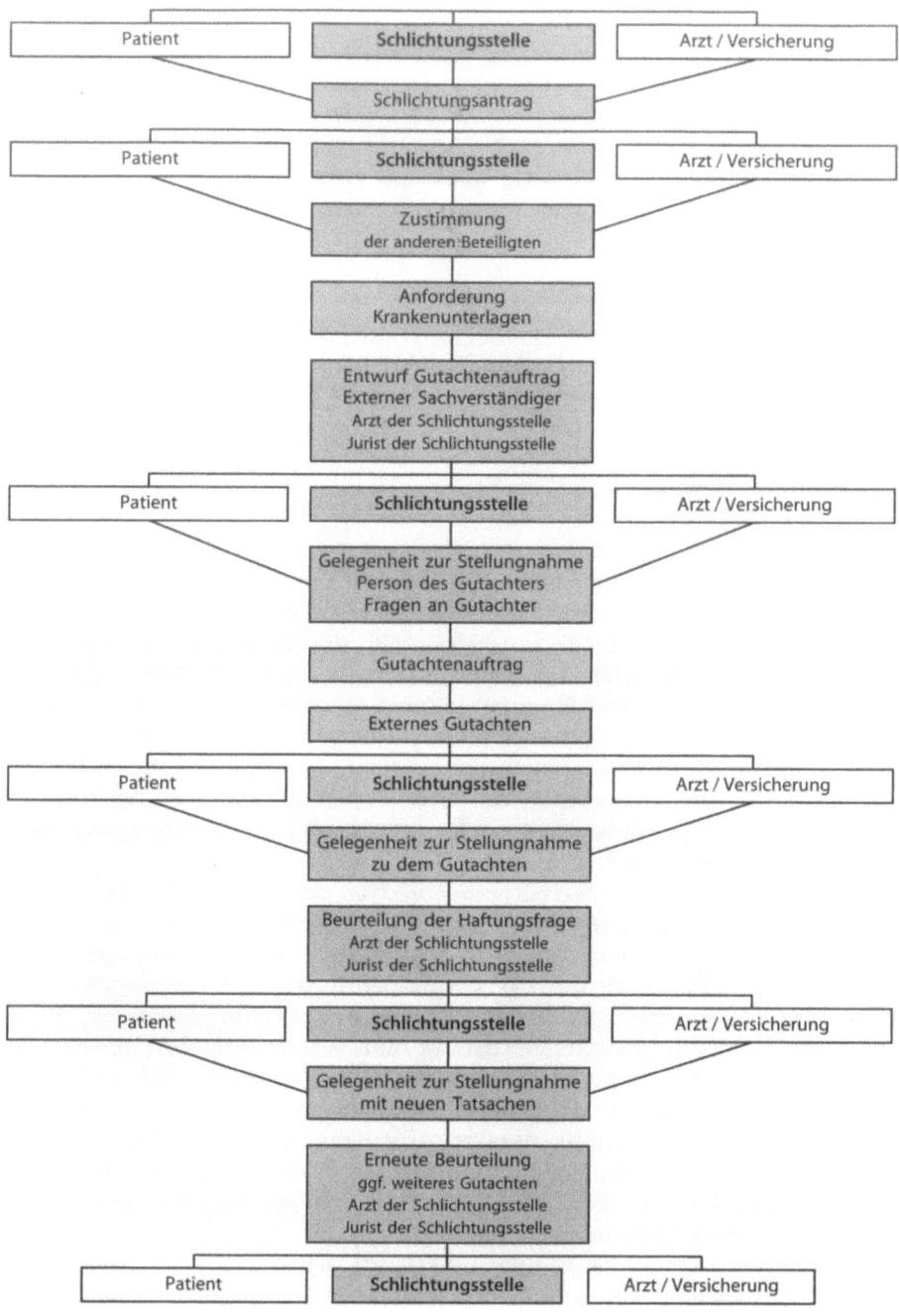

Dieser Fragenkatalog sowie die Person des in Aussicht genommenen Gutachters werden allen Beteiligten mit der Gelegenheit zur Stellungnahme übermittelt, damit etwaige Anregungen oder Ergänzungswünsche vor Absendung des Gutachtenauftrages Berücksichtigung finden können.

Der Gutachtenauftrag enthält ausschließlich Fragen zur medizinischen Problematik. Der medizinische Gutachter ist demnach gehalten, sich ausschließlich auf seinem Fachgebiet, der Medizin, als Sachverständiger zu betätigen. Häufig anzutreffende juristische Wertungen durch den medizinischen Sachverständigen sind irrelevant und erfahrungsgemäß eher schädlich als gewinnbringend für den weiteren Verfahrensablauf. Auch wenn der medizinische Sachverständige nicht berufen ist, juristische Schlüsse zu ziehen, sollte er gleichwohl die elementaren Begriffe und Definitionen des Arzthaftungsrechts kennen, um in groben Zügen zu überblicken, welche juristischen Fragen mit Hilfe seiner medizinischen Ausführungen zur Klärung anstehen.

Aus diesem Grunde stellt die norddeutsche Schlichtungsstelle jedem beauftragten Gutachter einen Leitfaden zur Verfügung, der dem Mediziner diesen notwendigen Überblick verschafft.

Liegt das Gutachten vor, erhalten zunächst alle Beteiligten durch Übersendung einer Kopie Gelegenheit, dazu Stellung zu nehmen. Die Schlichtungsstelle, die nicht an den Inhalt des Gutachtens und an die Bewertung durch den Gutachter gebunden ist, prüft das Gutachten auf Plausibilität und Aussagekraft im Hinblick auf die Beurteilung der Haftungsfrage und entscheidet bei Unzulänglichkeiten und/oder Gegenvorstellungen von Beteiligten, ob derselbe Gutachter ergänzend zu befragen, ein anderer Gutachter mit den selben Fragen zu konfrontieren, ein zusätzlicher Gutachter auf anderem Fachgebiet (z. B. zu Fragen der Kausalität) zu beauftragen oder ob das Schlichtungsverfahren trotz der erhobenen Einwände ohne weitere externe gutachterliche Äußerung durch ergänzende Ausführungen des Ärztlichen Mitglieds der Schlichtungsstelle mit einer Beurteilung der Haftungsfrage beendet werden kann.

Diese abschließende Bewertung der Haftungsfrage erfolgt wiederum durch die beiden für den Fall zuständigen Mitglieder der Schlichtungsstelle (Arzt und Jurist), sie enthält den medizinisch relevanten Sachverhalt, die Bewertung der ärztlichen Behandlung aus medizinischer Sicht unter Berücksichtigung etwaiger juristischer Besonderheiten (z. B. Beweislastverteilung) und abschließend die Aussage, ob die geltend gemachten Schadensersatzansprüche als begründet oder unbegründet zu bewerten sind. Werden binnen vier Wochen nach dieser Entscheidung neue Tatsachen vorgetragen, prüft die Schlichtungsstelle, ggf. unter erneuter Einschaltung externer Gutachter, ob sich dadurch eine andere Beurteilung der Haftungsfrage ergibt. Damit ist das Schlichtungsverfahren spätestens beendet.

Als Verfahrensdauer sind durchschnittlich 13 Monate zu veranschlagen. Allerdings sind starke Schwankungen sowohl im Hinblick auf eine wesentlich kürzere als auch wesentlich längere Verfahrensdauer möglich, abhängig von Schwierigkeiten bei der Beschaffung von Krankenunterlagen und –

ganz entscheidend – von der Bearbeitungsdauer durch den externen Gutachter.

Verfahrenskosten hat die Patientenseite nicht zu tragen, auch nicht die Kosten eines externen Gutachters, wie dies z. B. in Baden-Württemberg, Sachsen und im Saarland unter bestimmten Voraussetzungen der Fall sein kann.

Das Schlichtungsverfahren schließt den ordentlichen Rechtsweg nicht aus.

Soweit der Ersatzpflichtige am Schlichtungsverfahren beteiligt ist, tritt eine Hemmung der Verjährung ein (BGH NJW 1983, 2075).

## 26.3 Antragsentwicklung

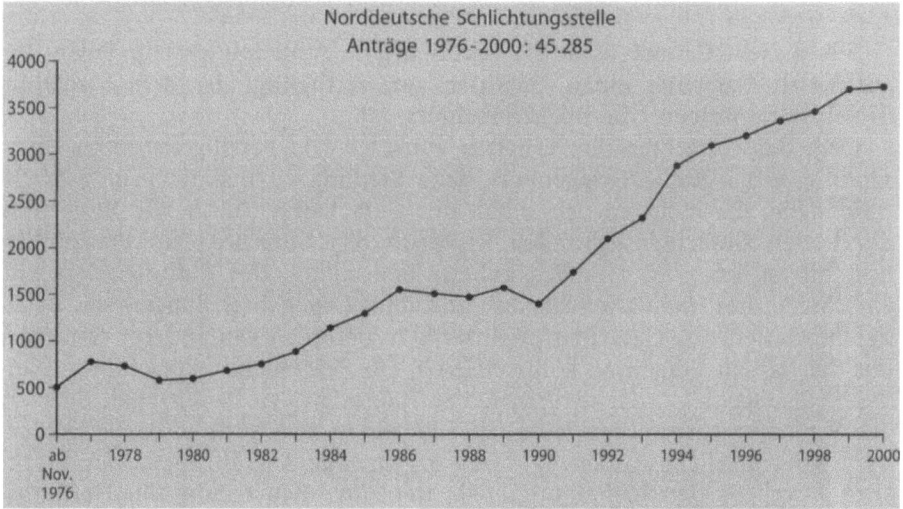

## 26.4 Prozessvermeidungsquote

Die Akzeptanz ist das höchste Ziel aller Rechtsprechung. Nichts anderes gilt für die Schlichtungsstellen und Gutachterkommissionen.

Prozessvermeidung durch Streitbeendigung ist das Ziel, also Arzthaftungsstreitigkeiten abschließend und zur Überzeugung aller Beteiligten so umfassend aufzuklären, aufzuarbeiten und zu bewerten, dass gerichtliche Auseinandersetzungen vermieden werden.

Die norddeutsche Schlichtungsstelle führte Ende 1998 eine Umfrage durch, um die Akzeptanz ihrer Entscheidungen und die „Prozessvermeidungsquote" zu ermitteln. Gerichtliche Auseinandersetzungen über mehrere Instanzen nehmen oftmals einige Jahre in Anspruch, sodass als Basis der Entscheidungsjahrgang 1992 diente.

## Evaluation des Entscheidungsjahrgangs 1992

Von 1.200 im Jahre 1992 abgeschlossenen Verfahren waren in 870 Fällen (72,5%) die Ansprüche als unbegründet, in 330 Fällen (27,5%) als begründet bewertet worden. Befragt wurde jeweils der Haftpflichtversicherer des in Anspruch genommenen Arztes/Krankenhauses. Die 1097 Rückantworten der Versicherer bezogen sich auf 781 Fälle, in denen die Ansprüche als unbegründet und auf 316 Fälle, in denen die Ansprüche als begründet eingestuft worden waren.

## Regulierung durch Versicherer bei anspruchsbejahender Entscheidung

Betrachtet man die Rückantworten bzgl. der 316 Fälle, in denen Patientenansprüche bejaht und seitens der Schlichtungsstelle Regulierung empfohlen worden war, ergibt sich folgendes Bild:

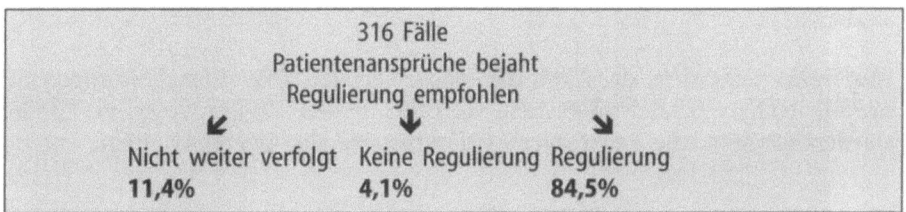

Die Haftpflichtversicherer regulierten bei anspruchsbejahender Entscheidung in 84,5% aller Fälle, wobei in 12,4% der Fälle gerichtliche Hilfe in Anspruch genommen werden musste.

## Akzeptanz anspruchsverneinender Entscheidungen

Ähnlich offenbart sich das Bild hinsichtlich der Akzeptanz seitens der Patienten bei anspruchsverneinenden Entscheidungen:

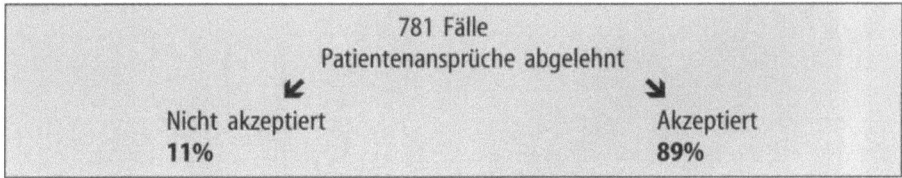

In den 781 Fällen, in denen die Patientenansprüche als unbegründet eingestuft worden waren, akzeptierten die Patienten diese Entscheidung in 695 Fällen (89%).

## Vergleich mit Ergebnissen der anschließenden gerichtlichen Entscheidungen

Bei anspruchsbejahenden Bescheiden (316) entschieden die Gerichte in 6 Fällen (1,9%), konträr zu der Schlichtungsstelle, dass die Ansprüche nicht begründet seien.

Bei anspruchsverneinenden Entscheidungen (781) entschieden die Gerichte in 8 Fällen (1%) konträr zu der Schlichtungsstelle, dass die Ansprüche berechtigt seien.

## Prozessvermeidungsquote

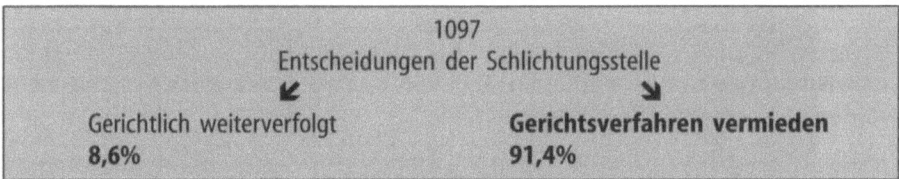

Insgesamt zeigt sich, dass von den ausgewerteten 1097 Entscheidungen der norddeutschen Schlichtungsstelle in 1.003 Fällen Zivilprozesse vermieden werden konnten, die Prozessvermeidungsquote also bei 91,4% liegt.

# Abkürzungsverzeichnis
zu Teil III: Arzthaftungsrecht

| | |
|---|---|
| AG | Amtsgericht |
| AHRS | Arzthaftpflicht-Rechtsprechung, Ergänzbare Rechtsprechungssammlung zur gesamten Arzthaftpflicht, hrsg. v. Ankermann und Kullmann |
| BGB | Bürgerliches Gesetzbuch |
| BGH | Bundesgerichtshof |
| BPflV | Bundespflegesatzverordnung |
| DÄBl | Deutsches Ärzteblatt (Zeitschrift) |
| DKG | Deutsche Krankenhausgesellschaft |
| DMW | Deutsche Medizinische Wochenschrift (Zeitschrift) |
| KBV | Kassenärztliche Bundesvereinigung |
| KG | Kammergericht |
| LG | Landgericht |
| MDK | Medizinischer Dienst der Krankenkassen |
| MDR | Monatsschrift für deutsches Recht (Zeitschrift) |
| MedR | Medizinrecht (Zeitschrift) |
| Nds. PsychKG | Niedersächsisches Gesetz über Hilfen für psychisch Kranke und Schutzmaßnahmen |
| NJW | Neue Juristische Wochenschrift (Zeitschrift) |
| OLG | Oberlandesgericht |
| Rdnr | Randnummer |
| SGB | Sozialgesetzbuch |
| VersR | Versicherungsrecht (Zeitschrift) |
| ZPO | Zivilprozessordnung |

# Literaturverzeichnis
zu Teil III: Arzthaftungsrecht

## Bücher

**Baumbach/Lauterbach/Albers/Hartmann**, Zivilprozessordnung 57. Aufl., Verlag C.H. Beck München, 1999
**Bergmann/Kienzle**, Krankenhaushaftung, Deutsche Krankenhaus Verlagsgesellschaft mbH Düsseldorf, 1996
**Carstensen G, Ulsenheimer K**, (Hrsg.) Ambulantes Operieren – Vernetzung der Dienste, Springer Verlag Berlin Heidelberg New York, 1997
**Deutsch E**, Medizinrecht, 4. Aufl., Springer Verlag Berlin Heidelberg New York 1999
**Frahm W, Nixdorf W**, Arzthaftungsrecht, VersR – Schriftenreihe, VVW Karlsruhe, 1996
**Geigel**, Der Haftpflichtprozess, 23. Aufl., Verlag C.H. Beck München, 2001
**Geiß/Greiner**, Arzthaftpflichtrecht, 3. Aufl., Verlag C. H. Beck, München 1999
**Goetze E**, Arzthaftungsrecht und kassenärztliches Wirtschaftlichkeitsgebot, Springer Verlag Berlin Heidelberg New York, 1989
**Hansis M, Hansis D**, Der ärztliche Behandlungsfehler, ecomed Verlag Landsberg/Lech, 1999
**Kern B-R**, Schwachstellenanalyse der Rechtsprechung, in Laufs A u. a. (Hrsg.) Die Entwicklung der Arzthaftung, Springer Verlag Berlin Heidelberg New York, 1997, S. 313–320
**Laufs/Uhlenbruck**, (Hrsg.) Handbuch des Arztrechts, 2. Aufl., Verlag C.H. Beck München, 1999
**Laufs A u.a.** (Hrsg.) die Entwicklung der Arzthaftung, Springer Verlag Berlin Heidelberg New York, 1997
**Münchener Kommentar** zum Bürgerlichen Gesetzbuch, Bd 5, Schuldrecht Besonderer Teil III (§ 705–853), 3. Aufl. München, 1997
**Stebner FA**, Das Recht der biologischen Medizin, Band 1, Haug Verlag, Heidelberg, 1992
**Steffen/Dressler**: Arzthaftungsrecht. Neue Entwicklungslinien der BGH – Rechtsprechung, 8. Aufl., RWS Verlag, 1999
**Stürmer KM**, Leitlinien Unfallchirurgie, S. VII, Georg Thieme Verlag, Stuttgart,1997
**Ulsenheimer**, Die zivilrechtliche Haftung und strafrechtliche Verantwortung. In: Carstensen, Ulsenheimer (Hrsg.) Ambulantes Operieren – Vernetzung der Dienste, MedR Schriftenreihe Medizinrecht, Springer, 1997
**Voß B**, Kostendruck und Ressourcenknappheit im Arzthaftungsrecht, Springer Verlag Berlin Heidelberg New York, 1999
**Weizel I**, Gutachterkommissionen und Schlichtungsstellen für Arzthaftpflichtfragen, Verlag Dr. Kovac, Hamburg, 1999

## Aufsätze

**Bender,** Der Umfang der ärztlichen Dokumentationspflicht – ein weiterer Schritt der Verrechtlichung –, VersR 97, 918
**Bonvie,** Rechtliche Risiken des ambulanten Operierens, MedR 93, 43
**Büsgen/Klüglich,** Die Krankenhaushaftung: Haftungssystem und innerbetrieblicher Schadensausgleich, VersR 94, 1145
**Deutsch,** Das Organisationsverschulden des Krankenhausträgers, NJW 2000, 1745 ff
**Deutsch,** Der grobe Behandlungsfehler: Dogmatik und Rechtsfolgen, VersR 88,1
**Deutsch,** Ressourcenbeschränkung und Haftungsmaßstab im Medizinrecht, VersR 98, 261
**Ratzel,** Orthopädie, Mitteilungen 2/2000, S. 102
**Rieger,** Verletzung der wirtschaftlichen Aufklärungs- und Dokumentationspflicht durch den behandelnden Arzt, DMW 1999, 1468
**Rumler-Detzel,** Anforderungen an ein ärztliches Gutachten aus der Sicht der Zivilgerichte, VersR 99, 1209
**Rumler-Detzel,** Arbeitsteilung und Zusammenarbeit in der Chirurgie – Rechtliche Verantwortlichkeit, VersR 94, 254
**Scheppokat/Neu,** Zur ärztlichen Begutachtung in Arzthaftpflichtsachen, VersR 01, 23
**Terbille/Schmitz-Herscheid,** Zur Offenbarungspflicht bei ärztlichen Behandlungsfehlern, NJW 00, 1749 ff

# Sachverzeichnis
zu Teil III: Arzthaftungsrecht

alternative Begutachtung 508
alternative Behandlungsmethoden 448
alternative Behandlungsmethoden, Aufklärung 465, 466
ambulante Behandlung, Institutsambulanzen 421
ambulante Notfallbehandlung, Krankenhaus 420
ambulante Operationen, besondere Dokumentation 476
ambulante Operationen, Besonderheiten 420, 440
ambulante Operationen, Qualitätssicherungs-Vereinbarungen 440
ambulante Operationen, Rahmenbedingungen 440
ambulante Operationen, Rahmenbedingungen, postoperative Sicherungsaufkärung 441
ambulante Operationen, Vertragspartner im Krankenhaus 420
ambulante Operationen, Zeitpunkt der Risikoaufklärung 470
Anfängeroperationen, besondere Dokumentation 475
Anfängeroperationen, Facharztassistenz 438
Angehörige, Anspruchsberechtigung 424
Angehörige, Einsichtsrecht in Dokumentation 473, 477
Anscheinsbeweis 489
Anscheinsbeweis, Entkräftung 490
Anspruchsberechtigte, zivilrechtliche Haftung 424
Anspruchsgrundlagen, deliktische Haftung 423
Anspruchsgrundlagen, vertragliche Haftung 423
Anspruchsumfang, vertragliche und deliktische Haftung 425, 426

Antragsentwicklung, Norddeutsche Schlichtungsstelle 524
Apparative Ausstattung, ambulante Operationen 440
Apparative Ausstattung, Schritthalten mit neuer Technik 430
Apparativer Standard, Übernahmeverschulden, Kapazitätsgrenzen 436, 446
Arbeitsdiagnose 442, **443**
Arbeitsteilung 450 ff
Arztbrief 441, 454, 455
Arzthaftpflichtprozess, Beweislastverteilung **485** ff
Arzthaftpflichtprozess, Beweismittel 509
Arzthaftpflichtprozess, im Vergleich zu Schlichtungsverfahren 510, 516, 517
Arzthaftpflichtprozess, Verfahrensgrundzüge 509
Arzthaftpflichtprozesse, Entwicklung in Deutschland 509
Arzthaftpflichtschaden 479
Arzthaftung, zivilrechtliche 409
ärztliche Sorgfalt 429 ff
ärztlicher Standard 427
Aufklärung, allgemein bekannte Risiken 462
Aufklärung, allgemein, Arten 459
Aufklärung, alternative Behandlungsmethoden 465, 466
Aufklärung, am Operationstag 470
Aufklärung, am Vorabend der Operation 470
Aufklärung, bei Vereinbarung des Operationstermins 469
Aufklärung, nicht aufklärungsbedürftige Risiken 462
Aufklärung, nicht aufklärungsbedürftiger Patient 463
Aufklärung, Risikostatistiken 461
Aufklärung, Umfang bei ambulanten Operationen 464

Aufklärung, Umfang bei diagnostischen
  Eingriffen 464
Aufklärung, Umfang bei kosmetischen
  Operationen 464
Aufklärung, Verzicht des Patienten 463
Aufklärung, Verzicht des Patienten
  auf Überlegungsfrist 470
Aufklärung, Zeitpunkt 469, 470
Aufklärungsadressaten 466
Aufklärungsadressaten, bewusstlose
  Patienten (intraoperativ) 468
Aufklärungsadressaten, bewußtlose
  Patienten (z. B. Unfallopfer) 468
Aufklärungsadressaten, minderjährige
  Patienten 466
Aufklärungsformulare 471
Aufklärungspflichtiger 469
Ausländische Patienten, Aufklärung
  469
Außenseitermethoden 449
außergerichtliche Verfahren 511 ff

Befunderhebung/Befundsicherung, mangelhafte 492 f
Begehrensneurose, Kausalität 482
Behandlungsalternativen 448
Behandlungsalternativen, Beratung
  erforderlich 465
Behandlungsalternativen, Beratung nicht
  erforderlich 466
Behandlungsfehler 429
Behandlungsfehler, Definition 431
Behandlungsfehler, schwerer (grober)
  432 ff
Behandlungsmethoden, Auswahl 446
Behandlungsmethoden, neue 448
Behandlungsvertrag, Vertragstypus 413
Belegabteilung, Vertragsverhältnisse
  418
Berichtspflicht, ärztliche 441, 454, 455
Berufsanfänger und Ärzte in Facharztausbildung 438
beschränkt geschäftsfähige Patienten,
  Aufklärung 467, 468
Beweis im Zivilprozess 484
Beweiserleichterung für Patienten 489
Beweiserleichterung, Anfängereingriffe
  495
Beweiserleichterung, Anscheinsbeweis
  489
Beweiserleichterung, Dokumentationsmangel 493, 494

Beweiserleichterung, mangelnde Befunderhebung bzw. Befundsicherung 492
Beweiserleichterung, Manipulation von
  Beweismitteln 495
Beweiserleichterung, schwerer Behandlungsfehler 490
Beweiserleichterung, voll beherrschbares
  Risiko 495, 496, 497
Beweislast des Arztes, für anspruchsvernichtende Tatsachen 487
Beweislast des Patienten für schuldhaften Arztfehler und dadurch
  verursachten Schaden 486
Beweislast im Zivilprozess 485
Beweislastverteilung, Arzthaftpflichtprozess 485
Beweislastverteilung, Behandlungsfehler 486
Beweislastverteilung, Grund-
  und Risikoaufklärung 488
Beweismaß 487
Beweismittel 484
Beweismittel, Manipulation 495
Beweisumfang 484
Bundespflegesatzverordnung 418, 419,
  500

Datenbeschaffungspflicht, ärztliche 456
Deliktische Haftung 422, 423
Deliktische Haftung, Anspruchsumfang
  425
Diagnosepflichten 442
Diagnostische Beratung 444
Diagnostische Eingriffe 444
Diagnostisches Übernahmeverschulden
  444
Dienstvertrag 413
Differentialdiagnose 443
Dokumentation 473
Dokumentation, Archivierung 476
Dokumentation, bei ambulanten
  Operationen 476
Dokumentation, Beweiswert 493
Dokumentation, Einsichtsberechtigte
  477
Dokumentation, Empfehlungen 478
Dokumentation, Form 474
Dokumentation, Modalitäten
  der Einsichtgewährung 478
Dokumentation, Rechtsfolgen
  bei Mangel 478
Dokumentation, Schweigepflicht 476

Dokumentation, Umfang, Inhalt 474, 475
Dokumentation, Zweck 474
Dokumentationsmangel, ausnahmsweise keine Beweiserleichterung für Patienten 494
Dokumentationsmangel, Beweiserleichterung für Patienten 493
Dokumentationsmangel, Umfang der Beweiserleichterung 494

Einwilligung, des Patienten 459
Einwilligung, hypothetische 470
Entlastungsbeweis des Arztes 501
Entscheidungskonflikt des Patienten 471
Erben, Einsichtsrecht in Dokumentation 477
Erfüllungsgehilfen des Arztes, Haftung des Vertragspartners 498
Ermessen, ärztliches 445
Ermessensspielraum, Methodenwahl 445, 446
Evaluation, Schlichtungsstelle Norddeutsche 524

Facharztstandard 427, 428
Fachaufsicht, ärztliche 439
Fachgruppen, Sorgfaltsmaßstab 429, 430
Fachkenntnisse, Anforderungen 429
Fachliteratur 429, 430
Fachübergreifende Behandlung 436
Fahrlässigkeit 429 f
Fahrlässigkeit, grobe 432 ff
Fehlbedienung, Geräte 437
Fortbildungspflicht 429

Gefälligkeitsbehandlung, Haftung 412
Gemeinschaftspraxis, Vertragspartner und Haftpflichtige 416
Geräteanwendung 437
Gerätesicherheit 437, 438
Gesamtschuldner, Verjährungsprobleme 505
gesamtschuldnerische Haftung 416
Geschäftsführung ohne Auftrag 411
geschäftsunfähige Patienten 467 f
Gesetzlich angeordnete Behandlung 412
Gesetzliche Heilfürsorge, Soldaten der Bundeswehr 412

Gespaltener Krankenhausaufnahmevertrag, Belegabteilung 418
Gesundheitsschaden 480
grobe Fahrlässigkeit 432
Grundaufklärung 459
Grundaufklärung bei ungesicherter Diagnose 460
Grundaufklärung, Folgen unzureichender 460
Gutachter, im Arzthaftpflichtverfahren 506 ff
Gutachterkommissionen und Schlichtungsstellen, Adressen 513
Gutachterkommissionen und Schlichtungsstellen, Entscheidungsgremien 518
Gutachterkommissionen und Schlichtungsstellen, Entstehung 511
Gutachterkommissionen und Schlichtungsstellen, fachliche Besetzung 514

Haftpflichtversicherer 408, 525
Haftung aus Delikt 422
Haftung aus Vertrag 411 ff
Haftung für fremdes Verschulden 498 ff
Haftung für fremdes Verschulden, gespaltener Krankenhausaufnahmevertrag 500
Haftung für fremdes Verschulden, totaler Krankenhausaufnahmevertrag 499
Haftung für fremdes Verschulden, totaler Krankenhausaufnahmevertrag, Arztzusatzvertrag 500
Haftungsbegrenzungen 502 ff
Heilversuch 449
Horizontale Arbeitsteilung, Abgrenzung der Verantwortungsbereiche 452
Horizontale Arbeitsteilung, Grenzen des Vertrauens 451
Horizontale Arbeitsteilung, Vertrauensgrundsatz 451
Hypothetische Einwilligung 471

Immaterieller Schaden 479
Indikationsstellung 446
Informationsbeschaffungspflicht, ärztliche 455
Informationspflicht, Dringlichkeit der Behandlung 457

Informationspflicht, Gefahren
  bei Nichtbehandlung 457
Informationspflicht, therapierichtiges
  Verhalten 456
Informationspflicht, wirtschaftliche
  Aspekte 458
informed consent 488
Institutsambulanzen 421

Kassenärztliche Vereinigung 415
Kassenpatienten 415
Kausalität 480
Kausalität, allgemein im Rechts-
  sinn 480
Kausalität, allgemein im Zivilrecht 480
Kausalität, Arzthaftungsrecht 481
Kausalität, bei zusätzlichem Fehler des
  nachbehandelnden Arztes 481
Kausalität, bei zusätzlichem schweren
  Fehler des nachbehandelnden Arz-
  tes 481
Kausalität, haftungsausfüllende 481
Kausalität, haftungsbegründende 481
Kausalität, hypothetische
  oder überholende 482
Kausalität, Patientendisposition
  und Schaden 482
Kausalitätsgrenzen 481
Kommunikation Arzt/Arzt 455
Kommunikation Arzt/Patient 456
Kommunikationsmängel 455
Komplikation oder Behandlungs-
  fehlerfolge 483
Konsilanforderung, Pflichten
  des überweisenden Arztes 452
Konsiliararzt, Pflichten 453
Kontrollpflichten, chefärztliche 439
Koordinationspflichten 450 ff
Körperschaden 480
Krankenhausaufnahmevertrag,
  gespaltener 418
Krankenhausaufnahmevertrag, totaler
  418
Krankenhausaufnahmevertrag, totaler
  mit Arztzusatzvertrag 419
Krankenkassen 415

Leitlinien 447

Mangelnde Befunderhebung, Umfang
  der Beweiserleichterung 492
Mangelnde Befunderhebung, Voraussetzungen der Beweiserleichterung 492

MDK-Gutachten 508
Medizinische Sachverständige
  im Arzthaftpflichtverfahren 506 ff
Methodenfreiheit 445
Methodenwahl, Ermessensgrenze 446
Minderjährige Patienten 466
Minderjährige, Einsichtsfähigkeit
  und Aufklärung 467
Mitverschulden des Patienten 502
Mitverschulden des Patienten bei
  ärztlichen Beratungsfehlern 503
Mitverschulden des Patienten bei
  schwerem Behandlungsfehler 503
Mitverschulden des Patienten, Beispiele
  aus der Rechtsprechung 502

Nachbehandlung 450, 452, 456, 482,
  487
Nachsorgepflichten 449, 450
Narkoseaufklärung 470
Neulandmedizin 448
Nichtärztlicher Dienst, Organisation 439
Norddeutsche Schlichtungsstelle,
  Antragsentwicklung 524
Norddeutsche Schlichtungsstelle,
  Institution 520
Norddeutsche Schlichtungsstelle,
  Maximen 520
Norddeutsche Schlichtungsstelle,
  Prozessvermeidungsquote 524 ff
Norddeutsche Schlichtungsstelle,
  Verfahren 521

Obliegenheitsverletzung 407
Operationserweiterung, unvorher-
  sehbare 468
Operationserweiterung, vorher-
  sehbare 468
Organe (Verfassungsmäßige Vertreter)
  keine Haftung-Entlastungs-
  möglichkeit 501
Organisation des ärztlichen Dienstes
  439
Organisation des nichtärztlichen
  Dienstes 439
Organisation, Hygiene, Apparate,
  Arzneimittelvorhaltung, personelle
  Ausstattung 438
Organisationspflichten 437 ff

Parteimaxime, im Zivilprozess 510
Patienten, beschränkt geschäftsfähige,
  geschäftsunfähige 467, 468

## Sachverzeichnis

Personalmangel 438
personeller Ausstattungsstandard 438
Pflegedienst 439
Praxisgemeinschaft, Vertragspartner, Haftpflichtige 417
Praxisvertreter 416
Primärschäden 480
Privatpatienten 415
Prozessvermeidungsquote, Norddeutsche Schlichtungsstelle 524 ff

Qualitätsanforderungen, allgemeine 435 ff
Qualitätssicherungs-Vereinbarung, Relevanz 440

Rechtswidrigkeit ärztlichen Handelns 423
Richtlinien 440
Risiken, allgemein bekannte 462
Risiken, nicht aufklärungsbedürftige 462
Risiken, typische 461
Risiken, unbekannte 463
Risiken, ungewisse 463
Risikoaufklärung, allgemein 460
Risikoaufklärung, Indikationsgrad 461
Risikoaufklärung, nicht aufklärungsbedürftiger Patient 463
Risikoaufklärung, Umfang bei ambulanten Operationen 464
Risikoaufklärung, Umfang bei diagnostischen Eingriffen 464
Risikoaufklärung, Umfang bei kosmetischen Operationen 464
Risikoaufklärung, Verzicht des Patienten 463
Risikoaufklärung, Zeitpunkt bei ambulanten oder rein diagnostischen Eingriffen
Risikostatistiken, Aufklärung 461

Sachverständige 506 ff
Schadenbegriffe 479
Schadensersatzansprüche, Umfang bei vertraglicher und deliktischer Haftung 425
Schlichtungsstellen und Gutachterkommissionen in Deutschland 511 ff
Schlichtungsstellen und Gutachterkommissionen, Adressen 513, 514

Schlichtungsstellen und Gutachterkommissionen, Untersuchungsgrundsatz 515
Schlichtungsstellen und Gutachterkommissionen, Verfahrensbeteiligte 515
Schlichtungsstellen und Gutachterkommissionen, Verfahrensgang 515
Schlichtungsstellen und Gutachterkommissionen, Verfahrensgrundsätze 515
Schlichtungsstellen und Gutachterkommissionen, Verfahrenshindernisse 518
Schlichtungsstellen und Gutachterkommissionen, Verfahrenskosten 518
Schlichtungsstellen und Gutachterkommissionen, Verfahrensvergleich zum Zivilprozess 516
Schlichtungsstellen und Gutachterkommissionen, Verjährung 505
Schlichtungsstellen und Gutachterkommissionen, Zuständigkeit, örtlich 512
Schlichtungsstellen und Gutachterkommissionen, Zuständigkeit, sachlich 512
Schmerzensgeld 425, 426, 479
Schuldhafter Behandlungsfehler 431
Schulenstreit, Bewertung durch Gutachter 507
Schulmedizin 445
Schweigepflicht 476
Schwerer Behandlungsfehler, Beweiserleichterung, ausnahmsweise keine 491
Schwerer Behandlungsfehler, Beweiserleichterung, Umfang 491
Schwerer Behandlungsfehler, Beweiserleichterung, Voraussetzungen 490
Schwerer Behandlungsfehler, Rechtsprechungsbeispiele 433
Second opinion 414
Sekundärschäden 480
Selbstbestimmungsrecht 460
Selbstliquidationsberechtigter Arzt 419
Sicherstellungspflichten 437 f
Sicherungsaufklärung, postoperativ bei ambulanten Operationen 441
Sicherungsberatung (Sicherungsaufklärung) 456
Sorgfalt, ärztliche 430

Standard, apparativer 430
Standard, ärztlicher 427
Standard, des Fachgebiets 429, 430
Standard, individueller 428
Strafverfahren 407, 409, 429
Stufendiagnostik 443

Therapeutische Beratung 457
Therapiefreiheit 445
Therapiewahl 446

Überdiagnostik 444
Übernahmeverschulden, apparativer Standard 436
Übernahmeverschulden, bei Übernahme der Behandlung 435
Übernahmeverschulden, Diagnostik 444
Überwachungspflichten 439
Überweisung zur Weiterbehandlung, Pflichten des überweisenden Arztes bei 452
Unentgeltliche Behandlung, Haftung 412
Ursächlichkeit, 480 ff

Verdachtsdiagnose 442, 443
Verjährung, deliktische Ansprüche 504
Verjährung, vertragliche Ansprüche 504
Verjährungshemmung 505
Verjährungsprobleme bei Gesamtschuldnern 505
Verjährungsunterbrechung 505
Verlaufsberatung 457
Vermögensschaden 479
Verrichtungsgehilfe des Arztes 498
Verrichtungsgehilfe, deliktische Haftung für 499, 500
Verrichtungsgehilfe, Entlastungsmöglichkeit 501
Verrichtungssicherheit 438
Verschulden, ärztliches 429

Vertikale Arbeitsteilung 454
Vertikale Arbeitsteilung, Chefarzt/ nachgeordnete Ärzte 454
Vertikale Arbeitsteilung, Chefarzt/ nichtärztliche Hilfspersonen 455
Vertikale Arbeitsteilung, Grenzen des Vertrauens 454
Vertragliche Haftung, Anspruchsumfang 425
Verträglichkeitsdiagnostik 444
Vertragsabschluss, Behandlungsvertrag 411
Vertragspartner auf Arztseite im Krankenhaus 418 ff
Vertragspartner auf Arztseite in der Praxis 416
Vertragspartner auf Patientenseite 415
Vertragspflichten des Arztes 413
Vertragstypus des Behandlungsvertrages 413
Vertragsverletzung, Behandlungsvertrag 423
Vertragszweck, Behandlungsvertrag 413
Vertrauensgrundsatz 451, 453, 454
Voll beherrschbarer Risikobereich 495
Voll beherrschbares Risiko 495, 496
Voll beherrschbares Risiko, Umfang der Beweiserleichterung 497
Voll beherrschbares Risiko, Voraussetzungen der Beweiserleichterung 495

Wahlleistung 419, 420, 421, 500
Weiterbehandelnder Arzt, Pflichten 453
Weiterbildung 435
Wirtschaftliche Beratung 458
Wirtschaftlichkeit und Sorgfalt 430

Zivilprozess 509 f
Zivilrechtliche Arzthaftung 409
Zivilrechtliche Haftungsfolgen 424
Zivilrechtliche Haftungsgrundlagen 410, 423
Zwangsbehandlung 412

MIX
Papier aus verantwortungsvollen Quellen
Paper from responsible sources
FSC® C105338

If you have any concerns about our products,
you can contact us on
ProductSafety@springernature.com

In case Publisher is established outside the EU,
the EU authorized representative is:
Springer Nature Customer Service Center GmbH
Europaplatz 3, 69115 Heidelberg, Germany

Printed by Libri Plureos GmbH
in Hamburg, Germany